索·恩

THORN BIRD

忘 掉 地 平 线

Title of the original German edition:

Author: Jan Knopf

Title: Bertolt Brecht - Lebenskunst in finsteren Zeiten: Biografie

©2012, Carl Hanser Verlag GmbH & Co.KG, München

Chinese language edition arranged through HERCULES business &Culture GmbH, Germany.

The translation of this work was financed by the Goethe-Institut China

本书获得歌德学院（中国）全额翻译资助

〔德〕

by
Jan Knopf

雅恩·克诺普夫

著

黄河清

译

昏暗时代

的 ■

生活艺术

贝托尔特·布莱希特

BERTOLT BRECHT

社会科学文献出版社
SOCIAL SCIENCES ACADEMIC PRESS (CHINA)

译 歌德学院（中国）
翻译资助计划

恒久的我是部神话
原创者：无关紧要

贝托尔特·布莱希特在其短暂的一生中创作了 48 部戏剧（莎士比亚 37 部），2300 余篇诗歌（歌德 3000 余篇，但歌德更为长寿），约 200 部短篇小说（托马斯·曼 32 部，当然其中多数篇幅都比布莱希特的作品要长）以及 3 部长篇小说。但是作为艺术家，布莱希特却不仅仅属于"诗人"这个范畴。他还完成了众多文艺理论性、批判性、政治性和哲学性著作，数量达数卷之多，此外他还担任了 4 部电影的编剧和副导演，其中的两部——《库勒·旺贝》（*Kuhle Wampe*）① 和《刽子手之死》（*Hangmen Also Die*）都是永恒的经典，并为多部电影构思了脚本。

自始至终，布莱希特的目的便是超越艺术的界限，并在它们的相互作用中发掘艺术新的多样性。他的歌剧冲破了传统体裁的限制，在他的戏剧中也融合了叙事性因素和音乐成分。他创造了一种全新的文学形式，也把新的媒介技术引入艺术之中。作为艺术家，他是博学多能的，尝试了先锋美学所有新的可能性，并坚持了一生。从魏玛共和国时期直至战后他已为数不多的人生岁月中，布莱希特都是德国最伟大、最成功的戏剧导演之一，布莱希特和他的终生挚友——作曲家、舞台设计卡斯帕尔·内尔（Caspar Neher）——共同将新的戏剧风格向全世界传播。

---

① 又名《世界在谁手中？》或《旺贝坑》。（本书页下注均为译者注或编者注，后不再说明。）

作为拥有社会批判性的艺术家，布莱希特终生对政治保有敏感，即便在今天这也是极具挑战的。布莱希特认为自己是不同时代主题的中间人，他一生经历了 5 种德国不同的社会体制（德意志帝国、魏玛共和国、纳粹独裁、民主德国和联邦德国），为了躲避自己的同胞而流亡了 15 年（侥幸逃过了流亡过程中的迫害）。为了自己的作品，他必须同当时的政治昏暗进行艰难的斗争，并且还要适应那些与其美学相矛盾的"机构"——布莱希特这样称呼所有公开自己艺术的机会（戏剧、电影、广播、报纸等），他为此煞费苦心。

那些被使用者享受——或者用布莱希特的话来说，被"吞食"——的艺术作品，在使用中才找到了自己真实的位置，并使它们原本的生产者遭到遗忘。早在 1929 年，布莱希特就提到了"作者的消失"，即作者具有被引用的特点：引文是"最重要的风格特点。流传性广。'引经据典之处'便意味着艺术。在社会意义上这也是很有价值的'工作'。原创者无关紧要，他消失了，并通过这种形式使自身得以贯彻。谁达到了这一点，即被改写，在个体性上被疏离，谁就与世长存"。布莱希特确切想表达的，在（必要的）语言困惑中得到了展示：虽然还在谈论"自我"，但"自我"正悖谬地被排挤。这里涉及的并非"作者之死"，而是将作者置于多样性的传递关系中，尽可能地详述了作者能为"自我"达到的，或者已经达到的地位和意义。布莱希特早在 1920 年代就将曾经的市民阶层[①]个体，这一不可分割的部分，改称为"受到不同力量冲击的多样体"。

布莱希特的生平和作品构建了一种 20 世纪上半叶市民批判性艺术家生存状况的范式，在那个时期，德国的土地上发生了对世界政

---

① "bürger"在德语中按词根理解，最初指堡民，后来随着历史的发展引申为市民，再是有产者、资产阶级，以及现代国家里的国民和公民。本书中的"市民"大抵指 18~19 世纪以降的黑格尔政治理论中处于国家和个体之间的市民阶层。

治产生影响的一系列最重大的事件，这些事件随后侵袭了整个世界以及这个世界的本性。布莱希特犹如这个时代细心的史书编纂者，同时，由于他以诗歌、歌曲、短篇小说、长篇小说、电影和戏剧的方式记录了这部年代史，所以它能一如既往地给世人提供欢愉：布莱希特的年代史经受了那个"昏暗的年代"的考验，并且仍将经受未来时代——但愿它不会再度昏暗——的考验。

/ 德意志帝国（1898~1918）

我，贝托尔特·布莱希特，来自黑色的森林

神话：出身

　　《家庭修身集》（*Hauspostille*）中有首诗名为《可怜的 B.B.》（*Vom armen B.B.*），它最初记载于布莱希特笔记本中的日期为 1922 年 4 月 26 日，当然与日后《家庭修身集》中的版本有所区别。布莱希特很早便开始在诗歌创作中风格化自己的生平，《可怜的 B.B.》便是其中最著名的一例。布莱希特 1898 年 2 月 10 日出生于奥格斯堡（Augsburg）埂上街（auf dem Rain）7 号，全名欧根·贝特霍尔德·弗里德里希·布莱希特（Eugen Berthold Friedrich Brecht），大家都叫他欧根。贝特霍尔德·弗里德里希·布莱希特（Berthold Friedrich Brecht, 1869~1939）和娘家姓布雷岑的威廉明妮·弗里德里克·索菲（Wilhelmine Friederike Sophie geborene Brezing, 1871~1920）1897 年 5 月 15 日结为夫妇，结婚前一天他们就搬入了日后布莱希特出生的那所房子。布莱希特后来描写的母亲带自己来到这座沥青的城市，其实与事实相左，而且奥格斯堡当时也并非后文诗节中所幻想的那幅景象。但"黑色的森林"是成功的，人们立即将其等同于"黑森林"，这也有相关的地理因素。布莱希特的父亲祖籍阿赫恩（Achern），父母是印刷工人施特凡·贝特霍尔德·布莱希特（Stephan Berthold Brecht）及娘家姓乌尔茨勒的卡洛琳娜（Karoline geborene Wurzler）。如果不斤斤计较，可以勉强说阿赫恩位于黑森林旁（几乎不在黑森林范围内），因而不至于有诗中所谓的"寒冷"。

　　阿赫恩也借《有失体面的老妇人》（*Die unwürdige Greisin*）

成为永恒的图像，故事是孙儿在缅怀他的祖母。这位老妇人在丈夫辞世后，不愿再做主妇，如奴仆般被剥削，至少在生命的最后两年中要掌握自己的命运。对于那些习惯了自己奶奶做些粗活的孩子，当然会认为这样是"有失体面"的。这个故事与事实更加不相符。卡洛琳娜·乌尔茨勒逝于 1919 年 12 月 19 日，同年布莱希特还为她的 80 岁大寿创作了即兴诗，诗中所描写的市场旁的房屋至今仍是当地保留下来的最老建筑。卡洛琳娜·乌尔茨勒比丈夫多活了九年，在这段岁月里，她仍同此前一样屈从于夫权。叔父卡尔·布莱希特（Karl Brecht）在卡洛琳娜死后继承了她的田产，他根本不理解布莱希特的杜撰：布莱希特"为何要虚构《有失体面的老妇人》这样一个故事，故事中的祖母 74 岁便已过世，所有叙述从头至尾都是捏造的"，这对卡尔来说极为"费解"。这也意味着"黑色的森林"最终也同"黑森林"无关。在布莱希特的诗中，他指的茂密且由此而阴冷的森林，所以也可以存在于别处。

> 我，贝托尔特·布莱希特，
> 来自黑色的森林。
> 母亲把我带至城市，
> 当我仍躺在母腹中。
> 森林的寒冷
> 至死都存于我体内。

例如在阿拉斯加。四个男人——吉米·马赫尼、杰克、比尔（诨名"储蓄罐比尔"）和乔（诨名"阿拉斯加之狼"）——在严酷的条件下砍伐森林，为的是在天堂之城马哈哥尼（Mahagonny）寻找天降鸿福的机会，却事与愿违。

比尔！你是否还记得

我们在阿拉斯加的时光？

七个冬天，

极度严寒，

我们一同

砍伐树木，

把钱给我吧。

吉米徒劳地乞求朋友将他从马哈哥尼城的法庭赎回，这里会判处那些无法支付债务的人死刑。同虚构人物"可怜的B.B."不同，森林的寒冷没有把他们从阿拉斯加带入沥青的城市。"茨威利斯"侵袭了这些人，这是某种病症，使人目无亲友，只知狂放不羁和毫无节制地尽情享受，而且丧失了对曾经别样生活的回忆。

    "茨威利斯（Civilis）"（也作Zivilis）是布莱希特的新造词，它是由"文明（Zivilisation）"、"梅毒（Syphilis）"和"城市（City）"（美语中指大城市）合成的，意指大都市人无法逃避的一种疾病。虽然马哈哥尼最初并非被设想为不宜居住的巨型城邦，但是最终也遭遇了"茨威利斯"的侵袭。因为飓风行进的路径避开了这座城市，之后，"你可以（du darfst es）"准则统治着这里，它意味着：一切都只能用金钱来换取。"物质文明"在德语中本来就是"精神文化"的对立面，它标志了新一代人的出现，他们不识传统，互相传染性病，沉溺在布莱希特经常悲叹的"爱的衰亡"中。"爱的衰亡"源于大城市中人类的异化，城市阻碍了人道的交流和人性的共存。竞争主导了生活，使人再无怜悯之心，就像《马哈哥尼城的兴衰》（*Aufstieg and Fall der Stadt Mahagonny*，简称《马哈哥尼》）中所说的那样，地狱已经充斥了人间。在母亲携子来到沥青的城市之前，森林的寒冷已根植于儿子心中。

索菲·布雷岑生于拜德瓦德森（Bad Waldsee）附近的罗斯堡（Roßberg），通过姐姐阿玛利亚（Amalia）一家认识了自己的丈夫。在布雷岑一家迁居至弗林根（Pfullingen）之后，阿玛利亚嫁给了这里的赫尔曼·莱特尔（Hermann Reitter）。在早年的多次拜访中索菲就认识了赫尔曼，并可能暗恋过他。赫尔曼就职于奥格斯堡的汉德造纸厂（Papierfabrik Haindl），布莱希特的父亲也在这里工作，两人交好，弗里德里希·布莱希特从而得以邂逅了这家人的妻妹，最终这位天主教徒迎娶了新教徒索菲，并和她孕育了"艾勤（Aigihn）"（欧根的奥格斯堡方言），欧根按照新教教义受洗并被抚养长大。索菲早年就患有癌症，因而即便尚不至抑郁，也一生怀有一份伤感，布莱希特或许也从母亲那里继承了这份情愫，少年的布莱希特曾在诗中写道："家母年近五十／其间三十载她都徘徊在死亡边缘。"

2010 年发现的一本布莱希特日记揭示了索菲 1888~1910 年间的状况，家庭琐事无关紧要，值得注意的是，索菲·布雷岑记录的大多是一些通俗或者陈腐的文章和小诗。这些也只是粗拙地尝试创作，她毫无抗争地屈从了自己英年罹病的命运。母亲负责儿子的教育——直至 1910 年，疾病还没有为此增添太大障碍——所以，布莱希特坚持创作的年少信念或许从母亲那里得到过激励。另一方面，也可以认为布莱希特的文学创作是为了面对母亲的抑郁而产生的替代性行为，是从她压迫状态的逃离，也许只是臆想，至少这一时期没有布莱希特的自我陈述能佐证这个观点。父亲也并未激发布莱希特的创作：他在汉德纸业事业有成，从伙计升迁至商务部主管，还用很多同自己身份相关的社会责任来丰富生活（例如他是业余男声合唱团的成员）。除此之外，他还有一名情妇，活得似乎裘马轻狂。

/ 012

让我们再次回到森林。在马哈哥尼，寒冷象征着艰苦的工作，在阿拉斯加人迹罕至的自然中也要采伐森林，这说明伐木工为"茨

"威利斯"在全世界的传播卖力。寒冷象征着自然的本源，四个男人用共同的汗水缔结了人性、和善与友谊，寒冷是这一关系的基石。自然完全被毁灭，新的人类形象随之出现，这很早便是布莱希特作品的中心主题，他日后把这类人称为"橡胶人"。在 1916 年《唐纳德要塞铁道部队之歌》（ *Lied von der Eisenbahntruppe von Fort Donald* ）中，伊利湖①铁路的建筑工人沿着水流登上高处，"直至森林中永恒和清冷之地"。当降雨来到，他们周遭的森林变成了湖泊，建筑工人们也最终悲惨地溺亡在湖中。1919 年的民谣中，人物的命运改善无几，墨西哥征服者埃尔南·科尔特斯（Hernando Cortez）的部下砍下胳膊粗的树枝生火，一夜狂饮之后，他们被同样的大树枝围困，窒息而死："渐渐的，森林／微风中，艳阳下，悄无声息／数周便吞噬了草原。"草原是科尔特斯部下的牛群所需的食料，也是他们纵情狂欢的场地。此处，自然成功地抵御了人类的侵占。

在《巴尔的一生》（ *Lebenslauf des Mannes Baal* ，简称《巴尔》）中，布莱希特更是纲领性地描述了自然的衰亡，这比海纳·穆勒（Heiner Müller）的演出提纲早了数十年。剧中的一场风势大作，似乎也有自己的数学逻辑，面对如此景象，埃卡特（Ekart）确信："自然会越来越具有数学特性，今天这里已经有一个铁棚子，明天那里又一个铁建筑。大城市把四肢伸到了古老的自然之上（而且各部件是可以互换的）。这些外壳之间的风是可被丈量的。"巴尔用如下的言语支持了朋友的观点："我们是能看到这片平地的最后的人。49 年后，你可以把森林这个词划掉。人们不再需要木头。人类也会渐渐消失。但是，但是，就我们有生之年而言，当巨型城市拔地而起时，你会神志混乱，没有高耸的建筑，你看到的会是老鼠。"此处，自然在"茨威利斯"的扩散面前毫无机会；而且这一过程并不可逆，最终趋向覆灭。

---

① 北美五大湖之一。

由此便可以理解，布莱希特为何修改了《可怜的 B.B.》的初稿，他把"一定是那些森林／却存留于我心中"改为了"森林的寒冷／至死都存于我体内"。第一稿中还未使用"寒冷"这一隐喻。《家庭修身集》的版本中，从森林的寒冷这一概念发展出一种生命纲领。即使可怜的 B.B. 流落在沥青之城，但是和马哈哥尼的伐木工不同，他没有放弃对自己出身的记忆，虽然他必须学会同"茨威利斯"症共存，但拒绝屈从于此。必须忍受当前的阻力，同时也为改革作准备。虽然面对一个昏暗的时代，但有批判力的现实主义者仍会抵抗。

自从我看到太阳的光芒
生活：小市民到中产阶级

当欧根出生时——那是一次家庭分娩——威廉帝国正在稳固霸权，极力谋取尚未被瓜分的殖民地。英国和法国，还有荷兰、西班牙和比利时，早已划分了蛋糕，开始毫无顾忌地奴役甚至屠杀原住民，榨取当地的自然资源。法国总理茹费理（Jules Ferry）1882 年在公开讲话里明确指出，殖民主义首先关乎经济利益。他认为，"母国社会（Muttergesellschaft）"的急速发展要求开辟新市场，攫取廉价劳动力，由于本国人口膨胀，需要以牺牲殖民地人民为代价开拓新的生存空间。此外，还可以有效地向外部转嫁国内矛盾。

/ 014

德国的孩子们在游戏中就开始学习，征服陌生国家、屠杀原住民并在那里建立自己的家园是多么的荣耀。所以，德意志皇帝在其"匈人讲演"（Hunnenrede）中呼吁不要宽恕（所谓的）敌人，也不会引起任何误解。1900 年 7 月 27 日，威廉二世皇帝在不来梅哈芬（Bremenhaven）为远征军践行，军队远赴中国镇压义和团起义，中国这些抵御帝国主义侵略的卫国者也把自己称作义和拳，远征军的目标是歼灭这支起义军。类似的语言几十年后似乎还会再次出现：远征——保卫祖国德意志。威廉皇帝用带有语法错误的语言解释道："不要同情他们！不要接受战俘！谁落入你们手中，谁就死在你们手中！一千年前匈人在伊尔贡国王（König Etzel）的领导下声名大振，直到今天，这个名誉在历史记载中依然强盛。同样的，你们可以让德国在中国也获得同样的荣耀，让中国人永远不敢窥视德国！"在这样的语调中，洪堡兄弟宣扬的德国传统的人道主义再无立锥之地，威廉皇帝尤其在青年教育中大肆鼓吹这样的标语，他不愿在学校中再看到任何希腊人和罗马人的孩子，只需要富有普鲁士军国主义精神的德国人。托马斯·曼的《布登勃洛克一家》（*Buddenbrooks*）出版于 1901 年，描写了汉诺（Hanno）在学校的军训经历——普鲁士军训被引入吕贝克中学。小说站在时代的高度，对军训的非人性和精神愚化作用进行了深刻的展现。欧根便成长在这样的精神氛围中。

布莱希特出生时，父亲还是汉德纸业的一名小职员。他诞生的房屋目前已是布莱希特博物馆，承办丰富多彩的文化活动。当时，房子位于奥格斯堡下城小手工业者聚居区，门前有许多莱希河（Lech）水渠潺潺流过的河水，一座小木桥在渠上伸向房门。底层——房子最大的房间内——是一个制作锉刀的作坊，它多少掩盖了屋外沟渠的流水声。那些用钝了的锉刀在这里经过特殊锤子的加工而重新变得锋利。按照布莱希特一家居住于此的时间长度可以推算，布莱希特在胎儿和出生后近 7 个月的时间内都生活在楼下的噪音中。

埂上街 7 号的小房子当时居住了 11 个人。制作锉刀的工匠一家在底层生活和劳动，二层是布莱希特一家和两个经营服装贸易的女商人。顶层还有两间卧室，住了另一位制作锉刀的工匠和一个裱糊匠。尽管噪音严重、空间压抑，人们还是保持了市民阶层诸如此类的雅致的室内布置：丝绒沙发，钩织的靠巾，画有山水或者鹿鸣的廉价油画，餐具柜上还摆放着家庭成员的照片，壁毯上印有箴言"有才能的人总能有所成就"。

对布莱希特一家来说，父亲雇主的作用不可低估。汉德纸业不仅使贝特霍尔德·弗里德里希结识了自己的妻子，还令他在工厂的事业平步青云，这也为日后布莱希特的文学创作建构了物质基础。1901年1月1日，布莱希特的父亲被任命为代理人，这一职务还负责监理和看管汉德的房产。由于管理者必须居住于此，布莱希特一家1900年迁入了汉德纸业位于布莱希街（Bleichstraße）2号的宿舍。此前的一年，布氏一家租住了一间体面的寓所，布莱希特的弟弟瓦尔特（Walter）便出生于此。

父亲1917年5月1日又被擢升为商务部主管并且收入再次显著提高，即使如此，布氏一家仍一直居住于汉德的宿舍。汉德还成就了弟弟瓦尔特的职业选择，瓦尔特多年在这里从事工程师的工作，直至1931年获得达姆斯达特工业大学（Technische Universität Darmstadt）造纸工艺学的教席。欧根也和汉德不无关系，他小学时就被允许聆听甚至弹奏企业的管风琴。出于感谢，布莱希特把诗作《管风琴》（*Die Orgel*）呈献给这里的主人，"献给克莱门斯·汉德先生（Klemens Haindl）"，这是1915年的事情。除此之外，他早年就形成了对纸的特殊情感，这反映在他用过的笔记本和便条本中，本子中的纸张必须精美、透亮，由最好的材料制成。

布氏一家居住的二层有两套寓所，共六个房间，包括四间卧室、一间只用于庆祝重要节日的大厅、一间大起居室，还有一间带浴缸的洗衣间和一间厨房。此外还有带有单独入口的阁楼，阁楼里有一个房间和一个狭窄的休息区。对于当时的社会环境来说，布氏一家生活得已经十分优越，以至于欧根是在社会的特权阶层中长大，可他的周边却被无产者氛围环绕，这也使他接触到了诸多社会弊端。

/ 016

我支配我的心脏

心脏神经官能症：假警报

人们一直认为，布莱希特患有先天的心脏神经官能症，这对他的诗歌作品影响很深。《10号日记》（*Tagbuch No.10*）的内容和保拉·班霍策尔（Paula Banholzer）1919年的讲述都证实了心脏疾病的存在。1913年5月22日的日记中记录道："夜里，剧烈搏动之后，心脏开始十分急而轻地悸动……我很害怕，那是极度的恐惧。漫长的夜毫无尽头。"但由器质性心脏病引起的恐惧既不可以从精神病学角度解释，也不能断定为神经性的。其实病因和症状被颠倒了，因为，心脏神经官能症应有神经官能性诱因，或者说是心理诱因（对心肌梗死的恐惧），而布莱希特所感受到的恐惧是由肌体心脏疾患引起的。原始资料也支持急性器质性疾病这一结论。

回顾人生时，布莱希特至少强调过三次，他的心脏病是在学校进行体育运动时患上的。大多数的心脏病发作都记录在1913年5~7月间的日记里。为此他来到巴特施泰本（Bad Steben）疗养，在这里他接受了浴疗和"钢水"（一种含铁的矿泉水）治疗，而不是精神病学的医治（1913年7月14日至8月15日）。疗养虽然有效果，但没有根治。1916年10月再次出现了心脏病发的状况，此后保拉·班霍策尔又描述了1919年四五月间布莱希特一次严重的心脏病发作。保拉用罨法对此加以治疗，效果竟然——根据保拉所写——很好，从此之后无论是书信还是日记中再没有出现关于心脏问题的任何记录，只有给赫尔伯特·耶林（Herbert Jhering，1922年10月）和阿诺尔特·布罗嫩（Arnolt Bronnen，1923年1月12日）的两封信属于例外，但这两封信写得太过轻率和戏谑，不能作为心脏神经官能症的凭证。

布莱希特在 1916 年 10 月 21 日的日记中写道——他当时刚好年满 18 岁——"我支配我的心脏。我宣布对我的心脏实施戒严",这句话后来经常被引用。但之后他又写道:"活着,是多么美好。"这使人联想到乌尔里希·冯·胡腾(Ulrich von Hutten)的著名格言(活着,是一种乐趣),虽然它次日就被撤回,但完全不能凭借这则记录推断布莱希特患有神经官能症:"不。活着,毫无意义。今夜我又心绞痛发作,甚至为魔鬼这次一流的杰作而震惊。今天我又在进行哲学思考……"布莱希特把病痛归因于魔鬼,并在克服病痛的夜晚之后——略带自嘲地——再次转向哲学,这或许更证实了,他已经决定同器质性疾病作斗争,绝不屈服于此。无法证实他的行为和思想,包括写作,像神经官能症患者一样,受到无法控制的或者未知力量的驱使。布氏对死于心脏休克的恐惧很难借助神经官能症进行解释;因为心脏收缩(快速、不规则的心跳)会引发身体憋闷和恐惧,这些症状随着对心脏病发作的克服也会消失。布莱希特的所有看法都指向这个方向。这一话题也被搁置了。

您也许会笑:是《圣经》

写作灵感:好素材

既然父母没有培养布莱希特的文学造诣,就必须从祖父母们那里探寻原因,他们在孩子的教育中扮演了重要的角色。父母喜欢在长假期间把孩子们送到阿赫恩,据弟弟瓦尔特回忆,那里就像是"第二个故乡"。在那里孩子们可以自由活动,在漫游中了解周围的环境,比如黑森林。那段时间——指的是 1906~1913 年间的几年中——假期旅行对孩子们来说不只是远游和探索,而且是一种不同寻常的奢侈。布氏一家从没有面临食品短缺或饥饿的威胁,即使

1916~1918 年间也没有，饥荒在那几年夺去了 60 万德国人的生命；同时数以百万计的德国人必须在生存的绝对最低限上勉强度日，还有一大批人由于潮湿的居住环境，要面临风湿病和结核病的折磨，他们中的大多数丧失了劳动能力。多年以后，布莱希特结识了玛格丽特·施德芬（Margarete Steffin），才接触到工人阶级所特有的疾病。虽然布莱希特在工人聚集的城区长大，但儿童和少年时代对此却毫不知情。由此只能推断，他自小没有机会了解社会的疾苦。

几乎可以确信，外祖母弗里德里克·布雷岑对布莱希特进行了新教教育。1900 年，布雷岑一家就定居于奥格斯堡，次年便入住了布莱希特家对面布莱希街 7 号的房子。老妇人经常给年幼的布莱希特朗读圣经或者讲述圣经故事，这与其说是出于对宗教的兴趣，不如说是出于对其丰富内容的兴趣，但这些圣经知识却对布莱希特产生了深远影响。之后布莱希特又在赤足教堂（Barfüßerkirche）接受了保尔·德策尔（Paul Detzer）教长和克劳泽尔（Krausser）牧师的坚信礼课程和其他宗教课程。现在已无从知晓布莱希特当年去做礼拜的频繁程度，但可以推断，他每个星期天都同母亲一起去教堂。

还有一件事是肯定的：和其他孩子在被迫参加宗教活动时的行为不同，布莱希特会认真地听，或许还会同大家一起吟唱。德策尔的一部分布道是有打印稿的，所以通过对比可以看出布莱希特青年时期采用了其中哪些主题、语言和思想，布氏学生时期的很多诗歌也都与圣经或者宗教题材有关，但他使用了多少赞美诗的曲调已无从考证。1920 年《伟大的感恩圣歌》（Großen Dankchoral）就是对赞美诗的讽刺性模仿，后来的《希特勒圣歌》（Hitler-Chorälen）也延续了这种手法。1916 年 10 月 20 日，布莱希特在日记中写道："我在读圣经……它是那样不可比拟的美、坚定，但它同时也是一部恶之书。其恶至极，甚至读它的人也会变得恶和冷酷，明晓生活并非不公，而是公正的；生活并非惬意，而是可怖的。……相信这些便是一种恶；但是，圣经或许也相信这些，它满纸阴谋诡计，却又如此真实。"

由此可见，下文的故事也并非戏谈。1928 年 9 月，布莱希特接受《女士》(Die Dame) 杂志的采访，对方询问"对您影响最大的书是什么？"布氏回答："您也许会笑：是《圣经》。"答案本身已经暗指了读者会有的惊异反应，因为 1928 年人们期待从一名公认的共产主义者嘴里听到完全不同的答案。在这次采访大约半年以前，布莱希特已经证实，圣经对他来说并无意识形态和世界观层面上的意义。《莱比锡新报》(Neue Leipziger Zeitung) 进行采访时提出的众多问题之一便是"最喜爱的书"："如果我说是《圣经》，那么这不是为了引人瞩目，也不是故作风雅。我是叙事文学作家，所以我爱《圣经》、《堂吉诃德》和《好兵帅克》。"《圣经》——尤其是《旧约》——故事精彩、人物饱满、引人入胜，布莱希特一生都深受这一特点的影响，被其语言深深吸引，特别是路德的翻译，它既观察学习了民间语言，又不随波逐流。

我必须坚持创作
《10 号日记》：形式和风格的练习

1980 年代时《10 号日记》才被发现。这是一本黑色 A5 封皮的活页小册子，共 53 页，除了第 53 页的背面以外全部写满了字。日记的时间跨度为 1913 年 5 月 13 日至 12 月 25 日，详细记录了这期间的重要事件、思想和各项活动，更记录了这一时期的文学作品。最后一项在日记中的比重尤为突出——它包含了 80 首诗，各种小故事，戏剧草稿以及笔记。布莱希特的其他私人日记中都鲜有与工作相关的部分，或者缺失多页，所以《10 号日记》可以说是能展现布氏青年时代工作方式的唯一文献。虽然序数词"10号"不能表明这之前有9本日记或者这之后有更多的日记，但也不能妄断这是唯一的一本；因为布莱希特本人在文章中也提到过其他日记。

《10号日记》首要记录了诗人的逐渐成长，日记中简练地写道："我必须坚持创作。"成长也伴随着诗人惊人的自我反思和清晰的意识指向。当15岁的布莱希特同母亲到达拜仁州巴特施泰本进行疗养时，他记下了这样的话："这是一个宁静的下午。鸡在啼鸣，两点半的钟声在回响。我们开始精细条理地描述将会在巴特施泰本发生的一切。"他还用诙谐的口吻决定了这些记录会采用何种形式。此外，所有的练习都目的清晰。例如，如果日记中写道"下面我要尝试写一首十四行诗"，这之后就是一首名为《暴徒》（*Die Gewaltigen*）的十四行诗，技巧纯熟地遵循了十四行诗的经典格式。或者还写道："要尝试谣曲。我还没有掌握这一文体。"这样的自我批评经常出现，说明布莱希特会时常反思，并同自己的作品保持距离。8月17日布莱希特记录了他的"第一次失败。不假思索地把一首名为《节日》（*Feiertag*）的诗仓促寄给了《青年》（*Jugend*）［慕尼黑当代文学与艺术杂志］，自然没有收到回音"。9月10日是自我鉴定："我看清了：这几乎毫无意义。我所有的诗作都是情感涂鸦。毫无格式、风格和思想。我必须转变。小而精的诗。"

但日记中的诗和各类散文、戏剧的草稿其实并非"情感涂鸦"，而是恰恰相反。尤为特别的是，布莱希特——在他当时的年纪或许是显而易见的——在诗歌中并非像通常那样抒发个人情感，或者寻求主观表达。他选取的一律是历史或者时事素材，还有一部分虚构或者神话题材，将之连接成韵，从而练习写作技巧。引人注意的还有，布莱希特很早就受到赞赏，5月17日的日记记录了同学鲁道夫·哈特曼（Rudolf Hartmann）对布莱希特说的话："你是一名出色的讽刺作家。"《10号日记》确实包含了讽刺类文学作品，大概是同学尤里乌斯·宾根（Julius Bingen）的讽刺性传记（Biographiesatire），很成功，某种程度上也十分辛辣，文中有这样的语句："宾根先生的内心是一枚军功章，这是他凭借罕见的一板一眼赢得的。宾根为内在的依靠提供了最微不足道的东西，它的骨架和容器。"

他似乎觉得我蠢
作者：出版人

布莱希特这一时期尝试在报纸上发表自己的作品（未果），频频遭到拒绝，他或许正是因此而在1913年夏末创办了学生杂志《收获》（*Die Ernte*），以便拥有自己的出版机构。有关《收获》——当时还名为《白日》（*Der Tag*）——的首次记载出现在1913年8月20日："然后在格威尔那里，我们谈了报纸《白日》的事情。他要1马克的稿酬，我来负责报纸的编辑、设计、胶版印刷和销售。利润25芬尼。他似乎觉得我蠢。"做杂志还有另一个原因：赚钱。显然，布莱希特从一开始就没有打算把他的文学创作当作不食人间烟火的珍宝，它虽然不能带来收益，但是应该贴近民众，让作者声名斐然。弗里茨·格威尔（Fritz Gehweyer）没有写多少稿件，主要负责组织的工作。每一期都精心制作，花费不菲。主色调类似青春艺术风格的多色编织插图，十分引人入胜。内容上布莱希特也要求颇高："只有形式和内容都完美的诗、小说、人生经历和其他稿件才能刊登。"

但并非所有的工作人员都履行了这一要求，即使布莱希特自己也只有最初几篇习作值得一提，虽然并非诗歌意义上的佳作，但这些作品颇具一些美学和选题上的小闪光点。马克斯·霍恩内斯特尔（Max Hohenester）——后来的杂志编辑和出版人，或许还有一些文学天赋。其他的人，像路德维希·鲍尔（Ludwig Bauer）、瓦尔特·格鲁斯（Walter Groos）和弗兰茨·克罗尔（Franz Kroher）之类，后来都选择了市民职业，与艺术再无关系。布莱希特必须自己完成所有的事——除了版画印刷之外，例如他要完成文字印刷，格威尔的父母在奥格斯堡内城有一家纺织品店，布莱希特被允准使用这里的胶版印刷机。办杂志所必需的纸张很有可能是他在父亲的帮助下得到的。布莱希特不仅成功地鼓励了《收获》所有的工作人员进行文学创作，还一直保持了自己作为编辑和出版人的权威。

在《10号日记》（还有日后的很多日记）中可以显而易见地发现，当布莱希特独自一人时他会极为无聊。他的惯用语是："永远的一成不变！"同他人一起工作的急切渴望在他青少年时期就已十分明了。布莱希特爱好交际和共同创造，而不是洪堡口中"孤独与自由"的传统研学。所有的迹象都表明，布莱希特需要被人环绕着才能写作，或者才能口述，由其他人执笔。学生时期，布莱希特就代表了"作者兼出版人"——这是日后瓦尔特·本雅明（Walter Benjamin）的表述——这一类型，他利用了所有技术和手段，组织创作过程，集体创作作品，著作权实则已经退居次席。日记中很多不同文风的习作和文章节选后来都归于其他人名下，从中可以推断，布莱希特为了不过分突出自己的核心地位，会让协作者抄袭自己的文章。

《收获》第1期发行于1913年8月末，最后一期即第7期发行于1914年2月；第5期大概没有出版，但是有一份试行本。各类不同的文学体裁都得到了充分的展现。首先是诗歌，然后是短篇小说（中篇小说）、人物介绍［比如关于格哈特·霍普特曼（Gerhard Hauptmann）］、笑话、讽刺作品、谜语，还有一篇法语的短篇小说或者关于辅音堆叠的语言学研究（格鲁斯作）以及图画描写，第6 期还有一部完整的戏剧——独幕剧《圣经》，布莱希特的第一部戏剧作品。值得注意的是《探戈舞》（*Der Tango*）一文是一篇讽刺"德意志性（Deutschtum）"的文章，开篇讲道："德国人是一个特殊的民族。他们自古便是自由的。当自由受到威胁时，他们总会反击。他们总是胜利者，战胜过法国，战胜过意大利。德国人曾拥有最伟大的学者、哲学家和诗人，呈现自己的风俗和礼仪。但是德国人总是在外国人面前低人一等，必须接受他人的风俗，比如法国的，还有意大利的。"美国教会了德国人探戈舞，舞蹈本来是不体面的："试想拿破仑、恺撒或者耶稣基督在跳舞。或者想象易普生在跳探戈。"所以署名为"E. 布莱希特"的文章作者建议："摒除那些陌生的风俗，它只会让我们德国人出丑。德国人，你们想想：牛可做之事，朱庇特[①]未必可做（Quod licet bovi non licet Jovi）。"但布莱希特无法显著扩大协作团队，杂志在朋友和同学中一直反响平平，加之赚钱的希望也落空了，因此，他渐渐失去了继续出版《收获》杂志的兴趣。

年少时褪色的信中写着，我们一夜无眠

布莱希特派：绝非纵酒宴乐

或许是从《收获》的协作者中渐渐聚结了后来所谓的"布莱希特派（Brecht-Clique）"。布莱希特 1915 年 9 月 20 日致信格威尔，信中授予他"荣誉成员"，之后布莱希特派便组建起来。大家在奥格斯堡的一个小酒馆里相聚："我念了抑扬格的独白，霍恩内斯特尔

---

① 罗马神话中统治神界和凡间的众神之王，对应希腊神话中的宙斯。

讲了话，我们一同读了《哈姆雷特》中的一场，还谈论了查拉图斯特拉（Zarathustra）[①]。"除此之外，布莱希特派的成员还有小提琴手约翰·哈勒尔（Johann Harrer），他是个籍籍无名之人；在路德维希·普莱斯特（Ludwig Prestel）和鲁道夫·普莱斯特（Rudolf Prestel）两人中，路德的钢琴技艺精湛，布莱希特同他的关系也更为亲密，但不久也由于意识形态的分歧而分道扬镳（路德指责布莱希特逃避兵役）；还有鲁道夫·哈特曼——布莱希特儿时的伙伴，他的木偶剧可谓布莱希特第一部导演的作品，当时布莱希特宣称自己是"导演和剧院经理"；此外还有早年的玩伴格奥尔格·范策特（Georg Pfanzelt），他比布莱希特年长许多，布莱希特叫他奥格（Orge），并把《家庭修身集》和《巴尔的一生》都献给了他，奥格还是布莱希特作品中经常出现的人物，最著名的是《奥格之歌》（Orges Gesang），这是一首以厕所为主题的诗，厕所是最受欢迎的地方，"这里的人们心满意足 / 屋顶繁星闪烁，屋底一片污秽"；年长一岁的卡斯帕尔·内尔，布莱希特叫他卡斯（Cas），他 1911 年留级到布莱希特的班里，后来成为画家和舞台设计；还有比布莱希特小两岁的奥托·穆勒莱塞特（Otto Müllereisert），也被叫作海盖（Heigei）、海尔盖（Heilgei）或者海（Hei），他也与布莱希特同班，日后在慕尼黑学医，就职于柏林的夏里特医院（Charité）；还有同样小两岁的汉斯·奥托·缪斯特尔（Hans Otto Münsterer），他出身贵族家庭，衣着优雅，因而经常被布莱希特戏称为"缪斯特尔先生"［见《缪斯特尔先生之歌》（Lied an Herrn Münsterer）］，所以也没有绰号。

这个朋友圈保持了惊人的持续性。布莱希特和奥格是终生的挚

---

① 查拉图斯特拉是琐罗亚斯德教，即拜火教的创始人。此处指尼采的《查拉图斯特拉如是说》。

友，尽管这些朋友中唯有奥格出身平民家庭（他的父亲是车间主任），很早就离开学校成了行政公务员。根据瓦尔特·布莱希特回忆，奥格辛辣的诙谐幽默和粗鲁放荡对欧根影响很大，这在布莱希特早期作品中也有所展现，但这些作品本是不宜示人的。这位友人虽然年长许多，但不失幽默，满脑子奇思妙想，好像叛逆的魔鬼墨菲斯托 ① 跛足穿行于此——布莱希特几乎找不到更好的同伴了。范策特还在音乐上天赋异禀；布莱希特主要同他和路德维希·普莱斯特一起搞音乐，写了很多新歌。即使在慕尼黑和柏林时期，奥格也是布莱希特工作上重要的交谈伙伴和作品的鉴赏评论者，后来奥格在 1934 年流亡至斯文堡（Svendborg），布莱希特在美国一再向他提供帮助。战后布莱希特在 1949 年 9 月同路德·贝尔劳（Ruth Berlau）重回故里，他和奥格又在奥格斯堡重聚。布莱希特最终的也是最独特的诗中有一首是献给他的:《奥格的愿望单》(Orges Wunschliste)。

当时也不能预见，布莱希特和卡斯帕尔·内尔的同学情谊演变成了一生的创作共同体，在整个舞台和戏剧世界掀起了一场革命。1915~1918 年内尔必须在前线服战时兵役，布莱希特很担心他的生命安危。布莱希特把《死兵的传说》(Die Legende vom toten Soldaten) 献给克里斯蒂安·格鲁贝斯（Christian Grumbeis），这个人物同内尔的出生日期相同。1917 年 4 月内尔在佛兰德（Flandern）战役中负伤，必须返回奥格斯堡疗伤，更加重要的是治疗心理创伤，以便在 8 月重新返回战场。内尔共经历了 32 次殊死战斗，能幸存下来几乎是个奇迹。布莱希特在信中极为关切地劝说"受伤的士兵"卡斯，不要再让自己被判定为健康状况适合入伍，不要再和那些"绝望而可笑地甩着腿的男人"为伍。这些在语言上都

---

① 又译梅菲斯特。

与诗歌中死兵的故事具有明显的形似性。1917年在内尔重返战场之前，布莱希特很可能已写了《死兵的传说》，也很可能把这份对彻底毁灭的告诫寄给了战火中的朋友；如果是这样，《死兵的传说》的创作日期可以追溯至1918年春，这一推测的依据是《死兵的传说》的第一节，其中提到了战争的"第四个春天"，因而推断为1918年。这首诗首次出版是在《夜半鼓声》（*Trommeln in der Nacht*，1922）的附录中，此句却改为了"第五个春天"。这样的时间变换是因为这首诗在戏剧情节中出现的时间是1919年。

汉斯·奥托·缪斯特尔是青春友谊长存的另一个例子。根据缪斯特尔的陈述，他于1917年加入布莱希特派，是早期很多诗歌及歌谣的合著者，但他没有要求署名。早期诗歌的一大部分布莱希特并没有付诸笔端，而是借由他的笔录才得以流传下来。缪斯特尔和布莱希特的私人关系维持到1924年布氏离开慕尼黑。缪斯特尔在慕尼黑学习医学，后来成为州防疫所的病毒学家和皮肤病学家，但他一直对布莱希特的作品很感兴趣，直至《爱德华》（*Eduard*）彩排时都会亲自到剧院观看。第二次世界大战（简称"二战"）后缪斯特尔还前往柏林探望布莱希特，并参与了柏林剧团的彩排。这是1950年的事情。之后两人仍有书信往来，相约共度1955年末至1956年初的冬季，但计划并没有得到实施。缪斯特尔1963年还写了《1917~1922年间的回忆和谈话》（*Erinnerungen und Gespräche aus den Jahren 1917 bis 1922*），是记录那个时代最重要的文献之一。

如若当时的诗歌，几个密友夜间——或许是深夜——穿过奥格斯堡的街巷，伴着吉他唱和，给居民带来些纷扰（"踉跄走过地狱的岩浆／贝尔特·布莱希特手持他的灯笼"），这同样是诗，如同《巡塔》（*Turmwacht*）借用小说中的素材一样。大家经常于夏日聚在莱希河畔游泳，当然也追求年轻姑娘，这都已经太稀松平常，以至于几乎没有文字描述这些，只知道这样的聚会都伴随着音乐和诗的创作。弟弟瓦尔特跟当时的大部分市民阶层一样，会弹奏钢琴，而哥哥布莱希特却选择了吉他，是个"吉他动物"①，这是因为吉他携带方便。但是自然不会纵酒宴乐和彻夜狂欢，因为不仅父母会为此担心，那个时候的老师也都认为自己是教育者，并会为此担心。孩子和青少年晚上要待在家中，夜里要上床睡觉，再无别的去处。

首日，他呼唤 / 战斗吧，德意志钢铁之师
战争诗：约稿

1914 年 8 月 4 日，德意志帝国议会同意为第一次世界大战（简称"一战"）提供战争贷款。社民党（SPD）占有近 35% 的席位，是最强大的议会党团，本可以采取反战的和平措施，却对这一决议投了赞成票。早在 8 月 1 日德国就开始了战争动员。社民党主席胡戈·哈泽（Hugo Haase）还发表了臭名昭著的演说："我们在危险的时刻不能抛弃自己的祖国。"自《反社会主义法》（1890）颁布以来，社民党一直被谴责是"无祖国的党派"，这次他们选择了支持威廉二世皇帝及其政府，支持——虽然没有公开认可——帝国的战争目标。赞同提供战争贷款是社民党对其基本纲领和原则史无前例的背叛。罗莎·卢森堡（Rosa Luxemburg）为了达成和平的解决方案奋斗到最后，并一再提醒她的政党，他们有能力阻止这场战争。对于这次的赞成票，她讽刺地评论道："自阶级斗争的历史以来，自政治性党派存在以来，从没有任何一个政党像社民党一样，在 50 年的不断进步之后，在赢得了最高等级的权力地位之后，在把数以百万计的民众团结在自己周围之后，以这种方式，使自己作为政治因素的作用在

/ 026

---

① 参见布莱希特创作的诗歌《小夜曲》（Serenade）。

24 小时之内化为乌有。"卢森堡得出结论:"1914 年 8 月 4 日,德国的社会民主退出了政治舞台,同时社会主义国际 ① 一并瓦解了。"卢森堡的结论有着现实根据,因为自 19 世纪以来,由于各国的民族主义政策、工业化进程和资本主义(提示词:帝国主义)在全球的输出,各国民族主义之间的矛盾不断激化,社民党原本有责任认清这一点。

但在德国,高涨的狂妄自大情绪迅速蔓延,让人不禁担心会出现最严酷的后果。8 月 1 日,在众人齐唱《胜者的桂冠万岁》(*Heil Dir im Siegerkranz*)之后,帝国总理特奥巴尔德·冯·贝特曼·霍维克(Theobald von Bethmann Hollweg)发表演说,狂妄昭彰:"你们用歌声为吾皇欢呼。是的,无论是谁,有什么样的观念、什么样的信仰,我们都效忠于皇帝,并为此可以放弃财产,甚至生命。皇帝被迫让他的子民经受枪林弹雨。如果我们必须面临这场战争,那么我确信,所有青年男子都时刻准备为了德国的疆土和荣耀血洒疆场。我们深信,上帝会指引千军万马走向胜利,就像曾经多次赋予我们的一样。如果在千钧一发的最后时刻上帝能免除这场战争,我们会万分感谢。如若不能,在神的指引下,为了皇帝和祖国,战斗!"

沙文主义的崛起同一名全心投入文学创作的少年有何关系?战争伊始的气氛如何?政府为战争进行了怎样的煽动性宣传?布莱希特在作品中对此有何反应?通过对一篇散文和一首诗的简单分析就可以得出结论。在首场大战役一周之后,16 岁的布莱希特在发行量巨大的《奥格斯堡新报》(*Augsburger Neuesten Nachrichten*)上发表了人生的第一篇文章,时间是 1914 年 8 月 8 日,这个时候出现的宣传标语诸如"让你们的心同上帝一起跳动,把你们的拳头挥向

---

① 即第二国际。

敌人"，而且人们会聚集在教堂，在《我众感恩上帝》伴奏下为即将到来的屠杀进行祈祷。

这篇文章是一篇散文，名为《巡塔》，描述了两个奥格斯堡的中学生——也就是作者和他的同窗——在午夜登上奥格斯堡的派尔拉赫塔（Perlachturm）①进行"巡空"，即侦察敌机并及时发出警报。事实上，同一家报纸两天前曾刊登过文章："鉴于有出现敌机的新闻，有必要针对突发性事件采取更高级的防范措施，应当雇用高塔守卫员，在战争时期用望远镜进行高空侦察，如若可见任何敌机便发出警报。"此外还得到证实，布莱希特文中名为卡斯帕尔·多伊森鲍尔（Kasper Deutschenbaur）的人物是奥格斯堡的市议员，负责军事动员工作。有充足的证据证明，布莱希特的文章讲述的是一次真实事件，所以，布莱希特的出版生涯——如果将《收获》除外——是以记者身份开始的。

但这是一篇完全虚构的散文。文章本身就包含一些提示。当布莱希特描写"两个极为可疑的人物"午夜12点蹑手蹑脚地登上塔顶，"昏暗的云（遮掩）了天上的月亮"，还在括号里添加了评注，"宛如我在小说里读到过的"。午夜时分已然类似恐怖故事，为什么敌机会正好在午夜出现，而不是在白天？评注清晰地说明，"昏暗的云"是出自某一小说的表达，绝非对应现实。深夜巡空的诱惑力顺应了这个年纪的青少年的要求，他们想打破日常生活的桎梏。

除此之外，由于宣战和初期的军事行动当时只针对俄国（始自8月1日）和法国（始自8月3日），所以敌机只可能是法国或者俄国的。布莱希特提到发现敌机的城市是英戈尔施塔特（Ingolstadt）和慕尼黑，所以这些飞机显然来自俄国。俄国飞机，或者驻扎得更近的法国飞机是绝不可能飞抵奥格斯堡的。由于最远航程有400公

/ *028*

---

① 奥格斯堡老城区建筑，在10世纪时作为瞭望塔而被修建。

里（飞机还必须要返航），另外奥格斯堡也并非军事要地，所以在1914年8月这里完全没有被轰炸的可能性（自1917年开始或许将有所转变）。

这类事件尤为棘手，原因是自从引擎飞机问世以来（莱特兄弟1903年12月试飞成功），率先从英国开始，欧洲爆发了严重的飞机恐惧症。新的第三维度突然出现了，它此前完全被保留给自然，现在也因战争目的而被利用起来。1908年（德国是1909年）H.G.威尔斯（H.G.Wells）发表了未来科幻小说《空中的战争》（*The War in the Air*），之后也涌现了很多场景相似的同类型作品，这——自然是在军方的支持下——引发了民众极为歇斯底里的反应。1914年在战争爆发前，英国就因为有人在海岸目击了德国的齐柏林飞艇①，而经历了一次集体性恐慌。

在德国，民众对空袭的恐惧也被利用，以煽动战争情绪，布莱希特的文章就是这一阴谋诡计的见证。1914年8月7日和8日，军方的宣传工具策动了一次心理动员，他们借由覆盖全境的传媒运动，在整个德国宣传所谓的空战已经迫在眉睫，并添枝加叶地渲染可怖的后果。布莱希特的文章正是同一系列的作品，所以也不排除受委托所作的可能性；这篇文章以他的同学为目标群体，号召他们作为未成年人也要积极参加到战争中去，分享全国一片好战的狂热。

仍存有疑问的是，布莱希特是如何得以创作这篇文章的。他所描述的"巡塔"很有可能从未发生过，而且仅仅两天前同一家报纸才刊登文章呼吁这类行动，他应该无法作出如此快速的回应。但可以确认的是，巡空作为一项安排是预先规划好的，并且也得到了彻底的完成。实科高级中学1914年的年鉴记录了这一切。根据记录，

---

① 一系列硬式飞船的总称，20世纪初期由德国飞船设计家费迪南德·冯·齐柏林（Ferdinand von Zeppelin）设计，用途覆盖民用和军用两个领域，在20世纪二三十年代尤为兴盛。

为战争，包括为巡空而进行的宣传运动当年成功结束。就布莱希特而言，结论只可能是他必须动用一切手段，甚至利用普遍的战争气氛，才能在报纸上发表文章。但布莱希特同时在文章中也植入了许多虚构的信号，借以同此事保持距离。

同《巡塔》联系在一起的名字还有威廉·布鲁斯特勒（Wilhelm Brüstle）。根据布鲁斯特勒自己的陈述，他通过《巡塔》一文发现了布莱希特这位作家。布鲁斯特勒负责《奥格斯堡新报》的副刊《叙事者》（Der Erzähler），它并非布莱希特在上面发表（表面上）纪实性稿件的《新报》。在《奥格斯堡新报》和《慕尼黑—奥格斯堡晚报》（München-Augsburger Abendzeitung）之后，《叙事者》是布莱希特发表文章的第三份刊物，但布鲁斯特勒却是布莱希特文学天赋的发现者与支持者，他刊印了布莱希特的诗——《青岛士兵》（Tsingtausoldat，出版于 1915 年 8 月 15 日）和《唐纳德要塞铁道部队之歌》（出版于 1916 年 7 月 13 日）。这些诗作在当时不允许在任何地方的报纸上出版，除非在副刊中，即遵循箴言：那些无法公开言说之物，可掩藏于文学外衣之下。这两首诗都可归为士兵诗系列，其中的主人公都在失守的岗哨无可挽回地走向了死亡。这一系列诗作从《旗手》（Fähnrich）开始到《死兵的传说》形成了一个暂时的高潮。

另一首更复杂的讽刺性诗歌是《皇帝。剪影》（Der Kaiser. Silhouette），于 1915 年 1 月 27 日（皇帝的诞生日）发表于《奥格斯堡新报》，诗的第一节为：

> 陡峭。忠诚。不屈。骄傲。正直。
> 伊曼努尔·康德之邦的皇帝。
> 为最崇高的宝藏而艰苦战斗：和平。
> 他是和平时期的斗士和兵卒。

违背整个世界，

维护这个国家的和平。

背负最沉重的负担。

第一行诗句尽可能做到不抒情，也没有去挥洒狂热的激情。更重要的是，这一句表面上看只是定语的排列，因为如果是这种情形本应使用逗号。句号用来标示句子，所以这里其实是 5 个省略句，说话者通过长的停顿来强调它们，诗句的静态从而也被着重强调。说话者记录的不是鲜活的个人，而是他的立像，好似威廉二世在形成自己的风格。除此之外，这个立像和题目中的"剪影"也相互对立，因为细巧的剪影并不适合肩负千斤重担。类似的还有诗歌中"Lands"（国家）和"Kants"（康德）的韵脚。已经可以证实，布莱希特这一时期对康德不只是道听途说，至少已经读过一部分《纯粹理性批判》（布氏曾在自己《纯粹理性批判》一书的衬页上作诗一首），因此完全可以假定他知晓这样的韵脚能将哪些事物统一起来。更棘手的是，"Land"和"Kant"都采用了第二格的屈折变化，因而韵听起来尖锐，甚至带有讽刺性。诗歌附和了当时普遍的夸张修辞方式，为不平常之物披上了平常的外衣，因而并不突兀，尤其适宜出版。

我不时躺在船中做梦
凝望高空
战争与饿殍：被无视

1915 年 8 月 7 日与 26 日，布莱希特从奥地利布雷根茨地区给马克斯·霍恩内斯特尔写了两张明信片，从中可以得知，我们的年轻人并不关心血流成河的战争。布莱希特和弗里茨·格威尔驻足山野，他们在"禁止通行的小路"上散步，像尼采笔下的查拉图斯特拉一样，"清醒着、沉默着"寻找夜与自然的孤独，以守护"底希特瑞提斯（Dichteritis）"。这是布莱希特的新造词。让人联想起医学词汇，并把其中的词根"写作（Dichten）"理解为传染性的感染或癖好，使人深陷其中无法自拔。除了那篇被约稿的报刊文章，政治，甚至战争既没有出现在信件中，也没有出现在札记和日记里。因为这些无法令度假者们兴奋起来，他们关心的只有写作和如何将其公之于众。下面的几行文字是写给霍恩内斯特尔的，个中含义已毋庸赘述。

> 我不时躺在船中做梦，凝望高空——我纵身跃入天空，在扭曲盘结的巷子和牧场的上空，愚蠢猴子的脸惊奇而直瞪瞪地看向上方，我们飞越这一切并远去。

孤独中的漫游者无视残酷的现实，当格威尔一家为战争中的牺牲者悲痛不已时，这种漠然仍在持续。格奥尔格·格威尔1915年4月24日长眠沙场，接着是弗兰茨，1918年7月17日，而这些也无法阻止弗里茨报名参军，他不幸地在战争即将结束之时也倒下了。弗里茨本可以轻松躲避兵役的，因为当时规定，家中的第三个儿子可以免除服兵役的义务。虽然布莱希特1915年曾作诗《士兵之墓》（Soldatengrab），但他那个时期的作品同真实人物没有任何关系。弗里茨·格威尔作为布莱希特最亲密的朋友之一，没有得到他在文学作品中的祭奠；他的死甚至也没有被布莱希特记录在日记里。与此相反，奥格斯堡的公众却十分赞赏格威尔家的牺牲精神，视其为榜样，并为三兄弟立了纪念碑，他们的离去使整个家族再无后人。如今纪念碑还矗立在奥格斯堡的西公墓中供人唏嘘观瞻，告诫后人反思当时无谓的献身精神。

好似腓立比皇帝肥硕的宫廷小丑

中学：人的基本类型

尽管文学作品并非作者生平的真实写照，但《逃亡者对话》（*Flüchtlingsgespräche*，1940）中，齐佛尔（Ziffel）对自己生活的描述贴切而诙谐地展现了布莱希特的学校生活是何等景象。齐佛尔详细描述道："我知道，我们学校的优点经常受到质疑，它了不起的原则不被认同，也不被赞赏。这项原则便是让年轻人在最柔弱的年纪直面世界的本来面目。他在毫不知情的情况下被直接扔进一个肮脏的小池塘里：游，不然就啃烂泥。老师的任务是代表孩子们将来会在生活中遇到的各类人的基本类型。在这里人们每天有 4~6 小时的机会，学习那些粗俗、恶劣、不公之事。对这样的课程来说，再高的学费都不足为过，但这些竟然都是免费的，完全由国家资助。年轻人在学校遇到的都是难以忘却的非人形象，这些人具有几乎无限的权力。由于具备一些教育学知识和长年的经验，他们按照自己的模样塑造学生。而学生要学习将来能飞黄腾达所必需的一切，这同时也是能在学校游刃有余所需要的。其实无非是贪赃枉法、滥竽充数、报复他人的同时让自己安然无恙，快速掌握那些陈词滥调、阿谀奉承、卑躬屈膝，进而时刻准备向居高位者出卖同伴，诸如此类。"

虽然引文的讽刺口吻比较夸张，但如若对比托马斯·曼在《布登勃洛克一家》中的描写，可以看出它还是很贴切地还原了当时的普遍风气。布莱希特的学习生涯被各类教学计划良好地记录下来，但这些材料几乎都言之无物，布氏的求学轨迹似乎只是沿着最平淡无奇的轨道行进；他的成绩也只是平平。布莱希特在奥格斯堡上了 3 所学校，从 1904 年 9 月 1 日起，起先在巴福塞尔区上了两年公立学校（仅距布氏在布莱希街的房子 1 公里），1905 年他转校至本市另一所公立学校，1908 年起在奥格斯堡皇家实科高级中学（das Königliche Realgymnasium Augsburg）学习，1917 年毕业，拿到"战时高中毕业证（Notabitur）"：中学生应当尽可能多地服兵役。

学生时期有两则著名的趣闻，显示了布氏日后的反叛精神以及独特的对寻常事物的反向运用。9 年级时，他的朋友马克斯·霍恩内斯特尔把试卷上的错误刮掉，并找老师申诉，想骗取较好的成绩。老师把纸对向光亮，轻易识破了这个骗局。布莱希特观察了此事，自己拿出红笔，勾出本来完全正确的地方，并找老师申诉这是判卷失误。老师不想丢脸，就把分数提高了。这是发生于 1912 年的事情。

第二件事发生在 1916 年，几乎让欧根失去了文凭。当时要求学生以古罗马诗人贺拉斯（Horaz）的名句 "Dulce et decorum est pro patria mori"[①] 为题写一篇作文，这自然是希望大家面临世界大战能找到充足的理由宣扬为国捐躯的甜美与光荣。1916 年，技术装备战开始，报纸上满篇皆是倒在了"荣誉之地"的男人的讣告，他们的年纪也越来越小。布莱希特在自己文章的结尾写道："这句格言的价值无非是为了实现某种目的的宣传工具。生离死别总是艰难的，无论是病榻前还是疆场上。只有没头脑的人才会如此自负，只要这生死攸关之际还远离自己，他们就把这一切说成穿越暗黑之门的轻身一跃。如果死神的枯槁逼近自己，他们就把盾牌背在肩上落荒而逃，好似腓立比皇帝肥硕的宫廷小丑，[②] 正是这个小丑想出了题中的这个句子。"这篇文章是在拉丁语课上写的，布莱希特一生都因这门课程受益匪浅。同路德版《圣经》一样，拉丁语以及句法结构都对布氏诗歌语言的形成有着决定性影响。经典的拉丁语文学作品，比如伟大的作家贺拉斯，还有卢克莱修（Lukrez）、奥维德（Ovid）、

---

① 拉丁语，意为"为祖国捐躯甜美而光荣"。
② 讽刺贺拉斯应募参加了共和派军队，并被委任为军团指挥。公元前 42 年共和派军队被击败，他逃回了意大利。

维吉尔（Vergil）、西塞罗（Cicero）、塔西陀（Tacitus）和李维（Livius），他们像一条红线贯穿了布莱希特所有的作品，成为他清晰并极具挑战性语言的范本。

文章中的这些语句是奥托·穆勒莱塞特记录下来的，他也是布莱希特派的成员之一。这些语句的文风同当时布氏所作的诗歌有很多相似性，例如《唐纳德要塞铁道部队之歌》、《邦尼·麦克·索尔的婚嫁》（*Bonnie Mac Sorel freite*）和《劳苦之歌》（*Das Beschwerdelied*），这些诗都脱离了之前普遍遵循的模式，转而走向了反叛甚至挑衅的风格。

> 你们往高处爬
> 最高也只能爬到一个女人身上
> 你们脱掉她的衣服，她脱下你们的衣服：
> 你们为这样的消磨时间而掏腰包。
> 生活是美的
> 如果你更美：
> 你无法从生活中脱身
> 因为它是脏的。

穆勒莱塞特时常凭记忆引用这首诗，这说明布莱希特的表达色彩强烈，深深印刻在了同伴们的脑海里。另外，有两件事对布莱希特是有益的：人们不使用这样的语言，这在当时的教育方式中——即便不会受到惩罚——也至少是没有教养的，但正因为如此，人们反而更容易记住。

事件最终结局如下：副校长和拉丁语老师格布哈德（Gebhard）对此事反映强烈，将之交至教师委员会裁夺。若非宗教课教师罗穆阿尔德·绍尔（Romuald Sauer）居间调解（他与布氏一家结交甚好），教师委员会便会提出勒令退学。这件事也按惯例计入了档案，所有的成绩都被下调了，这应该是布莱希特得到过的最差的一张成绩单。但他有勇气在正式的课堂作业中写出如此的句子，也是其自信心的证明，虽然还没有人发觉他出版作品的讽刺性特点，但布莱希特从这些作品的出版中获得了新的信心。他从此同沙文主义的虚假割席而坐，事实证明，布莱希特 1916 年初便完全停止为报纸创作美化战争的文章。1914 年 9 月 28 日，最后一封《奥格斯堡战时书信》（ *Augsburger Kriegsbrief* ）刊登在《慕尼黑—奥格斯堡晚报》，最后一首《士兵之墓》1916 年 2 月 20 日刊登在同一家报纸——同之前所有报刊稿件一样，署名贝特霍尔德·欧根（Berthold Eugen）。1916 年 7 月 16 日，《唐纳德要塞铁道部队之歌》登载《奥格斯堡新报》，署名贝尔特·布莱希特（Bert Brecht），这是布莱希特第一次在公众媒体上公开自己的身份。

春意升腾。天空无耻地冷笑
母亲：双重道德

1913 年，布莱希特几乎忘记了母亲在 9 月 8 日的生日，他在日记中写道，"妈妈的生日。起先我什么都忘了"，后来给母亲买了拉尔夫·沃尔多·川恩（Ralph Waldo Trine）的灵修读物《身心合一》（ *In Harmonie mit dem Unendlichen* ，1897，德文版，1904）。川恩是美国"新思维运动（Neugeist-Bewegung）"的代表人物之一，其主要观点也流传甚广：不可见的灵在可见的、物质的世界里也会显现。灵存在于每个个体之中，而且会同个体相适应，引导其根据心灵由内而外地构建自己的世界，达到身心合一。美国的汽车制造商亨利·福特（Henry Ford）——作为一战后几乎改变了半个世界的人——对这本书大为推崇，认为它是"积极思考"的范例，并且分发给其他大实业家（他们也需要用其为自己的剥削手段辩护）。

欧根的母亲接受这个礼物时难掩诧异，而且她会在书中读到人应当对自身患病的命运负责，因为，川恩的座右铭就是"在你生命中发生的一切，其原因都在你自身"（她或许已听闻过此类说法，因为这本书流传数百万册，其中的观点已经成了流行语）。布莱希特母亲的癌症逐渐恶化，此时送这份礼物显得颇有嘲弄之意——或者至少是欠考虑的，对于已经 15 岁的人来说这似乎也是不应被原谅的。也许这本拙劣作品的副标题——一本心灵的生命之书——对母亲来说就很陌生，因为没有任何迹象表明布莱希特对川恩有过丝毫兴趣，而且从索菲的日记中可以看出，单纯的母亲对川恩也是一无所知。当布莱希特察觉到母亲拒绝的态度之后，曾写到，很庆幸没有把自己的诗作（一本没有流传下来的诗集）当作礼物送出。母亲也许会对这本诗集更陌生，因为布莱希特的诗作中没有任何同个人生活相关的内容。

布莱希特的母亲在七年后去世，布氏写道："我的母亲卒于 5 月 1 日。春意升腾。天空无耻地冷笑。"只字不提悲伤，似乎甚至不被触动，除此之外：天空也没有表示哀悼，事不关己，姿态伤人。布莱希特的反应与之也相差无几。5 月 2 日他的朋友们都聚在布莱希特家中。弟弟瓦尔特回忆此事时，表达了对这群粗野无理的年轻人的谴责："母亲去世的次日夜晚，他邀请他的朋友们到阁楼来，而且和平日里同样的嘈杂。谁知晓这些朋友是怎样看待他拒绝一切情感表达的怪异行为，谁知晓他为何在悲伤中做这些。我们同样居住在这间房子的人，都因伤痛而沉默。"父亲对阁楼上吵嚷的聚会并没有十分气愤，但 5 月 3 日母亲还未下葬，布莱希特便要去奥格斯堡交易所礼堂听阿图尔·库彻尔（Artur Kutscher）的报告，这意味着布莱希特公开表示不愿为母亲服丧，父亲因此事而大为光火。同时，布莱希特也必须权衡利弊，要么遵循市民传统，静寄哀思；要么遵循自己的偏好，即使这会让家族声名狼藉。

库彻尔对布莱希特的文学生涯意义重大，因为布氏通过库彻尔在大学开授的戏剧研讨课同汉斯·约斯特（Hanns Johst）建立了联系，而约斯特正是库彻尔最钟爱的作家。由于工作需要，布莱希特同约斯特在1920年仍保持联系。因此，5月2日的聚会不为别的，正是布莱希特派针对库彻尔的报告，商讨在这期间和之后的计划，这样的演讲在奥格斯堡绝非等闲之事。

布莱希特不遵循市民礼节（葬礼通常以人们酩酊大醉结束，这项除外），对其鲜有重视，他之后的行为就是很好的例证。5月5日，布莱希特前往慕尼黑，陪同卡斯帕尔·内尔找房子。对母亲葬礼的评论他也使用了第三人称，在语言上保持了距离："那只是一具白骨，人们把它包裹在床单里。在黄土掩埋她之前，他就起程了。如此显而易见之事为何要观看？"记录对道德只字未提，在一个否认道德标准的社会，布莱希特早在1918年就在《巴尔》中对这样的社会现实进行了戏剧性的刻画。

除此之外，布莱希特不参加母亲的葬礼还有另一个更重要的原因——家庭的虚伪。瓦尔特和范妮·布莱希特（Fanny Brecht）——阿赫恩的堂妹，到20世纪七八十年代还在掩盖此事。布氏一家一直用尽所有方法维护婚姻的完美、家庭的和睦。但后来出现了洛克尔"小姐"（»Fräulein« Röcker）。迄今为止的记录中洛克尔小姐的声名都完美无瑕。1910年1月，由于布莱希特的母亲生病需要照料，22岁的她来到布莱希特家，并开始作为女管家掌管家中事务。据范妮·布莱希特回忆，玛丽·洛克尔（Marie Röcker）不仅教授孩子们英语和法语，还操持家务，她的厨艺能每天像变戏法一样做出满桌佳肴，而且还能完成一些家里的简单维修工作，并且悉心照料布莱希特的母亲。

　　可以确认的是，当玛丽·洛克尔搬入布氏一家，布莱希特就腾出自己的房间搬到了阁楼。这个当时才 12 岁的男孩对此十分乐意，因为这样他就能躲开家里平日的忙忙碌碌，而且能够——至少部分地——按照自己的兴趣安排生活。洛克尔曾返回乌尔姆（Ulm），但是 1914 年又回到奥格斯堡，可自然不是在布莱希街。布莱希特的父亲和洛克尔的关系一直保持着。1917 和 1918 年她在纽伦堡和乌尔茨堡（Würzburg）工作，1918 年 6 月 10 日才又回到布氏一家操持家政。没有资料记载布莱希特的母亲如何接受了洛克尔的再次到来，但她此时已经十分虚弱，无法再追查自己丈夫的越轨行为。由此，布莱希特为何还要认真对待亲人们为失去妻子和母亲而表现出来的伤痛？为何还要为自己披上沉痛的外衣？这样的事件能证实的无非是虚伪，掩盖在道德论调中的虚伪。欧根有一本奥斯卡·王尔德（Oscar Wilde）的《教义与箴言》（*Lehren und Sprüche*，1912 年版），书上被他画出的句子中就有："所有的装腔作势中，道貌岸然是最卑劣的。"母亲在 1920 年 5 月 1 日过世后，玛丽·洛克尔依然居住在布氏一家的房子里，直至布莱希特的父亲去世（1939 年 5 月 20 日）。对外洛克尔小姐仍然扮演着女管家，但私底下却担任了妻子的角色。《夜半鼓声》首演时，她还同老布莱希特一起出现在公众面前，那是在慕尼黑，1922 年 9 月 29 日。

　　布莱希特偏爱对事物直呼其名，并有意挑衅，这也有其生平背景。1918 年 2 月，在《殉难者的长篇大论》（*Auslassungen eines Märtyrers*）中，布莱希特就嘲弄了虚伪做作和矫饰伪行，手法极为巧妙，只有仔细研读才能辨识其含义。能引用的只有前两个诗节和第五诗节。

1

我在顶层房间玩桌球

这里，洗过的衣物悬挂晾干，在尿尿

我母亲每日里说：当一个成年人如此

真是绝望

2

其他人看到湿衣服不会这样想，

这样说已经是病态，

色情读物作者才会这样

但直言不讳令我感到腻烦

我对母亲说：衣服这样，我又能做什么！

5

如果同这些武器斗争，你只能离开，咽下你的气愤

抽支烟，直至你平息下来

如果不允许昌言无忌

他们不应该把授道手册中刊印任何的真实

诗歌初看是浅显的语言批评，是习惯上对孩子们提出的"不许这样说话！"的要求。但事件更为尖锐，因为这里有人蓄意寻找脏字，而且使用在完全没有必要之处——不用"滴水"，而用"尿尿"。因此，有理由怀疑，正如诗歌中的"母亲"所假定的，存在一种（病态的）癖好。而且更加棘手的是，"pisst"同"ist"押韵，而"ist"是"sein"①的一种词形上的屈折变化，所以抒情主体的控

---

① "ist"是"sein"的第三人称单数变位，同时，"sein"还有"存在"之意。

诉也就有了哲学意义。这里涉及的是中肯的语言批判，并以此决定真实是否有价值，是否应该——如授道手册所要求的——昌言无忌。根据诗歌的逻辑，现实的语言简直必然是色情文学的语言，而色情文学就字面意义而言即是"淫荡的写作"。如此一来，诗学，同圣经和授道手册被矛盾地统一起来。

虽然类似的事情也有可能发生，但这样的诗并非布莱希特如何对待母亲的真实写照，而是记录了一个时代。在那个时代，无论是政治上还是家庭生活中，虚伪都已经是家常便饭，青年人虽然能够认识并洞察这一切，但必须忍受。这些表现了青年布莱希特的警惕性，而这种警惕性针对的并非他周遭的时代弊病。

因为我没有时间，先生

兵役：戏剧教授的时间

获得"战时高中毕业证"的难度较小，为了毕业，布莱希特1917年3月——同其他许多同学一样——报名参加战地服务。他必须在5月为服兵役进行身体检查，在给弟弟瓦尔特的信中，布莱希特这样描述自己的表现：他很"冰冷"地向中校先生说："很抱歉，我本很乐意为您效劳，先生，但是这对我来说不可能。因为我没有时间。"尽管如此，他仍必须完成相应的服务，起先是在军营的文书室，后来是园艺工作。同弟弟瓦尔特不同，他只是有条件地参加了这些工作，因为布莱希特更乐意忙于读书和写作。在夏日，他来到特格尔恩湖（Tegernsee）湖畔的别墅，在那里为商务顾问[①]康拉德·科普（Conrad Kopp）担任家庭教师。"家庭教师"这一说法只是在

---

① Kommerzienrat，德国1919年之前巨商和工业家的荣誉称号。

某种程度上与事实相符，布莱希特只为这家的儿子教授了很少量的课程——他自己把这叫作"艰难地灌输"知识，其余时间他都在尽情地游泳、划船、散步以及阅读叔本华，与此同时当然还在创作自己的诗歌，比如那些大多有关女友保拉·班霍策尔（1901~1989）的诗。布莱希特称她为"碧（Bi）"，甜蜜中带着苦涩的女人（die Bittersüße）：**年轻的姑娘们不爱我们，F 调浪漫曲的女听众和保拉！**虽然战争进入了惨绝人寰的最终阶段，但布莱希特关心的只是保拉要或者不要的问题，还给她写了一些含沙射影的诗。"甜蜜中带着苦涩的女人"这一名字就点明了两人关系的矛盾性；这里布莱希特引用了萨福（Sappho）① 的诗，女诗人用这一词语概括性地形容爱情："情欲一再折磨着我／消融了我的肢体，凝固了血液／甜蜜中带着苦涩。不可控制。一头野兽。"布莱希特应该从保罗·克洛岱尔（Paul Claudel）的《交换》（*Der Tausch*）中得知了这个概念，这部戏剧是有关伴侣交换的，布莱希特向日后的情人［保拉、海达·库恩（Hedda Kuhn）、玛丽安娜·佐夫（Marianne Zoff）］都赠送了此书——显然是拐弯抹角地为了他自己 1919 年末至 1920 年初开始的乱交寻求文学上的支持。在慕尼黑的一间旅店房间内，野兽出现了，以布莱希特的形象在保拉半梦半醒之间"突袭"了她——如保拉自己所写，并向其证实——碧直至高龄都深信这一点——自己在性事上"极度笨拙"。这大约是 1918 年 6 月的事情。之前布莱希特成功地通过他乐于进行的长谈阔论，使五名情敌同意不再纠缠碧。

/ **040**

　　1917 年 9 月末，布莱希特在慕尼黑马克西米利安街（Maximilianstraße）卡斯帕尔·内尔的姨妈那里租了一间房，以便 10 月攻读医学系。布莱希特自己制订了每周至少 24 课时的计划，这份雄心虽

----

① 公元前 7 世纪希腊女诗人，著有许多情诗、婚歌、颂神诗、铭辞等。在她的诗作中，情欲是一个重要的主题。

然令人惊叹，但从始至终都只是一纸空文。虽然布莱希特日后仍不时卖弄自己的医学知识，但他早就决定，选择慕尼黑作为自己作家生涯的起点。他只是客居慕尼黑，仍然把自己在奥格斯堡的阁楼看作根据地，而且时常返回探望。他在慕尼黑的新女朋友也经常被带回奥格斯堡：海达·库恩。

开始医学学业其实是一种策略。既然战争仍然看不到尽头，布莱希特希望能借助医学学习逃避服兵役。因为——据官方说法——"存在对军医和医疗服务人员的巨大需求"，所以最高陆军统帅部（Oberste Heeresleitung，OHL）展现了对医学大学生的"特殊兴趣"："因此，医学专业得到了民事和军事官员的广泛支持。"这一说法出现在1917年6月1日的《慕尼黑—奥格斯堡晚报》上。但布莱希特在本该学医的时间里坐在了阿图尔·库彻尔传奇般的讨论课上，库彻尔习惯自称"戏剧教授"。布莱希特期望在课堂上遇到日后文学上的工作伙伴。库彻尔的课极具特色，它研究当代文学，并喜欢把原作者请来课堂。例如弗兰克·韦德金德（Frank Wedekind）便曾于1917年秋前来朗读戏剧《赫拉克勒斯》（*Herakles*）的片段。1915年时布莱希特就购置了《韦德金德之书》（*Wedekindbuch*，1914），并在书中画线标注了大量的语句，从中可以看出他对这位伟大的戏剧家和诗人的崇敬之情。

首先出现的却是一位女性，上文提到的海达·库恩，她确实在攻读医学专业，但也去听库彻尔的课，布莱希特立即对其展开了追求，渐渐赢得了芳心。布莱希特在1920年2~3月间第一次到访柏林，海达为其在弗兰克·华绍尔（Frank Warschauer）那里找到了住处。海达在布莱希特1920年的《诗篇》（*Psalmen*）中以"He"的名字出现，但此作并没有美化她，而是把她描绘成一个水性杨花的妓女，他，也就是诗中的抒情主体，"直至她死去的16个月后"，仍想把她当情人一样占有。

海达·库恩十分自信，也十分自立，因而她从不屈从于布莱希特的要求，而是独立地走自己的道路，所以与布莱希特在诗中对她的描绘并不相符。但是布莱希特最特殊的诗集或许要归功于她，其中的散文诗借用了《圣经》中的《诗篇》卷，但同其又有云泥之别，诗歌用宏伟壮丽的图像赞颂了爱情和性。布莱希特总可以将本质上平庸的事物同宇宙般宏大的维度联系在一起，而且同时并不涉及任何超验的领域："我知道：我爱得太多了。我填满了太多的身体，消耗了太多橙色的天空。我应该被灭绝。"诗句将性爱场面同橙色的天空联系起来，这样的天空颜色在日落时分确实会偶尔出现，抒情主体还把与女人的关系等同于与天空的关系，而且它都像消费品一样是要索要报酬的，这些抒情主体皆无法支付。对他来说只剩下死亡，这正是他乐意忍受的。除此之外还有许多自然图像，其中多数出自沃尔特·惠特曼（Walt Withman）的《草叶集》（*Leaves of Grass*），并把自然界的生长视同为性能力。

还有那士兵，就像他曾学过的 / 踢腿走正步

入伍合格：背后一刀[①]

1918 年 1 月 14 日，布莱希特必须为服兵役再次进行体检。他决心已定，要尽一切努力不去前线，方法之一就是提出自己所患有的心脏病当时还没有痊愈。布氏的父亲也支持他，并提交了申请书。布莱希特很可能因此"作为能长期在卫戍部队服役的卫生兵"被征召入伍，没有刻不容缓地被送往战场。与此同时，他形式

---

① Dolchstoßlegende，第一次世界大战后的一种论调，认为德国的战败是由于"后方的背叛"，即革命所致。

上继续在慕尼黑路德维希马克西米利安大学（Münchner Ludwig-Maximilians-Universität）作为医学学生注册学习，并继续自己的文学创作。5 月初，布氏的父亲再次向"奥格斯堡征兵委员会民事主席"提出申请，希望在学校授课期间准予休假；这次申请也得到了批准。第三次申请在夏季，但遭到了驳回。布莱希特必须自 1918 年 10 月 1 日起开始服兵役，这意味着首先要参加 8 周的军训。布莱希特给海达·库恩写了一条简短的消息："请您把这页纸交给我的朋友赛茨。我不能来了。我将在周二被埋葬。贝尔特·布莱希特。"阿道夫·赛茨（Adolf Seitz）是布莱希特儿时就认识的朋友；为何单单要通知他，原因已经无从知晓。布莱希特幸运地被免除了军训，或许是因为他父亲在城市里善于经营各类关系。布莱希特被分派到奥格斯堡的预备役野战医院 D 科室，担任患性病士兵的"伤员看护"。

布莱希特由此再次接触到了社会的双重道德，这里大多数患者都是"风流艳遇"的牺牲品，或者是由于前线的妓院，甚至战争中由于性饥饿而进行的同性性行为。在 D 病区，一切都不容掩饰，社会的真实面目显露出来，也为布莱希特提供了充足的进行嘲讽的理由：他创造了诗歌《D 病区公子之歌》（*Lied an die Kavaliere der Station D*）："啊，爱情的火焰燃烧着你们 / 当你们年轻、热情如火之时 / 你们同妓女云雨 / 这就是他的方式。"据汉斯·奥托·缪斯特尔回忆，本诗共 3~4 节，采用了叠句的韵式："啊，女人们，我的天呀！ / 爱情是邪恶的，但更邪恶的是淋病的灼伤！"描写性爱场景的语言也血腥得引人侧目，在《青年和处女或大调禁欲谣曲》（*Der Jüngling und die Jungfrau oder Keuschheitsballade in Dur*）中也运用了这样的语言，"把她放在楼梯上 / 一同击打"，直白的口语表达将女性定义为妓女，将其确定为两性中的下等人：性交也是不平等两者之间的交易。同时布莱希特也机敏地影射了此类所谓无伤大体的过失，虽然会产生不良后果，但犯错时人们缺乏过错意识。通常情况下，女性是这类"不损失名誉的过失"的受害者，18世纪，女性发生婚外性行为还会以"淫乱"的罪名受到迫害，但军官引诱平民之女却不会面临任何法律制裁[参见伦茨（Lenz）的戏剧《士兵们》（*Die Soldaten*）]。但这里显然是这些风流军人成了受害者，因为他们听命于患性病女人的摆布。"茨威利斯"进行反击，布莱希特也掉转矛头，对那些风流军官发泄着指责。

作为卫生兵，布莱希特一定是享受了某些"特权"，因为他从来没有穿过正规的军装，而且也不用遵循军队纪律。与此正相反，他在医院趾高气扬地穿着黄色的低帮鞋、高腰裤和毛衣，称呼他的上级——预备役高级军医拉夫医生（Dr. Raff）——"同事先生"，而这位"同事先生"也毫无异议地容许布莱希特的行为。布莱希特还让父亲的侍女送交需要完成的病员汇报，对此，拉夫先生也曾向老布莱希特提意见，但或许并不十分认真，布莱希特也没有受到任何的惩罚。但见证者称，他们十分惊异布莱希特何来勇气完成如此"不可能"的举动。1919年2月9日布莱希特被正式解职，他剪下来的"证明"上评价其服兵役期间的表现为"优秀"。

凭借《死兵的传说》，布莱希特阴暗的反战诗崭露头角，也获得了长久的名誉，这首诗符合他对战争的设想，但这无论是1917年还是1918年，都并非他在前线的经历，而是受到挚友卡斯帕尔·内尔的触发。布莱希特不间断地给内尔寄去信件，在信中恳求内尔要不惜一切地去脱离前线兵役。因此，布莱希特对朋友的呼唤也极为独特。他享受着奥格斯堡的田园风光，战争对他来说也不过是因为涉及朋友而存在："争取吧，让你下个星期就能回来！这能行的。我已经到处询问了。这一定能行。在前线一年真的是太多了。你要大吵大嚷一次。……这里的一切都那么的美好：蓝色的、美丽的、炽热的太阳！天空！夜晚！茉莉花如此芬芳！在菩提树的树梢上，大熊星座在闪烁摇晃！去莱希河游泳！森林！林荫大道！我的房间，夜晚！你不想坐在我的沙发上吗？我想给我的吉他调音！冰激凌店！灯笼！甜蜜中带着苦涩的女人（现在我**完全**占有她的。如果"那事"有什么后果，我该怎么办？捣蛋鬼，给我回信吧，把相关的事告诉我！快点儿！）还有艺术：我的戏剧！歌！故事！"这是 1918 年 7 月初。

此时德国人已经完全输掉了战争。8 月 8 日标志着德国国防军"黑色的一天"，他们在索姆河全线受挫，再无力抵御敌军。最高陆军统帅部（OHL）"第一军务总监"埃里希·鲁登道夫（Erich Ludendorff）——其实位列兴登堡（Hindenburg）之后，但一定程度上是作为独裁者在实施统治——不愿在公众面前承认失败，因而开始采取逃避策略。一方面，继续宣传要坚持战斗——鲁登道夫提出把剩下的所有逃避责任的人都送往前线，另一方面，秘密同德皇顾问谈判，希望通过自上而下的革命在德国实现民主（议会君主制）。布莱希特显然洞悉此事，他如此评论《死兵的传说》的创作过程："在战争期间为死去的士兵抒写了谣曲。1918 年春，帝国将军鲁登道夫最后一次在整个德国挨门逐户地搜寻人力资源。无论 17 岁还是 50 岁，都被套上制服，送往前线。'kv'一词本意为'入伍合格'，如今，它令数百万的家庭无比恐惧。民间流传着这样的说法：他们甚至要把死者从坟墓中挖出来服兵役。"

鲁登道夫散播谣言，能够争取美国总统威尔逊（Wilson）做出（对德国有利的）和平方案，在此背景下，9 月 30 日，德皇下令实施议会制。威廉皇帝宣布："我希望，德国人民决定比以往更积极地为祖国的命运而奋斗。因此，这也是我的意志，那些人民所信赖的能人志士们，要大规模地参与到政府的权利与义务中。"威廉皇帝并不知晓，他的所作所为意味着什么，这应该是对议会制——至少在德国——的最大欺骗，最为阴险，后果也最严重。他没有看穿鲁登道夫的阴谋，鲁登道夫放弃自己已经无法再维持的权力，企图推卸所有责任，让新成立的政府承担战争的严酷后果。

在这一政治事件中隐藏了日后"背后一刀"论调的内核，对德国的政治产生了毁灭性的影响，也为纳粹的形成和第二次世界大战提供了最重要的意识形态原因。由于宣传坚持作战所产生的影响，民众会有如此印象：德国的军队仍坚守在敌国境内，德国的胜利指日可待，因而把战争失败和"凡尔赛耻辱的和平"的责任都推给了新议会政府，尤其是社会民主人士。1919 年 11 月 8 日，兴登堡面对国民议会调查委员会，把军事溃败一方面归结为秘密而有计划的"海陆两军的解体"，另一方面，引用一位英国军官的话，德国军队遭遇了"背后一击"的暗算——即采取停战措施的政治家。

人民代表会议（Rat der Volksbeauftragten）主席弗里德里希·艾伯特（Friedrich Ebert）组织成立临时政府，当 12 月 10 日接待返回柏林的野战部队时，艾伯特说"没有敌人能够战胜你们"，如此的言语证实了这位社会民主人士对当时的战事所知之少。德意志不可战胜的神话，在 200 多万阵亡的德国士兵、近 300 万的重伤员和数十万饿死的平民面前，在整个国家被战争洗劫后的一片废墟面前，无一字是真。但没有人意识到这样的谎言，因为战争结束了，其他的问题随之出现。1921 年，普鲁士储君弗里德里希·威廉（Friedrich Wilhelm）、保罗·冯·兴登堡（Paul von Hindenburg）和埃米·鲁登道夫（Emil Ludendorff）共同发表了荒诞的通告《胜利触手可得——前线溃败的真实鉴定》（*Der Sieg war zum Greifen nahe. Authentische Zeugnisse zum Frontzusammenbruch*）。1925 年魏玛共和国国民议会选举兴登堡成为国家总统。

在这样的政治背景下才能理解，为何《死兵的传说》的震撼力可谓前无古人后无来者。布莱希特如同高坐在陆军最高统帅部正中，记录了高层的罪行，这是在整个德国历史上至今从未出现过的罪行。整首诗充斥着冷嘲热讽，不仅从根本上针对战争的罪人，而且也针对所有参与战争的人，或者所有无作为、忍受谎言而不抗议的人，所有继续沉浸在国家沙文主义之中而自鸣得意的人。根据威廉帝国时期的官方语言，要给在战场——"荣誉之地"——上的死者特别的庄严与隆重，被击倒的人因而被称为"阵亡者"，须赋予"英雄"头衔，从而给这场屠杀添加了传统上威严、牺牲、庄重、光辉的色彩。与此相反，布莱希特的诗却以看似荒诞的夸张手法，描绘了战犯们头脑中真实的想法。他们随意决定同胞的生死，仿佛是在处置一件无关紧要的玩具，这从"骑士"或者"刀剑"等语言的运用就显而易见。由于魏玛共和国其实是旧帝国的延续，并没有对这个旧垃圾场进行整理，布莱希特《死兵的传说》作为保守派和反动派坚固的障碍，时到今日依然能引人敬畏。

布莱希特亲自为本诗编曲，它同时也可谓是布莱希特一生的"事业之诗"，因为本诗以自身独特的方式陪伴了布莱希特一生，并帮助他获得了德国历史上无法磨灭的地位。首先，这首诗为布莱希特赢得了德国卡巴莱①戏剧史上稳固的位置，成为魏玛共和国时期戏剧舞台的"热门"之一。之后，1923 年希特勒首次政变，纳粹即把布莱希特的名字写在了"攫取政权"之后要逮捕之人的名单上，而且排在显赫的第五名，对此这部谣曲也是个决定性的因素。同年，《柏林地方报》（*Berliner Lokalanzeiger*）的"巴伐利亚国家报媒体讯"（Pressenotiz der bayer. Staatszeitung）Nr.30 v.6.2.23 批判柏林的德意志剧院"不知礼节，因为在他们的期刊里发表了布莱希特的《死兵的传说》"。1932 年 9 月 2 日，慕尼黑警察局在回复柏林警察总局询问的密函中暗指《死兵的传说》："事由：共产主义运动"，"B. 的文章在道德上水平极低，作者借此攫取大量利益。"1935年，纳粹又借由本诗取消了布莱希特的国籍。"内务部 6 月 8 日的指

---

① Kabarett，一种由诙谐的歌舞和幽默的对话、模仿等艺术手段构成的，大多以政治和时事为内容的讽刺性舞台小品。

示"中还写道："他拙劣的作品诋毁德国前线的战士，可见其思想之低劣。"1950 年代，此诗又被作用于抵制西德重新武装的运动中。

这谎言如此完美，这如何能不存在？

神正论：唯物主义

很早就得以证实，布莱希特拥有坚定而毫无争议地代表唯物主义的世界观，其作品《神之颂》（*Hymne an Gott*）终结了所有在意识形态层面关于布莱希特世界观的讨论。1917 年布氏——与《失望者的天空》（*Der Himmel der Enttäuschten*）（影射尼采）同一时期——创作了此诗，当时他年仅 19 岁，正值战争弥漫的年代，同时，表现主义虽然被战争遏制了影响，也占据了文学舞台。这首颂歌是对基督教之神的清算，没有同尼采一样否定其存在，而是出于很多值得注意的原因立足于神本身。

1
在昏暗的深谷里，饥饿者已逝。
而你向他们展示着面包，任由他们死去。
你庄严地高坐，却无人可见
在恒久的命运之上，闪耀而残忍。

2
你让年轻人和安乐者死去
而那些渴望死去的人，你却不允……
那些腐朽的人中，很多
信仰你，并在深信中死去。

3

一些年，你让贫困者贫困

因为他们的渴念比天空还要美丽

可怜在你的光芒到来之前，他们已死去，

他们安详地死去，并立即腐烂。

4

很多人说，你并不存在，这样更好。

但这谎言如此完美，这如何能不存在？

许多人都赖你而生，无法以别的方式死去——

告诉我，你不存在——它的反面又是什么？

这首颂歌是献给神的，庆祝神的，并把神的存在作为前提条件。诗歌（当然只是看似）讨论了神正论的问题，为神辩护，万能慈悲的神面对人间的悲苦，诗中的社会问题几乎不具有时间特性，而是普遍性的。当饥饿的人在"昏暗的深谷里"死去，神却端坐在高空，得以永生，无人可见但闪耀光辉（同"昏暗"相对）。另一组对立出现在"闪耀"和"残忍"之间：基督教之神作为善和仁慈的象征，却是自负而冷漠的，因而也不会去履行基督教思想和神行的许诺。

这一矛盾在接着的诗节中得到了扩展和激化，强调了人对神的信仰和现实中无结果的死亡之间的矛盾（"腐朽""腐烂"）。第二和第三诗节间接地说明，超验的诺言不会得到兑现。渴念比天空还要美丽，神到来得太迟，无法拯救逝者。第四诗节并非就神是否存在的原则性问题提出讨论，而是引用了传言，根据传言，神不存在或者不应该存在。抒情主体的语言表达值得注意，诗句以转折强烈的"但"开始（试比较第一诗节中的转折），两次轻蔑地称神为无名的"这"［单音节词"Gott（神）"也能符合本诗的韵律］。这表明：抒情主体在语言上坚决同个体化的神保持距离——神只是不可确定的、无人称的"这",但同时为其存在而辩护。其原因不是超验的,而是在经验之内的。在这个世界上,神是无法不承认的欺骗性事物,还有很多人靠其生存:教师、牧师、国王、战士或者总统,等等。

提出关于形而上的神是否存在的问题是错误的,因此抒情主体最终又(幽默地)将这一问题交还给神本身。结论是:这并非信仰的问题,诗中也没有任何地方谈及信仰;也不是虚无主义的问题——对青年布莱希特来说,虚无主义因尼采而得到了依据;而是社会现实和意识形态要求之间的矛盾。按照布莱希特虚无主义的观点,德国人只有"非信仰(Unglaube)"的概念,其变体是"脱离了神的信仰(Glaube ohne Gott)"(应一直如此),无信仰的人因而也成了信徒。对神的问题完全无兴趣并非毫无意义,而是意味着至少没有提出错误的问题。布莱希特和他日后作品中的主人公巴尔甘(Bargan)一样,都对神的问题不感兴趣。

这些言语出自一位现实主义者,他同时也是一位唯物主义者。诗文中的论述正好体现了卡尔·马克思(Karl Marx)和弗里德里希·恩格斯(Friedrich Engels)对路德维希·费尔巴哈(Ludwig Feuerbach)唯物主义的批判,这场批判本应以"虚无主义讨论"彻底结束["虚无主义讨论"发生于1845~1846年,并在《德意志意识形态》(*Deutsche Ideologie*)中得到了概括总结]。这无关超验的神[也无关乔治·卢卡奇(Georg Lukác)所谓的"超越一切范畴的无家可归"];这是费尔巴哈和其他思想家要将神作为一缕轻烟驱逐出现实世界。这一问题更应该是各种意识形态——无论是基督教的还是伊斯兰教的,还是其他的世界观和认识论——怎样在社会现实中被击败,以及怎样在物质上也被击败。

马克思的唯物主义同费尔巴哈的极端唯物主义有显著区别,马克思的唯物主义不但意识到,而且承认了意识形态在社会中的物质基础,因为,不论它如何蔑视人类,这一物质基础的存在既不能由于道德原因也不能由于意识形态原因而被否定。论据也极易援引：基督教和他们的神在物质形态上存在于教堂、教会机构、财富以及与财富息息相关的政治权力中。这在战争年代更加蔑视人类，因为在战争年代，各方面都在要求庇佑自己的祖国。基督教的精神存在于法典和道德观念中，存在于折磨孩子们的教师的头脑中，也存在于宗教斗争中，导致了不计其数的各种牺牲。是否存在形而上的神，这在最终面临物质权力时，已经完全无关紧要。

但青年布莱希特同尼采不同，他的独特之处在于并没有出于这一观点而决定同基督教决裂，而是选择利用它，或者在需要的时候令其物尽其用，并且暴露其弱点。20世纪，除了信奉基督教的诗人之外，没有其他现代诗人像布莱希特一样，令西方基督教传统在其作品中扮演了如此支柱性的角色。但布莱希特用唯物主义重新阐释或者颠覆了基督教的精神。《三毛钱歌剧》（*Dreigroschenoper*）的整体情节也同彼得三次不认主的故事相呼应，只是这里的告密者是妓女珍妮（Jenny），而她告密检举的是个强盗；这同渎神无关。神作为神或者作为个体并不存在，也对人类漠不关心，但神也并非否定、亵渎和嘲讽的对象。在这一点上，布莱希特同托马斯·曼不同。曼的写作采用传统的模式，意欲证明这一模式如今依然有效；而布莱希特采用这一模式，是为了展现它失去了任何有效性，因为早已出现新的形势。而新的形势扬弃了这一模式，即按照黑格尔的思想方法，否定、保存和提升，也就是提升到新的历史高度。

衣裙下你们皆是裸露的
巴尔：剥夺个体主义的权力

大学阶段最初的几个学期，布莱希特不断往返于奥格斯堡和慕尼黑。1918 年 3 月 30 日，受到库彻尔戏剧讨论课的激发，布莱希特在慕尼黑室内剧院（Münchner Kammerspiele）观看了汉斯·约斯特的《孤独者——一场人类的覆灭》（*Der Einsame. Ein Menschenuntergang*，简称《孤独者》），这是首轮演出的第一场。布莱希特曾向卡斯帕尔·内尔透露，"我想写一部关于弗朗索瓦·维庸（François Villon）的戏剧，他是 15 世纪布列塔尼地区（Bretagne）的谋杀者、街头强盗和吟游诗人"，这一计划在观看这出戏之后更加具体化。除了维庸之外，布莱希特还可能提及了兰波（Rimbaud）、魏尔伦（Verlaine），还有韦德金德，他们都像维庸一样，写作和生活的方式皆违背当时社会的规范，为布莱希特提供了现代诗人的原型。在约斯特的戏剧中，布莱希特找到了可以借之进行情节建构的人物图谱，还有可以构思不同布局的素材。约斯特的戏剧以理想主义的方式——其中某些部分的性描写（酒馆情景）对那个时代来说极为直白——讲述了克里斯蒂安·迪特里希·葛拉伯（Christian Dietrich Grabbe，1801~1836）的生与死。平庸的社会并不认可葛拉伯的才华，迫使其一再遁入孤独，而孤独又成为他文学创作的前提。他短暂的一生，生命的覆灭，是葛拉伯为其创作的超前性付出的代价。四周之后，剧本的打字稿就完成了，布莱希特还让汉德工厂的女秘书抄录了一遍。

1918 年夏季学期，布莱希特选修了"当代文学文学性批判实践练习"（Praktische Übungen lin literarischer Kritik über die Literatur der Gegenwart），阿图尔·库彻尔的这一教学活动标题极为繁琐。课程主要处理 1918 年初出版的通俗小说《安布罗斯·玛利亚·巴尔》（*Ambros Maria Baal*），它的作者是奥地利表现主义作家安德利亚斯·托姆（Andreas Thom），小说由于其"色情"和"不道德"内容在当时引发了轰动。托姆的巴尔生活富足，但无所事事又自私自利，他是个唯美主义者，但又是懦夫和罪犯，托姆还同自己的仆人弗兰茨保持着同性关系，弗兰茨崇拜、爱慕着托姆，并陪伴他始终。在小说中，布莱希特找到了所需的材料，用以建构自己的巴尔形象，揭露社会的双重道德标准，树起了非道德的旗帜。这不仅在批判托姆，托姆笔下可憎的人物形象是对社会道德堕落的痛斥，也是在批判约斯特，约氏的唯美主义要求阻止了直接的批判。库彻尔在课上指摘托姆色情文学的粗制滥造，不过是为了实现自己急功近利的目的。他还认为国家应该没收滚滚流入这个卑鄙之人口袋的薪酬，以实施惩罚。虽然库彻尔有过这样道德上具有侮辱性的言辞，但1918年夏，布莱希特还是给了他新版的《巴尔》，望给予批评意见；这份评论结果定是不如人意，因为布莱希特对"死鬼库彻尔"反应激烈："他给我写了关于《巴尔》的评定，呸，他是我遇到过的最肤浅的家伙。"

布莱希特开始寻找新的鉴定者，或许是由于《孤独者》，他猛然想到了汉斯·约斯特。约斯特生于1890年，借该剧实现了作为舞台编剧的突破——尽管（或由于）他的成名作中有种族主义和反犹主义的情绪——跻身为德国当时重要的戏剧家和表现主义者。除这部年少成名的作品外，约斯特的文学作品可谓乏善可陈，他日后沦为希特勒豢养的诗匠，同威尔·维斯佩尔（Will Vesper）一样写出了最令人作呕的希特勒颂诗。布莱希特试图在知名者中站稳脚跟，成就自己的事业，尽管他必然在美学和意识形态上有所保留，但这些都不能阻止他去推销自己。布莱希特给约斯特寄去了1919年版本的《巴尔》，其中已经大幅删减了这部戏和《孤独者》的关联之处。为此，布氏1920年7月9日还前往施坦恩贝格湖（Starnberger See），约斯特在这里的上阿曼斯豪森（Oberallmannshausen）有一处居所。起初约斯特并没有对寄来的剧本有所回应，布莱希特在1920年1月中旬的信中挟恨写道："关于《巴尔》您没有给我回信，我感到自己被羞辱了……如果您说《巴尔》和我今后若有兴致所写的一切都是糟粕，我完全能理解，但是您一言不发，那么我认为，您希望我受到应得的羞辱。请原谅我冒昧来信，天正在下雨。"
当布莱希特在慕尼黑建立起关系纽带之后，他才最终放弃了这些徒
劳无功的努力。但对表现主义的评价，他早在 1918 年 6 月写下第一
版《巴尔》之后就直接表明了："表现主义是可怕的。所有对美丽圆
润的或者健壮有力的身体的感觉都枯萎了。精神全线战胜了生命力。
那些神秘的、深邃的、肺痨般的、虚夸的、狂喜的都膨胀开来，一
切都散发着蒜臭味。我会被驱逐出这个高贵者、理想者和思想者的
天堂，这些斯特林丘和韦德银德们①。"

关于"巴尔"名字的由来有诸多的可能性。《旧约》中众神之一
的巴尔和托姆的《巴尔》都可能是命名的原由，另外，"巴尔"在
表现主义作品中也不是一个陌生的名字［参见保罗·蔡希（Paul
Zech）1914 年的《巴尔的牺牲》（Baalsopfer），或者格奥尔格·
海因姆（Georg Heym）1911 年的《神之城》（Gott der Stadt）］；
而且黑贝尔（Hebbel）的《朱迪斯和霍洛弗纳斯》（Judith und
Holofernes，1849）也不能被排除在外。另外，还曾有一名嗜酒的
诗人，名为约翰·巴尔（Johann Baal），他经常混迹于奥格斯堡
老城的各个酒馆，朗诵诗歌或者喧哗吵闹。虽然父亲担忧儿子会受
到不良影响，曾对此发表过看法，布莱希特还是在 1917 年底或者
1918 年初与他相识，但这位巴尔 3 月又消失得杳无踪影。布莱希特
在早期作品中多次使用关于自己家乡的人或事（最广义上）的素材，
因此，这位真实的巴尔在作品的命名上至少起了部分的作用。

问题是，布莱希特在何种程度上将自己作为了笔下反英雄
（Anti-Held）的范例。两者显然存在着某些联系，但他们都流于
表面，特别是布莱希特和巴尔不同，布氏已经开始在社会生活中立

①　布莱希特在这里窜改了瑞典戏剧家奥古斯特·斯特林堡（August Strindberg）
　　和德国戏剧家弗兰克·韦德金德（Frank Wedekind）的名字，用以讽刺表演
　　主义。

足，对巴尔沉陷其中的孤独更是深恶痛绝。但布氏确实把自己带入到戏剧中，《人就是人》（*Mann ist Mann*）或者《家庭修身集》中的含义也被提前到此处，他让巴尔朗诵的诗歌便可以证实这一点，例如 1918 年第一版中的《妓女伊芙琳·茹的传说》（*Die Legende der Dirne Evlyn Roe*）、《巴尔之歌》（*Baals Lied*）、《伟大巴尔的赞美诗》（*Der Choral vom großen Baal*）、《夜空云朵之歌》（*Das Lied von der Wolke der Nacht*）、《林中之死》（*Tod im Wald*），等等，以至于这部戏可以被称为歌舞剧。除此之外，巴尔的在市民观念中的堕落也是由卡巴莱场景表现的，为此布莱希特还特意安排了一名女歌手演唱这一段曲目。从《巴尔》开始，布莱希特就离开了传统戏剧，他在娱乐工业中寻找观众，剧中卡巴莱的自指性（Selbstreferenz）和蒙太奇场景都在实验新的戏剧技巧。

布莱希特这一时期感兴趣的题材究竟是什么？此时经历的不但是德国历史上，也是世界历史上最蔑视人性的时期，但剧中并没有对此有任何反映。相反，它给人的印象是威廉二世晚期最美好安乐生活的轻快，和对最新表现主义文学的享受［例如奥古斯特·斯特拉姆（August Stramm）的作品］，戏剧开端的夜宴场景就清晰地展现了这一点。1926 年 3 月，胡戈·冯·霍夫曼斯塔尔（Hugo von Hofmannsthal）在约瑟夫城（Josefstadt）的维也纳剧场（Wiener Theater）把该剧搬上舞台，正是他明确指出了本剧的时事指向性在哪里，而且恰恰是在霍夫曼斯塔尔为本剧添加的序幕《新戏剧》（*Das Theater des Neuen*）中。此处，霍夫曼斯塔尔将该剧理解为时代在表达从个体主义中解放出来的愿望："我甚至可以宣称，大家 12 年来经历的一切欧洲的灾祸，全然都是欧洲个体主义在用一种繁琐的方式为自己的厌世概念自掘坟墓。"

这种论断虽并不完全正确，却精妙概括了一战的影响：市民个体主义彻底瓦解，他们的意识形态也就此幻灭。个体主义和范例式的行为与痛楚为市民文学提供了蓝本，而凡尔登（Verdun）和阿拉斯（Arras）[1]让市民文学在真正意义上终结了。那些杀人机器没有经过良知天平的衡量就被投入使用，机器将人类屠杀或者撕扯成残废，这让一切的道德标准都失去了效力（如果曾存在过人性的道德标准的话）。

布莱希特的《巴尔》再次令这样的个体主义恰如其分地得到了展现。此剧首先借助巴尔退出上流社会，而后通过他同女性的关系和巴尔最终的死展现了越来越深的孤立，而这种孤立无法——像约斯特笔下的葛拉伯（Grabbe）那样——令巴尔获得提升或者督促他进行更高级的创作（剧中的巴尔其实一直无所事事）。此剧以只关注自己、不与社会往来的人及其绝对的"爱无力（Liebesunfähigkeit）"为主题，并借此说明，无法对自主自治的个体主义提出社会性要求。而这一矛盾毫无出路。留在城市中意味着要遵循城市的法则，失去个体发展的可能性。而逃离（回）到自然之中同样不可行。当巴尔最终行将就木，他逃入丛林之中，也就是伐木工最终将"茨威利斯"覆盖性地引入世间之地。他们永久而彻底地消除了某一个体自然发展的可能性，同时期的表现主义将个体主义视为重新觉醒，而此处它却只是虚幻。而新的人类呢？只不过是生涩的、脱离真实的幻影。

1918 年还有了第一部重要诗集——《贝尔特·布莱希特和朋友们的吉他伴奏歌》（*Lieder zur Klampfe von Bert Brecht und seinen Freunden*）。诗集的题名便是纲领，布莱希特派的纲领，他们认可了布莱希特居首位的作用，并共同致力于诗歌的传播；因为这些诗——例如其中的经典作品《巴尔之歌》、《小歌》（*Kleines Lied*）和《少年和少女》（*Der Jüngling und die Jungfrau*）——在 1988 年第一次作为诗集出版之前便已广为人知，而这仅靠布莱希特一人的传诵是几乎不可能实现的。1922 年，同龄诗人、慕尼黑室内剧院剧评家

/ 054

---

① 凡尔登战役和阿拉斯地道战是德国在一战中损失最大的两场战事。

兼导演奥托·扎雷克（Otto Zarek）在《德意志戏剧报》（*Blätter des Deutschen Theaters*）中毫无保留地称赞了布莱希特的诗："贝尔特·布莱希特是拜仁州人。这位如今年仅 24 岁的诗人，其作品创作于一座处于昏睡中的小镇，它梦着回忆，外围被工厂环绕，距离慕尼黑不到一小时之遥，出于对自己啤酒和报业的保护，这里没有引进慕尼黑啤酒和《慕尼黑新报》（*Münchner Neueste Nachrichten*），更不用说慕尼黑的艺术理念。在奥格斯堡，贝尔特·布莱希特创作了自己的吉他曲，找到了魔鬼般闪烁的旋律，即使没有出版社愿意将这样伟大节奏的音符公之于众，这样的曲调也会深入人心，并长久留存其中。这里，一个小时之外，远离刽子手和韦德金德的城市，蓬勃生长了原始的力量。"事实上，这些诗歌不追随任何文学流派，而是通过其坚毅的品质证明了自己。它们很大程度上是基于布莱希特的编排，但在流传中，它们音乐的力量征服了众多的人，成了无名的诗歌财富。

报馆区的浴血奋战，或者，
一个男人的自我辩白
被出卖的革命：系扣的靴子

布莱希特 1919 年开始创作戏剧《夜半鼓声》，《死兵的传说》在其中更名为《死兵的谣曲》（*Ballade von toten Soldaten*），配有杜撰的献词："纪念步兵克里斯蒂安·古鲁贝斯（Christian Grumbeis），生于 1897 年 4 月 11 日，1918 年复活节前一周在卡拉辛（Karasin，俄国南部）辞世。愿他安息！他坚持了下来。"献词意喻讽刺，再次指出了战争的无意义，也讽刺了战争中经常使用的基督教委婉语，克里斯蒂安的名字和复活节前一周都绝无异议地说明了这一点。虽然同基督受难有松散的联想，但这里展现的却是惨绝人寰的屠杀。战争中"坚持下来"的宣传造就了将要面临的死亡，而在复活节应有的（肉体的）重生再也无有时日。

帝国的本质其实仍在延续，一战结束后，即刻发生了 1918 年的 11 月革命，进而是 1919 年 1 月对斯巴达克团起义的血腥镇压，新的共和国在社会意义和政治意义上都巩固了旧帝国的本质。此剧的故事发生于革命风起云涌的 1919 年 1 月 8 日至 12 日的某一天夜晚（很可能是 11 日到 12 日的夜间），在这部被誉为革命戏剧的剧作中，革命其实仅仅在背景声音中出现，而矛盾主要是围绕生意展开，更确切地说是围绕巴里克一家的篮子工厂和工厂的继承问题展开。

安娜·巴里克（Anna Balicke）是资产阶级的女儿，父亲拥有一家工厂，她同士兵安德里亚斯·克拉克勒尔（Andreas Kragler）已经订婚，但克拉克勒尔在奔赴战场后一去不回。这期间，父亲提拔伙计穆尔克（Murk），她同穆尔克发生关系，并怀有身孕。父母催促两人订婚、举行婚礼，以便理顺未来的关系。订婚的队伍在前去祖国咖啡馆的途中，克拉克勒尔突然出现，要求未婚妻回到自己身边，但无果而终。他被打发走，心灰意冷，在小酒馆里遇到了要前往战斗激烈的报馆区参加革命的人群，并加入了他们。在去报馆区的途中，克拉克勒尔遇到了寻找他的安娜，安娜并不爱穆尔克。克拉克勒尔随即选择了安娜和那张"白色的、宽大的床"，拒绝参加革命。

克拉克勒尔由于被拒绝而极度失望，他因此临时决定参加斯巴达克同盟①，这样的举动绝非基于革命性。小酒馆里聚集的人群中没

---

① 一战使德国内部矛盾迅速激化，容克地主和垄断资本家在战争中大发横财，俄国十月革命的胜利极大鼓舞了德国无产阶级的斗争，但德国无产阶级没有自己的革命政党。社民党在一战期间因对战争和暴力革命的态度不统一而一分为三，其中的左派即斯巴达克团，建于 1916 年，领导人是卡尔·李卜克内西和罗莎·卢森堡。1917 年 4 月，斯巴达克团作为一个派别加入中间派的独立社民党，后于 1918 年 11 月改组为斯巴达克同盟，12 月正式建立德国共产党。

有一名工人（1919 年的版本亦是如此），而是由一群酒鬼和两个妓女组成，依靠这些人是无法进行革命的，剧本因而也没有对其进行人物刻画。与之相对，确凿而真实的事物则是篮子工厂。战争期间，巴里克一家靠制作装载弹药的筐子而发了大财，所以父亲甚至不明是非地说："战争是我们的幸运"，穆尔克也参与了这些生意，他用"系扣的靴子"的意象残酷地描述这一切："必要有一双钉有钉子的靴子，和一张不会抬起张望的脸。"尸横遍野的路是尚武思想对战争的理解，这也被父亲巴里克称为"平和的工作"，但"无秩序、贪婪和对人类尊严野蛮的剥夺"——指的正是那些为了贯彻更人道的新社会秩序而作出的努力——阻碍了这样的工作。令资产阶级有些许畏惧的仅仅只有这一点，但他们仍指望能有一些像他们一样值得尊敬的人来击溃那些乌合之众。他们甚至准备用婴儿车来替代弹药筐，因为下一次战争仍需要弹药补给。大发战争财的人能够在接下来的通货膨胀中继续自己的掠夺，将新诞生的共和国引向毁灭（那时他们将又会大赚一笔）。那些像克拉克勒尔一样真正为战争出头的人，被宣告已故去，被排挤，因为他们影响了美好的图景。安娜的不离不弃让克拉克勒尔意识到了机遇，选择同她一起继承工厂："我的身体在贫困潦倒中腐朽，而你们的理念飞向天堂？你们是喝醉了吧？"剧中没有任何政治上左倾的或者革命性的口号，也没有共产主义的意识形态。唯一有的是低俗小说中常见的感伤的爱情故事，稍显杂乱无章。

简要回顾一下德国的革命，这历史上最奇特的革命也以奇特的方式结束。那些领导革命的人，原本要应对已经失势的暴力强权，但他们最终背叛了自己的民族，维护了军队的权力。首先，新的帝国宰相马克斯·冯·巴登（Max von Baden）失职，他自 10 月 3 日起（自上而下的革命后）领导议会政府〔其中便有社会民主党首脑菲利普·谢德曼（Philipp Scheidemann）〕，向美国总统提交了同鲁登道夫一起商议的停战协定，但在德皇不退位的条件下威尔逊不愿接受这个申请。因此，战争虽然继续，但鲁登道夫10月26日遭免职后，马克斯·冯·巴登不得不剥夺几乎整个最高陆军统帅部的职权和所有帝国上将的职位。马克斯·冯·巴登还由于患流感不仅错过了协约国占领佛兰德（10月26~30日），也错过了基尔的海员起义（10月30日），海员拒绝出海抵抗英国海军。在今天的历史课本里，拒绝出海仍然被记录为"哗变"，即海员的犯罪行为。

谢德曼11月9日宣告共和国成立之后，马克斯·冯·巴登将他的职位交给继任者弗里德里希·艾伯特（Friedrich Ebert）——最强大政党德国社民党的领袖。由于德皇被迫逊位，艾伯特翌日便同从社民党分裂出的左翼——德国独立社会民主党（USPD）组建了人民代表会议。人民代表会议相当于一种过渡时期的政府，在国民议会召开之前行使职权。1918年11月10日，艾伯特同鲁登道夫的继任者威廉·格勒纳（Wilhelm Groener）签订了臭名昭著的协定，保留最高陆军统帅部，并为"维护秩序"组建自由军团。自由军团一律由曾经在前线服役的士兵组成，保卫君主政体，镇压革命，1918年12月起还被派遣镇压左翼势力，因为艾伯特要尽一切之能事破坏苏维埃共和国（他甚至为此考虑复辟君主制）。1919年1月的斯巴达克团起义构成了整个事件的高潮，起义由1月5日占领柏林的报馆区开始。1月8日，艾伯特命令诺斯克（Noske），由自由军团武力镇压起义，1月12日起义被血腥镇压。魏玛共和国期间，军事化的帝国时代仍长时间地遗留了印记。在创作《图伊小说》（*Tuiroman*）时，布莱希特曾这样描述艾伯特的行为："他置身于革命的尖端，就像软木塞塞住了酒瓶。"

鉴于这样的事实，《夜半鼓声》中克拉克勒尔的决定只能被视为现实而极为理智的。为什么要为了一种思想（剧中的革命仅仅停留于此）而献身？为什么不确保自己在肉店的份额？克拉克勒尔在剧末将其定义为唯一的真实。矛盾在于，这部戏剧由布莱希特所作，而且作者明显偏袒剧中的主人公，而他又绝非英雄式的人物。《死兵的传说》具有证实效力。酒贩子格鲁布（Glubb）伴着队伍向报馆区行进，阴郁地演唱《死兵的传说》，歌曲被等同于革命，革命因而被阐释为农民战争和第一次世界大战杀戮的继续。它们在内容上也有明显的关联。克拉克勒尔被"埋葬"于非洲，作为"幽灵"返回故乡，又要奔赴另一场战争——这次是革命。戏剧既没有从（无产阶级）革命中，也没有从稳固的市民阶层身上期待社会的变更甚至改良。布莱希特总结历史，但没有展望未来，就像剧中的爱情故事，它本是戏剧的主题，却最终单调乏味。

布莱希特在集会中的所见所闻，例如奥格斯堡的独立社民党，都被记录下来，作为日后文学创作的材料。后来在苏维埃共和国时期，布莱希特还得到机会出任某类文化部长，这当然不是什么正式的职位。十年之后，布氏写道："我每日案牍劳形……但我同绝大多数士兵几乎没有区别，他们自然厌倦了战争，但无法进行政治性的思考。"日后，布氏更加坚定地同其保持距离："那时我在奥格斯堡野战医院当士兵顾问，这只是出于几个朋友的极力劝说，原因是他们对此感兴趣。我们所有人都因缺乏政治信仰而痛苦，我因为原本就缺乏热忱之心而尤为突出。"

1919年，布莱希特创作这出剧本时，根本对革命不屑一顾。同时代的文化对革命也抱有相似的态度。1922年12月20日，该剧在柏林上演，更名为另类的双标题《夜半鼓声或者安娜，士兵的新娘》（*Trommeln in der Nacht oder Anna, die Soldatenbraut*）。阿尔弗雷德·德布林（Alfred Döblin）在演出评论中将其与恩斯特·托勒（Ernst Toller）的《人群》（*Masse Mensch*）和阿诺尔特·布隆内（Arnolt Bronnen）的《弑父》（*Vatermord*）相比较："它们是必需的，因而是优秀的。一幕接一幕，谋杀的红光闪耀在舞台。

这虽然不是太阳，但它比旧世界的纸灯笼要好得多。前进吧，少年们！"对革命只字未提。

戏剧还另有尾声部分。1953 年整理出版《早期剧本》（*Erste Stücke*）时，布莱希特尝试掩盖《夜半鼓声》中所有反对革命的特征。在 1953 年版本的序言中［苏尔坎普出版社（Verlag Suhrkamp）认为这份序言有欠恰当，所以它其实在这部两卷本图书的第二次印刷时才得以刊载其中，因此序言的日期也更换为 1954 年 3 月］，布莱希特强调，他没有"令观众改变对革命的看法，像主人公克拉克勒尔一样将革命视为浪漫的。当时我尚不会使用间离效应 ①"。他原本想删除这部戏剧，但由于它是历史的一部分，还是予以收录。对于他 1953 年作出的细小改变，布莱希特解释道："士兵和小市民克拉克勒尔这一角色，我不可以改动。他相对赞同的态度也必须保留。相对于那些因为浪漫或颜面而革命的人，无产者更能理解那些维护自己利益的小市民，无论他们是最可怜的人还是敌人。"除了一些隐晦的表达，这些改动与剧作很少甚至根本没有关联。文本中没有一句话能够证实，克拉克勒尔把革命看作浪漫。克拉克勒尔的"浪漫"仅与他在非洲的经历有关，只要他还把自己看作是被排挤的人，这段经历就能暂时确保他的身份。再者，克拉克勒尔不是小市民，而是一位（至少是潜在的）资产阶级；作为安娜·巴里克的未婚夫，他是巴里克家工厂的唯一继承人，而这个事实在战争开始前与安娜订婚时就已经遥遥在望了。

布莱希特以"尚不会使用间离效应"的论断来描述本剧亦不贴切。事实正巧相反，因为"喜剧结局（Happy End）"便是间离的极

---

① 布莱希特常将 "Verfremdung" 和 "effect" 组成一个短语 "Verfremdungseffekt"，中文意为"疏远效果"，也可译作"陌生化效果"。该理论是布氏为推行"非亚里士多德传统"的新型戏剧，而在戏剧结构、舞台结构和表演方法等方面进行的一系列改革所遵循的基本原则。

致。在决定与自己"不贞"的新娘结合之后，克拉克勒尔将舞台上发生的一切解释为一出"平常的戏剧"："这些不过是舞台和纸月亮（革命的象征），后面是肉案，只有它才是真实具体的。"然后克拉克勒尔四处跑动，把鼓从河里捞出，"在上面敲打"，他似乎为还在进行的戏剧思考一个标题："半甘堕落的情人还是爱情的力量，报馆区的浴血奋战或者一个男人的自我辩白……"之后他向观众怒吼："你们不要看得如此醉心！""把鼓扔向月亮，月亮不过是盏灯笼，鼓和月亮掉落在没有水的河里。"接着，男人和女人默默走回床边，背景中"高，遥远，苍白，粗野的叫声"响起：柏林报馆区的革命——那枚肉案。布莱希特当时并非不会使用间离手法，他只是缺乏对这一概念的明确理解。

布莱希特最终借《图伊小说》来描写帝国末期和魏玛共和国初期（图伊确切指什么，将会在后文中补述；这里只能说：他们意愿虽好，但由于唯心主义而一事无成，只为最差的解决方式作了贡献）。小说中德国以支玛国（Chima）的形式出现，国内的政治家也披上了支玛国的衣装。"支玛国革命"（Die Chimesische Revolution）一段这样开端："支玛，中土之国，不曾被描画在任何地图上，深陷于 37 个民族的战争中达四年之久，此时，政府愕然发现国家出现了气馁的迹象。在敌国战斗的军队开始屈服，国内的民众也开始聚结举事叛乱，很早之前，幸存者就已经只能用纸来埋葬死者，割野草假以果腹。这个政府统治着最驯服的民众，他们的反叛也是温良的，是出于对秩序的偏爱。"之后，布莱希特描写了首都"革命党"（社会民主党）的行为，他们侥幸找到了一位王子（马克斯·冯·巴登）代他们接管革命。但此时"不幸"发生了：王子想表现自己是坚定的革命者，把国王流放到了荒漠，到边界外的亲王封地上劈柴。这是"革命党首脑"没有想到的，他们要拯救自己敬爱的王朝。王子如此羞辱国王不能被宽恕，所以王子痛苦地辞去了职位，"不幸的人"必须自己"担任领导工作"："一个叫魏魏（Wei-wei）的炉工，一个叫史眉（Schi-meh）的印刷工和一个名叫诺克（Nauk）的下级军官"（艾伯特，谢德曼，诺斯克）。

这些简单的人把自己塑造成图伊们，和妻子一起搬进了王国的办公厅，他们惊异地望着门前广场上欢呼的人群，人们正为了"与自己同类的人能安坐于宫廷"而兴高采烈。魏魏身材矮小，隔着胸墙无法看到他，所以三人中"最英气的"史眉发表了讲话，为首的一句便是："没有皇帝我们支玛人也能够幸福！"这句话引发了对共和国震天的掌声与欢呼声。史眉"完全六神无主"地回到房间，面对外面的呼声，魏魏和女人们不知所措地看着史眉："他面色苍白，结结巴巴地说：'我宣布了成立共和国。''什么？'炉工嚷道。'这是一个误会'，史眉为自己辩护说，他避免直视同僚的眼睛。史眉的妻子放下茶杯，站了起来，给了他一记耳光。"史眉不应该夺取神授的权力，所以他晚上被禁止出现在阳台。魏魏让人在阳台放置了脚凳，这样广场上的人也能看见他了。由于艾伯特，秩序变得高于一切，人们陷入了"真正意义上对秩序的迷醉中"。"就这样，思想的统治以庄严的方式开始了，并持续了14年。"

/   **魏玛共和国（1918~1933）**

并非为了粗糙的现实

来自吉姆拉茨霍芬的犹太男婴：斯巴达克斯

　　1918 年 6 月，布莱希特和碧（Bi）——保拉·班霍策尔一同前往施坦恩贝格湖（Starnberger See），并在此逗留数日，他在此间给内尔写信："这三天她像公爵夫人一样难以相处，然后便是可恶的担惊受怕，因为她的经期停止了……我希望你能为我祈祷；因为面对一个孩子我将手足无措。"同年 8 月，布莱希特还像一切都安然无事一般，同弗里茨·格威尔一起在巴伐利亚森林（Bayerischer Wald）夜游，但最晚在年底已经明了，布莱希特的第一个子嗣正要来到这个世界。先前所预言的手足无措没有真的出现，布莱希特立即就承认了自己的孩子，而且——根据保拉的描述——承担起全部责任，前去拜望保拉的父亲并提出婚约。保拉的父亲是一名医生，对他来说，布莱希特目前一无所有，将来也会一事无成，这样的人难以担负为人夫为人父的责任，因此，父亲未经女儿同意便作出了决断，这样的安排对上层社会人家的女儿并不陌生。怀有身孕的碧被送往吉姆拉茨霍芬（Kimratshofen），这是上阿尔高（Oberallgäu）的小村庄，这里有一名助产士名叫瓦尔布加·弗里克（Walburga Frick），与碧的姐姐布兰卡（Blanka）相熟。布莱希特将碧送至此处，并承担了所有的费用，因为碧的父亲拒绝支付。

　　保拉·班霍策尔还讲述过这样的趣闻：为了节省公共交通费，布莱希特在隆冬之际曾冒着风雪徒步 6 小时从肯普滕走到吉姆拉茨霍芬，这位可怜的人到达之后很长时间都没有暖和过来。为了这样的探望——自然没有再次在暴风雪中，布莱希特每 3~4 周都会前来，

1919 年 7 月 30 日，孩子分娩时他也在场，之后便兴高采烈地回到奥格斯堡和朋友庆祝。他提前宣布了孩子的出世："我们的孩子可能首先看到的是农舍昏暗的灯光，听到山羊咩咩的叫声和母牛深沉的哞哞声，就像伯利恒（Bethlehem）的那个犹太男婴，只是当年的男婴是神之子，而他是我的儿子。"

男孩取名弗兰克（Frank），以纪念韦德金德，这自然是早就商定好的。其他的名字来自布莱希特的朋友奥托·穆勒莱塞特和弟弟瓦尔特。保拉是天主教徒，所以弗兰克也同样是，1919 年 8 月 2 日在吉姆拉茨霍芬为孩子举行了盛大的庆祝："吉姆拉茨霍芬的施瓦宾（Schwabing）"①，祖父母自然未曾出席，但有美食让人大快朵颐，当日也有美酒可以开怀畅饮。即使在饥荒时节，上流市民阶层显然也完全有能力准备丰盛的食材和美酒。回顾往事之时，碧猜测布莱希特可能从这次宴会中获得了独幕剧《婚礼》（Die Hochzeit）的灵感。这样的猜测十分符合实际，因为这次洗礼保留下来的照片展现了市民们盛装出席宴会的场景：布莱希特穿西装，系着领带，庄重地坐在桌旁，内尔身着军装位于一旁。弗兰克出生后，保拉自然要照料数周，之后碧就以"正派"好姑娘的身姿回到奥格斯堡，时常前往慕尼黑，以便能在布莱希特的近旁。

布莱希特用尽一切方法希望能把弗兰克带回祖辈的家庭——慕尼黑时期和柏林时期，布莱希特都没有放弃奥格斯堡的居所——这样方便他自己照料儿子。1921 年 5 月 15 日的日记中，布氏记载了同父亲和玛丽·洛克尔的争执：她一直挑拨，反对布莱希特照顾儿子，"每次我同父亲谈话，她总是跑进来，使我不得不面对她的嘴脸。在父亲那里我听到的都是她的论调。"祖辈拒绝承认弗兰克，并希望将其交予他人照料，这位女管家也处处阻拦给予弗兰克一个相

---

① 慕尼黑北部城区，因聚居了众多文人和艺术家而闻名。

对稳定的家庭。

有关洛克尔"小姐"的事情，还有一出闹剧。据记载，1926 年 6 月，汉德纸业的职员和工人向企业所有人写了一封信，信中"对贝托尔特·布莱希特恣意谩骂"，对他放荡不羁的生活也妄加评论，同时指摘其"道德风尚上同样堕落的父亲"，要求他即刻离职。这一事件是瓦尔特·布莱希特 1984 年回忆时所说，用以证明自己的父亲在汉德纸业声名斐然，即使在"困难时期"企业所有人也会支持他。但瓦尔特·布莱希特没有问询事件的始末，以及职工们因何理由提出了这一批判。1926 年的布莱希特声名狼藉，这点毋庸置疑。但涉及布莱希特父亲的，只有他同洛克尔"小姐"的非婚姻关系。他们住在汉德纸业的员工宿舍里，左邻右舍都是自己的下属，儿子又过着浪荡子的生活，这一切不可能不被人注意。但汉德的持有人仍旧选择支持他们的部门经理；因为如若解聘，这定将在奥格斯堡掀起一阵风波。老布莱希特在汉德的工作显然让他的老板十分满意；而这就足够了。

洗礼上的照片给了我们机会来讨论下布莱希特的衣着。人们一向认为，在创作《巴尔》期间，即 1918~1922 年，布莱希特一直保持着同巴尔一样的着装和行为方式。但此间保留下来的所有照片中，布莱希特的形象都是中等身高，十分消瘦，大多蓄着短发，面容瘦削而温和，同内尔指导的《巴尔》剧照相比，不存在丝毫相似之处。除此之外，演员及日后的纳粹党党员鲁道夫·菲劳（Rudolf Fernau）还在 1972 年出版的回忆录《作为歌的初始》（Als Lied begann's）中兜售这样的传言：布莱希特的慕尼黑岁月，确切地说是 1923 年 11 月排练《巴尔》时，菲劳当时饰演剧中角色约翰纳斯（Johannes），布氏"出入穿着精致的手工皮夹克，夹克领口剪裁很宽，从而让人看起来稍高一些"，下装是人工压皱的灯芯绒裤子，"11 月里，泛灰的秋裤"时常探出头来。此外，菲劳还说布莱希特会戴着蓝色的印章戒指，他的镍眼镜事实上由白金制成。

但这一时期的照片中，布莱希特都身着符合市民习俗的衣服，没有一次真的穿着皮夹克。虽然布莱希特有身穿皮大衣的艺术照，但这些照片从头至尾都是被安排的，同布氏的日常穿着毫无关系。直到1926年鲁道夫·施里希特尔（Rudolf Schlichter）所作的布莱希特画像中，才出现了上文提到的皮夹克［可同1928年布莱希特在斯太尔车（Steyr）前的著名照片相对比］。这件皮夹克较瘦，而且非常短（只到肚脐的下方稍许），没有领子，给人一种十分寒酸的印象。布莱希特还习惯将这件夹克同白衬衫和深色领带一起搭配；而皮大衣是自1928年开始才有的，很可能只是为了拍照。没有任何一张照片上可以看到所谓的印章戒指；不过照片中布莱希特的手大部分情况下都插在裤兜里。

/ 064

就衣着而言，布莱希特的标志是他的气球状鸭舌帽，顶部类似贝雷帽，布氏在外游玩和运动时都很喜欢戴着这样的帽子，这不能证实他对无产阶级有任何倾向，因为这种帽子和工人制服没有丝毫关系。在1920年代，尤其是1930年代，这种帽子越来越受欢迎，特别适合在户外（为了面部遮阳）或者驾驶敞篷车时使用。其他情况下布莱希特会戴绅士礼帽，正式场合或者拍照时他会穿西装、白衬衣，戴领带。还有极少的部分照片是布料西装上衣或者休闲上装。没有任何衣物是经昂贵价格定制的无产阶级风格，二战之后的情形也是一样，这一时期所谓布莱希特用昂贵的特别定制裁定工人制服的说法亦不过是传言。曼弗雷德·维克维特（Manfred Wekwerth）是布氏这一时期最紧密的工作伙伴之一，据其回忆，由国家歌剧院的裁缝定制的服装是作为额外收入提供给布莱希特的，1950年代的钛镍合金眼镜其实是廉价的角边眼镜。

不同的人对布莱希特的装束描述也不尽相同，例如格奥尔格·格罗兹（George Grosz）就这样说道：布莱希特总是戴"一条很薄的皮领带，当然没有油污"，"跟其他人的马甲不同，他令人给马甲加工了织料的袖子，他衣服的剪裁偏重美式，如果我可以这样说的话，比如棉质垫肩和小脚裤"，它们仅仅在欧洲有美式的效果，而在美国，这种装束早已过时。要不是那引人注目的"僧侣般的脸"，布莱希特看起来有些像"苏俄人民委员会的汽车司机"。但可以断言的是，布莱希特的形象仍是比较传统的，即使在有两个骷髅头的挑衅性照片中，他仍穿着白衬衫，系着领带。

布莱希特对 1920 年代流行时尚的看法记载于他的笔记《论男士风尚》(*Über die Herrenmode*) 中，其中的记录可以证实，布莱希特自己日常出入的着装是经过考虑的，他还洞悉了时装设计的趋势："当我们经过一间男士时装店，看到橱窗里悬挂的服装，它们大多都如此拙劣，以至于人们立即知道：是美学插手了衣服的制作……它们只是为橱窗生产的衣服，当被买走穿在身上的时候，衣服才显示了真实的、卑鄙的特性。人们很快就会发现，这些衣服不是为残酷的现实而裁制的……服装厂唯利是图，它们不懂人类解剖学，所以也不需要知道人时不时会弯曲膝盖，因而制作裤子的时候也不用注意这些，每条稍经世事的裤子都以最快的速度突起了另一个'外用膝盖'。"

布莱希特时常衣衫破旧，这必定与他糟糕的居住环境有关，由于缺乏资金，他从未真正习惯慕尼黑的生活。例如，1920 年 1 月 28 日，他在给保拉·班霍策尔的信中写道："最亲爱的碧，我的房间如此的冰冷，我几乎不能用我冻僵的手指写字了。今天夜里我梦到了你，我现在已经无从记忆，但那一定是美好的。"他的柏林生活也没有很大的改观。

1919 年 1 月 15 日，所谓的战时紧急学期开始，布莱希特在这个学期只选修了一门讲座课，其他时间都是空闲。他必须赚钱，为此还想出了各种各样的计划，比如希望从一本小说上赚到 1000 马克，但这些计划都落空了。

　　布氏还努力寻找关系。斯蒂芬妮咖啡馆（Café Stephanie）——慕尼黑所谓的艺术家聚集地，位于阿玛利亚大街（Amalienstraße）和特蕾莎大街（Theresienstraße）的拐角处，布莱希特几乎不能或者只能很局限地支付这里的消费，布氏应该就是在这家咖啡馆从演员阿诺尔德·马勒（Arnold Marlé）那里获得了建议：利翁·福伊希特万格（Lion Feuchtwanger）生于 1884 年，1907 年凭借对海因里希·海涅（Heinrich Heine）的作品《巴哈拉的拉比》（*Rabbi von Bacharach*）的研究获得博士学位，早已成为一名作家，并同戏剧界关系良好。福伊希特万格当时正在创作一部小说，名为《托马斯·温特》（*Thomas Wendt*），这部小说的雏形是一部戏剧，因而后来又添加了副标题《一部戏剧小说》（*Ein dramatischer Roman*）。创作这部小说的契机是德国 1918 年被血腥镇压的"一月罢工"。

　　大概在 1919 年 2 月，福伊希特万格接待了一位年轻人的拜访，他习惯上把福伊希特万格称为"博士先生"，并呈上一部自己的戏剧作品希望予以评鉴。福伊希特万格回忆："所谓的德国革命刚爆发不久，一位非常年轻的小伙子来到我慕尼黑的住所，他消瘦，胡子拉碴，衣衫破旧。他在墙边来回走动，说着施瓦本方言，写了一个剧本，名叫贝托尔特·布莱希特。"这个青年人一再强调，为了能借此赚到钱，他独自一人完成了全部创作。他还有许多更好的作品，比如《巴尔》。福伊希特万格对《斯巴达克斯》（*Spartakus*）评价良好，这部新创作的戏剧当时还保留了这个标题，后来受到福伊希特万格妻子的启发更名为《夜半鼓声》。《夜半鼓声》的打字稿险些给福伊希特万格带来厄运，当自由军团来福伊希特万格家搜查共产主义宣传材料的时候，他们正巧发现了布莱希特的文章。如若不是这些杀手中有一名曾听说过福伊希特万格，并向他进行了相关询问，这部剧作很可能被当作福伊希特万格当时正在创作的作品。士兵们最终撤退，但仍一再强调，他们对一名"共产主义猪猡"进行了简

/ 066

短的审判。

1919 年 1 月的大选中，由库尔特·艾斯纳（Kurt Eisner）领导的独立社民党遭遇了惨重的失利，1919 年 2 月 21 日，在辞去巴伐利亚行政长官后不久，艾斯纳被自由军团谋杀。社民党 3 月组织了议会政府，而他们下属的左翼独立社民党人和共产党人一起，按照苏联的模式走上了苏维埃共和国的道路，在 4 月 9 日宣布成立共和国，并组建了红军（Rote Armee），进而将社民党政府驱赶到了班贝格（Bamberg）。由于敌人逐步逼近，形势表明，苏维埃共和国毫无机会，温和派诗人、中央议会成员恩斯特·托勒（Ernst Toller）尝试同政府谈判。而政府却派遣自由军团前往镇压，到 5 月 3 日，红军已经遭到了残酷歼灭。托勒获刑 5 年监禁，同样隶属中央议会的诗人埃里希·米萨姆（Erich Mühsam）被判 15 年监禁。而且在接下来的几年里，反动派借托勒和米萨姆事件煽动挑唆了对犹太人的仇恨，因为托勒和米萨姆都是犹太人，而且都隶属于革命政府，所以反动派就策划了"犹太布尔什维主义（jüdische Bolschewismus）"的概念，这一概念在魏玛共和国被大肆宣传。布莱希特应该也被贴上了这样的标签。

同福伊希特万格一样，布莱希特同革命事件一直保持距离。汹涌的革命也没有让奥格斯堡能够偏安一隅，1919 年 4 月，奥格斯堡也进入了革命时期，但三个星期过后就草草结束。布莱希特对革命事件十分感兴趣，他参加了党派集会，同独立社民党的追随者或者斯巴达克同盟成员格奥尔格·普莱姆（Georg Prem）高谈阔论。在奥格斯堡的苏维埃共和国期间，普莱姆担任警察指挥官，他的妻子莉莉（Lilly）同布莱希特自 1916 年以来便相识，莉莉在革命时期也发表了火热的革命演说。但布莱希特对这些也并非慎重行事，同独立社民党相比，他把自己称为"独立的独立者（unabhängiger Unabhängiger）"或者"和平布尔什维主义者（pazifistischer

Bolschewist）"。在奥格斯堡的革命失利之后，布氏把普莱姆夫妇藏匿在自己的阁楼之中两天，但这也不是出于政治原因，而是因为普莱姆夫人美丽动人，令我们的这位年轻人甚是倾心，自然也是找一切机会能够与之接近。格奥尔格·普莱姆随后被捕，1920 年 3 月 4 日被所谓的人民法庭宣判监禁，这些布莱希特都并未注意。4 月中旬，当奥格斯堡被反革命军队占领时，布莱希特在给碧的书信中写道："此外，我完全成了布尔什维主义者。我当然是反对任何的暴力，在这里我有一定的影响，所以也能尽一分力量。现在正组织一切形式的反抗，但如果你们听说奥格斯堡没有斗争和流血，那么你可以确信，是我——矗立于不为人见的后方——为之作出了贡献。"

带着血迹斑斑的空空双手
我们冷笑着来到你们的天堂
欧洲的陷落：马克思之死

布莱希特对政治和对所谓祖国的兴趣一直不高，但这并不意味着他因此不具批判性意识，同一时期产生的作品可证明这一点。1920 年 1 月，关于爱国主义他曾发表这样的意见："在某些国家，奴才们平日里只能像猪猡一样尿在裤子里，在这些地方，十分有必要把厕所当神庙一样供奉。接受这个国家如同接受屎尿一样必要。但爱这个国家则并不是必要的。"

1920 年 9 月 12 日的日记证实了布莱希特对布尔什维主义的异议，在俄国十月革命之后，日记中的"布尔什维主义"一词大多用于贬义。1920 年 9 月 12 日，政治学、经济学学者阿尔冯斯·戈特施密特（Alfons Goldschmidt）在奥格斯堡作了题为《苏维埃俄国的经济体制》（*Die Wirtschaftsorganisation in Sowjet-Rußand*）

的报告，布莱希特参加了报告并得出这样的结论："我并不惧怕如今着实笼罩在那里的混乱，但对当地正在着实建设的秩序，我却心生畏惧。我现在十分反对布尔什维主义：普遍兵役，食品定额分配，行政舞弊，任人唯亲。除此之外，最有利的情况不过是：均衡，形式划一，妥协。有水果要心存感激，为汽车要一再请求。"

在这样的背景下，布莱希特完成了作品《红军士兵之歌》（*Der Gesang des Soldaten der roten Armee*）。在很多年后由伊丽莎白·霍普特曼（Elisabeth Hauptmann）主编的作品集中，这首诗没有再被列入《家庭修身集》，原因是《红军士兵之歌》可能会引起混淆，且有政治歧视之嫌。《红军士兵之歌》被普遍认为创作于1919年1月，当时布莱希特还在盖普勒（Gabler）的小酒馆里朗诵过它（缪斯特尔如此回忆）。1925年，《红军士兵之歌》首次发表于《艺术报》（*Das Kunstblatt*）的4月号，《艺术报》是很有影响力、发行量很高的刊物（这次发表在题目上略有改动，"士兵"使用了复数：*Gesang der Soldaten*）。诗歌位于突出的位置，即《艺术报》的第100期，本期还包含对第一期内容的回顾。刊物以布莱希特的诗作和俄国人伊利亚·埃伦堡（Ilja Ehrenburg）的讽刺作品《欧洲覆灭的历史》（*Die Geschichte von Europas Untergang*）展望未来，主编保罗·韦斯特海姆（Paul Westheim）明确指出，他的报纸"不服务于任何主义，或者任何流派"。埃伦堡认为欧洲的没落始自1927年，而且是源自美国所策划的狡诈阴谋。这篇文章是埃伦堡小说《信任 D.E.》（*Trust D.E.*）中的节选，在《艺术报》中同布莱希特的文章前后相连，两者内容上的关联性也由此更加突出。这显然是韦斯特海姆的设计，因为埃伦堡在其三卷本的自传中没有提及相关事宜，布莱希特也没有在任何地方指出是他作出的安排。布莱希特诗歌的一些节选已经表露出其对苏联革命结果的预测，这同埃伦堡对欧洲1927年覆灭的预测十分类似。

1

因为我们的国家破碎
太阳黯淡无光
它把我们呕吐在黑暗的街道
和冰冷的公路上。

2

春天，雪水洗涤了军队
他们是红色夏天的孩子！
十月，雪落在他们身上
而他们的心在一月的寒风中冻僵。

3

这些年自由一词
众口纷纭，冰在这里碎裂了。
我们看到许多獠着虎牙的人
追随着红色的、野蛮的旗帜。

4

带着风雨中僵硬的身躯
带着在冰冻中伤残的心
带着血迹斑斑的空空双手
我们冷笑着来到你们的天堂。

诗歌的内容明显——即使并非十分正确——同所谓的"战时共产主
义"有关，即苏联一战之后所谓的经济体制（1918~1921），这是
列宁制定的政策，但他把责任都推卸到战争上。布尔什维克们1921

年引入了"战时共产主义"的概念，借以掩盖强制集体化和粮食种植不充足等错误的经济措施。这些措施引发了饥荒，大批难民逃亡西欧，而且成为1918年国内战争爆发的决定性因素。《艺术报》中埃伦堡和布莱希特文章之间的内在联系十分显著。埃伦堡从苏联的角度出发，讽刺美国的病态，这种病态正是欧洲覆灭的原由；而布莱希特只是揭露了所谓希望的荒谬。无论是埃伦堡还是布莱希特的文章，都没有（马克思预言的）天堂；因为，埃伦堡在他的文章中模仿尼采写道："马克思已死。"

埃伦堡或许是世界文坛上最多变的人物之一，他的政治态度几乎代表了所有可能的激进观点，1921年"战时共产主义"之前他先逃亡至巴黎，后因受到法国的驱逐又流亡柏林。在柏林，埃伦堡同作家，尤其是造型艺术家建立了良好的关系，为他们撰写评论文章。在布莱希特的生平中，他首次出现于1928年12月21日，当时二人同时参加在柏林举行的德俄诗人晚会，并各自朗诵了自己的作品。

1927年，布莱希特将《红军士兵之歌》收录进他的《家庭修身集》中的第一章"祈祷行（Bittgang）"中。同"祈祷行"天主教宗教原型不同，诗的主题是毁灭与死亡。不可避免的是，在对其诗选的评论中，布莱希特遭到了共产主义一方的严厉谴责。例如，亚历山大·阿布什（Alexander Abusch）就写道：《红军士兵之歌》是布莱希特"混乱感情失去节制"的证明，作者未经许可就把"资本主义的破坏手段"转嫁于红军和苏联革命之上，诗作显然在抵制布尔什维主义。1927年，布莱希特就已经——虽然名不副实——被视为共产主义者或者布尔什维主义者，所以布氏不能放任这样的攻讦。据称，1928年布莱希特因此曾向阿布什解释，《红军士兵之歌》并非针对苏俄红军，而是仅仅针对拜仁红军。由于阿布什信任了布莱希特，布氏再次被归属于共产主义者一方。这一谎言再次证实，布莱希特在政治上还完全没有坚定的态度，他意欲保护自己开放的政治立场；在 1927 年第一版和阿布什的批驳之后，《家庭修身集》第二版中仍收录了《红军士兵之歌》。此外，在政治立场的问题上，布莱希特早在 1920 年 8 月 24 日便以明确阐述过的座右铭也证实了他的摇摆态度："我一再忘却我的观念，总不能下决心把它背下来。"

眼睛需要头脑
图伊主义：已经实现了

根据最新的《杜登词典》（*Duden*），"图伊主义（Tuismus）"源于"拉丁语'tu（你）'和'ismus（主义）'"，是"利他主义（Altruismus）"的旧称。自 1931 年以来，布莱希特向德国人呈现了这一意义得到彻底变更的词语，用以借此概括 1920 年代以及 1930 年代早期知识分子的思考和论证模式。图伊主义和图伊（支持图伊主义的人）都是新造词，布莱希特从"知识分子（Intellektuelle）"这个词中拼凑了它，他把词的各个部分颠倒顺序成为"Tellekt-Uell-In"，又把每一音节的首字母组合成了缩写词"图伊（TUI）"。而图伊们支持的学说必然要形成德国形而上学的思想传统"主义（Ismus）"：图伊主义。

图伊的德语翻译是"脑力杂工（Kopflanger）"，这也是布莱希特的新造词。《杜登词典》并不承认这个词，它的构造如同"手艺杂工（Handlanger）"。"脑力杂工"出租他的头脑，也就是他的思想才能，就像"手艺杂工"出租他们的体力工作技能一样，而且两者都是最底层、最无足轻重的。"杂工"还有其他的贬义释义，他可以被雇佣，成为非法或者卑下行为的帮凶，做幕后操纵者不屑为之的准备工作。"脑力杂工"用他们的头脑，或者他们的思考能力做同样的事情。他把自己的脑力出租给委托人，为他们提供维持统治所需的想法。"手艺杂工"通常不了解他的工作的目的，同样，"脑力杂工"也不知晓他的想法造成了怎样的灾祸，他大多数情况下无法意识到这一点，或者到真的为时已晚时才迟迟发觉。

布莱希特为图伊提供的另一个德语翻译是"马屁精（Speichellecker）"①，其字面意义就绝非"美味"之物。它的同义词是"阿谀奉承者"，显然只具有贬义。"马屁精"描绘了为人部下的某类人，他们把屈服包装成了艺术："作为一种艺术，阿谀奉承创造了新奇的、独特的、深有感悟的措辞：它在塑造。他们当中那些'卓越的艺术家'灵活多面，总让人耳目一新。他们揣摩（煞费苦心也值得），伟大的'Go-teh（歌德）'怎样颂扬'O-leh（拿破仑）'：欲扬先抑。这样的赞颂有很高的价值，同时极富创造性，它给赞颂披上了谴责的外衣。它谴责军队统帅太过英勇，这可能会让他丧失自己的队伍。战争伊始，图伊们就满怀敬畏和同情感谢自己的皇帝，感谢他牺牲自己和平君主的盛名，满足一个民族想发动战争的愿望。"

令图伊们备感棘手的是，西里西亚杀人魔卡尔·登科（Karl Denke）1870~1924 年的案件被布莱希特深入剖析，直指战时和战后的饥荒时期。这一古怪的想法要归功于布莱希特的尖刻，由于布氏的大多数同事和朋友都不愿面对政治时局的严峻性，布莱希特只有以尖刻来应对他们如此这般的做法。"西里西亚哈尔曼"②的暴行 1924 年末被审判。他杀人之后，把尸体加工成肉、鞋带、背带等，还有一部分肉腌制之后，卖与他人或者供自己食用。据媒体透露，他的每顿饭食肉不低于 2 磅。以乔纳森·斯威夫特（Jonathan

---

① 在德语中"Speichel"指口水、唾液，"Lecker"是动词"lecken"（舔、舐）的名词，指做舔舐动作的人。

② 弗里茨·哈尔曼（Fritz Haarmann）是汉诺威的连环杀人犯，1924 年被判处死刑。

Swift）①为蓝本，布莱希特也"谦逊"地建议，如何能使登科成为德意志战争的典范。斯威夫特曾提出，穷人家的孩子总归过量，应该把他们中的一部分用一两年时间喂肥，然后屠宰并把肉卖给富人。这样所有的人就都得到了帮助：富人得到了鲜嫩的烤肉，而穷人得到了金钱，而且不再需要喂饱这么多嗷嗷待哺之口。

布莱希特采取的方式更具思想性。布氏赋予登科唯心主义哲学家费希特（Fichte）的名字：约翰·戈特利普（Johann Gottlieb）。面对1916年冬的数十万饿殍，约翰·戈特利普思索后有了宏伟的发现："在医院里举目可见的对人的呵护，由此到战争与杀戮，两者之间的跨度同将人屠杀并食用相比真的有云泥之别吗？……无论如何，事实是，一个单独的人面对极为不利的情况，以微小规模完成的，正是恐怖的世界大战的构想：这个人便是登科。他识破了整件事的意义。他人在撕碎与破坏，而登科在建造，这需要他既天真又勇敢的性情。这段时间，数千人在痛苦的饥饿中煎熬，原因是他们的养育者在边境战斗并倒下，就在此时，这些养育者也成千上万地囤积——正处于可被食用的状态，准备好去哺育这些忍饥挨饿的人！"布莱希特构思他的《图伊小说》时正值1931年，此时还不能想象，法西斯们在集中营和某些前线战场的行径已远远超越了布莱希特的"建议"。

图伊主义是一种形式的（德意志）唯心主义，卡尔·登科因此也获得了德国最伟大唯心主义者的名号，图伊主义从而被归入了"德意志悲苦（deutsche Misere）"的传统。在歌德之后，这些伟大的思想家只能绞尽脑汁地建造远离世事的思想高塔，脱离社会现实，与此不同，图伊们认为自己应该十足地投身政治，成为现实主义的思想者，他们唯愿和善，致力于人道的社会秩序。在布莱希特看来，他们的错误在于仅仅通过强大的思想来保障形势的改善，面对荒蛮

/ 073

---

① 17~18世纪的爱尔兰作家，讽刺文学大师。

四起却孤注一掷地挽救文化，认为这些文化措施能引起社会必要的变革："思考意味着改变"，布莱希特确实也这样写道。而如今，"转变思想"成了神奇之语。只是：如果有人如此依赖思想的力量，他便会忽视主导性的社会情况，如若要摒除其暴力行为，必须改变物质基础，而且这只可能通过物质力量实现，即使这一物质力量并不一定是暴力性的。"Gêwalt"① 在德语中有宽泛的意义图谱。即使它可以表示和平权力，有如《基本法》的开篇两句"所有国家权力来自人民。国家权力，通过人民选举及公民投票并由借助彼此分立之立法、行政及司法机关行使之"，其中也仍然包含了物质层面的意义。它涉及的不是空洞的"转化为现实的思想"，而是如果有人违抗，必要时要以物质手段贯彻物质力量。

典型的图伊主义思路是这样的："在有头脑之前，就已经存在思想了。思想需要被人提出，所以需要头脑。为了顺应这一必要性，头脑应运而生。"这样的语句不仅讽刺了柏拉图的古典唯心主义哲学，根据柏拉图的观点，理念（Idee）为第一性，现象（Erscheinung）为第二性，其假象（Schein）包含于言辞（Wort）之中；同时也讽刺了德国唯心主义，尽管黑格尔有许多进步性，布莱希特还是将其归为唯心主义派别，黑格尔把所有的物质现实都视为人类意识的产物。如今，所有的构成主义（Konstruktivismus），无论它们的名称是什么，都仍承袭了这一传统，如今我们这个星球被蓄意变为废铜烂铁，面对如此愈演愈烈的情况，它们真是贻笑大方。布莱希特公开批判魏玛共和国时期一批典型的图伊：历史学家埃米尔·路德维希（Emil Ludwig），他把第一次世界大战解释为威廉二世的个人欲望；马丁·海德格尔（Martin Heiddeger），他把本质的存在回归到主体和个人，把人类的生命确定为"向死而生"["叶安（Je-an）——

---

① 权力、控制、强制力、强权、武力。

小说里图伊中最杰出的人物——得出这样的结论，科学除衰退外不会发展，除走向坟墓外没有其他进步……出生伊始，孩子的唯一行为就是渐渐死去"]；还有医学家亨利·凡·德·费尔德（Henry van der Velde），他虽然描写了性交几乎所有的体位，但仍然——同康德一样——视性交为婚姻的附属品（"他描写的体位中很多只有细节上的微小差别，因而给人迂腐的印象，而且其中不少过于费力。但这本书与轻浮轻佻之情相去甚远，针对的仅仅是严肃的读者。"）；甚至——这份名单不再一一列举——还有利翁·福伊希特万格，他因希特勒的言辞拙劣而怒气冲冲，但对这些言辞表达的内容却充耳不闻："图伊们嘲笑无知的希特勒，嘲笑他的生平，嘲笑他《我如何完成》（ *Wie ich es schaftete*[①] ）一书中的 53000 个言辞错误。/ 但他在外界却不断取胜。"

布莱希特的描写断然蔑视图伊主义，使对唯心主义的误解几乎不再可能。《图伊小说》的修订版包括了人类几乎所有的思想活动领域：物理学、宇宙学、生物学、哲学、医学、社会学（行为主义）、文艺学，甚至还有时尚和广告。对图伊主义意识形态的讽刺也是以其人之道还治其人之身。对这些手段必须直击要害：借助对内部逻辑的坚持或夸张，使其逻辑性在自创的体系中得以完整地实现："人们在地球上能感受某种秩序，例如肺部的构造只能适应真实存在的空气，大脑也严格以生物能够承受的速度运转，警察不容置疑要追捕侵占他人财产的家伙，因此显然存在一种秩序，没有它一切无从所适，一切濒临崩溃，所以这一秩序必然在创世之前业已存在。而物质只是完成了这个计划。"

布莱希特的讽刺将物质关系颠倒为唯心主义观念，从而突出其荒谬。根据唯心主义观念，自然现象以人类需求为导向，就像社会

① 书名中存在一个德语的语法错误，正确形式本应是 "schaffte"。

关系要遵循人类的观念。这必然导致如下结论，良好的协调和一致只可能归功于前定的理想秩序，其先验性（无从证实，却不可否认）是必要的前提。在这一体系中，先结果后开花自然也能得到证实，雨水自地向天倒流。

娱乐从不低落于
思想水准之下
世间最自由的宪法：机械体验

古斯塔夫·诺斯克（Gustav Noske）血腥镇压了斯巴达克团的一月起义，后来布莱希特曾说："普遍认为，这些天在支玛国开始了一个时代，它被称为思想统治的时代，即图伊们的伟大时代。""民族平等权力党"（社民党）发生了悲剧，罗莎·卢森堡和卡尔·李卜克内西（Karl Liebknecht）遇害，布莱希特明确将两人归为"非图伊者"，并把图伊们的统治日期从本事件发生算起。这是 1919 年 1 月 15 日："身为陆军部长，士官诺克完全解除了人民代表会议的武装。由于出身低微，在帝国时期诺克的战争才能遭到荒废；在血腥镇压人民的过程中，他的这项才能才最终得以证明，并且也消除了他自己对统治者的偏见：他们并非由于某人出身下等而不愿任用其残害百姓。"布莱希特继续写道，人民代表会议委任胡戈·普鲁伊斯（Hugo Preuß）①——隶属自由派的德国民主党（DDP）的创始人之一——起草新共和国的宪法。"这将是世间最自由的世界。"它也确实如此——在图伊主义的基础上。

---

① 胡戈·普鲁伊斯（1860~1925），德国政治家、宪法与国家法学者，德国民主党的创始人之一。

　　萨乌普罗（Sa-u-pröh）——在布氏笔下代表胡戈·普鲁伊斯——开始在咖啡馆为未来宪法毫无体系地搜集条款，因为这一时期没有其他场所可供使用。萨乌普罗首先想到的是："创作者、发明家、艺术家的思想工作和权利，享有（genießt）国家的保护及照顾。"（第185条）政府为萨乌普罗提供的仆从"疑惑"地询问，这里的"享有"是否应该使用复数"genießen"，而非单数"genießt"，因为"必须被保护的"是"众多事物"。此时，由于其他客人抱怨萨乌普罗廉价雪茄的烟雾缭绕，二人只得离开，这一"错误"也被原状保留在了"宪法之中"。在街上，萨乌普罗发觉客人们的申诉合理，便立刻想到了下一个条款，并在仆从的脊背上把它记录在笔记本中："在不伤及其个人自由的情况下，每一名支玛国人都有义务按照多数人利益的要求来发挥自己的智力及体力。"萨乌普罗对这一天的自己心满意足，第163条也表明，没有人有权"以饥饿削弱自己，或者长期逗留在潮湿的地下室中而损害自己的健康"。

　　次日，一个戴面具的男人引领萨乌普罗及其内弟与仆从穿过地下通道来到国会大厦的一间大厅，随后消失。这间大厅里藏着许多装满手榴弹的箱子，整个上午，萨乌普罗三人只能用这些箱子搭建的写字台来打发时间。然后萨乌普罗口授："每一名支玛国人都有权通过言语、文字、印刷品或者其他一切方式自由表达观点……在《基本法》的范围之内。"另："不实行审查制度。"（第118条）仆从提出，还有许多人没有自己的居所，由此又引出一个条款："每人都有权购买房屋。"（第111条）下一条是："艺术、科学及其学说皆享有自由。"此时他注视着国王加冕礼赞的巨幅油画，问道，关于自由是否有所遗漏，他的内弟表示没有；萨乌普罗大怒，表示"必须彻底结束一切占有者的特权"："国会享有最高的权力。"（第1条与第5条）同时："议员代表整个民族。他们只服从自己的良知，而不受任何委托的束缚。"（第21条）萨乌普罗又仔细阐明，这里的委托指"选民的委托"。这样的场景在《图伊小说》中兴致勃勃地继续下去。

我们由此还可以洞悉布莱希特的讽刺原则：世间最自由的宪法所承诺的自由是思想自由，由于所有人只服从自己的良知，而不受任何委托的束缚，所以任何人一旦担任了相应的职位，都可以为所欲为。而早已得到证实的是，尽管有许多基督教的律法，良知是政坛人物所提供的最不可靠之物，这样的宪法也为所有的不公大开通路。

但布莱希特的童年已经展示，无视社会的疾苦是何等容易。19世纪的剥削者不愿面对被剥削者及其非人的遭遇，因为这些都在质疑他们富足的生活。市民阶层的出发点显然是只有自己和贵族才代表人类，与之相对的其他任何人都不作数，托马斯·曼的《布登勃洛克一家》就清晰地刻画了这一点。

布莱希特在战后才开始追踪一战造成的后果。但此时布氏的身份仍是富足家庭的儿子和市民，他还没有像日后作品中的圣约翰娜（heilige Johanna）一样深入到工人之间，而是与图伊们结伴，批判其意识形态，揭露残酷的社会现实。但对布莱希特个人来说，还要在图伊们的圈子里成为受到认可的诗人，特别是还要赚钱。对于后者布氏更加忧心，也更为积极，因为他决定不仅要成为诗人，而且要养育众多子嗣。

对布莱希特来说，一战带来了影响深刻的后果，它被称为"机械体验（Apparaterlebnis）"。在作于1929年前后的文章中，布莱希特新造了这个词。他说，机械已经取代了人的位置，人本应是"体验"的前提，而现在却不复存在。布氏描述了技术装备战中的战争体验，其中人是战争机器的执行者同时也是牺牲品。布莱希特还讽刺并批判了"突出个人机械体验"的"美感文学（Schöne literatur）"，他指的可能是埃里希·玛利亚·雷马克（Erich Maria Remarque）的成名作《西线无战事》（*Im Westen nichts Neues*，1929），一定还有他在其他方面都十分欣赏的阿诺尔德·茨威格（Arnold Zweig）的作品《军士葛里沙之争》（*Der Streit um den Sergeanten Grischa*，1928），布莱希特在给这部小说写的书评中就已经表明了上述观点。布氏强调了其中的矛盾：刻画人类有史以来最大规模屠杀的文学不可能是美的，战争机器消灭个体，它不可能以个体的人（Persönlichkeit）为出发点进行描写，将人置于中心位置，却是这样做的："体验过一战的作者中，那些最成功的后来体验到了百万的销量。他们描写了在长达四年的时间里非人的世界是何等可怖。……他们看到战争否定人，因此拒绝战争。但战争曾如此真实，而人却早已泯灭。"

资本主义创造了同其意识形态完全矛盾的社会现实，一战中"人力资源"被毫无人性地集体化，这同市民阶层个体主义和个人的自由决断（无需征求个人意见）完全背道而驰。青年戈特弗里德·本恩（Gottfried Benn）1912 年的组诗《停尸间》（*Morgue*）便是令人信服的证明。威廉二世皇帝曾召唤的英雄主义个体，他们如今只是紫菀和老鼠的容器①（"女孩曾长期躺在芦苇中，她的嘴 / 看起来被老鼠啃过"）。或者尸体还被肢解成块（"绿色的牙齿，脸上的脓包 / 招致了眼周炎症"）。"分娩的神秘"也被简化为"一块肉的出现"（"最终他来了：小并泛着蓝色 / 全身涂抹着屎尿"）。

/ 078

战争之前，本恩所表达的"诗意"（而不再是美），以及当中其他仍不为人知的意味——部分自然主义文学已经发现了少许端倪——在一战之中和之后不仅渗透到日常观念之中，而且还必定同当时社会的生产关系产生联系。个体被强制分离成各个部分，不可分割的个体（Individuum）成了可分割的个体（Dividuum），乔治·卢卡奇在 1923 年发表的《历史与阶级意识》（*Geschichte und*

---

① 本恩的《停尸间》以死亡为主题，描写了其在巴黎的一个停尸间里做医生解剖尸体标本的经历。其在一名溺水少女的尸体中发现了一窝幼鼠，在另一首诗中尸体的牙缝间夹着一支紫菀。

Klassenbewußtsein）将其理解为"物化（Verdinglichung）"，自1975年以来，表现主义研究用"自我分离（Ich-Dissoziation）"描述这一现象。卢卡奇的出发点是生产流程的合理化（由美国引入了流水线生产方式），它把产品拆分为各个独立的部件。根据卢卡奇的观点，"生产客体的分割"导致了"主体的分割"："人既不是客体，其行为也并非生产过程的本质承担者，他只是作为机械化的零件嵌入机械系统，而这一系统完全独立地运行，人只能无意志地顺应它的法则。"

工人的"成就"因此从整体中分离出来，被机械地客体化，即物化。由于工作——而并非生产本身——不再具有创造客体的特点，工人无法借由他的产品或者工作形成自我理解，也不能与工作构建认同感。物化的作用在查理·卓别林的电影《摩登时代》（Modern Times，创作于1933~1936年）中得到展现，而且它没有被局限于工作过程之中。卓别林用扳手拧一切看起来像螺丝的东西（比如：工人或者女性雇员衣服上的纽扣），当离开工厂后，在街上他仍像在机器边上一样的继续活动手和臂膀，而且自己毫无察觉。卓别林借此展现了一幅简单而迫切的图景，工人们被物化，他们作为人被分裂，已经不再适宜进行阶级斗争。

布氏早期对戏剧《加尔盖》（Galgei）——《人就是人》的前身——的构思（1920年以来）已经显露了与这一主题的关系。1920年7月6日，布莱希特在日记中记载："公元元年……市民约瑟夫·加尔盖落入奸人之手，他们打伤了他，剥夺了他的名字。"布莱希特对大城市的思考也趋于这一方向，大城市犹如"热带丛林"，其中无名的斗争现代而又神秘，事关生死。在所有行业中，人被集体化，社会关系愈加复杂，个体的人无法把握也无法洞悉这一现状，因此——对知识分子亦然——必然需要新的工作方式，这些都证实了布莱希特早年对社会内在联系的认识，新的社会关系要求新的行为、新的思想，同时还有新的写作方式。

这还意味着将要长期在矛盾中生活和工作。一方面，布莱希特必须在戏剧界还有文化工业中成为一名"人物"，另一方面，要实现前者，他必须彻底质疑自己是否仍是（传统的）个体主义定义下的个体，此外还须时刻意识到，个人产品成了商品，而商品的制造以集体化的工作方式——工作分配和主体分割——为前提。1920年代，市民阶层仍将文学理解为"个性的表达"——尚带有社会主义色彩的虚假复苏——这已经不合时宜，对创作者提出了新的挑战，这一挑战至今没有得到大范围的推广。

对自己的生活，布莱希特也不循规蹈矩。他一方面以惊人的自信坚持个体性，另一方面又同时在作品中不断否定个体性；1921年，布莱希特写道："愿万物为我所有，乃至支配动物世界，之所以这样要求，是因为我只能存在一次。"

/ 080

像交际花一样翘起腿
流动的戏台：茨威利斯

巴伐利亚州内战期间，为了给自由军团输送足够的人员，许多大学关闭，还有一个原因是无法保障正常的课堂教学。布莱希特利用这一时期沉浸于旧时的消遣中，即流连于奥格斯堡的普莱瑞尔节（Plärrer）。这一奥格斯堡的民间节日每年举行两次，因"Plärr"（等同于"叫喊"）或"Plärre"（等同于"木质喇叭"）而得名。布莱希特会独自前往，或者在中学时期与其他布莱希特派成员一同参加。同慕尼黑的十月节不同，普莱瑞尔节于整个战争时期都在举行，这不仅说明了这一民间节日在显然有些与世隔绝的奥格斯堡的受欢迎程度，而且也说明奥格斯堡的状况优于其他的城市。1918年8月，布莱希特在给汉斯·奥托·缪斯特尔的信中写道："这里有普莱瑞尔节。海盗船使我几乎筋疲力尽。当美的夏日如此醉人，我几乎已不能工作了！"1919 年 5 月，由于慕尼黑大学停课而无所事事，布莱希特和卡斯帕尔·内尔晚上同姑娘们一起在普莱瑞尔节里闲荡。内尔曾记录：姑娘们"和贝尔特比赛荡秋千"。那"美得难以置信，满满是身体的温暖、柔软与活力"。

年轻但已经成年的知识分子闲游游艺场享乐，这除了身体上的愉快之外一定还有其他的原因。事实也确实如此。首先是街头说唱，这是街头艺人歌唱式的吟诵，由手摇风琴或者吉他伴奏。招牌上描写的是一些轰动性事件、谋杀故事、火灾或者其他灾害，目的是为了"提升道德修养"，这些在音乐中转换为简单的语言描述。布莱希特有关死兵的恐怖诗歌便是根据这一集市娱乐活动的模式写成的。这一模式日后仍活跃于布氏的整体创作中。除此之外还有布氏所谓的"黑人音乐"，1919 年，在德国首次可以听到来自美国的爵士乐和流行乐。

1919 年 1 月，根据《凡尔赛条约》，莱茵河西岸开始由协约国占领（1919 年 6 月 28 日），法国殖民地军队也从凯尔行进至科隆，这被德国的反动、军事和民族主义团体视为最大的耻辱。其中最重要的原因是：85000 名占领军中有 25000 名黑人士兵，对于上述势力来说，这意味着"高贵"的德国人要听任"下等人"的摆布。1920 年，一些官方机构和法定媒体开始了种族主义的煽动性宣传，他们攻击殖民地军队是文明欧洲中心"蛮族的污点"，贬低黑人是血腥的野蛮人，是被过盛性冲动支配的"黑仔"，他们追求德国女性，在种族上污染德意志民族。"黑人音乐"也顺带遭到贬低：从这样昏暗的人物那里不会产生任何值得德国人聆听的音乐。但这一时期哪里可以演奏黑人音乐呢？那就是奥格斯堡的普莱瑞尔节。布莱希特派和布莱希特本人在这里都收获了新的音乐灵感，而且立即积极地将其付诸实践。

据缪斯特尔描述，1919 年 8 月，在布莱希特和他的朋友中间爆发了绝对的"黑人音乐狂热"。缪斯特尔提到的诗没有流传下来。被保留下来的只有《茨威利斯之歌》（*Civilis-Song*），诗中一名黑人在烟花之地登场，用煽动的方式结结巴巴地说道：

> 我们的丛林是绿色
> 我们的环形村庄在干涸
> 啊哦！啊哦！
> 曾有油
> 滴入我们的肚脐。
> ……
> 一天来了卖酒的商人
> 还有传教士。
> ……
>
> 一个伶俐的胖黑鬼匆忙喝下了
> 商人的酒，传教士的血。
> 白人可以在黑鬼身上拉屎，是的！
> 但黑鬼可以，可以吃掉它
> 鼠辈。

茨威利斯也侵袭了"黑鬼"，毁灭了他们的传统，用基督教、烈酒和白人女性的肉体毒害他们："白人给我们注射了茨威利斯—茨威利斯—文明（Civilis-Civilis-Civilisation）的细菌！"在音乐上和艺术上，布莱希特派都是那个时代的先锋派，但这些只能在当时的年市^①游艺

---

① 类似中国的庙会，一年举行一次或多次，有商业集市，也有一些艺术表演活动、旋转木马等。

场上占有一席之地。这些新的歌曲在这里被当作稀奇古怪的热闹，可以被人们容忍，但也暂时仅限于此。不假时日，爵士乐就征服了整个德国，乃至整个欧洲。

普莱瑞尔节在慕尼黑的分支是十月节；说"分支"也言之有据，因为当十月节第一次举行时（1810 年 10 月），普莱瑞尔节已经历经了数百年历史。喜剧演员卡尔·瓦伦丁（Karl Valentin，1882 年生人）有可能确实在十月节表演过，表演通过夸张的模仿讽刺其他戏剧，布莱希特应该在 1919 年或者更早就结识了瓦伦丁，因为布氏创作于 1919 年秋的独幕剧就带有瓦伦丁的特点，意为向其致敬。布莱希特肯定加入了瓦伦丁的艺术家团体，或者更确切地说是卖艺人团体。有一张表现十月节表演的著名照片保留了下来，照片拍摄于 1920 年的十月节或者卡里瓦利卡巴莱剧（Kabarett Charivari）期间，自 11 月 16 日起，这一表演也在日耳曼尼亚酒店（Hotel Germania）举行。"卡里瓦利"指吵闹低俗的表演或者刺耳的噪音音乐，这样的称谓有可能符合布莱希特和瓦伦丁的作曲风格。团体的其他成员站在台前，为所谓的表演叫卖。布莱希特演奏笛子，瓦伦丁吹大号，一位不知名的小丑敲定音鼓，莉泽·卡尔施达特（Liesl Karlstadt）——瓦伦丁艺术上的伴侣——摇铃铛。首先表演的是莉莉·维斯-维斯（Lilly Wiesi-Wiesi，巴伐利亚方言中指阴道），"欧洲曾呈现的最伟大的女性"。她之后大耳朵塔菲特先生（Herr Tafit）登场，"在 **12 岁零 16 个月**的时候，他来到斯里兰卡一名那不勒斯鞋匠那里做学徒，四十余年的学徒期中，他因懒惰、调皮、马虎而出名，这也给了他的师傅不停扯他耳朵的机会……除了两只耳朵之外，他身材完全正常，这不是幻觉，也不是骗局，绝对真实"。最后表演的是瓦乌先生（Mister Wau Wa），他能喝盐酸，吞下硬煤和钉子，随便掰弯铁棍。表演到高潮时他还被一辆敞篷梅赛德斯卡布里奥轧过，车上还坐着 5 个人，根据图像显示其中包括布莱希特。

在卖艺的戏台上演讽刺剧，挥霍时间的方式中没有比这更低级的了，可水准已经无法再降低了，不是吗？演出的名字和台词显然出自卡尔·瓦伦丁，而不是布莱希特，所有的一切都愚蠢而荒唐。但布莱希特确实在场，来弘扬"民族艺术"，给观众带来一阵惬意，或者也讥讽他们，对于这些布氏都乐此不疲。1918 年 3 月，布莱希特致信内尔，劝说他来跳舞："据我所知，米开朗基罗曾组织假面游行和跳芭蕾。"但布氏为何不为维斯-维斯做广告呢？

一战前后，将（真实的和虚假的）异常事物展示出来是年市上理所当然的一部分，暹罗的双胞胎、侏儒、巨人、胳膊超长的男人、没有下肢的女人、上身布满文身几乎全裸的女人，这些都是为了满足人们低俗的好奇心。尤为令人发指的是所谓的"民族展"，它由卡尔·哈根贝克（Carl Hagenbeck）于 1875 年发明。哈根贝克在他的展览场地——更确切地说是他的动物园里，把异域民族当作动物展览。瓦伦丁和布莱希特嘲讽了这一有悖常情的举动，所以他们除了找乐子之外也为社会批判作出了重要贡献。如果看到那些为"民族展"所绘制的宣传画，便不难认识到，它们为右翼激进派和纳粹的种族主义煽动性宣传提供了样板。

在卖艺戏台的这些经历还为布莱希特日后自己的戏剧提供了创作灵感。年市上的观众偏爱这些恢恑谲怪之事，却没有意识到，他们面对的这些畸形事物其实是心理与社会畸形的投影。布莱希特创造性地利用了这些因素。1924 年在慕尼黑室内剧院上演《英格兰国王爱德华二世》（*Eduard II. von England*，简称《爱德华》）时，布莱希特在带有街头艺人表演风格的连续场景中展现了"最后一只蜥蜴"——这是布氏对英格兰国王的称谓。1929 年他又在教育剧中加入了小丑的场景，其中饰演施密特先生（Herr Schmitt）——一名市民和个体主义者——的小丑像塔菲特先生一样，有一对巨大的耳朵。1931 年在柏林上演了《人就是人》，布莱希特利用面具、铁丝衣架和巨大的手掌模型把战士们变成了"特别庞大的怪物"。在该剧中盖里·盖伊（Galy Gay）最终沦为战斗的机器，这一幕中盖里·盖伊脚踩高跷，四肢巨大，牙齿间还插着一柄大刀。如果说《爱德华》一剧还算收敛，小丑场景则颠覆了整个巴登-巴登（Baden-Baden）的室内音乐节，柏林的国家剧院上演的《人就是人》也因为过于嘈杂，没有一次演出可以在毫无中断的情况下进行到底，这部戏剧也在上演5场后被取消演出。这次演出也为布莱希特魏玛共和国时期戏剧活动的尾声作了铺垫。

1923年布莱希特与卡尔·瓦伦丁再度合作了电影短篇《理发店里的怪事》（Mysterien eines Frisiersalons），据1923年3月4日《电影》（Der Film）杂志的报道，布莱希特为这部电影编写了剧本。共同参与的还有布兰迪娜·艾宾格（Blandine Ebinger）、埃里希·恩格尔（Erich Engel）、卡尔·瓦伦丁和莉泽·卡尔施达特。电影的分镜头剧本和文字资料没有得到保存。这部时长半小时的电影没有完整的故事情节，更像是一系列荒诞笑话的串联。理发店用所有剪发的手法虐待一名顾客，由瓦伦丁饰演的理发师甚至切下了他的头，然后又尝试再装上去。电影虽然艺术性不高，但是颇有乐趣地使用了许多技术手段，这是布莱希特在1920年代唯一得以实施的电影设计，但并不成功。

再次说一下海盗船游戏。在1920年的《诗篇》（Psalmen）中，布莱希特将这一年市上的娱乐活动作为性隐喻使用："我曾听说，由于情爱会脸红脖子粗。这我不喜欢。但玩海盗船，我听说，也会脸红脖子粗。这是不可避免的。"还有："人们必须像交际花一样翘起腿，好像整个人挂在膝盖上。膝盖是如此醒目。"曾有一段时间，布氏几乎使整个宇宙都具有了性特征，甚至把"亲爱的上帝"也包括在内，能在夜晚23点海盗船关闭之后继续不受打扰地摇摆；他显然已经整日都随之摇动了。这些高级的玩笑，还有《诗篇》采用了圣经原型的事实，在表现主义诗歌的历史背景下，是对上帝主题的过分讽刺。《诗篇》中女性角色荷（海达·库恩）和碧（保拉·班霍策尔）并非作为历史人物出场，而是分别代表女性的善（碧）恶（荷）两极，在这个充斥着性内涵的伪圣经世界中，抒情主体像猪一样在泥塘里滚打、嚎叫。此处有这样一句："无论你们所寻何人：绝非是我。"

人们能理解的故事，都讲述不佳
散文的突破：优秀的叙事性

1919 年末，布莱希特完成了他的第一部小说《巴尔甘的弃舍——海盗故事》（*Bargan läßt es sein. Eine Flibustiergeschichte*）。创作这部小说的动机现在只能猜测，从同时期作品《夜半鼓声》中可以推测到某些端倪。克拉克勒尔十分幸运，他的未婚妻仍然爱着他，所以他放弃了革命，投身社会，但当时的社会世风日下，前景堪忧。他未来的妻子由于堕胎失败，将要生下一个"杂种"，但如果克拉克勒尔不愿再看到系扣靴子下被践踏的世界，也只能接受这一事实。布莱希特对战后时期的期待甚少，他顺应普遍现实，不是为了放弃，而是为了在这样的现实中熬过去，为自己找到反抗的道路。这样的道路通往未来，那个尚无人知晓的未来。1920 年初，德国开始大肆赞颂世界末日。

小说《巴尔甘的弃舍》1921 年 9 月出版于慕尼黑的左翼自由主义杂志《新水星》（*Neuer Merkur*），这是一本跨区域发行的杂志。1921年 11 月，当布莱希特第二次前往柏林时曾断定："我将会收获很多人际关系，这里的人都知道《新水星》里的小说，对其也有所谈论，他们都会帮助我的。"这些人有赫尔曼·卡萨克（Hermann Kasack）、克拉邦德（Klabund）、弗兰克·华绍尔（Frank Warschauer）、海因里希·爱德华·雅各布（Heinrich Eduard Jacob）和阿诺尔特·布隆内（Arnolt Bronnen）。《海盗故事》[海盗（Seeräuber），源自荷兰语海盗"Freibeuter"]在《新水星》中位于三篇关于罗马的文章之间——托马索·加拉拉蒂·斯考蒂（Tommaso Gallarati Scotti）的《但丁与意大利》（*Dante und Italien*），阿尔冯斯·帕奎特（Alfons Paquet）关于罗马的报道和汉斯·戴恩哈尔特（Hans Deinhardt）对《神曲》第31章的翻译，以及恩斯特·布洛赫（Ernst Bloch）的《农民战争与千禧年主义》（*Bauernkrieg und Chiliasmus*）。这期杂志整体是为纪念但丁去世600周年而作。在如此庄重的文章中出现一则海盗故事，起初让人捉摸不透；但重要的是：之前默默无闻的布莱希特也跻身名流。

坦言之，布莱希特的《海盗故事》讲述了一段混乱的同性恋关系，叙事冷静而疏远，好像这是一件尤为平常的事。海盗团伙中智勇双全、犹如神一般的头领突然毫无顾忌地爱上了自己的敌人柯罗策（Croze），并为他放弃一切：他的地位，他的成就，他的同伴，他的权力，最终还有他自己，他最终同爱人共赴亡途。1872年，《德国刑法典》第175条规定严禁同性恋（直至1994年），违者将予以惩罚，但1919年同性恋不再是文学中的禁忌话题，特别是布莱希特的最重要的文学楷模之一弗兰克·韦德金德在1890~1891年的《春之觉醒》（*Frühlings Erwachen*）中已经开诚布公地谈及了德国文学中的这一主题[小汉斯和恩斯特之间的爱，阿尔弗雷德·凯尔（Alfred Kerr）在首演的评论中把这一对儿称为"对手淫乐此不疲的家伙"]。但同性恋的核心内容并非未成年人之间的性欲望，与罗伯特·穆齐尔（Robert Musil）的《学生特尔莱斯的困惑》（*Die Verwirrungen des Zöglings Törleß*，1906）和赫尔曼·黑塞（Hermann Hesse）的《在轮下》（*Unterm Rad*，1906）不同，他们会保持冷静；也不是像托马斯·曼的《死于威尼斯》（*Tod in*

Venedig，1913）那样（大多数是悲剧性的），放弃对爱情的追求；更不是"柔弱""女性化"的人物（文雅的艺术家），没有强大的生命力，从而满足于升华。无论哪种类型，同性恋都是爱的一种形式，这样的爱"不愿说出自己的名字"，即人们不能直接、公开地谈论它。但所有这些都不适用于布莱希特的故事。

柯罗策是个令人生厌的人物。他是只"肥癞皮狗"，"皮厚"，身上挂着"黏液和腐烂的鱼"，他耷拉着耳朵，如果他像"巨兽张开喉咙"一样张开嘴，可以看到嘴里溃烂的牙根，另外他还足部畸形，整个一副魔鬼的形象。跟他相比，巴尔甘是"神一般"的领袖，他对待自己的同伙像对待"一群孩子"，"他利用星辰导航的能力也如有神助"。虽然柯罗策显而易见地在破坏海盗们的劫掠行动，将数十名海盗引入了死亡陷阱，但当巴尔甘和柯罗策被幸存的海盗团成员擒住时，巴尔甘仍然认为怀疑柯罗策的理由"不能令人信服"。当海盗团最后一次努力让"直至厄瓜多尔地区都远近闻名的海盗船长"恢复职位时，巴尔甘把船交给了第一人称叙事者，理由十分简单："我爱里面那个人"，那个"贪吃的坏孩子"柯罗策，他现在困在猴子笼里。最终，巴尔甘自愿同他的爱人一起被遗弃在一条小船上，默默无言但坚定不移地同他一起划向消亡。

令人惊异的并非题目本身，还有第一人称叙事者展开故事的方式与手法。他是海盗的一员，起初还自称"我们"，后来除非被（不情愿地）牵扯进来，他都保持一副傲慢而疏远的观察者形象，用最稀松平常的口吻还原小说中充斥着的丑陋现象，同时对其给予了极为挑衅的讽刺。例如：在袭击智利一座城市之后，海盗们成群结队地"满足"城中的妇女，为了不给海盗们带来危险，"巴尔甘让人把女人们捆成一堆，从木屋完全清晰可见的地方，我们中有几人开始强暴她们，不顾一切交战性（Gefechtsverkehr）常规。木头里的甲虫会有这样的印象，她们像小牛犊一样突然离开安全的木栏，像羔羊一样被屠宰，颤抖而无助，一个接着一个，十个接着十个。"作者应该已经将"不顾一切性交（Geschlechtsverkehr）常规"的误读考虑在内了，因为试读的结果表明，很多读者至少联想到了其中隐含的意义，另一部分只看到了误读的内容。这一双重含义也暗示了布莱希特日后创作中的延续性主题，即爱情消逝必然导致的两性斗争。

在通行的第一人称叙述情境中，叙事者追述自己的故事，任意安排要讲述的事件，但布莱希特的小说与此不同，第一人称叙事者介绍他直接观察到的事件，同时又不参与其中，仿佛这些事件是刚刚才发生的。叙事者在篇末的反思中才得出结论，巴尔甘原来真的放弃了一切。而对于再现的故事，其中的大部分叙事者（起初）完全不理解。因此，有别于传统的第一人称叙事者，他没有控制材料，而是材料控制了他。

这样的叙事者被日后的文艺学称为"介绍性叙事者（vermittelder Erzähler）"，布莱希特在这里率先使用了新的文学技法，他早年的散文大多呈现这一特点。这属于"麦克风报道（Mikroreportage）"的技术革命。1929 年，赫尔曼·卡萨克（Hermann Kasack）在与电台节目周刊《广播》（Die Sendung）同名的文章中引入了这一概念，根据卡萨克的论述，这种形式最早于 1925 年出现在柏林，当时"人们放弃了演播间里的麦克风播音，带着麦克风来到了户外"，来转播赛马比赛。其中的收益是什么？是不可估量的庞大听众数量，用卡萨克的话来说，"公众"成为某一事件的共同见证人，而事件的结局——同新闻不同——是不可预知的。卡萨克认为如此产生的效果是："每一位电台听众——如果麦克风报道得当——都成了观众。"1950 年代，特别是 1954 年的足球世界杯，大多数听众都是以这种方式经历着伯尔尼草坪上的赛事，直至电视直播取代了这种方式。古代曾有概念"听读（Lesen hören）"，随着"麦克风报道"又诞生了"听看（Sehen hören）"。

在没有技术媒介的情况下，如果这种方式在文学中获得成功，那么——与科技发展相适应——文学将赢得新的平台，为幻想提供了空间，也为共同经历的体验提供了可能性。布莱希特后来（1931）称其为文学的"技术化（Technifizierung）"。1921年末，柏林的文学圈子对巴尔甘的故事"有所谈及"也不无原因，即使当时这种新的叙事方式仍未命名。他们意识到，即使这个故事（表面上看）发生在异域他国，布莱希特仍给文学带来了新的、未知的，同时又富有挑战性的色调。虽然布莱希特1922年末传奇般地获得了克莱斯特文学奖（Kleist-Preis），而且受到了赫尔伯特·耶林（Herbert Jhering）的赏识，但《巴尔甘的弃舍》仍标志着布莱希特真正意义上的文学突破，而且地点是在决定着当代文学走向的柏林。

但这还并非全部。这个混乱的海盗故事还叠加了宗教层面的意义，这需要对文本进行二次阅读。毋庸置疑，"圣玛丽的跛足"影射了魔鬼，巴尔甘——用原文的语言——"征服天空"，也同基督殉难十分类似，柯罗策就是他背上身的有血有肉的十字架。另外，当神面对海盗们对妇女做出的残暴行径，他"把脸转向一侧，打量巴西的收成"。同样，神一般的巴尔甘面对魔鬼的蛊惑只能闭上眼睛，无计可施。《神之颂》中是通过抒情主体，而此处是神本身放弃了神正论的疑问：全能而仁慈的主，为何会对世间肆虐的不幸、伤痛、灾祸、不公和压迫袖手旁观？神只是不再对其投以目光，将其弃舍。

这篇小说第一次出版在纪念但丁的期刊中，就这点而言，它也援引了但丁，因为《神曲》也是重回伊甸园的故事（虽然对此没有详加叙述）。刊物中布洛赫的文章也可能与此相关。文章有关千禧年主义，即可能存在的乌托邦，布洛赫指出，在向前迈进的路上，哲学家把共产主义视为向乌托邦的过渡阶段。那么对于同一本期刊中满怀希望的未来规划，布莱希特的小说间接地给出了根本性的拒绝。

当蓝色的晚风唤醒圣父

世界观：已废除

即使不能从文学作品中推测作者的观点，也有足够多的言论可以推断，布莱希特对形而上的问题毫无兴趣。在 1929~1930 年的故事《科尔纳先生与上帝是否存在的疑问》(*Herr Keuner und die Frage, ob es einen Gott gibt*)中有这样一段话："一人问科尔纳先生，是否存在上帝。科尔纳先生说：我建议你思考一下，你的行为会否因为这一问题的答案而改变。如果不会改变，那么我们可以忽略这个问题；如果会改变，那么我至少可以这样帮助你：我告诉你，你早已作出了决定，你需要上帝。"他主张，不要信任任何一种世界观、任何一种信仰、任何一尊神明和任何一份自以为拥有的权力，因为它们为所有的不公和不人道开脱、辩护。《神之颂》中业已明确，反抗"天经地义"的官方信仰至少同为公正的社会而奋斗同样困难。当巴尔甘舍弃一切，只能得出结论："在错误中不会有正确的人生。"（西奥多·W.阿多诺）他注定爱上胖子柯罗策的"德行"，这本身便是极为不道德的。

伊曼努尔·康德在《纯粹理性批判》(*Kritik der reinen Vernunft*)中写道："事物本身是什么，我不知晓，也不需要知晓，因为对我来说，事物绝不会同它的表象有所不同。"同《科尔纳先生》类似，康德的这句话也从根本上放弃了对"本质真实"的询问：这本身就是错误的问题。事实其实已经得到当代天体物理学的证明，但是这个本源性问题是进而成为形而上学，还是不再提出类似的疑问，或者不再需要答案，这些都并没有得到回答，它被排挤到了其他领域，脱离了人类一切的筹算和洞察力（但是仍然以某种形式存在着）。因此，有必要再次讨论神的问题。应该承认，必须面对的

/ 090

现实呈现了完全脱离人类思考能力的维度与复杂性——无论如何，这本身也是人类研究可以展示的一项成果。

1934 年的《易经》（*Buch der Wendungen*）①中有言"不可为曲要，唯变所适"，其间布莱希特清楚明确地说明了他的考虑："墨子说：由经验而得来的判断，它们之间的联系，与触发这些经验的事件之间的联系不尽相同。通过组合各种判断而得出的观念，无法准确地概括那些归纳出它们的事件。当过多的经验被组合在一起，由此还原到事件便会愈加困难。世界形成了图像，但图像无法把握整个世界。如果判断的目的是掌握事物，那么，更应该将判断与经验相联系，而不是与其他判断。墨子反对形成完整的世界图像。"对布莱希特来说，其中的世界图像（Weltbild）一词已经令人生疑，因为它意为确实存在世界，并可以为其描绘图像，好似"世界观（Weltanschauung）"在日心说代表人物哥白尼或者伽利略之后已经错乱了时代；"观（Comtemplatio）"②本来是托勒密学说的一部分。因此，"世界观"的概念对布莱希特来说已经走到了尽头。

我断膝破骨，与之偷欢

报道：奥格斯堡最美丽的女人

早在 1917 年，布莱希特便曾走入奥格斯堡城市剧院外墙的夹室里，想为自己作为德国未来的戏剧诗人树立纪念像。这里原本树立

---

① 这部布莱希特撰述的语录式散文在二战后经学者编辑出版时定名为《墨子／易经》（*Me-Ti, Buch der Wendungen*），因为布莱希特在流亡期间随身带有一本阿尔弗雷德·弗尔克（Alfred Forke）译的《墨子》，他十分推崇墨子为平民立言的理论倾向，并且语录中作为作者化身的主人公也叫"墨子"。

② 拉丁语，指观看、观念等。

的是席勒的站像。布莱希特第一次步入这间剧院是 1911 年 3 月 22 日，当日上演席勒的《瓦伦斯坦》（*Wallenstein*），布氏觉得这个夜晚漫长而无聊。1915 年，布氏在学校的一篇作文中称《瓦伦斯坦的营地》（*Wallensteins Lager*）①是"十月节卖烈性黑啤酒的柜台"，这让老师十分头疼，其中也没有丝毫对戏剧的热情，但这不妨碍布氏从 1919 年 10 月至 1921 年 1 月定期为城市剧院的演出撰写剧评。这些剧评发表于报纸《民族意志》（*Volkswille*）上，奥格斯堡发行了各种不同的社会民主主义报纸，《民族意志》便是其中之一。它是独立社民党新创办的一家报纸，政治上支持在德国按照苏俄模式建立苏维埃共和国。但布氏的剧评显然同独立社民党的政策毫无关联，他从艺术的角度直面剧本和演出，批评也不留情面。1920 年 10 月 23 日，在关于《强盗》（*Die Räuber*）的剧评中，布莱希特就明确表示了自己对演出舞台设计的态度，按照当时普遍的做法，舞台设计不过是从道具堆中不假思索地组合起一些破烂："就舞台装饰而言，大家似乎都愿意降低到简陋戏台的水平。纸板森林、画出来的房梁，老旧的沙发、晚霞……都摇摇欲坠。我抗议向我们的青少年们如此传播席勒的作品。"

不久之前，布莱希特由于对笑剧②《旧日海德堡》（*Alt-Heidelberg*）的评论而被禁止进入剧院，他在剧评的首句就评价这部剧是堆废话，但禁令对于他这样一位剧评写作者来说是无法忍受的。除此之外，布氏在剧院的行为也令人侧目，他在不合适的时段放声大笑，或者愤懑呼喊而令人反感，再或者就是在演出进行期间在座位间来回走动，让观众们不得不起身站立。1921 年 9 月，布氏这样评论黑贝尔的《犹滴》（*Judith*）："十分明确，《犹滴》似乎是要学路德维希·安岑格鲁伯尔（Ludwig Anzengruber）的'第四诫'。我们的

---

① 席勒戏剧三部曲《瓦伦斯坦》的第一部分。
② 喜剧的一种，以滑稽情节及笑闹场面揭示剧中人物行为的矛盾，也称趣剧、闹剧。

剧评并没有疯癫，这是我们德国古典戏剧全部剧目中最差劲、最荒谬的一部。那头认为露露（Lulu）是辱骂女性的蠢猪现在又热衷于犹滴。"这为布氏招来了是非。饰演犹滴的女演员薇拉·玛利亚·艾伯乐（Vera Maira Eberle）认为布莱希特在辱骂自己，因为她曾在《奥格斯堡评论》（*Augsburger Rundschau*）中贬低韦德金德的《潘多拉的盒子》（*Die Büchse der Pandora*，1902）：这部剧讲述了妓女露露起伏跌宕的一生，她射杀自己的丈夫，未满刑期就被从监狱里救出，和自己的追求者在巴黎过着奢靡的生活，在伦敦身名俱败，最终被开膛手杰克刺死；这样的题材不适合性情敏感的人。艾伯乐因此提出了诽谤的控诉，经过两轮审理程序，布莱希特被判罚金 150 马克或者监禁 15 天。

事前，1920 年 11 月，布莱希特就在一封公开信中回应了城市剧院"全体人员"对其剧评的批判。这次批判的内容虽然没有得到保存，但可以得知，它控诉了剧评严苛的指摘——不仅限于布莱希特所写的——并要求，剧评应该只限于报道事实。布莱希特明确指出："艺术的利益高于艺术家的利益。"他也谦逊地承认，某些表达可以作出些"妥协"："废话应该改成空话。"就"报道事实"而言，他的态度更加坚决："让剧评局限于报道事实的要求无能又无耻，治疗咳嗽的手段不是堵上病人的嘴。"奥格斯堡的这出闹剧让人们事前领略了戈培尔 1936 年 11 月 26 日颁布艺术评论禁令的滋味。日后由强权压迫艺术及其（必要的）艺术评论，此时奥格斯堡人却自愿提出。戈培尔的禁令中规定："到目前为止，艺术评论是对'评论'这一概念的彻底扭曲，它受到了犹太民族过分的影响，成了艺术审判。从今以后，只有艺术报道；评论家白艺术编辑代替。艺术报道应寡评价，多介绍，多称颂。"

1919~1920 年演出期间，奥地利女中音歌手玛丽安娜·佐夫（Marianne Zoff，1893 年生人）受到奥格斯堡城市剧院的聘请。她由慕尼黑前来，在慕尼黑同商贾、发行商奥斯卡·卡米卢斯·莱希特（Oskar Camillus Recht）同居，这段感情也同布莱希特有牵连。1919 年 9 月 28 日，佐夫第一次在奥格斯堡登台，在乔治·比才（George Bizet）的《卡门》中饰演吉卜赛少女梅赛德斯。一个月之后，她替代性地饰演主角卡门，但没有坚持下来。剧评讲道："女演员无法提升戏剧的悲剧特点，冷漠而僵硬……演唱上，特别在低音区域，无法同强有力的交响乐伴奏相协调。在音乐表现力上，她在第二幕尤为失败……"1919 年 9 月至 1921 年 5 月，佐夫专场在威斯巴登（Wiesbaden）上演，她在 18 次不同的音乐演出中共演唱了 57 次。这在当时并不算多，佐夫饰演的几乎全是配角，而且那些著名的剧目，如莫扎特的《唐璜》（*Don Giovanni*）、贝多芬的《费德里奥》（*Fidelio*）、韦伯的《自由射手》（*Freischütz*）、瓦格纳的《西格弗里德》（*Siegfried*）和威尔第的《阿伊达》（*Aida*），她都没有出演。1920 年 12 月 28 日，佐夫得到了饰演主角的机会，即洪佩尔丁克（Humperdinck）的《汉泽尔与格蕾泰尔》（*Hänsel und Gretel*），有评价说："佐夫小姐饰演的汉泽尔在苍白地模仿男童，如果在中音区和低音区还算差强人意的话，歌唱和音准则都不稳定。"由此可以清晰得知，玛丽安娜·佐夫的事业并非得益于她的歌唱艺术。

大概在 1920 年 12 月的一次演出之后，很可能是《汉泽尔与格蕾泰尔》失败的首演之后，一个骨瘦如柴的小个子男人来到这位女中音的衣帽间，赞扬了她的音色和表演。虽然佐夫几次三番要求他离开，他还是自顾坐下，表达了希望与佐夫建立情人关系的愿望。这位奥地利女人十分迷人，肤色较深，眼睛几乎是黑色的，而且像帝国在一战后逐渐普及的那样，作为一名自由支配生活的独立而自信的女性，她赢得了自己的社会地位，也自然拥有稳定的经济基础。由于事业发展不顺，又要满足一些风雅的需求，慕尼黑的情人卡米卢斯·莱希特便扮演了重要角色。佐夫一眼便不难看出，布莱希特在这方面什么也无法提供。后来，佐夫这样描述这个小个子男人："布莱希特十分邋遢，衣冠不整，抽劣质的香烟；秋裤偶尔也会露出来，他也不在意；嘴角有口水干了的棕色痕迹，他的舌头因为舐润钢笔而有淡紫色的斑点，头发也油腻腻的。"在接受这位情人之前，佐夫很是费力地对付他的邋遢。如果问她是怎样做到的，答案很简单：她帮他清洗，首先是耳朵，然后是脖子，等等，具体细节现在不得而知。这些习惯布莱希特并不觉得异样，并乞求她，可能是当佐夫碰到他一些私密部位时："一半就够了，求你了，一半就够了。"

　　直至 1950 年代，在（小）市民家庭，特别是男性，卫生都只能是可望而不可即的事情。（夏日大多也会穿的）长内裤经常被当睡裤穿，除此之外还当居家裤穿，三天之后肯定会臭味熏天。女性的内衣情况也无明显改善。家里几乎没有淋浴；淋浴在当时还是军队、监狱和寄宿学校特有的。浴盆准备起来也颇费功夫，要在炉子上架起的巨大铁盆上烧水，然后倒入锌制的盆里，因此一般不会只供一人使用，原则上每周仅洗一次澡。除此之外，当时还没有洗衣机，抽水马桶也是极少数特例。那么问题是，为什么一位漂亮女人在完全可以找其他情人的情况下选择布莱希特呢？按佐夫自己的话说，是由于他"惊人的音乐才华和精湛的吉他演奏"，还有"哑哑的磁性声音"让她背上一阵战栗。再一次，是艺术家的特质起了决定性作用。

　　卫生问题只是这对新晋爱侣的麻烦之一。更严重的问题是，当布莱希特走进这位美丽女人生活的时候，莱希特已经是佐夫同床共枕的未婚夫——而且显然爱干净一些，这段时间布莱希特仍能偶尔溜进佐夫的房间。原因显而易见。布莱希特已经是一位父亲，而且也不会离开孩子的母亲，他生活贫困而放荡，除了艺术和偶尔的浪漫对佐夫毫无帮助；而莱希特却能慷慨地给他的爱人提供富足的生活，虽然目前状况有所改变，这仍是佐夫所不愿放弃的。

　　佐夫同布莱希特暧昧的整个期间，甚至在 1922 年 11 月 3 日两人结婚以后，她都在这两个男人之间周旋，还试图接近第三个男人，比如在她短暂的威斯巴登演出时期。威斯巴登的剧院经理卡尔·哈格曼（Carl Hagemann）聘请佐夫饰演莫扎特《女人心》（Così fan tutte）中的多拉贝拉（Dorabella）。相对其唱功，奥格斯堡的戏剧评论更赞赏佐夫的外貌，如果所言属实，那么这位威斯巴登的剧院经理应该更多的是贪恋佐夫的美腿，而不是聆听她的歌声。事实上，佐夫在威斯巴登也没有取得可圈可点的成绩，哈格曼1921年12月没有再延长合同，佐夫也因此回到慕尼黑。布莱希特的信件可以较清晰地证实，哈格曼曾试图接近佐夫，但这件事情后续如何，已不得而知，也无足轻重。

布莱希特自己骄傲地宣称，他征服了"奥格斯堡最美丽的女人"。关于佐夫的演唱，布莱希特从无微词，相反，1921年3月16日，布氏在日记中写道："她的表演很动人，安静而优雅，她浅吟低唱，如百灵一般。"这是《女人心》首演的当天。日记简短收尾："我安静地独自回家。"此句使人猜测颇多。没有庆祝首演的聚会吗？为什么是安静的而不是欢欣鼓舞的？哪个剧院不庆祝首演呢？而且爱侣来观看演出却独自一人踱步回家也是闻所未闻。一名女歌手刚刚演出成功，却不坚持与她热恋的情人共同庆祝，这着实难以想象。原因只可能是：布莱希特提前回家，是回避他要作某种决定的尴尬场面，独自思考下一步该怎么办。布莱希特反感处理个人事务和怯懦地解决感情问题，而是选择逃避，这在他的一生中时有发生。

两个人

乱交：莱希特与布莱希特

同玛丽安娜·佐夫相识之后，布莱希特的生活中上演了低劣的爱情闹剧。事情发生在1921~1922年间，分别在1921年3~5月和

1922 年 11 月达到高潮。因为保拉·班霍策尔完全"无所事事"，她来回往返于慕尼黑和奥格斯堡之间，继续自己同布莱希特的关系。1921 年春，玛丽安娜怀了布莱希特的孩子，但又断绝不了与莱希特的关系，莱希特一再要求结婚，并且一如既往地向她提供金钱。佐夫在布莱希特和莱希特之间的摇摆引发了两个男人之间的——布莱希特日记中可以查阅到的——言语相向，甚至还有大打出手之势，据称布莱希特还购置了一把手枪，以便在紧要关头击倒情敌。

1921 年 5 月 7 日，玛丽安娜流产失去了孩子。莱希特维护自己的权利，禁止布莱希特到医院看望情人，对此布氏如此评论："没人需要我！但是莱希特能整夜看护玛丽安娜。那些美好的精神都从玛丽安娜·佐夫身上消失了，事情从闲逛开始，以实验室里婴儿的尸骨结束。"布莱希特失望地认为，玛丽安娜早已计划好打掉这个孩子，他的言辞也因此愤恨而伤人："**这**就是她要的！其他的都是咖啡厅音乐和舞台灯光下的惺惺作态。这就是她**原本**想要的！这个婊子玩弄浪漫的手段是我所见过的最赤裸裸的骗局。这个怀孕的婊子就这样把孩子打掉了！这口破锅，所有男人的脏水都能流进来，我竟然曾想过把它放在我的房间里！"

几天之后布莱希特又和碧在一起，发现她如此"美好与可爱"。碧显然对布莱希特同玛丽安娜·佐夫的关系一无所知。布氏整年给玛丽安娜写了无数的情书，因为他知道玛丽安娜还没下决心放弃那个富有的情人；而且哈格曼也至少是潜在的竞争对手。布莱希特打算"像牛一样"努力工作，建议玛丽安娜学着独立，试着接触文学。1921 年 9 月，碧再次怀了布莱希特的孩子，这个消息布氏一个半月之后才知晓，因为消息没有传到他那里（他在奥格斯堡，所以寄到柏林的信件都无法收到）。在返回柏林的路上，布莱希特少不了到威斯巴登看望玛丽安娜，留宿她家，与她同床。在收到碧怀孕的消息之后，布莱希特多次竭力申明自己只爱碧，但同时在给奥托·穆勒莱塞特和卡斯帕尔·内尔的信中写道:"魔鬼真是在我这里扎了营。"他还想在柏林与海达·库恩重温旧情。但海达此时正与夏里特医院的医生恩斯特·沃尔海姆(Ernst Wollheim)相恋,布莱希特毫无机会。几天之后,布莱希特收到消息,碧"自己有办法",但这是怎样的办法现已无从知晓。

布莱希特给玛丽安娜的信又继续像洪水一般涌去,1922 年 4 月末之后,玛丽安娜又回到了布莱希特的怀抱。同年夏天,玛丽安娜在照顾碧的儿子弗兰克时再次怀孕。碧仍然不知晓两人的关系,而且一如既往地从自己"真挚的爱人"那里收到汇款,因为布莱希特认为有责任照料自己孩子的母亲。她 1922 年 1 月的一封给"亲爱的、亲爱的、最亲爱的、深爱的贝尔特"的信被保留下来,信中碧在附言里写道:"你给我这么多钱,我很惊愕。这些钱你或许更需要。但我不敢把它还给你。"

1922 年初秋,事情有了些改变,据班霍策尔和佐夫回忆,莱希特先生来到奥格斯堡拜访班霍策尔"小姐",并介绍自己是玛丽安娜·佐夫的未婚夫:"请您谅解我的绝望,她怀了布莱希特的孩子,这小子如此狂妄,他对此事的态度竟然是:'让他们成长吧,小布莱希特们。'"碧抓着一旁沙发的扶手才能保持平衡,"……但是,但是,我已经和他订婚!……"莱希特紧张地来回走动,喋喋不休地说:"我和玛丽安娜订婚了!是的,订婚了!订婚了!必须做些什么,而且立刻。"他们随即决定前往柏林,通知玛丽安娜在火车站等候,然后两人,指玛丽安娜和碧,一起找布莱希特谈话,要求他承担责任。

在慕尼黑的一间咖啡馆,大家点了茶。玛丽安娜盛气凌人地叱责布莱希特,而他只是在茶杯里搅拌着:"你在想些什么?你怎么能承诺她婚姻呢?你这个半疯半傻的家伙。总是找新的女人,从每一个女人那里都不要第二个孩子,每个人一个孩子,这还挺有趣,哈！"布莱希特只是默默地继续搅拌着茶杯，碧喊道："你到底要娶哪一个？"布莱希特继续搅拌着，愤愤地说："两个都要。"玛丽安娜厉声责骂："你剃了胡子像头猪，也像个大脓包。当我们急需用钱的时候，你一定要抽弗吉尼亚雪茄。它只会让你口臭。别把我拖进你的泥潭，别躺在摇椅里喝酒了。你清楚地知道，我很痛苦。大丈夫也能说谎，满口谎话，为什么不呢？这只会让其他的人可怜。还可以把谎话编得自己都相信，这也是艺术，肯定的，是艺术。这不是事实嘛，谁在夏天能说谎？在如此赤日炎炎之时？你，贝尔特·布莱希特可以。"两个女人气愤地扬长而去，布莱希特喃喃自语："我肯定可以自由活动，随意吐痰，一个人睡，无所顾忌了。"他站起身，踱步出门。

玛丽安娜——有先见之明——提醒碧在回奥格斯堡的途中要当心，布莱希特会藏在火车里，随后现身。事实亦如此。他站在碧所乘车厢前的走廊，做手势让她出来。碧没有听从他的指挥，布莱希特就索性把门打开了一条缝。"我们要仔细想想，哦碧，要做些什么，别这么荒唐。"碧不抬眼看他，其他的乘客倒是越来越注意他。布莱希特毫不在意别人，声音更大了："别傻了，根本没理由这样！！！来！"碧动也不动。在奥格斯堡火车站，布莱希特直接抓住她的手不松开，把她拽进一家咖啡馆，喋喋不休地解释道："你知道的，碧，你是我最真挚的爱。任何女人都无法同你相提并论，只有跟你一起我才会幸福。"（同样的话他也在给玛丽安娜·佐夫的信中写过。）听着这些话，碧感动地望着布莱希特，他紧追不舍："但由于这个糟糕的事情，最亲爱的碧请不要生气，我被迫要娶玛丽安娜。我只爱你，与玛丽安娜在一起和与你在一起的生活完全不同。你轻吐一口气便能给黯然的污水带去金色，在我们的床榻上升腾着沉醉的美好，你脖颈的线条，你声音的色泽，你的歌唱久久萦绕心间。和玛丽安娜的婚姻只是因为孩子，我仅仅因此才愿意同她完婚。一旦孩子出生，玛丽安娜必须同意离婚，这样我就可以立即同你结婚。"

布莱希特真的同玛丽安娜草拟了一份协议，协议中玛丽安娜也表明，一旦孩子出世便同意离婚。碧欢天喜地地收到了这份措辞优美的协议，并谨慎保存。1922 年 11 月 3 日，布莱希特与玛丽安娜·佐夫完婚，但布莱希特告知碧的结婚时间是 11 月 6 日，因为布氏向碧许诺，9 日回到奥格斯堡和她的身边，这意味着布氏和玛丽安娜只有 3 天的蜜月期，但借助这个小骗局，布氏将其延长了 3 天。碧日后由一名律师处获悉，这样的协议有违道德伦理，因而不具有法律效力。1923 年 3 月 12 日，汉内（Hanne）来到这个世界，而这段婚姻持续到 1927 年才结束。

之前布莱希特就几经努力，让玛丽安娜不再堕胎。但玛丽安娜在第一次怀孕期间就提出过条件，只愿意诞下婚生子。布莱希特是个不可靠的人，所以当他从柏林苦苦哀求，无论如何要留住"汉内彼得（Hannepeter）"（为女孩和男孩分别斟酌的名字）时，玛丽安娜十分怀疑。针对奥斯卡·卡米卢斯·莱希特，布莱希特曾构思过《爱猪马尔库斯的冒险故事》（*Historie vom verliebten Schwein Malchus*），在如今的情景中，他又写了《杀婴女犯玛丽·法拉尔》（*Von der Kindesmörderin Marie Farrar*），同《冒险故事》一同被收入了《家庭修身集》。而法拉尔同美国蜚声世界的女高音歌手吉拉尔汀·法拉尔（Geraldine Farrar, 1882~1967）有关，法拉尔在德国还有柏林皇家歌剧院演出过多次，凭借对卡门的诠释而闻名。法拉尔同玛丽安娜·佐夫类型相似，二人都借由最挚爱的角色卡门来定义自己。

诗中布莱希特暗指流产等同于杀婴，下面几句诗中尤为清晰地表达了这样的呼唤："你们在洁净的产床上生产 / 称你们孕育生命的母腹是'恩赐' / 你们不能诅咒那些流产的弱者 / 因为她们罪孽沉重，她们苦难艰辛。"玛丽安娜属于得到"恩赐"的一类，所以就更没有堕胎的理由。这首诗到底对汉内健康地来到这个世界上有多少影响，现在已经不得而知。但流产与杀婴的比照以特有的方式展示了布莱希特对孩子的态度，碧和玛丽安娜都曾记下布莱希特的话："让他们成长吧，小布莱希特们！"它的含义不容误解。

布莱希特的目的绝非玩弄女性；这些有所"结果"的性生活绝不能推断布氏只在乎性满足。布莱希特并非阿多尼斯（Adonis）[1]般的美少年，但几经证实，他深得多名女性钟爱，那么他一定是一名很好的情人。更重要的是，布莱希特为何在保拉·班霍策尔之后要同时与多名女性保持性关系，而且向每一位女性许诺，她是他唯一所爱，而且还会为她们有别的男人而醋意大发，这需要一份可信的答案。

最晚到 20 世纪初，随着电影的发展，性已经成为大众消费品，它不再局限于伴侣之间，而是可以在烟花之地以各种形式购买，这引发了新的好色贪欲。青年布莱希特知晓理查德·奥斯瓦尔德（Richard Oswald，自 1917/1918 年起）的"启蒙电影"，最晚到 1921 年，布氏也了解了首都柏林的寻欢之所，且最晚在 1919 年他也已然熟悉了哈森巷（Hasengasse）——奥格斯堡近郊的妓院。即使他没有步入过这些场所，对那些青春期的少年来说，去探查一番也是常有之事。独幕剧《暗中光》（*Lux in tenebris*）中，布莱希特还把哈森巷作为舞台背景详细描写。大城市中的肤浅和人的聚集不仅结束了自主的个体性，使"他治（Fremdbestimmung）"成为日常体验，而且还摧毁了家庭，阻碍了人与人的亲近，这些都是布莱希特早期作品的主题，特别是 1919 年的独幕剧《婚礼》（*Hochzeit*）中，婚姻从婚礼庆典开始就宣告了破碎。

/ 100

在文学作品中，布莱希特以美学的方式使读者体验社会弊端，

---

[1]　希腊传说中爱神阿芙洛狄忒所恋的美少年。

展示那些舛讹百出的认识和观念，但他不能把这些弊端和缺陷都当作无足轻重或者头脑短路后的畸形产物。他必须适应这些现象，这意味着一方面要承认这些是业已存在的不可逆之物，另一方面要为了自己的生活而掌控它们。机械生产的工作分工可以积极利用，它把人与人组织起来，并且形成新的——同样进行工作分工的——机构。爱情被定义为共同的生产，将产生"第三类事物"，这其中也包括性，性是创造的自然力和享乐的泉源，布莱希特认识并承认这一点，进而保护它。但这并非将婚姻排除在外，毕竟，布莱希特经历过两次婚姻，还努力缔结过一次未果的婚姻（与保拉·班霍策尔）。一夫一妻制自始便是不可取的，因为它要求对人的占用权，这样的权力或者转化为无人性的异化，或者成为被利用的机会，以脱离规范的制约或基督教腐朽的道德标准。忠贞也毫无价值，即使布莱希特——不比天生的小布尔乔亚——时常要求他人对自己忠贞，自己却时常不以此为行为准则，这应该发生在较优越的市民阶层中，特别是布莱希特还有那样一位父亲做榜样。

还有关于布莱希特同性恋的问题。他 1917~1918 年寄往前线给卡斯帕尔·内尔的信尤为忧心满怀，见证了布氏对这位朋友深深的爱。布莱希特自己还提供了他们同性间交往的证据，1920 年 7 月 16 日，布莱希特同卡斯一起在波森霍芬（Possenhofen）："和朋友在一起比同姑娘一起好多了。"这里总结了两人共同度过的一个下午，在湖中、森林里和游船上游乐，诗歌《湖与河中的欢游》（*Vom Schwimmen in Seen und Flüssen*）便取材于此。但卡斯和贝尔特之间的爱无关乎性，可能也不掺杂情欲，是青春期男孩之间或者男人之间经常有的感情。在上述信件中，布莱希特主要是担心内尔的安危，担心他错过自己即使在战争期间也能在奥格斯堡肆意享受的生活，这封信见证了他们的爱，但不能作为同性恋的证据。

而日记中的记载可以这样理解，布氏同好友而非女友出游，没有了性诱惑，可以无拘无束地享受大自然中的谈天说地。内尔本人也证实了这一点。1920 年 5 月 5 日，内尔在日记中提到了一位没有提到名字的熟人："他看起来像同（homosex）……人们在很多方面，在他的每一个动作中都能察觉到。我根本不懂同性恋，也完全不能报以同感。"一开始内尔甚至不愿将这个词拼写完整。这篇日记不是耍心计，更多也只是对所描述之事有嗤之以鼻的嫌疑，因此，关于布莱希特同性恋的嫌疑已可以一笔勾销。

布莱希特的尾韵是最棒的！
艺术商品：消费

《巴尔》的第一稿创作于 1918 年，在里面的夜宴场景中，现代社会的新特点得到了集中体现，它们有：新文学突破传统的限制，由巴尔所代表，也由奥古斯特·斯特拉姆所代表；围绕表现主义刊物《风暴》（Der Sturm）形成了语言破坏者的团体；然后是特本头巾帽（Turbanhut）①的新时尚，由梅耶公司（Firma Meyer，奥格斯堡）和女士们代表；对当时股市的认识，由鲍曼公司（Firma Baumann & Co.）和男士们代表。文学创作者也成了标签：海涅代表"小轻狂"，伏尔泰和韦德金德代表"魔鬼性"，巴尔是"欧洲文学伟大弥赛亚的先驱"，布莱希特是——即便没有直说——弥赛亚本身。

1920 年 8 月 31 日，布莱希特在日记中记录道："我或许应该把《鲁特圣经》②扔了，大大地印在旧报纸上，或者用加粗字体印在

---

① 穆斯林的缠头巾。
② 鲁特琴（Laute），一种类似琵琶的拨弦乐器。

废纸上，这些纸三四年就分解了，在人们把它烂熟于心之后，这些文集就变成了垃圾。上面可能写着一些奇特的事情，比如：'请吃欧特家牌（Oetker）面包粉！'或者'现在就来耶稣这里吧'，或者'布莱希特的尾韵是最棒的！'"《鲁特圣经》是一部歌集，可能是布莱希特对《贝尔特·布莱希特和朋友们的吉他伴奏歌》(*Lieder zur Klampfe von Bert Brecht und seinen Freunden*)的扩充，成集于1919年，可是没有被保存下来。但是其中的一些笔记足以展现布莱希特对其抒情作品的完全不同态度。市民阶层习惯上珍视价格高昂、印刷精美的诗集［施特凡·格奥尔格（Stefan George）的诗集甚至是手写的，因为他已经太熟悉每一个机械的铅字］，但布莱希特不同，他偏爱廉价的纸，因为它在完成它最重要的任务之后能很快破损掉：诗句要记在脑子里。相比将镶着金边的诗集保存在书架里——可能从未读过——这是更高的要求。

熟记诗文最保险的办法是为之谱曲，这是不争的事实。但是还有重要的一点，诗不应是高雅的词汇精选，若要亘古流传，它还要将诗句像广告语一样送进欣赏者的耳朵，对此，布莱希特1929年就明确解释过，作者作为版权人应该消失。布氏1925年写道："我没有欲念让我的思想永存，但我希望它们都能够被吃光、被转化、被用尽。"

此处也谈及了20世纪文学新定义中最重要的一点：文学成了商品，而且木已成舟。上文引用的关于诗歌的观点出自一位刚满20岁的青年人，他认识到，在工业化的大众社会里，文学必须改革，应该言时代之所言，而不是像一缕青烟一样消散。20世纪，现代派提倡的观念转变具有决定性作用。1909年，马克斯·莱恩哈特（Max Reinhardt）将歌德的《浮士德》搬上柏林的戏剧舞台，引发了轰动。莱恩哈特版《浮士德》的剧评这样讲道：首要的并非作品的原创者，而是那些给作品穿上新的、与时代相适应外衣的人，他们把作品呈现给时代品味，即消费者。1900 年，欧特家博士的面包粉盒子上画上了一位面颊丰满红润的厚嘴唇小姑娘，这样的广告牌在每一家正规的食品店里都能看见。1918 年，形态各异的赛洛缇（Sarotti）小黑人——石膏、铜，牌子上，小旗子上——让柏林的一家巧克力公司取得了惊天的成功，这一广告人物甚至超越了产品，使赛洛缇成为精品糕点的代名词。

布莱希特从在美国的经历中学习到，新的商品世界为了掩饰其利欲，必须在每一方面都附庸风雅，披上市民阶层的伪装，但本质上毫无改善——这些材料后来被他用于创作《乔·弗莱施哈克》（*Jae Fleischhacker*）和另一部未完成的作品《丹·德鲁》（*Dan Drew*）。作为语言艺术家，布莱希特首先看到了茨威利斯对语言的影响，他很早就以这种新的语言模式为范本，但不是为了模仿，而是通过运用它揭露其中的谬误。

他们马上会了解，
因为他们不懂生活！
丛林之中：布尔什维主义

慕尼黑对布莱希特来说只是一个中转站，从这里他能以柏林为导向，最终在大都市立足。慕尼黑，湍流的伊萨尔河，圣女教堂，绘画陈列馆，英国花园，室内剧，还有卡尔·瓦伦丁、弗兰克·韦德金德和利翁·福伊希特万格。即使布莱希特和他的朋友们在 1919 年大学停课期间挥霍了大把的时间，即使布莱希特的大部分慕尼黑时间其实都在奥格斯堡度过，其中还点缀着多次柏林之旅，慕尼黑的生活仍然是丰富多彩的。

布莱希特的创作能力也大幅提升。除了已经谈论过的戏剧《巴尔》和《夜半鼓声》——两部都被不断地重写和修改，1919年还有5部独幕剧问世，而且5部都是历久弥新之作。此外，布莱希特在1919~1922年间还写了不下35个故事，其中的4个是电影故事，还有几篇——除《巴尔甘的弃舍》之外——比如《加瓦迈耶》(*Javameier*)或者1921年的《船上的故事》(*Geschichte auf einem Schiff*)都是德国散文中尚未被发现的沧海遗珠。在此期间，他还撰写了250余首诗，单这一项就足以让布莱希特成为德国文学史上不可或缺的伟大诗匠。创作之余，他还为报纸《民族意志》撰写剧评，从事记者工作，并且辛勤地写了大量的书信与日记。

最重要的还是结识了志趣相投的同行，内尔1922年6~7月间也证实，这些关系像雨后春笋般生长。首先是奥托·扎雷克，他1918年创作了戏剧《卡尔五世》(*Karl V.*)，任慕尼黑室内剧院的文艺评论家，这座剧院也是剧作者们的首选剧院。1921年12月，两人在柏林时（布莱希特的第二次柏林之旅），布莱希特通过扎雷克结识了阿诺尔特·布隆内(Arnolt Bronnen)。布隆内对布莱希特《感伤之歌》(*Sentimantales Lied*)的演唱大为赞赏，他在回忆中写道："这个不起眼的小个子，身体里搏动着这个时代的心灵。他（布隆内）兴奋得像小学生一样：爱，世间伟大的爱赐予我这样一位朋友。"

阿诺尔德·汉斯·布隆奈尔(Arnold Hans Bronner，生于1895年)1915年创作了戏剧《弑父》(*Der Vatermord*)，此剧的剧本在1920年以阿诺尔特·布隆内的艺名成书出版，1922年5月首演，给作者带来了巨大的声望。剧中布隆内描写了自己酗酒的父亲费迪南德，父亲是名教授，同时也是一位剧作家，他时常殴打妻子和儿子，为此儿子也进行了报复。本剧的轰动性在于，他同时涉及了两代人之间的冲突，又对腐朽的威廉二世时代进行了清算，旧社会的陋习仍然在新的共和国持续不断地产生影响。贝特霍尔德·菲尔特

（Berthold Viertel）在柏林的青年舞台（Junge Bühne）执导本剧首演，演出引发了一场闹剧，但正值此时，剧评家赫尔伯特·耶林挺身而出，对本剧报以"雷鸣般的掌声"，认为这是"戏剧才华的爆发"，并断言作者将前程似锦。耶林日后也致力于青年戏剧文学的发展，短时间后，他也为布莱希特带来了成功的机遇。

布隆内则是一副纨绔子弟的形象，短发，因脱发有两个深深的额角，蓄着大鬚须，左眼上夹着一副昂贵的单片眼镜，这也是他的标志，他总是身着合身的西装，配白衬衫和深色领带。无论是外在形象还是写作内容，他都与布莱希特大相径庭。但是两人却决定共同创立一间文学公司，要借此征服柏林。由于布隆内的名字阿诺尔特（Arnolt）有别于日常的写法（Arnold），所以布莱希特决定不再用他名字的缩写贝尔特，而是与布隆内相呼应，从此时开始使用贝托尔特（Bertolt）。当然这样的书写方式一开始仍然有些先后不一致，即使至今仍没有得到彻底的坚持，但贝托尔特后来也成了正式名称。1924 年，卡尔·克劳斯（Karl Kraus）在与耶林的论战中称两人是"表现主义的法佐尔特（Fasolt），当布莱希特和布隆内一起出现时，可能连瓦格纳的一个头韵都写不出来"。法佐尔特是瓦格纳的歌剧《莱茵的黄金》中的人物，他与兄弟法弗纳（Fafner）都是巨人，两人争夺矮人阿尔贝里希（Alberich）交出的尼伯龙根宝藏和受诅咒的指环。法弗纳杀死了法佐尔特，贪婪地攫取了一切。克劳斯这是恶意中伤，认为与弑父类似，应该会出现弑兄的结果。但事实并非如此。一方面，由于人们在背后议论布隆内的同性恋倾向，布莱希特一直同其保持距离；另一方面，布莱希特又乐意同这样一位高雅绅士一起奚落、挖苦公众和剧院，毕竟布隆内要知名得多。

/ 105

布莱希特在柏林尝试执导布隆内的《弑父》，但以惨败告终。1922 年 3 月排练期间，布莱希特的执导方式就在演员中引发了越来越大的冲突："莫里茨·泽勒尔（Moriz Seeler，青年舞台的剧院经理）租下动物园旁的新剧院，并为 1922 年 4 月 2 日的首演在报纸上刊登广告，就在当天，海因里希·格奥尔格（Heinrich George）的喊声淹没了导演的声音。"当阿格内斯·施特劳普（Agnes Straub）"在泣不成声的大哭中"崩溃，汉斯·海因里希·冯·托多尔斯基（Hans Heinrich von Twardowski）也同样自感不能胜任而退出时，布莱希特放弃了导演的工作。布氏"几乎像胜利一样"向布隆内宣布了此事："恭喜你。用这样一群人本也不可能成事。"布莱希特同布隆内共同创作的"20 万马克电影"——《亚松森漂流记》（*Robinsonade auf Assuncion*），最初也找不到出品人。1922 年 3 月 19 日，布莱希特同布隆内一起在新民族剧院（Neues Volkstheater）观看保罗·古尔科（Paul Gurk）的《珀耳塞福涅》（*Persephone*），巧遇赫尔伯特·耶林，布隆内介绍两人认识。由于克莱斯特协会（Kleist-Gesellschaft）顾忌多数派选举办法只会选出平庸之才，所以克莱斯特文学奖每年由不同的"代理人（Vertrauensmann）"颁布。耶林当日向两人透露自己是 1922 年的克莱斯特奖代理人。布隆内"立即指向布莱希特：'那么，您的领奖人远在天边近在眼前。'"

耶林要求拜读布莱希特的《夜半鼓声》，该剧应该于 9 月 29 日在慕尼黑室内剧院首演。当耶林最终拿到剧本，这位剧评家在最后时刻决定从柏林前往慕尼黑观看首演，这对布莱希特无疑是天降幸事。没有耶林热情的评价，布莱希特或许没有那么容易有所作为。耶林写道："24 岁的作家贝尔特·布莱希特一夜之间改变了德国文学的面貌。贝尔特·布莱希特赋予了这个时代新的声音，新的曲调，新的图景。"这篇评论登载于 1922 年 10 月 5 日的《柏林交易所信使报》（*Berliner Börsen-Courier*）上，这份报纸当时发行量超过 5 万，副刊尤为著名。

既然作出了这样的判断，必然会授予所赞赏的作者克莱斯特奖。

10 月 17 日，耶林"因某一特定原因"向布莱希特索要生平资料，并告知这位候选人，柏林将会爆发"布莱希特热"。布莱希特立即回复了一篇简短的自传，而且表明"布莱希特热只是基于一些误解，就像随即便会到来的'布莱希特萧条'一样"。1922 年 11 月 13 日，耶林在《柏林交易所信使报》中公布，由于《夜半鼓声》、《巴尔》和《丛林之中》等优秀作品，将克莱斯特文学奖授予布莱希特，获奖理由是："布莱希特描绘了人对他人的影响，因此一方面避免了空泛无物的抒情，另一方面也避免了局限于某一孤立的特征。布莱希特单单从舞台体验中获取思想背景和观点。"在布氏并不偏爱的慕尼黑，他却找到了这样一位文艺评论家可以尽其所能地支持他、宣扬他；从 1922~1932 年，以及后来从 1946 年直到布莱希特辞世，耶林都始终如此。

　　《夜半鼓声》首演的当夜，还有布莱希特另一出剧目也第一次登台：《红色葡萄干》（*Dir rote Zibebe*）。"Zibebe"在德国南部指葡萄干，在本剧中指红色的嘴还有格鲁布（Glubb）的酒馆，戏剧第四幕就发生在这间酒馆里。这场午夜歌舞剧在很多方面都别具特色。剧名《红色葡萄干》也再次影射了革命的象征，这样类似恶作剧之夜的演出让文艺评论家们毫无头绪（同作者相比，他们把《夜半鼓声》看得更加严肃）。首先是以《异常房东》（*Der Abnormitätenwirt*）为题目的歌曲、诗和舞蹈表演。马克斯·施莱克（Max Schreck）饰演格鲁布，他从帷幕后一间狭小的浴室中把藏在那里的人拽到舞台上：库特·达德尔度（Kuddel Daddeldu）①，别名约阿希姆·林格尔纳茨（Joachim Ringelnatz）；无赖，别名瓦勒斯卡·格尔特（Valeska Gert）；鲁莽吉他（Klampfenbenke），别名贝托尔特·布莱希特["Benke"源于德国北方方言熊心豹胆（bärenkühn）]；瞎母牛，

---

　　①　约阿希姆·林格尔纳茨诗中的人物，一名水手。

别名路德维希·哈尔特（Ludwig Hardt）；罗蕾莱（Lore Ley），别名莉泽·卡尔施达特（Liesl Karlstadt）；抽弗吉尼亚雪茄的人，别名库尔特·霍维茨（Kurt Horwitz）。之后又按照出场顺序，依托机械动作把他们再次带回小室之中，并拉上帷幕。克拉邦德也参加了表演，他在接下来的两场演出中暂代布莱希特的角色。演出几乎没有什么异常，面对座无虚席的剧院，演出的第一部分还有些无聊。中场休息之后是卡尔·瓦伦丁愚蠢的高脚自行车表演（绕场三周），最后是瓦伦丁的滑稽短剧《圣诞夜》（Weihnachtsabend），共同表演的还有作者卡尔施达特和约瑟夫·艾希海姆（Josef Eichheim）。上述所有内容混合了十月节和文学卡巴莱剧的形式，带有瓦伦丁的风格，之前在严肃的剧院还从未出现过。布莱希特借此讽刺地模仿了自己的作品，还有一流的艺术家能为此登台献技，这再次表明，布氏早期便公开告别了市民主义的美学，用戏谑的态度对待一切。

慕尼黑还有更多可功成名就之处。由于同福伊希特万格的关系，以及同导演埃里希·恩格尔一起创作电影提纲，甚至文艺评论家雅各布·盖斯（Jacob Geis）也和耶林相熟，布莱希特在1922年10月获得了慕尼黑室内剧院首席戏剧顾问和导演的职位。1923年1月，布氏又同电影公司——慕尼黑艺术制作公司（Kupro）签署了年度合同，担任艺术顾问和导演；电影《理发店里的怪事》便是同这家公司合作拍摄的。后来，通过恩格尔和盖斯的介绍，布莱希特成功地将1922年初完成的剧本《丛林之中》[后更名为《都市丛林》（Im Dickicht der Städte）] 在慕尼黑王宫剧院（Residenztheater München）首次搬上舞台。这本身就是一次特殊的成就，因为《丛林之中》是布莱希特最难以理解的作品之一，至今仍让众多阐释者徒劳无功。它以毫无掩饰的方式，讨论了观念是否可以被买卖的核心问题。一名善良的美国人，剧中是租书铺的职员，恪守自己的观念，并因此走向灭亡。布莱希特之后曾说，观点并非在于坚守，它更应该像金钱一样支付出去。

全剧充满活力而又滑稽，是一部关于观念与世界观的笑剧，它提出的问题是：当所有的事实都与之相违背时，是否还应该对这些观念信守不渝。信念永不动摇，这也是一个人道德坚定的表征。对此，布莱希特一笑了之。但剧院观众的态度却完全不同，他们大声喧哗、吹口哨、叫喊，甚至投掷烟幕弹；1923 年 5 月 8 日的首演必须因此中止，抽吸烟雾后才能看到台上的演员。纳粹党人约瑟夫·施托尔岑（Josef Stolzing）在 1923 年 5 月 12 日的《民族观察家》（*Völkischer Beobachter*）中承认"对舞台上发生的一切毫无半点头绪"。托马斯·曼也表示完全不懂。只有耶林一如既往地推荐本剧，还有《慕尼黑邮报》（*Münchener Post*）第 56 期署名为 H.E. 的评论者说道：本剧的反对者认为它应该作为愚人闹剧遭到唾弃，但这样的质疑被"暴风雨般的掌声"淹没，"观众如此激动的反应是突然爆发的示威，证明慕尼黑的思想界不会被武力镇压，也不会在日复一日的污水中窒息。在这一刻，对珍贵事物的崇敬抵消了数年来的鄙俗和无用"。虽然该剧由埃里希·恩格尔执导，由卡斯帕尔·内尔负责舞台设计，计划在同年 6 月演出 13 场，但由于"观众反对"，《丛林之中》演出六场后即被取消。雅各布·盖斯任王宫剧院的艺术秘书，也因此丢了工作：株连之祸。

但盖斯没有因此动摇。鉴于《丛林之中》的首演，他在《慕尼黑国家舞台戏剧报》（*Theater Zeitung der staatlichen Bühnen Münchens*，1923/Nr.164~167）中写到，在柏林，由于人们不知道布莱希特的风格，便给他贴上了"类似毕希纳（Büchner）"的标签，这样的标签或许他永远也无法摆脱。但盖斯错了，因为这一标签甚至都没有流传开来。盖斯继续说："我们只知道一点，即便如我们这般谦逊：这个贝尔特·布莱希特是个人物。就我看来，他是一个属于这里也属于那里的人。但他在**这里**，他咄咄逼人地在这里，只有那些对伟大才华的宽宥才能容忍和允许他的存在。"

他细致雕镂、色彩柔和的语言艺术中
精选的室内乐
美食：托马斯·曼与布莱希特

布莱希特与托马斯·曼之间的第一轮论战可以追溯到 1920 年，当时曼第一次来到奥格斯堡，举行他尚未完成的小说《魔山》（*Zauberberg*）的朗诵会。同曼之间的矛盾伴随了布莱希特一生，这在布莱希特研究领域时常被认定为"仇视"。其实，这是布莱希特针对当时德国文学享誉盛名的大作家进行的目标明确的挑战。两人第一次——间接的——相遇发生在 1920 年 4 月 22 日奥格斯堡的股票交易大厅，布莱希特受独立社民党报纸《民族意志》委托，撰写托马斯·曼朗诵会的评论，这篇文章发表于 4 月 26 日。

布莱希特的评论似乎初看是在努力理解作者和他的文章，把朗诵会的缺憾归结为场馆过大和报告厅拙劣的音响效果，进而归罪于主办方没有考虑到报告人的思想，只寄希望于有"出色的"听众。人们几乎不能，或者很吃力才能听到托马斯·曼的声音。布莱希特字里行间的意思已经十分明晰，这样的大众化读者不适宜托马斯·曼，曼的作品——虽然布氏没有这样写，但可想而知——并非大型的歌剧，而是"精选的室内乐"，以其"细致雕镂、色彩柔和的语言艺术"见长，因此，"由于这种风格和拖延，作家无法"实现应有的效果。这是反证，因为如果善于驾驭语言，即使是交易大厅也能余音绕梁。布莱希特的评价显然是一种侮辱。

此处已经暗示，两人此后矛盾的中心应该是两代人之间的差异。

曼生于 1875 年，并否认这一差异，但布莱希特坚决强调："他的观点是，他那代人和我这代人之间的区别是微不足道的。对此我只能说，如果某日'轿车'和'汽车'出现争执，依我之见，一定是轿车认为两者差别微不足道。"托马斯·曼提及这一话题时，正值《丛林之中》首演。这是他第一次公开评论布莱希特：曼将布莱希特归于布隆内一类，认为布隆内的成名作《弑父》是以一种"新自然主义（Neo-Naturalismus）"的形式呈现了两代人之间的冲突，"年轻的贝尔特·布莱希特的戏剧中也激荡、充斥着同样的内容"。曼这样评价《丛林之中》，"在艺术品行和思想境界上"相对于《夜半鼓声》都有所退步。"慕尼黑民众的守旧主义"在首演过程中爆发了混乱，这些（民族主义的）乌合之众所抗议的，被托马斯·曼称为"布尔什维主义艺术"，这也是布莱希特首次得到类似的评价。

/ 110

值得注意的是，不仅是托马斯·曼将布莱希特的戏剧贴上了布尔什维主义的标签，还有使用这一概念本身。因为 1920 年代初期，德国［即使是德国共产党（KPD）］还完全不存在"布尔什维主义艺术"这种概念，但大概自 1919 年 1 月始，或许已经出现了反布尔什维主义联盟，他们还经营了一项反布尔什维主义基金，以此来支付自由军团的费用。自由军团镇压了德国革命，特别是巴伐利亚的苏维埃政府和柏林的斯巴达克团起义。托马斯·曼采用了——这对布莱希特意义深远——带有民族主义色彩的政治概念来确切评价布莱希特的创作，虽然《丛林之中》和托马斯·曼本人都对共产主义鲜有涉及。甚至前文中提到的纳粹评论家约瑟夫·施托尔岑也并未在其剧评中涉及布尔什维主义或者类似词汇。

如此轻率地评价布莱希特，是蓄意还是有欠考虑，如今已经无从解释。但一年以后，1924 年 3 月 18 日《英格兰爱德华二世的生平》（*Leben Eduards des Zweiten von England*，简称《爱德华》）首演，恰巧此时，托马斯·曼评判布莱希特的戏剧中充斥着"刻意的讨巧，用表现主义的特点展现下等人的无赖"，还有"对无产阶级的崇拜"。曼的鉴定与汉斯·布劳恩（Hanns Braun）①或者罗达-罗达（Roda-Roda）②的评论大相径庭，对此人们不禁疑问，曼是否去对了演出，因为本剧少得可怜的民众场景中——这还要感谢街头艺人的唱奏模式——也无从感知到"对无产阶级的崇拜"。

1922年，《柏林日报》（*Berliner Tageblatt*）的圣诞节版次刊登了一场之前不为人知的论战。以《旧人与新人》（*Die Alten und die Jungen*）为题，讨论了第一次世界大战责任的归属，报纸用整版的篇幅展现了两代人的冲突，托马斯·曼《论德意志共和国》（*Von deutscher Republik*）的前言和布莱希特的意见都刊登于此。阿尔诺·霍尔茨（Arno Holz）也有机会发言，他赞同曼的观点，战争之前，老一代人早已为"新的言语矫治（neue Sprachbehandlung）"开辟了道路，"给后世数代人提供了许多发展机会"，霍尔茨认为青年人当中还没有任何人能令他感到被超越。相反，布莱希特轻松而嘲讽地回应道："也许某些人已经注意到，对于刺猬和缝纫机之间的关系，要说出让大家都满意的答案，不是件易事。（在我们这样的人看来，与大家已知的数量相比，属于老一代的人要更多。）但他们与我们之间并非敌对关系。时间在碾磨他们，碾磨这些还为戏剧和文学教皇而写作的诗坛巨匠（他们不过殷勤地相互交换享用美食的回忆）。"布莱希特总结说，他们关心的并非戏剧，这一切只不过是为"争夺美食"而进行的投票。这份甚为狂妄的见解还令人注意到另外一点，布莱希特已经较早地在柏林举足轻重的报纸（发行量超过25万，每天出版两次）中占有一席之地，并且公开发表强硬的观点：市民文学有的只是美丽的话语，此外都空洞无物，因为它没有与时俱进。

---

① 20世纪初期德国记者、编辑、剧评家。
② 20世纪初期奥地利著名作家、时事评论家。

您就做这样说……

怪异的德语：唯物主义转向

1920 年代，当布莱希特勾画自己激进的美学时，偏爱使用怪异甚至错误的德语。《都市丛林》中，施林克（Schlink）有一名来自中国的抄写员桂墨迪（Moti Gui），作为抄写员他本应该更通晓文墨，但当施林克想买下租书铺职员加尔加（Garga）关于侦探小说的意见时（据当时的普遍观点，这些都不是好书），墨迪却透露："您就做这样说：这是一本糟糕的书？"墨迪评论道："您有一些观点，会这样，原因是您不懂生活！"如果墨迪也像加尔加一样出卖观点而获得金钱的话，他也不会有好下场。但加尔加始终不明白，为何自己与施林克之间会发生你死我活的斗争。

如果继续找寻蹩脚德语的痕迹，知名的还有为库尔特·魏尔（Kurt Weill）音乐所作的诗句，布莱希特沙哑的演唱已经让这些诗句像耳虫一样钻进脑子："对，只做一个计划 / 只做一束耀眼的光 / 再做第二个计划 / 这两个都不去做。"《人类奋斗不足之歌》（*Lied von der Unzulänglichkeit menschlichen Strebens*）中 BB 先生的德语更为拙劣："这个人完全不好 / 因此你要打他的帽子 / 如果你打了他的帽子 / 他或许会变好。"

按照格律的要求，如果某处缺少一个音节，古典作家喜欢在诗句中加入一些情绪符号，比如"哦"或者"哎哟"或者"哈"，虽然它们除了使格律完整外没有其他必要性："在我的胸中，唉，住着两个灵魂。"① 即使没有受制于某种格律，布莱希特也不畏惧使用这类叹词："哦，开始的乐趣！"有一些与布莱希特同时代的诗人，在

/ 112

————————————

① 出自歌德的《浮士德》。

市民阶层的文学接受中曾享有并仍享有崇高的声誉，他们同样对语言使用要求苛刻，可以作为比较的对象。

首先，布莱希特1926年对莱纳·玛利亚·里尔克（Rainer Maria Rilk）颇有微词，当诗中出现神——这时常确有其事，"里尔克的表达绝对是同性恋的。如若有人注意到这一点，将再也不会读这首诗而不发出诡异的冷笑，哪怕只是一行"。布莱希特想到的例子或许是著名诗歌《秋日》（Herbsttag）的篇首几句："主呵，是时候了。/ 夏天盛极一时。/ 把你的阴影置于日晷上，/ 让风吹过田野。"

还有在诗歌艺术中自称大师的施特凡·格奥尔格，其1890年的著名诗作《园林之中》（Im Park），作者不仅让抒情主体——一位诗人沉浸在精致的美景之中，还有其他没有详尽介绍的学徒纵情欢乐、嬉戏玩闹。诗人显然不能参加这次狂欢，因为他必须同"他的精神"对话，这座艺术园林中的鸟儿显然不知惧怕，慢慢靠近他：

> 看到欢愉之日的苏醒
> 感受轻柔之音的炽热迷醉
> 感伤身躯与身躯的缠绕。
>
> 诗人细听着诱惑的曲调。
> 但今天彼人之曲无法触动他
> 因为他正与他团团思绪对语：
>
> 他的石笔 [1] 不再游走。

---

[1] 用以在岩板或蜡版上书写的石质笔，最早出现在美索不达亚，用于书写楔形文字。

这首诗采用的是三节诗行，要求三个相同的韵词，与韵脚"nahen"和"sahen"（看到）谐韵的是"umfahen"（缠绕），这种构词大体与"umfangen"或者"umfassen"同义，指"围绕，拥抱"。荷尔德林（Hölderlin）的诗《致尽善尽美》（An die Vollendung）的最后一句虽然也使用了"umfahen"一词，但历史上这也只在南德的德语区出现，当格奥尔格的这首诗1928年出版时，这一用词显得十分古旧，而且矫揉造作。

格奥尔格认为，20世纪只有那些被认为是混合词的动词才能确保较高的语言水准。如果继续读下去，就会发现诗人之所以不能参加狂欢，是因为他必须从事诗歌创作，即使"石笔"无法书写。而且"石笔"——在"身躯的缠绕"的上下文中——可以有多重理解，所以对于"较高水准的语言"即使不尴尬，也至少有些异样。不仅是笔无法书写，而且由于性能力的缺陷也无法有欢愉之举。当然有理由认为，里尔克没有想到神在放屁，格奥尔格也没有想到性的双关意义，但是这不是说他们对语言没有灵敏感觉，而只是说他们根本没有意识到自己的词汇选择可能会与更真实的事物发生关联。里尔克和格奥尔格将现实排除在外，但现实还是会通过文学接受进入到这个看似封闭的体系里。这个体系要运转，必须严格隔离所有外界现实，置身于时空之外，并且只准许信徒们进入。如若这个体系之内哪怕说出一个现实的词语，这个世界也会像肥皂泡一样破裂。

与之相反，布莱希特漫不经心地使用语言，却不惧幽默和矛盾，他的语言以日常用语为导向，但又不被其束缚。路德也曾言：采万民之言，而又非人云亦云。同样，那些熟悉的、在人们头脑中固定的，或者似乎思想上已经永远曲高和寡的，布莱希特毕生用看似幼稚的手段，将现实性带入其中。如此才出现了许多概念，如"Tui"（图伊），"Thaeter"（指"新戏剧"），"Misuk"（指"革命音乐"），还有一些习语被赋予了双关意义收录在他的《易经》中。除此之外，如果可行，布氏还对一些严肃的文本进行了非严肃的阐释，而且效果是一旦记住这些"偏颇之见"，就几乎或者根本不可能再摆脱它们。

施林克的抄写员用日常用语中的"tun"（做）连接动词不定式，布莱希特这样不仅刻画了人物的语言水平，而且拥有这样的语言水平的人还作为评论员面对敌方，这本身也不失幽默。借此，布莱希特更是将"物质的说"和"精神的说"对立统一起来："您就做这样说（Sie tun einfach sagen）"或者"您别做自己陷进来！（Tun Sie sich doch nicht so hineinreiten！）"。语言上，"tun"是多余的，它表示桂墨迪对加尔加发出警告，而加尔加拒绝卖掉自己的观点，但拒绝会产生严酷的后果，这在戏剧中也得到了鲜明的展现。布莱希特给看似只在精神层面进行的斗争印上了物质的烙印，一方面模仿了日常粗话，另一方面也赋予了其美学上的新意义。剧本在语言上也表明——也是这部晦涩戏剧的核心——谁坚守自己的观点，就会遭到真实棍棒的责打："您进行了形而上的斗争，却留下一个屠户的肉案。"

我见你们被自身粗野地缠绕
本能统治者爱德华：
同福伊希特万格的合作

根据同室内剧院的合同，布氏应执导一部伊丽莎白时期的戏剧。剧院经理奥托·法肯伯格（Otto Falckenberg）原本属意《麦克白》；但布莱希特还没有勇气挑战莎士比亚的作品。因此，布氏与利翁·福伊希特万格达成共识，改编克里斯托弗·马洛（Christopher Marlowe）的《英格兰爱德华二世的生平》，这项工作从1923年夏延续至1924年2月。同英格兰当时普遍的状况一样，马洛的戏剧（1592）也以无韵诗的形式写成。即使改编给人以忠实于原著的印象，布莱希特和福伊希特万格还是进行了相当大的改动。这首先需要"文雅的语言"。由于对布莱希特和福伊希特万格来说，"常用的五步格律太过油滑"，两人因此省略了抑音，更加突出戏剧矛盾，同时又避免了语言的繁复。当布莱希特追忆这些诗句时，称这是形式上的"逆流而上"。文雅的语言首先在结尾部分是必须的，因为作者同马洛不同，并非要塑造"爱德华二世令人扼腕的死亡"，而是要强调其向超凡境界与神性的升华："诗句的语言使人物的英雄气概更容易得到感知。"当大修道院院长要求他——被英格兰上层贵族所囚——最终放弃王冠，布莱希特和福伊希特万格的爱德华从不屈从，他放下王冠只为在豪言壮语之后立即再次戴上它："潮涨潮落啊，你要停在一侧。停下！月亮和所有的季节。"原因是："我无法取下它，我的头发也会随之而去／它已经同王冠连生在一起。"爱德华直言不讳地引用了《约书亚记》10:12，其中上帝命令道："日头啊，你要停在基遍；月亮啊，你要止在亚雅仑谷！"① 爱德华视王冠为自己的一部分。之后，爱德华继续得到提升，当他被转移到伦敦的监狱，更确切地说是伦敦的阴沟，在这里他没有悲叹受苦（如马洛笔下的爱德华），而是"像安泰俄斯一样从威斯敏斯特的土地中"汲取力量，他立足糟粕却写下诗篇，"因为春天将会来到"，爱德华在"污水"中强健了自己的四肢。只有当他被诱骗离开阴沟，丧失了脚下的土地，他才最终被杀害。

布莱希特的神话特色十分强烈，他不仅将笔下人物同上帝类比（也同耶稣受难类比），还援引了安泰俄斯的神话，赋予了爱德华新的维度。安泰俄斯是大地女神的儿子，只要他保持与大地母亲的接

---

① 根据圣经故事，迦南的基遍人与以色列人订立和约成为盟友。亚摩利人攻打基遍，为帮助盟友，约书亚率军突袭他们。到下午太阳快落山的时候，为获得全胜，约书亚在以色列人面前向上帝如此祷告。于是太阳就停在基遍的上空，月亮没有爬上来，大约持续了一天。

触，便不可战胜，因为他可以从他的母亲那里持续获取无限的力量。大力神赫拉克勒斯与安泰俄斯战斗，将安泰俄斯举到空中使其无法从大地母亲那里获取力量，最后把他扼死。无论是基督教的因素还是神话因素，布莱希特都从对"传奇男子"的阅读中找到关联，这些人是美国模式的"自我造就者（Self-Made-Men）"，无论商人还是黑帮，他们的结局皆如出一辙。

布克·怀特（Bouck White）虚构的自传《丹尼尔·德鲁之书——美国股市操纵者的生平与思想》（*Das Buch des Daniel Drew. Leben und Meinungen eines amerikanischen Börsenmannes*）1910 年首次出版，1922 年由汉斯·海因茨·埃韦斯（Hans Heinz Ewers）译为德语。布莱希特想将其改编为戏剧（参见未完成的《丹·德鲁》），来揭露这个时代商业上的尔虞我诈。德鲁为之提供了最好的素材。德鲁确信："上帝账目精细，是一名优秀的商人。我相信祂的账簿。"虽然德鲁绝不信守"付出，才会有收获"的圣言，但这完全不妨碍他抓住上帝的某句话并把自己抬高到同样的高度。他责骂自己的同事是"猪猡"，因为他们从来不把自己的财富交付上帝，德鲁还援引了基督教早期的人物亚拿尼亚（Ananias）和妻子撒非喇（Saphira）的故事，以证实上帝一眼看穿了这些人的诡计，他们无法逃脱公正的惩罚。亚拿尼亚和妻子撒非喇欺骗了同胞的钱财，因而被上帝信手处决。当然怀特的读者，无论是美国的还是德国的，都不可能知道这个冷僻的信徒故事，但这还是为他自己的有所为和有所不为提供了历史背景，而且同时——即使语言表达匮乏拙劣——制造了有教养的假象。

在这样的书中，无耻的作者和在商场上叱咤风云的、同样无耻的人物，他们所塑造的伟大英雄形象只不过是借来的，同现实完全脱节。这里人们不禁要问，作者是在讽刺吗？因为看不到讽刺。直至今日，怀特的英雄故事已发行数版，事实说明，股市交易虽然无人能懂，但关于它的文学俗套作品却总能找到读者。亨利·福特（Henry Ford）

的畅销书《我的生活与工作》（*My Life and Work*，1922），也沉浸在与之类似的夸张语言中，1923年登陆美国市场：再次收益颇丰。

过分和狂妄傲慢的个体性使德鲁与爱德华类似，这位国王因此自我膨胀，要求继续挽留自己已经退出历史舞台的社会地位，并因此走向灭亡。该剧文雅的风格嘲弄了残酷的现实，揭露了爱德华要求的僭越，同时也将其合适地表达了出来：无法得到现实的承载。布莱希特通过爱德华预先表现了希特勒的人物形象，希特勒虽然在历史上晚于爱德华数百年，但同爱德华一样再次提出了对整个世界无尽的统治欲望，在一定程度上是"本能统治者（Triebherrscher）"。1926年，布莱希特在笔记中追述这部戏剧："我在《爱德华》中着手刻画了一头阴暗的巨兽，它像是有地震前的预感，嗅到了威胁每一个生灵的巨大灾难的第一浪。我展现了他原始、无望的举措，以及他以古喻今的孤独中可悲的结局。后辈们可以看出，在我有生的岁月里出现了'最后一只蜥蜴'，它感知到大洪水的到来。"大洪水暴发，它没有冲走那只蜥蜴，却毁灭了半个世界，带来了数百万的亡灵。

关于《英格兰爱德华二世的生平》还有几个戏剧上的轶事，但其可信性也是真假参半，因为它们有多个不同的而且无从查证的版本。谣传有如下内容：布莱希特成功地使已经赫赫有名的利翁·福伊希特万格帮助自己实现目的，并同时也向其展示，谁才是德国文坛未来的主宰者。慕尼黑的文学圈时常在斯蒂芬妮咖啡馆相聚，在这里布莱希特时常勃然大怒，不仅辱骂周围的人，而且还自吹自擂，夸耀同年长数年的"博士"先生相交甚好，而且还可以利用他锻造自己的事业。此外，布莱希特确实在慕尼黑大获成功。有人向福伊希特万格告密，说布莱希特四处散布自己同福伊希特万格的友谊不过是走向高处的跳板，他是在利用福伊希特万格，而且福氏扛鼎之作对他来说也完全无关紧要。当福伊希特万格就此事质问他年轻的朋友——两人自始至终以"您"互相尊称，布氏全盘承认，而福伊希特万格却十分大度，并不在意。为什么？因为与两人是否相互欣赏这样无谓的争执相比，共同的文学计划更为重要。

如今已无法查证福伊希特万格在两人首次的共同规划中担负哪些部分。奥地利—匈牙利导演、文艺评论家伯恩哈德·赖希（Bernhard Reich）在苏联和德国都曾工作过，而且同拉脱维亚戏剧教育家阿西娅·拉齐丝（Asja Lacis）结婚。赖希追踪了布莱希特和福伊希特万格在剧本《英格兰爱德华二世的生平》上的工作，他确信：福伊希特万格虽然由于其对人和人生的认知——赖希列举了"暴饮暴食、酗酒、纵欲和虚荣"——为戏剧作出了突出贡献，"但是剧本的语言令人震惊，它形成了异常残酷而清晰、异常摇摆的图像，这样的语言通过'陌生'的措辞打破习惯，使埋没在句子中的词汇意义、概念凸显出来，这是布莱希特的语言。……在思想天马行空时，在最冒险的精神挥洒中，仍然有能力保持现实而冷静的目光，从而不致跌入无形、无关——这是布莱希特对创造性合作的高价值'投资'。"

但是，如果相信传说，两人的合作也并非一帆风顺。他们一再有非常大声的争吵，福伊希特万格此时甚至必须向玛塔女士寻求仲裁。由于布莱希特在慕尼黑没有符合要求的住处，所以工作必须在福伊希特万格家完成。福伊希特万格生活富足，在施瓦宾最好的地段——乔治大街，近莱奥波德公园（Leopoldpark）——有一所大房子，其中的工作室被布莱希特占据，他不断地抽烟，整个房间烟雾缭绕，以至几乎看不清人。这样的家庭自然不能缺少女仆，而她成了两人争执的目击者，他们互相辱骂，布莱希特还不断地喊"该死"。某天晚上争执异常激烈，女仆跑去玛塔·福伊希特万格（Marta Feuchtwanger）那里，哽咽地说，两人正要置对方于死地。当玛塔在烟雾里最终把这两只好斗的公鸡分开时，布莱希特仍然勃然大怒，扬言博士简直一窍不通，他将来自己收拾烂摊子吧。玛塔劝解无果，布莱希特悻悻离开，还唱着刻薄的歌。后来才证实，是一个逗号引发了这次争吵。布莱希特深夜归来，福伊希特万格早已入睡，布氏站在窗下，向外大喊：博士说的有道理，直至把整条街的人吵醒。

另外，对作品的署名权也有纷争。福伊希特万格原本同意完全放弃署名，后来又有顾虑。布莱希特请赫尔伯特·耶林共同参加讨论，最终相互妥协：布莱希特署名作者，但是在题名页背面注明：**"本剧同利翁·福伊希特万格共同创作。贝托尔特·布莱希特。"** 1924 年在基彭霍伊尔出版社（Kiepenheuer）发行的第一版《爱德华》便是如此。但 1927 年的《加尔各答，5 月 4 日》（*Kalkutta, 4. Mai*）却截然相反。福伊希特万格署名为作者，布莱希特在背面标注为合作者。所达成的妥协既是对布莱希特语言功底的认可，布氏的才华已经凭借《夜半鼓声》一举成名，同样也是福伊希特万格对青年同行的慷慨举动，福氏已经名满天下，因此不存在对布莱希特嫉贤妒能，这同时也验证了布氏的优秀。这样的反复也说明，布莱希特——正如许多人所证实过的——十分注重自己的权威，他提出的要求，即便不完全合理，也不能或不愿遭到驳回。

1924 年 3 月 18 日，《英格兰爱德华二世的生平》首演时发生了状况。剧评家汉斯·布劳恩写道："霍默卡（Homolka）先生，一位年轻而又有天赋的演员，差一点儿就毁了这场演出……此处以及在对王位继承者爱德华的角色分配上，导演都严重失职，以至于最后一幕本来就令人困倦，现在更是沦落到荒诞的边缘。"布劳恩不可能知道，霍默卡完全醉酒。他也不会知道，布莱希特执导本剧，把小爱德华的角色暂时分配给了拉脱维亚的阿西娅·拉齐丝，她出场时应该严词斥责莫蒂默（Mortimer）[1]"凶手！"虽然布莱希特之前就

---

[1] 罗杰·莫蒂默与伊丽莎白王后合谋废除并杀害了爱德华二世，在爱德华三世成年之前，他是英格兰的实际统治者。

表示这里一定要说得"严厉、尖锐"，但缘于口音，拉齐丝的台词还是听起来像结结巴巴的"该死！"这在观众当中引发了哄笑，而且使演出的整个结局都饱受质疑。霍默卡的酒醉是因为：布莱希特知晓霍默卡酗酒的习惯，要求他在排练之前和之间都戒酒。霍默卡自然也恪守这项义务，因此，布莱希特要在演出之后——注意是之后——奖励他一瓶上好的科涅克白兰地，而且把酒带到了剧院。但布氏显然没有想到要藏好这瓶酒，霍默卡不知如何在中场休息时就拿到了它，而且在长期忍受戒酒的饥渴后一饮而尽。

演出在观众的疑惑中结束，工作人员起先在剧院的酒吧相聚，然后一起去福伊希特万格夫妇家，霍默卡也准时到达。库尔特·霍维茨回忆："霍默卡出现在门口，站立在那里片刻，希望有人来迎接他，应该还在幻想自己是多么的大放异彩。布莱希特只是稍微转身过去，两眼发光地说：'他要对演出失利负责！'我们也都疏远霍默卡，他因此脸色苍白，瞬间酒醒了，没过多久便匆匆离去。"

还有惯例的戏剧尾声部分：按照固定程序要举行"末日氛围餐（Untergangsstimmungsmahl）"。用玛塔·福伊希特万格的话来说，"人们吃饭，是为了喝酒；人们喝酒，是为了吃饭"。当气氛达到了某一点——首演后的夜里也是如此——"放浪的朦胧天色"开始了，同时也引发了人们相应的行为。人们三三两两地躺在地上，抓起身边最近的女伴，不温不火地拥抱她，进入"欲望时刻（Wolluststunde）"，大家进行知性的交谈，内容原则上是死亡和人类末日，即大家仍要无条件享受的日子。布莱希特回忆，这样的活动他并没有积极参与，更多的只是远观，其间时常发生一些尴尬——除了抱头痛哭之外还有什么可以做？此时大家会要求他朗诵谣曲，以便或多或少地驱解尴尬的气氛。

舞台设计师卡斯帕尔·内尔还坚持为这场闹剧加演一场。他狂饮数瓶白葡萄酒后酩酊大醉，开始针对阿诺尔特·布隆内，表示对其已经忍无可忍，必须有所行动。内尔声称布隆内曾对布莱希特恶言诋毁，拿着半满的酒瓶径直向他走去，意欲砸向布隆内的头部，玛塔·福伊希特万格及时挡下了这个被高举的武器，瓶中酒洒了一地。这还不够：隔壁房间还有一名美丽的金发女士脱光了衣服等待着内尔；内尔对此毫无兴致，粗鲁地拒绝了她。这位被鄙弃的女士于是推攮拉扯，开启了闹剧的最后一轮，玛塔最后还在角落里找到了约阿希姆·林格尔纳茨，他蜷缩成一团，不省人事。就这样，《英格兰爱德华二世的生平》大获成功。

关于这部戏剧的另一出轶事要推后一段时间。布莱希特 1924年 9 月迁居柏林，虽然首演存在疑问，但布莱希特仍很快成功地说服莱奥波德·耶斯纳（Leopold Jessner）——柏林国家剧院的经理，不仅将《英格兰爱德华二世的生平》加入到演出计划，而且由布莱希特担任导演。但事情很快开始四处碰壁。布莱希特坚持演员们——包括维尔纳·克劳斯（Werner Krauß，饰演莫蒂默）、埃尔文·法贝尔（Erwin Faber，饰演爱德华）、阿格内斯·施特劳普（Agnes Straub，饰演安娜）、鲁道夫·费纳（Rudolf Fernau，饰演肯特）等——采用他们所不熟悉的新的表演方式。因此总是发生争吵和互相攻讦，以至于耶斯纳认为有必要将福伊希特万格召来柏林，福氏此时正同太太在加尔达湖（Gardasee）度假。演员们完全不可能同布氏进行有效的合作，福伊希特万格成了拯救演出的最后希望。福氏也意识到自己的责任，火速赶到柏林，他一踏进剧院的大门就听到了争吵声。剧院的一名演员上前来，十分笃定地说："这位布莱希特先生简直是在人们头上跳舞。或许您能对付得了他。"当福氏打开观众席的门，一声愤怒的"该死"就冲入耳畔，这声音他并不陌生。他立即认出了布莱希特，布氏一旁占着支支吾吾的剧院导演尤根·菲林（Jürgen Fehling），菲林应该督查排练，现在已经完全绝望。布莱希特立即转向福伊希特万格，希望他能支持自己的意见："这根本不可能，决不能这样继续下去了。那么，这完全是颠覆我们的理解。"福氏尝试从中斡旋，他建议布莱希特："您一定要一再说'该死'吗？您或许可以说：这太程式化了。"福氏立即明白了布莱希特与国家剧院传统表演方式之间的矛盾。布莱希特似乎让步了，喃喃道："好吧，那我们就这样吧，如果您觉得如此重要的话。"

但是排练几乎还没有继续，布莱希特就突然从黑暗中大喊："这又太风格化了！"虽然布氏声音十分激动，但所有参加演出的人——当然菲林除外——都狂笑不止，但这显然也不能阻止菲林脸色灰白地走向他们，严词喝道："布莱希特先生、福伊希特万格先生，如果要将德国两位伟大的作家赶出剧院，这会使我很为难，但我别无选择。请您二位离开。"但耶斯纳毕竟没有取消演出，而是将导演的工作转交给了菲林，并在 1924 年 12 月 4 日成功排练完成。评论界将这次演出鉴定为"一次杰出的行动"，即使阿尔弗雷德·凯尔的评价更具思想性地履行了义务："那些不停打哈欠的人／才知道我的痛苦／评论太短／一次登场，又一次登场。胶着。毫无发展。几乎四个小时。谁要是没睡着，一定早不耐烦了。"

但这并非这场闹剧的全部。在布莱希特和福伊希特万格被严令离开剧场之前，他们还到更衣间探访了维尔纳·克劳斯，并向其保证，他的表演无与伦比。福伊希特万格赞扬克劳斯："您的贡献卓越，只是拉丁语诗句的重音还有待改进。"克劳斯对此并无丝毫起疑，并理智地问道："那么您一定要告诉我正确的重音是怎样，我想说得正确。"福伊希特万格把莫蒂默对特洛伊战争的讲述朗诵了一遍，"Quad erat demonstrandum"①，然后和布莱希特一起离开了剧院。在路上，布莱希特问福氏，为何让可怜的克劳斯模仿错误的重音。福氏回答："如果所有的都有错，那么拉丁语也应该说错。"两

---

① 拉丁语，意为"证明完毕"。

位作者显然对演出意见统一，统一之处还在于，他们都没有去参加
首演，而是去看了好莱坞影星葛洛丽亚·斯旺森（Gloria Swanson）
的默片《扎扎》（*Zsa Zsa/Zaza*）。为了更确保不引起注意，他们在
自己的剧目第二次演出时才去观看，但最终两人还是收到了禁入令。

我的名字便是品牌，谁使用这个品牌
必须要付费
为合同而讨价还价：柏林的出版社

　　多次的柏林之旅是布莱希特为最终于 1924 年 9 月 1 日迁居柏林
所作的准备，他自己将其理解为征服柏林（同布隆内一起），但这
并不绝对和彻底，因为直至流亡布氏既没有放弃他的奥格斯堡住所，
也没有忽视任何一个在那里［或者在湖边，大多数情况是阿默尔湖
（Ammersee）①］消暑避夏的机会。第一次柏林之旅发生于 1920 年 1 月
21 日至 3 月 14 日。对柏林的印象，布氏断断续续在给雅各布·盖斯
和卡斯帕尔·内尔的信中有过描述："剧院是绝妙的：它们引人入胜的
热情与活力甚至造成了小小的肾结石。我爱柏林，但是责任有限②。"
还有："柏林是件美妙的事，你不能偷 500 马克来这里吗？……但是
到处都充满了庸俗和无聊，但这是一种怎样的气派啊，孩子！"在国
家工艺美术博物馆的一次化装舞会上，布莱希特假扮成僧侣，邀请一
位裹着棕色缠腰布的"非洲女子"跳舞，从中也诞生了一段单方面的
爱慕，而且单恋的是布莱希特一方，因为"曼海姆小姐"——布莱
希特对她的称呼，名唤多拉（Dora）——还不愿意回应布氏的——

---

　　①　位于阿尔卑斯山山前，慕尼黑西南。
　　②　原文为"m.b.H."，是常用缩写"G.m.b.H."（有限责任公司）的其中一部分。

他日后还一再鸿雁传情——山盟海誓；这些多拉起先完全不予理会。

　　1920 年 3 月 13 日，右翼激进分子沃尔夫冈·卡普（Wolfgang Kaff）与国家防卫军司令瓦尔特·冯·吕特维兹（Walther von Lüttwitz）——冯·吕特维兹已经因镇压斯巴达克团起义立下战功——发动政变，将艾伯特政府驱逐出柏林。这也让布莱希特立即动身离开，他自称是回慕尼黑查看一下一切是否妥当，其实是去找卡尔·瓦伦丁享乐。柏林一直处于内战的边缘，但布氏对政治动荡不以为意；他毫不迟疑地回到乡下，误以为那里会安全一些。

　　布莱希特的第二次柏林之旅从 1921 年 11 月 7 日延续到 1922 年 4 月 26 日。本次旅程的首要任务是建立必要的关系，以便日后以作家的身份在这座大都市立足。目标首先是出版社，这同时也意味着能结识一些同行，赫尔曼·卡萨克便是其中之一，布莱希特第一次前往柏林时，曾于 1920 年 3 月为了《巴尔》的出版通过海达·库恩联系过此人。卡萨克是基彭霍伊尔出版社的审稿人，在《家庭修身集》的事宜上是布莱希特的合作者。卡萨克多次邀请布莱希特前往波茨坦，基彭霍伊尔出版社的总部位于那里，布氏在这里也结识了很多熟人，他用惯有的居高临下描述这些人："他们都是好人。乐于助人，无足轻重，细致入微，有点儿消瘦。"通过克拉邦德，布莱希特还同埃里希赖斯出版社（Erich Reiß Verlag）建立了出版关系。这是一份总合同，对此布莱希特还没有下定决心。他同时也没有忘记，在慕尼黑同三脸谱出版社（Drei Masken Verlag）的合作也已有眉目。布莱希特曾如此记录自己典型的谈判方式："我手脚并用。首先是出版社的事情。赖斯报价 750 马克，基彭霍伊尔 800 马克，它们都想要剧本的舞台营销权。我已经同赖斯签了合同，但又把合同要了回来，给卡萨克看。然后我必须和三脸谱谈一下。我突然想到应该向他们要 1000 马克，月薪，有效期一年。基彭霍伊尔那里我同样抬高到 1000 马克。如此一来的结果是，基彭霍伊尔将下面几个剧本的营销权让给了三脸谱，三脸谱摇摆不定，出价最高500马克。我因而没有上交加尔加的剧本，坚持1000马克的报价。在我舌干唇焦的苦心劝说之后，他们最终同意了。"这是1922年1月的事情。

这样每个月都有预先支付的款项，现在这些钱愈加必要，因为布莱希特没有收入，而且也早已放弃了学业——他从没有真正意义上开始过。布氏的父亲虽然仍一如既往地资助他，在布莱希特学无所成的前提下仍然慷慨解囊，但还远远不够（布莱希特还必须为弗兰克支付抚养费），而且他还必须证明，自己作为一名作家是可以独立度日的。布莱希特的讲述中清晰可见的是，他不是以求助者的身份面对出版社，他懂得为自己的市场价值谈判，而且为自己估值较高。正如前文中所说，《巴尔甘的弃舍》激起了出版社的兴趣。

布莱希特如何获得自己的文学品牌，这在他为《家庭修身集》进行的博弈中有所记载，对基彭霍伊尔出版社，特别是对赫尔曼·卡萨克来说，几乎都到了忍无可忍的边缘。1922年初便有了整部集子的目录，目录说明全书到第四章已经基本完成，只待印刷。虽然基彭霍伊尔每月支付商定的1000马克，但布莱希特迟迟没有交稿。1923年1月，卡萨克到慕尼黑拜访布莱希特，以通读修改《谣曲集》（《家庭修身集》当时的名字），但布莱希特拒绝交出打字稿，卡萨克只能两手空空地愤然返回柏林，而且同时必须向他的出版商澄清，应该如旧每月给布莱希特支付报酬。《夜半鼓声》1922年9月29日的首演大获成功之后，布莱希特品牌的价值更是水涨船高，所以出版社也只能咬牙忍耐。

这样的博弈在1923年愈演愈烈。在去贝希特斯加登（Berchtesgaden）的途中，基彭霍伊尔1月底前往慕尼黑拜访布莱希特（和内尔），就出版社期待的其他几部作品进行谈判，但最终没有结果。卡萨克必须对目前的境况作出解释，因为基彭霍伊尔不愿再等下去了。卡萨克写道："布莱希特犯了一个错误，或者说他简直不知羞

/ 124

耻。我愿他一切顺利，拿到钱又没有回报，这样像定期支付退休金一样的事不可能持续下去……如果布莱希特其他作品还要好些周后才能交付，那么这些预支给他的款项会逐渐达到一个数额，乃至他应得的报酬都无法平衡。"但出版社仍不愿放弃这位作者，因为布莱希特许诺了很多后续作品，例如《英格兰爱德华二世的生平》和对萨尔玛·拉格洛芙（Selma Lagerlöf）的小说《戈斯塔·贝尔林》（*Gösta Berling*）的戏剧改编。但《家庭修身集》布氏一直没有交稿，与出版社的合作计划中只有《爱德华》最终成书，1924 年夏由基彭霍伊尔出版社出版发行。《戈斯塔·贝尔林》的改编也只完成了序幕部分，发表于《艺术报》，其他便只有一些草稿（它们也定格在了草稿的状态）。

下一轮博弈的日期是 1924 年 6 月。布莱希特再次前往柏林，卡萨克想利用这次机会审阅处于创作过程中的作品，即《家庭修身集》和《戈斯塔·贝尔林》。卡萨克就诗集的进展情况向出版商汇报："布莱希特周六再次来到我处，他已经把返回慕尼黑的日期推迟了数天，以便今天下午和晚上能最终完成《家庭修身集》的余下部分。我们一起重写一些原本不如人意的诗句，还努力给这部作品增加一些有趣的变化。"根据这段说法，卡萨克是伊丽莎白·霍普特曼之外，诗集的另一位合著者。另外，我们还发现一册布莱希特的《巴尔》（波茨坦：基彭霍伊尔出版社，1922）可以证实这种合著关系，这本书包含了布莱希特手书的题献："给亲爱的赫尔曼·卡萨克／贝尔特布莱希特／1922 年冬。"其中还记载了两人共同创作的诗歌《林中之死》（*Tod im Wald*），这首诗也被用在了《巴尔》之中。卡萨克和布莱希特两人都为《家庭修身集》的出版作出了许多十分重要的改动，而且无法清楚地分辨某个改动是出自谁的手笔。

不管怎样，卡萨克——卡斯帕尔·内尔也来了，共同商定卷册的装帧——认为诗集 1924 年便可出版。但布莱希特再次把打字稿带回了慕尼黑，经多次催促也没有交返。8 月，基彭霍伊尔出版社心灰意冷，中止了付款，自身也陷入了财政危机，由于地租马克（Rentenmark）① 的发放（自 1923 年 11 月起），出版社几乎破产，必须寻找新的出路。卡萨克 1925 年 4 月转去电台工作，并最终于 9 月份彻底离开了基彭霍伊尔出版社。布莱希特因此也认为自己摆脱了一切责任，开始重新寻找下一个金主。6 月，他向海伦娜·魏格尔（Helene Weigel）报告消息："月薪 550 马克。真是惊人。我同乌尔斯坦出版社（Ullstein）签订了合同。一次伟大的胜利！"

虽然布莱希特 1925 年 10 月将《家庭修身集》递呈给了古斯塔夫·基彭霍伊尔（Gustav Kiepenheuer），基彭霍伊尔也立即命人排版——结果便是《修身集平装书》（Taschen-postille），但乌尔斯坦集团坚持自己新获得的权利，以至于基彭霍伊尔只能制作 25 册私人印刷稿，由布莱希特为自己订制。《家庭修身集》最终在 1927 年由隶属于乌尔斯坦集团的廊柱出版社（Propyläen-Verlag）发行；并随后出版了第二版（修订版）。这部包含 50 首诗歌的诗集，题目也引人注意：《贝托尔特·布莱希特的家庭修身集》（Bertolt Brechts Hauspostille）。布莱希特在书名中加入了自己的名字，而且这一第二格具有双重意义：这些诗由布莱希特创作，而且是关于布莱希特的。这便继续了他 1926 年在《人就是人》的舞台上开始使用的手法，将自己的名字同作品交织在一起，使其再也无法从作品中剔除。

关于《家庭修身集》还有一个传说。布莱希特让伊丽莎白·霍普特曼散布如下消息："基彭霍伊尔出版社中的德意志民族主义资本反对印刷《死兵的传说》，这首诗本应收录在《修身集平装书》中，而且已经排版。正因如此，同基彭霍伊尔的合同才宣告作废。

---

① 又称地产抵押马克，为抵制通货膨胀而发行，以土地和工业产品为抵押，与美元挂钩。

廊柱出版社（乌尔斯坦）接纳了布莱希特，接纳了这位被越来越多的出版社认为政治上有失偏颇的作家。"这里无一字属实，而且乌尔斯坦出版社十分守旧，布莱希特也并不十分适合这里。乌尔斯坦的作家包括薇姬·鲍姆（Vicki Baum）、本诺·莱芬博格（Benno Reifenberg）和弗兰茨·布莱伊（Franz Blei）等。1928年，布莱希特又重回基彭霍伊尔，同年10月出版了《三毛钱歌剧之歌》（*Die Songs der Dreigroschenoper*）（无乐谱）单行本，至1929年，该书销量达5万册。1930年开始，基彭霍伊尔还出版了布莱希特创办的杂志《尝试》（*Versuche*）。基彭霍伊尔继续同布莱希特合作，并且一同苦心经营，这一事实已然不言自明。当纳粹攫取政权后，由于旗下的左翼作家，例如安娜·西格斯（Anna Seghers）、阿诺尔德·茨威格（Arnold Zweig）、萧伯纳（George Bernard Shaw）等，基彭霍伊尔出版社成了第一批遭到迫害的出版机构。75%的出版物惨遭销毁。对此，德国书业贸易协会（Börsenverein des Deutschen Buchhandels）号召抵制，因此出版社还能以十分简化的方式持续运行。新的总编辑赫尔曼·凯斯滕（Hermann Kesten）后辗转阿姆斯特丹，在当地的阿尔勒特德朗格出版社（Verlag Allert de Lange）继续自己的工作，早在1933年时布莱希特便因《三毛钱小说》受聘为该出版社的作家。1944年帝国文学院（Reichsschrifttumskammer）彻底肃清了这家出版社。

人们在这里几乎不能生存，在这个贫民区，白雪皑皑
卡巴莱：失败了

再次回到布莱希特第二次也可能是更重要的柏林之旅。除了上文提到的接洽出版社事宜取得成功之外，布莱希特还同阿诺尔特·

布隆内建立了友谊（自1921年12月）。布莱希特另一件或许可称得上成功的事是卡巴莱剧团的"疯狂舞台（Wilde Bühne）"。其中的介绍人又是奥托·扎雷克，按照布莱希特的说法，扎雷克把他"拖到"赫斯特贝格那里，塞给他一份"6天的合同（500马克）"，这对一名新手来说是一大笔钱；因为通货膨胀1922年6月才开始一发不可收拾。女演员特鲁德·赫斯特贝格（Trude Hesterberg）因默片电影而知名，在康德大街12号西部剧院（Theater des Westens）的地下室里组织了"疯狂舞台"，并很快享誉全城。布莱希特的登台大概是在1922年1月中旬，虽然合同规定6天，但仍是唯一的一次。他演唱了士兵歌曲，第一首歌在观众中反应平平，第二首歌在演唱中戛然而止，布氏悄然离开了自己的凳子，去取在舞台的暗处存放的歌词，然后开始用沙哑的嗓音演唱《死兵的传说》的第一节，并且接着演唱后面的段落。观众们对此很气愤，"这样的和平主义曲调令人作呕，大家叫喊，谩骂，威胁表演者，当最终一只香槟酒杯飞过布莱希特的太阳穴时，赫斯特贝格迅速拉上了帷幕"。作家瓦尔特·梅林（Walter Mehring）是"疯狂舞台"的常客，他此时站到帷幕前，借用歌德在《随军征法记》（*Campagne in Frankreich*）中的语句劝告观众："女士们，先生们，适才是一个巨大的耻辱，但不是对诗人，而是对您们！终有一日您要自夸，今天曾来到这里！"歌德的原文是指1792年9月20日的炮击瓦尔密（Valmy），这是法国革命军第一次阻击了反法同盟的军队；歌德曾目睹了这场战役。

梅林的话似乎证实了这位自称柏林征服者的年轻人一次决定性的成功，关于布莱希特在"疯狂舞台"的登台至今仍流传着这样的谣言，但事实并非如此。柏林"疯狂舞台"的观众当时已经比肩继踵，自然也吸引了一些保守派人士，他们认为有必要更近距离地接触这些不道德的行径；毕竟原来在德国还从未出现这样的表演，至少在公开场合还没有。据赫斯特贝格回忆，当晚观众席中坐着几名看似从乡下来的富农，他们认为布莱希特的表现庸俗，对其他歌曲的思想内容也很反感。布莱希特之前大致只在私人场合——十分成功地——演唱过，因而面对观众时有些不自信，也没有达到应有的水准。显然这才是他没有再出演卡巴莱剧的原因，之后布氏歌词的演出都安排了专业人士，比如 1927 年 10 月弗里茨·考特纳（Fritz Kortner）在乌发（Ufa）① 电影院的演出。

布莱希特在柏林的生活也粒米束薪。1921 年 12 月，布莱希特在给玛丽安娜·佐夫的信中写道："我的玛丽安娜，我正在读你的信，这里很冷，几乎不能思考了。人们在这里几乎不能生存，在这个贫民区，白雪皑皑。我还必须弄清楚这个技巧，这持续了如此之久！我一直在想你，当我四处走时，当我冻僵时，当我买煤油时，当我口授时——我都不能在纸上写字！我们怎么才能在一起呢？我这里不能接待任何女士，姐妹或者新娘也不行（或许你会为此而高兴？），房子又冷又小。有张乱七八糟的床，很窄，铁质的，这里的人也很坏！或许我更应该去威斯巴登，但是明天我还要继续打听一下，事业上还是毫无生气，我期待不多，必须利用所有的一切。"

你们或许从中察觉，酒精多么无害……
在蓝鸟：俄国民族艺术的后果

在"疯狂舞台"登台后的几天，布莱希特在笔记本中记录道："我突然尿血。但仍然试图放纵地生活，同克拉邦德、海达和布隆内去了蓝鸟（Blauer Vogel），但我的下半身还是给出了明确的信号。

---

① "Universum Film AG"的缩写，指全球电影股份公司。

我孤独地在我冰灵的洞穴里躺了两天，然后海达和布隆内来了。"时事评论家弗兰克·华绍尔从布莱希特的第一次柏林之行就开始照顾他，这次也带他去了夏里特医院，在恩斯特·沃尔海姆医生——海达·库恩的未婚夫——的帮助下，住进了医院病房并得到治疗。检查结果显示，布莱希特患有严重的肾炎。原因是营养不良，糟糕的过于寒冷的居住环境，还有酒精；酒原则上比饭食更容易搞到，而且更廉价。

布莱希特在日记中提到经常同朋友一起去蓝鸟，这也再现了新的、引人注意的社会关系。1921 年秋，蓝鸟创办于舍嫩贝格（Schöneberg）的一家后院电影院中，是一座当时享誉整个欧洲的德—俄小型舞台剧院，十分成功，其奢华、丰富多彩和混乱众所周知，被称作"俄国小戏剧盒子"。"蓝"在俄语中意为"深蓝、浪漫、深刻"，稍许描述了这里的戏剧纲领。在蓝鸟会聚的是逃离"战时共产主义"的俄国人，他们认为自己是被流放的，因而思念着故土。虽然政治肃清运动波及了 250 万俄国人，但蓝鸟的戏剧纲领是非政治性的，它是浪漫的、感伤的。这一时期蓝鸟的观众有俄国作家弗拉基米尔·马雅可夫斯基（Wladimir Majakowski）、维克托·什克洛夫斯基（Viktor Schklowski）、弗拉基米尔·纳博科夫（Vladimir Nabokov），还有造型艺术家伊凡·蒲宁（Ivan Puni）、卡济米尔·马列维奇（Kasimir Malewitsch）、埃尔·利西茨基（El Lissitzky）、马克·夏卡尔（Marc Chagall），当然还有德国伟大的艺术家，例如格奥尔格·格罗兹、鲁道夫·施里希特尔（Rudolf Schilichter）、库尔特·图索斯基（Kurt Tucholsky）、阿尔弗雷德·波尔加（Alfred Polgar）、奥斯卡尔·比（Oskar Bie）、尤里乌斯·迈耶—格拉夫（Julius Meier-Graefe）以及赫尔瓦特·瓦尔登（Herwarth Walden）。蓝鸟的舞台很小，但是色彩绚丽。《世界舞台》（*Weltbühne*）的主编西格弗里德·雅各布森（Siegfried

142

Jacobsohn）如痴如醉地谈论这里："蓝鸟是一个让人不断深陷其中的梦，可以忘记丑陋的、令人意气消沉的、令人麻痹的、无聊的灰色现世。"这听起来似乎同布莱希特的美学信条大相径庭。

蓝鸟按照戏剧家斯坦尼斯拉夫斯基（Stanislawski）的思想上演剧目，俄国特色中充斥着伤感的歌、诱人的舞蹈、讽刺性的模仿还有喧闹的劣等演出，但这些都鲜有人提及，俄国的灵魂、德国的立足点和绚丽夺目的色彩，这样的混合体让这个剧院脱颖而出。人们在这里畅饮最廉价的伏特加。在未完成的《加尔盖》（《人就是人》的前身）中，布莱希特也将这出卡巴莱剧同酒精联系起来，其中一名妇女说：他"噘着嘴，好像在蓝鸟喝了自己的白兰地一样"。

布莱希特在第二次柏林之旅时就时常出入这个艺术家圈子，很可能在第一次前往柏林时就结识了他们，在《加尔盖》（创作于1921年）中提及蓝鸟就证实了这一点，从这些事实中对布莱希特的创作兴趣可见一斑。布莱希特礼赞艺术和生命，对娱乐而非政治感兴趣。此处还要强调一点，蓝鸟戏剧同布莱希特此时勾勒的美学纲领并不符合。布莱希特的电影构思证实，他这一时期更热衷于卡尔·瓦伦丁的小型舞台表演，一直在寻找街头素材（Boulevard-Stoff），对此蓝鸟并非一个不恰当的选择，相反，布莱希特后来热衷拳击手氛围（Boxermilieu），蓝鸟也为之营造了对应物，这些内容在更高雅艺术家的圈子里是遭到鄙夷的。布氏必定是蓝鸟的第一批顾客，因为蓝鸟从1921年秋才开始出现。

那酒精呢？如果从布莱希特的作品推断其作者，青年布莱希特一定是个较严重的嗜酒者。巴尔的酒瘾推动了故事情节，《小歌》赞颂了酒精的无害，诗歌《褪色的青春信函》（*Aus verblichenen Jugendbriefen*）描写了通宵狂饮的夜："腹中还有棕色的雪利酒 / 臂弯里还有那个小妞 / 她昨晚折磨我们一夜。/ 田野间每个人 / 进入朝霞色的苍穹 / 一艘巨大的船。"在性事上，布莱希特的日记说明他并非像巴尔一样是个浪荡子，玷污女性，所有性爱领域的语言描写与其说记录了真实经历，更应该说是语言上的发泄。在酒的问题上也是相似的，几乎没有人知晓布莱希特习惯饮酒（即使是那些铺张的宴席，布莱希特也几乎只是个看客，而非其间推杯换盏的那个人）。但从 1922 年疾病的侵袭可以推断，这位爱交友的年轻父亲长期生活窘困，因此饮食中喝酒多于吃饭。可以认为，1922 年 1 月时布氏的肾脏损伤极大，只有以后戒酒或者只喝啤酒才能康复。许多事实也说明，布莱希特在这次惨痛的患病后也确实这样做了，随后的年月中再无饮酒的记载。饮料单上只有茶和啤酒。他在玛格丽特·施德芬（Margarete Steffin）逝世后喝了一杯威士忌，立即又出现了肾疼痛的情况，这也使布氏意识到："死对一切都无益。"

这样的商品并非新品，因为它必须赢利

柏林聚宝盆：火山口上的舞蹈

在立足于柏林之前，布莱希特在 1920 年代初期还曾到访这座大都市 7 次。柏林，1870 年帝国建立后成为首都，在 1900 年前后其居民数量仍不足 300 万，在威廉二世时代结束之后，尽管遭到了战争毁灭性的破坏，仍然在短短几年间幻化成为一座巨型城邦，规模不可估量，而且由于动荡的政治局势成了世界最自由的城市。一战刚刚结束，在革命的风潮中，歌舞剧、卡巴莱剧、游艺演出都在柏林破土而出，火山口上的舞蹈开始了。

伊利亚·埃伦堡在通货膨胀时期曾这样描写对德国的印象："德国人像是生活在等候室中，没有人知晓，明天将会发生什么。……店主每天都在改动价格牌，马克在贬值。选帝侯大街（Kurfürstendamm）上成群结队的外国人熙熙攘攘，他们用极低的价钱买到这个曾经辉煌帝国的残留。而在贫穷的城区，面包房却在遭到抢占。一切看似面临崩溃，但工厂的烟囱仍然浓烟滚滚，银行的职员还在兢兢业业地记下那些天文数字，妓女们涂脂抹粉……爵士歌曲声音刺耳。我还能记得两则标题：'只有香蕉'和'明天是世界末日'。但世界显然还不急于走向灭亡。"末日之歌这样写道：

> 5 月 30 日是世界末日。
> 我们时日不久，我们时日不久。
> 5 月 30 日是世界末日。
> 我们时日不久，我们时日不久。
>
> 但没人知道，在哪一年，
> 这真神奇。
> 我们或许时日不多，
> 为此，我们干杯痛饮。

埃伦堡是柏林的 30 万（还有一些资料认为是近 50 万）俄国人中的一员，直至 1923~1924 年间，苏联一直处于歉收、饥荒和腥风血雨的国内战争中，这些人因此离开了苏联，在柏林寻找立足之地。俄国人偏爱的城区是夏洛腾堡（Charlottenburg），柏林人把这里重新命名为"夏洛腾格勒（Charlottengrad）"，开往瀚蓝湖（Halensee）的公车从此以后也被称为"俄国人秋千"。这些流亡者以西柏林为核心，使选帝侯大街［柏林人称库达姆大街（Kudamm）］成为柏林的新市中心："如果在西柏林散步，那么人们眼前闪烁的全是与俄国相关的通知、陈列柜、海报和广告：*我们说俄语，罗迪娜书店，梅德韦杰夫餐厅，莫斯科咖啡馆*。报刊亭也迅速传播开了俄语报纸和杂志。一场非暴力占领！但德国人不以为然，他们对此已然习惯。"

这是 1923 年，正值通货膨胀。

　　与俄国人同时到来的还有数万波兰人和数千名辛提人（Sinti）和罗姆人（Roma）——辛提人和罗姆人被作为"茨冈人"①遭到种族迫害，这些人之外，许多人也同样因为本国的灾难逃到这座大都市。除此之外，数千名年轻女性也来到柏林，毫无经验，毫无引导，"满心期待着幸福能在这个大城市里降临到她们身上"，就像在火车站迎接这些入境者的柏林基督教会福民事业（Das Diakonische Werk Berlin）章程中错误记载的那样。可是这样的"幸福"要么是某个低级娱乐场所的裸舞，要么是卖淫，卖淫在战后甚至还更加畸形，在造币厂一带（亚历山大广场附近）还有专门的孕妇区，严格按照妊娠的月份划分。在市民和小市民的居室里，性成熟的女性也为了金钱向嫖客提供性服务。她们的男人都倒在了"荣誉之地"，但饥饿不识得任何荣誉。伊利亚·埃伦堡曾讲述，他与同为作家的弗拉基米尔·林迪（Wladimir Lidin）走在街上，警察局规定的时间之后，所有的酒店都停业了，一名皮条客把他们转弯抹角地带到一个典型的中产人士家中。"我们被呈上香槟酒——汽水同酒混合。然后家里两位女儿穿着风骚女子的化妆服饰跳舞。……母亲则充满期待地看着两位外国客人，或许他们觉得两个女儿够吸引人，能让钱汩汩而来——当然是美元……'这就是生活！'这位正派的母亲感叹道，'这就是世界末日。'"通货膨胀期间，嫖客中的外国人越来越多，英国人、法国人、意大利人，还有美国人，用手中坚挺的货币，他们能在柏林找到各种价格低廉的乐子，而且也毫无节制地利用这样的机会。/ *132*

---

　　①　人种名，即英语中的吉卜赛人和法语中的波西米亚人，俄罗斯人称其为茨冈人，他们自称罗姆人，辛提人是罗姆人对已经在欧洲和北美定居的吉卜赛人的称呼。罗姆人原本为流浪民族，不能融入主流文化，在二战中受到纳粹德国的迫害。

克劳斯·曼（Klaus Mann）回忆："'看看我吧！'德国资本家们大叫着，在绝望中仍然夸夸其谈。'我是巴别塔，是罪人，是城市中的怪物。'索多玛（Sodom）和蛾摩拉（Gomora）[1]加在一起及不上这里一半堕落，一切都杂乱无章。柏林的夜生活，年轻人啊年轻人，在全世界都不曾见过！我们曾经拥有一支军队；如今我们有的是极端的反常！恶习，还是恶习！无尽的选择！发生了什么事，我的统治者们！这大家一定曾见过！"套话"全世界都不曾见过"影射了柏林十分成功的同名歌舞剧。歌曲的第一段为：

> 起先女人们身着短裙，露着腿，腿常常是弯的
> 接着，把腿藏起来后，她们穿无袖装来回走动。
> 人们可以看到酥胸袒露，惊愕地叫着："现在，现在，现在！"
>
> 之后她们露着背，又把胸前扣子扣起。
> 她们为我们的笑话哈哈大笑，给我们展示所有的美丽。
> 只有她们用来坐的部位，全世界都不曾见过。

这出歌舞剧在柏林轻歌剧院（Komische Oper）[2]上演，由詹姆斯·克莱恩（James Klein）执导，宣传这部歌舞剧的语言虽然有误，但无人能及："柏林独一无二的、最成功的歌舞剧。夏季折扣价！"但是女人们用来坐的部位，当时在柏林随处可以见到。

1923 年末，克劳斯·曼见到了裸舞界的标志性人物安妮塔·倍波尔（Anita Berber），她在"白鼠（Weiße Maus）"登台，这是一所介于卡巴莱和夜店之间的娱乐场所，也提供文体娱乐活动，这

---

[1] 圣经中的两个城市，因为城里的居民不遵守上帝戒律，充斥着罪恶，被上帝毁灭。它们后来成为罪恶之城的代名词。

[2] 即喜剧歌剧院。

在 1920 年代初便已出现。倍波尔并不卖身，至少在"白鼠"里没有，而是展现自己的舞蹈技艺，优雅、妩媚，有非凡的身体协调性和迷人的柔软与灵活，演出半裸或者全裸。当时还爆发了公开的讨论：她的舞蹈是艺术呈现还是有悖道德风尚？但这些最终都无关紧要了，因为当安妮塔·倍波尔跳舞时，总会全场爆满，人们甚至愿意为她牺牲最后一毛钱。在柏林她从未受到困扰，因为警察局长也是她的座上宾。布莱希特从未得见这位新兴艺术的明星，因为她演出的场所对布氏来说价格不菲。当布氏最终有可能负担得起"白鼠"的消费时，安妮塔·倍波尔已经离世，她 1928 年 11 月死于结核病，享年 29 岁。但两人之间仍有间接的关系。

1919 年，布莱希特创作独幕剧《暗中光》（*Luxin tenebris*），剧本讨论了当时的热点话题，即以宣传教育的伪装来推销色情表演，由于魏玛共和国的宪法取消了官方审查，这种行径因而成为可能（魏玛共和国日后又辗转再次实施审查制度，1920 年 5 月 12 日的《电影法》和 1926 年 12 月 18 日的《保护青少年免遭色情文学影响法》）。独幕剧的题目源自电影《将有光》（*Es werde Licht*，1917~1918），由理查德·奥斯瓦尔德导演。在 1919 年 11 月的文章《戏剧生活》（*Aus dem Theaterleben*）中，布莱希特对此类电影发表了自己的见解："如果电影之后仍被允许播放如此的秽行，将很快不会再有人走进剧院。在电影人享受共和国自由的欣欣向荣之时，他们也发觉了自己对这些可怜女子的同情，以及自身的义务，要向共和国澄清事实：电影拍摄的是性教育。这样的商品并非新品，因为它必须赢利。只是那些恰巧没有同妓院交好的警察禁止了这种启蒙。现在他们赚到了大笔的钱，所有的人都得到了启蒙，阵亡者的命运虽然令人惋惜，却愈发光辉。"布莱希特激动的原因并非出于道德的考量，社会中根本无人关心道德，道德对布氏来说也不存在，他忧心的是戏剧，戏剧面临这样的竞争，长此以往恐将不敌，如若这般，将必定要采用极端的手段。素材唾手可得。1918~1922 年，安妮塔·倍波尔同理查德·奥斯瓦尔德合作了 4 部电影，它们皆服务于这一题材，其中包括《一个迷失女人的日记》（*Das Tagbuch einer Verlorenen*，1918）和《神秘故事》（*Unheimliche Geschichten*，1919）。可以推断，布莱希特了解这些电影，进而也知晓倍波尔其人。

一座相当了得的城市

美元太阳：蓬勃发展的柏林

1920 年代，柏林成为德国现代化大都市蓬勃发展的先驱。通货膨胀使物品和财产的实际价值严重注水，因而进一步引发了对工人史无前例的剥削，他们几乎是在无偿工作，因为在他们的指缝间，货币的价值瞬间化为乌有。通货膨胀使工作艰辛的中产阶级破产，他们很快大量投入纳粹的怀抱，作为失去社会地位的阶级，成了纳粹暴力统治的基础。推出地租马克之后，由于 1924 年美国的借款［道威斯计划（Dawes-Plan）］，德国的土地上升起了"美元太阳"，柏林成为欧洲现代都市的中心，人口流动性高，充满活力。虽然新建的工厂创造了大量新的就业岗位，但由于从美国引进了新的技术，这些岗位的数量也受到了极大限制。失业率仍居高不下，这是政治交易，也是为发展付出的代价（至今依旧如此）。

由于便利的地理位置，柏林建造了纵贯欧洲东西南北的交通纽带，成为首屈一指的交通枢纽。坐落于中心的坦佩尔霍夫机场（Flughafen Tempelhof），1926 年放射般地起飞了众多国际航班，可以到达欧洲各个重要城市。流水线技术提高了摩托车和汽车的产量，因而推动了高速公路的建设，这当时还被当作赛道使用［例如1921年9月开放的阿瓦斯（AVUS）赛道］。如果要成为这个大世界的一员，私家车已成了地位的象征，布莱希特虽然众所周知生活窘迫，但1926年也用尽一切手段，设法搞到了一辆汽车。

市内铁路、地铁、有轨电车、公共汽车线路和马车线路得到大规模扩建。1920年代中期，柏林已经拥有50万余台电话，每天有近150种日报出版，其中还有20家为了保持实效性而每日发行两期。《柏林画报》（*Berliner Illustrirte Zeitung*）——布莱希特也偶尔在此发表文章——在魏玛共和国末期，由于轰动性报道和相应的插图，达到了近200万的发行量。

对柏林的市民来说，大众媒体和新科技迅速成了生活必需品。如若想留在这座城市，必须服从这些机构，任其摆布。在1920年代的柏林，人们每日都可以体验到布莱希特所称的"可分割个体（Dividualisierung）"的主题；看清这一现实自然也是必须的。布莱希特想要也需要大都市的体验，这座"冰冷的城市"，其中的"丛林"为未来戏剧提供了舞台。除此之外，布氏还立即意识到，如果他真的要触动大量受众，必须进入这些"机构"，对此，布莱希特将其理解为一切媒体：报纸和杂志，电台，电影，唱片，当然还有剧院，布氏想使剧院同样实现面向大众的传播，面向例如体育馆中观看拳击比赛的观众，拳击当时是竞技体育中最热门的类别，观众趋之若鹜。

1926~1928年，布莱希特反思了当时戏剧和拳击运动间的联系，关于对戏剧和理想受众的设想，布莱希特也作出了间接但确切的阐释。布氏写道："我反对将体育作为文化财富看待，因为我知道社会对文化财富的所有行径，体育遭受同样的待遇太过可惜。我支持体育，因为/而且只要它是冒险的（不健康）、未教化的（不具备主流社会特色）和以自我为目的的。"还有："我们戏剧观众的堕落导致，无论是剧团还是观众都无法设想将要发生的事情。但在体育馆，自人们买到入场券的一刻起，大家就知道将会发生什么；而且当人们坐到观众席上，设想中的事情便会照样出现在眼前：受过训练的人，满怀坚定的责任感，同时也得到大家的信任，他们这样做主要是出于自身的乐趣，用最适宜的方式发展自己的特殊才能。**对此，古老的戏剧如今颜面尽失。"**

戏剧，根据布莱希特的观点，应该是冒险的、未教化的和以自我为目的的，应该主要为了制造欢乐——而且是为所有的人，无论是制造者还是受众。这同传递讯息的戏剧［皮斯卡托尔（Piscator）的戏剧］和传递世界观的戏剧背道而驰，也同遵循古典的市民美学、使用传统技法的戏剧大相径庭。以自我为目的当然不是信奉 "L'art pour l'art"（为艺术而艺术），而是为艺术和艺术享受辩护，没有肮脏的伎俩，同时也不会顾忌风俗惯例，不会去刻意制造庄严隆重的效果。马克斯·施麦林（Max Schmeling）回忆了另一点，它不仅适用于拳击，而且恰恰是一名艺术家的观点：弗里茨·考特纳。考特纳教育这位疑惑的拳击手，拳击的意义何在："在拳击台上发生的一切，映射了生活，冷酷残忍，令人愤然，你们向对方挥出拳头，我们同样也为了生存而激烈地斗争。在戏剧舞台上，我们也表现着同样的斗争。但对我们来说那只是戏剧……对你们来说却事关生死……你们的鲜血不是道具……不是，马克斯，拳击绝非体育！它是生命之争，被浓缩在 12 个回合里。"这段话的目的是瓦解艺术与生活的分离；拳击是真实的戏剧，是达尔文主义！如果戏剧不能废除这一割裂，至少必须参与其中。至少应该做个样子，才好对其表示鄙夷。"一部期间不应该爆发笑声的戏剧，才是可笑的戏剧。缺少幽默感的人是可笑的。"

本人讲述，贝尔特·布莱希特执笔
生命访谈：拳击手作为同事

　　布莱希特又踏上了新的、非比寻常的道路；因为他的确成功地同一名拳击手建立了友谊，并将自己的艺术带到了他的圈子里。此人是次重量级拳手保罗·萨姆森-廓尔纳（Paul Samson-Körner），他曾环游世界比赛，在美国成名，1922 年返回柏林之后，在一次非冠军赛中爆冷击倒了重量级明星拳手汉斯·布赖滕施特莱特（Hans Breitensträter），并在 1924 年的一次冠军赛中重复了这一壮举。因此，萨姆森-廓尔纳作为德国重量级拳王长达一年。1925 年，布赖滕施特莱特按积分获胜，赢回了这一头衔。廓尔纳是知名的防守反击型拳手，即使处于劣势仍总能给观众留下好印象，而且虽然他身体不敌对方，但不畏惧同重量级拳手角逐。1924 年 2 月，布莱希特结识了萨姆森-廓尔纳，同其交好，称廓尔纳为"同事"，因此也分享着他的光环。两人也的确有具体的合作计划，即《拳击手萨姆森-廓尔纳的一生——本人讲述，贝尔特·布莱希特执笔》（*Lebnslauf des Boxers Samson-Körner. Erzählt von ihm selber, aufgeschrieben von Bert Brecht*，1926），所谓的"生命访谈（Bio-Interview）"是日后（1930）布莱希特的俄国朋友塞尔盖·特雷特雅科夫（Sergej Tretjakow）对这一全新体裁的称谓。但布莱希特仍然是这一体裁的发明者，布氏明白，一个拳击手丰富多彩的一生，曾征战半个地球，比写自己的恋爱故事要有趣得多。此外，"生命访谈"这一形式的作品在德国文学史上尚未曾出现。

　　"生命访谈"是指作家置身于一个陌生的环境，造成他属于这里的假象。作家像这个领域的专家一样，写下自己从未经历的事情，而且这些是他很可能将来也不会经历到的。这样就通过作家的手笔

/ 137

产生了这样一件艺术作品，受访者的经历和陈述为之提供保障，成为一种新形式的记录文献，亲历者并不直接发言，但他的陈述已经过美学塑造的雕琢。这一转述的真实性当然存在争议，却形成了一种新形式的艺术作品。

《拳击手萨姆森-廓尔纳的一生》可惜未能完成，但其中的片段发表在体育杂志《竞技场》（Arena）中。对布莱希特来说，这并非一本典型的文学杂志，但却是极适宜布氏目的的喉舌刊物，受众广泛。《拳击手萨姆森-廓尔纳的一生》是一部讽刺性作品，清晰展现了布莱希特的文风。其中的第一人称叙事者（在这部虚构作品中的萨姆森-廓尔纳本人）出生两次，在美国摩门教区域的一个小镇和德国萨克森州的茨维考（Zwickau）。关于这不统一的出生地有言道："我可以暗示为什么我出生在那里：因为没有任何一条铁路线通过美国犹他州的比弗郡（Beaver）。您可以娶12位妻子，但如果您要参观我的出生地，也只能步行前往。"这不是一个粗浅的玩笑，而是间接提示，萨姆森-廓尔纳被德国拳击界和官方媒体剥夺了冠军的荣誉。廓尔纳1922年返回柏林前，曾在美国同杰克·邓普希（Jack Dempsey）和乔治斯·卡彭泰尔（Georges Carpentier）——两位美国拳击史上的传奇人物——竞技，言辞不慎，对德国的拳击运动发表过不利言论，廓尔纳也立即受到攻讦。即使他在同布赖滕施特莱特的比赛中证明了自己的实力，德国拳击界也不愿默默忍受如此痛击，断然宣称参孙（Samson，廓尔纳的艺名，《圣经·旧约》中的人物，拥有天赐的极大力气）是不受欢迎的外国人。布莱希特文风果敢，萨姆森-廓尔纳本人或许也不甚能认出这是他的一生，但仍同意出版。

1927年10月29～30日是一个周末，萨姆森-廓尔纳和布莱希特在"柏林体育媒体之夜"（Nacht der Beliner Sportpresse）大获成功，这一活动以体育、电影和戏剧的"三和弦"为标志，在动物园旁的乌发电影院举行，门票在数周前就抢购一空。当晚进行了轻量级的德国大师赛［弗里茨·恩泽尔（Fritz Ensel）对阵保罗·切尔森（Paul Czirson），前者在第 3 回合击倒了对手］，之后举行了老对手萨姆森-廓尔纳和布赖滕施特莱特之间的 3 回合表演赛，再者是艺术和文学的加演节目。伟大的女芭蕾舞者瓦勒斯卡·格尔特（Veleska Gert）表演了动作怪诞的舞蹈《拳击》（Boxen）。接下来，弗里茨·考特纳朗诵了布莱希特《拳击手萨姆森-廓尔纳的一生》中的选段，深受观众好评。片段描写了可怜的廓尔纳 16 岁便在威尔士的加迪夫（Cardiff）经历了人生第一场拳击比赛，因为不了解对手而遭到惨烈打击，但因此也在海员之家结识了 13 岁的女伴，而且赢得了她的同情。她爱怜地吻着他眼睛上"拳头大的肿块"，慢慢扶他站起来。参孙如此评论："女人是独特的。"考特纳朗诵的第二篇选段是《中量级比赛 12 位世界冠军之纪念牌》［Gedenktafel für zwölf Weltmeister im Mittelgewicht，此处由于尚未结束，"纪念牌"改为了"光荣榜（Ehrentafel）"］，媒体评价，考特纳"懂得如何将枯燥的奖项列举塑造得颇具感染力"。活动最终放映了美国电影，影片讲述了 1926 年费城的传奇之战，由吉恩·腾尼（Gene Tunney）对阵杰克·邓普希，10 万观众观看。电影在观众中引发了极大的热情，并随后在柏林的其他影院放映。

这次活动也反映了布莱希特真正活跃的圈子（绝非政治意识形态领域），以及布氏的受众人群。一场拳击大师赛，2165 名观众并不算多——这场比赛的原本举办地柏林体育馆可以容纳万余名观众——但 2165 对文学朗诵来说却是个巨大的数字。布莱希特借此接触到的观众，大多数并非文学消费者，但他们从此了解了文学的无所不能。布莱希特努力脱离传统的文学圈子，直面那些作家们尚未接触过的受众。

虽然萨姆森-廓尔纳 1927 年在一次失利后退出了职业拳击领域，

但布莱希特仍同其保持了多年的友谊。乌发电影院的活动也证实了廓尔纳依旧深受人们欢迎。1927年夏还有一件独特的事发生，讽刺文学杂志《UHU》①为布莱希特的一次"工作会议"拍摄照片，照片配有以下文字："要从照片中看出工作方式如何，完成这样的摄影作品不易。也许有朝一日，人们能发明出可以通过摄影记录的工作方式，但至今，工作和被拍照仍很难融为一体。我虽然几乎一切工作都同他人共同完成，但还是让摄影师在高朋满座之时前来，纵然我们当时并非在工作。对照片上的不自然状态我深表歉意，因为我们决定破例表现出，好似知道正有人为我们拍照一样。"

照片拍摄于施比谢恩街（Spichernstraße）16号的阁楼内，照片上的参与者（从左到右）有：萨姆森-廓尔纳坐在钢琴旁，好似在弹琴；布莱希特在小型书架前，双手插在裤子口袋里；赫尔曼·森勒弗洛恩德（Hermann Seelenfreund），萨姆森-廓尔纳的经纪人，坐在沙发上，戴着拳击手套；赫尔曼·博尔夏特（Hermann Borchardt），作家，坐在森勒弗洛恩德一旁，半靠在墙上；汉内斯·曲佩尔（Hannes Küpper）坐在另一个沙发上，沙发在房间的右角落，靠着（空白的）墙壁；还有伊丽莎白·霍普特曼，坐在摇椅上，看似在打字机上打字。所有的人都衣着整齐，无可指摘，先生们着深色西装配领带或者领花，霍普特曼着优雅连衣裙。

照片和评论当然荒谬透顶。虽然据称布莱希特当时只穿工作服出门，并渐渐成为一名共产主义者，但这张照片和评论清晰地展示了布氏这一时期在公开场合的形象，这是空前的挑战和对市民阶层艺术家的嘲弄。首先，照片上的萨姆森-廓尔纳会弹奏钢琴，这一点人们就有理由质疑；但可见音乐是布莱希特工作的一部分。布莱希

①　1920年代在柏林乌尔斯坦出版社出版的插图月刊，魏玛共和国时期的一份重要定期出版物，本雅明、布莱希特等人都曾为其撰稿。

特双手插在裤子口袋，表明他是这个团队的"精神大脑"，将具体的书写工作委托给霍普特曼。书架是半空的，微小，还有一部分内容是报纸和杂志，这说明布莱希特并非主要从书中获得灵感，而正派的作家原则上都被大量的书籍包围。有着好听姓名①的拳击经纪人戴着拳击手套，说明布氏的作品带有攻击性。作家博尔夏特百无聊赖，没有参与到共同工作中。曲佩尔创作的体育诗歌毫无名气，1926 年布莱希特对 400 名参赛诗人评价不佳，把奖项颁给了根本没有申请的曲佩尔，曲佩尔也借此有了在文学史中崭露头角的机会，照片中曲佩尔疑惑地看着运动员萨姆森-廓尔纳。这一系列人物以霍普特曼结束，摇椅不甚适合工作，霍普特曼也没有在工作。毕竟萨姆森-廓尔纳评价道："这个布莱希特，一个了不起的小伙子。"

/ 140

这是什么？这是什么？

光之城柏林：布莱希特已立足于此

"柏林是一座独一无二的光电街区。威廉二世时代的建筑消失了，被电吸收、装扮、占据。这座城市像是腐蚀性的强酸，一切日新月异，双目因过分的紧张而疲劳。"费尔南德·雷格尔（Fernand Léger）②1927 年由巴黎到达柏林，他当时同今日的游客在东京或者首尔的印象惊人的相似，巨型城市在夜间失去了一切物质的因素，似乎在夜空中悬浮着的众多广告牌构建了超文本，遮盖整座城市。

柏林因这些创新而自豪，因此，从 1928 年 10 月 13~16 日，举办了"柏林之光"节。这是 154 个经济联合会提出的创意，他们期

---

① 指赫尔曼·森勒弗洛恩德的姓氏"Seelenfreund"，意为"灵魂伴侣"。
② 20 世纪初期法国画家、雕塑家、电影导演。

望借此实现富丽与繁荣（结果表明这项计划卓有成效），并同时呈现一个作为现代化光辉都市的柏林。本次节庆的标语是"光引人来（Licht lockt Leute）"。这也确实因市民的广泛参与而成了宏伟壮丽的民间节日。长期和临时的霓虹广告、橱窗照明、公共建筑的楼体照明、国会大厦的穹顶、勃兰登堡门上的双轮战车、御林广场以及柏林其他的标志，都足够吸引广大民众的注意。购物街以炫目的光影表演吸引顾客，有光球、光电彩车，彩车巡礼穿越柏林的大小街道，或者在运河上巡游，飞机照亮了柏林的夜空，灯带无数，以及等等。简言之，这是柏林举行的最大规模的大众狂欢之一，是一场色彩的交响乐，人们将其看作 1920 年代艺术和文化的顶点。布莱希特也参与到这次活动中。

作曲家马克斯·布亭（Max Butting）是艺术总监，布亭委派库尔特·魏尔（Kurt Weill）为节日创作歌曲，10 月 13 日节日开幕，歌词准时首次刊登于柏林的报纸《速度》（*Tempo*）上。词作者没有点明，但编辑部的评论指向布莱希特。事实上，确实是布莱希特而非四处宣传的魏尔为歌曲写作了歌词。歌词同音乐一起迅速风靡一时，时至今日（绝对并非出于怀旧）仍在卡巴莱舞台上得到保留，而且许多人可以凭记忆哼唱。布莱希特所有的作品集中都没有收录这首歌，因为遗作中也只能找到以《我们准备了太多》（*Wir haben zu viel parat*）为开头的断篇，这部未完成的诗作只有一部分被编入了歌词。音乐学家尼尔斯·葛洛施（Nils Grosch）研究了布亭和魏尔同维也纳环球出版社（Wiener Universal-Edition）的书信往来，确认了布莱希特是词作者的事实。歌词内容为：

> 那么，如果去散步
> 日光已足够，
> 但要参观城市柏林，

太阳已无法满足。

这并非僻静之地，

这城市何其了得。

为了能看清所有

还是需要些许瓦特。

这是什么？这是什么？

这座城市又是什么？

来打开灯

为了能够看清这一切，

来打开灯

无需言语。

我们都想一睹，

这是否会盛事一件：

柏林之光。①

这首歌，同海因茨·梯森（Heinz Tiessen）和马克斯·布亭的其他三首歌一起，被庞大的军乐队作为军乐在柏林的大街小巷演奏，时而还伴有演唱，而且音量振聋发聩，即使在封闭的房间，似乎还是要震破听众们的鼓膜。布莱希特的歌词是实用诗（Gebrauchslyrik）②，

---

① Und zum Spazierengehen／Genügt das Sonnenlicht，／Doch um die Stadt Berlin zu sehen，／Genügt die Sonne nicht. ／Da ist kein lauschiges Plätzchen，／ Das ist'ne ziemliche Stadt. ／Damit man da alles gut sehen kann／Da braucht man schon einige Watt. ／Na wat denn？ Na wat denn？ ／Was ist des für'ne Stadt denn？／Komm mach mal Licht／Damit man sehn kann，ob was das ist，／ Komm，mach mal Licht／Und rede nun mal nicht. ／Dann wollen wir doch auchmal sehen，／Ob das'ne Sache ist：／Berlin im Licht.

② 1920 年代诗歌的一种典型表现形式，以布莱希特为代表，即为某种特定目的而作，理智且清醒。

而且毫无逻辑，这经常出现在较好的广告短文中。诗歌以"Und"开篇，试图建立一个并不存在的逻辑关系。表示转折的"Doch"悬在空中，因为对为何用日光不足以看清柏林的解释毫无意义。"ziemlich"并非形容词，而是其比较形式之一，本身没有意义，但暗指不可估量和无与伦比，要把这些都言简意赅地表达出来，需要较高的艺术能力。"瓦特（Watt）"作为电力单位，在当时还是一个较新的概念，柏林方言有元音的屈折变化，因此疑问词（wat）同瓦特同音，而两者内容上的联系其实也不存在，但再次细想似乎又存在，因为它提出问题"瓦特是什么？"这首歌词空洞无意义，内容无关紧要又过于简单，这样的歌词大量涌入人们的耳朵，标示了布莱希特和魏尔在魏玛共和国受喜爱程度的里程碑。

环球出版社已经购进了总谱的版权，但其发行商埃米尔·赫茨卡（Emil Hertzka）认为，制作街头音乐有失作曲家的身份。9月份，赫茨卡通知布亭：在向"军乐专家"咨询过歌曲的相关情况之后，他决定不再负责销售上述音乐作品，并退回了版权。之后《马哈哥尼》歌剧的一小部分歌曲也遭遇了相同的命运，这再次证明，在所谓的"严肃"音乐界，当时要在语言和音乐上适应时代、坚持创新是多么困难。马克斯·布亭的回应引人注意，文字有可能出自布莱希特："我们德国人是一个特殊的民族，我们对很难理解或者根本不理解的事物充满了不可磨灭的敬意，但反之，对那些容易理解的却毫不尊敬。我们走进教堂或者音乐会，体面却无聊，但感觉自身对此负有道德上的义务，必须以这种方式提高修养后才能回家……但如果我们得到娱乐，那么将深信，这样的艺术作品肯定还没有达到有品质的艺术应该达到的水准。"

新的光影艺术自然也包括电影，为此，布莱希特1921年便创作了电影《牙买加酒吧的奥秘》（*Das Mysterium der Jamaika-Bar*）的脚本大纲和《塔中三人》（*Drei im Turm*）的分镜头剧本，但均没有成功。电影院像磁铁一样吸引着大量观众，与此相联系又形成了新的大众化的歇斯底里，被纳粹所利用，纳粹将传统戏剧的美学原则和（大多是错误的）电影梦幻世界转嫁到政治中［瓦尔特·本雅明的关键词"政治的美学化（Ästhetisierung der Politik）"］。1931 年，查理·卓别林到访柏林，火车站疯狂的欢迎人群甚至阻断了弗里德里希大街的交通，逼近到这位明星身边，扯掉了他西装上的纽扣，以至于卓别林在阿德隆酒店（Hotel Adlon）差点儿掉了裤子（对卓别林此次的柏林之旅，新闻周报有相关记载）。但在市民阶层，电影还是遭受摒弃。托马斯·曼 1928 年将电影定义为"带音乐佐料的视觉享受"，对其只能有条件地接受，即如果电影将其乏味荒谬和感伤情怀"嵌入生活的真实、现实的确切中，虚构的细节能够完成场景模仿"，如此一来，"人性"便可以战胜"这一事物整体上原始的非真实性"。

柏林黑社会的庞大众所周知，他们像商人或者银行家一样享受到尊重。警察局长都被邀请参加"黑帮舞会"，就像布朗去参加尖刀麦基 ① 的婚礼，偷盗、窝赃和诈骗都明目张胆，还从事卖淫和大量的可卡因贸易。安妮塔·倍波尔公开吸食可卡因，这表明一切于她而言都再无关痛痒，如果用布莱希特巴尔甘故事中的话来说，她也舍弃一切，不再为未来忧心。这个倍波尔成了通货膨胀时期的标志性人物。由于可卡因和柏林押韵，因此很快形成了贴切的俗语："夜晚！陶恩沁恩（Tauentzien）② ！可卡因！这就是柏林！"

1920 年，美国的"迪勒女孩（Tiller-Girls）"③ 来到柏林，也带来了新的歌舞。几名舞者身穿相同的紧身套装，发型相同，戴相同的

① 两人皆为布莱希特《三毛钱歌剧》中的人物，麦基是伦敦最恶名昭彰的罪犯，绰号"尖刀"；布朗是警察厅厅长。
② 陶恩沁恩大街，柏林西部的一条主要购物街。
③ 19 世纪末美国最流行的舞蹈团体，最初由约翰·迪勒（John Tiller）创建。

帽子，从而对她们无法进行个体上的区别。除此之外，女孩们的舞蹈
动作形式相同、机械化、毫无特征，给人以被物化为机器零件的印
象，或者她们只是舞台的人物造型，是物质化的装饰。工厂的生产过
程，即流水线技术，被搬上了舞台，还被作为艺术而受到崇拜。

　　布莱希特不需要虚构素材和人物，这些都充斥在柏林的夜晚，
包括：《巴尔甘的弃舍》中的弃舍主题，《人就是人》中个体化的消
亡或者将鲜活的人重新组装成血肉制成的战斗机器，《三毛钱歌剧》
和《马哈哥尼》中的妓女和黑帮氛围以及贪腐，《屠宰场的圣约翰
娜》（*Heiligen Johanna der Schlachthöfe*，简称《圣约翰娜》）中
的"朱门酒肉臭，路有冻死骨"，所有这些在柏林层出叠见。对像
布莱希特这样细心的观察者来说，材料俯拾皆是。反之，布莱希特
作品引发的轰动也不过是普遍虚伪的表现。柏林的夜晚，那些不轨
之徒大敛横财，而这在戏剧舞台上却被嗤之以鼻。

　　通过阿诺尔特·布隆内，布莱希特1923年8月结识了海伦
娜·魏格尔，之后时常流连于她的住处，不久布莱希特便第三次
做了父亲。1924年9月初，布莱希特搬入魏格尔家，此时她已经
快要临盆。魏格尔生于1900年，奥地利人，1922年6月迁居柏
林，在莱奥波德·耶斯纳领导的柏林国家剧院做女演员。魏格尔
的演艺事业1918年在摩拉维亚（Mähren）开始，她没有受过任
何训练，当时做群众演员和合唱歌手，之后前往法兰克福的新剧
院（Das Neue Theater），1921年在法兰克福剧场（Frankfurter
Schauspielhaus）工作。维也纳人民剧院（Wiener Volksbühne）的
导演阿图尔·伦特（Arthur Rundt）在一次试镜时发现了魏格尔
与生俱来的表演才华，对此，魏格尔的丹麦女友卡瑞·米夏埃利斯
（Karin Michaelis）于1919年5月26日在《福斯报》（*Vossische
Zeitung*）中有所描述："在这个丑陋笨拙的19岁少女的喉咙里，包
含了领悟善与恶的所有魔力，所有禽鸟的幽咽和悲鸣，一切水流的

潺潺声，彩虹所有的色彩，爱恋的狂喜和欢腾——所有这些，甚至更多，都包含在内。如此这般的音色让野兽变成温顺安静的绵羊，让冰冻的植物再次繁茂，让天上的星辰为之震颤。"伦特曾对魏格尔说，她不需要任何的表演课程，因为她是"史上曾诞生过的最伟大的戏剧天才"之一。

魏格尔居住于施比谢恩街16号的工作室，三年后，这里成为前一节曾描述过的照片的拍摄场地。房子对两人来说已经过于狭小（顶层阁楼），而且必须通过狭而陡的楼梯才能到达，因而布莱希特提议让这位年轻的母亲搬离此处——空间真的不够三个人，而且带孩子上楼梯也太过困难；1924年11月3日，两人共同的儿子施特凡（Stefan）出世。海伦娜·魏格尔1925年1月搬入了巴贝尔斯贝格街（Babelsberger Straße）25号的房子，这是花费不菲而执意购得的居所。或许手段并非完全正直，但布莱希特很快为自己争取到了自由空间，并且开始利用魏格尔在柏林先于他拥有的各种有益关系。

这次搬迁经过了详实的准备，因为正如前文曾描述过的，《丛林》同年在德意志剧院由埃里希·恩格尔执导上演，《英格兰爱德华二世的生平》也在国家剧院演出。《丛林》的排演布莱希特可以自己负责，因为他自1924年9月起（至1925年7月）在德意志剧院担任戏剧顾问职务；并借此继续了同恩格尔的合作，合作在《理发店里的怪事》时业已开始。埃里希·恩格尔是汉堡人，1891年生人，同样在1924年由慕尼黑迁居柏林，在德意志剧院工作。

随着《爱德华》的排演，耶林和凯尔之间的评论家之争也开始了，布隆内的《卡塔隆战役》（Katalaunische Schlacht）1924年11月首演后，也被卷入了纷争，以至于"法佐尔特"成了青年（先锋派）德国文学的原型。公开的论战内容如下：耶林高度赞扬年轻人（也包括一些无足轻重的人物）的作品，而凯尔的谴责不仅针对作家，还首先指向了自己的同事。耶林的褒奖和凯尔的严厉批评伴随了布莱希特魏玛共和国时期的所有戏剧。面对凯尔的评论，布莱希特也多次以讽刺的方式表达了自己的看法。

布莱希特同基彭霍伊尔建立合同联系后，1925年1月1日，由于布氏的坚持，伊丽莎白·霍普特曼负责审稿人的职务，并在布莱希特的工作室担任私人助理。霍普特曼生于1897年，父亲是乡村医生，母亲是美国人。1918年她通过了教师资格考试，在德国和波兰边境旁的波美拉尼亚（Pommern）担任家庭教师长达四年。1922年前往柏林攻读大学。由于没有得到家庭经济支持，霍普特曼做些女秘书的工作，起先在一位建筑师手下，而后是作家赫尔曼·格奥尔格·舍费尔（Hermann Georg Scheffauer）。1924年，霍普特曼在一次聚会上结识了布莱希特，布氏立即发现了她的文学才华，并寻求合作，虽然这样的工作关系在她成为布氏的情人之后也有起有伏，但仍持续至魏玛共和国末期。追忆往事时，霍普特曼一再强调，她所得报酬丰厚，布莱希特1925年圣诞节将带有题献的《人就是人》的手稿（前身是《加尔盖》）送给她，因此，所谓"整年不计报酬"为布莱希特工作的说法只是玩笑，由于学术界经常断章取义，她也乐意如此公开地自我解嘲。另外，霍普特曼还独立赚钱度日，主要通过翻译工作，以便不完全依赖布莱希特。

一个平和的男人能随意
采纳两至三种其他观点
人就是人：消费批判

霍普特曼手稿总结了到那时为止《人就是人》的已有资料，献词还有第二部分："这是一部难以完成的剧作，单单将20磅纸的手稿整合起来就是艰苦的工作。"困难首先在于将印度的异域环境同现时的经济新情况结合起来，霍普特曼借吉卜林（Kipling）①的作品向布莱希特介绍了印度的风貌。解决方案是大象贸易。大象增强了印度特色，也服务于基尔科阿（Kilkoa）的军营气氛，贸易有了经济关系的双方，即买方和卖方，而产品——仿造大象——即商品。盖里·盖伊（Galy Gay）扮演卖主，一旦他确信有买主，那么商品是不是真品已经不再重要了："我毫不怀疑，它会被卖掉。"以及，"大象就是大象，尤其是它被卖出的时候"。由于英军的三个士兵在印度走失了一名战友，而此人不可或缺，事件的结局是，盖里·盖伊被证明有欺诈罪，要实行枪决。当盖里·盖伊被定罪时，他否认了自己的身份，在（看似）被枪决之前便倒地不醒，醒来后便全然乐意接受士兵吉普（Jip）的新身份，即丢失了自己的个体性。但这只是本场景的一个方面，布莱希特将霍普特曼手稿中的这一场景明确称为"喜剧（Lustspiel）"，是由于此处的两个男人在一张地图下变身成了一头大象，向观众们展现了一副（就结局而言只是看似）粗笨的场景，这使人联想到莎士比亚的喜剧或者格吕菲乌斯（Gryphius）的巴洛克喜剧，其中人会模仿墙壁、树木、狮子，等等。如果用露骨的方式说，可以认为观众们受到了愚弄，因为在杜塞尔多夫和达姆斯达特（Darmstadt）的首演上（1926年9月25日），观众们相应报以"冰冷的沉默"或者"嘘声"。这样荒唐的意义在于悍戾的反自然主义，用莫可名状的荒谬揭露社会现实，而且恰恰是粗笨的荒谬。而现实——或者在格吕菲乌斯喜剧中被嘲笑的悲剧体裁（对专制主义等级制度国家的展现）——实际上要比人们曾相信的和愿意相信的更粗笨、更可笑。

/ 147

尾声部分和幕间插曲还有幼象登场，使这个场景得到了辅助，

---

① 约瑟夫·鲁德亚德·吉卜林（Joseph Rudyard Kipling），出生于印度孟买，英国作家及诗人，诺贝尔文学奖获得者。

目的无非是将亨利·福特模式的资本主义新经济规则进行美学应用，这一模式贯穿了 20 世纪，替代了马克思的资本主义剥削。产品成了商品，必须找到销路，它是否适用或者是否真的被需要已经无所谓。如果找到买主，一切都能被卖掉；而寻找买家，是广告或者其他花样送出伎俩的任务。消费是生产的本源推动力，因此必须保证其持续性。

布莱希特可谓利用插曲《幼象或每个看法的可被证实性》（*Das Elefantenkalb oder Die Beweisbarkeit jeglicher Behauptung*）添加了另一层面，四个莽汉——现在也包括假扮吉普的盖里·盖伊——上演他们的荒唐戏剧，这本身便是戏中戏——面对戏剧中的观众（剧中那些普通的士兵），也面对真实的观众。盖里·盖伊扮演（假的）幼象，杀死了自己的母亲，而母亲以杰西·马奥尼（Jesse Mahoney）的形象出现，波利·贝克（Polly Baker）扮演的香蕉树是法官，尤利亚·雪莱（Uria Shelley）[①]扮演的月亮是起诉人。其他的细节不再赘述。重要的是，波利将这般假象，即一切都是虚假、不真实、浸透了谎言的事物，胡吹为真正的戏剧。其混乱的论证影射了布莱希特在《图伊小说》中嘲笑的逻辑经验主义及其思维游戏。或者用卡尔·瓦伦丁的话来说："没有镜片的眼镜好过没有眼镜"，《人就是人》中波利的眼镜也没有镜片，尤利亚回答道："总比什么都没有好。"这也是对前文话语的间接引用。

布莱希特深挖民族戏剧的百宝箱，笔下的戏剧并非严肃的讽刺剧，而是最佳的荒诞剧（当时还没有这一剧种）。这一点波利的大放厥词也可以证实，他鼓吹自己的戏剧演员是世上最好的："大家请求，此处不要射杀钢琴师，他展现了自己的最好水平。如果谁没有立即理解剧情，不需要绞尽脑汁，剧情是不可理解的。如果您只想

---

① 他们三人是《人就是人》中让盖里·盖伊顶替吉普的三名英国士兵。

看些有意义的东西，那您可以去小便池。"此处，并非一定要联想弗朗索瓦·特吕弗（François Truffaut）1960 年的电影《射杀钢琴师》（*Tirez sur Le pianiste*）才能猜出这意想不到的关联；毕竟，无意义被解释出了意义，对此也无需反复思考。布莱希特以后的文章或剧作中——例如《屠宰场的圣约翰娜》——用讽刺挖苦的表述所表现的，此处已经提前出现。1920 年代上半，布莱希特已经发现了当时福特主义（Fordismus）市场法则的荒诞和费解，并为此找到了舞台上新的表现手法，能在预示未来的同时带来娱乐效果。

卡斯帕尔·内尔为达姆斯达特的首演发明了半高的帷幕，后称"布莱希特帷幕（Brecht-Gardine）"，但事实上应该是"内尔帷幕"，并借此对舞台进行了革新。剧中，布莱希特——至少通过（歌）台词——也现身，宣扬自己是未来德国舞台的品牌："贝托尔特·布莱希特先生断言：人就是人。/ 这点尽人皆知，都会宣称。/……人们接近他 / 持续、不知厌倦地要求他 / 放走自己的那条鱼。"布莱希特将自己塑造成时代的发言人，彻底打破了习惯上的戏剧传统。凭借《丛林》和《人就是人》，布莱希特和内尔为文学带来了新的现代标志。《人就是人》中，流水线上异化的工作被直接投射到人身上：人可以——像汽车一样——随意组装或者改装，他不再是不可分割的个体，而是可分割的个体。布氏剧作的图景——同日后教育剧（Lehrstück）①中的小丑场景一样——虽然露骨（这在审美上极具效果），但是也诙谐幽默，而且同私下谣传的布尔什维主义毫无关系，却很可能与批判正在兴起的纳粹主义相关，纳粹为一体化和不假思索效忠一党专制的民族同盟者树起了旗帜。

此处还能引出布莱希特与托马斯·曼的其他分歧，分歧的内容

① 教育剧是"教育"与"戏剧"的交集，是将戏剧方法与戏剧元素应用在教学或社会文化活动中，即通过想象与扮演的方式有意识地再现并传递善的人类经验的社会活动。

仍是布尔什维主义的题材以及"灵魂性（Seelisch）"。"灵魂性"是个体主义的一部分，曼十分珍视，即使在大众化和科技化的威胁下仍不愿放弃。1926年，在两人（公开）争论达到高潮时，布莱希特记录道："我遴选出曼，因为在那些虚伪、自负、无用书籍的布尔乔亚制造者中，他是最成功的类型。"布莱希特知晓，如果曼回应挑战，曼的伟大也可以衬托其对手的伟大。而托马斯·曼恰恰给这位年轻的挑衅者提供了这样的帮助。1926年8月，克劳斯·曼在《UHU》杂志发表了题为《新家长》（Die neuen Eltern）的文章，同时还有托马斯·曼同威廉·伊曼努尔·聚斯金德（Wilhelm Emanuel Süskind）谈话的札记。聚斯金德是文学评论家、新闻工作者和帕特里克·聚斯金德（Patrick Süskind）①的父亲，克劳斯和埃里卡·曼（Erika Mann）青年时代的朋友，以这样的身份，自然尽力调停。聚斯金德向托马斯·曼断言，两代人之间的分歧已经渐渐消减，弑父的一代（参见有关布隆内的一节）已经过去；相反，托马斯·曼用"准确的声调"阐明，如今的时代，"与活力相比，更重要的是秀美"。

无论曼对何事表示反对，应该是布尔什维主义挑起了争端，因为布尔什维主义憎恨一切"灵魂性"，而这对曼来说是最重要的。布莱希特在《日记》（Das Tage-Buch，1926年8月）中立即予以回复，而且用的是巴伐利亚方言和自负狂妄的口气。他威胁"新孩子"，如果他们"要成为安静、精致的人……像爹爹们一样（他们的房子里，一言以蔽之，都是些醉汉）"，就是"为有争议的弑父之罪又添加了毫无争议的杀子之名。不过是为了保持年轻"。

布莱希特写在这篇论战性文章前的箴言也别有用心，而且是断章取义。聚斯金德在谈话开始时便说："我们并非单独交谈，克劳斯

---

① 德国当代著名作家，著有畅销书《香水——一个杀手的故事》等。

·曼也在。"这是为了表明克劳斯·曼是这场对话的听众。但单独来看，也可能有这样的意义：需要克劳斯·曼的（良好）才智，以便父亲不会胡言乱语。"我只谈论自己"，这是布莱希特文章的另一箴言，托马斯·曼在同聚斯金德的谈话中也说过这句话，用以暗示他不会使用别人的观点，只从自己的经验出发谈论问题。但如果望文生义，这句话的意思也可以是托马斯·曼只谈论自己，对别人不感兴趣。

托马斯·曼不会逆来顺受，在《柏林日报》（*Berliner Tagblatt*，1926 年 10 月）中予以回应：自己在"谈话中明显言辞不慎……布莱希特太过警觉，不让他写讽刺文学太难为他了"。曼还修改了几处论点，但仍不十分高明。此外，对于布尔什维主义者仇恨灵魂与情感的观点，他没有改变意见，而且还提到了瑞内·弗勒普–穆勒（René-Fülöp-Müller）。穆勒 1926 年曾出版《布尔什维主义的精神与脸面——苏维埃俄国文化生活的展示与批判》（*Geist und Gesicht des Bolschewismus. Darstellung und Kritik des Kuturellen Lebens in Sowjet-Russland*），定会对此事有所了解。如果借用布莱希特的美食用语，这件事对他来说真是"酒到渠成"[①]。因为托马斯·曼不仅赞同他有警觉性，而且承认自己在谈话中用词不当，这样间接帮布莱希特证实了托马斯·曼的避世性格；原因是曼的传世金句显然都以书面的形式存在于他家孤独的写字台上，而绝非面对媒体时。布莱希特在回应中直言不讳地嘲讽道："在《柏林日报》中，托马斯·曼探讨了我在《日记》中一些随性的评论，并强调，他在《UHU》中所说的话，其实并没有说，但是确实是那个意思。"

在同样关于两代人差异和冲突的文章《父子与 UHU》（*Wenn*

---

① 原文为"Cognac auf seine Mühle"，这一文字游戏借用了德文短语"Wasser auf j-s Mühle"，表示对某人有利，符合某人意图。

der Vater mit dem Sohne mit dem Uhu）中，布莱希特将这一时期已经遭到遗忘的小说家弗里德里希·施皮尔哈根（Friedrich Spielhagen，1829~1911）称作"托马斯的父亲"，认为他对于年青一代——托马斯·曼的一代——而言是革命者，布氏借以又为弑父和杀子的辩论开辟了新的战场。布氏为何单单选择了施皮尔哈根，可能在于施皮尔哈根与曼的小说篇幅都超过了常规水平［托马斯·曼的发行商萨穆埃尔·费舍尔（Samuel Fischer）曾要求删减《布登勃洛克一家》的长度，所幸作者没有采纳］，而且施皮尔哈根同曼一样，因其自由主义态度而闻名，这样的态度对布莱希特来说过于冷淡。对此，托马斯·曼公开回应，这次是在《柏林日报》（25万份发行量），也有利于提高布莱希特的知名度："我无法控制布莱希特，因为我从未读过施皮尔哈根的哪怕一行文字，原因很简单，因为那个时代的散文对我来说完全无法阅读，虽然当今的青年也无法阅读《托尼奥·克勒格尔》（Tonio Kröger）或者《魔山》，但我认为，仍没有达到当时那样的程度。"

指控当今的青年人没有能力阅读这些书籍，理解自然更谈不上，这显然是一种目标明确的侮辱。不禁要问，曼是否自身有些许不情愿同那些从根本上无法阅读的古人分离开来。无论如何，布莱希特关于曼最尖刻的言论都没有出版，但1926年10月10日《柏林日报》中的文章《陌生人》（Die Unbekannten）间接作了回应："托马斯·曼对我说，他没有读过施皮尔哈根。但我却读过托马斯·曼。我认为，如果托马斯·曼读过施皮尔哈根的作品，他会反对施皮尔哈根的风格，或许还会（因为施皮尔哈根同他相比较是个革命者）反对托马斯·曼，我反对印刷曼的（以及其他一些）书籍。……我坦然承认，为了阻止某些书籍的出版，我简直愿意牺牲金钱。"

我八只鞋都深陷在《资本论》里

我现在必须精确地了解

马克思：市场法则无法理解

1926 年是所谓布莱希特"投身马克思主义"的一年。同一时期，布莱希特正为《芝加哥的乔·弗莱施哈克》(*Jae Fleischhacker in Chikago*，简称《乔·弗莱施哈克》) 搜集资料，"人类迁居大城市"是布莱希特跨体裁的综合计划，戏剧以这一背景下的新兴资本主义为主题。据伊丽莎白·霍普特曼记载，布莱希特和她搜寻了专业文献，拜访了专家，例如在维也纳的经济学家奥古斯特·森格尔博士 (Dr.August Singer)，而且布莱希特开始阅读国民经济学。根据霍普特曼 1926 年 10 月的日记记录，这些内容的阅读量在不断增加，日记中写道："《人就是人》首演之后，布莱希特搞到了关于社会主义和马克思主义的论文，并命人做出列表，哪些基础文献应该首先研习。不久之后，他从旅途中写来信件：'我八只鞋都深陷在《资本论》里，我现在必须精确地了解。'"布莱希特对马克思产生兴趣恰恰是因为《人就是人》，显然还有首演引起的反响，这并非偶然；因为该剧关注当下的经济状况，而且最迟从此以后，布莱希特被看作——虽然他本人对此知之甚少——一名共产主义者。可想而知，布氏希望尽可能多地了解他所处的社会现实。

当追述布莱希特生平时，也证实了这一说法。他 1926 年开始研读马克思主义，(最迟 1927 年) 成为一名马克思主义者，自己早已是"一位知名作家"，"写作了四部戏剧和一部歌剧"，但对"政治常识"却一无所知。一次"工作意外"竟起了推动作用，布莱希特因"某一特定戏剧……需要以小麦贸易为背景"，因而必须了解相关知识："无论是几个著名的经济学作家还是商人，还有一位毕生在

/ *152*

芝加哥交易所工作的经纪人（森格尔）——我从柏林到维也纳拜访他，都没有能给我充分解释小麦交易的过程。我感觉这些程序简直是无法解释的，即从理性的角度无法理解，因而便是非理性的。粮食在世界上如何分布，也完全不可捉摸。……写作戏剧的计划无法付诸实践，作为替代，我开始读马克思……"由于这一联系，布莱希特确实谈及了"研习马克思主义"。

以上记录是布莱希特投身马克思主义的主要论据，它写于1935年在莫斯科举行的面向工人的布莱希特作品朗诵会。显而易见，布莱希特希望以坚定的、经受考验的马克思主义者身份出现。但如果对列举的数据进行核实，便会出现疑点。布氏已经写过四部戏剧（这又是哪些呢）和一部歌剧，早已是一位知名作家，这即便不在1929年，最早也在1928年下半，因为歌剧只可能指《三毛钱歌剧》。而计划中的小麦剧目应指未完成的《芝加哥的乔·弗莱施哈克》，对此布莱希特1924~1926年进行了断断续续的零星写作。这意味着，论据本身就使1926年在年份上出现了疑点。最初为《屠宰场的圣约翰娜》设定的背景也是小麦交易，如果将计划中的戏剧理解为《圣约翰娜》，事情也没有明朗；如果这样，布莱希特的马克思主义研习最早则开始于1929年，同霍普特曼的记录相矛盾。因此，对于1935年的文章，结论只能是：由于陈述数据的不准确甚至错误，本文不过是程式化地表示友好，不具证明力。

布莱希特1920年代晚期的其他言论也支持这一结论，它们多数都没有提及马克思（只出现3次）。1926年春夏之交，《布莱希特全集》（GBA）为《人就是人》筹划序言，再一次明确地同所谓的布尔什维主义戏剧扯上关系。布莱希特写道：他刚刚读了列宁的《国家与革命》（*Staat und Revolution*），然后是《资本论》，就此明白，"我，哲学上，立足何处"。"我不想说，我**反对**这些书籍，这似乎大错特错。我只是认为，在这样的矛盾境地里，我安适如常。

这里矛盾激烈，这已经是一种观点，以我之见，艺术在这一（十分珍贵的）过渡时期不允许承受更多。"这一记录又使阅读《资本论》的日期存疑，因为它意味着事情在1925年或者1926年初已经发生，而且之前已经阅读了列宁的作品。接触过马克思主义著作并不能说明造成了世界观的更迭，相反，布莱希特对这两本书抱观望态度。与常规的标点规则不同（布莱希特本来也偏爱不遵守此类规则），布莱希特在"哲学上"前后都加了逗号，另外，《资本论》使用了斜体书写，说明这里并非指其根本原理，而是一些调查和研究，它们卓有成效，而且对过渡时期十分有利。马克思主义此时是作为资本主义的对立面，布莱希特在1930~1931年仍希望，资本主义能通过极端的——在布氏看来革命性的——革新自行走向终结。

　　布莱希特在关于本恩的一篇文章里（1929年前后）也附带提及了马克思，除此之外，大约写于1928年的摘记也可能较为重要，根据摘记内容，在阅读《资本论》之后，布氏重新理解了自己的戏剧：马克思是"本人剧作的唯一观众"。其原因在于，对于马克思的洞察力，布氏的剧作可以作为观念形成的原材料，最终他还补充道："我所有的观点同我所有的金钱一样寡薄，对观点，我的态度同我对金钱的态度一致：人拥有它们是为了散播出去，而非持有。"此处清晰可见，布莱希特是在嘲弄"观点"（就像嘲弄意见与世界观），因此，整篇摘记无非是另一个典型的布氏幽默。

　　霍普特曼的手记自然不容怀疑，但它的重要性却有待推敲。单1926年7月的笔记便已说明，布莱希特在10月份对国民经济颇感兴趣，如今又对社会主义、马克思主义和马克思本人兴致勃勃，原因是要为《人就是人》创作续篇，而且以资本主义投机交易为背景。布莱希特首要的兴趣点在于资本主义市场以及对市场的批判，而并非一个社会主义解决方案。1925年8月，弟弟瓦尔特前往美国拜访亲戚，布莱希特当时只知晓弗兰克·诺里斯（Frank Norris）关于小麦投机的几部小说，因而请求瓦尔特："一个小愿望，你可不可以买所有能弄到的关于小麦交易、小麦投机的书（英语的）；长篇小说（诺里斯的除外）、戏剧、短篇小说、小品文章、科普类作品。这将对我目前正在写作的一部戏剧十分有帮助。我觉得，你必须委托一个图书商，或者在纽约通过有相关知识的人在图书馆打听，然后再买确定下来的东西（当然算我账上）。"

在《芝加哥的乔·弗莱施哈克》以及剧中其他零散片段中，布莱希特塑造了一名垄断购买商（Corner），从事行情涨落的投机，但这只在生活必需品领域（小麦、煤、油、天然气）才有可能成功。剧作的经济情节全面记录了垄断购买的过程，布莱希特也在《屠宰场的圣约翰娜》的商品交换中套用了同样的模式，但从资本主义角度看，莫勒（Mauler）选择肉类进行垄断购买是本剧的一个失误，因为消费者在困顿中可以放弃食用肉类，例如1980年（亨特兄弟）对于银的卖方垄断就失败了（必定会失败），因为面对高昂的价格，已无人问津。因此后果是售价猛跌，投机者破产。肉制品对布莱希特来说是收益的隐喻，以这种方式，布氏可谓"真实"地展示了交易市场上残酷的血腥图像。交易所本身不会展示这些图像，而且正因为保持了这样的假象，好似一切才都显得顺理成章（如今依旧如此，但几乎每天都受到反驳）。

垄断投机购买于19世纪末在美国出现，但由于一些原因而不为人所了解。文学上，弗兰克·诺里斯首先在其长篇小说《深渊》（*The Pit*，1903）中进行了相关描写，也为布莱希特剧中的经济情节构建了最重要的基础。主人公杰德温（Jadwin）是一个小经纪人，经人游说他同意在芝加哥交易所进行小麦投机。同莫勒一样，杰德温同华尔街的总部有联系，总部追踪市场动态，因而知道应该如何进行相应的投资。故事的出发点是小麦市场行情萧条，市场上小麦产品数量增多，因此价格相应下降。在对小麦没有需求的情况下，杰德温持续购买小麦，因而有人继续向市场投放小麦，小麦价格逐渐降至谷底，再无人对小麦有购入兴趣（不再有小麦购买契约），这一时期垄断购买的投机者必须清楚地认出，此时他需要即速买入。这样看起来似乎十分荒唐，但投机者以最低的价格买入了市场上所有的小麦，将它们置于角落（Corner）。顿时市场产品量放空，需求出现。由于投机者掌握了所有的商品，可以随意向市场供货，他只卖出部分商品，而且可以随意决定价格。同时，投机者必须注意，这样的手段需要保持市场的支付能力。如果他过度刺激市场——例如布莱希特的《屠宰场的圣约翰娜》，整个市场就会崩溃，就像1929年10月席卷全球的经济危机，布莱希特创作本剧时已经清楚地认清了它的严重后果。

所有生活必需的食品都是私人财产，它的存在必须找到可以实现其交换价值的买家。并非短缺，而是盈余，造成人们失业，失去房屋，挨饿，甚至死去。在堆满的粮仓旁有人饿死；而销毁食品则意味着破坏价格。这样的现象如今在海地或者多米尼加共和国仍然可以看到。当海地的人民在忍饥挨饿，同一个岛屿上的邻国，游人却纵情嬉闹玩乐，这也是《圣约翰娜》的主题之一。

诺里斯的主人公杰德温最终被挤垮，因为他没有想到，风调雨顺的气候在这一年赠予人们第二次小麦丰收。这时，杰德温坐在他毫无价值的粮食上，万念俱灰。诺里斯在一场激烈的交易战中津津有味地描写了杰德温的失败，而且绝不亚于《荷马史诗》中对战争场面的再现。诺里斯第一次为——完全看不见的——过程找到了合适的图景，他让仅仅可能存在的小麦在交易大厅掀起巨浪，在堆积如山的小麦下，杰德温像赫克托耳（Hektor）[①]的尸体一样，被拖过交易所。

---

① 荷马史诗《伊利亚特》中的凡人英雄，特洛伊的统帅，他在同阿喀琉斯的决斗中死去，尸体被绑在战车后拖回到希腊军营。

垄断购买只是投机的一种不常见方式，它不再区分常见的熊市投机者和牛市投机者，两者是布莱希特在《芝加哥的乔·弗莱施哈克》中已经熟练使用的术语。熊市投机者在经济低落时赢利，他们（似乎只）服从客观的市场状况。价格高时，他们卖出，同时压低价格；此时大量买入价格较低的商品，然后以较高的价格卖出，随后再压低价格，如此循环往复。赢利主要在于商品价格高低之间的差额。如果价格持续走低，"熊"就会退出市场。而"牛"指行情上升的投机者，他们主要通过人为抬高价格赚取利润，从而使高额的价格超过商品本身的价值。牛市投机者原则上会导致他人的损失或破产，他们比熊市投机者更具攻击性。

面对挑战，需要用（诗性）语言表达现行的市场法则，布氏对新发现的马克思主义感兴趣，并非将其作为一种意识形态。对待阶级斗争，他采用了反讽的手法，这也反映了布氏对马克思主义的立场。同托马斯·曼的分歧已经说明，1920 年代布氏断言，曼同里尔克、格奥尔格和韦费尔（Werfel）都是没落的布尔乔亚的代表人物，"只追求纯美学价值，本身就带有太多阶级斗争的趋势"。布莱希特笔下的"马克思主义者"，如果不将"这三人的文学作品视作阶级斗争的宣言"，绝对无法理解它们。"本性自然的人，他们纯净双目中羊群的影像有很大价值，宛如享受沉浸自己音色中的歌手在歌唱。"布莱希特戏谑地假定，为艺术而艺术，可以再造早已丧失的自然和安居于此的人，只要艺术能够消除社会与人性的异化，这也是阶级斗争的因素。但布氏还申明，这并非自然；而是有关羊群的主人，或者"那些由于内心的过度忙碌而放弃羊群的人"。

以上是说给诗歌大赛 400 名投稿者的话。1927 年 2 月，《文学世界》（Literarische Welt）举办了本次比赛，并邀请布莱希特担任评委。这也说明，我们的青年作家已经在当代文学界站稳脚跟，而且不仅作为一名戏剧家，同时也作为一名诗人。投稿者提交了"近

500 首诗", 但既不美也无用。他们都是布尔乔亚的后裔，还从来无法"应对任何现实"，即使"受到有益的嘲笑……也无法从他们的感伤、虚伪和遁世中，或者从上文提到的那几位榜样人物的影响下"被解救出来："他们又是那群内向、精细、耽于幻想的人，是生命殆尽的布尔乔亚多愁善感的一撮，我不想同他们有任何关系！"除此之外：即使布莱希特使用马克思主义的词汇，主要还是指现实主义，他虚构的马克思主义者体验阶级斗争之所，以当时对共产主义的理解，是斗争绝不曾发生也绝不会发生之地：布尔乔亚的诗歌中。布莱希特享有单独决定权，恰如耶林之于 1922 年的克莱斯特文学奖，布氏没有把奖项授予任何一名投稿人，而是颁给了拍摄于施比谢恩街的工作照中百无聊赖坐在一旁的汉内斯·曲佩尔，曲佩尔写了一首关于自行车手迈克·纳马拉（Mac Namara）的诗《嘿！嘿！铁人！》（*He! He! The Iron Man!*）。受到布莱希特的挑衅，比赛的结果自然在市民媒体界掀起了轩然大波。

拭去痕迹！
现实：谈论

根据 1950~1970 年传统上对布莱希特的理解，1926~1930 年是布氏的"肤浅马克思主义"时期，他尚未完全理解马克思主义的基本知识，同时对新客观主义的立场也发生了摇摆。诗集《城市居民读本》（*Aus dem Lesebuch für Städtbewohner*，1930）给自私、冰冷和非人性的行为下了最后通牒，可想而知，这部诗集可以理解为，甚至假设为，布莱希特自身不安全感的体现——虽然他在城市中居住的时间不长。布氏在诗作中否认了人的个体性，甚至批判了对个体的扼杀 [参见 1930 年的《措施》（*Die Maßnahme*）]。以

《城市居民读本》的第一首诗歌为例，一切都了然纸上。它创作于
1926 年，但在这部诗集中才首次出版，而其他诗作都曾分别在报纸
上发表过。

> 在火车站与你的同伴告别
> 扣紧夹克上每个纽扣，清晨你走入这座城市
> 为自己找个寄居之所，当你的同伴在门边叩响：
> 不要，不要开门
> 而是
> 拭去痕迹！

> 如果在汉堡或者其他城市遇到父母
> 陌生地从他们身旁走过，折入街角，不要相认
> 那顶他们赠你的礼帽，拉低它盖住脸庞
> 不要，不要露出你的脸
> 而是
> 拭去痕迹！

> ……

> 忧心，如果你想到死亡
> 不会立有墓碑，透露你的安息之所
> 而是用清晰的文字告发你
> 用死去的年份证明你有罪
> 再一次：
> 拭去痕迹！

一名无名的抒情主体在对"你"说话。这可能是面向读者，给予其建议或者大城市的生活指南。"你"也可能是不同虚构的场景中无名的城市居民，或者某一个不确定的人。但可以确定，诗歌以一种交流结构为基础，其中一方同另一方交谈，执意劝说其有必要打破以往的人道主义习俗。如果猜测抒情主体是作者本身，他建议否认父母，行为无情而自私，可以因此推断作者对大城市生活的设想是完全非人性的，这样的想法要求人们放弃任何道德的考量，接受客观境况。

但这样的结论是错误的，因为诗歌还没有结束，它还有作为单独一节的结束句，本句否认了前文中的交谈局面："我被如是告知。"这一句说明：读者读错了。开始似乎是抒情主体——即使总在——提出要求，那么最后一句说明，抒情主体事实上才是交谈对象"你"，他从某人处得到建议，虽然这些要求对"我"来说具有很强的约束力，但被动态的使用表明，建议提出者完全陌生或者无名。

诗歌最后一句重新定义了说话者和聆听者的关系，因此，真实的读者必须第二次阅读诗歌，以便可以正确地认知新的对话局面。这些行为指南的约束力也出现了改变，它不再是说话者观点的再现，而可能是来自更高层次的无名者。在《城市居民读本》中，随后的几首诗歌（直至第七首）都在最终节否认了前文构建的对话局面："你曾听到有人说"，"我们如此同父辈说"，"我曾听一女子如是说"，等等。读者因此至少要阅读诗歌两次，而诗歌原文的文本部分成了引言，引言并非重复抒情主体的观点，而是转述大城市的生活经验，显然熟知大城市生活之人形成了此类经验，并认为它们对此处的生存不可或缺。

诗集结尾的第十首诗再次否定了前文中的对话局面，而且这次否定的是整部诗集：

如果我同你交谈

冰冷而宽泛

用最干枯的辞藻

也不看你

（我装作没有辨认出你

面对你的特性和困苦）

但我只是

如同现实本身在言语

（现实冷静，不会被你的特性收买

已厌烦你的困苦）

你看似对此还没有认清。

如果有人认为前文诗歌中是人类的声音在提出建议，告诉人们在冰冷无名的大城市中如何能坚持下去，那么现在他才了解，抒情主体此处让现实本身说话，这意味着读者必须再次阅读（或者聆听）所有的诗歌，才能锁定真实的说话者。唱片仅播放一次还远远不够，或者可以说：布莱希特的这部诗集是为唱片所设计的，而且将唱片这一媒介写入诗歌中，并因此精巧地实现了"新技术的应用"（而非"技术化"），而且恰恰是在最不适宜的体裁中：诗歌。

当然，现实不会自己说话；这里使用了一种语言上的隐喻，它不再要求代表某种意见或观点，而是通过抒情主体协助，使得现实——更确切地说——可以用自己的语言说话。第一节表明，现实似乎不再能辨认出任何个体性（特性与困苦），在第二节中，反而是城市居民不愿承认现实——这可能有双重意义。要么城市居民对认清现实没有兴趣，要么他不愿承认已经认清了现实，只是表现的像没有认清一样。城市居民在既定状况中痛苦不堪，却不愿认清自己的悲哀，因此弊端缺欠得以保留，得以持续。1933 年初，纳粹就利用《城市居民读本》中列举的非人性手段，合法攫取了政权。

布莱希特的诗学中，现实自己说话的隐喻，意味着布氏从艺术中消隐，那些在他自身之外、在社会及其关系之中可遇可及的，才是他作品的主题。在这一点上，布氏同托马斯·曼有云泥之别，借用弗里德里希·施莱格尔（Friedrich Schlegel）的说法，托马斯·曼把那些"完全背弃自己的艺术家"称为"无用的奴才"。而布莱希特则相反，使自己和《城市居民读本》的抒情主体都成为时代的媒介，通过他们现实可以畅所欲言，如果按照托马斯·曼的观点，布莱希特便成了"无用的奴才"［奴才（Knecht）还同布莱希特（Brecht）押韵］。这也解释了当发生重大社会变迁时，布氏作品和语言的不断变化。作为青少年，布氏（如前文所述，巧妙地）参与到一战最初的喧闹中；当他发现了社会和人民在战后的病态，他写出了《巴尔》；当看到众人期待中的政治变革迟迟未至，他创作了第一部政治剧《夜半鼓声》；在《人就是人》中，他又以社会与个人的关系为主题。

"生命访谈"，将科技媒介融入诗歌，或者游戏式地对待自身品牌（纯属虚构，完全没有将自身带入其中），这些新的体裁，只有同市民阶层的艺术理念彻底决裂才有可能实现。艺术作品面向现实之门被打开了，它将经受长久的变革，后果也永无止境。符合时代要求的艺术作品，不仅可以通过媒介传播，而且必须成为商品。面对现实，艺术家既无法建立媒介机构（电台、电影、剧院、唱片），也无法支配它们，同时还要面对艺术必须使用这些媒介的迫切性，布莱希特在两者之间构建了无法消除的纽带。如若错误理解这一事实，必然会错误理解布莱希特独特的美学，它完成了贺拉斯的"我立了一座纪念碑，它比青铜更坚牢"①，即艺术品比青铜更坚固，将

---

① 原文为拉丁文：Exegi monumentum aere perennius.

会永恒，而且面对变革和历史进程，它们不断给予艺术新的定义，但又不断对其形成挑战。

我或许是您的同伴
但我绝非您的戏剧顾问
布莱希特—皮斯卡托尔：叙事剧之争

埃尔文·皮斯卡托尔（Erwin Piscator）是柏林人民舞台的首席导演，自1924年起，他提出的戏剧革新在公众中影响广泛，但布莱希特此时显然对此几乎并不知情——至少没有现有的证据能证明相反的结论。皮斯卡托尔不仅借技术革新宣称自己创立了"记录型戏剧（dokumentarisches Theater）"，而且他的"叙事剧（episches Theater）"也引领了早应开始的戏剧革命。最晚在其执导阿尔冯斯·帕奎特的《旗帜》（*Fahnen*，1924）时，皮斯卡托尔便力争使这一戏剧革新归自己所有，并断言：他曾有机会"发展一种导演方式，这种方式几年之后才被另一方（指布莱希特）所公布"。他还追溯阿尔弗雷德·德布林（Alfred Döblin）的话，德布林——但1929年才——提出的标语口号是："脱离书本，却看不到如今叙事文学作家清晰的出路，因为这条路通往一个——新的舞台。"皮斯卡托尔五年之前就提早上演了这一场景。

巴奎特的戏剧副标题为《一部叙事戏剧》（*Ein episches Drama*），这充分表示，作者将1880年芝加哥的无政府主义者起义，并非作为戏剧剧情，而是作为连环画场景处理，因而"停留在小说与戏剧的中间阶段"。皮斯卡托尔强调，这绝非过失，巴奎特才应该是第一位"踏入小说与戏剧的中间地带"的人。剧中对于工人领袖的背叛和行刑，相比采用令人感同身受的剧情表演，更多地通过叙事（以及相应地添加插图）的方式加以展现。莱奥·拉尼阿（Leo Lania）将其评价为一部"戏剧小说"。皮斯卡托尔嗣后进一步阐述道，通过排演这部"观赏剧（Schau-stück）"，"教育剧"应运而生（此处他也早于布莱希特多年占用了这一概念）。但皮斯卡托尔对这一术语的理解同布氏迥异，他的"教育剧"指宽大的投影屏、开场白中对剧中主要人物的性格刻画以及说明文字的投影，即铺张使用现代科技，在巴奎特《海啸》（*Sturmflut*）的演出中，舞台背景完全由电影替代，放映俄国革命中的宏大场面。所有这些皆被媒体和观众追捧为"柏林的舞台盛事"。

当皮斯卡托尔同人民舞台的所有人出现分歧时，布莱希特才在"政治剧"事件上引起人们的注意。正值埃姆·韦尔克（Ehm Welk）的《圣地风暴》（*Gewitter über Gottland*）1927 年 3 月 27 日首演之际，人民舞台的理事会突然认为，他们的首席导演呈现的并非"纯正的艺术"，而只有"纯粹的倾向性"。埃姆·韦尔克来自西波美拉尼亚地区（Vorpommern），如今被誉为故土作家（Heimatschriftsteller）①，《圣地风暴》"由于其艺术价值"而被购得演出权，但在皮斯卡托尔执导后，经历了"带有政治倾向的改编和扩充，而且缺少内在关联性"。并且"作品中分化出的单一政治宣传"显然未经理事会的"知晓和同意"。

布莱希特利用这一时机，公开表达了对同时期戏剧的批判。在 1927 年 3 月 31 日的《柏林交易所信使报》中，布氏公开谴责"纯正的艺术"是"懒汉和愚人"的美学，其代表人物由于占有生产资料，而且具有明确的倾向性，"倾向于愚民、压制思想、令青年人变得浅薄"，因此组成了"强大的政党"。皮斯卡托尔执导的演出成为这般"艺术强权意志的见证"，因为演出受到了"倾向性"的干扰，

---

① 故土作家的作品主要以方言文学为主。

这才是"领导人民舞台的先生们"唯一应该"扫地出门"的。

再一次，布氏由于其激荡的感情和幽默而令人钦佩，这也显然甚合报社心意。布莱希特是这一时期炙手可热的作家，他还参与一些偶像类的调查，例如他会为什么笑，对嫉妒的看法如何，等等，而且其颇具性情的回答也具有很高的娱乐价值。在对同时代艺术事件的述评中，布氏也延续了这一风格。同时，除了肤浅而颇有局限性的赞扬外，布莱希特避免赞同皮斯卡托尔的创新属于政治性、革命性戏剧，原因不言自明。

因此，当皮斯卡托尔邀请布莱希特加入自己的剧院时，布莱希特选择同其保持距离。皮斯卡托尔剧院坐落于诺伦多尔夫广场（Nollcendorfplatz）旁，1927 年 9 月 3 日以恩斯特·托勒尔（Ernst Toller）的《喔唷，我们活着》（*Hoppla，wir leben!*）开幕。通过蒂拉·杜里奥克斯（Tilla Durieux）、约翰内斯·R.贝歇尔（Johannes R. Becher）、阿尔弗雷德·德布林、瓦尔特·梅林等人的介绍，皮斯卡托尔筹集了相应的资金，由于布莱希特曾帮助皮斯卡托尔反抗人民舞台的理事会，因此皮斯卡托尔视布氏为菲利克斯·加斯巴拉（Felix Gasbarra）之外的另一位战友，加斯巴拉已经被宣布为这一集体的领导者。1927 年 8 月，布莱希特致信皮斯卡托尔："我还没有准备好接受加斯巴拉在**文学**上的领导，也许在政治上可以。我或许是您的同伴，但我绝非您的戏剧顾问。"皮斯卡托尔自然不仅有政治规划，而且他追求的艺术服务于某一理念，按照他的理解，这一理念将"迫使人们重新审视所有的通用概念"。布莱希特拒绝之后附上了一则狂妄的意见："我向您建议，**您应该将剧院的文学特质转变为政治特质，建立一个'红色娱乐部（Roter Klub）'，并将剧院命名为 R.K.T.（红色俱乐部剧院，Rotes Klubtheater）**。起初俱乐部应利用剧院，对外仅用于实现政治目的，而且只接受上文中提到的人作为会员（当然还有耶林、格罗兹、施里希特尔、魏尔、施坦贝格等人）。但日后，而且越快越好，必须接纳观众加入。**俱乐部将能够确实起到政治作用，分发政治传单，等等。再然后，而且只有此时，才能在剧院召开集会。"**布莱希特为自己保留了剧团的"文学特质"，只是鼓励皮斯卡托尔或多或少从事一些丰富宣传工作的政治事业，而并非政治剧。

对皮斯卡托尔的革新，外界褒贬不一，但在布莱希特看来，其革新主要在于科技创新，例如将电影作为舞台背景，这些技术创新给舞台表演带来了政治内容，但并不一定能丰富其艺术性。对此，皮斯卡托尔日后（1929）这样表述，"我舞台的新形式，'技术化'，电影的引入，独立表演框架的形成等，如果没有对社会主义革命的信仰，这些是不可想象的"，但对布莱希特而言却并非如此。

电影和戏剧无法构建一个统一的美学整体，两者只可能是个矛盾体，互相干涉对方，并因此被迫展现自己的不足。电影必须停留在平面，虽然内容广泛，但只能显得美、具有装饰性，而且——在政治意义上——并不深刻（表现发展趋势）。而戏剧由于自身无法实现科技化，因而面对大量技术革新，结果只能呆板、不灵活、做作，与科技媒介相对比，只能记录自己（表面上的）落后性，此外，戏剧也没有考虑到受特定媒体制约的接受方式。如果有人想从电影中看到些什么，必须服从电影预先规定的感知模式，因此电影倾向于占据观众的感知力，所以会不断打扰观众的视线；如果为观众上演戏剧，他便能够相对自由，放飞想象力。从中得出的结论是：戏剧并非使用电影的艺术功能，而是将其作为媒介来传送政治内容。还要说明，布莱希特借此宣称《巴尔》，即1929年的"戏剧传记"，是他"对叙事剧"的第一次尝试，因此，从根本上对立的双方早已默然就位。

即使一再有传言认为布莱希特曾或多或少积极参与皮斯卡托尔团队的工作，但没有证据可以证明此事，而且即使是皮斯卡托尔的新剧院开幕，布莱希特也没有离开他心爱的奥格斯堡。布莱希特想将其改造为俱乐部的规划也只停留在想象中，据团队成员记载，皮斯卡托尔领导力充沛，使其他人都降格成了龙套角色，这也是皮斯卡托尔的剧团仅维持了一年的原因之一。面对如此缺乏合作的局面，布莱希特基本不可能加入其中。1927 年末，当皮斯卡托尔忙于《帅克》（*Schwejk*）的排练，布莱希特从奥尔登堡（Oldenburg）来信，对厄普顿·辛克莱（Upton Sinclair）诗作的翻译事宜表示拒绝，辛克莱的戏剧《唱歌的无赖》（*Singende Galgenvögel*）1928 年 3 月即将出版。同时，布莱希特表示两人最好只保持书信联系，并且在结束句说道："有些人总是在理论上作好了参与实际工作的准备，但实践中却声称，自己不关心理论（而且是他们自己的理论！），我希望，您不要把我归于此类。"这句话对正在进行的《帅克》只字不提，《帅克》在 1928 年 1 月 23 日的首演上大获成功，而且信件在上述引文之前也没有任何部分表示参与了《帅克》的工作，无论是文本还是排演。

时至今日，《帅克》仍然被看作皮斯卡托尔和布莱希特合作的商业作品。这又是为何呢？原因首先在于布莱希特。布莱希特在流亡美国期间准备自己的《帅克》剧本时，曾声称，他 1927 年曾为皮斯卡托尔（独自）创作了剧本，这是"从小说中析出的纯粹蒙太奇剪辑"（1943 年 6 月 24 日）。但这根本不可能，因为皮斯卡托尔在《帅克》的排演上同马克斯·布罗德（Max Brod）和汉斯·莱曼（Hans Reimann）订立了合同，由两人负责改编剧本。虽然这一版的改编证实了皮斯卡托尔"最糟糕的担心"，最终只不过是"伪滑稽的年轻军官笑剧"，但皮斯卡托尔仍只删减了最严重的鄙陋，并没有全盘否决。

据皮斯卡托尔回忆，负责修改的有莱奥·拉尼阿、菲利克斯·加斯巴拉、格奥尔格·格罗兹、布莱希特和他本人，但汉斯·莱曼也有参加。工作并没有在柏林展开，而是在新勃兰登堡（Neubrandenburg）附近的酒店里，大家还在愉快的氛围里慢跑、射击、跟随教练做体操等，这显然完全符合布莱希特对集体工作的设想。虽然皮斯卡托尔所回忆的好似布莱希特曾积极参与工作，但他的描述也不得不承认，布氏的参与只能算作旁观者。布氏驱车前来，几乎不在这里过夜，他"站在外面，透过开着的窗户，带着莫名的冷笑"，注视人们艰辛工作的狼狈，并且细致地对"弯道"高谈阔论，而且没有人知道他指的是什么［帅克行军前往布德维斯（Budweis）］。这听起来并不像在说布氏的工作卓有成效。

其他证据也不具备说服力。1928年演出现存的两部文本稿——其中的改编剧本只提到了马克斯·布罗德和汉斯·莱曼——出自1932~1936年，此时皮斯卡托尔尝试挖掘布莱希特对电影《帅克》的兴趣。两部稿本由不知名者打印在俄国纸张上，布莱希特还手书了出处按语：他在一部稿本上书写了著者名，其中也包括他的名字；在另一部上写了"为皮斯卡托尔剧院所作《帅克》"，好像剧本完全是由他一人改编。只有另一方——可能是皮斯卡托尔本人——将打字稿交予布莱希特，稿本也可能出现在布莱希特处以及他的遗物中，因此这排除了布氏是剧本著者的可能性，但不能排除他是合著者之一。由于1927~1928年演出的剧本手稿没有得到保存，所以也无从进行进一步的查证。但布莱希特支持皮斯卡托尔同人民舞台决裂，并参与皮斯卡托尔剧院《帅克》编排工作的推论是不可能成立的。

/ 166

问题是，皮斯卡托尔为何要在其1929年所著的《政治剧》（Das politische Theater）中如此费力地宣称布莱希特属于自己的剧团？为之不择手段，甚至不惜弄虚作假。事实是，尽管意义重大并取得了一些成功，但皮斯卡托尔"政治记录剧"的计划仍然搁浅了，原因并不是其艺术上和技术上的革新，而在于他的党派政治倾向——目标明确要促进共产主义宣传，戏剧手段也是服从这一目标："戏剧需要，属于戏剧之物。这便是戏剧的影响作用。只有这样它才能成为真正的宣传武器。"

对此，1929年皮斯卡托尔剧院第二次演出时表现得尤为清晰。此时，剧团创作的第一部戏剧——瓦尔特·梅林的《柏林商人》

（*Kaufmann von Berlin*）——惨遭上演失利。戏剧题目便已说明，它参照了莎士比亚的经典模式，只不过故事发生在柏林通货膨胀时期。戏剧的中心人物是一名东犹太人，借军火生意在通过膨胀期间发了大财，但最终这个骗子也被人所骗。"资本主义的赞同者，最终也因资本主义而走向灭亡。"戏剧要展现的是，剥削者，无论他出于何种种族或宗教，一方面（起先）是灾难性社会关系的"受益者"，之后也同样会因此被毁灭掉："我们在剧中只将社会的阶级问题提出以供讨论"，但对此，剧中无产者的戏份又过少。1929 年 9 月，这样的观点在政治上过于天真。所以，皮斯卡托尔因此腹背受敌也不足为奇：他一方面被骂作反犹分子，另一方面又被诬蔑为"犹太人的走狗"，最终还在德意志民族性上遭到质疑，只有预期要实现的政治上的匕首投枪作用无人提及。政治剧即使不能促进，也要宣传、宣称共产主义，这样的尝试全线溃败。

　　原因在于，皮斯卡托尔剧院只注重现时并因此终结了历史："（通过科技）整个人类开始了现时化。往昔意识形态（中世纪、巴洛克、毕德迈耶，甚至石器时代，它从例如火地群岛到我们的时代都鲜活地存留着）的残余，在极速消融。每个人的生活都被提升至 1930 年的高度。"但皮斯卡托尔借此塑造了一种客观的历史进程，一种历史进程客观的必要性，而这其实并不存在，因为图像同时在相互转化，其现时性只能在舞台上，而非在社会现实中兑现。

　　可以认为，皮斯卡托尔 1929 年著书立说也是出于这一原因：回顾以一切方法对戏剧进行的政治化改革，这在德国历史上从未出现过，而且只局限于那五年的时光，这是历史上（所谓的）黄金二十年代，这些年里，虽然受制于众多局限性，但毕竟使热衷政治的戏剧成为可能。为了强调这一重要意义，皮斯卡托尔必须同敌人划清界限，同时还要寻找志同道合者。同时他还要注意，尽管书中充溢了对共产主义的信仰，但仍不能不顾其艺术水准。

在这一背景下，布莱希特的"叙事剧"概念具有重要意义。"叙事剧"在《乔·弗莱施哈克》中首次出现（1924 年上半年），原因是，戏剧中所计划的经济素材不再适用于传统戏剧，如同布莱希特 1926 年 6 月以确信无疑的语气所表述的"我们如今的世界完全不再适于戏剧表现"，因此必须有新戏剧到来。1929 年，当皮斯卡托尔撰写他的图书时，布莱希特已经开始了实践叙事剧——《人就是人》，以及《马哈哥尼歌唱剧》、《三毛钱歌剧》和一些教育剧，教育剧虽然构成了新的戏剧类型，但仍属于叙事剧。其成功并非由于其政治性，更多是美学原因，或者，如果估计过高，要归功于娱乐工业接受叙事剧成为喜闻乐见的商品，并对其进行了覆盖全境的宣传；但也可能因此丧失了政治启蒙的目的。如果皮斯卡托尔将"叙事剧"写在了阿尔冯斯·帕奎特的《旗帜》上，即把日期预先填写到 1924 年，那么他便可以把这一戏剧形式的新美学写入他的政治剧，并因此赋予这些戏剧同布莱希特一样的品质，他甚至可以声称，早于布氏多年已经贯彻了 20 世纪最先锋的戏剧美学。

/ 168

但为此必须稍微弄虚作假。皮斯卡托尔的书在 1929 年版中宣称，帕奎特的戏剧是第一次坚定的尝试，"打破戏剧剧情的构架，在此处添加对故事经过的叙事"，为此他还装模作样地引用了莱奥·拉尼阿 1924 年 6 月 2 日在《维也纳工人报》（*Wiener Arbeiter-Zeitung*）上发表的文章。只是拉尼阿的文章在皮斯卡托尔的书中提前一页结束，而且没有标明出处，以至于皮斯卡托尔的其他论述都出自 1929 年，此时布莱希特的概念早已投放市场。另外，宣称《旗帜》的副标题为《一部叙事戏剧》（*Ein episches Drama*）也是皮斯卡托尔的杜撰。事实上，该剧的副标题是《一部戏剧小说》（*Ein dramatischer Roman*），这在文学史上也颇有传统，可以追溯至 18 世纪弗里德里希·特劳戈特·哈泽（Friedrich Traugott Hase）的

《古斯塔夫·阿尔德曼——一部戏剧小说》(*Gustav Aldermann. Ein dramatischer Roman*, 1779), 在这一事件中或许更可能与利翁·福伊希特万格的小说《托马斯·温特》(*Thomas Wendt*)有关, 这部 1920 年的小说标有同样的副标题。皮斯卡托尔坚决强调布莱希特参与了《帅克》的工作, 因为这可以使人认为布莱希特属于他的集体, 甚至隶属于他之下, 所以也就承认了皮斯卡托尔剧院在 1920 年代的领导地位。但这根本不可能。

尽管相互欣赏并偶有合作, 皮斯卡托尔和布莱希特之间的美学分歧还是巨大的。1928 年 9 月 19 日, 无产阶级革命作家联盟(Bund proletarisch-revolutionärer Schriftsteller, BPRS)成立, 皮斯卡托尔加入了联盟, 但布莱希特没有, 而且还蔑视这一组织的成员是 "无产阶级文学的占有人", 除了自己之外没有其他反对者, 还继续说道:"他们不过是市民阶层作家的敌人, 他们的代表大会(BPRS 成立大会)企图垄断整个无产者的市场——笔之于他们, 就像火柴之于克鲁格。" 瑞士人伊瓦·克鲁格(Yvar Kreuger)是欧洲整个火柴市场的垄断者。这些(垄断)占有人 "视 '他们的' 读者不过为买主"("只要无产者读书")。BPRS 不过是一家 "消费协会", "一个可憎的小型上层建筑, 市民风格和市民品味的装饰品"。同一时期, 布莱希特还赞扬了阿尔弗雷德·德布林, 因为他的文学作品 "能够表达世界的新景象……恰恰填补了如今马克思主义艺术观造就的漏洞!"

德布林反之也赞成布莱希特的观点, 他同样也疏远 BPRS, 并讥讽皮斯卡托尔及其同仁:"现在他们端坐于无产者的森林中, 怪声合唱着《国际歌》, 放弃了独立思考。人们还可以回忆皮斯卡托尔早年同样滑稽的场面。他(人民舞台)高尚的观众同样愚笨、古怪、无意识地坐在台下。但他, 作为一名无产阶级的同志, 一点一滴地继续构建布尔乔亚的艺术工具, 这是他所有的成绩。作为一位艺术家，他是一名市民，而谁如今以及今后很长时间又能不是呢？但观众们来了，鼓掌，他们忧虑，因为皮斯卡托尔偷偷将无产阶级学说混入了诗学，最终人们看透了他，将其丢入垃圾箱。"在1930 年，讽刺不可能更毒辣了，这也说明，在艺术家之间没有一座桥梁能跨越意识形态的鸿沟。但有一点十分明白：用皮斯卡托尔的共产主义无法进行艺术创作，当然更严重的是，也无法进行政治运动。

于奥格斯堡，阿维尼翁流亡的第五个月

格罗兹、施里希特尔、布莱希特：
艺术家们对时代的诊断，绝望

环顾布莱希特在造型艺术界的朋友，可以证实，布莱希特关心的是当代的社会关系，他不断寻找美学技法，能充分展现社会关系，并同时促进人们提高认识。格奥尔格·格罗兹和鲁道夫·施里希特尔各类的艺术作品都同布莱希特在主题上存在一致性，自1927 年起，几人对时事的看法也异曲同工，这也揭开了布氏作品和生活中不为人知的一面。布莱希特同这两位画家相交甚好；两人都曾为布莱希特绘制肖像画，都赏识布莱希特的文学作品——尽管如此，他们仍分别走上了完全不同的道路。但：这曾是他们最好的时光。

格罗兹曾有一幅素描作品，研究几乎一致认为它画在 1918 年，同布莱希特《死兵的传说》一样，以"kv"[①] 为主题。作品描绘了一个由 5 名医生组成的"军医委员会"，一名警察和一名护工，护工

/ 170

———————

① "Kriegsverwedungsfähig" 的缩写，入伍合格之意。

手中明显拿着一幅骨架的画像，另外一名医生用听诊器对其检查，并宣布"kv"。图画以《健康祈祷者》（*Die Gesundbeter*）为题，心理治疗师评价这幅画表现了精神创伤，也就是说，格罗兹必定对被征召入伍有过恐慌和畏惧。

格罗兹的画与布莱希特的诗有惊人的相似，这或许会引起猜测，即布莱希特是受到了格罗兹的启发。但这种猜测已被证实是站不住脚的。当布莱希特因内尔服兵役而写作《死兵的传说》时，格罗兹的画还尚不存在。格罗兹，本名格奥尔格·艾伦弗里德·格罗斯（Georg Ehrenfried Groß），1916年美国化了自己的名字，因为他也曾被迫参与战争大屠杀，因此开始对自己的国家感到厌烦，不愿再认同自己是这个国家的一员。战争中的经历给他带来了极大的精神创伤，必须被送往精神病院。他从未投身政治，对这个畸形、丑陋、令人作呕的世界只能回以愤怒。借用格罗兹自己的语言，他要在作品中表现"那个包围着我的如该死的小蚂蚁般忙碌的世界，表现它的可笑和荒诞"。

虽然格罗兹和布莱希特的作品不存在依存性，但它们的一致性也表明，两人笔下都展现了那个面目全非、扭曲而荒诞的时代，其原因在于，格罗兹和布莱希特都不用美化的或理想化的眼镜观察这个世界，两人作品之间存在一致性不应在他们身上探寻原因，而是这种一致性早已存在，并以不同的艺术手段得到了实践。

布莱希特结识格罗兹其人可能早在1926年或者1927年初。1927年10月初，布莱希特和鲁道夫·施里希特尔曾从奥格斯堡致信格罗兹，信件亲昵但又颇具讽刺诙谐，还附有两人手书的签名，因而必然以三人较长时间的友谊或者至少是相熟为前提。格罗兹收到了这封信，信件原文如下。

信徒贝托尔特斯·布莱希特与鲁道夫斯·施里希特尔致信教皇格奥尔格一世

教皇陛下：

我们阅读了你的各种教谕，给我辈带来了很多乐趣，同时也观看了教堂礼拜，以便不对您主教的通告囫囵吞枣，并特此代表广大信徒向你表达感谢。我们不能向您隐瞒，教廷的无政府天主教教派在正教教众中引发了形形色色的不快，我们同你一样，憎恨这些教区的成员，他们急躁、平庸而有缺陷，直呼你是蠢材和卡特里派①。为了帮助你，我们给你寄去了十分优美的新式小十四行诗，并向马克思祈祷，你膨胀的政治事业不会剥夺你的缪斯女神，能一如既往地享受纯正的艺术。

我们以使徒的谦恭亲吻你的拖鞋。

红衣主教

鲁道夫斯·施里希特尔

及

贝托尔特斯·布莱希特

于奥格斯堡，阿维尼翁②流亡的第五个月

格奥尔格·格罗兹1927年曾在法国逗留六个月（4~10月），先在马赛，

---

① 又称清洁派，是一个中世纪的基督教派别，兴盛于12~13世纪的西欧，被教皇宣布为异端。

② 位于法国普罗旺斯—阿尔卑斯—蓝色海岸大区。1309年罗马教皇克雷芒五世被法兰西国王腓力四世掳到阿维尼翁，是为阿维尼翁教廷。后在1378年，乌尔班六世和克雷芒七世分别在罗马和阿维尼翁聚集势力，造成天主教会大分裂（1378~1417）。百年战争中，法兰西支持阿维尼翁，英格兰和神圣罗马帝国支持罗马。

然后是卡西斯小镇（Cassis-sur-Mer）的蓝色海岸（Côte d'Azur），理由是在德国，他这种状况的艺术家已再无机会。格罗兹 1922 年前往俄国，经历了布尔什维主义专制和苏联完全腐化的经济，回国后于 1923 年退出了德国共产党（1919 年加入），以后再未参与党派政治。格罗兹对社民党的看法，表现在他的彩色素描《共和思想的胜利》（*Der Sieg des republikanischen Gedankens*）中，这部作品创作于 1925 年兴登堡 4 月 26 日当选德国总统之际。红毯上，诺斯克牵着兴登堡的手臂（"受到诺斯克的欢迎"），艾伯特从背后扶着他（"受到艾伯特的呼唤"），两人引领身着军装、手持拐杖的垂垂老矣的兴登堡走向总统席位，保罗·勒伯（Paul Löbe）立于一侧，向兴登堡深深鞠躬，并将其引向那把扶手椅（"受到勒伯的迎接"）。将本次选举记作魏玛共和国末日，格罗兹并非唯一一人，但他还把此次选举作为社民党的唯一事业，却多少令人有些闻所未闻。同布莱希特一样，格罗兹显然也知道，社民党在镇压共和力量或者在容忍反动势力中有何等的牵连，并逐渐向法西斯化转变，因此从这一方不存在实现革命性解决方案的希望。1927 年 3 月 19 日，柏林发生了纳粹联合作战兵团同德国共产党的公开巷战，使用了枪炮，造成了双方大量伤亡。

布莱希特何时第一次遇见画家施里希特尔，目前已没有清晰的记载。施里希特尔所作的布莱希特身着短皮夹克的著名图画，根据艺术史领域相关人士的一致意见，出自 1926 年。既然布莱希特成了模特，自然有充足的时间供两人相识与交流。布莱希特第一次提及施里希特尔的名字，是在他 1927 年 8 月初致埃尔文·皮斯卡托尔的介绍信中。布氏可能在这之前的一段时间已经偶遇过施里希特尔，因为在艺术和文学圈子里深受喜爱的饭店是由施里希特尔的哥哥马克斯经营的，布莱希特也是常客，时常同布隆内和阿尔弗雷德·德布林造访，还于那里结识了弗里茨·施坦贝格（Fritz Sternberg）。此外，马克斯·施里希特尔还利用自己的酒馆展出和销售弟弟的画作。

施里希特尔是德国这一时期最古怪、最令人不可捉摸的艺术人物之一，同布莱希特或布隆内完全不相称。据其坦率回忆，他从青年时代就深受性强迫症的困扰，几乎达到了性暴力和幻想各种形式强奸杀人的边缘，他还喜欢想象将自己的潜在受害人挂在绞刑架下。1928年，在他的个人展上，施里希特尔真的将自己的妻子施比蒂（Speedy）作为艺术品挂在了画廊的墙壁上，好像她吊死在那里，令来访者一片愕然。他还画了施虐、征服的场景，其中身穿皮靴的女子对一个男人挥动鞭子，用脚踩着他的脖子。同格罗兹一样，施里希特尔也把不道德的行为当作作画的主题，例如两人的性交、被谋杀的妓女、被绞死的模特以及柏林各种夜店和妓院的裸舞。施里希特尔把妓女当作妻子，直至他结识了施比蒂。施比蒂1927年来到柏林，梦想成为模特和女演员，是柏林最时髦的交际花之一，参演了两部情色电影，同丈夫以施虐和受虐的方式纵欲无度，而后被丈夫送去做了娼妓。

施里希特尔还参与了"第一届达达主义国际展览会"，展会由约翰·哈特费尔德（John Heartfield）——他也像格罗兹一样把自己的原名美国化了——以及雷欧·豪斯曼（Raoul Hausmann）和格罗兹组织，从1920年7~8月在柏林画廊（Berliner Galerie）展出马克斯·恩斯特（Max Ernst）、奥托·迪克斯（Otto Dix）、汉斯·阿尔普（Hans Arp）、奥托·施马尔豪森（Otto Schmalhausen）、阿尔弗雷德·巴德尔（Alfred Baader）等人的作品。施里希特尔的作品是挂在天花板上的人偶，人偶穿军灰色士兵制服，肩膀上有军官的肩章，脸是猪头面具。有注释为："要理解这一作品，人们需要每天负重练习12小时，在坦佩尔霍夫区① 全副武装行军。"这说明他的人偶是一战的（阵亡）战士。德国共产党的喉舌《红旗》（Rote Fahne）在1920年7月21日的评论文章里警告

---

① 柏林守军的训练基地和阅兵区。

读者，不要观看这样的"变态"内容，并否认这些艺术家可以自称共产主义者，虽然他们其中有一些当时还是党员。

施里希特尔是"十一月小组（Novembergruppe）"的成员，小组 1918 年由各派艺术家建立，因十一月革命而得名，是革命性的亲民团体。小组的目的是推广、宣传所有的艺术家，造型艺术领域许多流亡的俄国人也加入进来（例如马克·夏卡尔和伊凡·蒲宁，即在蓝鸟聚结的圈子）。1919~1920 年，施里希特尔愈加极左，但不以任何政治目的为导向，他 1927 年取消了所有政治职务，但仍同许多人一样继续进行社会批判。施里希特尔回顾往事时曾写道："1927 年前后的一系列重要事件使我内心发生了精神转变和悔改。我离开了之前的活动范围，回归天主教堂。"当时有批判精神的知识分子和艺术家，此前曾投身政治或政党工作，但他们在 1927 年放弃了，变得宿命或者冷嘲热讽，转换了阵营或者像格奥尔格·格罗兹一样暂时流亡。

那么问题是，如何理解施里希特尔和布莱希特从奥格斯堡写出的这封信，其中施里希特尔对靴子的物恋欲被"弄巧成拙"为了吻拖鞋。首先渎神的罪名不成立，因为使格罗兹受如此指控的素描《闭嘴，继续服从》（*Maul halten und weiter dienen*）在流亡阿维尼翁时才完成，还被用于皮斯卡托尔《帅克》的演出中。书信影射了罗马教廷 1309~1377 年迁都阿维尼翁，并导致了 1378~1417 年的教会分裂，这意味着在罗马和阿维尼翁同时都有教皇，而且他们互不承认。信中，格罗兹作为"无政府天主教信徒"，是艺术以及政治领域（马克思主义）的权威，布莱希特和施里希特尔是他指派在故土（罗马等于柏林）的地方长官，马克思成为天主，从而首要问题成了艺术领域的政治纷争。这也说明，相对于在柏林争取正统领导权的政党共产主义（Parteikommunismus），布莱希特和施里希特尔更赞同格罗兹的无政府主义。在（1929 年前后的）檄文中布莱希特曾写道："在非革命形势中，他（革命知识分子）总是作为激进派出现。至少，只要他不能成功地建立一个自己的政党，或者只要他被迫推翻自己的政党，革命知识分子对每一个政党而言，即使是激进政党，都是无政府主义的。"而正是这一非革命的局面，自 1927 年即已存在。

　　三位艺术家之间的紧密联系也表明，纵使他们有不同的生活构想和生活形式，但对于正在从事的艺术，评价却是一致的。此外，这封信还表明，布莱希特在皮斯卡托尔的《帅克》之前就遇到了格罗兹，格罗兹坚定地拒绝战后继续回德国工作，同时也驳回了布莱希特请他来柏林剧团的邀约。格罗兹对布莱希特一直较为疏远，不仅无视布氏对美国的评论，而且在自传《小是大非》(*Ein kleines JA und ein großes NEIN*，英文版，1946，德文版，1955）中只为这位朋友保留了可怜的三页纸，这三页纸也同这一时期无关。其后，两人只有因童书《三个士兵》(*Die drei Soldaten*）而再次合作，大概是在 1930~1931 年。《三个士兵》1932 年出版，关于三个讽喻——饥饿、事故和咳嗽，包括 14 个章节，这三个讽喻使所有容忍战争（这里指一战）杀戮或者否认战争带来苦难的人都丧失了生命。两人其他的合作再无记载。在皮斯卡托尔剧院因《帅克》而合作如果真有其事，也只是流于表面，而且奇特的是，格罗兹在回忆中也只字未提自己曾参与《帅克》的排演。

　　更古怪的是同施里希特尔的关系。以下资料是经过确认的：1926 年 3 月 9 日，布莱希特到威廉·赫尔措格（Wilhelm Herzog，一位文艺学家）家做客，并在此遇到了马克斯·赫尔曼-奈瑟（Max Herrmann-Neiße）、凯特·屈尔（Kate Kühl）和施里希特尔。1927 年布莱希特同卡罗拉·内尔（Carola Neher，并非卡斯帕尔·内尔的亲戚）等人参加了施里希特尔在哥哥饭店举行的舞会。1927 年春，布莱希特时常光顾马克斯·施里希特尔的饭店，鲁道夫也会来到这里。施里希特尔为布莱希特创作的一幅（拿着烟管的）素描的日期也在 1927 年。在给海伦娜·魏格尔的一张明信片上，卡片上的日期粗写为 1927 年秋，布莱希特和施里希特尔从陶伯河上游的罗腾堡（Rothenburg）寄来问候，但这其实更可能来自内卡河畔罗滕堡（Rottenburg），施里希特尔 1932 年隐退于此，布莱希特曾前去探望，但这是 1932 年才可能发生的事，并且进一步证实，在施里希特尔改信天主教之后，布莱希特仍然同他保持了友谊。1929 年 10 月 8 日，布莱希特在施里希特尔家做客，事由不明。1938 年初，布莱希特为《第三帝国的恐惧与灾难》（*Furcht und Elend des III.Reiches*）写作《老战士》（*Der alte Kämpfer*）一场，以 1933 年 11 月在卡尔夫（Calw）发生的真实事件为题材。其中一名面包师没有投票给希特勒，因此被在脖子上挂了耻辱牌游街，牌子上写着"我是国家的叛徒，我没有投票"。很可能是施里希特尔向布莱希特讲述了这一事件。同样还可以由此推测，两人在流亡期间仍保持联系。后来，当施里希特尔在主教城市罗滕堡开始绘制一些可怖的田园画［例如参见 1938 年的《林中早餐》（*Frühstück im Walde*）或者 1937 年山脉背景前赤裸上身的信徒肖像画］时，两人来往的痕迹就消失了。如果布莱希特知晓这些画作，它们有可能破坏两人的友谊。

格奥尔格·格罗兹用一幅油画讽刺施里希特尔 1929 年的转变。施里希特尔跪在一个柴堆上，两臂向上伸，两手握拳，显然在朝拜一个（挂在十字架上的？）裸露的女人的身体，她自生殖器以上被切下。烟雾升腾，无法辨别这是祭献的烟雾还是施里希特尔正跪在为他堆砌的柴垛上。不能或缺的还有施里希特尔脚上穿的一双较为简单的系扣靴子。桌子上是工人运动的锤子，把手向上立着，在草稿中还写着"马克思"的字样。桌子上方在缤纷的粉色蝴蝶结上挂着镰刀和红色台尔曼 ① 的拳头。这些的前面是一幅画布，施里希特

---

① 恩斯特·台尔曼（Ernst Thälmann），德国共产党主席，被盖世太保杀害。其雕像大多紧握右拳。

尔之前还在上面画了同样的锤子，但是由一只拳头握着，相反，挂着的红色拳头则够不到桌上的锤子。施里希特尔堕落成"轻歌剧共产主义者（Operettenkommunist）"和尼采的信徒（素描中施里希特尔的坐兜里有一本《查拉图斯特拉如是说》）。

/ 176

但格罗兹此时对布莱希特的看法却完全不同，一幅1991年才可以公布的（不为人所知的）漫画诠释了这一点。这幅画可能完成于施里希特尔肖像画之前，1927年末或1928年初，此时格罗兹正在参与《帅克》的排演工作。画中布莱希特面貌丑陋，戴着一副普通的眼镜，留着胡茬，嘴里叼着香烟，头上戴着过小的鸭舌帽，身穿宽大的大衣，露出布莱希特窄窄的皮领带：这是一幅神像。大衣的两侧都各伸出四只胳膊，上面有用两三笔勾勒出的手指（也可能是燃烧的烟火或者雷管）。右侧最高的胳膊拿着一根鱼竿，锤头和镰刀只用一根细线绑在一起，掉在鱼竿上摇晃。在心脏的部位植入了一台打字机，打字机散发出光芒，兑现了格罗兹回忆中对布莱希特的描写："他可能在心脏部位有一台精密的电子计数器，而在他腿上则是汽车轮胎的轮毂。"

两条腿很纤细，用虚线画成，给人一种长着毛的感觉，在腿的前面有一名裸女，身高还不及布莱希特的膝盖，清晰地画着阴毛，它恳切地向布莱希特伸出双手，说："我赤裸地走向你面前。"在布莱希特头顶悬浮着一个巨大的话筒，被一只从画外突进来的手举着。话筒后是乌尔斯坦出版社——同样也只是简单勾勒——张着的大嘴，1927年乌尔斯坦出版了布莱希特的《家庭修身集》，正四处为这位新作家进行宣传。布莱希特像古典时期神的使者赫耳墨斯一样，脚踏带翅膀的滑轮鞋，用速度和无畏将一切压扁。鞋下躺着被踏平的一些人物，其中一个看起来像只毛绒熊玩偶，一旁是评论："天才留下冒烟的灰烬。"对镰刀和锤头的注释是："吊杆上成功的诱饵"；而打字机的是："心中的打字机有致命的威力"，"键盘发出销毁一切的光芒"。最后在大衣的左侧口袋里塞着6个勾勒出来的小人，其中三个被标注了名字，"皮斯（Piss，皮斯卡托尔，布莱希特写作 Pis），施坦贝格、施里希特尔"，有评注为："把一切都塞进口袋。"这幅墨笔素描确实不美，事实上只是草草涂鸦；但赞扬和肯定已经溢于言表，几乎到了无以复加的程度。画中共产主义的标志镰刀锤头，同施里希特尔肖像画中的一样，并非构成通常的象征统一体，而是分别在裸女的头上摇晃。此处共产主义也以变质的形式出现，但出于另一种关联。格罗兹把施里希特尔改信天主教诠释为愤世嫉俗的信仰转变，而共产主义在布莱希特身上只是诱饵，以此他能吸引——值得注意，是裸露的——女性，而且能获得成功。

施里希特尔不仅皈依了天主教，而且自 1929 年还同民族主义圈子交往渐密，其中特别是恩斯特·冯·萨罗蒙（Ernst von Salomon）和恩斯特·荣格尔（Ernst Jünger），阿诺尔特·布隆内在这期间也加入进来。萨罗蒙是一名民族主义者，由于协助刺杀瓦尔特·拉特瑙（Walther Rathenau）① 而被判 5 年监禁，1929 年又因在国会大厦纵火被捕，据其自己描述，1930 年曾到卡尔夫拜访施里希特尔夫妇。荣格尔自诩 1930 年代初转变了施里希特尔，与此相反，布莱希特努力劝说自己的朋友远离他那些民族主义的新朋友们，阿诺尔特·布隆内此时也算作其中一员。荣格尔还记载了如下一则趣闻："布莱希特尝试拉拢施里希特尔信仰共产主义，为此布氏详细地论证恩斯特·荣格尔和他的朋友们所说的一切都是粪土。布莱希特：'你明白了吗？'施里希特尔：'是的，但是，我要我的**德意志**粪土，**德意志**粪土！'"

荣格尔曾向海纳·穆勒（Heiner Müller）透露，他共与布莱希特相遇"大约 12 次"。其中一次：布莱希特鉴定施里希特尔一幅荣格尔的肖像画，评价是"德国式的媚俗"。其他的碰面应该发生在一个声名不佳的酒馆中——黑猪仔酒馆（Zum Schwarzen Ferkel），

---

① 德国作家、实业家、政治家，曾任魏玛共和国外交部长。

它位于菩提树下大街的新威廉路（Neue Wilheimstraße），有约900种不同的烧酒种类供人们喝到烂醉如泥，据荣格尔所说，出席的还有卡尔·施密特（Carl Schmitt）、布隆内、施坦贝格，也许还有戈特弗里德·本恩。这座酒馆在19世纪末迎来它最辉煌的时期，当时许多艺术家以及斯堪的纳维亚的文学家［其中包括奥古斯特·斯特林堡（August Strindberg）］时常到访。海纳·穆勒在其自传《没有硝烟的战争》（Krieg ohne Schlacht）中记录了荣格尔的这些回忆；但真实性仍值得怀疑，因为黑猪仔酒馆此时并不存在；而同名的艺术家俱乐部也早于1896年解散了。

1930年，布莱希特和荣格尔再次于施里希特尔的工作室相遇，两人因荣格尔正在创作的书籍《世界战争的面貌》（Das Antlitz des Weltkrieges, 1930）发生了争执。荣格尔宣称，战争一直存在，相反，施里希特尔的一位朋友——卡尔夫的一名工厂主海因里希·佩罗特（Heinrich Perrot），由于一战的经历断然痛斥所有消灭其他人类的行径，佩罗特感到布莱希特是他的"盟友"："这两位先生不和，是真实可见的。"荣格尔、布隆内、萨罗蒙、施里希特尔和布莱希特的联系保持到1932年末。据弗里茨·施坦贝格亲眼所见，这些人1932年一同庆祝了新年，并共同为"一个幸福、不流血的合法政变"而举杯。

共庆新年一事不容置疑，但布莱希特是否把祝酒词当真，仅凭施坦贝格的描述无法断定；毕竟，施坦贝格甚至记不起同样参加本次聚会的其他"右翼民族主义者"的姓名。就布莱希特面对荣格尔的表现，佩罗特对其评价已经清晰说明，布氏同民族主义者的交往并不意味着就附和他们的意见。布氏同施里希特尔的友谊显然比之前所了解的更加坚固和紧密，因此也不会反对施里希特尔邀请一些新朋友；特别是这些新朋友中还有布氏的老朋友布隆内。萨罗蒙是否出现也存在疑问，因为根据其传记，萨罗蒙当时应该身处维也纳，但这也不能排除他可能为了这次事件特意从维也纳前往柏林（这会使问题更加棘手）。施坦贝格作为见证者，时常不会提及人物姓名，或者会有意隐瞒姓名，因此，如果萨罗蒙不在场，施坦贝格又明确点出他的名字，反而可疑。

布莱希特的反常行为只可能有一种可靠的结论：政治分歧不会阻碍他与人的交往，如果愿意，一个自由主义的态度或许会引起言语上的争辩，但不会导致根本的决裂，而且这还有关（曾经的）朋友们或者朋友的朋友。在第二次世界大战之后也能观察到布氏类似的表现，面对古斯塔夫·格林德根斯（Gustaf Gründgens），布氏流亡归来后立即将《屠宰场的圣约翰娜》的首演事宜交给他负责；或者面对恩斯特·冯·萨罗蒙，布氏 1956 年初建议两人在柏林共同举行对话，萨罗蒙的纳粹往事没有成为与其断绝往来的原由。如果布莱希特在魏玛共和国末期确实是一名坚定的共产主义者，那么他必将因此承担道德上的后果，因为对大多数小市民共产主义者而言，容忍政治对手都被视为背叛，在斯大林时期的莫斯科甚至会被判处死刑。

人啊，驾驶我们飞驰吧！
汽车、科技、性：虚假的自由

布莱希特是一名现实主义者，对他来说，技术革新是一项必须接受的挑战。虽然布莱希特 1925 年已经是 3 个孩子的父亲，而且没有稳定的收入，根本无法负担一辆汽车的花销，但他最晚也从 1925 年 8 月开始，同朋友奥托·穆勒莱塞特一起系统地到驾校学习。9 月 9 日，他就宣告已经"完全"掌握了。1926 年 5~6 月间，布莱希特孤注一掷地努力，尽量少花钱，其实应该是不花钱，搞到一辆车。他让伊丽莎白·霍普特曼去多家公司游说，希望能得到一台"广告车"，未果。然后他开始考虑写一部插图小说，但也无人愿意出版。用"威士忌和烟草"加工出来的拳击手小说《声誉》（Das Renommee）也没有找到买家，未完成的《拳击手萨姆森-廓尔纳的一生》也没有得到预支的薪酬，因此布莱希特也不得不放弃这个计划。最后还有"某个富太太"似乎相信布莱希特愿意向她奉赠一册私人的十四行诗集，可能是情色诗，但也一无所获。

通过奥托·穆勒莱塞特的介绍，布莱希特找到了一辆英国产的戴姆勒车，1921年造，正在维滕堡（Wittenberg）等待检修，但之后被证实无法修复，因此布莱希特向他的朋友索要回购资金，这也是他借来的。事情的结局是，而且一定是，两人为此闹翻，几年无往来。但布莱希特仍未就此放弃。长时期的辗转后，他最终于1926年12月购得了一辆欧宝（Opel，1926年4月14日生产），同奥托·穆勒莱塞特那台废铁盒子一样，都登记在海伦娜·魏格尔的名下，并驾车游弋了柏林及周边地区。

但在艾利亚斯·卡内蒂（Elias Canetti）的自传《耳中火炬》（Die Fackel im Ohr，1980）中有间接的记载，布莱希特显然1927年时（日期并不十分准确）就已经驾驶一辆有折叠篷的斯太尔车（Steyr）四处游逛，而且还开着这辆"令人惊羡"的车出现在皮斯卡托尔排练《帅克》的酒店。但从卡内蒂的愤怒可以看出，科技守旧态度对此的仇视是何等的强烈，而且必须考虑到，卡内蒂1905年生人，还比布莱希特小几岁。当时柏林铺天盖地、迅速蔓延的广告已经让卡内蒂甚为反感。当布莱希特想说服卡内蒂广告也有其益处，因为布氏为斯太尔汽车公司写了广告诗，并因此得到了那辆漂亮的敞篷车时，这打破了卡内蒂可以接受的底线："这些话对我而言，就好似出自一张魔鬼的嘴。"卡内蒂坚守文学的基本原则："不是为了报纸而写作，不是为了钱财而写作，人们必须为他写的每一个字负责任。"因为卡内蒂没有作品在市场上销售，所以布莱希特还可以装作不认识他，而且也可以"干瘪、怨恨地"——卡内蒂尖刻的记

/ 180

录——承认自己"为了钱财"写作,从而为自己赚得了一辆车。"我没有一次能看到布莱希特而不表达自己对钱财的鄙视。"这首获奖诗《欢唱的斯太尔车》(*Singende Steyrwagen*)内容如下。

我们来自
一家兵工厂
我们的小弟是
曼利彻尔猎枪
我们的母亲则是
斯太尔的一座矿井。

我们有:
6 个气缸和 30 马力。
我们的体重:
22 公担。

我们的轴距达到:
3 米。
每一个后轮都独立悬挂,
我们有摆动轴,
在弯道上我们像胶带一样贴地。
我们的发动机:
是有思想的矿石。

人啊,驾驶我们飞驰吧!
我们带你毫无颠簸地行驶
你会相信,

自己躺在水中。

我们带你轻盈地行驶

你会相信，

你用拇指就能把我们按在地上

我们带你无声地行驶

你会相信，

在驾驶自己汽车的影子。

这首颂歌是写给奥地利的斯太尔汽车制造商的，斯太尔主要生产武器和军用车辆，同时也向市场投放了数量可观的敞篷汽车。布莱希特驾驶这样的汽车十分引人注目。诗中值得关注的还有，布莱希特迅速准确地认识到了新科技给人类及社会共同生活带来的深刻改变。诗歌中是汽车在欢唱，而非人类，汽车的便捷灵动也感染了人类，并因此赋予了人类全新的身体感觉。"人啊，驾驶我们飞驰吧！"使人联想到安格鲁斯·西勒修斯（Angelus Silesius）①提醒人类相信世界崩塌了，但本质（神）仍在（"人啊，看透这一切吧"）。布莱希特毫不犹豫地将基督教信条改写为科技信条，并将其与新的信仰相关联（诗歌最后一节，"你会相信"出现了三次，而且都是首句重复），新的信仰通过有思想的矿石已经获得了又一个新的自然："你会相信，自己躺在水中"，这同布氏早年的诗《湖与河中的欢游》具有相似之处。对此，诗歌还详细描述了虽然是人在开车，但人同时也被车承载。这是一种新的科技辩证法，人一方面支配机器，另一方面又受机器的制约，最迟在机器消亡时，这一点更会得到展现。

得到斯太尔车之前，在1926年前后创作的短篇小说《芭芭拉》（Barbara）中，布莱希特就描写了汽车如何会成为累赘或者束缚。小

---

① 17世纪德国诗人、神学家，其作品具有深刻的宗教色彩。

说的第一人称叙事者不幸同艾迪（Eddi），一个200磅的多愁善感的人，在库达姆大街喝了几杯鸡尾酒，被倒霉地拖到了芭芭拉——艾迪的女朋友家。但芭芭拉"正同卡巴莱剧团的经理举行十分重要的会谈"，她穿着睡衣接待了"我"和艾迪，反应激烈，立即把他们赶了出去，并对艾迪愚蠢的醋意破口大骂。两人突然又回到了艾迪的克莱斯勒车里，车成了艾迪发泄他性失落的工具，他用越来越高的速度疾驰穿过柏林和古纳森林（Grunewald），同时向自己同车的伙伴讲他关于女人是"拉比兹式墙（Rabitzwände）"（金属丝网薄墙，此处意味过度敏感）的哲学，"我"只能无助地听任艾迪摆布："由于十分紧急（时速110公里！），我无法核实艾迪对女人的论断，但在我眼前呼啸而过的一排排松木却显得无比坚固。/ 令人毛骨悚然的是，艾迪的悲天悯人还有一只脚，而这只脚现在正踩在油门上。由于无法挪动这只脚，我最多也只能尝试化解他的这份伤痛。"这样过了一段时间，直到汽油用尽了或者——与之相应的——艾迪的性冲动缓和了。破晓时分，人们看到两个男人"推着一辆克莱斯勒汽车，其中一个，身材瘦高，对另一个说着自己对他的看法，而另一个胖子浑浑噩噩不成样子，气喘吁吁地推车并时不时发出一阵大笑"。

*

这是汽车工业飞速发展的早期，汽车迅速被理解为地位的象征和新商品美学的表达，同时也被视为男人的生殖力，广告中总是直接或间接地宣传：汽车像女人的胴体，男人可以因为对其的占有而自鸣得意（例如卡内蒂对布莱希特的评价），而且男人像（比）爱妻子一样（更）爱汽车，因此可以在汽车上发泄自己的性挫败感或升华了的性压抑。布莱希特为斯太尔创作的广告诗，在创造科技崇拜的同时，也创造了自由的假象，这种新体感虽然由个体感受，却是在超个体领域通过科技得以制造。

但这次还算划算的交易得来的斯太尔车，只维系了不到两年的欢乐。1929 年 5 月，布莱希特原本要前往法国南部的圣西尔（Saint Cyr），同库尔特·魏尔共同创作《幸福的结局》（*Happy End*）的歌曲。迎面而来的汽车要超越前面的货车，布莱希特躲避不及，又要避免掉进一旁 5 米深的深谷，把自己汽车水箱的中央部位撞到了一棵树上，车停了下来，但因此造成了巨大损伤："水箱破裂，底盘的前端由于撞击弯成了围绕树的圆环状，但也同时使车没有倾斜或翻倒。人员受伤并不严重。"《UHU》杂志（1929 年 11 月）事后对这起事故进行了报道，并提供了真实——补拍的——图片，这无非是斯太尔公司又一次新的广告计策：谁开斯太尔车，即使（时速 70 公里）迎面撞击一棵树，仍能基本毫发无伤。水箱抵挡、缓和了撞击力，车体其他部分会盘绕树木保护车内乘客。

虽然卡内蒂不知道《UHU》中的记录是纯正的杜撰，他还是愤怒地写道："驾车发生事故之后，他从一个广告策略又想到另一个新的策略，"并评价，"道德是一回事，而事实又是另一回事，他只注重事实，但对我而言，道德才是至高无上的。"但事实是，如果杂志记录属实，布莱希特应该会被发动机组甩出，只剩下一摊肉泥。事实还是，布莱希特也受伤严重，髌骨骨折，无法前往圣西尔，必须被送回柏林，而且较长时间无法工作，这也意味着《马哈哥尼》歌剧会一再拖延。布氏还卓有乐趣地与伊丽莎白·霍普特曼和彼得·苏尔坎普（Peter Suhrkamp）一同挖空心思想出了《富有教育意义的车辆事故》（*Mär des Lehrreichen Auto-Unfalls*）——杂志中的题目，文章使布莱希特又得到了一辆新车

与此事相关还有另一个汽车小故事，既以独特的方式展现了布莱希特对汽车的热情，也能对他的生活安排以及生活艺术管窥一斑。因为一次访问，布莱希特约了《莱比锡新报》的电影评论员汉斯·塔西

姆卡（Hans Tasiemka）在他位于施比谢恩街寓所旁的车库见面，因为他的汽车"有些问题"。"会谈在柏林西部一间小车库中开始。或者更准确地说，我看到一个穿棕色皮夹克的男人，斜戴着小皮帽，跪在一辆小型汽车前（那一定是辆欧宝），十分勤奋地进行技术上的再次核查。发动机盖被撬开，小轮子和螺丝叮叮当当散落一地，他老练地卸下防尘网，修理错综复杂的电路，再次检修汽车的排挡和滚珠轴承。作家贝尔特·布莱希特，这位被油污涂满身的男人，完全不受访客的打扰。他从未想过正在接受采访，首先他的车必须光洁明亮、完美无瑕地停在他面前，然后他才上了四节台阶，走进工作室。"

塔西姆卡显然也同布莱希特一样并不精通汽车，自然也没有看穿这位狂热的汽车爱好者的专业表演，这个复合词①的第二部分其实只同驾驶汽车有关。之后他同样也轻信了布莱希特先生其他的回答，这些都或多或少是捏造杜撰的，完全可以被采访者识破。布莱希特娓娓道来：他在慕尼黑只学过医，目标是成为一名外科医生，他的第一部戏剧是《夜半鼓声》，虽然在慕尼黑的室内剧院领到了导演的薪酬，但什么也没有做过，在中学和大学时代从没有写过"一行字"。从《爱德华》开始，写作才突然进入了他的生活，等等。这篇采访刊登于1927年12月6日，就内容的可信性而言，缺乏可靠的陈述。但布莱希特再一次很受欢迎地出现于公众视线中，而且媒体毫不怀疑地坚定支持他。

自作自受
马哈哥尼：剧院中的自我覆灭

再次回到1927年，在具有批判精神的知识分子眼中这是充满变

---

① 指前句中的复合词Autofreak，其中"Auto"指汽车，"Freak"指狂热的爱好者。

革的一年，布莱希特创造了他至此可能最重要的商标。布氏也踏上了逃避之路；不同于格罗兹的流亡，也不同于施里希特尔躲进了新的（其实是旧的）信仰，更不同于布隆内加入了纳粹聚餐会友的团体。布莱希特躲进了乌托邦，一个想象中的地方，这里不反映任何可以实现的理念，只是一个幻影，而且是一个美丽的幻影。布氏把这个不存在的地方称作"马哈哥尼"，而建立马哈哥尼的人认为它是同大城市相反的设置，在沙漠中拔地而起，吸引了五大洲的人们，直到这些人最终发现，世上并没有伊甸园。

谁曾想到"马哈哥尼"会成为流行词，它不仅同两件舞台盛事相关，而且成为一切正在消亡或将会消亡之事——首先便是资本主义（只停留在美丽的幻影）——的关键词。这还要感谢一曲不引人注目的非洲"西米舞（Shimmy）"《请来马哈哥纳！》[Komm nach Mahagonne!，O. A. 阿尔伯茨（O. A. Alberts）作词，莱奥波德·克劳斯-艾尔卡（Leopold Krauss-Elka）作曲]，它 1922 年在德国发行，迅速走红，西米舞是一种由狐步舞发展而来的交谊舞，使用爵士乐伴奏，1918 年前后由美国引入，通过剧烈摇摆身体而带来新的舞蹈体验。布莱希特在一封给海伦娜·魏格尔的信中（1923 年 12 月中下旬）首次突然提到这个概念："岁末：到马哈哥尼去。"自 1924 年 7 月，布莱希特考虑为"玛"，即玛丽安娜·佐夫写作一部马哈哥尼歌剧。第一部分草稿是未完成的《马哈哥尼歌曲》（Mahagonnysongs），创作于 1924 年上半年，7 月中旬时，包括了五首《马哈哥尼之歌》（Mahagonnygesänge）的诗集已经完结:《马哈哥尼之歌第一首》["到马哈哥尼去……"（Auf nach Mahagonny...）]、《马哈哥尼之歌第二首》["谁留在马哈哥尼……"（Wer in Mahagonny blieb...）]、《马哈哥尼之歌第三首》["在一个灰蒙蒙的上午……"（An einem grauen Vormittag...）]、《阿尔巴马之歌》（Albama Song）以及《贝拿勒斯之歌》（Benares Song）。最后一首《贝拿勒斯之歌》用英语写就，绝大部分由伊丽莎白·霍普特曼完成。

西米舞的内容同歌剧有一些相似之处，西米舞也是以逃离平日"痛苦的深渊"为主题，寻找幻想□的非洲，在那里再没有苛税，在那里人们可以完全投入性爱之中。另外一个相似之处是西米舞的叠句和《马哈哥尼之歌第一首》。布莱希特采用了西米舞中的文字游戏"手、手、手、手、手风琴"，并改为"到马哈哥尼去／船已起航／茨、茨、茨、茨、茨威利斯／我们在那里将会痊愈"。因此，"马哈哥尼"也是城市中茨威利斯疾病的对立面。

1927 年 3 月，布莱希特结识了作曲家库尔特·魏尔。魏尔 1921~1923 年就读于柏林的普鲁士艺术学院（die Preußsche Akademie），是意大利钢琴大师、作曲家费卢西奥·布索尼（Ferruccio Busoni）的学生。魏尔 1921 年创作了他的第一部交响乐，成为"十一月小组"的成员，1924~1929 年间投身电台工作，为跨区域的节目杂志《德国广播》（Der deutsche Rundfunk）撰写节目预告和评论，这项工作也使魏尔和布莱希特走到了一起。

在是否参加 1927 年巴登-巴登（Baden-Baden）的德国室内音乐节（Die Deutschen Kammermusiktage，7 月 15~17 日）的问题上，魏尔态度十分犹豫，他正在寻觅适宜的短歌剧（Kurzoper）①材料，并偶然发现了《家庭修身集》和《马哈哥尼之歌》。1927 年 3 月，魏尔同布莱希特进行了会谈，会谈中布氏构思了大型歌剧《到马哈哥尼去！！》（Auf nach Mahagonny!!），并且构思了场景草稿。同布莱希特商定后，魏尔 4 月时把五首诗歌以不同的顺序编排为一

---

① 源自意大利。17~18 世纪时泛指各种小型歌剧，如滑稽歌剧、民谣歌剧、歌唱剧等。19 世纪下半叶后指有对白、歌唱及舞蹈的小型歌剧。在法国，与法国传统喜歌剧（趣歌剧）相近，多为独幕剧；在德、奥，形成了维也纳流派，强调舞蹈特征，尤其是圆舞曲；在英国，接近英式喜歌剧；在美国，则带有爵士风格。一战以后，美国常将其等同于音乐喜剧（音乐剧），现已难以区分。

部歌唱剧（Songspiel）①，将这些诗谱曲成歌，写了乐器间奏、一首
序曲和一首尾声，并要求布莱希特创作终曲。歌词如下。

> 但这整个马哈哥尼只是
> 因为一切都如此鄙陋
> 因为不得安宁
> 毫无和悦
> 因为没有任何
> 人们可以依存之物。

> 马哈哥尼——不曾存在
> 马哈哥尼——是无形之地
> 马哈哥尼——不过一个虚构的词语。

尽管歌词异域色彩浓厚，尽管一再强调马哈哥尼是完全虚构的，尽管
音乐新颖，但歌唱剧分毫不差地概括了当时社会关系的内核。晚会包
含 4 部短歌剧：恩斯特·托赫（Ernst Toch）的音乐童话《豌豆公主》
（ Die Prizessin auf der Erbse ），达律斯·米约（Darius Milhaud）
的《劫掠欧罗巴》（ L'Enlèvement d'Europe ），保罗·亨德密特
（ Paul Hindemith ）的滑稽短剧《往返》（ Hin und Zurück ），以及
作为第三个节目上演的《马哈哥尼歌唱剧》，时长约 30 分钟，并很
快成了名曲。这首先要归功于魏尔的谱曲，他将管弦乐团（小提琴、
单簧管和小号各两个，一个中音萨克斯风，一个长号，一架钢琴以

---

① "Singspiel" 是德语音乐戏剧的一种形式，也是歌剧的一种类型，通常情况下
   以分节歌的形式 [有些像民谣（ folk ）] 与合唱歌曲、谣曲和咏叹调交替出现；
   而 "Songspiel" 是魏尔在 1927 年为《马哈哥尼歌唱剧》创造的概念，他在一
   定程度上对 "Singspiel" 进行了个人化的更正。

及打击乐组）重新组合，加入了爵士、流行歌曲和"严肃"音乐的元素，形成了新的歌曲风格，并且保持了乐曲的独立性。关于歌剧的主题还要说明几点，因为在节目手册中写道："所有艺术门类中都有艺术家预告社会艺术的末日，魏尔在新作品中也以此为方向。小型叙事剧《马哈哥尼》从现存社会阶层不可遏制的沉沦中吸取了教训，它面向那些单纯希望在剧院中得到快乐的观众。"这样的表达方式清晰透露了这是布莱希特的手笔。

魏尔一定会收获新的体验。观众从市民到贵族，对剧中妓院、淘金者和（表面上的）亵渎神灵等众多因素坚决报以愤怒和口哨，而演员们以同样的方式予以回击。布莱希特给他们都装备了能发出颤音的哨子，这令这场闹剧变得更加刺激。纵使观众的愤怒最终只针对词作者，而非曲作者，布莱希特的回应仍然是：观众的态度完全是附庸风雅的假绅士，他本人将再也不会返回巴登-巴登。但正当人们建议把这种颓废派战胜大城市的卡巴莱剧改期到午夜后，这些音乐却像耳虫一样盘踞在大脑里，即使那些反感布莱希特歌词的人也不例外。一部分评论家——无疑大多是音乐评论家——都认可了这种新的音乐剧，并追捧魏尔是先锋派音乐名燥一时的人物。

魏尔因此也认识到，布莱希特的文本和他的音乐形成了一种新的、至此未知的共生体，而且对其必须加以扩充。1927年夏，魏尔向环球出版社的发行商埃米尔·赫茨卡告知了自己的计划，即要将《马哈哥尼歌唱剧》扩充为时间长达整个晚上的歌剧，对此赫茨卡高度怀疑布莱希特是否能够胜任。魏尔回信道："布莱希特吸引我的，首先是我的音乐和他的文学作品之间强烈的融合，这在巴登-巴登令所有有身份的观赏者叹为观止。其次，我坚定地相信，两个同样有创造力的人之间紧密的合作一定可以产生一些全新的东西。毫无疑问，目前会形成一种全新的舞台艺术作品，它面向大得多的全新观众群体，影响会以完全未知的方式不断扩大。"魏尔继续阐述，布莱希特作为戏剧领域最强有力的因素，将会把新的运动引入歌剧之中。"我们将要完成的作品并非着眼于一年后便会变得老旧的现实，而是将以最根本的方式塑造我们的时代。"这样慷慨激昂的话语，虽然最终得以兑现，但当时没有任何人会真正相信。

　　在 1927 年 10~12 月的紧密合作中，歌剧的第一稿诞生了，打字稿 12 月交予赫茨卡鉴定。这一打字稿包括 3 幕 18 场，除了一些改动之外，已经很大程度上包含了文学意义上的核心内容，因此这部歌词集可以展现布莱希特《三毛钱歌剧》之前作品的创作历程。魏尔 1927 年也已开始作曲，或者更确切地说，布莱希特和魏尔在脚本上的合作十分紧密，以至于如果没有音乐上的建议，文本都无法想象，可以说，布莱希特对音乐的贡献和魏尔对文本的贡献同样显著。1930 年 6 月 10 日的《周一朝晨》（*Der Montag Morgen*）刊登了魏尔的《布莱希特事件》（*Die Affäre Brecht*），魏尔在其中发表了自己的意见，并更加详尽地描述了歌剧的创作过程，而且回应了对布莱希特抄袭的指责。有人怀疑布莱希特剽窃了瓦尔特·吉尔布里希特（Walter Gilbricht）的诗歌《一个居民的大城市》（*Die Großstadt mit einem Einwohner*），魏尔对此予以否认。"早在巴登-巴登，布莱希特、魏尔和环球出版社就订立了合同，歌剧的歌词于 1927 年至 1928 年的秋冬由布莱希特和魏尔共同合作而完成。"

　　1927 年 12 月，魏尔自豪地向环球出版社通告，布莱希特和他营造了"一种全新的、扩充潜力巨大的歌剧风格"（1927 年 12 月 8 日），并不日后寄来了脚本。赫茨卡几乎当即回复，对歌剧的曲目提出异议，它们还不够持续整个晚上并且包含过多"拓荒前的美国西部风貌"。赫茨卡还要求加入"一些积极的人性特征，无论是友谊、爱情或忠诚"，这个要求于 1929 年在《仙鹤与流云》的二重唱［诗歌《爱情三行诗》（*Terzinen über die Liebe*）］中得到满足，自然并非完全符合赫茨卡的心意。因为这一感人至深的交相和唱以完美爱情为主题，却由嫖客和妓女在发生性关系后，也可以说在发生经济关系后所演唱。

魏尔回信，他同布莱希特历时三个月写作脚本，时刻注意"完成一个尽可能连贯、直线型、易懂的剧情"，其间"不出现片刻的冗长乏味"："在开篇受人欢迎、展现技巧的咏叹调位置"，使用"一种新型的流行歌曲"替代，音乐"同单纯的剧情歌剧相比扮演了更根本的角色"。除此之外，他还告知布莱希特以后如何继续写作，"只为音乐的需求进行写作，这恰恰是吸引布莱希特之处，歌词里的每一个字我都根据歌剧舞台的要求进行了审核。这是多年以来的第一部脚本，完全以音乐，甚至是完全以我的音乐为出发点"。魏尔的信落款日期是 1927 年 12 月 27 日。歌剧的最终稿——即音乐最终与脚本文本相调谐，形成完整的作品——没有在 1928 年内完成，《三毛钱歌剧》要求全心投入，导致了拖延。

第一版印刷稿出现于 1929 年，题为《马哈哥尼城的兴衰——三幕歌剧，布莱希特作词，库尔特·魏尔作曲》(*Aufstieg und Fall der Stadt Mahagonny. Oper in drei Akten. Text von Brecht. Musik von Kurt Weill*，维也纳和莱比锡：1929) —— 原本书名页上创作者的名字只有魏尔，包括 3 幕 21 场。重要的是，这一版中的人物都是美国化的名字，因此也更好地表达了戏剧的伪美式氛围。这些人物，其中记账员叫费蒂 (Fatty) 而不是威利 (Willy)；乔 (Joe)，叫阿拉斯加沃尔夫乔 (Alaskawolfjoe) 而非约瑟芬·莱特纳 (Joseph Lettner)；贪吃鬼叫杰克 (Jack)，而不是雅各布·施密特 (Jakob Schmidt)；比尔 (Bill) 叫斯潘尼班克比尔 (Sparbüchsenbill)，而不是海因里希·摩尔克 (Heinrich Merg)；还有保罗·阿克尔曼 (Paul Ackermann)，此时还叫吉米·马赫尼 [Jim (my) Mahoney]，名字并非无关紧要，因为作为故事的主角，他的名字同城市的名字谐音，他个人的故事同时也代表了一座城市的集体故事。在歌剧文本的第二版（维也纳和莱比锡：1929）中，魏尔和布莱希特把人物名称进行了"本土化的"改变，这令人难以理解，因为故事中的美式气氛会因此丧失。这一版仍保持了歌剧的三幕分割，在结构上可以辨认出传统歌剧的模式。

《马哈哥尼》从头至尾都被谱曲，少数几个对话的过场戏除外，在第一版中供导演参考的说明里也有如此安排，但这些，除少数例外，也都有音乐伴奏。同《三毛钱歌剧》相比，《马哈哥尼》更贴近传统歌剧。在作曲技法上，魏尔除了利用《马哈哥尼歌唱剧》中的曲目，还添加了可以构成独立音乐作品的歌曲、宣叙调、哼唱（例如第9场）、由管弦乐伴奏的声乐、纯乐器声部、音乐引文以及舞曲、劳动号子和爵士乐的节奏。其他的技术手段还包括在音乐中和间歇中的旁白、独立的合唱、无伴奏独唱、放慢节奏的技巧以及传统歌剧元素的植入。这些技巧的共同点是放弃花哨的次要内容，剔除一切会对文本产生分散效果的部分，一切以使每一个字得到充分理解为目的。

《马哈哥尼》是一场关于幻灭的剧作。城市最初被认为是资本主义大都市的对立面，事实上却被证实是一座虚假、无法生存的伊甸园，因为这里的一切都建立在金钱的基础上，会激发人类本性中的充满破坏欲的暴力。马哈哥尼城因而在飓风后被资本主义的商品法则送上了西天，歌剧以极端的方式彻底演绎了这一法则，方法是将社会现实中只有部分可见或不可见的影响转化为残暴的直接体验。金钱使一切都成为商品，是非不分，更容不下同情与怜悯，它使人类堕落为物品——可以随意对待的物品。如此这般的社会毫无存活下去的机会。就这一点而言，马哈哥尼城可以被理解为资本主义第一运行法则下人工的、艺术性的体验模型，虽不足以称为寓言，却仍毫不退让地从中得出教训，并展示了鲜明的图像。文本语言简练平实，剔除了所有的言外之意，很大程度上将情节局限在（残酷的）

高潮段落，道德以及人与人之间的温暖都作了淡出处理，作者采用这些目标明确的手法赋予这一模型必要的冲击力。这也是文学中一种独特的案例，结构元素突出了需要被传达的内涵。

＊

阿诺尔特·布隆内在回忆中把马哈哥尼这个名字同纳粹联系起来，即希特勒"愚蠢拙劣的国家形式"。1930 年 3 月 9 日歌剧在莱比锡首演时，卡斯帕尔·内尔也采用了同样的关联。剧终时，舞台的天幕以程式化的方式展现了熊熊燃烧的城市上空的空袭联队，预示着战争将要到来。并非飓风，而是战争工业致命的机械消灭了资本主义的这种畸形产物，这个强盗社会中已经隐藏了法西斯骤变的种子，随时便会萌发。《马哈哥尼》第一部分聚餐会友的气氛风行，男人们酒肉朋友的友谊，他们之间肤浅的交谈虽然被宣称是"美"的，但事实上只为证实为自我服务，这些都指明了纳粹的准则，例如轻贱人命的凶残。由于马赫尼个人的故事也是整个城市的象征，所以《马哈哥尼》也可以被视为正在兴起的法西斯主义及其致命后果的样板。

《马哈哥尼》中，除了音乐对舞台上还原剧情有重要作用，舞台设计也成为参与其中的第三类独立艺术，这是布莱希特第一部具有如此特色的戏剧，甚至在歌剧的文本初稿中就写道：当帷幕拉起，背景上是一号投影（卡斯帕尔·内尔）。就这一点而言，"舞台设计（Bühnenbau）"的概念要比"舞台布景（Bühnenbild）"更为准确，因为它提出了就当时的舞台而言全新的维度，并长期支持这样的观点：舞台所展示的"世界"并非已完成的、预先为人们设定好的世界，而演员并非作为剧情中的人物被投放在这个世界里。事实恰好相反。人是空间中的标尺，不断变换的人物组合才是核心，它产生张力并通过自身在过程中的转变推动剧情前进。

舞台应该讲述过程与故事，那些能够改变自身、他人和世界的人是故事的承载者，舞台还应处于观众的批判性观察之下，观众在演出中应该时刻意识到，舞台上正在进行艺术品的制作过程，而台下接受者的再生产过程也同时进行，观众同时也是见证者，见证艺术品在多种不同类别艺术的互相配合下如何在他们眼前产生。这是戏剧相对于其他共同竞争的艺术形式，例如电影、电视、网络等，始终拥有的优势，而且必须加以充分利用。其结果意味着，能登上舞台的，只有那些真正参与演出的（而非装饰）；而所有参与演出的，必须都是艺术品。为了尽可能地保持参与演出的道具的个体性，制作它们的材料必须保证，即使它们以相同的形式被多倍使用（衣服、凳子等），仍要具有个体特征。内尔偏爱使用的木材、粗糙的麻布、厚纸板和皮革都是例证。内尔最伟大的艺术作品或许是1949年大胆妈妈的有篷马车；这架马车如今在布考（Buckow）花园一处特别为之设立的小房子里，魏格尔的屋子也位于此。因为每次演出都为戏剧开启了一条新的通道，所以内尔的舞台设计使得剧院的道具库已变得多余。

此外，"内尔帷幕"还成为《马哈哥尼》演出中不可分割的一部分，因为在戏剧文本中规定："要使用小型的白色帷幕代替通常的幕布，从舞台地面算起，帷幕不应高于两米半，穿于铁丝上可以左右拉动。"内尔1923年发明了这种帷幕，起先是为了他执导的《海尔布隆的凯蒂欣》（*Das Kätchen von Heilbronn*），之后用于《丛林之中》的舞台设计和《人就是人》的首演，在《马哈哥尼》中它成了文本的组成部分。不过所有这些在以后的版次中都被取消，因为给定舞台设计的戏剧文本退出了历史舞台。但内尔帷幕——毫不夸张地说——是20世纪的一场舞台革命。

内尔帷幕实现了何种效果？整个舞台空间保持开放；帷幕只遮

挡了舞台装饰，或者是为了在关闭帷幕后可快速进行布景改动。由此，整个场景被分成两个部分，由于帷幕一般不会被拉到舞台前沿，所以也可以在帷幕前进行表演，而且它还可以被用来投影：将场次预告、题目、简要说明或者直接将关键词形式的台词投在上面。值得注意的还有它的原始性：简单的麻布和铁丝，仅此而已。这也证明，内尔和布莱希特不注重舞台的现代化和科技化，而更多地坚决使用与戏剧相适应的方法，以创造现代戏剧。

另一种二分分割体现在投影的使用上。由于内尔在此也避免使用现代技术，为了排除任何浅显的自然主义，唤起观众的想象力，绝大部分投影都是手绘作品，只包含一些勾勒出来的形象。此外还有留白，即空白的、没有绘画的区域，留给观众自行填满。布莱希特联想到了中国画，其特点是既不拘泥于既定的（画）框，也不将画布涂满，由此产生了一种开放度和广度，并激发观赏者用自己的想象力将其填满。投影——大多是背投影（从后台投射）——会占据整个舞台，其中舞台布景只是一个带有最高两米半（轻，并且可移动）帷幕的特殊区域，从而使舞台产生了分割。以这种方式，舞台上发生的事件可以同时映射在更大的舞台上，从而使舞台在空间和时间上都得到了延伸和开放。《夜半鼓声》的第一幕，故事以巴里克的家为背景，是私人空间，内尔的投影展现了报馆区同时发生的革命事件，从而在（看似私人的）戏剧中嵌入了时事的政治—地理空间。

最晚从《马哈哥尼》开始，"叙事剧"成为三种各自独立的不同门类艺术的结合的产物——之后还添加了其他艺术（表演、舞蹈动作设计、灯光），并且在剧本中落实到了文字层面。因此剧本不再可以仅仅被理解为戏剧文本，而是所有共同参与其中的艺术的三重奏，它需要在主题和美学上尽可能详尽地阐释。因此，在歌剧首演之前，魏尔和布莱希特就规定："卡斯帕尔·内尔的投影插图构成了演出材料的组成部分（它们因此应该同乐谱一起被送上舞台）。画家用自己的手法为戏剧过程进行了插图说明，它们为城市的故事提供了直观的形象，需要在各个场景之中或之间依次投射于屏幕上。"

再回到歌剧本身。"幻灭"是内容主旨所在，这在其选择的体裁"歌剧"上也得到了体现。作者们清楚地保留了"歌剧"的名称，但本剧其实并不符合这一称谓，而是自相矛盾地对其进行了公然的破坏，对传统歌剧进行了音乐上的拆解，分裂出各个可以辨识的部分，也揭露了传统歌剧不过是被使用过的素材。观众已经习惯于通常那些不用悉心享受的歌剧，因此要求看到的自然也是同类的作品，但相反，展现在他们面前的只是这种习惯的自我破坏，以及对其升华了的讽刺和滑稽模仿。同样矛盾的是，《马哈哥尼》完成了"前无古人后无来者"的叙事歌剧，同时也发展了新的歌剧风格："因为本剧所选择的纪事形式只是'状况的罗列'。……在演出中必须时刻注意，这里正在进行的是**闭合的音乐形式**（abgeschlossene musikalische Formen）。"魏尔这样表述道。布莱希特在其对歌剧的**注解**中，将魏尔的所指称作"各元素彻底的分离"，这为剧中的歌曲进入娱乐工业铺平了道路。

就观众的期待而言，还存在与现实的另一层联系：与消费的联系。歌剧曾经并一直被誉为听觉和视觉的盛宴，观众首先期待得到高雅的享受。这样的期待在"歌剧"这一主题中已经得到了非自然的、样板式的对应表达，似乎不需要戏剧文本为两者建立明确的联系。马哈哥尼是一座消费之城，直至覆灭都在不断消费。布莱希特曾写道："就歌剧的内容而言——其内容即享受。快乐不仅是形式，而且也是对象。既然研究已经是快乐的对象，快乐也应该至少是研究的对象。在当代历史中，它出现的形式是：商品。"首演在戏院引/ 194
发了魏玛共和国时代最混乱的闹剧之一，这也证实，虽然戏剧不具自然主义特质，但观众仍然感受到了挑战和直接的呼吁。"在这些挑战中，我们看到现实的再现，《马哈哥尼》或许并不十分高雅，甚至它或许还（良心不安地）以此为荣——完完全全是享乐的。"为了在全国宣传这种享受，从 1930 年 4 月 12 日起，柏林广播时刻电台（Berliner Funkstunde）在每日最佳时段（20 点）会放送一个小时的《马哈哥尼》选段，由提奥·马克本（Theo Mackeben）指挥，经柏林广播电台管弦乐团重新录制。

另外一点是音乐的技术化，魏尔 1929 年 10 月 14 日在给环球出版社的信中回顾此事时写道："我的音乐……其工业化并非对音乐不利，而是对它有利，我们不能否认，这种风格形成了新的学派，而且如今半数以上不同流派的青年作曲家都以此为生。"决定这种音乐风格的首先是，它从娱乐音乐和艺术音乐中截取了大量曲调，改变了其用途，而且这种音乐风格从构思上就是为了适合媒体传播，确切地说是唱片和电台传播，自始至终都是为这些媒体设计的。由于广播对音乐的大众性传播以及对"传统音乐会结构的消解"，魏尔在寻找"更广阔的、更新的机会"，并通过简单的素材和朴素的表达方式确保了机会的实现。其"简单性"导致了"音乐性舞台作品的叙事立场，借此也有可能给我们一种纯音乐的、协奏曲形式的形象塑造，同时又不忽视舞台规则"。这种"以听众为导向"的趋势推动了"进军消费工业"，以这种方式，魏尔和布莱希特实现了集体对两人艺术的占有。

1930 年 6 月 2 日，在柏林报纸《同一朝晨》上，莱比锡戏剧家瓦尔特·吉尔布里希特以《布莱希特新的剽窃事件》（Neue Plagiatsaffäre um Brecht）再次向布莱希特发起了剽窃的诘问。由于皮斯卡托尔曾考虑执导他的作品，吉尔布里希特 1928 年春曾把戏稿呈送皮斯卡托尔处，因而吉尔布里希特猜测，布莱希特当时在皮斯卡托尔团队中，应该会对剧本内容有所获悉。对于这一猜测，菲利克斯·加斯巴拉 6 月 16 日在同一家报纸中予以了驳斥，因为布氏这一时期还不属于这一团体（而且业已证实，他也从未真正属于过这个团体）。布莱希特对此的回应极为简洁："吉尔布里希特是不会被剽窃的。"

您干脆关闭剧院

广播：适宜媒体的熟练行为

布莱希特不仅大量使用唱片、从内部操纵剧院，而且正如前文所说，还时常参加意见调查，例如"您对伦茨 ① 怎么看"，但根据其回答也无法明确判断他要表达的是对春天还是对诗人的意见。或者在面对采访时，布莱希特还会给出一些虚假信息，一再努力增加自己在广播中发言的机会。自 1927 年末开始，已经可以在广播电台里用对话来活跃媒体节目，因为枯燥的朗读稿件会令听众厌倦。由于审查制度，以及当时的科技水平还不允许实时记录真实进行的对话，这一时期广播会谈的所有文稿，当然也包括布莱希特的，都只能被——也被布莱希特本人——很谨慎地视为艺术作品。

可以想象布莱希特如何应对广播媒体。1928 年 4 月 15 日 18~19 点，最著名的谈话节目《戏剧的困境——作家、剧院经理和批评家的三方会谈》(*Die Not des Theaters. Ein Dreigespräch zwischen Dichter, Theaterleiter und Kritiker*)，在全国范围内由克尼格斯武斯特豪森 (Königs Wusterhausen) 电台，部分区域由法兰克福／卡塞尔和斯图加特电台播送。节目嘉宾有阿尔弗雷德·凯尔——布莱希特的批评者和反对者——法兰克福剧场经理理查德·魏谢尔特 (Richard Weichert) 以及布莱希特。有两份文稿保存下

---

① 狂飙突进运动作家雅各布·米哈伊尔·莱茵霍尔德·伦茨 (Jakob Michael Reinhold Lenz) 的姓；同时也有春、阳春之意。

来，但这既不是真实对话的记录，也不是布莱希特为会谈准备的发言稿。（这样的发言稿当时很常见，借此电台可以在会谈开始前就对那些对他们来说棘手的段落提出指责，并阻止参与者在会谈中表达类似观点。）第一份卷宗里，起先是速记（但没有保存下来），然后是布莱希特对第一次预会谈的记录，第二份卷宗是布莱希特的记录，记录了第二次预会谈中他同魏谢尔特的详细对话，以及三方共同参与的谈话。第一份卷宗可能是为了应对审查，第二份应该是布莱希特为会谈留下的个人存档，可能也以漫无边际的预会谈的速记记录为基础。这意味着两篇文稿并非布莱希特所作，不能被视为作品，因为包含了他人的许多手笔。

尽管如此，从这两部文稿还是可以推断布莱希特在真实会谈中的目的与行为。即使不是教唆观众，布莱希特也属于那种能够通过策略促使观众形成某种意见的人，这次他显然也打算进行这样的尝试。布氏本次的谈话策略是，他代表魏谢尔特两年前发表于1926年10月1日《文学世界》中的文章的观点。布氏同魏谢尔特自1923年相识，当时魏谢尔特的法兰克福剧场在上演《夜半鼓声》。论述应该如此进行：记录的附注清晰地标示了谁向谁说话，魏谢尔特和布莱希特相互交谈（"W对B说"，或反之），两人无视凯尔独自交流，或者对凯尔的言论漠不关心。布莱希特的记录以"预演"为题，其中只有在两人已经交替对话过两次后，才允许凯尔发言，而且两人间使用的是亲密的称谓（"亲爱的经理先生"，"亲爱的布莱希特"）。文中于凯尔在预会谈中发言的地方，只为这个多余的第三者标注了"凯尔博士"。布莱希特显然不关心发言内容，因此也没有记录。

凯尔发言后，布莱希特和魏谢尔特却仍然继续两人之间的交谈，完全不讨论凯尔的见解，这样的策略明显符合布莱希特的心意。除此之外还有一个设定：魏谢尔特应该表现得好像刚从剧院过来（这事实上不可能，因为节目当天没有演出），并且又一次对观众勃然大怒。而且他还应该装作惧怕媒体，自称必须无奈地对其逢迎（"吻他们的漆皮皮鞋"云云）。这些斥责为布莱希特提供了突破口，他向魏谢尔特建议，终止对戏剧的改善，这是"布莱希特对当代戏剧的宣判"，布氏进而阐述道："如果戏剧陷入危机，那么我建议：您干脆关闭剧院。戏剧诚然举足轻重，在公众兴趣中占据了一席之地，但它无法坚守这一位置。那么，您就放弃这一位置。您不要误解我：所有关于戏剧革新的建议都（必然）以观众数量减少为前提，这将，如前面已经说过的，导致剧院倒闭。但您不必惊慌，我可以向您保证，您可以在关闭剧院之后立即重新开幕。当然要推出新的剧目。"布莱希特再次采用了经济学家的论述方式，并且按照经济发展趋势提出建议，以人工手段将可以预计的低谷提前，从而为根本性的变革开辟空间。而变革在于应该向那些体育观众敞开剧院，并认真地为他们制造欢乐。在布莱希特的戏剧中，拳击台和竞技场氛围开始逐渐扩展（1927 年的《马哈哥尼歌唱剧》、1929 年的《教育剧》、1930 年的《措施》）。魏谢尔特显然同布莱希特合作，方式是又把球踢还给布氏——至少布莱希特明显希望他这么做——这样凯尔就完全没有机会清晰地阐述自己的意见。

《戏剧的困境》中预先规划好的谈话过程除了符合策略之外，还具有其美学范本：歌德《浮士德》中的《舞台序幕》（*Vorspiel auf dem Theater*）。但在布莱希特身上，发生的几乎是歌德笔下谈判内容的反面；相同的仅仅只有参与对话的三方组合（歌德戏剧中：剧团经理、剧团诗人和丑角）。两者的相异之处简要而言有：在歌德笔下（当然是虚构场景中），剧本还没有开始写作，诗人和经理对如何写作争执不下。但在布莱希特身上，剧作已经完成，虽然成果甚微，但经理和诗人意见统一：必须摒弃这样的戏剧。歌德在剧院中雄心勃勃的精神和祖传的位置，如今都让位于广播电台中布莱希特的现实口吻。如果在歌德的笔下，丑角还能在两种对立的利益间幹旋，布莱希特却只记录下了一个空格。最终歌德承诺观众们，要在"这狭窄的木棚"中照亮"宇宙的全境"，相反，布莱希特却要求"处决"这座"缪斯女神的圣殿"①。这并非纳粹在媒体中高声嘶吼的"将公开辩论错误地美学化"，而是令人记起，生活艺术同其他艺术相隔并不遥远，而且艺术也可以发生在现实的游戏中。

但布莱希特本次的策略只能被视作失败，虽然三方会谈是轰动性事件，受到多方关注，甚至被评价为广播发展史上的里程碑。这种形式是全新的，而且为广播设立了新的标杆，因为这样的节目足以娱乐观众，它虽然有各种准备和策略，但毕竟仍是对立观点的正面交锋，在一定程度上实现了实况直播传送。这些已经足够令这次会谈成为传奇。但本次会谈显然并不十分活跃；有评论称："明显没有准备充分，因此各方都含糊其词。而且最终评论家凯尔还打断讨论，独自说教，这并非本次会谈的内容。但无论怎样，还是出色的。"

各方立场策略不同，而且皆得到充分展现，这还涉及另一个重要方面：接受。那些大众交流媒介如今已经堕落为消遣机构，布莱希特解释，自己的目的在于使它们再次成为交流机构。布氏对此的思考被概括为"广播理论（Radiotheorie）"，但几乎没有提出相关的要求，只形成了偶然的、零散的记录。"广播教育剧"《林德伯格一家的飞行》（*Flug der Lindberghs*）② 尝试使听众成为戏剧的一部分，并能够积极参与共同塑造的剧中人物，这虽然颇有新意，但作为一种要在观众中得以贯彻的新的习作艺术，更多只是幻想。对此布莱希特也有所了解，他明确强调，这样的"职能改变"只在一种国家有可能，即当这样的尝试有益于个人的同时也有益于所有人："如果脱离只有国家可以组织的实现方式，林德伯格的飞行既

---

① 指剧院。

② 查尔斯·林德伯格（Charles Lindbergh），1927 年历史上首次成功完成横跨大西洋的单人不着陆飞行。

没有美学价值也没有革命价值。而恰恰只有当代国家没有兴趣采用它时，它才具有真正的革命性。"引文出自《尝试》第一期中《林德伯格一家的飞行》的注释，文章篇幅两页，在期刊的书名页上被标注为"广播理论"，针对的是 1929 年在巴登-巴登首演初稿的增订版。

如今一再被问及的问题是，通过电话、网页聊天或者虚拟平行世界的加入，布莱希特设想的听众主动参与节目流程，今天是否已经得以实现。回答是否定的，因为这并非真正的自由交流，不存在同真实人物的联系（或者只有人们脱离媒体的某些特例），而且结果（几乎）皆索然无味。

该剧原本题目仅是《林德伯格》（*Lindbergh*），布莱希特明确称之为"英雄赞歌（Heldenlied）"。这是一次技术上的实验，以此——与现实中人的物化相反——实现机器世界的（当然还有与之对立的自然力量的）人格化。机器与自然在其中开口说话，例如布莱希特笔下，纽约城向船只询问林德伯格的情况，然后"苏格兰女皇号"诚实回答；或者雾和暴风雪也加入对话要威吓主人公，因为他们千年来从未见过也不愿相信有人能突然在空中飞行。布莱希特没有采用通常的自然主义声效，而是使用了人类的嗓音作为替代，以便赋予机器或者自然现象以生命，不仅使其不再保留在社会现实中的无名原状，而且暗示了它们有被操控的可能性。

令自然力或者机器开口说话其实是古典主义时期已有的创意。例如歌德在他的《植物变形记》（*Metamorphose der Planzen*）中令人印象深刻地展示，只有当人类观察它们潜在的变化，并把观察到的相互联系起来时，自然才会向人类开口；只有当人类臣服于自然之时，他才能统治自然，这正如已经详细阐述过的，是现代自然科学的核心思想。这也意味着，只有当人类提出正确的问题时，自然才会给予相应的回答，而这些问题人类只能从自然中提取，而不能靠自己绞尽脑汁得出。

两年之前的 1927 年 5 月，布莱希特和魏尔为埃森市（Essen）构思了歌剧歌舞剧《鲁尔史诗》（*Ruhrepos*），导演、演员卡尔·考贺（Carl Koch）提供了电影和照片创作作为舞台背景。计划已经成熟，可以签订合同，但右翼极端分子散布传单，要求采取反对鲁尔区"犹太化"的措施，之后，计划由于地区议会的异议而遭取消。在埃森的剧院被犹太人占领之后，据纳粹反人类的论述，不允许再有"两个犹太人……现在将'伟大的艺术'从柏林带到埃森"。布莱希特被视作"颓废、无价值、变态剧作（《夜半鼓声》、《巴尔》及《人就是人》）的著者，虽然有各种有利于犹太人的宣传，但这些作品没有流传出柏林"；而魏尔则只是"一名拘谨的轻歌剧制作者"。

魏尔和布莱希特早已计划让鲁尔区的机器园区开口说话，而且采用极为幽默的方式，例如起重机"卡尔"获得了这样的建议："不要像个资本家一样整天抽烟 / 祈祷，工作！ / 前挪 4 米！ / 再后移 4 米回来！ / 立正 / 把抓手放在你前面的钢轨上！ / 真听话，小卡尔…… / 卡尔，来一个马克思主义的笑脸！"由于《鲁尔史诗》全部由魏尔谱曲，它更为确切地说其实是《机器之歌》（*Song der Maschine*）的歌词，歌声唤醒机器真正开始了生命。其中"工作（arbete）"［被改为"arbete"，进而同"祈祷（bete）"押韵］再次展示了布莱希特对马克思主义核心概念的理解。这一时期他还令斯太尔车欢唱，让发动机咆哮，所有这些尝试都是为了寻找艺术化的手段，使机器开口说话并得到理解，使其具备人造物品的特征，又同时受到工人们的支配。如果这些美学尝试登上舞台，将是革命性的。这些机器在资本主义社会中几乎无法从其销售功能中解放出来，关于机器的辩论也总是脱离真实，相比之下，布莱希特的美学尝试更有效。

先填饱肚子，再讲道德
音乐剧：三毛钱主菜

1928年，演员恩斯特·约瑟夫·奥夫里希特（Ernst Josef Aufricht）在父亲的帮助下租下了船坞旁的剧院，并想在自己的生日（8月31日）那天开幕。为此他需要一出合适的戏剧。当奥夫里希特回忆往事时，好似他自己主动聘请的布莱希特，但其实是布莱希特执意要加入，并且说服新的剧院经理接受自己当时还没有创作完成的剧本。1927年，布莱希特委托伊丽莎白·霍普特曼翻译约翰·盖伊（John Gay）的《乞丐的歌剧》（*The Beggar's Opera*），布氏能言善辩，向奥夫里希特讲述了故事情节，引起了奥夫里希特的兴趣。布氏虽然以《乌合之众》（*Gesindel*）为题开始了改编，但这份对奥夫里希特有决定性意义的文本同日后的歌剧版本只有少部分相同，绝大部分是霍普特曼翻译的再现。

布莱希特无论如何要继续同魏尔因《马哈哥尼》而开始的合作，因此，尽管魏尔在巴登-巴登取得成功，但在其他圈子都不知名，布莱希特还是坚持由这位以无调性音乐踏入乐坛的布索尼弟子来担任作曲。1928年4月，两人同环球出版社（维也纳）为正在创作的作品签订了合同，关于版税分成，合同规定：布莱希特占62.5%，魏尔占25%，伊丽莎白·霍普特曼占12.5%。由于时间紧迫，8月初就要开始排练，布莱希特和魏尔5~10月偷溜到滨海的圣西尔（Saint-Cyr-sur-Mer），像创作《马哈哥尼》歌剧时一样，共同写作音乐和文本。6月14日，魏尔致信环球出版社："目前我以极大的压力在为《乞丐的歌剧》作曲，这给我带来了很多快乐。由于将会由话剧演员表演，所以歌剧用朗朗上口的曲调写成。我期望6月底能完工，然后《马哈哥尼》也能一气呵成。"伊丽莎白·霍普特曼并没有同往，但或许魏尔的妻子洛特·莱妮亚（Lotte Lenja）一同前去，她虽然根本没有名气，但还是为两位创作者担任了珍妮（Jenny）的角色。其他演员包括一些明星，例如哈拉尔德·保尔森［Harald Paulsen，饰演麦克西斯（Macheath）］，他由于参演了一些默片并在德意志剧院扮演讽刺模仿角色，成了实至名归的花花公子；还有罗莎·瓦勒蒂［Rosa Valetti，饰演皮丘姆夫人（Frau Peachum）］，奥夫里希特如此刻画她的性格，"柏林卡巴莱剧的奇女子，满脸皱纹，音色庸俗，是个口无遮拦之人"；奥夫里希特还聘用了凯特·屈尔［Kate Kühl，饰演露茜（Lucy）］，她是"嗓音深沉具有穿透力的"新型香颂女歌手，曾在自傲咖啡馆①因略带情色特点的表演让罗莎·瓦勒蒂大为赏识。奥夫里希特曾讲述，两位作家从法国南部回来后对演员阵营表示深为触动。

布莱希特和魏尔从法国带回来的并非最终版，但它已经同盖伊的原型（因此也同霍普特曼的翻译稿）有了可观的区别。1928年6月费利克斯布洛赫埃尔本出版社（Verlag Felix Broch Erben）胶版印刷了舞台手稿，这显然也是排练采用的版本。这一版仍以《无赖歌剧》（Die Luder-Oper）为名，并且详细列出了整个参与创作的团队：封面上布莱希特写了原本的题目《乞丐的歌剧》，以及原作者约翰·盖伊［错误地写成了格雷伊（Gray）］为独立著者，第二页注明译者是伊丽莎白·霍普特曼，布莱希特署名"德语改编"，作曲是魏尔。歌剧脚本首次出版时仍然保持了这一体例，直到1931年《尝试》中的版本才将布莱希特列为著者，还值得注意的是，布莱希特将《无赖歌剧》视为原版的改编，但在初版中已经不再如此。初版题目为《三毛钱歌剧／（乞丐的歌剧）／参照约翰·盖伊英文版的音乐剧，含序幕及8场》［Die Dreigroschenoper／（The

---

① "Café Größenwahn"的正式名称为"Café des Westens"（西方咖啡馆），是一战以前艺术家和波希米亚主义者著名的聚集地。

Beggar's Opera） / Ein Stück mit Musik in einem Vorspiel und 8 Bildern nach dem/ Englischen des John Gay］；但此处布莱希特仍被列为改编者，伊丽莎白·霍普特曼是译者。

布莱希特与盖伊的版本之间差异十分显著。例如，同以后的版本相比，结束场更贴近原版，1928 年该剧在环球出版社第一次印刷时，虽然"抢银行和开设银行怎么能比……"等知名的语句还没有出现，但是这一场已包含了一些极新颖的片段，不能再算作原版的翻译。盖伊笔下，除了波莉（Polly）和露茜以外，还有其他四位新娘在争夺麦基（Mac，麦克西斯），剧中有一名乞丐以戏剧作者和舞台领导者的身份构建剧情框架，扮演麦基的演员要求这名乞丐不要绞死他，因为"歌剧必须有喜剧结局"。乞丐起初还有所反抗，但最后还是屈从了观众的品味，理由是，戏剧如何结束并无所谓，因为正派的人在习俗上同黑帮并没有不同，而且悲剧中的道德并不适宜此处，因为没有人会信守这样的道德。麦基服从了自己的命运，他现在必须结婚，而且是结束曲中诉苦，无法应付向他蜂拥而来的女人们。

舞台上的结局引发了讨论，但作者本人没有登场，他从帷幕后发言，因必须修改结局而受到了侮辱，引用无人关心且在舞台上也无处可寻的"真实"为证，然后愤愤离去。盖伊的版本里布朗（Brown）最终没有出现，但此处是布朗宣布了女王的决定。皮条客、妓女和乞丐——并非随意选择——两两一组开始合唱，不需要对不公不义之事严格执法，因为赤贫者总是要接受最糟糕的结局。

排练时还必须进行一些重大改动，总彩排表明，戏剧过长，必须缩短 30 分钟。有一些歌曲也被删除：《萨罗蒙之歌》（Salomom-Song）过长，《性沉迷谣曲》（Ballade von der sexuellen Hörigkeit）太猥琐，吉卜林组曲在此处不合适，而且凯特·屈尔无法胜任露茜的咏叹调，以至于整场必须删除。然后海伦娜·魏格尔抱恙，因此十分引人入胜的另一场也被取消：麦克西斯在妓院里同柯斯达太太［Frau

Coaxter，而科克斯先生（Herr Ccax）是改编成《三毛钱小说》时新添加的人物］为买妓女的内衣而讨价还价。另外卡罗拉·内尔（Carola Neher）无法出演预计的波莉一角，因为她的丈夫，作家克拉邦德病危。爱打扮的哈拉尔德·保尔森在自己的演出服上添加了丑陋的蓝色蝴蝶结，因而激怒了大家，最终布莱希特让步，给保尔森增配了一首出场曲，曲子能表现他的卑鄙行径，使保尔森饰演的麦基在蝴蝶结的映衬下显得"更加令人毛骨悚然"。

《尖刀麦基谣》（Moritat von Mackie Messer）布莱希特一夜间写成，未进行一字一句的改动；而音乐也出自布莱希特之手（而非魏尔）的猜测也绝非臆想。同时代的影评家洛特·艾斯纳（Lotte Eisner）回忆："布莱希特和魏尔在创作《三毛钱歌剧》时，我时常突然到访，布莱希特会用一种不连贯的、刺耳的方式吹奏或者在钢琴上演奏一些音符，着重强调节拍，如此一来魏尔除了为其转调别无他事可做。"布莱希特和魏尔的工作方式最终导致无法清晰地断定哪些部分是出自谁的手笔，对此，导演路德维希·贝格尔（Ludwig Berger）也提供了另一证明。贝格尔 1931 年 11 月因《一报还一报》（Maß für Maß）的演出同布莱希特合作，他曾写道："能观赏这些是一种愉悦，如此全神贯注同时又如此放松，如此严肃同时又如此快乐，如此富有音乐性同时又如此庄重，如此具有批判性，如此具有创造性，同时，思想在工作中又如此活跃。……除了他的才华之外，令我欣喜的还有布莱希特对节奏毫无偏差的感知，这在他口授时表现得更明显。"

虽然布莱希特是理性主义的，很少或者完全不相信幸运，但他在起伏跌宕的一生中仍期望能得到幸运的眷顾，因为若非如此便无法渡过难关："幸运即援助。"事实上《三毛钱歌剧》确实十分幸运。一些场景和歌曲遭取消，排练中的矛盾，完全失败的总彩排，这些事件使成功的希望十分渺茫，这还不包括最终采用的题目是利翁·福伊希特万格在最后一刻提议的。虽然首演在提心吊胆中开始，布莱希特还防备性地给他的演员配备了能发出颤音的哨子，但观众的欢腾从《大炮之歌》（Kanonen-Song）已经开始，至终场而不息。由于观众的一再要求，一些歌曲还必须重复表演。

这是奥夫里希特的说法。莱妮亚则形容了一个完全不同的夜晚，成功仅仅源自后期媒体异口同声的追捧。但事实同她的描述相反，有一些评论家对作品完全不赞同。作家、评论家菲利克斯·霍兰德尔（Felix Hollaender）认为，布莱希特扼杀了"令人欣喜的"盖伊，就像他曾经对马洛的《爱德华》做过的一样，虽然抓住了"时代的韵律"，"但他缺少强有力的呼吸和内在的节律"。《世界舞台》记者哈里·卡恩（Harry Kahn）的评价更尖锐：整部作品无非是"用优美手段包装的劣等文娱演出"，缩短一半都依然过长。多数评论倾向于不将《三毛钱歌剧》视作对歌剧的讽刺模仿或者对市民阶层的讽刺，而更多强调其与歌舞剧的类似："沾满血渍的低俗罗曼史、感情夸张的思绪"，这些都是庸俗，几乎没有或者根本没有人察觉到社会批判。面对这样的事态——确实有一些给出正面评价的评论家，但完全没有形成声势——不禁令人惊愕，《三毛钱歌剧》取得了如此出众的成就。

无论如何，哨子没有必要，因为这次首演引发了席卷整个柏林的成就。那个时代也同样如此，民怨沸腾，要清算那些社会中营私舞弊的不公现象，观众可以用玩世不恭的消遣和惬意接受这个现实。缺点是，演出的成功使控诉社会疾苦的元素彻底遭到忽视。像柏林的地下世界一样，强盗们受到英雄般的礼赞，而且歌剧还抓住了强盗同腐朽的市民世界的相似性：他们是你我一样的人，但带有邪恶的印记。这些都是可以模仿的。

首演之后，剧中的歌剧便迅速被灌录为唱片用以大众化传播，并且在柏林形成了前所未有的"三毛钱歌剧热"。三毛钱酒吧和花柳之地重新开业；女人们身着妓女一样的打扮，男人们则装扮为嫖客或者黑帮，演绎风流社会。十分明显，这次成功是源于音乐和文本的顺畅结合。作曲家奈德·罗瑞姆（Ned Rorem）曾对此写道："他的（魏尔的）乐曲像露水一样滋润了布莱希特干瘪的文字……自《唐璜》以来，第一次用令人振奋的音乐刻画了可骇的内容。"音乐杂志《开端》（Anbruch）完全致力于新音乐，1929年，恩斯特·布洛赫首次在杂志里以他夸张的风格热情洋溢地开口评论魏尔和布莱希特："终于突破了那些关于女仆和明信片天空的感伤歌曲，形成了新的民族传说"，音乐完美融合了爵士、香颂、丧礼进行曲等众多元素，"似乎让酒吧和大教堂之间都没有了差别。朵朵小花从最慵懒的轻歌剧魔法中，从1900年的欲望香颂中，从美国爵士工厂的壮丽中生长出来，动手模仿、示范"。总体上，布洛赫从剧中的"啤酒恶作剧"解释本剧的成功，如果《海盗珍妮之歌》"可以被任意赋予兆示世界末日的含义"，《三毛钱歌剧》就是具有革命的特性。

布莱希特如何评价自己的成功？可以从他给埃尔文·皮斯卡托尔的信中得到展现，当时布莱希特再次回到奥格斯堡，这次回归被推后到了秋季，因为之前他在柏林忙于歌剧的相关事宜。值得注意的是，在歌剧成功后一个月（9月底或10月初），面对汩汩涌入的版税，布莱希特写道，《三毛钱歌剧》的成功虽然遂人心愿——但他仍自嘲地补充说——"却仍无法满足观众，这一点同普遍观点相左——当然我不会因此而失望。"布氏继续道："30岁的人（他自己的年龄）扼杀了革命，也许40岁的人会再次接受它？那些在知识分子中开始的情绪，停止沮丧吧！实际上：失望完全是被枪决的充足理由。那些现实中的革命主义者并没有超越格拉古兄弟（Gracchus，罗马平民派领袖）①的马克思主义，现在要开始数年的等待了！"但布莱希特没有

---

① 提比略·格拉古和盖约·格拉古，公元前2世纪罗马共和国政治家，代表公民平等的思想，领导了以土地问题为中心的改革。

就此气馁。这封信展示了他的心境，而且这份心境并不是美好的。

在柏林，《三毛钱歌剧》在座无虚席的剧院里演出了数月之久，之后又很快在慕尼黑、莱比锡、布拉格和里加（Riga）的舞台中上演。到1930年为止，共在120多所剧院进行了4000多场演出，并且受到了观众的热烈欢迎，票房当然也收入颇丰。环球出版社的舞台部主管汉斯·海因斯海默（Hans Heinsheimer）回忆："当支票慢腾腾地到来，小数点和小数还能写在正确的位置，会计大口抽着他们的香烟，必须在账簿中特意再扩充新的列，才能登记那些千位数和万位数，这里的空间通常只够少得可怜的十位数或者零点几几的数字。"

魏尔和布莱希特还有其他成功的合作，为了扩大听众群体，他们目标明确地为电台广播创作了《柏林弥撒》（*Berliner Requiem*）。魏尔利用了布莱希特现有的诗歌，诗同音乐一起"表达了大城市居民对死亡这一主题的感受"。1928年11~12月，作曲家和词作者遴选诗歌，并且确定顺序，其中《醉女谣曲》（*Ballde vom ertrunkenen Mädchen*）的初稿是献给罗莎·卢森堡的［题目中的"ertrunkenen"还有版本异文作"erschlagenen"（杀死的）］；《伟大的感恩赞歌》（*Großer Dankchoral*）在开始和结尾处分别出现。这一纪念一战结束十周年的反战作品在1929年5月22日由路德维希·罗滕堡（Ludwig Rottenberg）指挥，由西南电台（Südwestfunk）首次播送。之后，法兰克福电台再次播送了《柏林弥撒》，赞扬弥撒曲同大多数广播中的音乐节目相比，尤为适宜电台播放："电台广播及其全新的影响为新的思想意识提供了前提，而魏尔和布莱希特恰恰从这样的艺术思想出发，因此，所有音乐和诗学上的独立问题都回避这一事实，即除了广播剧之外，新的内容显然在魏尔和布莱希特的作品中找到了自己的形式——语言与音乐的统一。收音机前的听众很容易陷入**孤立**的危险中——被感伤引诱，

/ 206

但现在，这样的危险因**共同**经历而被断然瓦解，而且从未如此坚决。"
因此，布莱希特和魏尔至少可以在交流与媒介的事宜上记上自己的功
劳。但效果并不显著；因为时代开始转变，这是怎样的变化？

他为什么吃饭？
音乐教育剧：游戏中的学习

　　许多历史事件都可以被视作布莱希特更加积极地参加共产主义
反抗的原因。第一个重要事件发生在 1929 年 5 月 1 日。5 月 1 日前，
已经发生了一系列改变了德国政治局势的事件。1928 年 9 月 28 日，
普鲁士内务部长阿尔伯特·格策辛斯基（Albert Grzesinski，社民
党）取消了针对希特勒实施的禁止公开政治演说的禁令。希特勒
立即作出反应，同年 11 月 16 日在柏林体育馆组织了政治性活动，
迅速导致了公开的暴力行为和第一批死亡事件。1928 年 12 月 13
日，柏林警察局长卡尔·弗里德里希·措基伯尔（Karl Friedrich
Zörgiebel，同样是社民党）因此实施了对公开政治集会的禁令，
1929 年 5 月 21 日格策辛斯基将这次禁令扩展到整个普鲁士。这一
法令在 1929 年 5 月 1 日时仍具有效力。

　　德国共产党坚持自己传统的五月集会，同时还想借此展示，能
被共产党号召到街头的人多于社民党和工会的总和，但实际上事与
愿违，这说明共产主义者们高估了自己。措基伯尔不仅坚持集会禁
令，而且预防性地调集了 13000 名警察以阻止社民党和德国共产党
支持者之间的冲突。虽然只有几队由 50 名或最多 500 名德国共产党
集会者组成的队伍向柏林总部行进，警察立即开始驱散卡尔·李卜
克内西家前的人群，并在棍棒殴打之外，向集会者射击。至少（数
字不统一）33 名参与者中枪身亡，约 200 名受重伤。

布莱希特成为这一事件的目击者，因为他当天在社会学家弗里茨·施坦贝格家做客，施坦贝格的住所极为靠近德国共产党总部，以至于布莱希特透过开着的窗户直接目击了事件的全过程。施坦贝格日后写道："当布莱希特听到枪声，看到人们中枪倒下，他的脸色是我一生未见过的惨白。我认为，尤其是本次事件愈来愈强烈地把布莱希特推向共产主义者一方。"

但对布莱希特而言，不仅是警察的血腥行为本身，社民党人——正如曾镇压斯巴达克团起义一样——更应对本次血腥屠杀负责。他们从未对此表示悔过。恰恰相反。事件之后，在充斥着混乱的国会中，社民党还以警察紧急自卫（警察中无人伤亡）为理由袒护自己的行径。而且措基伯尔还不满足于这种捏造的、政治上完全不充分的解释，宣布了"交通以及灯光禁令"，这意味着外出戒严、门窗遮挡、公共区域禁止灯光照明并且让装甲车仔细搜寻各个街道，无视私人住宅不受侵犯的条款搜查房屋。还导致了众多人物被捕，其中大多数无法被证实有罪。德国共产党的机关刊物《红旗》被禁止出版长达 7 周。

"血色五月"被记入了德国历史，值得注意的不仅是其单方面的暴力血腥，还有社民党在 1929 年上半年以暴力开展的同共产党的斗争，均给纳粹提供了活动空间，这对社民党自身而言同样是灾难性的，因为纳粹从五月事件中最终获益。一方面，纳粹党同市民阶层中的右翼分子共同策动了反对杨格计划（Young-Plan，德国战争赔款的新规定）的运动，从而可谓"登上了大雅之堂"，另一方面纳粹冲锋队开始实施街头恐怖，并从 1930 年起开始壮大，以致最晚自此之后，整个魏玛共和国里再无安定的市民社会一说。

/ 208

加之 1929 年 10 月美国爆发股市崩盘，引发了世界性的经济危机，在极短时间内导致了德国失业率激增。1930 年 3 月，社民党和资产阶级，还有德国人民党（DVP，民族自由主义政党，后期民族主义倾向日益严重）的大联合政府（穆勒第二内阁）①瓦解，这被历史编纂学普遍认为是魏玛共和国末期的开端。可以说，最晚至1929年，德国开始了反抗正在兴起的德国法西斯的斗争，法西斯明显公然散布反对共和的恐怖政治。

如若要阻止纳粹上台和暴力破不共和，必须最晚于1929年表明立场。1929年的政党格局清晰表明，只有共产党可以真正成为纳粹的反对者，相反，社民党已经不可能发挥联盟伙伴的作用。如果布莱希特想成为当代社会弊端的调解人，他必须尝试以新的美学手段予以回应。5月20日布氏遭遇那场著名的交通事故，必须休养，结识了瓦尔特·本雅明（Walter Benjamin），回到阿默尔湖畔的下雄多夫（Unterschondorf），继续《林德伯格》、《教育剧》和《幸福的结局》的工作，还有《法策尔》（Fatzer），布莱希特自1926年夏便开始写作，但仍未完成。

《幸福的结局》是一场艺术上的失利。寄希望于再续《三毛钱歌剧》的辉煌，可以说布氏是委托伊丽莎白·霍普特曼撰写续篇。《幸福的结局》上霍普特曼签署了假名多萝西·雷恩（Dorothy Lane），因而至今也被错误地归为布莱希特的作品，1929年6月，布氏给她建议："故事主要情节大概如此。环境：救世军②和罪犯的地下酒馆/内容：善与恶的斗争/噱头：善战胜恶。"霍普特曼据此撰写了戏剧，构思为对《三毛钱歌剧》的夸张模仿和嘲弄，情节疯狂、荒诞，对观众的接受力提出了挑战，因为《三毛钱歌剧》实际上已经是对观众的苛求，那些有争议的段落有幸没有影响它受到欢迎，西奥多·W.阿多诺将其誉为伟大艺术作品的最重要特点，但《幸福的结

---

① 1928~1930年执政，由社民党人赫尔曼·穆勒（Hermann Müler）领导，是魏玛共和国时期第二个大联合政府。

② 基督教的一个社会活动组织，1865年由英国人布斯创立，1878年其仿效军队形式进行整编。

局》却过犹不及，即使其中有一些出色的歌曲也无法改变这一事实，这包括布莱希特和魏尔贡献的《毕尔巴鄂之歌》（*Bilbao-Song*）、《碧海之歌》（*Das Meer ist blau-Song*）以及原本为福伊希特万格的《加尔各答，5 月 4 日》所作的《苏腊巴亚-约翰尼》（*Surabaya-Johnny*）。《幸福的结局》1929 年 9 月 2 日首演，几乎是传奇的《三毛钱歌剧》上演整一年后，使布莱希特征服市民习俗的努力受到了一次严酷的打击，无疑导致了他的政治化，从 1930 年开始，布氏积极投身共产主义运动。但还有些细微差别。

1929 年 7 月，德国室内音乐节在巴登-巴登举行，《林德伯格飞行》和《教育剧》都是布莱希特为此而作。《教育剧》，而且首先是本剧的题目《巴登的赞同教育剧》（*Das Badener Lehrstück vom Einverständnis*），都同《林德伯格一家的飞行》的结局联系紧密，并且在开篇引用了《林》剧的结尾，但故事的内容却是关于"坠落的飞机驾驶员"。法国空军飞行员查理斯·农格塞尔（Charles Nungesser）1927 年 5 月 8 日首次尝试飞跃大西洋，但从此下落不明，布莱希特采用这一事件为素材，由保罗·亨德密特担任作曲。两人 1927 年时因巴登-巴登举办的第一次室内音乐节相识，布莱希特和亨德密特由于共同的兴趣时常相聚，致力于给公共的以及私人的音乐生活带来新的生命力：音乐以及演奏音乐被作为促进联系的工具。与之相应，1929 年的巴登-巴登室内音乐节也以座右铭"比听音乐更美好的是做音乐"为主题。同"广播理论"类似，这一座右铭也要求转变一般意义上音乐会观众的职能，鼓励他们共同参与，从而消解音乐会指挥台的孤立地位。"实用音乐（Gebrauchsmusik）"是这里的关键词。

几乎不能相信，"教育剧"也是布莱希特的新造词，布氏 1929 年不仅将其作为概念或者剧名使用，而且是他为新的戏剧类型所创造的名称，即一种音乐剧，以魏玛共和国时期新音乐的"实用艺术运动（Gebrauchskunstbewegung）"为背景发展而来。以布莱希特的理解，先锋派作曲家亨德密特也可能赞同这种认识，戏剧不应该宣布某一"学说"，而是首先要使那些积极参与角色表演的人谙熟不同的行为方式，这才是教育剧的教育意义。

布莱希特认识到，资本主义的行为主义学说在系统化的运用中，使人类形成了迄今没有意识到的需求，而它的策略是内化消费的需求。政治层面的运作也类似：政策及其政治承诺像宣传商品一样，宣传自己提名的领袖，人民无论如何也必须拥有，而且人民并没有察觉到，正如布莱希特日后在《牛犊进行曲》（Kälbermarsch）中所表达的，这是牛犊自己选择了屠夫，情愿被送于刀俎之上，对内化毫无反思，反而日日公开庆贺。戏剧揭露了社会中的这一现象，由此使其得以被认识与控制，这是教育剧最重要的政治目的。布莱希特坚信，角色扮演以前所未知的方式影响着日常生活，正如社会学中的角色理论以戏剧为比喻，使用了"扮演角色""表演空间""角色冲突""性格面具""人物"等概念。利用戏剧角色可以使人们意识到并看透社会角色，反之，从社会角色扮演中也可以赢得戏剧模式［英语：patterns，参见布莱希特关于《街头场景》（Straßenszene）的文章］。

由于经历了法西斯主义和斯大林主义，如今"教育"的概念已经没落，会使人立刻想到教导或者较贬义的教条或灌输。曾经在某些时期（参见《伽利略传》），实现对知识的需求以及领悟时的欢乐感觉，都被颂扬为世界的和真实的体验。"教育"如今仍有公布学说、宣布信仰之意，因此，教育剧被等同于对（意识形态上的）信息的介绍，其中几乎或者完全排除了所有美学享受和获得领悟的愉悦。但日臻完善的教育剧，特别是音乐与文本的统一体，却以其反面为目标，而且亨德密特也没有参加过宣扬共产主义学说的活动。

起初《林德伯格飞行》（Lindberghflug）颂扬了技术先驱的胜

利，而日后广播教育剧版本的《林德伯格一家的飞行》（*Flug der Lindberghs*）则对林德伯格的成功重新作出了解释，即这是同那些建造飞机的人的共同成就。飞行也可能失败，正如农格塞尔事件所证实的，如果飞行员被科技进步的迷醉冲昏了头脑，盲目依靠科技，而忘记了"起程的目的"，也就是忘记了如果进步要具有社会意义，它必须是所有人〔大众，在剧中被称为"人群（die Menge）"〕的进步。

教育剧共进行了三项探讨。第一项表明科技进步只会导致人类受制于科技，而并非通过科技得到解放。第二项表现了在我们的时代，人如何被其他人屠杀。第三项展现了一个小丑节目，其中大小丑施密特先生（Herr Schmitt）可谓"十分强大"，有两名小小丑声称愿意在他悲痛时帮助他，但施密特先生却被剖开和肢解。第三项是最极端的，在巴登-巴登首演时也遭遇了观众气愤甚至略带攻击性的回应。布莱希特的执导加重了效果，施密特先生脚踩高跷，手臂加长，头顶纸坯制的巨型头颅和大耳朵，被"逼真的锯和逼真的声响"一块块除去四肢，之后血染的断肢出现在大家面前。目击者称，现场爆发了震耳欲聋的噪音，观众们成群结队地离开了大厅。提奥·林根（Theo Lingen），施密特先生的扮演者还记得当时的骚乱，这是他一生从未在剧院内遭遇过的。据汉斯·艾斯勒称，一位著名的音乐评论家甚至昏厥过去。

对布莱希特和亨德密特而言，重要的是展现发达的、愈来愈科技化的资本主义如何消除了人的个体性，它将人分割、物化。施密特先生是放大了的典型的市民阶层个体，认为所有一切都应该以他为中心。他被分割为各个部分也完全对应了卢卡奇在《历史与阶级斗争意识》（*Geschichte und Klassenbewußsein*）中所描述的"主体的分割"，实际上小丑一和小丑二无比卑躬屈膝地帮助施密特先生；他们研究了他的每一处痛苦，只是最终的结果彻底荒诞。施密特先生不再存在，但他几乎仍拥有自己想要的"一切"，甚至那些被锯下来的四肢也被两个小丑放在了他的怀里。戏剧展现的是（巨大的）市民个体的拆解，但他甚至没有察觉到拆解的发生，固执地将这一过程视为"帮助"。个体虽然最终不再存在，但仍继续坚持其个体性。

观众中那些中产阶级的疗养客们感到自己的身体受到了挑战，认为出席音乐节观看的竟是自己被分解的过程，因而无法忍受这般血腥的戏剧表现。这是因为，当社会异化的过程愈发趋向极端，革命失败后，犯罪行为会再次公然走上街头（自1927年3月以来），该剧直接面向了魏玛共和国的市民阶层（以及不愿对此有所了解的知识分子）和共和国行将就木的结局。

布莱希特1929年秋再次开始了《法策尔》①的写作，戏剧仍然以个体的覆灭为主题。海纳·穆勒曾宣告这是一部"世纪文本"，手稿篇幅近600页，由瓦砾堆般相互联系甚微的文本片段组成。1929年秋布氏进入了第四个创作阶段。布莱希特引入了"思想者"的角色，之后将其命名为"科尔纳先生（Herr Keuner）"。科尔纳应该——不知以何种形式——承担剧中所有的评论。很快这个人物就独立出来，第一批《科尔纳先生的故事》（*Geschichten vom Herrn Keuner*）诞生了。"科尔纳"有双重含义，根据奥格斯堡的口音，他的名字应该是凯因纳（Keiner）②，这说明他涉及的并非——不公道地说——一个"血肉之躯"的人物，而是——传统上会写——一种"人物类型（Typus）"。科尔纳代表了辩证的、对话性的中间机构，他质疑既定的状况，挖掘其中的矛盾，给出出人意料的答案，又不时否定答案。同时科尔纳又同希腊语的"coiné"同音，"coiné"表示通用的，观点相同的，但自然不是在意识形态意义上，而是基于自愿的协定。

---

① 全称《利己主义者法策尔的堕落》（*Der Untergang des Egoisten Johann Fatzer*）。
② "Keiner"在德语中可作代词，表"无人、没有人"之意。

《科尔纳先生的故事》系列最早的几部中有《目的的奴仆》
（*Der Zweckdiener*），以布莱希特实践中的马克思主义理论为基础，
刻意引入"唯物主义"主题。本篇《科尔纳先生的故事》是一个讽
刺故事，就其自身理解而言，这是布莱希特典型的处理方式，按照
马克思主义，将现实颠倒过来：

> 每天早上我的邻居都打开留声机放音乐。
> 他为什么放音乐？我听说他要做体操。他为什么做体操？
> 因为他需要力量，我听说。他要力量来干吗？
> 因为他必须战胜这个城市里的对手，他说。
> 为什么他必须要战胜对手？因为他要吃饭，我听说。
>
> 　　当科尔纳先生听说，邻居放音乐是为了做体操，做体
> 操是为了变强壮，变强壮是为了打败对手，打败对手是为
> 了吃饭之后，他问道：为什么他要吃饭？

/ 213

关于邻居为什么进行各种不同活动的问题，科尔纳先生看似都能对
其目的给予理性回答，以至于没有事物是无目的的，或者只是为了
打发时间。最终的问题看似也处于理性一问一答的逻辑中，却使前
面所有的都颠三倒四；因为吃饭没有目的可言，它属于人类存在的
必要生物前提。因此，（协调的）逻辑和（清楚的）理性相互颠倒。
邻居付出努力，只是为了保证自己——原本这是不言而喻的必然事
物——（生命）存在的物质基础。这是因为，他的敌人——虽然没
有明说，但可以推断——拒绝承认这一必然性。还可以反过来论述：
问答之间严密的逻辑最终导致了荒诞的理性后果，如果不想使自己
降为目的的奴仆，如果想保持个人的自由，那么要将吃饭作为不必
要的事物革除。并非所有事都必须要做。

木克思主义，广泛传播中的马克思主义 [①]

历史科学：对已知无法认识

西格蒙德·弗洛伊德（Sigmund Freud）1917 年在其精神分析引论中总结了人类的三大心殇。其一是"宇宙学的"。哥白尼将人类驱逐出了宇宙的中心，用尼采的话来说，进入到了 X，进入到未定和不可定之中，人类丧失了自己的神性和被选中的身份，进而也因此失去了至少能分享"绝对真理"的权力。第二是"生物学的"。就这一点而言更加痛楚，人类曾经认为自己是动物的主人，当他们与动物之间的界限消失，用布莱希特的话来说，人类只不过属于"气味完全特别"的动物。弗洛伊德自己还添加了第三个（更卑劣的）心殇"心理学的"。人类也不再是自己灵魂的主宰，在"自己的庭院"中也不再权力显赫，因为无意识的欲望统治着这里，也统治着他们。

弗洛伊德还忘记了另一殇，在历史上早于他出现，可以被算作第四个，即"社会性的"，由卡尔·马克思发现。此一殇的基本原理弗里德里希·恩格斯 1883 年在《在马克思墓前的讲话》（*Das Begräbnis von Karl Marx*）中如此表述："正像达尔文发现有机界的发展规律一样，马克思发现了人类历史的发展规律，即历来为繁芜丛杂的意识形态所掩盖着的一个简单事实：人类首先必须吃、喝、住、穿，然后才能从事政治、科学、艺术、宗教等等。"但这些生活必需品无法完全依靠个人获得，因此每一个人为了生存，都必须参与到既定的社会关系中，并承认这是他基本生存的前提。

达尔文仅指出了人类的生物属性，而马克思则发现，这些生物属性早已附有社会性特征，这意味着，每一个个人，传统上都被称

---

① "Murxismus"是借用了"Murks"（粗制滥造之物）一词的文字游戏。

为个体，被定义为无法分割的部分，都隶属于社会现实，是社会现实使个人的生物性存在成为可能。因此也同人类个体性的问题有了根本性联系，对此，马克思如此回答："人的本质不是单个人所固有的抽象物，在其现实性上，他是一切社会关系的总和。"马克思或许是——这是他长久不衰的贡献——历史上第一个认识到，人类活动其中的世界不再是自然给定的，而是一个人类创造的世界，这个世界对人类而言早已是不言而喻的，因而看似是自然的。

随着市民阶层的兴起、城市的设立和扩建、将自然改造为文化的垦殖区，人类已经建造了一个新的世界，最晚在 18 世纪这个世界已经形成了一定的规模，消灭了绝大部分自然本源的痕迹。可以参见丹尼尔·笛福（Daniel Defoe）的《鲁滨孙漂流记》（*Robinson Crusoe*，1719），书中的同名主人公流落于孤岛，在三十年里将那个荒芜的岛屿转变为人类的文化园区，将食人族（星期五）变成了虔诚的基督徒；或者在歌德的《亲和力》（*Wahlverwandtschaften*）中，自然被改造为平地上的公园；或者是文艺复兴、巴洛克和古典主义时期，法国或者英国侯爵官邸的花园。

马克思反对路德维希·费尔巴哈的唯物主义："这种活动、这种连续不断的感性劳动和创造、这种生产，是整个现存感性世界的非常深刻的基础，只要它哪怕只停顿一年，费尔巴哈就会看到，不仅在自然界将发生巨大的变化，而且整个人类世界以及他（费尔巴哈）的直观能力，甚至他本身的存在也就没有了。"从中马克思得出结论："我们仅仅知道——一门唯一的科学，历史科学。"

/ 215

马克思质疑却从不否认他的前辈，他首先引用了格奥尔格·威廉·弗里德里希·黑格尔（Georg Wilhelm Friedrich Hegel）在《精神现象学》（*Phänomenologie des Geistes*）中的名言："已知事物，正是由于其已知性，而无法被认识。"正因为如此，人类历史以及人类创造的重要改变，最终必须成为科学研究的对象。

因此，在《关于费尔巴哈的提纲》的第一条中，马克思批判迄今为止的唯物主义都是客观主义的，只注重主体和（纯直观）客体的僵化对立："从前的一切唯物主义——包括费尔巴哈的唯物主义——的主要缺点是：对事物、现实、感性，只从**客体的**或者**直观的**形式去理解，而不是把它当作人的感性活动，当作实践去理解，不从主观方面去理解……所以，他不了解'革命的'、'实践批判的'活动的意义。"这一论点时常遭到误解，认为其在声称所有的真实都是由主观传递的："对我们而言，在历史之外别无他物。"当马克思把人类活动（实践）描述为"整个现存的感性世界的基础"时，他明确强调："当然，在这种情况下外部自然界的优先地位仍然保存着，而这一切当然不适用于原始的、通过 generatio aequivoca（自然发生）的途径产生的人们。"这意味着：宇宙的以及生物的世界永远是人类历史活动的客观前提。外部自然——作为"第一自然"——应该存在，因此历史世界之外的事物也存在。但人类可以感知的，必须在历史中获得，而且是完全不同于自然的。利用人类创造的工具（例如伽利略的望远镜）可以获取知识，同时——这也是人类研究的永久成果——外部自然的优先地位得以保持，但人类无法掌握它的整体范围及复杂程度，原因是客观界限的存在，例如光速以及与此相关的非同时性（Ungleichzeitigkeit），这些都永远排除了平行世界存在的可能性，即使存在，平行世界也永远不会同地球有交集（因此也无关紧要）。由此，最终必须认识到，人类是在自然既定的前提下开始改变世界的，而且改变之巨大造成了除了社会之外不存在其他自然的表象。

众所周知，社会历史世界处于不断的变迁之中，而这些变迁是人类所造就的，但它们同时也造就了人类，因为它（在广义上）影响和确定了人类发展的可能性，这样，哲学不仅是世界观，而且必须成为（改变性）实践的理论，所以最初就将所有的乌托邦从可以实现的理想中排除出来。马克思在《德意志意识形态》（*Deutschen*

Ideologie）中明确指出："共产主义对我们说来不是应当确立的**状况**，不是现实应当与之相适应的**理想**。我们所称为共产主义的是那种消灭现存状况的**现实**的运动。这个运动的条件是由现有的前提产生的。"这是最出色的黑格尔辩证法，但进行了唯物主义运用，并非思想引起现实的改变，而是事物的真实运动在进行自我描绘，并从中得出了理论结果，使积极地参与实践（改变实践）成为可能；但理论［作为现实辩证法（Realdialektik）］必须顺应真实的运动，而且认识并认可其条件。因此所有乌托邦式的空想也就被永远搁置了。

按照马克思的思想方法，贝托尔特·布莱希特一再激烈抨击主观和客观的世界观，特别是理想①的实现，相反，他拥护批判、怀疑和历史运动。对此至少有一处证据。在《逃亡者对话》（*Flüchtlingsgespräche*）中齐佛尔（Ziffel）阐述道：

> 根据马克思的观点，智人只有当盯着绝对的废墟时，才能有所作为。人类必须逼迫自己才能进步。他们只有在紧急时刻才做出正确的事情，而且此时人类通常别无选择。无产者从而获得使命，将人类提升至更高的境界。

卡勒

我一直可以说从直觉上就反对这样的使命。它听起来是恭维，但我不信任此类奉承，您不是吗？我好奇，使命一词意味着什么，我是说在字面意义上。

齐佛尔

它出自拉丁语"mittere"，寄送。

卡勒

我也想象到了。无产者再一次成了戈赫尔达（Geherda）。

/ 217

---

① "Ideal"指理想，崇高的目标，愿望，梦想等。

您想出了一个理想世界，而我们应该创造这个世界。我们是执行者，您一直是领导者，怎样？我们应该拯救人类，但谁是人类？您是。

这里的"Geherda"是布莱希特的——同许多类似情况一样——新造词，目的是痛斥唯心主义思想。唯心主义认为要达到更美好的世界，就要实现理想。但理想的实现却留下了尸横遍野和瓦砾废墟，就像威廉皇帝承诺要带领德国人民走进辉煌的时代，或者之后的希特勒宣布要建立一个千年帝国，还有宗教那些崇高的教义要求，这些至今也没有变为现实，反而走向了反面。那些曾经或当下应当去实现理想的人，那些戈赫尔达，那些供人差遣的童仆、跑腿、奴才，他们是永远的牺牲者，反之那些自以为是的领袖却逃避了责任。

只有受到现实的教育
我们才能改变现实
教育剧：《说是》和《措施》

通过阿西娅·拉齐丝，布莱希特1929年5月结识了瓦尔特·本雅明（生于1892年），两人从自开始就工作与相关时事进行了多次长谈，这些谈话虽然颇有争议，但因此成果也更加丰硕。本雅明是一名犹太银行家的儿子，为取得大学执教资格写作了以德国悲苦剧为主题的论文，但在美因河畔的法兰克福遭拒，本雅明的学术生涯也因此受到阻碍，只能作为自由撰稿人和文学评论家艰难度日。两人的友谊持续至本雅明1940年9月在逃避纳粹迫害的途中自杀，即使这份友情不是单方面的，本雅明也是被布莱希特所吸引的一方，他参与布氏的各种计划，而且1930年后，开始就布莱希特的作品撰写文章。两人还计划成立"马克思主义俱乐部",为之确定了长长的名单;俱乐部的宗旨是集合左翼知识分子,扩展其马克思主义研究并实现其在各自专业领域的实践应用,但除此之外再无其他详情。

1931年夏,本雅明在莱拉旺杜(Le Levandou)工作休假,记录了其中的一项实际工作,当时布莱希特还在写作《屠宰场的圣约翰娜》。本雅明如此描写布莱希特:"在我们讨论对德国局势的建议时,他提出一项集体性措施,而且也很奇特。他说如果自己是柏林执行委员会成员的话,就会制订一项五天计划,基于这项计划将在五天的期限内清除至少20万柏林人,仅仅是为了可以借此'牵连出一些人'。……'如果要实行,那么我知道,至少5万名无产者会参加计划的执行。'"不仅本雅明,"布莱希特研究"随后也只理解了这段话的字面意思,并找到了同《城市居民读本》或者教育剧的所谓联系,因为《读本》和教育剧也同样以可怕的思想游戏为基础。"五天计划"就已经令人惊愕,更不用说"执行委员会"了。这些概念显然影射了苏联,苏联为了实现农业集体化制订了"第一个五年计划"(从1928年算起,当时仍在计划时间内),还有苏联的最高立法、规划、调控机构,这些机构自1917年起(至1937年)构成了苏联事实上的权力中心。而且这一执行委员会没过多久确实实施了由布莱希特建议的措施,这件事也以极端的方式清晰地表明了布莱希特对同时期苏联的评价。这是1931年夏。

本雅明不理解布莱希特的笑话,这个笑话同时是对德国无产阶级的清算,在执行者一方有5万名无产者,布氏视其为顺从的走卒。布氏借此也讽刺和嘲弄德国的报道,报道认为无产阶级革命不久便要到来。在苏联的基础上,布氏虚构了一个集体性肃清运动,非政治性的德国无产者(自然)要大量加入其中。布氏不信任这些人,并向他的谈话对象表达了这种不信任。

此外,还有其他的一些误解。1930年夏,布莱希特散乱记录了一些语句，这些话可以追溯到同本雅明的谈话。布氏的基本观点是：不以事实为依据、不在事实中不断更正的思考，他都不接受。此处对应了《读本》的纲要，即再现真实。那么本雅明如何理解《城市居民读本》这部诗集呢？他将其理解为流亡的行为指南。当本雅明得到诗作《犹太妓女玛丽·圣德斯》（*Judenhure Marie Sanders*），他认为在叠句（"市郊的肉涨价了"）中隐藏了对革命的召唤。布莱希特十分恼怒地告知本雅明，这里讲的就是价格上涨。在同时代，甚至在知识分子友人中，已经开始产生对布莱希特现实主义纲要的误解，原因是，正如马克思曾说，马克思主义总是被理解为某种哲学或者世界观，却没有被理解为利用现有的集体主义"研究现实"。

由于 1929 年的剧院混乱，巴登-巴登室内音乐节 1930 年遭停办，但柏林的新音乐节（Tage der Neuen Musik）取而代之，布莱希特和魏尔可以继续他们的教育剧。这次是 1929~1930 年创作的《说是的人》（*Jasager*），戏剧的写作使用了小学生也可以理解的台词和音乐，以便于现实转化。集体教育是教育改革的不争目标，也是本次音乐节的主题，因而尤为适宜学校歌剧，因为这样一来教育主题和实用目的（可供学校使用的集体音乐）便结合在了一起。在学校歌剧上演期间，布莱希特仍对《说是的人》不满意，开始进行一项新的计划，而且同样也打算参加 1930 年的柏林新音乐节——《措施》（*Die Maßnahme*）。

《措施》被布莱希特称为《说是的人》的"具体化"。这里布莱希特要首先感谢奥地利音乐家汉斯·艾斯勒（Hanns Eisler），两人因 1927 年 7 月的巴登-巴登室内音乐节相识。虽然艾斯勒的康塔塔（kantata）① 当时也有上演，而且布莱希特很可能也听到了，两人在

---

① 意译"清唱套曲"，是一种包括独唱、重唱、合唱的声乐套曲，一般包括一个以上的乐章，各乐章具有一定的连贯性，大都有管弦乐伴奏。

《措施》之前还未有过合作。艾斯勒在 1927 年前主要致力于宣传领域，即被认为是低价值的"实用音乐"领域，较明确地服务于意识形态。比如，艾斯勒还参与了"红色传声筒（Rotes Sprachrohr）"的工作，这是魏玛共和国时期共产主义最成功的宣传组织之一。布氏 1927~1930 年的工作成果表明，他一直疏远如此肤浅的艺术工作，在 1920 年代甚至还不知其名，更谈不上运用了。布莱希特努力进入市民机构（获得成功），而且是以市民阶层作家的身份，他终生也将自己定位于此。马克思主义研究一直将《母亲》（Die Mutter，1931~1932）视作其向工人阶级过渡的重要戏剧，回顾往事时，布氏甚至反对将《母亲》同宣传鼓动甚至无产者崇拜联系起来。相反，他强调，《母亲》是"在诗意塑造那个已经成为经典的时代"，并且采用了"德国民族戏剧的表达方式"。其范本是歌德的《格茨》（Götz）和毕希纳（Büchner）的《沃伊采克》（Woyzeck）。在《措施》上演一年之后，虽然对党派艺术有所反感，但布莱希特还是少量参加了歌舞剧《我们如此满意》（Wir sind ja sooo zufrieden）的工作。

　　1930 年初，布氏方开始同汉斯·艾斯勒展开紧密合作，同年 5 月暂时结束了《措施》第一版的写作。1928 年 1 月，艾斯勒在《红旗》中发表了文章《音乐中的新宗教性》（Die neue Religiosität in der Musik），并惊奇地发现，同"市民文学和绘画"相比，作曲家中的左翼革命艺术家人数较少："在音乐中没有厄普顿·辛克莱（Upton Sinclair），没有格奥尔格·格罗兹、鲁道夫·施里希特尔，没有贝尔特·布莱希特一样的诗人，或者库尔特·图索斯基（Kurt Tucholsky）一样的记者；在音乐中，即使那些最富才华的人身上，最卑微的小市民性仍不断蔓延。"这是艾斯勒首次公开对布莱希特发出信号。虽然布氏在此期间也了解了艾斯勒的音乐，利翁·福伊希特万格还推荐艾斯勒为《加尔各答，5 月 4 日》作曲，并将《死兵的传说》的谱曲工作委托给了他，但布莱希特仍同其保持距离。

汉斯·艾斯勒 1898 年生人，父亲是著名哲学家鲁道夫·艾斯勒（Rudolf Eisler），曾撰写《哲学概念与表达词典》（*Wörterbuch der philosophischen Begriffe und Ausdrücke*，1900）等著作。汉斯·艾斯勒在新维也纳音乐学院（Das neue Wiener Konservatorium）学习，1923 年起师从音乐大师阿诺尔德·勋伯格（Arnold Schönberg）。1925 年他的音乐作品获得了维也纳城市艺术奖（Kunstpreis der Stadt Wien），由于艾斯勒把维也纳看作属于市侩庸人的死胡同，同年秋他前往柏林，1926 年试图加入德国共产党——无论是出于何种原因，不得而知，同老师勋伯格断交，对此他日后十分悔恨，自 1927 年开始了共产主义宣传工作，并投身于埃尔文·皮斯卡托尔的人民舞台（例如在 1929 年 9 月创作了瓦尔特·梅林《柏林商人》的舞台音乐）。

/ 221

正如同魏尔的合作一样，布莱希特同艾斯勒的合作也相得益彰。音乐学者汉斯·默斯曼（Hans Mersmann）日后（1931）在杂志《米洛斯》（*Melos*）发表了文章《新音乐及其歌词》（*Die neue Musik und ihre Texte*），他在布莱希特同魏尔以及同艾斯勒的成功合作中发现："不再是音乐在寻找歌词，而是两者在某一程度上相互指引，只有通过彼此才得以完成，这几乎从未有过。这样就出现了范围无法估量的可能性。"汉斯·艾斯勒关于《措施》创作过程的回忆便证实了其中一种可能的实现："布莱希特不仅是一位伟大的教育者，也是一名学习者。布莱希特的天才使他尤其懂得学习，例如，他能在关于他作品的激烈争论中继续创作。半年中，为了创作《措施》，我每天从早 9 点到下午 1 点都在他的住处，其间布莱希特在写作，而我在批评他写下的每一行文字。"当场批评属于布莱希特的工作方式，他由此可以在创作的同时被迫去反思刚刚创作的内容。这同样也属于布莱希特新的集体工作风格，以至于最终哪些部分出自谁的手笔已经无关紧要。艾斯勒继续表述他与布莱希特合作初期感到的惊奇："换作其他人，要么会把我赶出去，要么会说：'您听着，这样我没法工作！'但这反而刺激了布莱希特的写作。令人惊异的是，这些辩论，他房间里那些激烈的争执，激励了他。"而由此产生的正是使人心志激昂的杰作。

要领会布莱希特的美学特点及其具有个人特色的共产主义，必须再次深入探究《说是的人》。英国汉学家亚瑟·威利（Arthur Waley）将日本能剧（Nô-Stück）《谷行》译为英语（Taniko），伊丽莎白·霍普特曼又对英语版进行了德语翻译（Der Wurf ins Tal），布莱希特利用了霍普特曼的翻译，更改了少量的细节，即剔除了其中的神学内容（学校不再同修道院有关，代替朝圣之旅的应该是一次科考之旅）。总体上，日本的故事原型得到了保留，但仍然放弃了最终形而上的结局，这在威利的版本中已经被砍去，并未对此进行翻译，霍普特曼进而更毫无所知。

库尔特·魏尔担任了《说是的人》的谱曲工作，魏尔和布莱希特创作的故事内容为：一名教师要踏入深山进行一次走向"伟大医者"的科考之旅，他明确表示这次旅途是一次"危险的游历"，因此只有经受过专门训练的人才允许参加，旅途的目的是获得药材以及医学真传。一名少年，他的母亲抱恙，为了帮助母亲他无论如何也要同往。虽然已经向其明确说明，原本不可能同意他前往，而且他后来也承认，知道自己可能在途中丧命，男孩还是一起出发了。他在途中病倒，后来到深山一个狭窄的山脊上，已无力翻越，而且他人的帮助也于事无补，因为只能依靠自己的体力才能翻越这道山脊。所谓的"神圣习俗"规定，"人们要询问病者，大家是否应该因为他而返航"，同时习俗还规定，被问者要同意——也按照习俗——被扔进山谷。故事也正是这样结束的。

/ 222

剧评中的质疑以及询问小学生们的意见都认为，少年的死毫无意义而且毫无必要，这促使布莱希特改写《说是的人》，并为其添加了《说不的人》（Neinsager，两者构成一个整体进行演出）。《说不的人》保留了《说是的人》的绝大部分内容，只是少年最后拒绝对死亡表示同意。而且新版《说是的人》激化了旅行的前提，城市中瘟疫肆虐，科考队必须找到药材抗击瘟疫。当少年这次说是的时候，是牺牲自己而拯救他人。

1935 年 12 月在美国流亡期间，当记者询问库尔特·魏尔他在欧洲最重要的作品是哪一部时，魏尔毫不迟疑地回答：《说是的人》。他曾拒绝参与布莱希特对剧本的修改，甚至拒绝为《说是的人。说不的人》谱写新的乐曲。虽然魏尔没有说明为何单单选择这部戏剧，但缘由仍完全可以推断。布莱希特第二版《说是的人》塑造了典型的矛盾冲突——这在根本上可能只存在悲剧的解决方式——借此将这出短剧改写成了一部古典悲剧。要么少年牺牲自己，要么城里的人死于瘟疫，很可能也包括他的母亲。这是通常的基督教决验法（Experimentum crucis），某人在绝望的境地中一人背起沉重的十字架，为了集体而牺牲。魏尔知道这样就破坏了原有的戏剧。而布莱希特却显然没有意识到这一点：悲剧的必要性完全没有铺垫，因而布莱希特为何修改颇令人费解。他没有理解自己本可以完美的剧作？或者他想向评论界表明自己有妥协的诚意？

相反，库尔特·魏尔诠释了作品的重要内涵，与其成名歌剧相比，他显然更看重这部作品："我们（给日本原型）增添了'赞同'的概念，并借此改写了这部剧作：少年如今不再（如原作中）毫无意志地被扔进山谷，而是首先询问了他的意见，通过表示赞同，他证实了自己学会了为一个集体或者为一个他支持的理念而承担后果。……通过'赞同'的倾向性，这部教育剧在更高意义上发挥了政治作用，但自然不是党派政治。"其中作为补充的"或者为一个他支持的理念"证实了魏尔在意识形态上的不确定，本剧恰恰并非以理念为主题。社会束缚已经长时期被内化，以至于无法被察觉，而社会束缚的展现需要约束力，即使它没有真的要求与之相关的杀戮的必要性。莱辛（Lessing）的艾米莉亚·迦洛蒂（Emilia Galotti）便因此而死，因为这是悲剧体裁的要求。或者弗里德里希·迪伦马特（Friedrich Dürrenmatt），他的戏剧和侦探小说中也出现了众多死亡，并强调其戏剧艺术的必要性。

《说是的人》的"具体化"意味着，这里讨论的不再是一个抽象的情况，而是将其置于具体情境中，即共产主义运动。运动以共产主义革命在苏联已经取得胜利为前提〔但《苏维埃社会主义共和国联盟赞歌》（Lob der U.S.S.R.）已经清楚明确地展现了其悲惨的境地〕，当时正要向中国拓展，同时自然要强调，这里的"具体化"仍较为抽象，剧作只能被理解为模型，而非真实事件的再现。

相反，必须要对《措施》提出疑问，到底以何种共产主义为题（各个不同的版本并没有特意进行区分）。四名宣传员从德国和苏联来到（虚构的）中国，这里笼罩着非人性的剥削压迫。他们来此的任务是筹备革命，因此必须消除自己的身份，成为中国人。在边境前，又有一名年轻同志被任命为第五名宣传员，他表示赞同所有的前提条件以及整个行动计划。他获得了各种不同的任务，却接连失败，因目睹受剥削者及其困苦，他总是本能地去帮助他们，因而导致了无谓的斗争还有（至少）一人的死亡（这是年轻同志所犯的错误）。然后他又拒绝与剥削者同桌就餐，从而暴露了身份，还危及自己以及其他宣传员（的生命安危），还危及了革命工作，这在文本中被明确称为"四重背叛"。尽管如此，宣传工作仍旧（可能）胜利在望，此刻这位年轻同志又反抗原则，支持立即革命，痛斥（马克思主义）经典不过是纸上谈兵，并扯下了脸上的面具。在最后的紧急时刻宣传员们才得以逃生，但"距追踪者仅有5分钟"，大家必须意识到，同他一起有被识破、被击毙的危险，这样便扼杀了通往革命的最后一步。他们决定射杀这位年轻的同志，他本人由于认识到了自己的错误以及后果，也表示同意。四名宣传员杀死了他，并将其抛进了石灰窑，破坏了他的容貌。如此，革命最终胜利地前进了。

同《说是的人》一样，《措施》一方面能辨认出日本的能剧模式，另一方面又将时间置于政治语境之中，反映了社会实践及其理论。剧情的结局清晰地表明，《措施》绝非为了展现年轻同志为理念——共产主义理念而牺牲自我，以基督教决验法为根据（同样参见《说是的人》），即个人的牺牲就众人的牺牲而言是可以承受也是可以认同的（基督教的双重词义）；但又完全不同。

年轻同志的同情感使其本能地提供帮助，这同他人的理性行为相冲突，这种同情不无道理，而理性又无非代表了共产主义教条，种种这些在文本中，特别是在艾斯勒的音乐中只是一笔带过。本剧最重要的章节几乎逐字逐句地重复了四次（而且剧本篇幅有限），这里提出了宣传员开展工作的前提："我们装扮成中国人前往穆克敦[1]，四男一女，开展宣传，根据经典文献、宣传资料、共产主义基本知识建立中国政党，教育无知者认清现状，唤起受压迫者的阶级意识，给有阶级意识的人带去革命经验。"这一场景虽然只是一个宣叙调[2]，但在音乐上最具感染力，清晰明了地表现了宣传的宗旨。

故事背景：四名宣传员来到边境的党部，那位年轻同志正同党部领导一起完成艰难的工作。在年轻同志向共产主义"宣誓"之后，宣誓从心而发，要直面贫困，而且还使用了一些惯用的话语（"目睹不公驱使我加入斗争者的队伍。我维护自由。我相信人性。"），也点明了年轻同志纯粹的理想主义，他首先期待的是帮助，而非委派参加宣传工作。年轻同志询问了六次，是否宣传员们有火车头、拖拉机、种子、弹药，或者中央委员会的信，信中指示了他们要做的事情或者他们是否最终要提供帮助，每一次宣传员们都在合唱中抑

---

① 沈阳的满语名称。

② 又译朗诵调，是类似朗诵的曲调，宣叙调着重叙事，音乐只是附属性质。

扬顿挫地回答："不。"艾斯勒的音乐铺陈在一问一答间，四名宣传员六次回答"不"（在演出中只有三次）耐人寻味，像斧头一样劈进了接受者的头脑中。

恩斯特·布洛赫在其《希望的原理》（*Prinzip Hoffnung*）中对马克思的《关于费尔巴哈的提纲》作出了有趣的解释，从而合理解释了这位年轻同志的行为："帮助意愿本身的温暖、对蒙难者的爱、对剥削者的恨，这些情感推动了党性，若没有党性，真实的认识和善意的行为都不具有社会可能性。但爱的感觉本身无法被知识照亮，这恰恰会阻断其向帮助行为转变。爱容易满足于自我的优越感，转变看似积极的新自信，如一团迷雾一般。"在这一关系中布洛赫阐述道："在没有进行经济学和哲学的理论研究前，现实中的实践不会向前迈进一步。一旦缺少社会主义理论家，就会出现危险，恰恰与现实的关系也要因此付出代价。"

宣传（Agitation）来源于拉丁语"agere"，意为做、行动，由"agitare"构成，表激烈争论、鼓动，也有协商之意。同"政治宣传（Propaganda）"不同，列宁将其理解为积极概念，并定义为"呼吁大众进行某种特定的具体行为，促进无产阶级革命性直接地参与公共生活"。根据《措施》的文本，它有必要的三步：第一，宣传员对中国的受剥削者进行关于真实现状的宣传教育；因为正如剧中场景所示，他们仍是逆来顺受。第二，如果受压迫者明白自己被剥削的状况，这就创造了前提条件，便于他们认识到自己的困苦并非天定，而是人为，进而能够辨识责任者所在；有了这样的认识，才能形成（或者才可能形成）阶级意识。第三，如果具备阶级意识，则可以培养斗争的决心，但这还需要具备斗争的实际条件；而《公正》（*Gerechtigkeit*）和《人原本是什么？》（*Was ist eigentlich ein Mensch？*）两场都表明，实际条件目前尚不具备。

宣传队起初组织工人主动罢工，但这位年轻同志（因有人伤亡）

/ 226

破坏了这次罢工，而后宣传队又设法让工人们利用统治者之间的矛盾，而年轻同志又出于道德上的反感阻止了这一计划。最终，他一时冲动要求采用激进的行为主义方法，即便经过其他宣传员的深入教育，年轻同志仍在盛怒之中——即在无政府的混乱中——坚持实施这一方式，因此不仅是拿自己和同志们的生命去冒险，更使艰辛创造的革命条件几乎不保。年轻同志没有落实他口中所赞同的，他并非更高级事物（或思想）的牺牲品，而是剧中那个统治虚构中国的野蛮世界的牺牲品，他不充分的道德说教和盲目的行为主义使其面对这个世界时无所适从。

艾斯勒日后（1935）反思，虽然无法用音乐驱赶寒冷和饥饿，但或许"可以告知那些无知的人，谁盗走了他的面包、煤和安身之地，我们的歌曲能够将疲惫之人锻造成斗士"，这也是《措施》的艺术宗旨。1930 年 12 月 13~14 日夜，《措施》在柏林音乐厅首演，这是柏林最高的音乐殿堂，但戏剧并非通常的鸿篇巨制，而更像反清唱剧（Anti-Oratorium），更确切地说是"政治集会"（艾斯勒的概念）。400 名工人歌手组成的合唱队扮演检察机关，庞大的人数象征了广大革命群众，音乐厅的中二部建造了拳击台作为舞台台面，并配有管弦乐队乐池，这样演出的参与者便几乎已经占据了半个音乐厅。而且演出还设想使合唱歌手既是表演者，同时也是观众，艾斯勒在演出期间尝试通过打着手势的蹦蹦跳跳，鼓励绝大部分青年工人观众以及一部分"柏林进步知识分子的翘楚"一起合唱。

在这样的相互关系中，我们还注意到音乐的特色以及词作者和曲作者在《措施》的创作过程中的讨论。教育剧从一开始便被构思为清唱剧，艾斯勒赋予其基督教模式，例如开篇便在音乐上引用了巴赫的《马太受难曲》（Matthäus-Passion）："来吧，女儿们，同我一起叹息。"这是合唱式的哀歌，表达了基督受难之苦。但音乐与歌词有云泥之别，歌词（轻率地）赞扬了宣传员们顺利的工作，宣传员们激烈的抗议"等一下，我们有话说！我们要报告一名同志的死亡"。但这也没有改变合唱队的悲叹曲调。因此，音乐从开篇便脱离了对社会主义成就颂歌式的赞扬：正如合唱队的歌词所唱到的，成功并非"幸运的"，而是血腥的。荣誉太过草率，因为这令人不禁哀叹的牺牲原本是不必要的。基督教模式代表所有人歌唱基督受难之苦，在它的衬托下，在音乐与歌词的对比中，《措施》示范了政治上的错误行为，这样的行为不应被模仿，而是要警惕。歌词和音乐构建了一个整体，构成了最佳辩证意义上对矛盾的扬弃，因此，本剧较为贴切的分析必须以两者为前提。

汉斯·布格（Hans Bunge）在同艾斯勒的对话中曾转述，布莱希特厌恶能引发激昂感情的音乐，以贝多芬为例。根据他的"旧理论"，贝多芬将"体温计看作鉴定音乐最重要的工具之一。在听过音乐作品之后应该立即测量体温，看体温是保持正常，还是因为激情、火热或者强烈的音乐而有所上升。巴赫即使最热情的音乐也会让人体温保持平定"。艾斯勒称布莱希特的评注"十分聪颖"，而且以歌德作为引证。贝多芬的音乐令歌德遁入了"感情的迷惘"，意思是音乐让歌德情绪激动，"但激动却无从所终。/ 是为激动而激动"——这是"为艺术而艺术"的平行表达，而且两者都坚决拒绝"为艺术而艺术"的原则。这种形式的激动使歌德烦躁，可惜医学家还未对音乐的心理学作用进行过研究。

艾斯勒继续讲道，即使布莱希特热爱音乐"清透、避免情感激越"，他也几乎不相信，布氏"听巴赫的音乐体温会一直保持在正常的 37 度"。相反："我想起某次当我为他演奏巴赫时，贝托尔特·布莱希特激动的言辞——我感觉他的体温应该显著上升了。"还有："我不愿怀疑我已故的朋友，但我认为，他的体温显著升高，首先是由于感叹巴赫为故事谱曲之伟大。"正如艾斯勒的准确猜测，音乐在布莱希特几乎所有的作品中都起到了至关重要的作用，显而易见，

/ 228

音乐也传递了感情，对于思想来说情感是基础，它能够触动、激发思想，保持情绪，用欢快的笑声陪伴那些取得的成果。

音乐（可以说作为感情部分）和歌词（作为理性部分）相互协调，肩并肩形成统一的整体，又表现为互相矛盾。开篇的合唱态度疏远且"语言带有分析式的冷静"，但音乐同时又是英雄式的哀叹，所以并不十分显著。布莱希特表示："通过这样的反作用，开篇褒扬的态度具有了梳理性的特点，梳理也具有了英雄式的特点"，"音乐无法对文本表达具有同感，文本也无法对音乐态度具有同感。"正如歌德《二裂银杏叶》（*Gingo biloba*）提出的问题，叶片是否"是一个有生命之物／在自己体内一分为二"，或者原本是两个物体，但被认作一体，这一问题无法得到回答，已不存在能消解所有矛盾的回答。

艾斯勒说巴赫曾为"报道（Bericht）"谱曲，也使人联想起他自1927年开始从事的一项音乐传统，艾斯勒脱离市民音乐，从而也远离他的老师勋伯格，探查音乐与现实的新联系，这类似于皮斯卡托尔之于政治记录剧。艾斯勒反对音乐的享乐功能，反对将音乐视为满足感的替代品，在"振聋发聩和激情澎湃的状态"中自我发泄，"这些在资本主义本源的生活关系中只会愈演愈烈"。《日记》（*Tagebuch*，1926）1927年7月在巴登-巴登首演，艾斯勒借此讽刺了康塔塔音乐的形式，之后他又借《剪报》（*Zeitungsausschnitte*，1927）完成了同传统音乐会歌曲的决裂。以文本和音乐蒙太奇的组合方式，艾斯勒还为结婚通告、时事新闻、日常事件的报道谱曲，从而以音乐的夸张手法讽刺了乏味的琐事，实现了其音乐同社会现实的联系。

*

共产主义者们对《措施》评论的基本内容是：布莱希特和艾斯勒悉力通过革命辩证法和唯物主义的桥梁走近我们，对此总体上深表欢迎，但这部戏剧只完成了第一步（也是受人质疑的一步）。玛格丽特·施德芬（Margarete Steffin），当时还不知道一年之后她会遇到这个给她的生活带来巨大影响的人，她表示："可叹，布莱希特对德国共产党完全没有了解的欲望，他对工人阶级的无知也造就了《措施》缺乏条理。如果没有艾斯勒，他一开始就注定会失败。"话语虽然严苛，但仍击中要害：布莱希特对共产党及其政策知之甚少，而且主要是不能赞同共产党的理念，认为其不过是理想主义的布道。

像马克思那样的理论，被理解为关涉普遍实践，且深深植根于19世纪，因而即便拥有最好的希望，也难以成为（微观的）20世纪的社会实践理论，除非刻意否认其历史内核。因为一种世界观如果不反映社会现实，便会走向失败，比如马克思列宁主义在苏联和民主德国中的具体运用。在民主德国，以"真实存在"这样的习惯性语言来形容所谓的社会主义，这种语言表达本身便证实了东德在刻意否认对某种理念的宣传，这一理念不过是零散的思想片段，但当权者却用暴力要求民众对其认可。另一种可能性是马克思抨击同时代哲学时曾说过的："须要'把哲学搁在一旁'，须要跳出哲学的圈子并作为一个普通的人去研究现实。关于这一点，文献中有大量的材料，当然，哲学家们并不知道……哲学和对现实世界的研究这两者的关系就好似手淫和性爱的关系一样。"

教育剧是时代的标志，它展现了市民阶层个体的大众化和权力丧失，表露了市民个体主义的历史终结，它以美学的形式尝试组织新的群众政治运动，这原本或许能起到反抗纳粹的作用。实用音乐运动和新音乐也以建立新的、积极的集体感为目标。此外，

1920年代工人阶级中大量组织齐诵队，同样以重新讨论个体和群体的关系为宗旨。这不仅局限于共产主义者，社民党也参与进来，例如，自1926年便有了"国家社会主义教育工作委员会齐诵中心（Sprechchorzentrale des Reichsausschusses für sozialistische

Bildungsarbeit）"。至于集体化也显示了不利的一面，它该如何在纳粹统治下发展，如何对《人就是人》的积极结尾提出质疑，则又是另一个问题；但愈发必要的是让个体意识到自己在集体中的作用，并且熟悉这种作用，从而使得个体不至于仆从于集体。

可悲啊！永远捉摸不透
人类经济的永恒法则

仅限于知内情者的经济：垄断购买

1931~1932 年，《措施》除了在柏林大剧院（Großes Schauspielhaus Berlin）再次演出外（1931 年 1 月 18 日，全体原班演员），只有一些工人组织曾少量组织过演出，因而也不为公众所熟知，1932 年 1 月该剧在埃尔福特（Erfurt）被纳粹党清扫出了戏剧舞台。这一时期，布莱希特同伊丽莎白·霍普特曼共同写作了《屠宰场的圣约翰娜》（1929~1931），这部戏剧同《芝加哥的乔·弗莱施哈克》一样，以垄断购买模式下的经济活动为主题，将其同救世军成员约翰娜·达尔克（Johanna Dark）的命运相联系。约翰娜认识到穷人的卑劣并非他们穷困的原因，反之，穷困才是他们卑劣的原因，因此她认为可以在不变更体制的情况下，直接或者通过改革来帮助穷人。

肉食加工厂厂主莫勒（Mauler）通过在纽约的朋友（华尔街交易所老板）得知了市场变化。因此他起初便知道，由于海关贸易保护，产品无法继续在国外市场销售，进而国内市场会出现产品过剩的危险，而利用这一信息他可以挤垮竞争的同行，使萧条提前到来。正值这一时刻，约翰娜向莫勒展现了穷人们的困苦，莫勒起先晕倒失去意识，后来满足了约翰娜的请求，大量购进现时已处于价格低谷的肉类，以活跃市场，从而保留了重新开始生产的希望（看似改善了失业者的境况）。当约翰娜同那些破产的饲养者一起出现，请求莫勒，购买他们那些卖不出的肉时，莫勒便买断了他们的牲畜，这样其他肉类加工厂便无法生产，因为市场上没有可购买的肉了。如此一来，在不知情的情况下，约翰娜的请求帮助莫勒推进了他的计划。而穷人们的状况自然没有改善，因为莫勒占有了所有的肉类原料，控制了生产，进而破坏了市场（这事实上并不可行，因为，正如前文所讲到的，肉类并非生活必需品）。最终，当莫勒的经理人投机行为愈演愈烈，以至于市场完全崩溃，莫勒才发现，自己可能失败了。

但纽约的朋友们却提醒莫勒，他仍然占有（诈取骗得的）生产资料。由于约翰娜的错误导致了总罢工的失败，莫勒因而又能支配足够数量的工人。总罢工原本有可能阻止他重新开业，但终仍未能成功。由于肉制品过剩，又必须抬高价格，三分之一的工人被裁员，三分之一的肉被烧掉，而且工资也被削减。除此之外其他的竞争者也被挤垮，莫勒垄断了整个肉制品行业，这意味着资本主义达到了加剧剥削的新阶段。在布莱希特的遗物中有大量的报纸材料，例如《柏林交易所信使报》的《商业副刊》（发行量4万到6万份），布莱希特在1924~1929年深入了解了垄断购买和纽约交易所的相关情况（此外，为了创作《乔·弗莱施哈克》，还了解了1926年3月初的股市崩盘："纽约交易所的疯狂事件"），并将这些信息植入到他的剧作中。

布莱希特1935年曾表示，交易所的交易过程"完全非理性"，因而完全无法理解，这样的论断也适用于他剧作中的经济情节。剧中绝望的饲养者（看似）反思经济结构："可悲啊！永远捉摸不透／人类经济的永恒法则！"这显然带有讽刺的意味。事实上，资本主义经济的法则如今和将来都是愚蠢而疯狂的，因为其运作的前提是多数人愈加贫困，而且欧洲人在过去五十年里忽视的第三和第四世界的穷苦也会永存，直至整个星球被洗劫。这令所有改善世界的道德呼吁都变得荒谬。

此外，垄断购买这样的投机行为，当时即使对商业知情者来说也是不寻常的贸然之举，诺里斯是对其进行文学表现的第一人。当杰德温买下所有的小麦，他的秘书认为自己的老板完全疯了，如此大量的小麦是完全无法销售的。因此，当科里德（Cridle）及同党被蒙蔽，这并非毫无根据或者离奇：因为他们对莫勒所策划的一切毫无半点了解，这在日后的场景中也得到了证实。布莱希特想借此说明，经济不是命运，为了追求利益，经济可以被人为地操纵，手段是利用资本主义市场提供的机会，以及对不知情者隐瞒关于其情况的必要信息。

在 1929 年的第一稿中，布莱希特就明确建立了剧本同时事之间的联系。当约翰娜向莫勒展示穷困者的面貌，布莱希特写道，她实现了"改良政策"，还对此评价："社民党认为，通过援助资本主义可以援助穷人。"事实上，在 1927 年 5 月的基尔党代表大会上，社民党已经决定，利用共和制度来贯彻社会主义道路。鲁道夫·希法亭（Rudolf Hilferding）发表了纲领性讲话，如果资本主义可以重组，它带来的经济发展可以为社会主义开辟道路："有组织的资本主义实际上就是，原则上用社会主义的计划生产原则来代替资本主义的自由竞争原则。这一受调控的计划经济在更高程度上受制于社会干预的可能性，这无非是唯一有意只地使用强制力的社会组织的干预，即国家的干预。"1927 年，与具有批判精神的艺术家（如前文所述）意见相左，社民党认为，共和已经进入了一个稳定阶段，而"对社会主义的设想却是宿命论的、机械的，并且受旧马克思主义的影响"，现在是时机从这种状态解放出来（党代表大会的官方意见）。这一趋势完全符合布莱希特在《圣约翰娜》笔记中的记录。

如果从联系同时期历史事件的角度观察，戏剧不仅借约翰娜这一人物描述了社民党的没落，展现了——由于那些本应同心协力之人却不断内部斗争——（实则不存在的）"工人阶级"的无能，而且也反映了资本主义对双方的胜利。其后果意味着：莫勒的胜利影射了法西斯即将来临的胜利，它让整个世界化为一片废墟。圣约翰娜——只有经历过这些之后，约翰娜才成为圣者——在最后一幕中也成了欢乐兜售法西斯的工具。布莱希特1932年在《尝试》中刊印了这一文本，同时也发表了一篇记录性文章，表示对这一时期的革命已不抱希望。

最晚此时已经能够明确判定，《圣约翰娜》和《措施》中强有力的戏剧直观图像具有一再被强调的冲击力，布莱希特以此表达了对德国历史最危险深渊的判断，但这种尝试自然仍没有获得成功。《圣约翰娜》当时毫无机会，其首演和接受被推迟至1959年。《措施》虽然使用了类比手法，但戏剧批判的对象很有可能已经认识到其矛头所向。1932年12月21日，一份匿名的警方报告（柏林国家刑事警察局）写道："这一合唱作品进行了表面上的伪装；故事发生在所谓的中国。但在内容上，只需要把'中国'一词替换为'德国'，整个作品都可以被用于表现德国现实。"本剧明确证实，德国共产党利用"一切手段"，"教唆其党员从事破坏性活动"。

原本的现实已沦为功能性 / 234
社会学实验：
文学的技术化

1930年秋，布莱希特——在他被不断扩张的右翼激进活动逐渐扼杀之前——仍能够坚持另一部戏剧的演出，还由此成为德国最著名的人物（或者还有更多），1929年时德国诺贝尔文学奖获得者托马斯·曼也还没有获得如此的知名度。这部演出的戏剧便是《三毛钱诉讼》（*Dreigroschenprozeß*），在戏剧中，布莱希特将社会（魏玛共和国）、时代（纳粹统治之前）、司法机构或者其民主法制理念置于一场"社会学实验"中。本次实验在任何作家曾公开对社会公众举行的活动中最为特殊，尽管如此，这一事件仍不甚为人所知，而且布莱希特在记录本次实验的文章《三毛钱诉讼》（1931）中提出了文学"技术化（Technifizierung）"的概念，这一理念至今仍十分超前，因此更谈不上实现了。

在《三毛钱歌剧》大获成功之后，布莱希特在 1930 年 5 月 21 日通过费利克斯布洛赫埃尔本出版社与奈罗电影公司（Nero-Film AG）签订了合同，合同规定电影 1930 年 8 月 15 日开始拍摄，并拟定由原著作者负责"适宜电影的剧本改编"，而且既包括剧本创作也包括电影的制作。而事实是，布莱希特确实提交了改编作品的脚本《肿块》（*Die Beule*），但改编对电影公司想拍摄的歌剧进行了大刀阔斧的改动，以至于必须怀疑它是原歌剧的改编还是已经成为一部新的作品，而且媒体对这部新作品予以了"富有革命倾向"的评价。此外，布莱希特——尽管被多番催促——仍再三斟酌，因而阻碍了拍摄工作。

虽然电影公司早于 8 月 18 日同布莱希特解除了合同，将剧本的改编工作转交莱奥·拉尼阿和日后的拉迪斯劳·瓦伊达（Ladislaus Vajda），电影的筹备工作业已全面展开，但布莱希特一直等到 9 月 30 日——奈罗电影公司要求其承担损失补偿时——才向柏林一级地方法院起诉。库尔特·魏尔一天后加入。两人要求，必须停止已于 9 月 19 日开始的电影拍摄工作，原因是其不符合布莱希特的意见。电影公司期间已经投资 80 万马克。布莱希特想赢得诉讼的期望起初便不高，相反，他寄希望于这一巨额款项对法院（同样对公众）而言能成为维护著作权的坚实论据，或者换言之，如果布莱希特能赢得这次诉讼，那么这一实验也会被宣判失败。

当法院 11 月 4 日驳回诉讼，布莱希特也实现了其目的。布莱希特立即就这一判决提出上诉，并力争案件能公开讨论，为此他与魏尔在独立电影联盟的早场演出中详细报告了诉讼过程。布莱希特无非是要在实践中检验"当代市民意识的状态"，并证实其完完全全是虚假的，或者——用司法语言表达——公正与司法在魏玛共和国判决中永远无法统一。

德国全部媒体也为布莱希特推波助澜，大肆辩论这一案件，评论褒贬不一。甚至包括一些尖酸恶毒的言论：恰恰是那个从各种原始资料中抄袭了《三毛钱歌剧》的贝尔特·布莱希特，现在以个人权利——被指"自私自利"——和"精神财产"为依据，对此他其实早已表示了"根本上的无原则"："精神财产是属于小菜园或者类似领域的事物。"

布莱希特最终在《三毛钱诉讼》一文中作出总结，并将其归纳为箴言"矛盾即希望！"意思是："社会学实验展现了社会矛盾，而并没有消除它们。实施者必须在相互对立的利益斗争中选取自己的态度，选择一个完全主观的、绝对偏颇的立场。在这一点上社会学实验同其他各种调查有本质区别，其他的调查都以实施者尽可能客观的、公正的立场为前提。"布莱希特写道，法院在判决上表现了"灵活性"，认同"严酷的现实"，证实了"市民阶层对财产（只为财产占有者辩护）和艺术（两者的"有机"整体必将遭到愈来愈严重的破坏）的理解在不可遏制地崩坏"。布氏还傲慢地补充道，资本主义由此表明了其绝对的革命潜力，但这样的革命潜力又必定为其自掘坟墓。

/ 236

电影由乔治·威廉·巴布斯特（Georg Wilhelm Pabst）执导，拍摄了两个版本（法语版和德语版），不仅红极一时，而是取得了世界性的成功（被视为 1932 年的年度最佳电影），至今仍被誉为不朽的经典。布莱希特反而评价其是"可悲的拙劣作品，对歌剧的无耻破坏"，甚至还多次直言其为"糟粕"。布莱希特的评鉴不仅有失公正，而且也无法站住脚，特别是巴布斯特在众多波折中依然采用了布氏脚本的大量内容，对此布莱希特置若罔闻，而且也忽视了那个时代能拥有的最佳明星阵容：鲁道夫·福斯特尔（Rudolf Forster，饰演尖刀麦基）、卡罗拉·内尔（Carola Neher，饰演波莉）、莱茵霍尔德·舒策尔（Reinhold Schünzel，饰演布朗）、弗里茨·拉斯普（Fritz Rasp，饰演皮丘姆）、瓦勒斯卡·格尔特（Valeska Gert，饰演皮丘姆夫人）、洛特·莱妮亚（Lotte Lenja，饰演珍妮）、恩斯特·布什（Ernst Busch，歌手和旁白朗诵），等等。

布莱希特的脚本分为四部分，巴布斯特采用了其中的第一部分《波莉·皮丘姆的爱情与婚嫁》（*Liebe und Heirat der Polly Peachum*），而且（几乎）完整地保留了剧情进展。麦基从妓院来到海港旁破旧的老橡树街，见到了波莉（同她的母亲），他跟随着与之眉目传情。当波莉逃走，麦基追了上去。在婚纱前的橱窗玻璃上，波莉看到了麦基的镜像，两人在镜像中组成了一对恋人。然后麦基直接约她们（波莉和她的母亲）来墨鱼酒店，在两两相望中悄无声息地便定下了婚事。麦基通知手下为婚礼置办家具和器皿，在此期间这对恋人在苏活区（Soho）的船上对月而歌（《肿块》中有舞台指令："一到两个月亮足以。"）。

第一部分以麦基和波莉的婚礼结束，对此巴布斯特主要忠实于歌剧情节，而《肿块》则把婚礼拟定为"社会性事件"，除了老虎布朗和牧师之外，还有150名政要和社会各界人士参加，为第三部分国家储蓄银行"历史性易主"作了铺垫，麦基将以银行经理的身份进入市民社会。而根据拉尼阿和瓦伊达的电影剧本，与《肿块》类似，婚礼应该在"冯·佐木赛特公爵夫人（Herzogin von Somerset）宫殿的大厅"中举行，但巴布斯特显然认为海港仓库的破旧环境更适合电影表现，而且牧师的出现、牧师在如此环境中的恐慌以及他不断想要溜之大吉的企图，会有效地给观众带来喜剧效果。同脚本一致，波莉在电影里也没有演唱《海盗珍妮之歌》（Seeräuberjenny），布莱希特为了表现社会现实放弃了这一歌曲，波莉转而演唱了《芭芭拉之歌》（Barbara-Song），作为仓促嫁于麦基的解释。

歌剧在结尾处暗示，开银行比抢劫银行要好得多。巴布斯特遵循脚本的内容，电影中，让波莉在接手麦基的强盗队伍后立即进行了银行的"历史性易主"。布莱希特在脚本中没有对购买银行的所有权作出清晰的铺垫（波莉的钱从哪里来？），巴布斯特则巧妙地利用这一漏洞本身作为理由。波莉发表讲话，强盗团体被任命为监督委员会，画外音（小标题）宣布这一场是观众致辞："凭借一名恋爱中女人的智慧，事态会呈现给您无法预计的发展趋势。"在波莉空洞的发言中，她承诺自己的机构"历史悠久"，强烈要求"观众的信任"，有良好的贷款信用，而且她表示，浪漫现在结束了，而严肃的生活就此开始。这些安排都恰如其分，无可挑剔。

若没有布莱希特的脚本，电影结局也无法想象。虽然巴布斯特改变了喜剧结局的前提，却同脚本十分协调。布朗由于无法保护加冕典礼的游行队伍，和乞丐一起躲进了麦基的银行，觉得自己已无力回天。麦基却安慰他，并向他保证在自己这里能安然无恙，然后波莉问布朗，他能为银行注资多少？布朗先是愣住，然后想起他还捞取了麦基的保释金（麦基早已逃走），1 万英镑。波莉接受了这一数额，旧交情在《大炮之歌》的演唱中得以重温。

皮丘姆由于无法控制释放出去的乞丐，同样出现在银行，但初看上去像是一个失去一切的请愿者，麦基因此对其大为指责。但皮丘姆还没有丧失他的理智，他狡猾地解释自己是伦敦最穷困的人（这是他一贯喋喋不休的诉苦方式），但一系列事实表明，贫穷有何等的威力，恰恰财富面对贫穷才能完成"最大的生意"，即皮丘姆的经验和麦基的财富相结合。麦基问道，穷人何时才有如此大的权力，"他们为什么需要我们？"对比皮丘姆回答道："因为他们不知道，我们需要他们。"此时从画外音传来结束曲，这是布莱希特为电影脚本重新创作的："走向美好的结局／一切都如此和谐／手里有必需的金钱／结局大多都不赖。"所有人都满意微笑，因为他们将如歌曲第二节所说，吃着"穷人们的面包"。然后是一组淡出处理，从画面的暗处出现了乞丐的队伍，然后又渐渐消失在黑暗中。此时唱起："一些人在黑暗中／而另一些却在光明中／人们能看到那些光明中的人／那些黑暗中的却无法看到。"剧终。

电影的喜剧结局发人深省，因为在警察厅长和乞丐王都一败涂地，麦基在波莉的帮助下得到了稳固的地位之后，一个对所有参与方都有利的结局似乎已经没有了存在的可能性。但按照资本主义见利忘义的逻辑，这样的结局不仅合情合理，而且还不幸是必然结果。皮丘姆想到了社会的基本法则：只有当尽可能地重视贫穷时，也就是说：当社会尽可能多的人保持贫穷或者变得贫穷时，财富才能得以维持（这同样也预示了危机时代的到来）。但通过由上而下地实施社会主义或者通过社民党组成民主多数都证明，由富人缩小贫富差距只能是痴人说梦。这在一战之前本有可能实现，正如罗莎·卢森堡所期望的，但在魏玛共和国却绝无可能。

布莱希特在《三毛钱诉讼》中还提出了深刻的诗学思想，他写道："随着新传播手段的出现，传播的旧形式也不会保持不变。电影观众读小说的方式也会不同。而且写小说的人，他本身也是电影观众。文学产品的技术化是不可逆的。即使小说家本身不使用这些工具，但工具的运用也会使其想达到相同的效果。"如果消极隔离，任何一种古典形式和技法的采用或建议都会在原则上被排除；如果积极运用，应该将使用仪器的技术手段转化为语言和美学，使这些手段能够完善语言应用的可能性或者实现（自己的）语言表达。

这些具有深刻的影响。如果语言艺术作品要实现时代的高度，就必须自己同样具有这样的高度。早在 1927 年 6 月 2 日，布莱希特就发表了给"亲爱的 X 先生"的虚拟信件，信中提问："我们难道不应该摒除美学吗？"他在信中引入了一位社会学家，与弗里茨·施坦贝格类似，这个社会学家是唯一可能赞同布莱希特观点的。"如果我们说，（过时的市民）戏剧已经无法再改善，如果我们要求摒弃这样的戏剧，那么大概只有这位社会学家支持我们。这位社会学家知道，有些情况改良无济于事。他评价的标尺并非区分'好'与'坏'，而是区分'对'与'错'。如果一部戏剧是'错'的，他不会因为它'好'（或者'美'）而赞颂，他会对'错'的演出的美学吸引力充耳不闻。只有他知道，什么是错的，他不是一名相对主义者，他遵循更生死攸关的利益，他无意于证明一切，只想找出那唯一值得证明的，他绝不会为一切承担责任，只会为其中的某一项。这位社会学家是我们可以信任的人。"

引入"错"与"对"的价值判断可以对古典市民美学予以致命打击，路德维希·维特根斯坦（Ludwig Wittgenstein）后来——在《哲学研究》（*Philosophische Untersuchungen*，始于 1936 年）中——进行了探究，其实在美学中原则上不会使用例如"美"这样的概念，相反，"对"的价值判断却完全可行。无论如何，布莱希特同传统美学的决裂如此深刻，对他而言马克思主义已经不可能同社会主义现实主义和解。乔治·卢卡奇泛滥使用了"整体性（Totalität）"的概念，要求艺术必须表达全部，著名的"血肉之躯的人"在布莱希特的艺术理解中也是不可想象的。改变和可变性的范畴，以及社会发展的不可逆性（社会发展并非一定是进步性的），这些自《丛林》（1923）之后便主宰了布莱希特的创作。最迟在1925 年的《史蒂文森杂文》（*Glossen zu Stevenson*）中，布莱希特的理论反思已经确认，艺术的技术化已是不争的事实，是根据**最佳视角**对语言进行的重新组合，这一趋势也被布莱希特视为德语的**英语化**。

以电气化/福特式发展和统计学的名义
福特主义，行为主义：规定增长率

布莱希特还得出另一种与资本主义的关联。布莱希特意识到，资本主义以福特主义及其哲学或者行为主义学说等形式，急剧加速了传统价值、观念形式、个体性和自我反思的消解。1920 年代，美国汽车生产商亨利·福特向欧洲出口了流水线技术，并因此引导了合理化生产革命性的新形式。这使工人的收入提高，能够成为消费者，通过消费又进一步保证了生产。福特主义成为资本主义社会大众生产和大众消费的发动机。人们做什么已经无足轻重，重要的是人们拥有什么、享受什么，这自然也对工人们产生了影响，他们愈来愈少地能通过（异化的）工作完成自我定位，不得不为了能参与到消费行为之中而用尽一切手段，以这种方式，很难再用有效的"阶级意识"锻造工人阶级。在大概创作于 1927 年的诗歌《700 名知识分子膜拜油箱》（*700 Intellektuelle beten einen Öltank an*，首次发表于 1928 年）中，布莱希特把"Fortschritt"中的"t"写作了"d"："以电气化/福特式发展①和统计学的名义！"事实上，资本主义以福特主义的形式，实现了生活水平的持续性改善（以第三和第四世界为代价），原因是作为福特主义基础的"经济增长率"

---

① 原文为"Fordschiritt"，是表进步、发展的"Fortschritt"同"Ford"（福特）结合而来的新创词。

当时确实看似不可估量，在本质上为"黄金二十年代"提供了可能性。

以电影为例，布莱希特就"福特式发展"带来的改变作出了详细论述："现实中，电影需要的是外在情节而非内省的心理学。在这一趋势中，通过将某些特定的需求加入到大众标尺中，资本主义给人以组织良好、自由发展，甚至革命性的印象。但资本主义同时也销毁了大部分的意识形态，它只注重'外在'情节，瓦解过程中的一切，放弃英雄作为媒介，放弃人作为一切事物的标尺，粉碎市民性小说内省的心理学。……行为主义是一种心理学，它从商品生产的需求出发，利用这些需求影响买家，是一种主动的心理学，完全具有进步性和革命性。"行为主义是适应福特主义的新型心理学，原因在于它从时代的高度研究大众行为，借概率推算对其进行预测，从而有目的地——这便是主动的成效——影响或者操纵大众行为，比如商品消费行为。而个人的行为则鉴于其同大众行为相比的次要性而完全无关紧要，行为主义的创立者约翰·B. 华生（John B. Watson）1913 年在同内省心理学的论战中也谈到了这一点。布莱希特也赞同这一观点。随着大众社会和大众生产的到来，传统的借艺术得以表达的个体性被驱离了中心位置，而仍对此故步自封的艺术也就不合时宜了。

布莱希特虽无法再把文学看作（市民阶层的）自主产物，但同时也为文学和戏剧引入了美学策略，使其能够容纳新的艺术可能性，而且不屈从于娱乐工业，甚至能够提出政治挑战和社会批判。由于布莱希特将艺术（整体）视为新社会进程的一部分，因此适用于艺术的必然是新认识：主体间性代替主体性；并非个体，而是个体的社会性行为，以及集体的预定规则来决定个体，而且这些由于被充分地内化而显得犹如自然既定一般；并非理想，而是对理想的批判；并非语言上的掩饰或者委婉，而是真实的语言；并非煽动性宣传，而是对煽动性宣传的揭露。就市民艺术而言，也就是说它无意识地佐助了以个体主义掩盖新现实的行为，进而也助长了一些人毫无顾忌地利用恶劣的社会现状来实现自身的目的。

布莱希特还发现了另一种——不成功的——可能性，也就是尽可能抽离法西斯的经济基础，这在《三毛钱诉讼》中也有详细阐述。布莱希特这一时期代表了这样的观点，即资本主义革命在1920年代引起了整个社会关系的急剧变化（流水线、大众交通、大众传播、大城市，等等），使资本主义本身趋向覆灭。布氏1931年夏曾对瓦尔特·本雅明表示"共产主义并不激进，激进的是资本主义"，因为资本主义造成了大众化的社会危害，也因为市民阶层的意识形态坚守个体性和从属于个体性的一切，而一切工具的急速发展却在终结个体性，这两者之间的矛盾长期加剧，以至于日益濒临崩溃。布莱希特显然并不知道，这些在最愤世嫉俗的意义上是正确的。

但最终到来的并非社会主义，而是不择手段的纳粹主义。布莱希特早已预计到，虽然意识形态和科技互相排斥，纳粹仍采用了市民阶层的意识形态，同时投入了所有现代化的科技手段，踏过资本主义的尸体，维持自己的暴力统治。除此之外，希特勒和他的帮凶学会了一切形式的市民阶层意识形态（教堂、学校、司法和宣传等），以及所有古典的、固着于个体主义之上的美学手段，从而消除现实，也消除了对现实的认识，进行希特勒政党的及个人的表演，建立元首崇拜，其疯狂程度如果没有最终"实现"简直无法想象。欧洲进步工业国家和美国的资本主义的经济基础和成就，比所有社会主义批判预计的都更加强大。而且还有一点被忽视了，就是所有国家机器都掌握在维护资本主义之人的手中，可以把（不合时宜的）意识形态大肆引入大众之中，并且通过令人厌烦的低级文学作品系统性地消除接受者的思考能力。

而且尤为引人注意的是，市民知识分子对时代的真实情况认识和了解的甚少，并因此无法对正在兴起的法西斯主义发起反抗，甚至还会盲目或热情地对其表示赞同，因为他们认为，可以借此拯救他们的个体性。在布莱希特的遗物中有戈特弗里德·本恩1931 年 8 月 28 日在《世界舞台》的关于《新文学季》(*Die neue literarische Saison*) 的文章，其中作者对谢尔盖·特列季雅科夫 (Sergej Tretjakow) 的报告甚为愤慨。特列季雅科夫 1930 年 12 月至 1931 年 10 月在柏林逗留，并于 1931 年 1 月 20 日以《作家与社会主义村庄》(*Der Schriftsteller und das sozialistische Dorf*) 为题作了报告，布莱希特在柏林的俄罗斯宫廷听了这次报告。特列季雅科夫反对"心理学小说"(本恩如此写道)，辱骂西欧的"个体习语 (Individualidiotismen)"，呼吁形成一种"新的集体文学"，同市民小说的"封建主义"相比，这种文学是唯一与时俱进的。本恩还写道，特列季雅科夫展现的只是"俄罗斯新帝国主义的一个宣传阶段"，本恩还质疑，如此的一派胡言如何"能在德国找到追随者"(显然报告厅座无虚席)。此外本恩还有一位社会主义现实主义的同事支持他［约翰内斯·R. 贝歇尔 (Johannes R. Becher)，但原因自然不同］，本恩反驳道："在所有经济体系中，人都是悲剧性的生物体，是分裂的自我，其中的裂痕无法被酥皮蛋糕和毛马甲填满，其中的不协调无法在《国际歌》的节奏中消解，人永远是蒙受苦难的生物体。"为了添加形而上的弦外之音，本恩还宣称：人类"不再是达尔文时代为进化而奋斗的胖猴子，在其本源和基本元素中就注定是形而上的主体，他不是种畜，不是必胜者，而是初原的存在者，悲剧性的存在者，因而相对于动物永远是强大的，是自然的开拓者，"本恩在结尾处写道，"面对即将到来的世纪，人类感受到的将不是发展，而依然是上述生存状况，请安心等待它的渐渐临近，某一日，或许在文学季之外，您将会看到它。"

这篇文章本恩也在广播中宣读过，他在这篇不容争辩的文章中强调，市民知识分子由于其理想主义以及形而上学的信念而无法认识到，集体化和紧随其后的对个体性甚至对个体的消除，是当代资本主义统治的结果，而并非布尔什维帝国主义。大众社会已经不可逆转，但布尔什维帝国主义要求对其重新组织，这被特列季雅科夫誉为具有时代必要性。无论如何，本恩的人类感受在希特勒和斯大林的大屠杀中得到了实现。

一人一理论注定失败

他必须有几个理论，四个，多个！

特列季雅科夫：生物学社会主义

早在 1923 年，布莱希特就观看过特列季雅科夫的成名作《怒吼吧，中国！》（*Brülle, China!*）。戏剧由弗谢沃洛德·梅耶荷德（Wsewolod Meyerhold）执导，在柏林的莫斯科剧院上演。1931年 1 月 20 日，正值上文提到的报告之际，布莱希特结识了这位苏联左翼作家。特列季雅科夫在苏联作家协会中负责国际问题，因此到访德国，由于共产主义作家都不赞同他市民文学（同样在苏联）没落的论调，特列季雅科夫主要同先锋派知识分子交往，具体而言是本雅明、伯恩哈德·冯·布伦塔诺（Bernhard von Brentano）和布莱希特。特列季雅科夫代表一种相对坚定的社会主义路线，在这一点上，至少在苏联，是集体主义的捍卫者，他想在农村通过生产合理化解决农民长期的营养不良问题。

具有典范意义的是布莱希特为他的萨姆森－廓尔纳传记发明的新体裁："生命访谈。"作家不再将自己定义为作品的创作者，而是社会现实的记录者或者转述者，与此类似，特列季雅科夫在他的小说《田一主》（*Feld-Herren*，创作于 1928~1929 年，1930 年出版）中也完成了对俄罗斯农业的一种工作报告。特列季雅科夫参加生产，关注生产过程，在与专家的对话中学习生产的组织形式和进程，他组织集会，与集会参与者争论，而且体验了集体农庄的日常生活。特列季雅科夫将之称为"实践型描绘（operative Schilderung）"。之后他从这些资料中完成了这部书，书名显然已经说明，在集体农庄中组织起来的苏联农民确实已经成了他们田地的主人，但事实并非如此。如果社会主义真的在民主层面上创造一个时代，"生命访谈"这种体裁本也可以创造一个时代；但它如今早已被遗忘。

特列季雅科夫的作品同布莱希特最特殊的一次"改编工作"有关，即戏剧《我想要个孩子》（*Ich will ein Kind haben*）。这一版本由弗莱堡的马克斯赖夏德出版社（Max-Reichard Verlag）出版，年份不详（可能是1931年），书有附注："授权恩斯特·胡博（Ernst Hube）由俄语翻译。贝尔特·布莱希特改编。"附注未提改编是如何完成的，同样也没有说明恩斯特·胡博的作用。或许是阿西娅·拉齐丝委托胡博翻译，并试图争取由布莱希特来执导这部在苏联还没有上演的剧作。这一定是1929年或1930年的事情，但显然是在布莱希特同这位俄罗斯同事相识之前。虽然演出最终没有成形，但书籍的出版能够证实，即使对胡博的翻译改动较少，布莱希特也一定以某种形式接触到了特列季雅科夫的作品。弗拉基米尔·马雅可夫斯基认为，这部戏剧有可能成为"第二部《战舰波将金号》"［*Panzerkreuzer Potemkin*，1925年由谢尔盖·爱森斯坦（Sergej Eisenstein）导演的传奇电影］，它由特列季雅科夫创作于1925~1926年，当时苏联正在讨论新的《婚姻法》。新婚姻法承认所谓的"野婚"为事实婚姻，即使它不符合法律程序，但由于担忧承认没有结婚证书的婚姻可能导致多妻和不计其数的赡养费控告，还是决定保持传统婚姻。特列季雅科夫的戏剧初看之下似乎是为承认"野婚"作了贡献。

机关工作人员米尔达（Milda）勤奋工作，目标明确，只穿男士服装，完全没有性诱惑力，被人说是匹"马"。米尔达有一个想法，要一个孩子，但同时又不必与某一个男人相互束缚。由于她是坚定的共产主义者，并且相信工人阶级的未来，所以这个男人自然必须是地地道道的无产者，这样孩子也会像他。米尔达在工人雅各布（Jakob）那里找到了"种马"，但雅各布却对米尔达毫无"胃口"，但当米尔达违背自己的意愿用仅有的那点魅力追求雅各布时，他拜倒在石榴裙下，成功地孕育了一个孩子。正如所预料的，雅各布要求孩子的抚养权，因而产生了争执甚至殴打，但最终一切归于美好，雅各布得到了新娘，米尔达得到了她出色的宝宝，而且还在孩童展（这一展览在苏联确有其事）上获得了第一名，因为孩子是真正的无产者："一个苏联男孩，世界为之动容！！！"

在表面上看，剧情是布尔什维主义的庸俗之作，事实上对苏联小市民过时的状况和行为方式进行了辛辣的讽刺。故事的发生地是一栋多层的房子，在苏联很有代表性，房子扩建，再加建楼层，从而形成了一栋好房子。这里居住的尽是小市民，他们不停地争吵，徒劳地尝试练习一点儿民主做派，当他们得知米尔达的意图时又对其大加嘲笑，然后又贴在锁眼上想目睹育种的过程。故事中还有另一对男女，"轻浮少女"瓦尔瓦拉（Warwara），她水性杨花，和迷醉剂瘾君子费力林诺夫（Firilinow）也生育了一个孩子，同样在被误读为"牛类展（Rinderausstellung）"的孩童展（Kinderausstellung）上获得了第一名。最晚在此处已经明了：一切都并非严肃的。

整个优生学展览的举办是为了揭露国家育种专家伊凡·弗拉基米诺维奇·米丘林（Iwan Wladimirowitsch Mitschurin），特列季雅科夫因此也在极为危险的领域中创作。在向沙皇俄国推销自己无果后，米丘林在1920年代成为苏联植物学家中的执牛耳者。他首先在新水果品种的培育中取得了成功，使种植区域能够北扩，接着又创立了新的遗传学说，致力于在遗传中剔除偶然因素，并且将外部环境计算在培育植物新的、可遗传的特性之中。当米丘林的学生特罗菲姆·邓尼索维奇·李森科（Trofim Denissowitsch Lyssenko）在 1940 年代末和 1950 年代将他和他老师的错误上升为国家政策，给苏联农业造成严重损失后，一切才原形毕露，证实米丘林只不过是欺世盗名之徒，甚至不惜伪造。尔后，直到 1962 年尼基塔·赫鲁晓夫才解雇了李森科。

特列季雅科夫剧作的情节不难辨认出米丘林的生物学模式："无产阶级"能够像种族或者基因特点一样遗传，如果避免育种时的意外因素，就能保证新生人类同样也是根正苗红的无产者。1950 年，根据根纳迪·费什（Gennadi Fisch）的报道，布莱希特再次利用这一主题创作了以《查加纳克·伯尔司杰夫或者小米的培植》（*Tschaganak Bersijew oder Die Erziehung der Hirse*）为名的康塔塔，由保罗·德绍（Paul Dessau）作曲。作品在题词中引用了米丘林的一句话，而且由于布莱希特在其中将斯大林称为"苏联人民伟大的秋收领导者"，因此，这部康塔塔也被理解为布莱希特向共产主义体系（民主德国和苏联）致敬的作品。但其实这是部讽刺文学，其中的遗传公式和诗歌《农民对公牛的讲话》（*Ansprache eines Bauern an seinen Ochsen*）中"高大的公牛"都是彻底的嘲讽。

无从知晓特列季雅科夫同时代人是否发觉了歌曲中的批判性内容。不幸的是，正统的政党共产主义者不具备必要的幽默感，以认识到其中的讽刺和嘲弄。布莱希特可能在很多方面对这部戏剧尤为感兴趣。生物学上的无产者也明确证实，列宁和继而从 1927 年开始独裁统治的斯大林，他们的政治已经丧失了社会政治基础，而且苏联的社会主义建设也无法前进，贪污腐败一如既往地横行，小市民之间的争执成了日常生活的主要内容，而艺术创新不过是贴了新标签的对布尔乔亚艺术粗糙、低廉的模仿，相反，特列季雅科夫的艺术才代表了富有幽默和辛辣讽刺的批判现实主义，与布莱希特志同道合。

1930 年，布莱希特命人——没有记载具体是谁——翻译了特列季雅科夫的杂文《物之传记》（*Biographie des Dings*），这篇文章与布莱希特正在构思的长篇小说甚为呼应。特列季雅科夫着重指出："长篇小说的主人公吸收并主观化了整个社会现实。"因此，向"古典作家"学习的可能性已经被排除了，作为替代，特列季雅科夫也兑现了文章的标题，把想要说的都集中在流水线的形象中。人站在流水线两旁，"物"在流水线上传送而过，从而世界不再通过单个的人而被理解，而是通过人与人之间的物，一方是剥削者，一方是大众。布莱希特没有采用流水线的形象，这或许对布氏而言太过技术术语化了，即便如此，他 1930 年代初对小说的理论思考仍赞同这个观点。

特列季雅科夫 1931 年在柏林逗留期间，与布莱希特交好，布氏1932 年在《库勒·旺贝》（*Kuhle Wampe*）的莫斯科首映时再次遇到了特列季雅科夫，特列季雅科夫对布氏关怀备至，还在苏联写了介绍布莱希特及其作品的文章。1933 年秋，海伦娜·魏格尔前往莫斯科进行广播朗诵，但不幸患病必须手术，特列季雅科夫也对魏格尔十分关照。当布莱希特 1935 年第二次访问莫斯科时，也得到了特列季雅科夫的陪同。两人保持通信联系直至 1937 年，特列季雅科夫还一直负责布莱希特作品的俄语翻译。1937 年 7 月，特列季雅科夫作为间谍被逮捕，关押在劳造营并遭到杀害。

当布莱希特得知这位被他称为"伟大、友好师长"的朋友的死讯时，他写作了诗歌《人民不会犯错吗？》（*Ist das Volk unfehlbar ?* ）。面对判决他的所谓"人民法院"，歌名中的问题没有得到回答，只是被反问道"法律，他无罪吗？"但无论答案如何，这句反问至少提出了质疑。布莱希特的诗歌《给特列季雅科夫的健康建议》（*Rat an Tretjakow, gesund zu werden*）不是针对朋友的精神疾病，而是1929 年的一幅漫画，其中特列季雅科夫躺在一张手术桌上。他腹部肿胀严重，头上放着降温包，直到颈部都盖着一张戏剧海报。梅耶荷德作为护士站在他的脚边，垂头丧气。漫画下方写着病人的呻吟："我想要个孩子……"如此一来一切都真相大白了：《我想要个孩子》这部戏剧使得作家陷入了斯大林主义恐怖的魔掌，在斯大林的强权统治逐步加强之后，作家再无可能摆脱其压迫，形成有效的反抗力量。这部戏剧的德语版 1980 年在卡尔斯鲁厄（Karlsruhe）的巴登国家剧院首演，但演出没有得以继续。

世界谁属？
现实研究：工人作为小市民

1930 年是《三毛钱诉讼》和《措施》推出的一年。几乎不容置疑，一系列的政治事件和同汉斯·艾斯勒的友情都推动了布莱希特去关注政治，最终布氏在教育剧中也提出了核心问题，在何种条件下共产主义革命（在德国）才有可能发生。德意志民族主义制度的维护者对此也完全了解，共产主义革命在德国既缺乏社会基础，也缺少能够动员起来的工人阶级。而且是否存在相应的意识也值得怀疑。

1929 年 10 月纽约股市崩盘，把整个西方世界都拖入了漩涡洪流之中。被载入历史的"黄金二十年代"的欢闹结束了，柏林前所未有的喧嚣夜生活也结束了。1919~1923 年的通货膨胀时期还有可能选择继续忽视这个病态的时代，麻木地向前生活，但如今，这种麻木的状态也被政治斗争的混乱打破。最迟在 1928 年，钢盔团——民族主义类军事组织，德国法西斯的早期组织——在大城市（柏林、汉堡、慕尼黑、汉诺威等）大众集会中公开露面。在"帝国前线士兵大会"（也被称为"钢盔团大会"）上，有数万名反对共和者身着制服出现，人数之后扩大到数十万。国家总统兴登堡自 1929 年 2 月成为这一组织的荣誉成员，曾公开表示愿意革除共和与民主，此时也为本次集会发来了贺电。自1930年开始，纳粹开始了街头恐怖行动，例如冲锋队突袭了贝尔瑙（Bernau）的工人集会，造成了多人受伤，而且目睹此事的警察对此竟坐视不管（1930年10月17日）。自1931年，布莱希特没有一出戏剧可以在不受干扰的情况下演出，整个艺术生活停滞荒废，剧院也无人问津。

　　1931年掀起了一场如何使戏剧适应电影的严肃讨论，为此引入了"短剧（Kurztheater）"的形式，可以一天内演出多次，从而降低票价，不给观众造成负担。1931年10月5日，汉斯·G.卢斯蒂希（Hans G.Lustig）确实在《柏林晨邮报》（Berliner Morgenpost）上将观众数量减少归咎于大部头戏剧三小时的时长，忽视了动荡的时代："我现在马上去趟剧院。"布莱希特自然也在相同位置——日期是10月12日——予以回应，表示自己早已发明了这种形式的"短剧"，他的演员早已不再体验，而必须表演："演员可以接连两次创造他的角色。"如此一来，教育剧也可以作为（叙事）短剧销售。相关事件发生时，布莱希特总会玩笑似的巧言辞令，以便能拯救他的教育剧于一时。

　　1920年代末，玛格丽特·施德芬投身于具有部分社会民主色彩、部分共产主义色彩的左翼合唱队（大柏林齐诵队）以及宣传组织（红色传声筒），因而也接触过布莱希特的政治性文章，但她认为这些文章不适于自己的事业。布莱希特也拒绝合作。这位1908年出生的工人的女儿断然认为布莱希特无法引领"这个世界迫切需要的改变"："对我们而言，布莱希特'失效了'（当时特有的表达）。"由于《措施》的首演，布莱希特通过汉斯·艾斯勒注意到了工人合唱队，当时这一情况仍没有得到改变。汉斯·艾斯勒也从事宣传工作，同时也被上了一课，他的作曲对业余音乐节来说难度过大，起先应该是这些人组成了《措施》首演的管弦乐队。演唱方面则有所不同。1920 年代，齐诵队在工人中保障了新的集体感，因此即使教育剧的内容和语言对他们而言十分陌生，仍可以任用这些人参与演唱。对这一作品施德芬也不知该从何处着手，但据记载，在首演后不久的 1930 年新年夜，她已经在朋友聚会上对《措施》进行了模仿表演，令在场的所有人都捧腹大笑。

近一年之后，或许由于海伦娜·魏格尔投身工人运动，担任戏剧和演说教师，在 1930 年成了德国共产党党员，布莱希特也参与了宣传歌舞剧《我们如此满意》。1931 年 10 月，青年人民舞台的剧团成员相聚于魏格尔处排练。施德芬提早到达，希望能事先见到她当时爱恋的恩斯特·布什。"但这个混蛋再次没有出现。当我们正在排练时，有一个穿着破旧西装的人进来，引人注意的是他头发剪得极短，而且必须赶紧再次修剪。他没有摘下帽子，只是轻轻碰了它一下，所有人都齐声说：您好，布莱希特。我想，这就是布莱希特？那么，他看起来境况不佳，可能把从《三毛钱歌剧》中赚的钱全花光了。"布莱希特几乎没有参与进来，看似神游，施德芬还没有察觉，他就很快消失了。在其他一些排练中他才立即被施德芬的表演才华所折服，聘任她在《母亲》的首演（1932 年 1 月 12 日）中饰演女仆。

在魏格尔处排练的是歌舞剧《我们如此满意》，戏剧文本应该由君特·魏森博恩（Günther Weisenborn）、伯恩哈德·冯·布伦塔诺、恩斯特·奥特瓦尔特（Ernst Ottwalt）、埃里希·魏讷特（Erich Weinert）以及布莱希特写作（没有具体的相关记载）。这部戏剧曾设想对中产阶级进行关于其经济贫困原因的宣传教育，从而争取他们组成反抗纳粹的"统一战线"；这已经是第三条，同样毫无希望的道路，但总聊胜于无。歌舞剧 1931 年 11 月 17 日作为青年舞台的特别节目在柏林巴赫大厅（Berliner Bachsaal）面对 1200 名热情的观众进行了首演。戏剧讲述了一个白铁工的家庭故事，正如《库勒·旺贝》所具体说明的，经济危机把铁工从他的家里驱赶出来，但由于左翼人士的帮助，他又获得了稳定的地位。整部戏剧都有歌曲穿插，歌曲由魏尔和艾斯勒作曲，洛特·莱妮亚、海伦娜·魏格尔以及恩斯特·布什等人演唱，布莱希特也贡献了《冲锋队队员之歌》（*Lied vom SA-Mann*）、《218 法条谣曲》（*Ballade zu Paragraph 218*）以及《团结之歌》（*Solidaritätslied*）的歌词；此外戏剧的主要故事情节也很可能出自布莱希特。为了使演出不至于过于严肃，瓦勒斯卡·格尔特还加演了一些荒诞舞蹈，舞蹈讽刺了一名花腔女歌唱家，拿她的标志性动作插科打诨。格尔特在首演中将这段表演重复了三次。之后，该剧还有过一些小规模的演出。

歌舞剧同《库勒·旺贝》（题目起初是《周末—库勒·旺贝》）的工作无缝连接，因而可以推测，可能是电影项目激发了布莱希特参与《我们如此满意》的积极性；两项工作中的某些部分是同时进行的，还有不少演员在歌舞剧和电影中都有出演。虽然斯拉坦·杜多夫（Slatan Dudow）是发起人，但这部电影以及后续一些其他电影项目对外向公众都以"贝尔特·布莱希特的新电影"作为"商标"（"老"电影自然是《三毛钱歌剧》的电影版）。这位保加利亚导演在柏林学习戏剧学，布莱希特与其在 1929 年的莫斯科之旅后有更亲近的交往，此人已经为艾斯勒和布莱希特担任了《措施》的导演一职。杜多夫不是党员，但同共产主义电影有限责任公司普罗米修斯（Film-GmbH Prometheus）合作拍摄了纪录片《工人的居住方式》（*Wie der Arbeiter wohnt*，1930）。影片以"污点没有被清除，而是禁止示人"为主题，因此随即遭到禁映。电影表现了工人恶劣的居住环境，他们因此要么是濒死之人，要么是小市民，是彻底的庸人，在最穷苦的茅舍里还有钩织的盖布、俗气的餐具或者墙上的虔诚箴言。

奥托·吕勒（Otto Rühle）在他《无产阶级文化与风俗史图解》（*Illustrierte Kultur- und Sittengeschichte des Proletariats*，1930 年完成）中对这一事实进行了不讲情面的分析。吕勒属于少数的共产主义者，他没有沉浸于革新或者乌托邦之中，而是努力尽可能准确地领会社会现状。一旦工人有少许可以支配的钱，最好的想法无非是将家居进行小市民式的布置，过上与之相应的生活。有些人甚至还设置了所谓的会客室，只供周日或者重要事宜使用，用库尔特·图索斯基的话来说，这里"堆积了市民时代的所有糟粕"。

杜多夫从这一电影的环境研究中发展出了拍摄无产阶级故事片的愿望，并为此争取到了恩斯特·奥特瓦尔特、汉斯·艾斯勒以及布莱希特的共同参与（同往常一样，艾斯勒不仅负责配乐，也参与了剧本的创作）。筹备工作最迟于 1931 年 8 月着手，稍后便开始了电影的拍摄，但由于普罗米修斯的财务问题不断遭到中断。1932 年初，在电影即将完成时，普罗米修斯公司破产了。

/ 252

由于拉扎尔·韦克斯勒（Lazar Wechsler）及其苏黎世普莱伦斯电影公司（Gesellschaft Praesens-Film）找到了有效的补救措施，瑞士电影业的核心人物保障了这部最重要的无产阶级电影得以继续拍摄。拍摄过程还不断遭到冲锋队的干涉，以至于德国共产党不得不动用了安保力量，以保护原本已仓促进行的拍摄过程。对布莱希特 1930 年代的作品而言，遭受政治干涉《马哈哥尼》（莱比锡，1930）、审查干预（《库勒·旺贝》，1932）、冲锋队的恐怖威胁（《人就是人》，柏林，1931;《措施》，埃尔福特，1933 年 2 月）已经成了某种特色。法西斯主义在正式攫取政权之前早已形成了直接或者间接的暴力强权，而布莱希特这样的艺术家无法不受干预地创作和演出，甚至会被强求作出政治上的拥护。所有方面都早已毫无自由可言。

《库勒·旺贝》的前两章仍表现了无产者的小市民形象，它们标有讽刺性的题目《少了一个失业者》（*Ein Arbeitsloser weniger*）和《青年人最美的生活》（*Das schönste Leben eines jungen Menschen*），这两个标题显然出自布莱希特之手。第一章表现了工人为了一个职位进行的无谓斗争以及家庭的小市民气氛。为了争取就业机会还要比赛谁自行车骑得快，这是失业者之间残酷的竞争。在带着怀疑的目光登上自己的自行车前，年轻的伯尼克（Bönike）安慰自己比其他人更早拿到招聘广告，在快速骑行中取得领先位置。伯尼克的家完全按照吕勒的描写来布置，钩织的花卉图样之间的箴言同样也不可或缺："请不要抱怨那带来辛劳和工作的早晨，照料自己爱的人是多么的美好。"年轻的伯尼克没有得到工作，当他回到家中吃午饭时，自然立即发生了争吵，在这日复一日无法避免的相同争吵后，同样失业的父亲受到羞辱溜进了附近的酒馆，花掉最后的几毛钱买啤酒，与其他老顾客可悲地讨论政治。年轻的伯尼克感到自己被所有的家庭成员背叛了（就连妹妹对他也只是敷衍），纵身从窗户跳下：少了一个失业者。自杀之前他还小心翼翼地把腕表摘下，在世界性的经济危机期间，一块表比人更值钱。

第二章伯尼克一家由于"自身造成的无支付能力"被强令迁出了原本的处所，搬入了位于米格尔湖（Müggelsee）东南部的帐篷区库勒·旺贝（柏林方言，意为冷肚子），又在这里安置了小市民式的家。女儿安妮（Anni）与装配工人弗里茨（Fritz）交往多年，也是弗里茨把伯尼克一家接来库勒·旺贝的，这时安妮怀上了男友的孩子，情理之中要安排两人订婚。订婚典礼布莱希特按照独幕剧《婚礼》描绘，本应是这部影片的核心，也是原本的片名中"周末"所暗示的内容。就怀孕的问题，尚不知情的父亲表示："要是发生了什么，我就打死你。"在订婚仪式上，小市民们大快朵颐——终于能有钱大吃大喝了，在毫无思想的谈话中醉倒在桌子下。这时响起了军乐进行曲，也表示了这样的活动中隐藏了多少战争性。前两章展现了所有参与者的空洞贫乏，他们缺失相互关心的能力，即人性的异化；而且是在工人氛围中。而且同卡尔·楚克迈尔（Carl Zuckmayer）的《欢乐的葡萄园》（Der fröhliche Weinberg，1925）类似，这样体面的订婚仪式也以弗里茨解除婚约告终："结婚决不能考虑，我不想耽误一生。"

第三章的工人运动会主要归功于艾斯勒，宣传小组的红色传声筒在这一章登场，此时（1931~1932）这一组织已经正式被禁。本章尝试对前两章人物的小市民形象进行必要的修正，主要通过一些集体行为，例如与失业者自行车赛不同的公平比赛，或者通过对黑格尔著作津津有味的集体阅读——由于审查制度所以没有选用马克思。同影片的真实部分相反，此处庸俗的革命特色经过理想主义美化，也从另一个侧面彰显了工人阶级改革社会关系的无力感。

/ 254

第四章发生在市内铁路上，参与比赛的运动员们——还有弗里茨和安妮（暗示两人又在新的路途上彼此相遇）——都乘坐这一交通工具返程，途中遇到了各种中产阶级和市侩庸人。两方激烈争辩的核心是高昂的物价（这里指咖啡的价格），以及造成物价上涨的生产过量危机（这里指巴西焚毁咖啡豆），这些都是垄断购买者无人理解的阴险计策，坚决要求维护自己利益的工人自然也无法理解。

德国并不存在具有革命潜力的工人阶级。德国共产党完全错误地估计了自身的力量与机遇，因而使事态更为严重。虽然德国共产党的党员可以被视为工人阶级的代表，但他们人数过少。嘉德·格拉纳赫（Gad Granach），演员亚历山大·格拉纳赫（Alexander Granach）之子，在他的回忆录《丧失故土！犹太流亡者的生活》（*Heimat los! Aus dem Leben eines jüdischen Emigranten*，2008）中记录，1932年以及1933年初，德国共产党每一名党员每夜都在期待共产党能采取行动，（不存在的）"统一战线"能上台执政；他还写道，在纳粹夺权之后，最先是共产党员立即叛变，他们成群结队地投身冲锋队，因为那里有靴子、衣服和食物。

更为灾难性的是斯大林把社会主义法西斯论纲上升为章程，根据其内容社民党事实上为法西斯推波助澜，这也扼杀了左翼统一战线的所有可能性。斯大林1924年表达了这一思想，并在1928年共产国际

（第三国际）会议上得到了正式确认。德国共产党主席恩斯特·台尔曼在大会上将社民党归为反革命势力，但在 1932 年 7 月大选前最后一刻他又尝试同社民党建立统一战线，这早为时晚矣，而且选举结果也证实，社民党和德国共产党相联合也无法构成议会多数（社民党占 21.6%，德国共产党占 14.3%——相反，纳粹党占 37.3%）。

此外，左翼市民知识分子也参与得过晚，他们在 1932 年大选时才公布了《紧急呼吁！》（*Dringender Appell !*）："尽管有原则上的分歧，但如果在最后时刻不能成功地将所有抵抗法西斯的力量团结起来，在德国，我们面临的将是**对一切人性和政治自由的扼杀**。[1932 年] 7 月 31 日是最后的机会。一言为定，利用这个机会，最终迈出**建立工人统一战线**的一步，这不仅是议会抵抗，也是其他一切形式的抵抗所必须的。我们向每一个有同样坚定信念的人紧急呼吁，帮助我们促成本次**选举中社民党和共产党的联合**，最好要形成共同的候选人名单，至少要共同提名候选人。不仅在政党中，特别是那些大型的工人组织，现在重要的是号召所有能够想到的力量。要注意，不要因为天性中的懒散和内心的怯懦而被沉溺于荒蛮之中。"在呼吁书上署名的有：阿尔伯特·爱因斯坦（Albert Einstein）、库尔特·希勒（Kurt Hiller）、埃里希·科斯特纳（Erich Kästner）、凯绥·珂勒惠支（Käthe Kollwitz）、海因里希·曼（Heinrich Mann）、恩斯特·托勒（Ernst Toller）、阿诺尔德·茨威格（Arnold Zweig）等。只可惜，他们晚了至少两年。

再回到《库勒·旺贝》，回到其中的主题曲《团结之歌》。如同从工人的家庭环境转而讨论公开的工人运动，歌曲也同前两章阐释型音乐形成了鲜明的对比。出身小市民阶层的工人，其行为后果——即潜在的好战与尚武——无法得到直观表现。如果《库勒·旺贝》的前两章是分析此点，那么《团结之歌》则是循序渐进地建立了对社会不可遏制状态的理论认识，最终鼓舞了团结起来从事集体活动的勇气。这首歌被精巧地分配于第四章的各个不同场景。首先响起的是歌曲旋律的纯管弦乐主题，在运动比赛期间，工人们唱起了歌曲的副歌，从而建立了体育与政治之间的关系。接着，红色传声筒又演唱了歌曲的前两节，在从第三情节向第四情节过渡时——运动员前往城市铁路，合唱队和恩斯特·布什清晰可辨的声音又在画外唱响了歌曲的第三节和第四节。经过改编的副歌提出了最终的问题："世界是谁的世界？"进而直接过渡到城铁上的政治讨论。最终，当城铁的乘客在桥下消失，歌曲再次于画外响起，最终留下了疑问："街道是谁的街道／世界是谁的世界？"

无可置疑，电影中的这首歌曲起到了宣传的作用，号召进行（彻底革命性的）统一行动。市民商业电影中的歌曲通常一开始就与电影形成统一体，提前预演喜剧结局，同时也成为传递信息的号角，与此不同，《团结之歌》逐级上升的结构起到了启蒙的作用（也同实用的市民音乐构成对比），而且借助副歌中的切分音避免了像军乐进行曲那样，因均匀的打击节奏产生沉闷、老套之感，使接受者丧失独立意识。

/ 256

在同阿多诺共同创作的书《电影配乐》（*Kommpostion für den Film*，英文版，1947）中，艾斯勒描写了一个场景，其中一名木匠在 1914 年被命令入伍。他心灰意冷地收拾了自己的小箱子，在妻子和孩子们的陪同下，垂头丧气地走向军营，他步履拖沓，不协调，而且迟疑。"音乐轻声进入，暗藏着军乐的色彩。音乐越响亮，男人们的脚步越轻盈、协调、带有集体的统一性。就连女人和孩子也洋溢起战争精神，甚至士兵们的髭须都开始上扬。音乐渐强，欢庆胜利。在音乐的陶醉下，新入伍的军人走入军营，组成了一支屠杀者的队伍。"歌曲同市民音乐差距显著，但《团结之歌》就因此成了"共产主义之歌"吗？

歌词的主要内容是反思已令人无法容忍的现状，虽然确信共同的行动可能促进强盛发展，但一切至今都杯水车薪。社会弊病只是得到了简要的暗示（"我们一周的工作／已经侵入骨骼"），相反，抽象的自然景象更加突出（"我们看到太阳的光辉／落在街道，落在田野／我们却绝不会认为／这是我们真实的世界"），曲终则着重于提出问题，在经济危机的时代，绝非只有共产主义者才会提出这样的问题。歌词印象平和，引人深思，几乎不能被算作具有政治上的左翼倾向，更没有煽动暴力。这是艾斯勒的音乐，它通过均衡节奏（各节之中）和从爵士低音部引用的切分音（副歌部分）间的强烈对比，形成了敦促和请求的特征。歌曲号召人们采取行动，但除了必须改变世界外，没有提出其他明确的目标。影片中，穿立领衣服的男人提出了刁钻的问题，到底谁将改变世界？对此，回答十分简要，"那些不喜欢它（这个世界）的人"。除此别无其他。

西格弗里德·克拉考尔（Siegfried Kracauer）对电影尖刻的评论言之有物，他强调，影片小市民的（工人）父辈一代同共产主义"青年革命先头部队"之间"仇视的""反革命的"对立，表达了两代人之间不合时宜的冲突（令人联想到表现主义），而青年革命者同青少年叛逆者十分类似，这些叛逆者"在敌对方数量众多的德国电影中，最终都或多或少地甘愿屈服"，正如 1933 年 1 月 30 日 ① 之后出现的情况。

国家权力来自人民／但又走向何方？

共和的覆灭：

不同阵营间的工人之女

由于审查制度和两次禁令，《库勒·旺贝》的发行一再推迟，影

---

① 当天希特勒被任命为德国总理。

片最终于 1932 年 5 月中旬在莫斯科首演，杜多夫和布莱希特都出席了首映，布氏还携女友玛格丽特·施德芬一同现身。但电影在苏联彻底失败，因为苏联的工人无法在德国无产阶级身上找到自己的影子，而且电影的气氛对他们而言也过于陌生。自 1931 年 12 月 21 日以来，《马哈哥尼城的兴衰》在选帝侯大街的剧院上演，反响卓越，演出达 60 场，这是布莱希特和魏尔在这座走向没落的大都市最后的成功。《母亲》1932 年 1 月 17 日在柏林喜剧院（Berliner Komödienhaus）上演，当时也取得了显著的成就。

随着《母亲》的排演工作的开始，布莱希特同玛格丽特·施德芬的故事也拉开了序幕。施德芬饰演剧中女仆一角，演出期间，她还在康复诊所住院治疗，每日必须接送往返。布莱希特开始对这名患有肺结核的女子及其共产主义的政治热忱颇感兴趣。玛格丽特·施德芬的父母是奥古斯特和约翰娜·施德芬（August und Johanna Steffin），父亲在建筑工地工作，母亲是缝纫女工。虽然两人如果不辞辛劳，也能为天赋异禀的女儿凑够接受适当教育的钱，但父亲反对高级中学教育，理由恰恰是女孩成为"知识分子"就会失去同工人阶级的联系，无法树立必要的阶级意识——小市民工人阶级。

但玛格丽特还是尽一切努力使自己得到全面的教育，尤其在语言方面。她很早就通过演唱、戏剧和宣传活动投身文化事业，学习演讲。在学校就写作了一些小型戏剧的剧本（也得以上演）和一些短篇小说（其中一篇还获了奖）。根据对邂逅布莱希特的简要描述，说明她对布氏的爱情与外貌或形象无关，这里突出的更多可能是"精神"，也就是说，格丽特（Grete，布莱希特之后对她的称呼）年仅23 岁就已经拥有了巨大的（很快得到展现的）文学潜力，这不仅体现在——日后被布莱希特培养出的——十四行诗中。

/ 258

1932 年初，布莱希特把她安置在他哈登堡街（Hardenbergstraße）的房子里，布氏在 1928 年 9 月就搬来居住（施比谢恩街的工作室留给了伊丽莎白·霍普特曼）。海伦娜·魏格尔1930年4月10日同布莱希特结婚，显然不会为这位情妇和她的传染病而高兴，而且魏格尔还要照顾孩子，1930年10月28日他们的第二个孩子芭芭拉（Barbara）出生。布莱希特一如既往地巧言善辩，他向妻子保证，这绝不是为了把施德芬留在身边，而是帮助她有个住处。1932年5月，他就带施德芬前往莫斯科，因为她会说俄语，而他又需要一名翻译。施德芬从莫斯科前往克里米亚半岛疗养，布莱希特也为此支付了大部分费用，由于其共产主义政治倾向，施德芬被从柏林出版社（Berliner Verlag）的会计岗位上开除，所以也没有了收入。

1932年10月，魏格尔带着孩子们迁往柏林周边的新居，同布莱希特也出现了严重的婚姻危机，因为魏格尔害怕疾病传染，而且还因为施德芬怀孕了。虽然施德芬已经堕胎过两次，但她仍决定终止妊娠。关于之前堕胎的经历，她还写作了诗歌："那里，我的双胞胎／在暗红的血液里静静地游着。／谁看到他们游泳，便知道／爱在做些什么。"施德芬对此的理由是："即使最伟大的爱情／在我们为面包而忧心时也束手无策。／没有地位的人，要确保自己／也没有孩子。"所以就没有再诞生布莱希特的另一个子嗣，而且她逐步恶化的结核病也很快导致，无论她多么想要孩子，也已然不可能了。

同往常的夏季一样，布莱希特1932年6月中旬前往奥格斯堡，然后到达阿默尔湖畔的下雄多夫，海伦娜·魏格尔和孩子也逗留于此。8月，布莱希特作出了一个怪异的决定，留下了几个令人不解的谜团。正当他手头的几部作品对改善社会状况无望之时，布莱希特8月8日决定购买毗邻城市乌廷（Utting）的一处房产，而且他还没有钱来支付这笔费用，正如施德芬初遇布莱希特时所提出的疑惑，他用《三毛钱歌剧》赚来的大笔钱做了什么？最终布莱希特的父亲承担了购买费用，而且同儿子签订了"债务关系"合同，据此布莱希特必须偿还借款，并支付利息。

同时，布莱希特在新居开始了对莎士比亚作品《一报还一报》的改编工作，还问汉斯·艾斯勒要不要"看一看格丽特的蓝眼睛"；这说明她也在布莱希特处。在新作——日后的《圆头党和尖头党》（*Die Rundköpfe und die Spitzköpfe*）中，布莱希特改编了德国当时的历史资料，例如 1932 年 6 月 14 日的紧急命令，将残疾、职工和矿工保险恢复到 1927 年的标准，失业补助降低了 23%，社会救济金也下降了。为了改善财政状况再次征收了盐税［剧作的一部手稿还有异名《一报还一报或者盐税》（*Maß für Maß oder die Salzsteuer*）］，而且备受争议的房租税也被保留，这是布莱希特目前也必须缴纳的。

这一前后不一致如何理解呢？当一切信号都指向没落，布莱希特是考虑还能在新居较长时间地偏安一隅吗？或者他认为能借此保障自己在德国的财产状况？因为他流亡时期的记录都表明他打算尽可能早地返回德国。但无论如何此时还没有任何线索能证实布莱希特正必须考虑或者确实考虑了流亡。最重要的希望是 1932 年 11 月 6 日的国会选举，此时纳粹党已经流失了 200 余万张选票（纳粹党占 33.1%，社民党占 20.4%，德国共产党占 16.9%）。现在社民党和共产党确实拥有了多数选票，虽然仅仅是同纳粹党相比。但社民党和德国共产党仍没有准备好去思考左翼联盟是否有存在的可能，希望也因此破灭了。

但布莱希特仍不放弃，他致力于用一切方法批判希特勒及其政策。其中的一个例子就是歌曲《元首曾说》（*Der Führer hat gesagt*）。布莱希特在工人合唱队积累了丰富的经验，战斗歌曲能够真切地触及大众，1932 年初在维也纳，他面对着 6 万名体育场观众，合唱了《团结之歌》。以此为出发点，布莱希特和艾斯勒为德国工人歌唱家联盟（Deutscher Arbeitersängerbund）编排了以《进军第三帝国》（*Der Marsch ins Dritte Reich*）为题的组曲，并灌录了唱片，希望这燃烧的旋律和揭露真相的歌词至少能成功阻止人们拥护第三帝国。布莱希特的策略是让希特勒及其政党的承诺接受现实的审判。例如，希特勒总把自己装扮成贫穷的工人，却在凯泽霍夫高档酒店（Kaiserhof，柏林，总理府对面）斥天文巨资打造了"东方奢华"，这在媒体中掀起了狂风巨浪，报纸中还刊登了房间的模型。但一切都无济于事。

虽然布莱希特的政治热忱知名当世，虽然他基本被当作共产主义者对待，但他的政治声誉一直是相对"清白"的。为了能对布莱希特提起法律诉讼（或者更严重的迫害），当局一再进行目的明确的问询取证，但（尚）没有获得确凿的把柄。1932年9月21日，柏林警察局长（柏林国家刑事警察局）对慕尼黑警察总部的询问作出了本月第二次回答："Br.这一姓名在本地多次出现于共产主义运动中，国际工人救济组织也把他记录为共产主义演员和朗诵者。但除此之外尚没有其他确切事实。"9月13日，罪案秘书沃德科（Wodtke）也给予了答复："在本地档案记录中布莱希特还没有前科。"如果布莱希特不仅仅把他的政治热忱局限在艺术理解和创作上，那么，鉴于柏林警察（尤其在1932年）对可疑人士进行的追踪，他一定会在档案中留下记录，并导致相应的后果。布莱希特在戏剧中反对纳粹采用了另一种语言，天真的柏林警察显然无法以此来判定作家有罪。

但是，布莱希特仍无法长期留在德国，他的生命受到威胁，这样的迹象不断增加，而且他妻子还是犹太人，这完全符合"犹太—布尔什维主义阴谋"的扭曲形象，这是纳粹为了排除异己而编造的概念。首先是海伦娜·魏格尔，她作为歌手和朗诵者在当时的公众中引起了注意，此外魏格尔还饰演了《母亲》的主人公，这是玛克西姆·高尔基（Maxim Gorki）的同名长篇小说改编的戏剧。高尔基的小说以俄罗斯1905~1907年的革命事件为内容，一位不问世事的母亲在儿子牺牲之后逐渐接受共产主义思想，在反抗沙皇的恐怖统治中发挥了积极作用。该剧1932年1月17日首演，自然被归为共产主义宣传的范畴（"以镰刀锤头为标志的政党戏剧，红色的，完全是红色的"），由埃米尔·布瑞（Emil Burri）执导，卡斯帕尔·内尔担任舞台设计，取得了不小的成就，因此右翼激进派也很难忽视剧中的女主角。而且魏格尔还在工人活动中表演了汉斯·艾斯勒谱曲的《摇篮曲》（*Wiegenlieder*），引人注目。

希特勒夺权之后，布莱希特立即作出了反应，1933 年 1 月初，他同阿纳托利·卢那察尔斯基（Anatoli Lunatscharski）商讨了流亡的必要性。2 月初，警察禁止了一次活动，海伦娜·魏格尔本应于此演唱《摇篮曲》，她遭到抓捕，但又奇迹般地被释放了。1933 年 2 月 12 日，布莱希特还组织了左翼作家的聚会［卢卡奇、赫尔曼·凯斯滕（Hermann Kesten）、莱昂纳多·弗兰克（Leonard Frank）、奥特瓦尔特、冯·布伦塔诺］，讲述自己经常"被恐吓信通知，有 5 名冲锋队队员要来拜访他"。布氏还用寻常调侃的口吻问道，他是否应该因此拥有"一支护卫军"；这影射了党卫军，纳粹的血腥打手部队（自 1925 年）。显然布莱希特没有丢失他的幽默感。1933 年 2 月 15 日，埃尔福特警察暴力终止了《措施》的演出，并且宣布活动的组织者的罪名为"筹备叛逆"。

最迟在埃尔福特事件之后，魏格尔和布莱希特首先考虑要把孩子们送到安全地带。施特凡由奥格斯堡的祖父照料，芭芭拉在伊丽莎白·霍普特曼那里找到了容身之所。玛格丽特·施德芬如今情况也十分危险，因而 1933 年 2 月 16 日前往卢加诺（Lugano）附近的阿格拉（Agra）疗养。2 月中旬，布莱希特还必须接受疝气手术，这也为流亡的准备增加了困难，布氏至少直至当月 23 日都在住院治疗，因为当天汉斯·艾斯勒还前去医院探望过。虽然有间接情况证明布氏直至 27 日仍在住院，但这一可能性已被排除，因为如果这样便引出了许多无法解释的问题。

维兰德·赫茨费尔德（Wieland Herzfelde）曾记录，考虑到突袭已经成为希特勒恐怖统治的每日议程，从 1 月 30 日起，他便已经不敢在家中过夜。布莱希特 2 月 27~28 日夜也没有在家中度过，彼得·苏尔坎普当时正与布莱希特再次合作，收留了他。

1933 年 2 月 27 日 21 时许，国会大厦被熊熊烈火吞没。布莱希特是否对此有所预感？事实是：布莱希特有一张照片，照片上他在日光下坐在写字台边，穿着考究的西装，气定神闲地看着镜头。照片背面手书了当时的地址，以及"1933 年 2 月 / 箱子都打包好了"。逃亡的准备工作已经完成，在国会纵火案消息传来的几个小时里就可以实施。

谁是纵火案的元凶，这在历史编纂学上一直是一个饱受争议的话题。火源有多处，排除了单人作案的可能性，纳粹党有可能自行放火，借随之而来的恐怖统治、血腥暴力和杀戮来保障自己尚不稳固的统治，但德国保守历史学家仍反对这一观点。那么他们应该解释，为什么冲锋队于纵火案当夜在柏林目标明确地逮捕了 1500 名共产党员，显然事前作好了详尽的准备，如此规模的出击在几个小时的仓促时间里完全无法组织。但当晚，希特勒在公布纵火案消息后确实立即向其实施者——准备好的？——高声叫嚣："现在再不需要怜悯；阻挡道路的人必须除掉。德意志民族不理解温和宽厚，对每一个共产主义干部都人人得而诛之。共产党代表今晚就必须施以绞刑。共产主义者的一切同盟都必须监禁。对社会民主党和国旗社 [①] 也决不能心慈手软。"

布莱希特的行为也使 2 月 27 日当晚的意义真相大白。布氏时间上精确协调的逃亡和纳粹的大屠杀同时进行，它确实被精确到了最后一分钟。28 日凌晨，当纳粹在整个德国发动一场浩劫，布莱希特和魏格尔正动身前往布拉格。逃亡的组织工作必定早已提前开始，

---

① "Reichsbanner Schwarz.Rot.Got"黑红金三色国旗，简称"Reichsbanner"，国旗社是旨在护卫共和国民主的政治团体。

作为离境的原因，布莱希特设法取得了卡尔·克劳斯约他到维也纳讲学的邀请，这至少也需要几天的准备时间。所有这一切都证明这是一次小心策划、蓄意已久的逃亡。

还记得那次可疑的新年聚会吗？恩斯特·冯·萨罗蒙1929年9月1日就曾卖弄，应该策划一起对国会大厦的纵火袭击，破坏一部分建筑，由于没有人员伤亡也不会遭到法律的进一步制裁。萨罗蒙同冲锋队的高层交往甚密，他可能认识恩斯特·罗姆（Ernst Röhm）①本人。罗姆很想争取萨罗蒙，一再对其许以高官厚禄。在某一时机罗姆还向萨罗蒙透露，到1933年6月底"国内革命"将会胜利结束，而且说这些话的时候纳粹还没有取得执政权。萨罗蒙可能在新年庆祝活动的后期，酒过三巡，走漏了风声。

魏玛共和国的时代结束了，在这期间各个艺术门类都取得了最高成就，包括绘画、音乐、舞台设计、戏剧和文学。除了绘画之外，布莱希特参与了其他所有艺术领域。由于布莱希特在大众媒体发表文章，面对百万观众，因此作为散文作家也比其他所有同行更为知名，卡内蒂冗长的讨伐布莱希特的檄文也很好地证实了这一点。在散文领域，他创新的体裁至今还没有得到文艺学的深入研究。他的剧作在德国权威剧院上演，作为导演，他在最出色的舞台，面对最出色演员的反对，贯彻了自己的叙事表演方式，而且即便经历过阻挠，仍实现了国内最权威导演对他的支持。通过教育剧，他创造了音乐剧的新形式，由于一直饱受争议，直至今日都后继无人，因此成为独立的思想体系。凭借《三毛钱歌剧》，魏尔和布莱希特这两位年仅——甚至不满——30岁的世界巨星，创造了音乐剧的特殊形式，历久弥新，在世界各地长演不衰。凭借《马哈哥尼》他们实现了歌剧的新形式，在传统歌剧的荒疏中找到了自己的特色，时至今

---

① 纳粹党早期的高级头目，冲锋队的组织者。

日仍无人能及。布莱希特的诗歌大多以歌曲的形式出现在公众面前，口耳相传，以至于很快忘记了歌曲真正的原创者。旋律和歌词在娱乐工业中成了最好的民族财富，如今所有流行歌星和说唱歌手都不愿放弃他们自己的魏尔和布莱希特。汉斯·艾斯勒的战斗歌曲成为国际上广为传颂的作品，它的时代也即将到来；但其中最能点燃激情的歌曲已经被归结为魏玛共和国的功劳。卡斯帕尔·内尔毫无争议地成为德国最好的舞台设计师，他的舞台样式征服了世界，引领了全新的戏剧体验。

无论如何，布莱希特创作或者参与创作的所有艺术，都超越了美学和社会的既定框架，突出了自己运用的体制和工具。布莱希特和他的同事确实成功地——至少在某一段时期——进入了艺术和娱乐工业领域，并为其输送了新的意义。从技术上看，艺术家们都处于时代的高度，而传统艺术则显得抱残守缺。与此相对，流亡时期和二战之后的剧作（有少数）虽然有超凡的语言水准，但较为传统，与突破机构束缚相比，更多是为其服务；即便这种美学对社会主义现实主义的评论家已然是过分苛求。

纳粹时代的到来具有不可比拟的决定性影响。战后，布莱希特目睹了柏林的满目疮痍，他曾断言，同剧院的废墟相比，人才和演员的荒芜影响更为深远。破坏剧院只需要几个小时或者几天，而为了摧毁人才和演员，纳粹的刽子手却暴戾恣睢了十五年。更糟糕的是，魏玛共和国的历史被遗忘和封闭。在联邦德国，尤其是1950年代，纳粹的历史被"克服"了，也就是说用暴力排斥了这段历史；而民主德国则认为自己同法西斯毫无干系，因而赞同古典的理想主义模式和丧失批判精神的民族性。由此，在整个德国，现实主义的历史意识遭到了排斥。

布莱希特受到的波及最为严重。由于所有的意识形态思潮都侵袭过他，因此只有那些符合当下意识形态要求的作品才是有效作品，而且，这一趋势愈演愈烈，以至于魏玛共和国时期所有的创作都被降格为真正美学作品的"门厅"，只为作者日后所谓的成熟文学打开了入口之门。"黄金二十年代"的美学光辉，尤其是它的开放性几乎被完全磨灭，传统的艺术和文学概念被保留至今，而且重新流行。这一趋势的影响长远又广泛，原因在于，当代新艺术的制造者被谴责为"披露丑闻的人（muckraker）"，这一概念由美国总统西奥多·罗斯福（Theodore Roosevelt）在20世纪初发明，用来形容公开批判美国社会弊端的记者和作家，字面翻译应该是淘粪的人、弄脏窝的人或者搅屎棍。而且无论对各意识形态作何理解，新美学对中产阶级来说太过低俗，对工人以及公职人员又不够无产主义。事实上，不会有人在起居室里挂格罗兹或者施里希特尔的画，而艾斯勒、魏尔和布莱希特的音乐和文学既粗野又不适于封建剧院建筑的（高贵）氛围。喧嚣散尽，那曾是最好的时代。

/ 265

选中的并非资质平平的德意志民族
而是犹太民族
并非种族问题：布莱希特和犹太人

为纪念布莱希特诞辰100周年，奥格斯堡发行了一册书，根据其副标题，书中有当代知名人士对20世纪的看法［《目光：布莱希特》（*Augenblick: Brecht*, 1998）］。书籍以典范的方式证实，就魏玛共和国和布莱希特而言，还存在哪些漏洞。出版商赫尔穆特·金德勒（Helmut Kindler）在此处写道："大多数人认为，布莱希特是在黄金二十年代的柏林被发现的。这完全不可能，无论是柏林的大剧院，还是与柏林竞争的戏剧之城维也纳的舞台，当时都不敢接近布莱希特。"且不看金德勒似乎只认识这位剧作家，而且维也纳当时完全无法同柏林竞争，布莱希特是被卡尔·克劳斯在 1930 年代初介绍进奥地利的；克劳斯带着《爱情三行诗》在全欧洲兜售，并坚定地宣布："为了《仙鹤与流云》的二重唱……我放弃所有文学家的文学，这些人还误以为自己与他是同时代的人。"

在纳粹攫取政权的历史背景下，还有一个"布莱希特研究"没有注意到的题目，也是另一个历史漏洞，即"布莱希特和犹太人"问题。在上述文集中，恰恰是德国犹太中央委员会时任主席伊格纳茨·布比茨（Ignatz Bubis）的话佐证了这一点："当被问及，如今我对贝托尔特·布莱希特看法如何，我注意到，他同犹太人的关系鲜为人知。"这应该是说，在布氏作品中没有涉及犹太人问题。布比茨显然并非控诉布莱希特对犹太人问题兴趣不佳，几乎是为其辩护，但布比茨从中得到的印象是，"伟大有时候又是何等的渺小"。但他其实并不了解其中的真相。

布莱希特青年时期由于长期在漫游途中，便自称"永恒的犹太人"。当他第一个儿子弗兰克在农村困苦的环境中诞生，他就将其比作伯利恒的"犹太男婴"。布氏 1928 年的短篇小说《野兽》（*Die Bestie*）便以俄罗斯西部和西南部的犹太大屠杀为历史背景，这一事件发生于 1903~1906 年，施暴者主要是城市下层居民和农民。犹太代表团向各个城市的长官寻求保护，却只有少数几人回应。布莱希特的故事讲述了苏联电影公司要制作一部关于此次大屠杀的电影，为了更加真实，由大屠杀的幸存者饰演电影中求助的犹太人。布莱希特的故事以精巧的方式展现了苏联电影制作者完全腐化的自然主义美学，使得电影中真实的犹太人（在美学上）再次被审判：这也反映了布莱希特对社会主义现实主义的看法。

1935 年，在《纽伦堡法案》（Nürnberger Gesetze），即"种族法案"颁布之后，禁止"非犹太人"（所谓的"雅利安人"）与犹太德国人结婚或有婚外性行为，否则将受到惩处。布莱希特立即写作了诗歌《犹太妓女玛丽·圣德斯的谣曲》（*Ballade von der Judenhure Marie Sanders*），是这一创伤主题最深入人心的作品之一。诗歌将纳粹的侮辱、蔑视人性置于中世纪对女巫施以火刑的场景中，更加凸显 20 世纪德国恐怖统治的倒行逆施。布莱希特可能把这首谣曲写在了一张照片上，照片按照种族观念展现了一名看似像"犹太人"（矮小、大耳朵、高鼻梁的大鼻子）的男子和一名看似像"雅利安人"的女子。这对男女被人驱赶到街上，像牲口一样在颈上挂上牌子游街，上面写着："我是本地 / 最下贱的猪猡 / 我只和**犹太人交往！**"和"我一个犹太男人 / **总** / 只带犹太女人回房！"

/ 267

布莱希特给人一种不关心犹太人问题的印象，原因在于他不将犹太人问题认同为道德问题——二战之后对这一问题进行的道德探讨都是虚伪的，还有就是他认为："作为社会主义者，我根本不理解种族问题。"存在不同的种族，这是事实；而从中区分高等和劣等民族，这纯粹是意识形态问题，因而不值得讨论。基督教西方国家在犹太人身上发展了一部压迫和贬抑的历史，它极端毁灭人性，并被纳粹所利用。布莱希特不参与讨论，理由足够充分。

开始逃亡后，布莱希特立即起草了一份自我访谈，开篇的问题便是："您是犹太人吗？—不是。—为什么您的书都是黑名单上的非德意志书籍？—纳粹只把一部分德国人看作德国人，而那些在社会问题上同希特勒现实意见相左的，都被他们视为非德意志。同数百万德国人一样，我对社会问题跟希特勒先生有不同意见。"布莱希特没有接受纳粹强加的看问题的角度。

因此布莱希特的作品多为讽刺性文章；因为纳粹的种族仇恨的严肃性在于其现实影响，而非意识形态；而且还要考虑到，犹太人首先是宗教共同体，他们的种族性又何在？布莱希特的文章，论证了纳粹在犹太人问题上最疯狂言论的荒谬性，下文中的诗行出自《德意志讽刺诗》（*Deutsche Satiren*，1937）：

如果不是犹太人劝阻

英王将会向我们的总理展示他的印度王国，说：

请您自便。

法国内阁太喜爱他的髭须，

早早会向我们的总理，

赠送洛林的矿山。

但犹太人阻止了他们。

在元首告诉我们之前，我们不知道

犹太人是如此一个聪明、强大的民族。

虽然只有寥寥几人，散落在地球的表面

他们似乎仍用他们的天才统治着一切。

他们最轻细的一声口哨

就让英国雄狮躺下摇晃着尾巴

高耸入云的繁华纽约，畏怯他们眉间一蹙远胜于地震

连教皇都对他们唯命是听。

如此情景，整个世界愕然诘问

地球将会发生什么

如果元首为了他伟大的计划

选中的并非资质平平的德意志民族

而是犹太民族。

就这一问题，布莱希特其他的作品是 1937~1938 年《第三帝国的恐惧与灾难》（*Furcht und Elend des III.Reichs*）中的《犹太女人》（*Die jüdische Frau*）和《法律发现》（*Rechtsfindung*）。其中《犹太女人》描写了一名犹太女人想在被自己的"雅利安"丈夫告发前

离开他，对布莱希特而言，这看似是一名坚强女子非典型的心理布局，她决定在还有可能的时候，不再被蒙骗，并承担后果。但在同女性朋友电话告别和一次"逃跑演习"时，她脑中却不断勾画着丈夫归家劝说她留下的场景，细致到每一句话。

1953 年，在给彼得·苏尔坎普的信中，布莱希特提到了在民主德国再次发生的迫害犹太人事件："乡下开始'释放'罪犯。但当监狱被强占，有一些特殊的犯人逃出了'巴士底狱'，比如拉文斯布吕克（Ravensbrück）集中营曾经的女指挥官额尔纳·朵恩（Erna Dorn），她在市场上发表了煽动性讲话。一些地方出现了对犹太人的袭击，但不多，因为幸存的犹太人也不多。"《逃亡者对话》中曾进道："'德意志性意味着要彻底'，无论是给地板打蜡，还是灭绝犹太人。"这个时代开始了。

不残暴无法进行资本主义事业

焚书：

反对阶级斗争和唯物主义

　　"随着事态的发展和其间一些小变故的出现，我在国内的留存成了问题。在本质上，我再也不能深信不疑地投入那些浓烈、动人的情感中。由于无法应对如此强悍的领导力，我感觉自己很多余。我小心翼翼地询问了周围亲近的人，也接受了几次拜访，随后便意识到，如同时而发生在很多民族生活中的那样，一个大时代真的已经开始了，而我这类人却有损这幅大图景。虽然他们答应保护我，特意设立了集中营让我免遭人民怒火的殃及，甚至可以在那里接受种族意义上的再教育，但是我感觉，这样的待遇并不是对我以及我同类人真正的爱。除此之外，我仍希望能继续研究人类的进步和文明，所以我离开了这个国家，踏上了旅途。"布莱希特遗著中保留了这样的计划，要创作名为《"环"游德国》（*Reisen um Deutschland*）的文章献给每个流亡地。前文引用的应该是他流亡丹麦早期编制的首份札记，作为草稿的剪报源于德国的特别是国家社会主义的机构，但也有很多出自丹麦和瑞士的报纸。这份札记融合了官方报道，其中大多是照片，采纳了许多群众团体的文章，也包括布莱希特自己的创作，这意味着他开始用一种崭新的方式记录一个时代。起先是在《工作笔记》（*Journal*）中，而后又在《德意志战争初级读本》（*Kriegsfibel*）中，布莱希特逐渐把这种方式塑造为新的文学体裁。

　　1933 年五月焚书之后，在布莱希特"踏上旅途"的同时，戈特弗里德·本恩在广播中发表了公开讲话，强调要拥护"新国家"，而且斥责自己流亡的同事们是法国里维埃拉海岸的疗养客，一走了之，缺乏面临德国新挑战应有的"牺牲意愿和受难精神"。按照本恩的想法，人们只能"和那些留在德国境内亲身经历这一切的人谈论德国局势"。但"经历者"们太过单纯，轻信了恶人。这些面目可憎的人自诩为新的"德意志种族（deutscher Typus）"，其实内心粗野，令人不屑，在他们攫取政权之前，都不会有人愿意与他们同桌用餐。本恩曾是医生，却竟然建议培育如此这般的"德意志种族"：戈培尔，矮小，足部畸形，完全就是书里描绘的矮子恶人①；戈林，身材短粗，体形肥硕，像个屠夫，没有哪个马戏团能找到比他更合适的小丑；希特勒，矮小，身材畸形，双下巴，目光咄咄逼人，大嘴，精神癫狂，至今还没有任何一种文化或者信仰共同体能放任这样的人成为自己的"元首"。

在国会纵火案和随后于 5 月 24 日通过的授权法案之后，有批判精神的德国知识分子立即认识到了二者的意义，他们有的逃往法国、瑞士、荷兰或者美国，有的逃往比利时、丹麦或者瑞典，还有一些共产主义者逃向了苏联，但这些人几乎都没有作好长期流亡的准备。市民知识分子则与此不同，他们要么像利翁·福伊希特万格一样，远赴美国旅行讲学，不曾再回故乡；要么像托马斯·曼一样，认为事情根本没有如此危险，因为人们毕竟生活在一个有着悠长思想传统的文明国家。

在国会纵火案发生时，托马斯·曼正为纪念理查德·瓦格纳（Richard Wagner）逝世 50 周年赴美讲学，曼的儿女告诫他，绝不可按照原计划返回慕尼黑。这样，托马斯·曼不得已开始了流亡生

---

① "Giftzwerg"在德语中多指因自己个子矮小而故意凶恶对待他人以取得心理平衡的人。

活，他先来到法国渔村滨海的萨纳里（Sanary-sur-Mer），但在这里郁郁寡欢，因为离开了德国他便无法再继续创作。曼的犹太出版商萨穆埃尔·费舍尔（Samuel Fischer）不愿承认反犹主义的严峻性，因此曾召唤曼回到德国，从而能在这个困难的时期支援德国民众，费舍尔还承诺会即刻出版托马斯·曼写的所有作品。直至 1934 年 10 月 15 日辞世时，费舍尔仍相信，他的出版社不会受到损害。费舍尔的女婿戈特弗里德·拜尔曼（Gottfried Bermann）成了他的继任者，也就是后来为人们熟知的拜尔曼·费舍尔。为了维护作家的权利，拜尔曼离开德国流亡瑞典，继续经营出版社，日后托马斯·曼的作品才得以有了斯德哥尔摩版本。

　　对布莱希特来说，权利的维护却收效甚微，作为他经济支柱的出版社——费利克斯布洛赫埃尔本出版社趁时局之便废除了 1929 年 5 月与他签订的"合作合同"（一种形式的总合同），并终止向布莱希特支付每月 1000 金马克，按照合同条款这项资助本应持续至 1936 年。作者为此同出版社书信交涉，无果，因为所谓共产主义者的剧本几乎没有上演的机会，也没有其他任何的传播途径。1933 年 4 月末，黑森州达姆斯达特剧院取消了《屠宰场的圣约翰娜》的演出合同，这份合同当年 1 月份才刚刚签订，剧院给出如下理由："在人民革命胜利之后，鉴于贝尔特·布莱希特被视为共产主义思想世界最重要的代表人物这一事实，本剧已经不可能上演。"

　　焚书的第二天，纳粹党查禁了布莱希特所有的作品，同时被查禁的作家还有：考茨基、凯斯特纳、海因里希·曼、格莱泽（Glaeser）、弗里德里希·威廉·福斯特（Friedrich Wilhelm Förster）、弗洛伊德及其学派、埃米尔·路德维希·库恩（Emil Ludwig Kuhn）、西奥多·沃尔夫（Theodor Wolf）、雷马克（Remarque）、凯尔、图霍夫斯基（Tucholsky）、奥西茨基（Ossietzky），这只是柏林"活动"当天提到的名字，而且只是查禁大名单的一小部分。现在再谈剧本的上演已是痴心妄想。从此,直至 1949 年布莱希特的《日历故事》(Kalendergeschichten)出版发行,他的名字和作品在德国消失长达 16 年。

虽然海因里希·海涅(Heinrich Heine)曾预言,焚书伊始,焚人以终,但 1933 年 5 月 10 日焚书时,没有人彻底意识到它其实兆示着更加严酷后果的到来,这在德国历史上留下了一段巨大的(思想上的)空白,而这段空白至今也没有被完全填补。众多的大学城(具体数字是 22 座,一些大学——如弗莱堡大学——由于降雨取消了焚书)在照相机和记者的注视下,伴随着狂热的喜悦,将它们思想和文化的源泉在柴垛上付之一炬。尤其是人文科学在火舌中损失惨重,而人群的狂啸声却响彻整个德国上空。

柏林的焚书活动在菩提树下大街的歌剧院广场举行,由全国(几乎)所有电视台实况转播,并配有欢腾、热情的解说,没有人能对其充耳不闻。德国大学生以"抗击非德意志思想斗争委员会"的身份出场,焚毁了那些"不道德和腐化的图书"。活动的口号是"反对阶级斗争和唯物主义,支持民族共同体和理想主义生活观"。"火的判决"结束了"犹太化的唯理智论时代",庆祝"德意志革命的突破性胜利",革命经过周密的准备,快速彻底地肃清了反抗势力,新统治者易如反掌地取得了执法权。戈培尔在柏林高声宣誓,要进行革命,贯彻人民意志,如果看到街头或者人满为患的大学报告厅里,公众群情激昂的拥护和追捧,戈培尔的誓言似乎已经实现。

/ 272

而遗留的问题是,为何大多数教授和绝大多数大学生,而且首先是出自人文科学领域,能够在短暂的纳粹统治后完全背弃自己的精神历史。1933 年 5 月 10 日,大学生们像沙箱①中的孩童一样,把

---

① 德国传统的供儿童游戏的设施,由石头或者木条搭建框架,里面放满沙子。

精神领域杰出人物的书籍钉在搭建起的"耻辱柱"上。1933 年 5 月 27 日,马丁·海德格尔(Martin Heidegger)在弗莱堡担任校长,并发表就职演说:"德国大学生们在最危急的时刻维护祖国命运的坚定决心,是学校目前的根本所在。……被多次歌颂的学术自由必须被驱逐出德国大学,因为这种自由是非真实的、否定性的。"1933 年 5 月 10 日标志着德国历史上的重要时刻,从此刻起,人文科学退出德国科学舞台至少 20 年。作家和思想者的民族变成了审判员和刽子手的民族。

奥斯卡·玛利亚·格拉夫(Oskar Maria Graf)2 月在维也纳讲学,由于纳粹暴行而无法回到自己挚爱的巴伐利亚。5 月 12 日他在《维也纳工人报》(Wiener Arbeiterzeitung)上发表文章《烧毁我吧!》(Verbrennt mich!)回应德国的焚书运动。格拉夫听闻,他的书由于内容里隐含的辛辣的幽默对当权者及其簇拥者来说过于晦涩,不仅没有被焚烧,而且甚至因为他被誉为巴伐利亚故土作家而被推荐:"我不能蒙受这样的羞耻! / 根据我毕生的生活和写作,我有权利要求,将我的书赋予柴垛那纯净的火焰吧,不要让它落入褐衫杀军血染的双手和腐朽的头脑中。/ 你们燃烧德意志精神的作品吧!而精神本身将同你们的耻辱一样永不磨灭!"布莱希特 1938 年响应了格拉夫的呼吁,创作了讽刺诗歌《焚书》(Die Bücherverbrennung)。

虽然暴君们一再表示文化一文不值,独裁首先驱逐和谋杀的还是艺术家、文人和具有批判精神的思想家,除非它们能为自己歌功颂德(其中大多不过是纪念碑式的谄媚或者艺术掠夺品)。那么问题是,尽管他们一再保证,艺术、文学、启蒙和批判性思维毫无价值,或者至多不过能对接受者的头脑有细微影响,为何又将艺术视为极度危险的呢?艺术、文学和启蒙思想确实应该揭露统治话语不过是空洞的噪音,同时应该剥夺其统治符号的崇高庄严,并激起反抗吗?

罪行在街头放肆
糟得无法形容

纳粹，不可言说：语言的界限

　　卡尔·克劳斯赴维也纳讲学的邀请完成了帮助布莱希特夫妇安然过境的任务，克劳斯从而可以取消活动。布莱希特自 1925 年同克劳斯相识，通过赫尔伯特·耶林，布氏注意到了这位字字珠玑的维也纳评论家。克劳斯辛勤编撰的杂志《火炬》（*Die Fackel*）篇幅已达千页，其中克劳斯利用语言批判拆解了（几乎）所有同时代耸人听闻的报道，证实它们既没有能力运用德语，也没有能力传递理性内容，从而推断出这个世界的腐朽状况。布莱希特的评论并非十分友善："普遍看来，语言批判仅限于批判那些表达拙劣的评论。"虽然两人保持着善意的距离，相互嘲弄，但这无法阻止克劳斯在看到布莱希特的长处时公开支持布氏的艺术：例如同库尔特·魏尔合作的《马哈哥尼》歌剧中第 14 场和第 18 场的表演。在布莱希特流亡维也纳最初的日子里，克劳斯还提供了许多实际的帮助。布莱希特选择这里，原因是海伦娜来自维也纳，而且她的父亲曾居住于此。

　　此时发生了（对布莱希特也）影响深远的事情。这位字字珠玑的语言评论家丧失了语言能力。克劳斯在 1933 年 1 月 30 日后终止了《火炬》的出版，在 1933 年 10 月的第 888 期补充了一首诗歌作为原由。这期杂志只有 4 页，包括维也纳建筑师阿道夫·鲁斯（Adolf Loos）的讣告和克劳斯的墓前悼辞，以及下文中的诗歌。

/ 274

　　　人们问道，我都做了些什么。

　　　我保持沉默；

　　　不说，为什么。

那是一片静寂，当地球迸裂。

没有词语能够贴切；

人们在睡梦中言语。

梦想那大笑的太阳。

这都过去了；

之后一切都无所谓了。

当那个时代醒来，语言长眠入睡。

这首诗作的著名在于其是第一个提出疑问的声音：随着纳粹的统治，人性和要求与人性相一致的语言是否仍能够使用？沉默是否会成为必然后果？当克劳斯 1934 年再次凭借重量级诗歌《第三个瓦尔普吉斯之夜》（*Die Dritte Walpurgisnacht*）重回公众视线时，他似乎在一定程度上突破了语言的困境，克劳斯借莎士比亚的《李尔王》指出，语言有何作用的问题必须有存在的前提：

神啊，谁可以说：不可能更糟了？

现在确实比曾经要糟糕

但只要人们还会说：这是最糟的。

就可能还会更糟；

这还不是最糟的。

那些面对不公仗义执言的人一定还在，而且还能表达自己。在流亡中他们失去了太多，不仅是他们的房子、（无论多寡的）财产，他们失去了曾经交往和共同工作过的所有人：工作岗位、熟人、同事、熟悉的环境、交流，还有他们的习惯、他们的偏好、他们的缺点，以及所有决定了迄今日常生活的事物。他们如今在陌生的新环境中活动，或许不能理解新的同胞，因为他们不懂这些人的语言。艺术家还因此失去了他们的观众。

除此之外还有语言的困境，克劳斯用"没有词语能够贴切"以及"当那个时代醒来，语言长眠入睡"等诗行准确地进行了表达。这不仅说明，纳粹不仅遏制了语言，语言传播的时代也已结束，不可能用论述来阻止那些刽子手实施自己的计划，这还说明，正如布洛赫 1938 年在他的反思《纳粹与不可言说》（ *Nazi und das Unsägliche* ）中表达的，"巨大规模的卑微将它（纳粹）同历史上曾经的负面因素区分开，首先唤起了憎恨和恶心的复杂感受，进而也封住了语言的出口"。克劳斯诗歌的最后一句描述了新独裁者的语言能力，或者更确切地说是语言无能，克劳斯直接引用了他们的习语"德国醒来吧！（ Deutschland erwache！ ）"［出自迪特里希·埃卡特（ Dietrich Eckart ）1922 年献给希特勒的歌曲《风暴，风暴，风暴》（ *Sturm，Sturm，Sturm* ）］。面对畸形语言的噪音，所有人都缄默，人性的语言必须隐退。

1933 年或 1934 年初，布莱希特以诗歌《关于火炬 888 期（1933 年 10 月）十行诗的意义》［ *Über die Bedeutung des zehnzeiligen Gedichtes in der 888. Nummer der Fackel（ Oktober 1933 ）* ］对克劳斯的诗作出了回答，也引入了以诗歌来阐释诗歌的新创意，借此发掘隐藏的含义并予以评论。

> 当第三帝国建立
> 善于辞令的他只发出了一个小告示。
> 在一首十行诗中
> 他发声仅仅为了控诉
> 这声音还不足够。
>
> 当暴行达到了一定的规模
> 例子用尽了。

罪恶滔天
痛苦的呼喊却沉默了。
罪行在街头放肆
糟得无法形容。

他被扼住了咽喉
言语也无法吐露。
静寂在蔓延，从远处
它看似是赞同。
暴力似乎
全面获胜。

只有那残缺的身躯
在报道罪犯的蹂躏劫掠
只有荒芜住宅上空的寂静
展现着罪行。

……

当善于辞令者致歉
他的声音失灵了
沉默走到审判桌前
摘下脸上面纱
承认自己是见证者。

至少在德国，语言问题早已成为实质问题，因为不仅没有词语能够贴切表意，说话者也早已受到牵连。当罪行在街头放肆，情势恶劣得无法形容。不仅再也无法同屠杀者交谈，他们还会自鸣得意，挺起骄傲的胸膛，公开展现自己的罪行，并要求被赞同。在这一意义上，布莱希特把克劳斯和他的沉默解释为见证，积极把他争取到自己一方。

结果，对布莱希特而言，语言的困境因此得以解决。当暴力危及人类，对人实施身体上的压迫甚至扼杀，此时诗学要么隐退（克劳斯的结论），要么动员一切语言工具，以经受这样令人难以置信的恐怖，此外还要考虑到，纳粹用语言建立的谎言大厦无法承受澄清和查明，而且还强使语言和思想实现统一，所以会害怕至少在语言上揭露其用心的每一个声音。这或许于事无补，布莱希特在这两行诗歌中已经有所表达，但如果不隐退，他又该做些什么呢？在《斯文德堡诗集》（*Svendborger Gedichte*）中，布莱希特也表达了未来几年内必然要面对的矛盾："在昏暗时代／那里也会歌唱吗？／那里也会歌唱／歌唱这昏暗的年代。"

> 不经意选出一个词
> 它应该是：我触碰你

十四行诗情书：
直呼其名

1932 年 12 月底，玛格丽特·施德芬在夏里特医院接受了由费迪南德·绍尔布鲁赫（Ferdinand Sauerbruch）主刀的一次风险极高的手术，当时手术的死亡率超过 80%。手术进行得顺利，但必须进一步治疗，长期疗养，而且正如先前所预料的，绍尔布鲁赫介绍她去卢加诺附近阿格拉的一家豪华疗养院。疗养以及之前两次手术都需要巨额的花销，由于施德芬没有收入，必须由布莱希特承担，这也成了布莱希特总生活拮据的原因之一。由于汉斯·艾斯勒同她的情人一样，也喜欢看格丽特的蓝眼睛，所以也为疗养提供了微薄的经济帮助。

施德芬在疗养院遇到的各色人等可以借托马斯·曼的《魔山》来想象。每一餐都用来展示他们最新的收藏品和附庸风雅，谈话内容也乏味枯燥，疗养客大多思想保守甚至反动，所以令人反感、不值一提，此外这一干人还坚持要为德国的新暴力统治者举行"庄严庆典"，相反，格丽特用摩根斯坦（Morgenstern）、科斯特纳、克拉邦德、布什、林格尔纳茨（Ringelnatz）、戴迈尔（Dehmel），当然还有布莱希特的诗歌组织了朗诵会，即使在考究的观众那里都很受欢迎，而且还努力通过戏剧表演来营造一些气氛。

布莱希特用《M.S. 的规则》（Regel für M.S.）来鼓励她，劝说她同疾病作斗争："同疾病作斗争本身就是健康。"他还继续写道："你的故事不会断裂，也不会有空白。故事的历史背景是：M.S. 身处阿格拉病态的资产者之间。"事实上，施德芬利用她必须在疗养院度过的三个月继续培养自己的文学技能，写作诗歌和小说。因此便诞生了德国文学史上，继歌德和玛丽安娜·冯·维勒美尔（Marianne von Willemer）被记载于《西东合集》（West-östlicher Divan）的书信往来之后，第二次伟大而重要的诗歌交流，"比迪（Bidi）"和格丽特之间的十四行诗合集，这是对他们爱情故事的改编。这里诞生的伟大文学以伟大经历为基础。

疗养期间，两人要么互通书信，要么布莱希特前来探望，施德芬会在日历上标注"LB"（Lieber Bidi，亲爱的比迪）。两人之间十四行诗的交流可能从施德芬在夏里特医院住院期间便已开始，因为难耐"孤独的时刻"，也就是两人因为旅行或者施德芬的疗养而被迫分开的时间，这一习惯持续至 1935 或 1936 年。早在 1927 年 8 月，布莱希特就写作了《奥格斯堡十四行诗》（Augsburger

Sonette），并致信海伦娜·魏格尔："如果孤独而百无聊赖"，他会写"情色十四行诗"。现在布莱希特捡起了这一计划，但自然并非所有的诗都属于这一体裁。

*

1932 年底，或者 1933 年 2 月，布莱希特写了《第一首十四行诗》（*Das erste Sonett*），并寄给了自己的情人；诗的第一个四行诗节写道：

> 当我们被分割成**你和我**
> 我们的床第立于**此与彼**
> 不经意选出一个词
> 它应该是：我触碰你。

玛格丽特·施德芬同样以十四行诗的形式解释了"词"的具体含义：

> 我奉献于你，善待你
> 自从找到面向你的勇气。
> 那些缺失的，我必须恢复
> 只要不抽离你对我的爱。
>
> 我们当时选出的微薄之词
> 它让触碰不经意
> （让诱惑无法抵御）
> 月儿是你放逐者的安息之地。

对我而言，那个词是拥抱，是亲吻。

我只有久长地等候你

我吻你的每一封信笺。

我哭泣，当我读到

仅仅你要再来我的身边

我再无所愿，好似安睡在你身旁。

施德芬和布莱希特利用十四行诗挖掘了意大利的文学传统，意大利文学在很多情况下因香艳内容而知名。1920年代初，彼得罗·阿雷蒂诺（Pietro Aretino）的《艳情十四行诗》（*Sonetti lussuriosi*）以私印本的形式流传，布莱希特的《奥格斯堡十四行诗》也充分利用了其内容。在《艳情十四行诗》中，诗人把"I Modi"——性交时的各种体位——直接应用在诗歌里。拉斐尔（Raffael）的一名学生因对教皇支付的酬劳不满，把它画在了梵蒂冈一座大厅的墙上，后来马尔坎托尼奥·莱蒙迪（Marcantonio Raimondi）将其制成铜版画，从而经受住了时间的侵蚀。此处可以品味一下托马斯·海特彻（Thomas Hettche）的译文：

把手指插进屁墩儿

慢慢慢慢地把淫具戳进我体内

做好你的事：把这条腿高高抬起

不间断地来回抽插。

我的爱人，这比

珍馐美味、玉液琼浆更重要。

你不喜欢小穴，就从后面占有我。

只有说谎者才说不喜欢碰后面。

此处这次，别处下次交媾！

阴道和肛门里我都感到快乐

在同一时刻。

谁因权力而欲火中烧，他在胡言

每一天都徒劳，如果小鸟（啄！啄！啄！）

在交媾之外找到其他事做。

当 1982 年发现布莱希特遗物中的色情诗，当时还处于分裂的整个德国充溢着震惊，面对启蒙诗人的词汇选择，这显得多么荒谬可笑。弗兰齐斯科·彼得拉克（Francesco Petrarca）或者但丁·阿利基耶里（Dante Alighieri）把对情人多娜·劳拉（Donna Laura）和贝雅特丽齐（Beatrice）的感情全部倾注到爱情十四行诗中，布莱希特和施德芬也适度继承了这一传统。布莱希特在《第十二首十四行诗 —— 关于但丁致贝雅特丽齐的诗》（Zwölftes Sonett. Über die Gedichte des Dante auf die Beatrice）中直接采用了但丁的形象："尘封的陵墓上 / 她躺在里面，他无法跟她做爱 / 每次他在她道路旁徘徊 / 她的名字在空气中回荡。"即使一些下流的诗稿也并非放纵，而是将十四行诗升华为世界文学上最高贵的诗歌形式之一。

/ 280

施德芬的诗虽然解释了"词"的隐含意义，但没有点明，而是隐藏于后来的一首十四行诗中，日期和地点是"楚尔岛，1936 年 8 月"，即《当那位经典作家 1935 年 10 月 7 日周一离去，丹麦在哭泣》（Als der Klassiker am Montag den siebenten Oktober 1935 es verließ, weinte Dänemark）。

爱人，你可否读到？

它隐匿了近千年。

1500 前后才被发现。

它被发现了！（哥伦布是发现者。）

他的荣誉已经烟消云散。

长久以来人们只谈论那颗鸡蛋。①

那里最新的一切都被照耀着光辉。

他们是否能理解一出教育剧呢？

你相信他们能认出你

不顾你的身材称你为伟人？

船即将起航，驶向美国。

我将身影孤独，爱着你。

你一定要给我写信：就像曾经的那样。

我是旧人，我即将到达。

这首诗与布莱希特 1935 年 10 月的美国之行有关，当时《母亲》在纽约首演。施德芬已经谙熟诗歌之道，且在这首藏头诗中也得到了体现，也就是说，每一行诗句的第一个字母从上至下，组成了"Gruess Gott Bidi"（你好比迪）。"Grüß Gott"是巴伐利亚的问

---

① 出自哥伦布的一则轶事。有些贵族瞧不起他，认为只要坐船出海，谁都会碰到那块陆地。一次宴会上，哥伦布让讥笑他的人把鸡蛋竖起来，没有人成功，而哥伦布把鸡蛋壳敲破，鸡蛋就稳稳地立在桌上，他说我能想到你们想不到的，这就是我胜过你们的地方。因而德国有句俗语"das Ei des Kolumbus"，即"哥伦布的鸡蛋"，意为解决困难问题的简易方法。

候语，施德芬将其当作隐含的性愿望使用。"Bidi"是布莱希特的昵称，情人们和孩子们都会如此称呼他。这样孩子气的昵称在艺术家中深受喜爱，其中较著名的是魏尔和莱妮亚的互称，比如称呼魏尔的小青蛙、小烧酒、小尾巴、小葡萄等，还有称呼莱妮亚的小贝壳、小喇叭等。

　　除了在情书中署上的"g.g."外，"Grüß Gott"也可以被用于各种场合，而且无人能发现其中是爱人在互诉相思。布莱希特和施德芬之间也找到了一种方便使用的密码，它还出现于两人后续的信件和往来的十四行诗中。1933年3月16日，布莱希特给施德芬写了一封信。

　　　　亲爱的格丽特：
　　　　这是《第三首十四行诗》，它十分拙劣。你读它时一定要拿一支铅笔，填上最后一个韵脚。我来的时候要看你是不是已经填好了。
　　　　我很快就来。
　　　　……爱你的老怪物！

这首十四行诗内容如下：

　　　　当我想到，我们合二为一
　　　　不经思索，我使用的词语
　　　　表达我们做过的事
　　　　是最通俗的，而且十分粗野。

　　　　你震惊如初
　　　　好似现在才看清我们做过些什么

许多星期，你躺在我身旁
这些词我几乎没有教你第二个。

用这些词我唤回了当时的震惊
那时我刚同你做爱
无法再掩盖更久：
最近一次是你允诺的！
你怎么能适应这些：
形容你曾经行为的词是……

　　"情色文学（Pornographie）"是一个语言问题，是"市民"的禁忌问题。布莱希特坚持要"直呼其名"，理由如下：因为这些不是人们最初读时"最低俗的（gemeinsten）"，而是"最通俗的（allgemeinsten）"；所有的人都知道这些词，但为了（表面的）体面却从不使用。这个空缺的词早已被韵律决定，每一个人都能填出，① 但并不会说出来。另一个暗示是作为"通俗"同义词的"粗野（vulgär）"。与《第十三首十四行诗》中借用但丁的《俗语论》（*De Vulgari Eloquentia*，1303~1305）相同，布莱希特这里也强调，但丁划时代地用民族语言代替研究性质的拉丁语，说明已经被视为经典的语言的发展，早已允许使用通俗或者看似下流的词汇。

　　施德芬的性经历是不幸的。她1926年同办公室职员赫尔伯特·蒂姆科（Herbert Dymke）同居，两人的结婚计划由于经济原因告吹。1931年两人分手，此时她未与布莱希特相识。这段感情是工人阶层最普通的经历之一。性拘束、虚假的羞怯和小市民的道德剥夺了其中任何的性享受。布莱希特懂得自己的责任，其中也包括令施

---

① 根据十四行诗的韵律应该是"Ficker"，性交。

德芬对有关性的词语以及性本身不再抱有畏惧。施德芬的另一首十四行诗证实，她与布莱希特的爱情同反思——也包括文学反思——以及爱的能力有关；毕竟她结识的是位作家，这位作家的创作主题便是市民社会爱情的没落。这反而也意味着，她从布莱希特身上无法期待符合市民观念的两性关系，这里涉及的是学习享受性。在另一首十四行诗的三行诗节中，格丽特取得了一定程度的成功：

> 你现在来到。我是否爱你
> 我不知。但能留在你身旁
> 我每夜期盼
>
> 你触碰我，我必会伏下身子
> 没有羞怯，没有悔意
> 没有任何其他苏醒着的感受会阻挡我。

/ 283

如果布莱希特带着小市民的承诺或者嫉妒前来，例如在《第五首十四行诗》中，他努力说服施德芬要对自己忠贞，因为他选择了施德芬，而她的快乐也同自己休戚相关，而施德芬也懂得了拒绝。布莱希特习惯使用一些拼写上的特殊用法，这些词很多都具有双重意义。例如他长期将"Preis"写作"Preiß"，当然这里没有什么双重意义；而"assozial"似乎是"asozial"（违反社会惯例的）和"assoziativ"（联合的，结合的）的组合词，"repressentativ"则看似与"repräsentativ"（代表性的）和"repressiv"（压制的、镇压的）有关，事实却并非如此。布莱希特的遗作表明，他不注重正确的拼写方式。他在给施德芬的信中还一直把十四行诗写作"Sonnet"，与正确的"Sonett"也有一些偏差。施德芬因此提醒过他：

亲爱的比迪：

……我还想为你的修养做些事情：如果你（因为掌握了罕见的法语知识）用法语写十四行诗，你可以写成：Ｓｏｎｎｅｔà；但目前，它简单朴素的形式是：Sonett。

我时常通读第五、第六和第七首十四行诗，原因是我不能毫无顾虑地接受它？你必须有耐心。

……GG.

这位自信的女性绝不逆来顺受，对于布莱希特的越轨行为，她还击道：

你想象一下：所有你曾拥有过的女人
都来到你床边。
啊呀，极少数现在还心平气和
你认为，不能直视她们任何一个。

但所有人都严肃而沉默。
每一个今夜都想从你那里得到
欢愉。当你同她做完
她退到一侧，指向下一个。

她们贪婪地抚摸你。
你迷失了。她们选择你作乐
同你沉沦于恶的迷醉中

连我也站在队伍里
看自己毫无羞耻地走向你。
你躺着，可怜、病态、苍白。

这首十四行诗标志着施德芬语言上的"突破",她已经很快能用传统但又洒脱不羁的意象［此处影射了歌德《罗马哀歌》(*Römische Elegien*) 中的普里阿普斯①之歌(Priap-Gedichte)］提出足够的性要求:"人们说,他的花园／充满芳香的花朵／应该得到充足而欢喜的灌溉。"

格丽特在阿格拉一直逗留至6月初,她可以同布莱希特一起经巴塞尔前往巴黎,并在那里负责德国汽车中心(Der Deutsche Autorendienst,DAD)的管理工作。在巴黎,格丽特期望比迪能选择她,而不是像后来所发生的,同魏格尔和孩子一同远赴丹麦。魏格尔与孩子还有女管家玛利亚·霍尔德(Maria Hold)在老朋友卡瑞·米夏埃利斯那里找到了免费的住处。卡瑞·米夏埃利斯1872年生人,是丹麦的著名女作家,作品被多次翻译,她在楚尔岛上经营管理度假屋。施特凡在维也纳时就来到父母身边,芭芭拉虽然经历风波,但也在3月16日被带到奥地利,由玛利亚·霍尔德照管,并同女管家一起投奔维也纳的母亲,跟随布莱希特夫妇流亡丹麦。事实上,由于海伦娜·魏格尔考虑离婚,布莱希特同魏格尔和玛格丽特·施德芬都发生了争执,6月20日才随后到来。他选择了自己的家庭。当时,丹麦虽然看似近在咫尺,但对德国的反法西斯者而言几乎是另一个世界,因为只有通过水路才能到达,从敦刻尔克或者安特卫普前往日德兰半岛西岸的埃斯比约(Esbjerg),一次花费高昂的复杂而漫长的旅途,到达后还有200公里的汽车或者火车路程。

尽管如此,布莱希特还是成功地保持了同施德芬的"友好"(他最爱的词语之一)关系,说服她接受自己的决定,并继续合作。施德芬留在了巴黎,并努力为布莱希特保留回巴黎的可能性,但尝试建立德国汽车中心未果,他们曾希望借此为反法西斯作家创立一个论

/ 285

---

① 希腊神话中的生殖之神。

坛，一个批判性的论坛，能为在国外宣传德国的新局势作出贡献，或许还能组织反抗。可在流亡初期，流亡者们意见并不统一，特别是固执的共产主义者拒绝同市民阶层反法西斯者合作。或许这也是德国汽车中心毫无所成的一个原因，布莱希特曾极力告诫格丽特远离共产主义的特疏道路，这条道路对她而言从未被完全排除。而她也安慰自己，布莱希特使其在巴黎享有了一定的知名度，获得了一些社会关系。

姐姐，我们都生来自由

资本主义的全球化：

罪戾七行，歌曲集和赞美诗

在施德芬前往巴黎之前，布莱希特就完成了流亡时期的第一部作品，"芭蕾歌剧（ballet chanté）"《罪戾七行》（*Die sieben Todsünden der Kleinbürger*）。爱德华·詹姆斯（Edward James），1907 年生人，是英国的百万富豪、艺术收藏家和资助者，他于 1931 年同奥地利舞者蒂莉·洛施（Tilly Losch）结婚，并一直为妻子寻找登台机会。当他在巴黎遇到魏尔时，他看到了这个机会，提出资助魏尔写作一部芭蕾剧，其中由蒂莉表演舞蹈，洛特·莱妮亚演唱歌曲。虽然莱妮亚当时已经同魏尔分开，1932 年《马哈哥尼城的兴衰》在维也纳首演时，她爱上了剧中饰演吉米的男高音奥托·帕泽蒂（Otto Pasetti），并与其同居（魏尔与莱妮亚于 1933 年 9 月离婚）。但魏尔十分大度，邀请莱妮亚和她的新爱人来巴黎排练"芭蕾歌剧"（帕泽蒂饰演爱德华一角）。在魏尔的第一人选让·谷克多（Jean Cocteau）拒绝之后，布莱希特得到了词作者的职位，从而出乎意料地同魏尔再度合作。

芭蕾舞剧1933年6月7日在香榭丽舍剧院（Théâtre Champs-Élysées）首演，剧作的排练和演出也体现了参与者混乱的性生活。布莱希特与玛格丽特·施德芬同居，这还是其中较为正常的，奥托·帕泽蒂没能与自己的新欢同床共枕，洛特疯狂地爱上了美艳绝伦的蒂莉，与其同榻而眠，这种艺术投资的后果是爱德华·詹姆斯无法想象的。库尔特·魏尔对此是否幸灾乐祸已找不到相关记载。此外，蒂莉1934年同詹姆斯离婚，原因是男方为同性恋。

芭蕾舞剧本身受到非议；魏尔立即意识到了动荡时代的机遇（此事布莱希特相对认识较少），在《马哈哥尼》模式的基础上构思了现代社会批判舞剧的新形式。主角被分割为经济人安娜一（Anna I）和她的艺人安娜二（Anna II）。安娜一必须保障安娜二获得成功，因而督促她，例如在第二宗罪中，克服自己的骄傲去跳脱衣舞。当她把短裙越撩越高时，才得到了必要的成功；因为她"雪白的臀部""比一个小工厂还要值钱"。由于完全受到消费的驱使，安娜二无法"违背"资本主义商品世界通向富足的法律。所有的禁忌都被转向了其反面，直至最终如愿以偿地在美国南部购得了房子。

该剧以组曲的形式展现，穿插了交替的舞蹈和表演场景，这些被媒体评价为重要、独特、大胆甚至冒险。魏尔和布莱希特再次创造了新的体裁，将三种独立的艺术融合在一起：对音乐、舞蹈、文学和商业艺术——安娜为了跟随演出团赚钱而辗转七个城市——进行了反思式和批判式的探讨。艺术在现代娱乐工业中的价值成功地超越了普通商品。这出芭蕾舞剧的精妙之处在于通过同时代的游艺演出来展现艺术的没落，同时批判了其蔑视人性的本质。而资助者詹姆斯同样也自讨苦吃，因为对他而言，人际交往的友善只能以自身的财富为基础，而他的，或者更确切地说，他身为铜矿主和铁路工业巨头的父亲的财富，不过是依赖于残酷的剥削。安娜二的情人之一名为爱德华；他十分富有，并且包养了这位美丽的舞女，她最终也令其走向灭亡——自杀。

维利·米岑伯格（Willy Münzenberg）在巴黎组建了流亡出版社 "Editions du Carrefour"（Carrefour 意为十字路口①），在芭蕾舞剧创作期间，布莱希特同米岑伯格商定，出版一部反法西斯诗集，主要在德国发行。布莱希特在诗集筹备工作开始时已经身处丹麦，他吸收了汉斯·艾斯勒加入，把诗稿寄往巴黎，并提出共同将诗集改编为歌集。艾斯勒同意了，而且玛格丽特·施德芬也在近旁。1933 年 9 月，布莱希特再次前往巴黎，三人一同着手改编工作。

《歌、诗、合唱——附 32 页乐谱》（*Lieder Gedichte Chöre. Mit 32 Seiten Notenbeilage*）1934 年初出版。除了《1933》的章节和结尾的时事诗《哦，德国，苍白的母亲！》（*O Deutschland, bleiche Mutter !*）外，诗集中其他诗歌都出自魏玛共和国时期，作为政治性的战斗诗篇引发了异议，凭借《死兵的传说》等书写了魏玛时期的历史。歌集包括三部分和一部讽刺性附录。第一部分《1918~1933》表现了魏玛共和国时期法西斯主义兴起的原因和条件。在虚假的民主共和国中，普鲁士军国主义在持续，传统上被描写为阶级对立的社会矛盾继续存在，这些都构成了本章的主题。第二部分《1933》以当时德国的统治现状为内容，包括迫害异己、建立多处集中营、政治恐怖和反法西斯斗争。第三部《〈措施〉与〈母亲〉中的歌曲与合唱》（*Lieder und Chöre aus den Stücken »Die Maßnahme« und »Die Mutter«*）表现了魏玛时期所谓工人运动的现状，再次呼唤革命的解决方式，并提醒人们重视，仍有可能秘密筹备以趁机推翻统治机构。附录以诗歌《巨型城市纽约消失的荣光》（*Verschollener Ruhm der Riesenstadt New York*）严厉谴责了西方资本主义不仅内部空虚，而且历史陈旧。在另一首（未谱曲的）

---

① "Carrefour" 是法语词，德语中对译的 "Kreuzweg" 也指耶稣受难之路。

诗歌《诗人之歌》（*Lied der Lyriker*）中，布莱希特抨击了他的同行无非是唯唯诺诺、阿谀奉承的知识分子，他们的文学作品帮助法西斯主义在德国稳固了统治。诗作《哦，德国，苍白的母亲！》以满是血污的苍白母亲表现了德国分裂的、既可怖又可笑的形象。

　　布莱希特和艾斯勒尝试用诗歌传达对这个非人时代的看法，其中也暗藏了阻止纳粹长期掌权的希望。如果说布莱希特自同艾斯勒合作起就开始使用共产主义词汇，那么这一文风现在则得到了更进一步的强化。当然，这也有客观原因。纳粹宣传自觉地把"阶级斗争"和"唯物主义"当作既定事实，即便不然，马克思主义词汇的使用也有现实原因。马克思——最迟在《共产党宣言》（*Kommunistisches Manifest*，1844）中——认识到，资本主义首先以出人意料的方式彻底变革了社会关系。其次，国际环境使一些国家，特别是欧洲国家变得跟不上形势了。世界范围内，即使不在同一时期内，原始国家逐渐消失，由于经济科技化的发展，出现了剥削者和被剥削者的阶级对立。"革命"这一概念（在传统上）单单针对共产主义的政权颠覆，而不用于资本主义的激进变革，但被纳粹阴险地加以利用。《共产党宣言》中令人印象深刻的一段就清晰地表现了这一点，下文引用的是布莱希特的诗化版本。

/ 288

> 但全部这些并非发生在一两个国家
> 因为，销售泛滥商品成为不可抑制的需求，
> 它不断将资本家驱赶过边界，
> 似疯狂般走向全球。四处大兴土木，
> 四处安家落户，四处连接着那胶粘的流水线。
> 全世界都在消费和制造商品。
> 破坏了本国产业，从最偏远的土地
> 获得原料，供应他们的工厂。

区域间气候的不同造就了贫苦和乖戾，

热销的商品登上了高耸入云的山尖。

古老的卡木被它们破坏，通关令是：廉价。

一捆捆的印花布在万里长城上打开了缺口。

各民族相互依赖。精神财富也

成为公共财产。科学也让整个世界形成一幅图景

民族文学成了世界文学。

全球化并非 20 世纪的新发明。马克思和恩格斯在他们的时代已经对全球化进行了观察。在原始国家内部原本不存在社会和经济的矛盾，但全球性贸易带来了全球性剥削，在这样的事实背景下，出现了抢夺者之间和被剥削者之间的国际矛盾，并开始蔓延至全球。因此，结论表明，（被剥削者无法承受的）国际局势的改变更多地源于剥削者。所以，共产党宣言在篇末呼吁："全世界的无产者，联合起来！"

除此之外，同一战后美国化的欧洲相比，部分国家（苏联、中国、第三世界）的发展不平衡。事实上，苏联社会主义发展即使极为缓慢，但仍取得了成功。毕竟，1920 年代末和 1930 年代初一些俄国流亡者返回了苏联（高尔基，1928；爱伦堡，1930）。莫斯科为社会的另一种可能性提供了范例，这不仅在共产主义者中，而且在资产阶级左派中也成了普遍概念；但这另一种可能性——消除资本主义剥削，依然遥遥无期。苏联已经在坚定地组织大规模的新型剥削，但当时的局外人对此无法察觉，而且可以证实，即使内部的俄国人也无法看到这一点——例如特列季雅科夫或者阿西娅·拉齐丝及其德裔丈夫伯恩哈德·赖希。

在德国，纳粹开始成功地封锁所有现存的社会矛盾。在流亡初的几年中，布莱希特发现自己为歌集所作的诗是何等贴切："粉刷匠希特勒 / 说：新房子马上就完工了！ / 漏洞、裂痕和裂缝 / 他直

接把一切都涂满。／把这破烂全部涂满。"诗歌也与造型艺术惊人的一致。约翰·哈特费尔德（John Heartfield）以《希特勒纲领》（*Hitlers Programm*）为题创作了一部蒙太奇式作品，展示了威廉二世时期房屋外墙前一支作画的笔，并配有文字："人民已经被成功地欺骗了，现在房子也要粉刷。"房子的照片下面写着："希特勒在 5月 1 日的纲领性讲话中说：'为了消除失业，我们要整修房屋。'"多义词"Anschmieren"①尽管与表示粉刷之意的"Anstreichen"有相同之处，但两者之间的区别也不容忽视，两者共同构成了纳粹意识形态及其"成功"的核心。

"一体化（Gleichschaltung）"在教会阶层迅速蔓延，并且仿佛因此获得了赐福，这在《希特勒圣歌》（*Hitler-Chorälen*）中得到了范例式的体现。这一组诗位于《歌、诗、合唱》的中部，尤为引人注目。布莱希特知道文本听觉传播的重要性，由于教堂歌曲特别是其旋律，脍炙人口，布氏根据旋律重新创作了歌词的新内容，并使这些不协调的音符融入原本的声调中，语言上的修改或者通俗化的改编几乎使其同原歌词无法分离。受到这样音乐的耳濡目染，人们便不再无条件地忍受传统的严肃和庄重。

/ 290

第三首赞美诗的第一节便是一个独特的例子，它改编了保罗·格哈德（Paul Gerhardt）1653 年的歌：

> 将你的道路
> 和你心间的忧伤
> 托付给天堂之主
> 最忠诚的守护。
> 他为云、空气和风

---

① 有"乱画、乱涂"，也有"欺骗、使上当"之意。

赐下阡陌纵横的途径。

他也会为你找到

踏足的路途。

（格哈德版）

哦，每每受伤的小牛犊

将你的道路

托付给磨刀的屠夫

最忠诚的守护。

他给那些做牛马的穷苦人

虚构了一枚新十字架

他会找到

如何屠杀你的路途。

（布莱希特版）

两个版本有多句诗行完全相同。布莱希特极少数的新表达足以在内容上同原文产生距离，但同时又利用了旧版的历史经验。

原文同新改编的结合也表现在一些图像中，例如希特勒给工人们虚构的"新十字架"。"十字架"首先肯定是指纳粹标志反万字符（Hakenkreuz），而形容词"新"则为其添加了传统的基督教意义，因为"十字架"是基督受难的标志。基督为了拯救人类在十字架上死去，而新的"救世主"则把十字架压在了人们身上，将他们送去赴死。拯救者受难的背景说明，新的虚假救世主完全没有准备自我牺牲，而是要求他的人民为他而牺牲。这一颠倒不违背基督教受难的原始意义，因而也并非渎神，更多的是作为衬托背景，揭露希特勒标榜自身为救世主的无比僭越。布莱希特1933年创作了这首诗，当时正值希特勒统治伊始，他看似正在引领德国走出经济困境。

　　这同教会在希特勒独裁早期的态度还有关联。基督教领袖主动把法西斯主义同基督教协调起来。教会作为机构团体，以惊人的速度向"新帝国"妥协。1933 年 3 月，好似十万火急一般，德国新教教会同盟（Der Deutsche Evangelische Kirchenbund）改组为德国新教教会（Die Deutsche Evangelische Kirche）。路德维希·穆勒（Ludwig Müller）4 月出任希特勒新教问题的"代理人和全权负责人"，并在希特勒统治中公开代表自己的教会。新组建的全国教会代表会议证实了穆勒的政治角色，他在 1933 年 9 月又被授予"帝国主教"的圣职。这样，希特勒成功地树起了庄严的幌子，而教会也进行了无耻的配合。

　　天主教会的行径也类似。经过初期的观望之后，天主教会 1933 年 7 月同"德意志帝国"签订了条约，其中教会主教有责任向纳粹统治者履行"效忠誓言"。誓言督促他们"尊重依照宪法建立的政府"，并有责任防止影响"德国国家体制"和"繁荣"的"任何损失"出现，天主教会从而也告别了其国际性的自我认知。

　　1933 年 3 月 21 日的"波茨坦日"也同《希特勒圣歌》有直接的关系。布莱希特追踪德国的各项事件，利用可能利用的一切。"波茨坦日"是由戈培尔精心策划的庆祝活动，在当地的兵营教堂举行。出席活动的有兴登堡、外交团队、王储威廉和国会成员（社民党和德国共产党不包括在内）。庆祝活动以"新""旧"德国（德国国防军与纳粹的党卫军和冲锋队）的合作为标志，接下来的国会制宪会议在克罗伯歌剧院（Krolloper）举行。新教主教奥托·迪布柳斯（Otto Dibelius）主持了布道，1926 年迪布柳斯因出版了图书《教会百年》（Das Jahrhundert der Kirche）受到重视，书中他批判了十一月革命，因为这影响了所谓的以基督教为基础的国家体制，即帝国主义君主国。迪布柳斯在兵营教堂的讲话在广播中进行了转播，其中有片段讲道："国家历史的新开端在某种程度上都存在暴力。因

/ 292

为国家即权力。……我们从马丁·路德博士那里学到，当教会行使自己的职责，不应该掣肘正当的国家权力，即使它变得强硬或毫无顾忌。我们知道，路德在农民战争中曾疾声呼吁当局者：果断前进，还德国以秩序。"

同往常一样，这样的公共布告吸引布莱希特的并非其策略手段，而是其中的暴露性字句，虽然极为克制，但仍在通过联系历史为暴力统治正名。布告以国家"秩序"的幌子为（公然的、血腥的）暴力辩解，而"秩序"的代表则是国家及其权力（纳粹独裁）。马丁·路德主张果断镇压农民起义，迪布柳斯试图借路德对农民战争的立场，证实教会应该附和"当局者"——即便路德的言论更"可怕"，对当局者的符合也更明显。[《反对杀人越货的农民暴徒》(*Wider die räuberischen und mörderischen Rotten der Bauern*)，1525]

对布莱希特而言，这等同于对"德意志悲苦（deutsche Misere）"的明确赞同。弗里德里希·恩格斯在 1893 年致弗兰茨·梅林（Franz Mehring）的信中提出了这一概念。恩格斯把德国历史称为"唯一持续不断的悲苦"，并认为它以路德对农民战争的立场为开端。"德意志悲苦"的概念成为德国历史进程的关键词，德国历史的各次革命要么未能成形，要么失败。

我们的国家领导人
日夜站在舰桥上
强化的女性角色：
豪斯曼、施德芬、贝尔劳、魏格尔

布氏 1933 年同安娜·西格斯（Anna Seghers）在巴黎的碰面很可能是为了创作《工作岗位或者你汗流满面也不得糊口》(*Der*

Arbeitsplatz oder Im Schweiße Deines Angesichts sollst Du kein Brot essen）。西格斯跟布莱希特讲述了一个发生在她家乡美因茨的真实事件，并想由此创作一部小说。案件 1932 年 8 月在法院审理，并在媒体中曝光，相应也引起了群众的愤怒。有一女子名为玛利亚·艾斯曼（Maria Einsmann），犯下的罪行是利用离异丈夫的伤残证伪造了约瑟夫·艾斯曼（Josef Einsmann）的身份，并与自己的女朋友海伦娜·穆勒（Helene Müller）结婚，并将其非婚子女登记为自己的孩子。她假扮男人从事守夜人等各种职业。由于一次意外，她的真实身份在九年后暴露，她假扮男人的理由十分简单：作为女人她永远不会得到上述工作。法院将之视为减刑的理由，判决她收容教养。

布莱希特加强了事件冲突性，他把这位女子［被布莱希特称为豪斯曼（Hausmann）］的困境设定为迫在眉睫的生存危机。豪斯曼的丈夫失业后幸运地重新获得了工作，但在去往岗位之前病逝了，由于必须照料两个孩子，她除了接任自己丈夫的工作之外别无选择，这项工作她也成功地从事了四年。她后来因一次锅炉爆炸受伤，在一家妇女医院从昏迷中醒来。当她出院时，由于没有其他衣物，仍穿男士衣服返家，蜂拥的人群前来观看这位"假男人"，豪斯曼的事件众所周知。她后来被警察拘留所收容，仍然身着男士衣物被释放，做女招待员艰难度日，而那些她服务的男人都把豪斯曼当作"怪物"。豪斯曼最终消失"在百万大军之中，他们为了勉强谋生，被迫完全或者部分地出卖自己，或者相互出卖"。

布莱希特小说中匿名的叙事者把豪斯曼的案件作为社会实例展示，这一事件"比和平协议、历史书和统计学数据更好地展示了荒蛮的状态，表现了欧洲国家在暴力和剥削之外保持经济增长的无力"。其真实案件已经证实，在社会意义和意识形态意义上，魏玛共和国时期仍普遍有效的性别差异已不复存在，布莱希特的小说中，资本主义

/ 294

的荒蛮迫使了受其压迫的人必须完成生产的规定，直至放弃自己的身份："几日内，女人成了男人，方式同几千年来男子把自己锻造成男人的途径一样：通过生产过程。"布氏对所谓的生物学差异没有过多赘述，因为社会压迫比自然和性别特质更深刻地决定了人，同时也对人提出了质疑。除此之外还有意识形态因素。普通市民——"整个区"期待着这个"假男人"——视豪斯曼的性别角色转换为轰动的、病态的事件，虽然他们中的大多数也涉及其中，但仍不与豪斯曼团结一致，布莱希特又一次表现了（德意志）民族的劣根性。更甚之，双标题《工作岗位或者你汗流满面也不得糊口》中对圣经的引用也令上帝的惩戒失效，这惩戒显然有着人类学本源，从根本上把两性区分开。

在创作这一故事的同时，布莱希特考虑将《三毛钱歌剧》未加工透彻的材料用其他文学体裁加以表达。那么除了长篇小说之外，还有什么更好的体裁呢？这也正合前基彭霍伊尔出版社编辑赫尔曼·凯斯滕的心意。阿姆斯特丹的阿尔勒特德朗格出版社新设立了德语部，凯斯滕正在为第一份出版计划寻找合作者，他同布莱希特一样都在巴黎逗留。1933 年 6 月已经确定，布莱希特将写作《三毛钱小说》（*Dreigroschenroman*），阿尔勒特德朗格出版社负责小说的出版发行工作，双方延续了在德国时的良好的合作传统。7 月初布莱希特便得到了合同，当然根据他的要求还进行了多次修改，最终布莱希特甚至在合同中加入了对插图设计保有发言权的要求，这是完全不寻常的，因为出版社（时至今日）仍原则上把这些视为自己的

事务。图书的最终成品证实，布莱希特在这一领域也有非凡的品味，虽然其中出现了很多波折，让阿尔勒特德朗格出版社的所有人几乎崩溃；布莱希特在这些事情上也极为固执。

虽然小说由布莱希特写作，但仍是同玛格丽特·施德芬的共同作品。布莱希特一再强调，最好在图书上市之前的创作时期就开始评论工作，结果可以被直接采纳到作品中。这部分工作恰好由

玛格丽特·施德芬担任，布莱希特把写好的部分寄往巴黎，施德芬修改、编审、进行评论、抄写副本，并把自己的评论融入其中。10~12 月两人又一次在巴黎共同创作，之后施德芬迁居丹麦。12 月19 日，施德芬踏上前往丹麦的旅途，布莱希特"大家庭"的丹麦流亡从此彻底开始。凭借《三毛钱小说》的预付费用和卡瑞·米夏埃利斯的帮助，布莱希特在斯文德堡斯考斯布海滩（Skovsbo strand）8 号购得了一所茅草顶的农舍，但施德芬起初不被允许搬入这里。她前三个月在露特·贝尔劳（Ruth Berlau）处暂住，贝尔劳在这期间也同布莱希特相识，当时尚无人知晓这数人之间日后将会发生的一切。

　　卡瑞·米夏埃利斯还帮助布莱希特获得了必要的丹麦签证。由于海伦娜·魏格尔是犹太血统，因此布氏一家被列为受种族迫害者，政治上受到保护（丹麦并不欢迎所有流亡者入境）。而且恰恰是丹麦，最终给布莱希特打上了共产主义的烙印。维尔纳·乌特瑞希（Werner Wüthrich）在瑞士联邦档案馆发现了一份 1939 年的秘密报告，报告显示布莱希特在丹麦领导"共产国际传达处"。个中原因则扑朔迷离。施德芬暂时（1933 年末）生活在哥本哈根的诺德兰酒店（Nordland Hotel），而共产国际的联络点也设在此处，这一事实是瑞士为布莱希特编制名录的起因，好似在处理一名恐怖分子（这份名录在他流亡归来之后仍发挥了重要作用）。此外，施德芬在 1936 年 8 月同共产国际的一名工作人员假结婚，从而获得了她急需的丹麦国籍。虽然经过了细致的资料搜寻，也没有任何征兆能证实这封秘密报告中的指控，而且也无法确认档案的制作者。偏偏布莱希特有这样的档案，这一点就很奇特：布氏唯物主义的批判立场使其个人定位很模糊；为了克服这个问题，必须将它归为一类，而这一类也只能是共产主义了，布莱希特被塞进了这个范畴，而后又被杜撰了相应的证据。

/ 296

再次回到露特·贝尔劳。她的多个情人之中出现了第一个生气、嫉妒的人，原因是自己的情人关心的是布莱希特的一个女人，而非自己。此人是摩根斯·福尔特伦（Mogens Voltelen），丹麦一名成功的设计师和建筑师，日后还帮助布莱希特一家布置过新居，他致信贝尔劳："我对布莱希特很气愤，他因为施德芬给你施加了很多责任、束缚和不自由，而且长达数月之久。我对这个女人也很气愤，她事事依赖于你，虽然我很同情于她。"他同情施德芬不仅因为她患有结核病，而且还因为她一点魅力也没有，是个"讨厌而悲伤的人"，此外她还患有鼻炎，俗语称"臭鼻子"，一种鼻黏膜退化症，同时伴有嗅觉丧失，因此无法察觉自身发臭得多么严重。据福尔特伦记载，待在她身边"简直令人无法忍受"。但尽管几经努力，他仍然没有能让露特·贝尔劳远离布莱希特和施德芬。

露特·贝尔劳在哥本哈根的名字是"红露特"，职业是记者和摄影师，曾担任哥本哈根王家剧院的演员，写过一些小说故事，领导一个工人剧团，其中福尔特伦也参与演出。贝尔劳曾于1928年夏天携一辆自行车前往巴黎，靠杜撰一些报道度日，这些杜撰的报道都发表于一家丹麦报纸。1930年她又骑自行车前往苏联，返回时已经成了一名热情的共产主义者，当然也很快加入了丹麦共产党。她曾经扮演过《夜半鼓声》中的安娜，因而间接认识布莱希特，自然也听闻过《三毛钱歌剧》的成功。在楚尔岛的米夏埃利斯家里，贝尔劳第一次见了布莱希特；这次相遇是因为她想请布莱希特的妻子来5小时车程之外的哥本哈根为大学生晚会发表讲话。趁这次机会她还偷走了布莱希特《母亲》的剧本，由于高尔基的小说，贝尔劳对这部改编戏剧很感兴趣。贝尔劳开始插手所有的事情，努力为这位著名作家制造机遇，并扮演所有演出的组织者，例如哥本哈根《屠宰场的圣约翰娜》的首演，她当然也为自己争取到了女主角的角色。当她与布莱希特尚未建立情人关系时，三个女人之间就已经关系紧张。海伦娜·魏格尔还必须习惯于格丽特住进他们的新居，当然是隔离的，甚至吃饭时格丽特也只能用自己的餐具，即便如此，这些餐具魏格尔也总是认真清洗。

贝尔劳开始成为家中的常客，也会拖布莱希特去哥本哈根参加与导演的会谈。施德芬立即发觉，一名情敌出现了，这即使不阻碍，至少也限制了自己同布莱希特的工作关系。布莱希特一心想把未演出过的剧作搬上舞台，这包括 1932 年暂时完成的《圣约翰娜》和《圆头党和尖头党》——刊印在《尝试》（未出版）的第 8 期，之后还经历了多次修改（1934~1936）。

1933 年 12 月，布莱希特在巴黎时还与伊丽莎白·霍普特曼发生了一次后果严重的争执。霍普特曼滞留柏林，把布莱希特所有的作品都整理在箱子里，以伺机寄给或者亲自带给他。11 月，盖世太保突袭了她的家，在房子里仔细搜寻可疑资料，并最终于 11 月 15 日逮捕了她，这当然意味着生命危险，因为盖世太保把霍普特曼列为共产党员。但整整一周之后她又被释放，这其中的缘由霍普特曼从未吐露。家里已经无法逗留，她尽一切努力整理了布莱希特所有的物品，并踏上了同样有生命危险的流亡巴黎之路。霍普特曼 12 月 10 日到达巴黎，而且只得告知布莱希特不知何时何地丢失了其中一个箱子。虽然没有直接见证人，但布莱希特必定曾大发雷霆，对她恶言相向，霍普特曼深受打击，不禁病倒，虽然霍普特曼曾想过在巴黎继续两人的工作关系，仍终止了同布莱希特的合作。"我们的关系一直薄凉、不温和、不适宜，但这是您曾拥有过和我曾拥有过的**最伟大**的工作友谊。我将会怀有一颗**良善**之心，或许我们日后还会见面。"1943 年 1 月，霍普特曼如此致信布莱希特，转而使用了敬语"您"，日后也一直如此；当月 28 日，霍普特曼赴美流亡。

不强制购买的商品

随时可以退回

媒体间性：不同的视角

同玛格丽特·施德芬《三毛钱小说》的合作持续到 1934 年 8
月，合作卓有成效。小说的篇幅增长，第一次大规模印刷共有 492
页，而且随着不同版本的多次修改而越来越好。小说 1934 年 10 月
出版，同年 12 月 9 日，小说的第一批评论问世，布莱希特感谢格
丽特，好似是她写作了这部小说一般："现有的评论：《巴黎日报》
（*Pariser Tagblatt*），拉尼阿评，当然十分卓越。然后是《欧洲期
刊》（*Europäische Hefte*，《世界舞台》的竞争对手），施拉姆评，
非常伟大。巴塞尔《国家报》（*National-Zeitung*）同样歌颂有加
（即使以小号字体印刷）。总体上，你完成了一部杰作。尤其著名的
是你纯净的语言，不开玩笑：有个最挑剔的读者在家是件好事！"

布莱希特以这部小说发展出讨论时事话题的体裁，融汇了经济、
政治、犯罪、资本主义和法西斯主义等主题，同时不片面地偏袒。
布氏在作品中一再强调和分析资本主义和法西斯主义之间的联系，
但并未将两者等同起来或者宣称资本主义必然向法西斯主义转变；
因为法西斯除了强化经济之外也进行了意识形态的显著扩张。同时
他还区别了德国和意大利的法西斯主义，比如后者并不推行反犹主
义，但又在共同的经济基础中看到了两者之间的相似性。德国纳粹
党纲领中规定："我们要求完成并保持中产阶级的健康发展，将大百
货公司划归地方经营，并以低价出租给工商业者。"1927 年，自从
可以公开肆虐以来，纳粹展开了反对"百货公司瘟疫"的宣传，"犹
太人来了，他们的百货公司成了德国商人的上司"，这一切都像一
场疾病的扩散；必须以一切手段彻底消除这场瘟疫。

1933 年 4~5 月，纳粹开始封锁"犹太"百货公司，禁止建立新的百货公司，这一系统性实施的破产计划导致了数千工作岗位消失，商品生产商以及百货公司的物流供应商都有大量工作人员失业，投资百货公司的银行也几近崩溃。6 月，拥有 14000 名职员的赫尔提（Hertie）百货公司面临破产，希特勒方才宣布原有计划告吹，顺从资本主义的经济规则。这打破了中产阶级的浪漫美梦，他们原本要在纳粹统治下发展为自由、独立的商人。《三毛钱小说》的经济情节以此为背景展开。麦基成功地说服了小工商业者，他们虽然保持独立，但将店铺——通过非法组织——连接为统一的商品流通链，全力发挥其效力，从而实现了行业垄断。

为了展现这一疯狂的经济情节及其"执行者"，布莱希特开启了散文的新"技术化"，这主要是剪接技术，如同蒙太奇。小说中利用了不同视角的转换，使各个不同的主线平行叙述。在皮丘姆线索的第一部分和科克斯（Coax）线索交会之后，第三章连接的是麦基故事的第一部分以及对 B. 商店的介绍。紧接着，小说又随即转回对皮丘姆的叙述。虽然皮丘姆和麦基当时就对彼此感兴趣，开始相互观察，但两人在小说结尾的喜剧结局才最终相见。

就人物的塑造而言，他们的外貌是不确定的。对皮丘姆的描述："他是个小个子、瘦削的男人，其貌不扬：但这也可以说并非最终结果。在对一个小个子、瘦削、其貌不扬的男人原本毫无前景的商业地段，人们应该能看到皮丘姆先生陷入沉思，思考他怎么样才有可能变成一个中等身材、营养充足的乐观男人。他的矮小、瘦削和其貌不扬因此只是他的一项提议，一个不强制购买的商品，随时可以退回。"皮丘姆的外貌根据局势而改变，不得已时能化身老虎般的形象，这完全取决于哪种对他更有利。

布莱希特的叙事艺术与同时代的市民文学存在巨大的差距，对比托马斯·曼的作品便可以对这一点有最深入的了解。联想《约瑟夫》小说中瑞贝卡（Rebekka）的"特征"：盲人伊萨克（Isaak）要根据长子法则给他的儿子伊索（Esau）祈神赐福，这件事必须通知瑞贝卡。知内情的女仆飞速向瑞贝卡跑去，"她的乳房上下跳动"。此事时间紧迫，但没有阻止叙事者用较长的段落介绍瑞贝卡这一人物。虽然时间飞逝，但整个事件被静止下来，从而在读者面前构建起瑞贝卡这一人物。只有当人物特征表述完毕，才能继续情节的发展。托马斯·曼的人物在情节的推动中固守着叙事者规定好的人物特征；而读者也可以完全信赖这些人物"性格"，相反，布莱希特却拒绝给予他的人物如此的信任。

布莱希特的人物塑造绝不止步于此。新添加的人物科克斯按照被布莱希特曾拒绝的"内省"模式来塑造，这自然不是为了证实这一模式的有效性，而是为了对它进行讽刺和揭露。其原型有可能是鲁道夫·施里希特尔的自传作品《灵界》（Zwischenwelt，1930）、《反叛的肉体》（Das widerspenstige Fleisch，1932）以及《陶土足》（Tönerne Füße，1933）。施里希特尔对自己和性强迫症的详细描述类似于一个受虐狂的自白，其直白程度在德国文学史上绝无仅有。科克斯一再经历"无法控制的性欲发作，原因是便秘"。他以日记的方式进行"深刻的自我研究"，其中细致列举了自己的排便和同妓女的性交，只记录不评论。叙事者并非通过暗示手法展现科克斯的性放荡，读者可以直接看到内省的原型——（私密）日记的内容，日记沉湎于下流的观阴癖，在色情和厌恶之间快速转换，令人读起来深感不适。

小说从一个男性色情文学的视角引导读者，内容上也呼应这一点，科克斯为了使波莉能在性事上顺从于他，用一些色情图片——"全然是污秽之物"——引诱她，第一次没有结果，第二次却相当成功。其中值得注意的是，这里性关系的建立并不是出于"伴侣"之间情欲的相互吸引，两人甚至不是情侣关系，而是借助于匿名的色情图片。在魏玛共和国时期，占有这一类物品是违法犯罪，而像科克斯一样使用这一类物品则构成了强奸的犯罪事实。相应，叙事者的话语也很清晰："他……扑向她。/ 她半推半就"（这事出有因，科克斯许诺把一枚胸针作为本次性行为的交换物）。被物化的身体发生结合，爱情的没落得到了最极致的展现，即使色情的性爱细节描写也完全没有采用暗示的手法。

低级小说（Groschenheft）——歌剧的题目"Dreigroschenoper"已经暗指了这一体裁——是发行量极大的消费商品，内容首先是情与（大多是暗指的）性。讽刺的是，《三毛钱小说》也可以归于这一类，它似乎已经降到了可接受范围内最低俗的水平。下文引用了原文中自嘲的一段，也能清晰地表现这一点。科克斯时常反复的性欲强迫症又一次发作了，他跟一个"十分年轻的人"回到酒店房间，并向她提出了某些特定的要求："她说自己经过长期的实践经验丰富，而且毫无偏见，这一点她着重强调……她轻易就为他找到了许多比喻，如果本书要再现全部的这些内容，那么要因她的辞藻丰富变成长篇累牍。"

此外还有"桃子"。因为"这一带人都称皮丘姆小姐为'桃子'。她的皮肤非常好看"。而引出波莉的一章标题是"桃花"，桃花的开放与乞丐商店的兴盛两条线索平行发展。同时代著名的"桃子"形象出自曼·雷（Man Ray，1931）的手笔，画中的桃子形成了皱褶，对观看者来说很像裸露女性的下体，但仍十分纯洁与美丽。这也可以看作是人的物化，因为人只有具备必要功能的一部分进入了图画。波莉也完全被父母当作了推动生意兴旺的商品，除此之外，布莱希特还对色情图片进行了跨媒体的处理，他把两个媒介融合起来，使得图像本身也能在语言上得到展现。模拟视觉化促使读者阅读文本时也阅读其中的图像，并（通过观看）对图像进行视觉上或者实际上的转换。这在视觉上是文本和图像的蒙太奇组合。从"图像化语言"可以得到视觉图像在语言上的表现。因此，要对"图像化语言"的多重意义进行恰当的分析，必须注重图像。

　　现在他不指责自己的设想
　　而是指责那些偏离预想的事物
　　马克思主义唯心主义：一首歌，柯尔施的精神干预，苏联作协大会

　　虽然有三名女性同他一起工作或者照料他的起居——最后一项主要是海伦娜·魏格尔的责任，而且情况将长期如此，但布莱希特仍在"丹麦的西伯利亚"抱怨孤独、与世隔绝，只有邀请朋友前来或者自己出去寻找朋友才能聊以慰藉。1934 年 3 月，先是汉斯·艾斯勒来到了斯文德堡，同格丽特和贝尔特一起改写《圆头党和尖头党》。6 月，瓦尔特·本雅明也到来了，而且逗留至 9 月。大家坐下，抽烟，喝茶，聊天，下棋，无聊。本雅明 7 月末致信一位法国女友："简短来说，这里生活被外部所限制——阴沉的天气，交通不便，贫瘠、石化的沙地，很多天我都除了工作之外无事可做。施德芬的存在让 B 的家里时常很压抑，这您也很容易可以想象。而且她还被隔离开，很多天我都经常见不到她。"至此，本雅明的描述听起来完全不像愉悦的夏日休假，而且也完全不隐瞒自己对这位工人女儿的好感。同时，本雅明也不无苦楚地记录，这里的生活给了他足够的时间，来写对 1880 年至 1920 年间德国社会主义文化政策的评论。本雅明还在社民党的政党机关报《新时代》（*Die Neue Zeit*）中找到了权威资料，这些资料布莱希特有完整的收藏可以供他使用，《新时代》是 1883~1923 年间社民党最重要的理论报纸。

　　本雅明的手记让他在斯文德堡的两次夏日度假——第二次发生

在 1938 年——众所周知。手记篇幅寥寥数页，记录了布莱希特即使对那些他平日不甚赞同的文学作品也会细致阅读：从 1934 年两人对弗兰兹·卡夫卡（Franz Kafka）的讨论中可以看出，布莱希特不仅是卡夫卡作品的行家，而且对卡夫卡也有自己的评价，这些评价可能最贴切地阐释了卡夫卡矛盾的两面性。一方面，布莱希特赞扬了那些贴切而深入的图像，抓住了命运悲剧中的小市民，可惜卡夫卡对这些没有寻根究底，只是在寻找那些不会到来的"指引"。而另一方面，布莱希特指责卡夫卡"神秘的琐碎"，它营造出一种"深度"："这种深度是一个为其本身而存在的维度，其中空无一物。"就《审判》（Prozess）布莱希特断言，人们可以在这部小说中看到契卡（Tscheka）的结局，这是一个类似盖世太保的秘密组织，迫害和谋杀异己（契卡全称为全俄肃清反革命及怠工非常委员会，其职能是秘密警察，用一切血腥手段排除所谓的敌人；列宁自 1918 年命契卡建造劳造营关押政府的反对者）。布莱希特再次明确了自己对苏联有所保留的立场。

在斯文德堡之旅开始前，本雅明写作了文章《作为生产者的作者》（Der Autor als Produzent），而且于 1934 年 4 月 27 日在巴黎的法西斯主义研究学院作了相关报告，本文发表于克劳斯·曼的流亡杂志《文集》（Die Sammlung）之中。同布莱希特的《三毛钱诉讼》类似，本雅明也论述了文学必须对生产关系持明确立场："文学在生产关系中地位如何？问题直接针对的是这一时期文学作品在'文学生产关系中'的作用，换言之即直接针对作品中的写作技巧。"以特列季雅科夫的《田—主》为例，本雅明定义了积极参与到政治趋势中的"行动型"作家。克劳斯·曼对本雅明的"绝对判决"很气恼，因为就市民文学而言，本雅明认为市民文学作家——比如海因里希·曼和阿尔弗雷德·德布林——属于反动分子。"实际上：贝尔特·布莱希特，是仅存的一个；其他皆是反动的。"

克劳斯·曼把本雅明的文章交予伯父海因里希·曼裁夺，海因里希·曼虽极为克制，但仍表示："自从他们的政党被取缔之后，共产主义文学的狂妄之徒愈来愈多。'如我们所了解的'，失败没有让他们学会斟酌，是否一切，包括思考，都是经济过程的组成部分。……对他们而言，创造性成就不存在权威，而这些小人物对此也喜不自胜。"海因里希·曼认为，那些有关布莱希特的篇幅还值得一读；如果剔除其中对市民文学的批判，这一部分可以独立构成一篇文章；但是本雅明的文章最终也没有发表。

1934 年 10 月初，为了同汉斯·艾斯勒合作，布莱希特前往伦敦近两个月，同时也和维兰德·赫茨费尔德商讨作品在马利克出版社（Malik-Verlag）的印刷事宜；这一出版社当时已经正式迁往伦敦。10 月，《萨尔之歌》（Saarlied）在伦敦创作完成，艾斯勒还为之谱了两个不同版本的曲。这一歌曲例证了布莱希特周遭的流亡者对希特勒纳粹统治的不日消亡多么充满信心，他们甚至认为 1935 年 1 月 13 日萨尔区的公投或许就是事件的转折点。萨尔区的人民要投票表决，本区是加入德国或法国，还是保持由国际联盟管辖的现状。伯恩哈德·赖希曾在《你为何鄙夷〈萨尔之歌〉？》（Warum rempelst Du das Saarlied an？）一文中批评这首歌，布莱希特为此致信赖希："歌曲在萨尔区传播 1 万份，刊登在所有的反法西斯报纸中，也包括英文报纸，它的重要性胜过半打戏剧。"在副歌的歌词部分，歌词按照《德国之歌》（Deutschlandslied）的模式写作而成："保住萨尔，同志们 / 同志们，保住萨尔。/ 之后形势会有所转变 / 从 1 月 13 日起。"虽然布莱希特身旁似乎不乏宣誓要保卫萨尔区现状的同志，但现实中他们并不存在。萨尔区以 90.5% 的得票率归属德国，纳粹又一次以合法的方式取得了巨大的（国际）成功，而且蒙骗境外各方，令他们认为德国一切泰然。

在伦敦期间，布莱希特同卡尔·柯尔施（Karl Korsch）住在

同一所膳宿公寓里，柯尔施租住的房间位于布莱希特楼上。柯尔施
1886 年生人，1923 年担任图林根的司法部长，1924~1928 年晋升
为国会议员，拥有了自己的政治事业，当他 1928 年初遇布莱希特
时，柯尔施的学术生涯也早已起步，取得了耶拿（Jena）的法学教
席。在从独立社民党转入社民党之后，柯尔施 1926 年因极左观点被
政党开除，只能在柏林啤酒馆和马克思主义工人学校（Marxistische
Arbeiterschule，MASCH）发表演讲，1931 年布莱希特也在工人
学校听取了柯尔施对马克思主义的详细讲解。无论如何，布氏最晚
于此时开始研究柯尔施的哲学，柯尔施的思想大都集中于其认识论
作品中。

/ 305

即使布莱希特明确将卡尔·柯尔施称为"马克思主义导师"，
这并不意味着布氏的"马克思主义"同柯尔施是统一的。这一时期
的笔记记录是否可以算作布莱希特的文章，它们是否代表布氏的观
点，都存在巨大疑问。它们虽然都是布莱希特亲笔记录的，也看似
是布莱希特的真迹，但大多（布莱希特总把笔记本带在身边）是抄
写或者摘录一些他人的文章或观点。透过柯尔施和《易经》可以看
出，布莱希特的所谓"哲学"呈现唯心主义的多变性，其"干预性
思维"——用柯尔施的话来说是"精神干预"——是对现实进行思
想性的改变。"人们可以通过改变事物而认识事物。"布莱希特一再
强调，柯尔施必然仍相信"无产阶级"，但因为这种信仰却一再丧
失同现实的关系，布氏记录道："现在他不指责自己的设想，而是指
责那些偏离预想的事物。"其态度已相当明显。布莱希特总结道，如
果事物背离了预想，必须对这些想法进行纠正，或者必须完全放弃
那些欺骗性的想法和迷惑性的信仰。这是无比明确地在批判柯尔施
这位"马克思主义导师"其实是唯心主义者。

对于非干预性思维这种思维方式，歌德在《色彩学》（Farbenlehre）
中就已提出过警示，非干预性思维在语言或者思想之中寻找出一些

关联性，并以这种方式构建成一个闭合的、系统性的精神建筑。其经典范例是黑格尔的、叔本华的或者海德格尔某些特殊形式的作品，其本质是被人们视为高深莫测的语言魔力。布莱希特否定诗学中的"作品"这一概念，它把语言艺术视为和谐而完美的，从而具有自主性的产物，其整体与部分之间是相辅相成的关系。同样，布氏在哲学系统中反对系统学和神秘学，根据马克思的《德意志意识形态》，哲学这个概念本身在语言和思想中就是陈旧的。关于《系统论》（*Behandlung von Systemen*）有一则格言："如果句子被断章取义，哲学家大多会很气愤。墨子却推荐这种方法。墨子曰：系统中的句子像犯罪团体中的成员一样相互勾结。各个击破要容易得多。"

"矛盾即希望"已经被布莱希特作为《三毛钱诉讼》的题词，这同样也属于"干预性思维"，其实，它被称为"与实践相关的"或"以现实为导向的"思维似乎更好。亚里士多德的逻辑学如今在众多大学仍被当作哲学所谓的基本前提在教授，黑格尔早已证实，亚里士多德逻辑学的单一明确性（Eindeutigkeit）本身就是一种悖谬。例如逻辑学的第一条定律——同一性定律，其数学公式是 A=A，这本身便不具有单一明确性，而是悖谬。黑格尔认识到，需要两个 A 才能定义同一性，由于这两者至少不会存在于同一地点，而且根据戈特弗里德·威廉·莱布尼茨（Gottfried Wilhelm Leibniz）对同一性所要求的，这两者不具备"不可区分性"。苏联和民主德国在其所谓的马克思列宁主义中不加辩证地断言，历史发展进程具有单一性，但如果逻辑学不唯一，那么历史进程如何以单线的、逻辑的或者甚至法律的唯一性发展呢？由此，布莱希特得出一种社会实践理论："思想是困难之后、行动之前的事物。"思想无法从本源便是正确的，原因在于现实思想所能掌握的要复杂得多。这是一个必须接受的两难困境，但并不意味着某一些被证实为正确的事物是可以不被认识的。

17 岁的欧根在自己那本奥斯卡·王尔德的《教义与箴言》中画线标出了一句"所有的装腔作势中,道貌岸然是最卑劣的"。《易经》中专门有一篇题为《伦理学判决》(*Verurteilung der Ethiken*),其中断然强调,马克思和恩格斯没有树立"道德学",因为它只会偏离事实。面对纳粹宣传、唯心主义生活观的要求以及英雄主义的立场,布莱希特写道:"墨子曰:有人称颂某些国家,因为它们强调一些特定的美德,例如勇敢、牺牲、正义感,等等。而我却不信任这些国家。当我听说一艘船需要英雄来做船员时,肯定要问这船是否已腐烂而老旧?"还有:"墨子曰,希特勒要求他的民族成为英雄主义的民族。农民的头脑越羸弱,他家公牛的肌肉就必须越强大。"

但《易经》确实包括一些神秘主义和唯心主义,这让布莱希特思想中的一些矛盾面显现出来。尽管注重现实主义,布莱希特仍树立起未来"伟大秩序(Große Ordnung)"的大旗,它虽然没有具体轮廓,但仍起到了乌托邦的作用,本应通过苏联的"发展"得到实现。为此,还必须有一种"伟大方法"(Große Methode)能作为辩证法来指引思想为秩序作出准备。《易经》关于"伟大秩序"的篇章同后期《逃亡者对话》中对"秩序"和"秩序偏爱"的讽刺形成了鲜明对比。布莱希特真的认为他的格言书字字箴言,并确实视之为一种哲学吗?"秩序"在《逃亡者对话》中的定义更现实得多:"如果东西不在正确的位置上,此即无秩序。如果正确的位置上空无一物,此为秩序。"

布莱希特在伦敦深感不适,"百无聊赖"地给玛格丽特·施德芬写十四行诗,《英国十四行诗》(*Englischen Sonette*)。1934 年 11 月 2 日,他向在高加索山脉疗养的施德芬抱怨:"我时时受冻,我房间里有一只烧炭的壁炉;楼上的柯尔施的壁炉是煤气炉,但他也时时受冻。英国人的饭食好似是用皮革和杂草制作的。"同巴黎一样,这里一切都"很缓慢",他再次"在漫长的路上散步",在"纯真"中度日,即暗示他没有追求其他姑娘。但同柯尔施相处很费神。虽然布氏一再强调,他从柯尔施那里学到了很多,但他更喜欢从对话而不是阅读中获取知识,而这位哲学家要求布莱希特聆听时也要足够耐心,虽然布莱希特是出名的好听众,他也有自己的短处:柯尔施的句子太长了。

由于柯尔施正在写作马克思传记,所以有许多讨论的机会出现,布莱希特对此十分重视,强调不要像共产党内部一样把马克思英雄化:"让那些光辉人物、正直的同伴、真正的斗士都见鬼去吧!对马克思雄狮的胸膛或者雄狮的鬃毛,我已经忍无可忍!"布莱希特恳求柯尔施,不要把马克思塑造成"假大空的雷神"。实际上,马克思的理论早已脱离了社会现实,因为片面地看,它已经从"工人阶级"的世界观——(至少这样的)"工人阶级"并不存在——变为意识形态;另一方面,柯尔施尝试对马克思主义进行"革命化",即将马克思主义应用于它本身,这也没有取得成效,原因是所有"精神活动"无法稳定地植入到社会关系中,同时也无法影响它所面向的工人阶层,因为"精神活动"的前提条件是能够在矛盾中进行辩证的思维,而绝大多数工人都不具备这一点。这也是柯尔施在流亡期间总远离政治的原因。虽然布莱希特从柯尔施那里学习了知识,除弗里茨·施坦贝格外也称柯尔施为导师,但这绝不意味着布莱希特赞同他的思想,甚至恰恰相反,因为布莱希特深入地对柯尔施的观点进行了根本性批判。同时,布氏也大量使用了这位哲学家的知识,高度评价他的这位文学评论家,因为柯尔施具备发现并指出缺点的能力。

除此之外,布莱希特在伦敦百无聊赖,对英氏餐饮心有忌惮,因为这样的饭菜总令他胃痛,布氏干脆说英国菜会给人带来"生命危险"。布莱希特同莱奥·拉尼阿一起创作电影故事,希望能赚英国人一些钱，但并不顺利："这里是十分老旧、磨练已久、精密谋划的资本主义。"在离开这一无聊之地前，布莱希特还有一次终生难忘的经历。英国女作家伊丽莎白·比贝斯科（Elisabeth Bibesco）公主一向对共产主义者亲善，这一点众所周知，她邀请布莱希特到高档的沙威酒店（Savoy Hotel）共进晚餐，布莱希特计划从她那里骗取些钱财来开展自己的计划，但酒店门房却禁止他入内。布莱希特穿着不得体，对此他立刻解释：他们要么认为布氏是"危险的或者至少对沙威酒店气氛有损害的人物"，要么没有认出他是"一名思想层次很高的人，一名真正的社会主义者"。

1934 年布莱希特还参与了另一事件，本次事件对他身为作家的自我理解意义重大，而且也构成了他拒绝流亡苏联的又一原因。这是 1934 年 8 月 17 日至 9 月 1 日在莫斯科举行的会议。为了使苏联作家忠于政党路线，除 1932 年成立的苏联作家协会的 377 名会员外，参加本次会议、来自全世界的 591 名参会者中仅有 21 名女性。在如此悬殊的人数对比下，安德烈·日丹诺夫（Andrej Schdanow）同志在开幕致辞中还誓称苏联是"世界上唯一的国家"，这里的文学"维护和保护全球所有劳动者的平等和女性的平等"。除此之外，日丹诺夫还指出了市民文学腐化的情况："市民文学的没落和腐化源于资本主义体制的没落与腐朽，这是典型的特征，也是当代市民文化和市民文学的特殊状态"。这位政党思想家和文化官员的讲话相当冗长，而且恰恰是这位斯大林独裁的帮凶被擢升为艺术领域的独裁者；从当年 12 月 1 日起，开始了长达四年的"大清洗"和苏联艺术的衰亡。

/ 309

出身奥地利—匈牙利籍犹太家庭的卡尔·拉狄克（Karl Radek）以最长的讲话构成了会议的高潮，他列举实例谴责市民文学："他［乔伊斯（Joyce）］最值得注意的是坚信生活中没有大事，没有伟大的事件、伟大的人、伟大的思想；这位作家随便选取了'某一天的某一个人'［影射《尤利西斯》（Ulysses）］加以最细致的描绘，并以此来塑造生活。粪堆上密集的虫子中的一只，用带显微镜的电影摄影机记录下来——这就是乔伊斯的作品。"

布莱希特在会上从头至尾一言未发，虽然他确实受到邀请，虽然特列季雅科夫在讲话中将布氏称为当代文学令人称赞的人物，而且还曾在一封信中保证，本次大会"意义非凡"，因为它将是社会主义现实主义的有力证明。布莱希特被如此告知，但特列季雅科夫如何得出这一结论令人捉摸不透，因为本次大会上得以表述的所有主题都同布莱希特想在文学中贯彻的革新大相径庭。特列季雅科夫提出一些题目进行辩论，布莱希特也没有参加。可以证实，布氏并不赞同关于市民文学的这种判断，而且他很早就认识到詹姆斯·乔伊斯在世界文学史上的地位，习惯将其与阿尔弗雷德·德布林相提并论，同时也熟悉乔伊斯的世纪长篇小说《尤利西斯》，将其遴选为 1928 年年度最佳小说（舍此其谁），还用一些嘲弄的反话对小说大加赞赏。还有一点小小的事后聪明，恰恰是拉狄克在报告中向没有参加会议的反法西斯作家发起一项决议，但提及的每一位都是市民作家；被点出名字的有：西奥多·德莱赛（Theodore Dreiser）、海因里希·曼、萧伯纳，他们"勇敢地完成了劳动人民最好朋友的高尚义务"。布莱希特没有被列入其中。

德国戏剧的前景尚存，但十分渺茫

莫斯科之旅：无间离

从 1935 年 3 月 14 日至 5 月 17 日，布莱希特同玛格丽特·施德芬经斯德哥尔摩、赫尔辛基、列宁格勒再次到达莫斯科，在当地宣扬叙事剧。对本次旅程的评价存有争议。布莱希特的信件并没有显示出欢欣鼓舞；他还患病两周有余。其间布氏的大多数信件都是寄给需要安慰的海伦娜·魏格尔，其主要内容是同纪录片导演尤里斯·伊文斯（Joris Ivens）和布莱希特完全不欣赏的剧作家古斯塔夫·冯·万根海姆（Gustav von Wangenheim）之间的争执，原因是万根海姆阻挠海伦娜·魏格尔担任某一角色。布莱希特不由自主地写信训诫两人，要求他们明确态度："某一工作方法在德国出现，但这由于当地的工作方式并非偶然，也没有对政治艺术造成损失；现在，它在全新的境况中被不加批判地采用，这在我看来是一种风险。我指的是小团体封闭的工作方式，排除任何'外在'影响的流入。"虽然没有明确表述，但布莱希特显然是将上述两人在苏联的工作方式同德国（法西斯）的方式相比较，而所谓"'外在'影响的流入"只可能经由魏格尔实现。

在莫斯科，布莱希特的戏剧深受欢迎，有关他的广播讲话也不乏正面的报道和反馈。布莱希特对此以诗歌《1935年4月27日莫斯科工人占领大都市》（*Inbesitznahme der großen Metro durch die Moskauer Arbeiterschaft am 27. April 1935*）回应，这首诗于5月16日刊登于（莫斯科的）《德国中央报》（*Deusche Zentral-Zeitung*），即莫斯科地铁落成的次日。诗歌以"我们听说"开篇，说明这并非一首颂诗。诗歌的内容并非对亲历事件的诗性报道，而是关于一个流言，一个谣传。诗中占领大都市的欢喜并非出自抒情主体"我们"，而是向"我们"传播这一报道的人。因此可以排除诗歌记录作者生平某一真实事件的可能性。布莱希特其他所有言论也首先归功于他的技巧，能成功地在一个社会主义国家将自己标榜为一名社会主义者。

莫斯科之行的收获还在于布莱希特观看了中国京剧大师梅兰芳的演出，从中了解了中国的表演艺术。中国戏不以写实为宗旨，梅兰芳在中国表演的也是旦角，京剧程式化的、极具仪态表现力的动作和神韵给布莱希特留下了深刻的印象，他考虑将这为叙事剧所学、所用。除此之外，莫斯科之行的另外一个收获便是"间离（Verfremdung）"这个概念及其定义。虽然有人提醒布莱希特阅读维克托·什克洛夫斯基（Viktor Schklowskij）的杂文《作为诀窍的艺术》（*Kunst als Kunstgriff*），书中作者提出了名为"Ostranenije"的理论，这一概念大多被译为"Verfremdung"，但更确切地说意为"使变得奇特（Seltsammachen）"，也就是说将事物从对其习惯成自然的认知中解放出来，并赋予其新的意义。什克洛夫斯基以此宣传一种艺术手法，使石头再次成为"石头"，目标是"传授对事物的感知，这种感知是看到和发现，而并非再次认出"（类似于哲学现象学）。布莱希特从未引用过什克洛夫斯基，他显然也不认识什克洛夫斯基；而且布氏一再强调，自己没有发明"间离"这一概念，因而就更没有必要无视这位俄国评论家了。

说出理性的言语是多么困难
文化拯救：无财产关系

"我告诉你……一个重要通知：我们拯救了文化。会议用时四天，我们决定，与其任由文化堕落，不如牺牲一切。紧急情况下我们要牺牲一两千万人。谢天谢地仍找到了足够的人愿意承担责任。"这是"止水之主写给流水之主"的信件，即布氏 6 月底从斯文德堡写给纽约流亡的"忠实的兄弟"——格奥尔格·格罗兹的信，格罗兹自 1933 年起已定居于纽约。信中的事件指的是为了拯救文化而举办的第一届国际作家大会（I.Internationaler Schriftstellerkongreß），会议 1935 年 6 月 21~25 日在巴黎举行，参会的有包括布莱希特在内的来自 27 个国家的 250 名作家，会议上发表了近 90 篇讲话。对布莱希特而言，重要的问题是法西斯主义是否因其"非必要"的残暴而遭到谴责；布氏也提出疑问：如果人不再有价值，文化又价值几何？

　　布莱希特不会在大会上公开发表讽刺性评论，这些他更多是私下向某一位艺术家表述的。1932年格罗兹赴美数月，在艺术学生联盟（Art Students League）教授人体素描。后短期归国，1933年1月12日——时间正好及时——流亡美国，最终于1959年去世之前才决定回国。格罗兹在这期间已经成为美国公民，在1934年5月12日致德国同时期作家马克斯·赫尔曼–奈瑟（Max Herrmann-Neiße）的一封信中谴责"左派、极左派、自由主义者和社会主义者"，他们在流亡中仍坚持"在刀尖上"斗争，同时又热情洋溢地观赏百老汇烟柳之地的裸舞（"相比之下巴黎颇具乡土气息"），在这里倍感舒适，格罗兹还确信，"无论是希特勒的还是台尔曼的"，德国将永远成为"严格'锻造男人'的国家"。但格罗兹已江郎才尽，因为他的画愈发失去了攻击性和政治挑战，甚至有一部分转为了田园风格。

　　布莱希特同格罗兹之间的友谊成了单方面的，但这次是对布莱希特不利。由于格罗兹在美国愈发非政治化，甚至反对共产主义，所以对布莱希特的政治讽刺性文章大多毫无头绪。当布氏给他寄送了《歌、诗、合唱》，格罗兹赞扬了其反法西斯宣传的作用，但仍强烈批评了诗歌《巨型城市纽约消失的荣光》。它"有失偏颇"，因为"跟恐怖笼罩下的欧洲相比，这里仍是一片祥和……有如战前一般"。美国同俄罗斯极为相似——这当然是玩笑话，"同封建的欧洲小国和小镇相比，这里是社会主义的"，格罗兹还嘲讽地补充道："只有在你的歌曲中人们才察觉到共产主义的理想图像。"（格罗兹于1934年8月13日）。如果忽略对欧洲落后性的揭露，格罗兹对苏联的评价和布莱希特对美国的讽刺性批判同样不准确，至此布氏对这个国家完全陌生，诗歌无非是对美国一些通行的陈词滥调的（不乏幽默的）罗列，不具有任何的真实性要求。两人的言语都带些玩笑之意。

　　两人之后为数不多的信件往来中的主要内容是反讽和夸张。1934 年 5 月底，布莱希特的一封信中描述了他迁居丹麦的事宜和德国"知识分子"的状况："茅草屋之主致信高楼大厦之主：危险时期的幸运。几个月以来，你的朋友落户于小岛上一座茅草覆盖的长形房屋，带着那台破旧的收音机。为什么有些人将他以'民愤'为由清洗掉。虽然他的鼻子没有鼻梁，头发在脖颈处没有卷曲，他还是必须跺掉脚上金色的尘土。沥青文学的时代过去了。促进适度发展协会（社民党）在许可范围内解体了，还有武装起义之友协会（德国共产党）。……如我所读到的，我们的敌人把他们的统治时间计算为三万年，一些谨慎者认为仅有两万年。直到那时，我们的作品都只能封存在抽屉里。"

　　1935 年 5 月 23 日，格罗兹试图劝说布莱希特前往美国，目的是能把他"关在舒适的条件下"，从而写出"当世的堂吉诃德"。必须"有一位伟大的讽刺家"出现，"最终有效地把那些左的空话逐一驳倒"。即使那些同他有联系的流亡者，格罗兹也对其加以嘲笑："他们那些骗人的玩意被过高估计了。宣传必须平实、甜蜜、呆板，以大众为目标。所有这些艺术和宣传的空话废话都被过分高估了。……对我而言，所有的艾斯勒们、沃尔夫们、皮斯卡托尔们和恩斯特·托勒们都像可敬的卖空投机者。在好莱坞（我的意思是被好莱坞），重新复活的拉斐尔恬静之美完全操纵了大众，大家对其趋之若鹜。（你知道，一定是资本主义愚钝了无产者的头脑——阿尔诺·霍尔茨可能会这样说）。"布莱希特与女友在莫斯科深受赞誉，还观看了五月庆典，但格罗兹嘲笑苏联的庆祝是"色当英雄大会"①，他永不会参加。那么工人们呢？"工人想看的是漂亮姑娘，希腊后裔的女孩儿，

---

① 色当会战（Schlacht von Sedan）发生于普法战争时期，普鲁士俘获了法国皇帝拿破仑三世及其军队，决定了普方在普法战争中的胜利。

露点儿乳头，露点儿屁股，一切都那么甜美，令人心潮澎湃……"

格罗兹日后在自传中曾回顾，自己每年都会回到欧洲，曾在丹麦再次短暂地见过布莱希特，布氏"陈旧不堪的福特车还必须手工发动，即使发动机能够转动，也会剧烈地颤抖。……当我再次见到他穿着工装、戴着皮帽子站在发抖的福特车旁，我大笑不止；这是布莱希特游艺演出的一幅图像：'贝尔特·布莱希特和他奇特的汽车'，只不过伴有发动机的音乐"。

/ 314

1934 年，布氏同维兰德·赫茨费尔德商定，由马利克出版社发行《布莱希特全集》，格罗兹负责其中的插图设计。由于这项计划，这是布莱希特 1935 年最后一次尝试同这位画家合作，但同样没有成功。这样的想法对布莱希特而言十分典型，他认为阅读剧作价值不大，因为，联想歌德的意见，阅读只有在"自然真实再现或者在鲜活的幻想中再现时"，才能被"享受和使用"。布莱希特 1935 年 1 月致信格罗兹："剧作的阅读其实不过是阅读提词册，因而无比困难。大多数读者无法看到我们当时加入到新戏剧场景中的那些暗示，因而也无法想象这些事物的上演。"对于这些人来说，插图自然必须夸张而荒诞，从而有所弥补："情节的经过不是理所应当的，而是'不可相信的'、'太过易懂的'、'闻所未闻的'、'对人性本身不可能的'、极为特殊的、具有历史意义的、发人深省的、发出了乐（或悲）观契机的、'将造成恶果的'、被单方面再现的、被进行了趋向性扭曲的，等等。"布莱希特具体推荐了《三毛钱歌剧》："乞丐们口袋里塞着存折。强盗也同样，妓女也同样。火药箱子上铺了木板，就是婚礼的餐桌。/ 绞刑架由 X & Co. 公司生产。/ 皮丘姆的《圣经》拴在链子上以防被盗。/ 麦基的总账（第四场：麦基和波莉）开篇为：'愿上帝保佑。'/ 可以说麦基用一把撬锁工具打开了波莉的心。"

格罗兹最初同意这一计划，努力去满足所有提出的愿望要求。出版商也支出了预付款，一切都看起来相对完美。之后格罗兹却杳无音讯，直至 1937 年 9 月 11 日。布莱希特也从赫茨费尔德处得到消息，格罗兹的绘图工作没有进展，而且他也退回了预付款中的钱。格罗兹 1936 年 2 月 12 日告知布莱希特，布氏曾经的合作者赫尔曼·博尔夏特因犹太人身份流亡苏联，如今被遣送回德国，这是两人之间最后的书信往来。尽人皆知，格罗兹把博尔夏特称为"博尔夏坦斯（Borchardthans）"，对这件危及受害者生命的事件，格罗兹却不以为意；格罗兹更多的是含沙射影地挖苦苏联官员做此事的动机："我们先给他点最基本的钱，因为无产阶级真正的愉悦会驱使他远离金钱。无产阶级意识，我的同志，容不得玩笑。如果我们使用这样一个无政府主义的小市民，将会有损无产阶级的荣誉。这样，他便可以良心安好地加入理想主义者（托马斯·）曼的统一战线，并且全心投入到为祖国无产阶级伟大自由的奋斗中。"相反，布莱希特表示很吃惊，并猜测"一些小人物的同博尔夏特的竞争"是离境的原因，因为如果由于政治因素，"不应以驱逐出境对待"，而是由古拉格①负责。纳粹把博尔夏特投入了集中营，对其施以虐待，但许诺他如果能出示国外邀请便予以释放。布莱希特设法恳求美国的"珍贵朋友"（确切的收件人未说明）使博尔夏特确实得到了邀请，格罗兹也设法为其搞到签证，博尔夏特最终流亡美国，并在美国再次与布莱希特相遇。

在博尔夏特事件之后，布莱希特和格罗兹的联系完全断开了，因而也不再知晓格罗兹的地址。1947 年 3 月，布莱希特请求格罗兹为其诗歌《自由与民主》（*Freiheit und Democracy*）绘制插图，遭到了格罗兹的断然拒绝，其原因也可用以解释马利克出版社全集的插图工作何以未能完成："大体算来，我今生已经免费完成了近 200 万幅作品……但为'政治标语'（即使是诗歌形式的）绘制插图仍然是全世界最困难的。"格罗兹的拒绝不留半点情面，原因仍是战前对

---

① 原苏联国家机构劳造营管理总局，日后成为苏联政府镇压异见人士的工具。

布氏的评价，不仅首先怀疑他政治上以及之后共产主义（政党）的观点，而且也否定其诗学要求。毕竟，由于"'希特勒曼'的集中营事件"，格罗兹从 1935~1936 年开始已对政治事务毫无兴趣；因为"如今仍然同当年一样：棒打、射杀、刺杀、殴打、砍头，这些亘古不变，要么是这样的口号，要么是那样的……"① 这里指的是戈雅（Goya）的系列版画《战争的灾难》（*Désastres de la Guerra*，创作于 1810~1814 年）也描绘了同样的暴行。

/ 316

小牛和屠户的统一，刽子手和牺牲品的统一
美国和苏联的共产主义：
无谓的反抗

如果考虑到布莱希特的书籍早已遭到焚毁，他本人也自 1923 年以来便名列纳粹的黑名单上，那么他被剥夺德国国籍的时间可谓相对较晚，1935 年 6 月 8 日德国内务部才公布了这一命令。理由如下："贝托尔特（贝尔特）·布莱希特，马克思主义作家，在一战战后利用其带有倾向性的剧作和诗歌宣传阶级斗争。在国家社会主义兴起之后，又在流亡媒体或以宣传册的形式出版了大量反对德国的文章和诗歌。他拙劣的作品咒骂德国的前线战士，展现了极低劣的思想态度。"取消国籍同时也意味着失去所有在德国的财产——这是布莱希特本不曾拥有的——以及版税——这原本也已经中断。

布莱希特立即作出了回应，他以第三人称给父亲写了一封信，指出父子之间一直存在着政治思想上的分歧，儿子不会停止对德国的批判，与其终止通过涂涂写写创作反对德国的作品，他更愿意放

①　"希特勒曼（Hitlermann）"是对希特勒和德国的一种讽刺性表述。

弃自己的继承权。他的女儿汉娜不需要对父亲的行为负责任,她从来没有同他生活在一起。海伦娜·魏格尔和孩子们 1937 年 4 月 5 日也遭到株连,同样被剥夺了德国国籍。除此之外一切平静;丹麦的生活乏味而缓慢,但不受任何事件的打扰。

玛格丽特·施德芬的状况完全不同。丹麦官员知晓,她是"隶属有共产主义倾向的政党组织",因而无法返回德国,这些丹麦警察早已注意到,但仍不断用各种审讯折磨着施德芬。这是 1935 年末的事。当她 1935 年 12 月 21 日离境前往苏联,官员们甚为欣喜,两名丹麦刑事官员亲自把施德芬送往哥本哈根机场,坚信这位危险人物的确乘飞机前往列宁格勒。施德芬在苏联逗留至 1936 年,之后又多次疗养。

正如丹麦警方所担忧的,施德芬又回到了丹麦;原本的问题又继续了下去。露特·贝尔劳的想法是让施德芬同一名丹麦人结婚,她因而还恳求自己的老朋友摩根斯·福尔特伦:"同 G.S. 结婚,这很严肃!请答复!"福尔特伦无法克服自己对"臭鼻子"的反感,而且首先认为这会玷污自己家族的声名,表示了强烈的拒绝。这是 1936 年 6 月 15 日。贝尔劳必须继续寻找,并最终找到了丹麦海员斯文·杰森·朱尔(Sven Jensen Juul),他同意这门虚假婚姻,并最终于当年 8 月 29 日完婚。作为一名共产党员,朱尔认为这样的帮助在情理之中,而且两人之后也自然再无往来。施德芬住在布莱希特处,朱尔留在哥本哈根。当施德芬同布莱希特一家一起离开丹麦,她提交了离婚申请,但由于各种行政的繁文缛节而一再拖延,离婚在她死后才最终得以正式批准。假结婚发生在 1936 年,是当时政治形势所逼。她的卷宗必须要在档案里消失,日后也不会再有出于政治原因的警方监视。这些折磨着所有人的神经,对患病的施德芬来说更是一剂毒药。

自 1935 年 10 月 7 日至 1936 年 2 月 16 日,布莱希特待在纽约,同早已身处美国的汉斯·艾斯勒参加 10~11 月共产主义戏剧团体——

戏剧联盟（Theatre Union）《母亲》的排练。但整个事件最终成了一场彻头彻尾的灾难。布莱希特的评论为："老旧的自然主义表演让我感到腻烦。这或许适应煤油灯的黯淡之光，却不适应如今的电灯。"汉斯·艾斯勒日后同汉斯·布格交谈时也曾回忆："导演是伟大的斯坦尼斯拉夫斯基第 17 级别的模仿者，但又缺乏斯坦尼斯拉夫斯基的才华，舞台上……像是在演出特格尔恩湖（Tegernsee）的农民节庆。"《母亲》在纽约的演出几乎只面对工人观众，最终也收效甚微，但布莱希特还是向高尔基告知了此事。《母亲》本次的演出不如人意，布莱希特只好安慰小说家，作为戏剧原型的小说具有很高的艺术水准。

除此之外基本无事可做，只有打发时间。但仍然完成了一些事情。艾斯勒和布莱希特首先"学习"了美国电影，以便更好地为日后的工作所用。因为电影票很廉价，两人能够负担得起每天去观看一部电影。据艾斯勒回忆，他们几乎只看了黑帮电影，"我们相互欺骗，这是为了进行社会研究"。正值此时，1935 年 10 月著名的黑帮大佬"荷兰人舒尔茨（Dutch Schulz）"及其保镖被不明人士杀害，各大报纸对此事进行了大肆报道。布莱希特收集了这些材料，并带回斯文德堡供日后所用，这可以说就是后来戏剧《乌依》(Ui)的开端。

/ 318

本次纽约之行另一个不可思议的收获是布莱希特 —— 在没有海伦娜·魏格尔的帮助下 —— 使德国总领事馆将他德国护照（Nr.538）的有效期延长至 1941 年 1 月 26 日。为了在纽约逗留，布氏原本就必须延期签证多次，因而也希望利用这次访问美国实现这一目的，便立即申请延长护照。或许他被剥夺德国国籍一事没有流传到纽约，或许德国秘密机构在美国的运作方式无法避免这一"错误"，因此，这位被取消国籍的纳粹反对者多年之后仍能出示有效的纳粹德国护照。这一收获最终比《母亲》的成功上演更具意义。

布莱希特 1935 年 11 月 14 日向施德芬抱怨道："总体来说这座城市无法居住。交通工具、住房、饮食都不健康。没有大规模的电影这里的人们估计会无法忍受下去（他们饭后会吞噬一些活性炭片剂，将胃里阻止食物腐烂的各种化学物质清除出去）。我同这里的剧团一再起争执。董事会大概有 10 个人，争吵的剧作家、讨厌的小人物，总是评头论足又不断提出要求，如果一个场景表演不佳，他们就直接删除它，毫不顾忌。我的肾又疼了，把它割掉吧！"布莱希特无奈地再次发现，共产主义者无法将艺术和政治（这里指对法西斯的批判）相互联系起来，真正从事政治艺术，而不是仅仅将政党政治搬上舞台。他对排练期的评价如同上文一样："全然都是垃圾。"美国人也不习惯这样的戏剧格调，这出戏剧完全不受欢迎。艾斯勒早就知道布莱希特正常情况下最多只能喝一杯啤酒，但当时也曾向其保证："听着，你知道我从不喝酒，但在这座城市必须不时喝上一杯……没有威士忌我无法坚持下去。"难怪布莱希特再次肾病发作。

1936 年 1 月，莫斯科开始了对"托洛茨基—季诺维也夫反党联盟"的预审，其成员包括格里戈里·季诺维也夫（Grigori Sinowjew）、列甫·加米涅夫（Lew Kamenew）、伊凡·斯米尔诺夫（Iwan Smirnow），以及托洛茨基的忠实追随者阿法纳西·别洛博罗多夫（Alexandr Beloborodow）。他们被指控同盖世太保合作，由于酷刑折磨，他们必须在法庭前承认自己是人民公敌和法西斯主义者，并得到了"公正的"判决：被处决。

在这一背景下布莱希特还向美国哲学家悉尼·胡克（Sidney Hook）表达了自己的观点。在纽约，胡克是托洛茨基工人党的领袖人物，这是美国共产党的一个分支。布莱希特在《母亲》排练的某时遇到了胡克，向他控诉共产党派来的一名文化委员多么的颐指气使，此人在戏剧领域完全是一个白痴，但同时又事事妄自尊大。胡克问道，如果布莱希特把美国共产党视为"粪土"，为何又愿意同其合作，这引起了布莱希特对斯大林领导下的苏联共产党执政进行的反讽式赞扬，布氏继续道："就被捕者而言，越无辜，就越应当去死。"胡克将这句话视为蔑视人性的愤世嫉俗，并把布莱希特赶出了自己的办公室。再一次，一名机关工作人员不能理解布莱希特正用极端的逻辑嘲笑他，并讽刺他对莫斯科各项事务的片面理解。

面对胡克，布莱希特嘲弄讽刺的态度源自他在美国的沮丧经历，同格奥尔格·格罗兹逐渐终止的书信往来也是原因之一。德国和苏联每日都在公开舞台"上演"的不可理解的暴行，格罗兹已经谙熟了这一风格，在最终决定流亡美国之后，他决心对此不再置喙，而且还观察到，某些特定的美国人还对苏联的许多事件报以掌声。他曾致信维兰德·赫茨费尔德（这封信的日期被错误地记载为 1935 年 3 月 8 日）："对 173 名背叛者的处决引发了欢呼声一片——而欢呼的都是纯正的'民主人士'。共产党认为这些被外国钱财收买的叛国者理应以比击毙更严厉的方式去死，因为在他们看来，这些受雇于'外国'势力的反动派在阴谋破坏苏联的伟大计划。"

格罗兹所指的只可能是 1936 年 8 月 25 日对 16 名"恐怖分子"的处决（173 这个数字毫无根据）；原因是他明确提到了季诺维也夫的名字——这位"矮小、肥胖、嗓音尖细"的列宁主义者曾在格罗兹的苏联之旅中开车送他穿过列宁格勒。格罗兹评论道："是与非的问题是一个民主抽象的宏大问题——臃肿的季诺维也夫失去了自己的政党；各类建设事业的专家已经向我们证明，铁汉斯大林朋友是正确的，而后天季诺维也夫或者托洛茨基的宣传人员或许又向我们证明……"最迟自 1936 年开始，各方政治局势已经剑拔弩张，众说纷纭，似乎已经无法辨别还有没有正义可言。格罗兹和紧随其后的布莱希特只能从中玩味自己的政治游戏，用来迷惑敌人，同时也为了掩饰自己的不确定，因为没有人能够知道事情的真相，所以能采取的方式只有用嘲讽拉开距离，至少这是他们能够自己支配的。

高墙上用粉笔写着：他们要求战争

奥林匹克运动会：没有和平鸽

　　为了斯文德堡的烟囱能冒烟，布莱希特还是要赚钱维持生计，因此他决定参与理查德·陶博尔（Richard Tauber）的电影《小丑必须笑》（*A Clown Must Laugh/Bajazzo*）的剧本创作，必须前往伦敦，从 1936 年 3 月 6 日至 7 月 28 日在当地按照周薪工作。布莱希特因此还再次遇到了汉斯·艾斯勒，艾斯勒为电影作曲，并担任音乐总监。电影是一部音乐剧，而且最终是一场惨败，但布莱希特也获取了新的经验，可以说是作为一名"伦敦工人"的经验。由于材料及其改编事实上与布氏毫无关系，他只能完成一些别人布置的任务，因此布莱希特突然想到，他应该尽量慢、尽量耗费时间地工作："我的利益和雇主的利益相冲突。"他还向同样也在这个团队中工作的弗里茨·考特纳表示一定要"团结一致"，坚持周日不工作，并将这一态度戏称为"阶级意识的觉醒"。这样，布莱希特在伦敦几乎成了一名工人，但仅仅是几乎。

　　在伦敦，布莱希特还决定要成立流亡杂志《言语》（*das Wort*），在莫斯科出版，将德国反法西斯左翼人士团结到反对纳粹的斗争中。玛利亚·奥斯滕（Maira Osten）作为编辑在莫斯科负责这个项目，而编者则有：共产党员威利·布莱德尔（Willi Bredel），同共产党亲近的马克思主义者布莱希特，以及左翼资产阶级利翁·福伊希特万格。1936 年 7 月 21 日出版了杂志的第一期，并解释了杂志名称的寓意，"德意志言语"因"希特勒和戈培尔的胡言乱语"而衰落，因而需要新的形式。"由于真正的德意志言语在第三帝国境内无法生存，我们的使命是在境外守护它、保护它。当破坏者被清除，这份精心守护的遗产又将被纯正、清晰地归还于德国人民。"杂志的内容和语言风格表明，布莱希特最初根本没有参与到《言语》的工作中："胡言乱语"更多的是用于形容病人或者酒醉之人，对纳粹的咆哮而言几乎不是一个适宜的词语。语言、面目全非的文学以及变质的戏剧在经历过破坏之后还能够"纯正、清晰"地归还于人民，这只有远离现实的理想主义者才会相信，例如苏联那些心胸狭隘的德国文化干部。这里已经表述了战后的灾难性后果：对清理，进而才有可能去终结"德意志悲苦"，仍然缺乏准备。

由于愈演愈烈的混乱，反法西斯战线要么越发坚定，要么则变得不再旗帜鲜明，模糊了自己的界限，这也使短期内清除德国法西斯主义的希望逐渐落空。相反，纳粹正向全世界高呼自己绝对的和平愿望，并且将1936年的柏林奥林匹克运动会加入了自己的宣传计划——1931年柏林就被确定为举办城市，同时也开始实施新的军备计划（1935年3月16日的《国防建设法》），1935年10月1日开始贯彻普遍兵役制，修建新的集中营，例如奥林匹克夏季运动会期间由集中营囚犯强制劳动修建的萨克森豪森集中营（位于1933年就已经设有集中营的奥拉宁堡周边）。在第一批奥运会参赛者抵达柏林时，希特勒已经把秃鹰军团（Legion Condor）①的第一支飞行中队派往了西班牙，在西班牙内战中"演练"世界大战，摧毁了格尔尼卡（Guernica）及其居民，犯下了滔天罪行。这是1936年7月31日。

/ 322

1936年上半年，布莱希特开始构思《德意志战争初级读本》，1937年《言语》的第一期和《斯文德堡诗集》中没有收录的诗歌和诗歌草稿都被标注了"1936"的年份，这证实了布莱希特最晚何时便已经考虑到，希特勒所谓的和平政策里早已根植了不日将至的战争野心。其中一首诗的题目为《体育场上》（Auf ein Stadion），毫

---

① 希特勒在西班牙内战中为支持佛朗哥而下令组织的军团，成员来自当时的德国国防军。

无疑问它剑指新建成的用于纳粹阅兵的奥林匹克体育场（1934 年以来）。布莱希特的诗歌如下：

> 这座体育场
>
> 由从人民手中偷来的金钱而建
>
> 用来
>
> 训练杀手
>
> 跑得更快的
>
> 是盗贼
>
> 跳得更高的
>
> 是那些觉得足下这片土地烫脚的人 ①

不仅此事，同德国本土人民相比，以及同那些被迷惑因而（非本意地）支持希特勒的外国人相比，德国流亡者很多情况下都更清楚国内的真实状况。布莱希特"从人民手中偷来的金钱"一句，影射了纳粹用（在社会上广为宣传的）就业计划的钱来填补体育馆建设上财政漏洞的事实。对希特勒而言，重要的显然不是和平的体育运动，而是在全世界巩固自己的权力，获得普遍的、国际范围内的认可。但所有的人都被蒙蔽了。

　　1936 年 6 月 6 日和 7 日，"保卫奥林匹克精神大会（Konferenz zur Verteidigung der Olympischen Idee）"在法国巴黎召开，这可以说是努力在最后一刻阻止法西斯德国的疯狂举动。虽然海因里希·曼慷慨陈词，但呼吁仍收效甚微："一个依赖于强制劳动和大众奴隶化的政府，一个筹备着战争、通过欺诈性宣传鼓动才能存在的政府，

---

　　① 原文为"Denen der Boden unter den Füßen zu heiß geworden ist"，系德语固定用法，意为"某地不是逗留之地，某地对某人太危险"。

它怎能尊重和平、自由的体育运动？请您相信我，那些前往柏林的各国运动员，在那里无非是成为那位早已认为自己是世界之主的独裁者的角斗士、俘虏和玩物。"

当然纳粹政府在奥运会之前也发布了国际奥委会要求的书面保障声明，承诺遵守"奥运精神"。纳粹政治黑帮承诺所有种族和宗教团体自由参赛，同意在奥运会期间接受一个政治独立的组委会介入，看似准备好进行非政治的妥协，以至于国际奥委会荣誉主席——法国人皮埃尔·德·顾拜旦（Pierre de Coubertin）1936 年 5 月向希特勒汇款一万德国马克，加入了支持者的队伍："我的印象是，"顾拜旦在一次公开讲话中说，"整个德国，从元首到匹夫都燃起了强烈愿望，将 1936 年奥运会打造成这个世界所见的最美丽的盛会。"语言首先就出卖了他。

由于纳粹尽一切手段使这座城市披上和平、开放的外衣，1936年的柏林成了一个传奇，唤起了人们对包容性独裁的期望（无论它到底是什么）。乐于被欺骗的态度也在奥运会的宾客中传播，在一战的生灵涂炭之后，人们无法想象恰恰又是德国人在筹备第二次大屠杀——而且此时早已开始。

1936 年奥运会：到处充斥了轻松的节日氛围，天气风和日丽，《先锋报》（Stürmer）①16 天不公开发售，柏林市民在街头向那些不符合德国种族理念的外国知名运动员索要签名，人们——短短几日间——在鸡犬相闻的城市中闲逛。尽管如此，独裁统治仍不可忽视：从菩提树下大街到勃兰登堡门，处处飘扬着纳粹的反万字旗旗阵；不少运动员，特别是机关干部在心情好和阳光好时，都会面向全世界伸出右臂"致以"问候，这个概念本身就显示了屈从与臣服。法国人为之辩护的理由是，这种问候的方式在早期奥运会上就十分普及，这本

---

① 　1920 年代创立的纳粹反犹报纸。

是正确的，但仍存在一个细微的差别。奥运会的问候虽然也是伸出右臂，但正如法国代表队所做的那样，明显转向一侧，相反，纳粹礼是右臂向上、向前伸直。但这一区别几乎或者完全没有被注意到，尤其是对在场的德国观众。运动会首日，当希特勒抵达运动场时，德国观众不仅敬畏地起身，而且齐声高呼"希特勒万岁！"

作为观看奥林匹克运动会的贵宾，希特勒在所谓的"元首包厢"内接受了电影记录，这也展现了他对杰西·欧文斯（Jesse Owens）在100米短跑中获胜后的身体反应。希特勒先是激动地注视着比赛，然后他神色渐渐黯淡下来，德国人被战胜了。他无助地看向戈培尔，戈培尔抱歉地耸耸肩，面色凝重地转向另一侧。希特勒先是用力地揉捏着自己的右膝，然后是右侧大腿，一直抓耳挠腮。他最终转身离开了发生这一切的地方，故意撞开了挡在路上的记者，仓皇而去。所发生的是：一个"黑人"获得了胜利的明珠，而且在这样的一个国度，它正在向"世界"证实，"黑人"种族是何等的低劣。

布莱希特在诗集《德意志战争初级读本》中又发明了一种新的体裁，即"墙面涂写（Die Wandinschriften）"，他曾设想将这些文字涂写于德国所有可利用的墙面上。布莱希特这次没有选择用韵，而是语言上的极简主义，用短小、简练的句子来展现矛盾。这些诗歌由于语言简明扼要，因而容易记忆，而且可以快速、粗略地写在纳粹统治下的公共场所内（是否真的得以实施则不得而知）。下面的诗歌便是其中一个典型的例子。

> 高墙上用粉笔写着：
> 他们要求战争。
> 而写下这些的人
> 已经倒下。

诗歌开篇便给出了行为指令：把这些写到高墙上。"他们要求战争"是希特勒和戈培尔这一时期持续性的口号，这句话说明是别人——我们的敌人要求战争，而我们一直主张和平。真实情况是，"倒下"这一概念仍然是战争杀戮的通行委婉语，而且具有双重意义，内战已经开始，而且马上要转化为对外战争，因为统治者要挑起战争，以转移对内战的注意力并唤起"民族集体感"。1938~1939年，的确有不少德国人坚信希特勒给他们带来了一生最美好的岁月。诗歌结尾句是对那些参与传播短诗之人的警告：你们的反抗是有生命危险的。布莱希特成功地在这首短诗中既提出了行动指示，又预警了可能的后果。汉斯·艾斯勒自行在其中选取了一部分诗歌谱曲，组成《为无伴奏混声合唱和电影（或照片）而作的康塔塔变奏曲》[*Kantate in Form von Variationen für gemischten Chor a capella und Film（oder Photos）*]，于1936年6月在伦敦创作完成，还参加了瑞士的一次有奖竞赛。这支康塔塔后来更名为《战争前夕》（ *Vor dem Krieg* ），在经历了战争之后又改为《反战》（ *Gegen den Krieg* ）；它应该跨媒体地同电影或者照片记录一同展示，并——对艾斯勒十分典型——强调了音乐与记录性内涵的关系。

如今我听说，你深陷囹圄。
我给你写的信 / 查无音讯
德国人在莫斯科：
悲观主义，清算，背叛，死亡

美丽的卡罗拉·内尔1900年生人，是魏玛共和国时期首屈一指的女演员，在《三毛钱歌剧》电影版中饰演波莉一角，伊丽莎白·霍普特曼可以说为其量身打造了救世军成员莉莉安·郝丽黛（Lilian

Holliday）的角色，不久之后布莱希特也将《屠宰场的圣约翰娜》的主角交给她担当。由于卡罗拉·内尔的德国共产党身份，1936 年春，苏联秘密警察对她进行了审讯，并于同年 7 月实施抓捕，卡罗拉·内尔此时还不知，自己之后还会发生什么。由于同指挥家赫尔曼·舍尔兴（Hermann Scherchen）的恋情，卡罗拉·内尔对苏联产生了好感，自 1932 年同罗马尼亚共产主义者阿纳托尔·贝克尔（Anatol Becker）结婚以后开始流亡，起初前往布拉格，1934 年又来到了给她和她的丈夫带来厄运的苏联。在苏联，卡罗拉·内尔在古斯塔夫·冯·万根海姆领导下的左列剧团（Kolonne Links）工作。当剧团的一些成员被捕，万根海姆感到当下必须要证明自己具有"布尔什维主义的警惕性"。1936 年 6 月，他用 5 页纸的报告揭发了卡罗拉·内尔及其熟人和朋友，其中包括埃里希·米萨姆（Erich Mühsam）的妻子岑策尔·米萨姆（Zenzi Mühsam），埃里希·米萨姆 1934 年 7 月 10 日在奥拉宁堡劳造营被杀害。万根海姆告发卡罗拉·内尔的理由是："在政治态度上，她反苏联，追随托洛茨基，反政府。"1951 年，当万根海姆获得民主德国国家奖时，还为自己辩护："每一名清白的党内同志都必须有这样的认识和义务，信任他人的勇气与警惕性不可分割"。

资深老"同志"，如威廉·皮克（Wilhelm Pieck）、威利·布莱德尔、埃里希·魏讷特、在《言语》中公开反对布莱希特戏剧的尤里乌斯·海伊（Julius Hay）、弗里茨·艾尔彭贝克（Fritz Erpenbeck）等众多人士，在这期间都晋升为联共（布）（苏联共产党的前身）党员，他们在莫斯科严密防范，不让任何来路不明的或者可疑的"因素"在党内蔓延，这些人可能出于机会主义已经加入到共产党之中。1936 年 8 月 10 日，皮克有言论为："我们的政党迄今都享有很高的威望，但受到了队伍里这些败类（卡罗拉·内尔、阿纳托尔·贝克尔、恩斯特·曼斯菲尔德）的消极影响。……

我们必须采取强有力的措施，将这样的屈辱从党内剔除掉。我这里有我党 40 人的名单，他们已经由于对共产党的敌意和部分由于对苏联的敌意而被拘捕。但这些看似只是从事这一犯罪行为的很小一部分。"

恩斯特·奥特瓦尔特想讨好这些屠夫，因而也支持万根海姆，造谣卡罗拉·内尔及与其要好的玛利亚·奥斯滕和米哈伊尔·库尔佐夫（Michail Kolzow）夫妇同维护"调解派"的"俄国政党高层"有联系。除此之外，奥特瓦尔特还参与了对奥尔加·维克托洛诺娃·特列季雅科夫和谢尔盖·特列季雅科夫夫妇的公开谴责。借此可以回顾一下布莱希特 1935 年的莫斯科之旅，当时布氏还同与妻子同住一家酒店的奥特瓦尔特关系紧密，奥特瓦尔特是 1931 年《库勒·旺贝》电影剧本的重要合作者之一。1935 年 3 月底，布莱希特还曾写信给海伦娜·魏格尔，称奥特瓦尔特是"了解很多小道消息的人，失去很多却一无所有"。5 月 12 日，在国际工人俱乐部举行了大获成功的布莱希特之夜，当晚，德国流亡者一方卡罗拉·内尔、亚历山大·格拉纳赫以及同样隶属于左列剧团的作曲家汉斯·豪斯卡（Hans Hauska）进行了钢琴表演，以此向被官方称为"伟大无产阶级艺术家"的布莱希特致敬。同样出席的还有政党高官威廉·皮克、万根海姆、阿纳托尔·贝克尔以及奥特瓦尔特等，其中奥特瓦尔特的身份并不明确，因为他在 1936 年 9 月 4~9 日的非公开政党会议中左右逢迎，抹黑伯恩哈德·冯·布伦塔诺，附和对布莱希特的普遍非议，同时也指控自己有严重的疏忽之责。这 5 名参加布莱希特之夜的德国流亡人士中，内尔、贝克尔、奥特瓦尔特一年后被捕，豪斯卡和格拉纳赫两年后被捕。格拉纳赫曾在基辅的依地语[①]剧团工作，被捕后在利翁·福伊希特万格的斡旋下奇迹般地

---

① 语言学上称犹太德语。

被释放，后逃往瑞士；而豪斯卡被移交盖世太保，后随即关押于德国监狱。其他三人都没有从拘禁中活下来。

由于"外国人"在苏联内务人民委员部（NKWD）[①]看来原则上都是可疑的，因此布莱希特即使不是 1932 年第一次访苏时，最迟也在 1935 年以后受到监护，不过在当时告密和暗中侦查的混乱状态中，也无法确定孰是孰非。但有一点是肯定的，1936 年非公开政党会议上，"同志们"提出的批判足够将布莱希特立即处决。万根海姆揭发了布氏想为海伦娜·魏格尔安排电影角色的无谓努力：布莱希特编制了"一个卑劣的故事"，并曾解释，"我坚持不允许犹太人在莫斯科出演电影的观点。施德芬也曾向党内同志说，这件事必须透露给外国媒体，这个万根海姆必须剥夺党籍"。尤里乌斯·海伊提出了另一项指控，他能够在"布莱希特圈子"中发现"最低劣的悲观主义和清算态度"，以至于"不仅无党派的布莱希特，而且党内同志海伦娜·魏格尔也完全受这一情绪所控制"。

就此还必须回顾一下利翁·福伊希特万格 1936 年 12 月至 1937 年 2 月的莫斯科之旅。他回国之后立即用"给朋友的旅行记录"《莫斯科 1937》（Moskau 1937）展示了这段经历。福伊希特万格在苏联是一位知名作家，他的小说在这里存有数千册，他在莫斯科的账户也数额可观。福伊希特万格的描述一方面听起来像是对斯大林统治的维护，因为虽然有西班牙内战，福伊希特万格仍然把苏联视为一位为反法西斯事业作出了贡献的国家；另一方面，这一次访问也是一个学习过程，其中福伊希特万格开始坚信，正如第一次世界大战所证实的，在暴力横行的世界"绝对和平主义的原则"无法得以贯彻，因而斯大林有必要对托洛茨基采取行动。福伊希特万格对莫

/ 328

[①] 苏联在斯大林时期的警察机关，大清洗的主要执行机关，1946 年改称内务部。

斯科之旅的另一篇文章刊载于《言语》："右倾道路是通往战争的道路。"在当时这不仅是他一人的想法。但恰恰是斯大林在 1939 年 8 月同希特勒签订了《苏德互不侵犯条约》，为纳粹战争开辟了道路，但当时这无人知晓。

布莱希特 1937 年春才得知卡罗拉·内尔被捕，他立即向福伊希特万格求助，恳求他利用一切对斯大林的影响："您能看到任何在斯大林秘书那里打听内尔状况的可能性吗？苏联定然要清理戈培尔的组织，但这一过程中也很可能发生错误。您知道，高尔基一生也时常为艺术家和科学家挺身而出。如果内尔真的从事了叛国活动，那么没有人能帮助她，但或许可以提醒人们她具有伟大的艺术天赋，从而可以加快审理程序，澄清她的案件。"由于知道联共（布）高层对他的看法，布莱希特努力尽量回避卡罗拉·内尔的案件，而且他自己也没有积极干预的能力，此外自然也暴露了布氏害怕引火烧身的怯懦。在布氏的莫斯科之旅期间，他也了解到卡罗拉·内尔在当地几乎没有朋友，人们都同她保持距离。1937 年 5 月，布莱希特再次向福伊希特万格提出了请求："您能为现在被困在莫斯科的内尔做些什么吗？虽然不知为何，但我不认为她是对联盟存续构成危险的人物。"布氏本身没有门路，他提出的所有疑问都得不到重视，他只知道内尔被卷入了一个"黑暗的故事"。1952 年布莱希特还致信民主德国的苏联监管委员会顾问弗拉基米尔·塞姆杰诺夫（Wladimir Semjonow），询问"内尔的命运"，时间是 3 月 14 日；布氏得到最后关于卡罗拉·内尔的消息是在 1940 年："她生活在莫斯科。"

此外，自 1937 年 3 月以来，布莱希特还同自诩为社会主义现实主义的艺术裁判员尤里乌斯·海伊发生了争执，因为海伊拒绝印发布氏的一篇文章，并回以威胁，"海伊在一封极为放肆的信中向我保证，他决意无论如何都要一辩高低，而且所有他接触过的同志都赞同这一观点"。1937 年 3 月 11 日，布氏致信约翰内斯·R. 贝歇尔（Johannes R.Becher）说明此事，期望贝歇尔能够给与支持，但贝歇尔其实早已隶属于另外一方。布氏信件最后一句中的插科打诨"简言之，我们不需要海伊式的鼻过敏"，[1]这本身已经是一种消极尝试，在政治窘迫中保留幽默的一面。

这里／自然之力无效

西班牙内战：演练世界大战，
战争旅游，文学辩论

布莱希特本应同露特·贝尔劳共同参加第二届保卫文化国际作家大会，大会1937年7月4日在瓦伦西亚开幕，之后转移到马德里，7月16~17日在巴黎闭幕，但相比西班牙的战争危险，布莱希特偏爱安全的丹麦，或者正如他的新女朋友所说：他"有些讨厌炸弹"。因此贝尔劳同支援西班牙的苏联政委米哈伊尔·库尔佐夫结伴，库尔佐夫是玛利亚·奥斯滕的丈夫，玛利亚·奥斯滕也是（莫斯科）《德国中央报》参与西班牙内战的驻外记者，因此贝尔劳同库尔佐夫一同飞往马德里。当时马德里是一块是非之地，每天都可能被卷入战事。布莱希特同贝尔劳约定，她应该在大会结束后立即返回丹麦。

但贝尔劳显然喜欢同西班牙国际纵队的士兵交往。对一些作家而言——例如努达尔·格里格（Nordahl Grieg）、博多·乌塞（Bodo Uhse）、埃里希·魏讷特——战争旅行既紧张又有趣，而且发生一些罗曼史也不会遭到非议。贝尔劳对这期间的政治局势无甚了解，比如在西班牙不可能将反政府者、托洛茨基派和共产主义者

---

① 原文为"Hayschnupfen"，将"Heuschnupfen"（花粉热、花粉过敏性鼻炎）中的"Heu"替换成海伊的姓氏。

组成反对佛朗哥的统一战线，令她更感兴趣的是一名革命红军女战士，在必须返回莫斯科前，她决定在最后几个夜晚献身给前线战士，让他们免受西班牙妓女梅毒的侵害。

因此，贝尔劳也无从得知布莱希特已经起程，在相对安全的巴黎发表演说。这篇演说虽然好战尚武，但布氏在当时的情势下重新（同1935年一样）将注意力从拯救文化转移到物质领域仍是正确的："如果文化同人民的整体创造力不可分离，如果同样的暴力袭击抢夺了人们手中的黄油和十四行诗，如果文化中也有物质因素，"那么必须"将对牺牲者的同情转化为对施暴者的无情……将怜悯转化为对暴力的气愤和厌恶，甚至转化为暴力本身，以暴制暴。"长久以来，我们只用"精神武器"守护文化，现在它必须得到"物质武器的守护"。

1937年4月26日，这是一个周一同时也是集市日，西班牙小城格尔尼卡遭遇轰炸，悲剧又将战争罪行提升到了新的等级。英国战地记者乔治·L.斯蒂尔（George L.Steer）在伦敦的《泰晤士报》（4月28日）发表评论："本次袭击策略清晰：首先是炸弹和手榴弹，使居民开始无谓地逃亡，然后用机枪射击将他们赶到地下藏身处，最终用燃烧弹摧毁这些避弹所。"秃鹰军团参谋长沃尔夫拉姆·冯·里希特霍芬（Wolfram von Richthofen）同戈林一起负责这次大屠杀，里希特霍芬对本次"事件"只发表了简短的军事意见："格尔尼卡，5000居民的城市。……250公斤爆破炸弹摧毁了大量房屋，破坏了供水。燃烧弹从而得到了发展和起作用的时间。房屋的建筑样式：瓦顶屋、木质长廊、木框架建筑，遭到彻底摧毁。……街头仍能看到空弹壳，甚佳。"没有提及人员伤亡。

同西班牙内战相关的还有一个有些动人的故事，即期待露特·贝尔劳返回丹麦。贝尔劳在西班牙的逗留持续到11月中旬，而且其中伴随着一些对当事者不利的消息，也就是说等待很可能是徒劳的。贝尔劳也曾来信称自己将乘某一艘船返回丹麦，希望能在哥本哈根

/ 331

得到布莱希特的迎接（信件没有得到保留）。但贝尔劳也没有露面。

而正是这一时期，布莱希特巧妙地为露特·贝尔劳创造了"赖茶（Lai-Tu）"这个角色，将贝尔劳作为他的"妹妹"推到了与性无关的距离上，这一时期他还干脆把玛格丽特·施德芬称为必须完成自己任务的"革命战士"；而女人们都应该接受这些标签，不为大师的性出轨制造麻烦。当布莱希特同海伦娜·魏格尔于9~10月前往巴黎，施德芬陷入了极度的恐惧，并写道："我如此爱他，我将会因此而死去。"布莱希特返回时，施德芬大吵大闹；布莱希特用冷漠回应，像往常一样逃开以避免纷争。当贝尔劳返回丹麦，施德芬在自己的随身日历中写道："我希望她会惨死。这样会给她买个漂亮的花圈。"

为了躲避斯文德堡的争执和悲伤，布莱希特支持他的妻子抓住仅剩的机会之一，再次登台表演：饰演《卡拉尔大娘的枪》（*Die Gewehre der Frau Carrar*）的同名女主角。海伦娜·魏格尔在流亡中失去的最多。短短几年间，她在魏玛共和国曾是位冉冉升起的明星演员，但如今却必须在陌生的国度担任家庭主妇的角色，对此她不仅展现了极高的管理天赋，而且用兢兢业业的执着完成着这项任务。这不仅包括操持每日必须完成的家事，还要为丈夫整理工作资料，誊写文章，甚至还要制作一些日常使用的小工具（例如剃须刀），尤其还要招待那些能温暖"丹麦的西伯利亚"的客人们，为他们提供住宿。在所有流亡地她还要负责保障布莱希特有单独的工作间，而且是所有房间中最大的，以便能保障有写作的条件。如此看来，魏格尔完成了劳苦功高的工作，但由于失去了自己的事业也渐渐出现了一些苦闷，而且还要面对布莱希特同两名其他女性关系亲密的苛刻要求，她要么需同这些女人一起居住，要么几乎每天都有交往；因为露特·贝尔劳最迟从1937年初开始就成了布莱希特的新情人。

魏格尔开始在西班牙和法国寻找工作机遇。1937年1月18日，她询问埃尔文·皮斯卡托尔，她是否"可以像曾经那样做些事情"，就像当年在柏林的宣传组织中那样；皮斯卡托尔身处西班牙内战之中，在前线组织一些小型的作品演出。魏格尔如此评价自己的境遇："我白痴一样的生活简直令人窒息。我曾经是，现在也是一个可用之才，冬眠的时间太久了。"

西班牙毫无音讯，但巴黎的德国作家保护协会却同意赞助《卡拉尔大娘》的演出，在斯拉坦·杜多夫的执导下，海伦娜·魏格尔再次得以登台演出。布莱希特利用这次机会，在于蓝色海岸流亡的福伊希特万格处隐遁了几日，但又及时返回参加最终的彩排和10月16日的首演。布莱希特还致信卡尔·柯尔施，并在信中评价了魏格尔的表演："赫莉（Helli）比以往任何时候都更好，在演出中断的这些日子里她的才华没有受到损失，她很开心。她的表演是迄今在叙事剧舞台上所见的最好、最纯粹的。她饰演安达卢西亚的一名渔妇，完全打破了别处现实和程式化表演方式之间的对立。"安娜·西格斯参加了高朋满座的首演，并在《国际文学》（*Internationale Literatur*）4月刊中对演出大为赞赏："这是我们的戏剧，为我们而演，演我们的故事。……魏格尔的声音现在能有何作用？这个声音同一沓沓报纸、一捆捆传单或者一车车的弹药一样重要。我们可以用这样的声音威慑敌人、坚定自身。大家都在讨论她的声音，因为在漫长的时间后终于再次听到了它。"

当布莱希特返回丹麦时，魏格尔拒绝同往。相反，她努力在维也纳父亲那里，以及日后的布拉格和苏黎世寻找其他可能性，她让布莱希特坐立不安。但布莱希特呢？他还有他的格丽特，格丽特自9月起已经搬入了茅草房，日渐恐惧地等待着露特·贝尔劳归来。格丽特还同汉斯·艾斯勒及其妻子路太太（Frau Lou）共度了几个快乐的星期，艾斯勒于1937年1~10月在斯文德堡创作他的《德意志交响曲》（*Deutsche Symphonie*），这样，即使布莱希特不在时，她也不至于孤独。

1937 年 9 月刊的《言语》中，阿尔弗雷德·库莱拉（Alfred Kurella）开启了日后被称为"表现主义论争"的辩论，德国流亡作家的大部分为之忙碌了一年之久（克劳斯·曼、赫尔瓦特·瓦尔登、鲁道夫·莱昂哈德、恩斯特·布洛赫等）。虽然库莱拉属于德国共产党内部的活跃分子，在党内以及民主德国成就了一番事业，但由于他的弟弟海因里希 1937 年在试图逃离苏联时被捕，并被判处死刑，1937 年 10 月执行了枪决，所以根据德国共产党的决定，阿尔弗雷德·库莱拉只能以假名伯恩哈德·齐格勒（Bernhard Ziegler）发表文章；本次亦如此。库莱拉断言，正如本恩事件所证实的，"如今必须清醒地意识到"，"谁是表现主义的精神之子，而跟随这一精神又会走向何方：法西斯主义"。

在这期及后续期刊（至 1938 年 7 月刊）中刊登的争论被冠以了"布莱希特—卢卡奇论战"之名，原因是布莱希特和卢卡奇之间在社会主义现实主义之上的分歧构成了本次论争的核心，虽然布莱希特没有——至少没有公开——参与这次论争。还有猜测认为，布莱希特此时已经被排挤出了《言语》编辑部，也不能在期刊上发表文章，但这没有得到证实。在一封没有公开发表的信件，即 1937 年 11~12 月间致斯拉坦·杜多夫的一封信中，布莱希特以如下理由解释自己的沉默：他的理论只有大致框架，发表这些会导致读者的不理解，因而只会拖延和滞后实践工作；而且他的理论缺少实践机会，含有无法证实和刚愎自用的因素，看似仅以攻击他人为目标。这位艺术实践家此时再一次说明，他知道，在当时的政治以及社会结构中，不存在自己立场的真实对应物，因为他的（叙事）戏剧基本无从上演，而技术化的散文和诗歌也无从证实，它们大多数都被纳粹付之一炬。

对这场表现主义论争，布莱希特还有自己不为人广知的美学贡献。1934 年布氏在同玛格丽特·施德芬交换爱情十四行诗时，就挖掘了但丁的故事，他的爱情也郁郁不得终，却因此创作了经典的文学作品。借此布氏创造了新的诗歌形式，以经典十四行诗的形式开展文学评论。1938 年，布莱希特写了六首文学评论性的十四行诗，其中包括《论莎士比亚的〈哈姆雷特〉》(*Über Shakespeares Stück »Hamlet«*)、《论康德的〈道德形而上学〉中婚姻的定义》(*Über Kants Definition der Ehe in der »Metaphysik der Sitten«*)、《论席勒诗歌〈人质〉》(*Über Schillers Gedicht »Die Bürgschaft«*)、《论歌德诗歌〈神与印度舞伎〉》(*Über Goethes Gedicht »Der Gott und die Bajadere«*)。布莱希特将有关但丁的诗整理为一本小诗集，命名为《研究》(*Studien*)，这对诗歌体裁而言是一个不寻常的题目。由于诗集没有找到出版商，布氏将一些胶印版寄送给他的朋友和一些德国流亡者。这一时期，他要将同古典文学的斗争进行到底。

在《研究》中，布莱希特举例将"整体"世界文学进行了批判和唯物主义（"低端"）"建构"(Konstruktion，布氏的表达)，以证实对古典文学不加批判的学习会对现实主义文学造成严重的后果。而"社会批判性"十四行诗精湛的美学技巧在于，以十四行诗的古典形式对"继承"进行批判。由此，布莱希特可以向以社会主义现实主义为信条的形式主义者证明，他可以灵活运用"古典的传承"，而且精熟掌握了他要批判的典范人物所采用的高贵形式。采用古典形式这一做法，赋予了对"继承"所发表的批评以形式主义意义的精炼和无懈可击。这样的嘲笑本能够使形式主义者们颜面尽失，但事实并非如此，因为即使这些诗歌展现在文化官员的眼前，他们也无法理解。

在证实自己不具有脱离布莱希特实现独立的物质基础之后，海伦娜·魏格尔 1937 年 11 月 17 日返回了斯文德堡——虽然布莱希特也是借债度日。1937 年 6 月，布氏在一纸证明书上签字，表明自己对卡瑞·米夏埃利斯负有大量债务——52000 克朗。《三毛钱小说》的收入早已用尽，从德国也再没有一分钱进账。同时还丢失了《三毛钱歌剧》在巴黎演出的版税，因为导演把版税交给了费利克斯布洛赫埃尔本出版社，虽然布氏明确告知这样会令其无法得到版税。德国出版社指控布氏不遵守合同，而且要求作者退回预付费用，这笔钱精确到小数点后两位——41508.36 德国马克。

极具语言天赋的施德芬完成了一些翻译工作，从而减轻了一些经济负担，根据布莱希特的强烈愿望，翻译作品包括努达尔·格里格的《失败》（*Die Niederlage*），即 1871 年的巴黎公社的失败；汉斯·柯克（Hans Kirk）的小说《日薪者》（*Die Taglöhner*）以及自 1938 年 3 月以来马丁·安德森·尼克索（Martin Andersen Nexös）的《回忆》（*Erinnerungen*）。由于当时翻译费用不菲，这些工作取得了一些收入，也减轻了布莱希特的负担，布氏因施德芬为他工作而一直支付经济上的酬劳，而且这一时期还要一再为其支付医生和疗养的费用。虽然布莱希特不精通上述任何一门外语，但他仍参与到翻译工作中。在翻译格里格的作品时，施德芬 1938 年 2 月 1 日和 3 月 12 日两次在信中明确告知瓦尔特·本雅明，在布莱希特的帮助下，她在翻译中细心地创造了一种（人工）方言（"对此我们都很骄傲"）。但弗里茨·艾尔彭贝克不经询问直接把它转换回了"糟糕的"标准德语，并以施德芬的名义发表于《言语》上，如此一来包括乔治·卢卡奇、阿尔弗雷德·库莱拉、约翰内斯·R.贝歇尔、弗里茨·艾尔彭贝克的"莫斯科派"又开辟了一块新的战场——针对布莱希特的这名女同事。由于无法压迫布莱希特团体的工作，他们开始对其进行惩戒。

在对马丁·安德森·尼克索的翻译事宜上，布莱希特的参与又完全是另一种方式。如同当时普遍的情况，安德森·尼克索明确要求布莱希特参与其中，他甚至还建议向施德芬"直接预付相应的稿酬"，然后又向准备于 1938 年圣诞节出版《回忆》的古腾堡图书行会要回了这笔费用。1938 年 2 月 2 日，安德森·尼克索确实向布莱希特致信："条件是，你在译本上署名。"布莱希特反对这一提议，要求译者署名应该是两人，而且施德芬作为第一译者，事实也确实如此。虽然安德森·尼克索咬牙坚持，但他仍然希望，"你要信任自己，担负起翻译的美学责任"，布氏应该"像语言之神一般对此游刃有余"。布莱希特参与本次翻译的方式如同《三毛钱小说》，只不过角色进行了互换，布氏扮演了家中第一位评论家的角色，但评判的并非施德芬的翻译，而是她的德语。

为了赚钱布莱希特还计划写作一部有关恺撒的戏剧，他 1937 年 10 月底就开始筹备这一计划，但又于 1938 年 1 月放弃，转而开始了长篇小说的项目。由于已经掌握了相关的史料，第一部书稿的写作从 1 月 17~23 日迅速推进。长篇小说，而且是历史性长篇小说，这一体裁可以借用历史素材影射时事，因而借之赚钱的前景也一片大好。从《三毛钱小说》中布莱希特积累了小说写作的经验，而且小说还是可能的收入来源；德国艺术与科学协会（Deutsche Akademie für Künste und Wissenschaften）只资助散文，所以布莱希特提交的《斯文德堡诗集》没有受到评委会的关注。他还接触了这一协会的支持者——美国促进德国文化自由协会（American Guild for German Cultural Freedom），为自己申请奖学金，并于 1938 年 5 月得到了这笔费用，由于小说要求大量的资料检索，布氏也成功申请到了延长奖金支付时间。

政治如同真正的商业生活

新物理学的应用：

羁绊于事业之中的恺撒

历史小说多用讲述历史的方式展现现实事件，但同时又为之披上了历史的外衣，希望借此在法西斯德国尚能找到读者——例如海因里希·曼的《法王亨利四世的青春时代》（*Die Jugend des Königs Henri*

Quatre，1935）以及维尔纳·贝根格吕恩（Werner Bergengruen）的《大暴君和法庭》（*Der Großtyrann und das Gericht*，1936），与之不同，布莱希特自始至终强调自己提供的并非"改装的希特勒或者墨索里尼传记"。小说刻画的更多是"帝国的建立和独裁统治的巩固，以严格的历史为基础"。尽管如此，布莱希特仍尝试打破同时期现代小说的模式，完成一种新的类型。

《尤利乌斯·恺撒先生的事业》（*Geschäfte des Herrn Julius Caesar*，简称《恺撒》）的第一人称叙事者是一名历史学家，而且首先是一名传记作家。他完成了一部关于雅典城邦立法者梭伦（Solon）的书籍，并且想在盖乌斯·尤利乌斯·恺撒（Gaius Julius Caesar）逝世二十年后为他——"所有独裁者可望而不可即的榜样"书写传记。由于他所掌握的恺撒形象都源自传说，"我"开始尝试通过可靠资料和目击者获得"对真实动机的认识"。收获是巨大的。恺撒的传记并非简单地再现历史或者直接展现传统事实，通过不同目击者从而有可能实现多角度的描述，并且对恺撒周遭"原本"的史实进行评价。这里布莱希特自然得出的并非现代小说的结论，即质疑史

实本身，并将所有的真实归结于主体的建构。布氏坚持，存在客观真实，即真实的历史，这些已先于书写的主体出现，此外还决定了主体的写作内容（而非反之）。这部小说的结论是：第一人称叙事者准备写作一部恺撒的（英雄主义）传记；而他最终完成的是一份这部传记为何失败的报告：他得到的资料更改了恺撒原本的形象。

但这部小说挑战性的创新其实是将海森堡（Heisenberg）的"不确定性原理（Unbestimmtheits-Relation）"，进行现实解释及美学转化，海森堡1927年在哥本哈根诠释 ① 中为之冠以了"物

---

① 主要由尼尔斯·波尔和海森堡于1927年在哥本哈根提出，尝试对量子力学带来的一些复杂问题进行解答，例如波粒二象性和测量问题。

理学唯心主义"的名号，并于 1955 年在《当今物理的自然图像》（*Naturbild der heutigen Physik*）中再次对这一原理进行了阐释，否定了现代自然科学对客观化的要求。其事实如下。在宏观世界中，为了拍照，在夜间向一辆行驶中的火车头投射一束光，那么同火车头全力前进的力量相比，光的力量十分微小，因而可以在计算的时候忽略不计。但如果在微观世界中向一辆微观火车头投射一束光，那么光的力就同微观火车头的力同样大，甚至更大，这将会引起一系列的后果。第一个后果是投射的光将使微观粒子脱离原本运行的轨道，有可能将其抛往任何方向，这样就无法对其进行投影。第二个后果，粒子将无法被确定，因为观察者会对被观察事物产生影响。如此一来，通过观察得到的结果不再能被客观化，粒子的行为将取决于实验规定。这看似确实是所有客观（更好地说：可实现的客观）真实的终结。

但这一结论是错误的。微观世界由大量极微小的微观粒子组成，它们同宏观世界或者正常世界中的物质有本质的区别，因而经典物理学的原理不再适用。在微观世界中：从运行轨道中脱离出来的粒子大部分都成了场力线，场力线使粒子的规则可以得到认识。而位于场力线之外的少量粒子则可以忽略不计。利用概率能够以百分比计算出粒子行为，并应用于未来情况。

布莱希特将单个粒子在微观物理环境中的不确定性用于展现社会中的个体，更确切地说：资本主义大众社会中的个体。由此得见，虽然个体对外以不可分割的统一体出现，在意识形态上也有同样的要求，但只能作为"被斗争或多或少席卷而过的多数"得以展现，与此相对应，正如布莱希特所描述的，伟大的个体"只有与伟大阶级的伟大运动联系起来"才能被理解。而这恰恰是《恺撒》小说的内容。恺撒是城市中的政客，是新兴资本主义骑士的政客。为了自己的事业恺撒需要这些骑士，正如他们也同样需要恺撒，但这里的关系展现得更加复杂，恺撒是古老家族的成员，他本人将埃涅阿斯（Aeneas）① 作为自己的祖先，他的家族［母亲维纳斯（Venus）］也成为神族的后裔，因而，恺撒事业起步的有利形势（得到借债）要归功于他的出身。这里的运作原理如下："政治如同真正的商业生活。不推荐小额的负债，但大额债务则会改变事情的角度。一个真正大量负债的男人反而享有尊重。面对他的债务，颤抖的不仅是他本身，还有那些债主。他必须得到伟大的事业，这样他才有能力偿还债务。还必须要保障他心情良好，不然他会万念俱灰，对万事不管不问。同样还不能回避同其交往，因为要时刻提醒他债务问题。简言之，他成为一种权力。这就是经历过足够失败的政治家。他的名字就在所有人的嘴边。"

在各个阶级之间左右逢源，善于趋利避害，被视为政治家，恺撒要么在做生意，要么别人在同他做生意。但叙事者绝没有否认恺撒的个体性，而是一再强调机遇出现时他当机立断的能力。但：人物并非从内在凸显而来，他也不是所有伟大行动的创造者。恺撒更多是在机会之内发挥作用，而这些机会是外部提供给他的，而他也证实了自己是那个时代认识和了解现实的行家。仅仅在可分割性上，盖乌斯·尤利乌斯的个体性被矛盾化地显现出来。

布莱希特借《恺撒》小说塑造了现代现实主义小说的新形式，这一形式没有找到继承者，至少没有知名的继承者。小说的威慑力在于用新现实主义的目光回顾历史，展现历史矛盾，同时使人民意识到历史在过去就并非由伟人创造的。由此也对同时代的"大罪犯们"进行了批判，布莱希特建议，应该将这些人作为"严酷罪行的实施者"称呼和描写，因为罪行与人物应该分开来看待。由于这部小说是部讽刺作品，对万恶资本主义的评述也属于愉快的调侃。

---

① 特洛伊的英雄，安基塞斯王子与爱神维纳斯的儿子。

在布莱希特开始创作《尤利乌斯·恺撒先生的事业》之前，时事还给布莱希特和希特勒带来了一次事后聪明的机会。1937年9月26日的《巴黎日报》中刊登了一篇杂文，据其内容，《柏林报》（*Berliner Zeitung*）的一则对纳粹党代会的报道以《夜半鼓声》为题。纳粹写手忽略了，纳粹党代会的鼓声不应该用布莱希特戏剧的题目。巴黎记者评论道，纳粹党不放过任何机会"剥夺对手的财产"。因此，1937年9月6~13日，为了降低失业率而举行的全国劳动党代会（Reichsparteitag der Arbeit）的组织者应该写明："作者：贝尔特·布莱希特；导演：阿道夫·希特勒。"

当贵族头颅落地，他们至少尾巴还翘着
人类市民阶层：爱情的没落

1938年6月，瓦尔特·本雅明再次来到斯文德堡，他的大部分藏书都放置于此，并继续同布莱希特的著名谈话。本雅明住在一个果园庄主家，来布莱希特家就餐，传说中的象棋游戏也仅仅时而举行，因为虽然两人相互支持、关系友好，但美学和政治上的分歧还是给这个偏远的丹麦夏天划定了明显的限制。本雅明在巴黎为布莱希特的戏剧筹划演出机会，布莱希特与流亡杂志，特别是与《言语》发生了争执，因为这些杂志要么不刊登本雅明和布莱希特的文章，要么刊登了又不支付费用。虽然马克斯·霍克海默（Max Horkheimer）的学院给予了本雅明微薄的资助进行社会研究，但本雅明仍然需要额外的收入，他深居简出，撰写关于波德莱尔（Baudelaire）的文章，这应该能给他带来一些报酬。7月20日，本雅明写于斯文德堡的手记即使尚未决绝，也显得很疏远："即便布莱希特的友谊情至意尽，但我仍必须在严酷的孤独中坚持我的工作。

我工作中有一些特定的内容，是布莱希特无法认同和吸收的，他同我结交时间足够长，可以认识到这一点，也明智地尊重这点。"

两人之间也一定有紧张情绪，因为无论是他们的工作还是他们的意见都不能融合，虽然本雅明对波德莱尔的研究激发了布莱希特开始记录法国受排挤的诗人，但本雅明却对《恺撒》小说完全不感兴趣。1938 年夏，布莱希特对两人谈话的记录刻画了一个极为尖刻的布莱希特形象，布氏用挑衅的语调考验本雅明在政治事宜上的笨拙与迟钝，将他作为一种研究对象对待，批判性地观察他对自己含沙射影挖苦的反应。例如布莱希特某天早晨带着一首诗歌出现在本雅明处，这是公元前 1400 年埃及一首无恶意的农民诗《农夫对公牛的讲话》（*Ansprache des Bauern an seinen Ochsen*），布莱希特用沙哑的声音为这位吃惊的客人朗诵了诗歌：

> 哦，公牛，神的牵犁者
> 现在屈尊来耕田吧！
> 友好地不要弄乱犁沟！
> 你先走，领路人，驾！
> 我们曾俯身站立，切割你的饲料
> 赏脸吃完吧，最贵的养育者！
> 吃草时不要担心犁沟，吃吧！
> 为了你的棚厩，家族的守护者
> 我们唉声叹气地把房梁拉倒，
> 我们躺在潮湿里，你在干松之上
> 昨天，你咳嗽了，亲爱的引路者。
> 我们不知何往。
> 你想在播种前死去吗？ 你这条狗。

根据本雅明的手记，他一开始"并没有发觉事情的意义"，这也不自觉暴露了布莱希特的策略，用几乎令人羞愧的方式欺骗朋友上当。当本雅明意识到其中他几乎不愿相信的对斯大林的影射时，布莱希特又耍心机表示克制。他傲慢地解释道，这首诗"实际上是对斯大林的尊敬，根据他的观点，斯大林完成了无法估量的功绩"，他——布莱希特"不会用其他热情的形式表示敬仰"，他在流亡中等待着红军。虽然这首诗的含义如此隐晦，但本雅明不否认，仅仅这首诗就足以将布莱希特送上苏联的火刑柴堆。

在另一些谈话中，如果含糊地提到存在的"疑虑"，而这其实要求"对苏联事务进行持怀疑态度的审视"，那么布莱希特就会转移话题。另一方面，还有一些"离题的谈话"中提到，苏联是"一些犯罪团体"在执政，这"不时从他们的罪行"中就能看出。这里，布氏想到的是他在莫斯科的敌手，完全没有考虑斯大林以及恐怖统治。当布氏向本雅明朗读他与卢卡奇的论战时，本雅明评论道，这事关"权力问题"，"那边的人"必须发表意见，他在那里有些朋友。对此，布莱希特回答道："事实上我在那里没有朋友。莫斯科人民本身也没有朋友——他们像死人一样。"布莱希特这些话让人难以理解。两人还讨论了歌德的《亲和力》（Wahlverwandtschaften），这是布莱希特至此读过的唯一一部歌德的小说，本雅明认为德国人"痛苦地"接受了这部小说，对这样的说法布氏感到高兴，他接着说："德国是一个糟糕的民族。人们并非不能从希特勒身上推断德国人的特质。我身上所有德意志的东西也都是恶劣的。德国人身上让人无法忍受的是其目光短浅的自立性。例如那些帝国的自由城市（Freie Stadt），奥格斯堡这样糟糕的城市到处都不曾有过。里昂就从来不是自由城市；文艺复兴时期的独立城市都是城邦。卢卡奇选择成为德国人，这样的人已经消失殆尽了。"

布莱希特的这些攻击性言辞——特别是面对本雅明——在艺术

上首先针对的是卢卡奇,这些要感谢"莫斯科派",他们已经悄然显示了联盟思维,可以说是与对手进行不正大光明的斗争:根据1936年党代会的记录,文学判断——如同下文中阿尔弗雷德·库莱拉的鉴定——等同于对当事人宣判死刑。库莱拉1938年6月指控本雅明,他对歌德的阐释会"给海德格尔带来巨大荣耀",这在间接上意味着,本雅明已经投身法西斯主义意识形态的航道。本雅明对布莱希特未予评论,因为他完全不理解布氏及其韬光养晦的策略。本雅明在经法国逃往西班牙的途中对形势的错误判断也证实了这一点,他当时以为正面临的生命危险其实并不存在。但据记录中的文字显示,他在斯文德堡已经提前计划好了自杀。1938年这个丹麦的夏天毫无成果。

但两人仍讨论了性欲的未来。本雅明——不知他为何如此——宣称,面对爱情的没落,性也会麻木,或者必将麻木。这种看法布莱希特不能容忍。布氏1938年8月13日在工作笔记中记录:"本雅明声称,根据弗洛伊德的观点,性将完全麻木。而我们的布尔乔亚认为,这是人的本性。当贵族头颅落地,他们至少'尾巴'还翘着。布尔乔亚甚至连性都破坏了。"布莱希特也将本雅明归于布尔乔亚的一员,批判他的思想是普遍人性的,也就是说他的思想在辩证法上有严重的错误:对极为抽象的事物进行不加区分的、人类学的判断。如果本雅明确实如布莱希特所记载的,援引了弗洛伊德,他的断言也有失偏颇,因为弗洛伊德恰恰认为——借此确定了自己发现的划时代意义——性是根植在人性中不可逆的事物。

性当时同样也是露特·贝尔劳小说集的主题,这部小说集名为《每种动物都可以》(*Ethvert dyr kan det*,德语:*Jedes Tier kann es*),1940年出版于哥本哈根。小说讲述了女性中爱情的没落,以及她们同男人令人沮丧的性经历。小说中写道:"所有女性中应该有70%性冷淡。……高潮只是碰巧的事。"贝尔劳的德语水准欠佳,布莱希特同其一起创作德语版。布氏从小说中受到了教育，但他也几乎不能被算作其中相关的无法实现性满足的男人；因为布莱希特不仅赞同贝尔劳的观点，而且还竭力为她的小说寻找德国读者（这自然是日后才发生的事情）。与小说集相关联，布莱希特还写作了诗歌《关于爱情的没落》（*Über den Verfall der Liebe*），诗歌可以看作对贝尔劳论述的支持性评价，结束句直接呼应了小说集的题目："每种动物都可以。在人类间 / 它被视作艺术。"证明未完。

/ 343

针对社会的野蛮和资本主义社会中的性关系，路德维希·马尔库塞（Ludwig Marcuse）[①] 表示，"所有的性迷失中"禁欲是最"特殊的"，在这一讽刺性表述中已经挑战性地说明，它应该脱离宗教和小市民道德对忠贞的要求。为何？因为性享受属于人类生理的基本内容，它同吃喝一样，原本既不需要意识形态上的，也不需要道德上的探讨，而是必须用快乐来经历。但古老的意识形态问题将人类的性生产活动视为原罪，同时也忘记了，每一个人都是性交合的产物。性欲不仅服务于个人的满足，而且只有在同他人的交合中才能得到真正的享受，所以性由于其首要特质从一开始便被定义为社会的、主体间的欲望，因此同样也提出了问题，为何性应该（必须）具有排他性？

虽然布莱希特先生有小市民的装腔作势，他与他的情人们之间反反复复的相互伤害、嫉妒、谩骂甚至当面的侮辱，但就其人生经历看来，布莱希特丹麦流亡的最后几年同三名女性同居，而且还要照料两个孩子。其间，孩子的母亲海伦娜·魏格尔所必须忍受的是最多的。所有的当事人——起初贝尔劳除外——都被迫共同居住，而且无法决定选择某一人或抛弃另一人。海伦娜·魏格尔曾尝试离开布莱希特，但现实情况不允许，而且还有孩子们将何去何从的问

---

① 戏剧评论家，作家。

题。患病的玛格丽特·施德芬由于政治上受到胁迫而流亡，从而在生存上同布莱希特紧密联系，由于她通过为布氏工作或者布氏为她介绍工作而维持生活开支，同时病患也排除了她一再考虑的其他可能性，所以施德芬也留了下来，她在丹麦也有其他情人。由于患病，施德芬带来了死亡的威胁，对此海伦娜·魏格尔曾一度抵制，但最终也接受了。露特·贝尔劳是本土的丹麦人，能为布莱希特建立工作关系。这是流亡最昏暗的时期。

10月中旬，瓦尔特·本雅明离开丹麦，同时带走了寄存在布莱希特处的大部分藏书。起程之前，他向西奥多·W.阿多诺作出了如下总结："在逝去的这个夏季，我同布莱希特交往得越自然、越平和，我就越不能无所顾虑地把他留下，因为这次交流比通常要更顺畅，其间，我明确地看到他日益增长的孤独。我不想排除对事实较陈腐的解释——孤独降低了他在谈话中习惯使用的挑衅性计策的乐趣；但更真切的是，在日益增长的孤独中仍能发觉他对我们共同之处的忠诚。在他的生活状态下，孤寂会在一个斯文德堡的冬日向他发起面对面的挑战。"

你看到什么？你什么也看不到。你仅仅在呆视。
呆视不是看
伽利略的新生：舞台上的实验

1938年10月28日至11月4日，美国作家费迪南德·赖雅（Ferdinand Reyher）前来哥本哈根，赖雅1891年生人，主要在美国从事电影编剧工作。布莱希特在柏林时期就与其相识，之后也曾多次相遇。这次布氏提到了自己的伽利略计划，并已经为之进行了大量的历史和自然科学研究。赖雅乐意把这些材料在好莱坞以电影的形式呈现出来。1938 年 12 月 2 日，布莱希特万分感激地致信赖雅："您从伽利略一事中能够看出，在如此一个经济衰败的大陆上，人们处于何等的孤立之中。您在哥本哈根志同道合的兴趣足以鼓励我立即开始这份宏大的工作。"最终发生了什么？布莱希特在一个月间完成了一部包罗万象的戏剧，同寄给赖雅的《伽利略传》（*Leben des Galilei*）草稿不同，此时剧本名称还是《地球自转》（*Die Erde bewegt sich*）。1938 年 11 月 23 日，布氏在工作日记中宣告，剧本已经完成，当然，在他对戏剧作品的理解中，这只可能指手中已经有了第一份可以示人的文稿。

在《恺撒》小说之后再次遁入历史题材？伽利略作为新时期科学的创始人，首次通过技术手段和时间获得了有科学根据的、可被证实的知识，在他还没有反应过来的时候，他陷入了与教会的冲突，而教会同时又是政治当权者的代表。汉斯·布鲁门伯格（Hans Blumenberg）将基督教信仰的基础称为"可见性假设（Sichtbarkeitspostulat）"，而伽利略的发现使其失去了效力，所以两方之间的冲突是根本性的。托勒密的宇宙观主张地心说，围绕地球旋转的七大"行星"：月亮、太阳、水星、金星、火星、木星、土星以及其他恒星被定义为人类无法达到的空间，即神的空间。只有可见的，即人类用眼睛可以看到的，才是为人类而存在的。布鲁门伯格在他的图书《新时代的正统性》（*Die Legitimität der Neuzeit*）中揭示了此事的后果，世俗化是哲学和文学中著名的核心范畴，指宗教信仰（逐渐的）世俗化，但这只不过属于"历史错误的范畴"，因为托勒密的宇宙受到伽利略的驳斥，从而无法要求任何的合理性；所以世俗化也无从谈起。

戏剧开篇即将在普遍理解上复杂、最终其实十分简单的物理实验搬上了舞台。安德雷亚（Andrea），女管家的儿子，坚持说看到太阳"夜晚和早晨处于不同的位置。它绝不可能是静止的！绝不"。伽利略对此回答"你什么也看不到。你仅仅在呆视"，然后用现有的物品组织了实验。伽利略用正在使用的洗手盆当作太阳，然后把安德雷亚放在一把椅子上，当作地球。问："太阳在哪里？"男孩回答："左边。"当然，如果伽利略把洗手盆拿向右侧，它就会出现在男孩的右边，然后伽利略把椅子连同安德雷亚一道放在房间的角落，并问道："太阳在哪里？"安德雷亚当然回答："右边。"那太阳是否移动了呢？安德雷亚回答："是自己在移动。"伽利略说："错了！傻瓜！是椅子！"安德雷亚："但我同椅子一起！"伽利略："当然！椅子是地球。而你坐在地球上。"萨尔迪大娘（Frau Sarti）走进房间，看完了实验，然后问我们的学者他到底在跟自己的儿子做什么，伽利略回答："我在教他学会看，萨尔迪大娘。"舞台上伽利略的实验是一个例子，在不展现技术或科学本身的情况下，可以利用极为简单但天然的戏剧手段传递对深奥的自然科学技术及工作方法的美学认识。

伽利略的（新的）看不仅对人类的认识能力有深刻影响，它同时也打破了社会原本由一种信仰而集合为一体的整体构造，它说明，生活中重要的并非等级，也并非这样的生活是否有价值，而仅仅在于自己的行为是否能经受基督教的考验，无论你生为乞丐还是国王。"呆视"与"看"的主题一再被提及，统领全剧，并探讨了（新的）"看"所引起的科学领域的后果。同时，语言艺术家布莱希特也成功地用同一个概念描述了（新的）"看"的社会意义，他写道："我们必须看到我们自己。"这里的"看"同时也意味着"照料"：神在他的世界体系中已经没有了立足之地。对于萨克雷多（Sagredo）的问题"神在何处？"伽利略回答［正如被教会焚烧在火刑架上的乔尔丹诺·布鲁诺（Giordano Bruno）］："在我们心中，或者无处可在。"

与此相关的还有人类认识能力的两个范畴：人类的好奇（拉丁语：curiositas）以及一切认识，包括自然科学认识的历史性。好奇在精神层面与新的人类类型相关，他们怀疑一切，不满足于任何知识，想要了解一切，而且不再能够信任任何事物；在身体层面指乐于享受感官刺激的人，他们用欲望养护身体，喜欢吃喝，全心享受生活，布莱希特笔下的伽利略也采取这种行为方式，被塑造为一个令人喜爱的人物。对新人类来说不再存有界限（这当然也不意味着要为无秩序辩护）。而人类认识的历史性却牵扯到一个根本上的"疑难（Aporie）"，这是历史上的伽利略所不得而知的，但与其分庭抗礼的教会或许对此有所了解。伽利略否认"眼见为实"可以作为认识的源泉，甚至将其理解为错误世界观的传输者。但同时他又要求人们，在通过他的望远镜进行观察时要相信自己的眼睛。

布莱希特没有把天主教学者塑造为执拗或者思想局限的傀儡，他们拒绝通过望远镜观察，由于他们静态逻辑思维中"真"与"伪"的绝对对立，这些天主教学者发现了伽利略的悖谬，并作出了正确的推理：如果"眼见为实"是虚假的，其逻辑后果说明通过望远镜看到的景象也是虚假的，那么为何又要致力于此呢？这一时期，科学实验还没有被认作知识的来源，即使伽利略也必须将他的物理实验作为思想假设来表述，这样才能像哥白尼一样在学者世界取得话语权。此外更困难的是，当时亦尚未发现重力，因此，伽利略要求这些学者把空中毫无支点的天体悬浮着隆隆而行当作最新事实来接受，完全是种苛求，对他们而言，这些都只能是荒唐的无稽之谈。

/ 347

如果对其进行历史性的理解，"看"的疑难也可以得到解决。对伽利略来说，认识是人类工作和人类工具的产物。就工作而言，研究者必须有好奇心，必须思索他向"自然"提出何种问题。就工具而言，正如望远镜的例子，研究者必须使用技术工具，以获得可被证实的、可重复的结果。由此获取的知识同当时的技术发展水平相适应，使技术的应用又受其制约。自然科学知识只要经受住考验便是有效的，但它们可能提出虚假命题，或者适用范围被局限，或者被新的知识重新定义；绝对真理不（再）存在。

自然本身无法成为研究对象；自然太过复杂，无法作为整体加以实验。或者再次引用布鲁门伯格的说法："同可见性假设的决裂以人类学为基础，人类学使我们理解并明了，人类只能适应世界，他的器官都是为了这个世界而生。望远镜的每一次成功都证实这些具有可能性的后果：可见性之于事实的落后，器官之于挑战的落后。"布莱希特借《伽利略传》指出了知识传授的必要性与紧要性，这些正被全线遗忘，而遗忘又给新的异端邪说开辟了通道。

在昏暗时代 / 那里也会歌唱吗？

矛盾即希望：诗的时代

《斯文德堡诗集》是为了《布莱希特全集》的印刷而完成的，原本以《流亡诗歌 —— 1937》（*Gedichte im Exil. 1937*）为题；此外布氏在 1936 年还创作了《德意志战争初级读本》的两个组成部分，并于 1937 年在《言语》中首次发表；而 1937 年创作的《德意志讽刺诗》也于当年在《国际文学》（莫斯科）中首次发表，之后在 1937~1938 年的《言语》中又再次发表。其中最后一部诗集是布莱希特为德意志自由频道（Deutscher Freiheitssender，首版的副标题注明了这一点）所作，电台位于马德里附近的波苏埃洛德尔雷（Pozuelo del Rey），自 1937 年 1 月起以短波 FM 29.8MHz 向德国发布广播。同西班牙内战中的国际纵队一样，这一电台也在国际基础上受到了共产主义政党的支持。广播在德国纳粹分子中引发了强烈的不安，他们猜测广播发射台安装在移动装置上（例如载重汽车），在"一体化的帝国"中巡回。有记载纳粹分子多次试图定位这一发射器而未果，这也间接说明，纳粹相信这样的反面宣传有极大的影响力。最终只能在短波波段安装干扰发射器，以全部或者部分地阻碍接收。

对布莱希特的媒体美学中的诗歌而言，中断的影响是致命的，因为诗歌短小、简洁的语言，明炼地表达思想深奥的内容，都似乎只能以专心致志的聆听为前提（而且没有中断或回溯）。例如《德意志讽刺诗》中较长的多节诗歌《宣传的必要性》（*Notwendigkeit der Propaganda*）就共有 8 节，讽刺地涉及了纳粹宣传的多个主题，营养部长能够巧舌如簧，使德国人民因此忘记了自己在挨饿：

4

为垃圾和元首的书
所做的宣传何等优异！
每一个人都必须捡起元首的书阅读
它被四处乱放。
为了给捡破烂做宣传，强大的戈林
宣称自己是所有时代最伟大的拾荒者
为了存放这些破烂，在帝国首都的中心
建造了一座宫殿
它本身就如这座城市一般大。

5

一个好的宣传者
能将粪堆变为郊游胜地
如果没有油水，他就证明
纤细的腰身可以美化每一个男人
数千人听他吹嘘高速公路
开心得好似自己有了汽车。
在饿殍和阵亡者的墓前
他种上了月桂丛。但不久之前
大炮轰隆而过时，他还在大谈和平。

这首诗采用自由韵律，即布莱希特所说的"不规则"和无韵律。诗行当中的断裂造成了刻意的阻断，这在原本流畅的句子中以美学手段制造了干扰电台的实际效果：使句子中断。中断因而成为诗句的建构准则；干扰电台可以说不自觉地参与到诗句的建构中。此外还有内容上的罗列，布莱希特用一个接一个例子罗列了"宣传的必要性"，可以说采用了十分啰唆的处理方式。每个例子中都有一个"噱头"，而列举的顺序既没有目的性也没有逻辑关系。也就是说：如果某一个例子缺失，或者在播出时被窜改，也不会有任何影响。一旦了解了规则，就可以毫无困难地重建诗句，或者也可以根据自己的经验继续编织下去；因为不仅中断是真实"语言"的一部分，用以应对中断的想象力同样也是。

　　这一诗集最终应出版于《布莱希特全集》的第 3 卷，但这一卷由于政治灾难而宣告破产，但布莱希特仍考虑单独出版，维兰德·赫茨费尔德原本出于便捷的考量在布拉格组织了出版工作，但 1937 年被纳粹赶出了布拉格，之后其在伦敦重新组建了马利克出版社，露特·贝尔劳同玛格丽特·施德芬一同接管了诗集在哥本哈根的印刷工作。布莱希特在此期间忙于思考一个新的（更远更安全的）流亡地，施德芬 1939 年 1 月就建议离开这个"偏僻的小镇"："我不断祈祷：美国！"但事情还没有到这一步。贝尔劳利用布拉格排版的毛样制作了所谓的哥本哈根排版，并在哥本哈根的环球出版社（Uiversal Trykkeriet）按照《尝试》的模式印刷，也就是说同《布莱希特全集》的排版样式存在差别。由于这些差别，赫茨费尔德曾指责过贝尔劳，她便将这一版本据为己有："我对这个凭我一己之力完成的版本感到十分骄傲。"

　　她似乎还想自称出版商，但这自然根本不可能，因为赫茨费尔德已经一次性购得了版权；同样贝尔劳凭借一己之力完成这个版本也与事实不符，因为诗集已经完成，而且由于贝尔劳德语水平欠佳，施德芬帮助校对，此外她还利用了赫茨费尔德的营销系统。但她毕竟自己就卖出了百份有编号的以及有布莱希特签名的诗集，当然签名版是普通版本价格的三倍多；用贝尔劳的话说，这些"带来了一笔不小的收入"。贝尔劳的一个朋友想购买诗集，当她向其推荐签名版时，朋友问没有签名的诗集价值多少，并购买了较为便宜的版本，理由是诗歌"没有签名也同样出色"。当贝尔劳气愤地向布莱希特讲述此事时，布氏微笑地回答："这是一个理智的人。"

　　虽然诗集中有不少个别的诗歌享有很高的知名度，例如《一个工人读书的疑问》（*Fragen eines lesenden Arbeiters*）和《著道德经的传说》（*Legende von der Entstehung des Buches Taoteking*），但《斯文德堡诗集》仍不为公众所重视。诗集呈现了对诗学语言的彻底颠覆，导致了一种闻所未闻的诗歌的政治化，对诗歌所谓的通用形象（主体性、内在化、强调感情）也提出了根本性的质疑。

　　布莱希特的诗学语言在每一个细节上都精雕细琢，汉斯·艾斯勒的谱曲也证实了这一点。1939 年 10 月，艾斯勒已经身处纽约，他将《斯文德堡诗集》第二部分的题词谱曲为《箴言诗 1939》（*Spruch 1939*）。类似此后的许多情况，这里艾斯勒也改动了布莱希特的文本，包括三个词：他删掉了一个词，添加了一个词，又对调了一个词。这些看似不起眼的改动，表明两人之间虽然有许多一致性但仍存在巨大的差异。艾斯勒的版本为：

/ 351

> 在昏暗的时代
> 那里还会歌唱吗？
> 是的！那里会歌唱
> 歌唱昏暗的时代。

而布莱希特笔下两句平行建构的诗行是："那里也会歌唱吗？／那里也会歌唱。"这两句诗除了调换了两个词的位置，[1] 其他是完全一致的，但句子类型却不同，一个是疑问句，另一个是陈述句。"也"出现了两次，分别对诗歌的创作可能性和创作意愿进行了提问和肯定的回答，这说明即使在昏暗时代，艺术也不会完全被排挤，因为否则人道的生活将不再可能。这同时也说明，昏暗时代绝非由此而丧失了其危险性，对涉事人来说它至少有潜在的致命性。享受艺术和创造艺术将不再是主要活动，但仍有，或者至少似乎有实现的可能。布莱希特采用了现实主义的表述，而艾斯勒则是理想主义的；意义是：恰恰因为昏暗时代的统治，才必须为了反对它而疾声高歌；布莱希特虽然有所保留，但仍肯定艺术的可能性，艾斯勒则吹响了革命艺术的号角，虽然经历艰险仍要奋起反抗（忽视了其可能性）。

由于德国的军备扩张以及同德国近在咫尺，丹麦也令人感到不自在。布莱希特的愿望早就是流亡美国，因为莫斯科所有的消息都令人深感担忧，经由佩萨莫（Petsamo，拉普兰）逃亡的道路目前还是畅通的。布氏在哥本哈根的美国领事馆为一家人申请了移民签证，由于移民数量是定额分配的，重要的其实是争取移民定额。此外，因为害怕希特勒德国占领丹麦，布莱希特仅仅偶尔居住在斯文德堡，要逃出丹麦，从哥本哈根出发比从斯文德堡出发要少跨越一道海峡。

在放弃丹麦的住所之前，布莱希特就已经开始继续《四川好人》（*Gute Mensch von Sezuan*）的工作，1930 年在柏林时，他便以《商品爱情》（*Die Ware Liebe*）为题开始筹备这部戏剧。布氏记录

---

[1] 布氏版德语原文分别为"Wird da auch gesungen werden？"和"Da wird auch gesungen werden"，两句只有 da 和 wird 的位置不一样。

道，可以借此"发展叙事技术"，"并最终回归到一定水准"。为何恰恰在此时呢？在没有上演前景的情况下？他的理由是："为抽屉写作不需要许可。"一切都表明，布氏想借这部戏剧延续魏玛共和国时期的创作，而且由于没有演出的可能性，可以在美学上进行大胆的尝试。在进行自我批判时，布莱希特将最后的几部作品，特别是《伽利略传》，归结为"机会主义"的成果，显然《卡拉尔大娘的枪》和《第三帝国的恐惧与灾难》也具有同样的特质，为了现实时事性而忽略了美学标准的制定。因此，《四川好人》这样非通常理解范畴中的寓言形式，或许可以提供放手实验的可能性。而且如果放弃舞台，他还可以让对未来戏剧的想象纵情飞扬，而（几乎）不去考虑自己的真实境况。

基本思想是利用天然的戏剧手段，塑造人物走出戏剧，出现在观众眼前。水达（Shui Ta）的活动空间同戏剧中的其他人物处于不同的虚构层次，因为他是由沈德（Shen Te）扮演的，八口之家的一对夫妇出于自私悄声告诉沈德，她应该用表哥的身份化解经营困难。这一事件明确以"提词"的形式发生，即通过悄声耳语台词的方式，传统上这是冷场时在舞台下的箱子里悄悄进行的。布莱希特把这一技术搬到了舞台上，将其作为戏剧的一部分，以此展现沈德如何极为犹豫地选择了这条出路。水达是被扮演出来的角色，因而也是虚构中的虚构。

戏剧进程中，沈德逐渐并越来越自信地熟悉了表哥的角色，其间她模仿男性的统治话语，学会了他们的用词；因为只有这样，她作为一名女子才能令人信服地扮演男性，让周遭的人出丑。这一学习过程是这部戏剧的根本性主题，正如1933年《工作岗位》中写道的："几日内，女人成了男人，方式同几千年来男子把自己锻造成男人的途径一样：通过生产过程。"此处，生产过程可以理解为男性主导的统治和占有关系，他们在商业中不允许"女性品质"加入，因为他们认为这样会使生意无从可做。

在许多成功表达的基础上,该剧还传递了一些箴言,其中最著名的是:"幕布关上了,所有的问题仍是开放的。"这一引人注目的表达一再被解释为三位神灵慷慨地允许沈德"不要太经常地"烦劳表哥。通过这种方式戏剧保持了开放式结局,即在神仁慈的条件下——"每月一次,这足够了!"沈德的障眼法可以继续下去。但这在现实的打击下并不可能,沈德怀孕了,沈德曾变身剧中最好的男人,但怀孕让她在生理上再次成为女人。布莱希特的戏剧毫无疑问地令情节以野蛮和残暴结束。当众神悄悄离去,沈德断定:"我不能再待在这里了!"此处舞台说明也明确地说:"她匆忙地看向门口,那些折磨她的人将会从这里进来。"结局完全不是开放式的,它只是没有表演出来。众神拿沈德进行试验,以证明这个(所谓)美好的世界,但剧情的结果是沈德把试验完全毁掉了,只是戏剧没有将它的悲剧展现出来。现实中对人类的屠杀早已比舞台上的更甚,而且传统悲剧对人类命运的处理比戏剧要草率得多。

1939 年 4 月,布莱希特中断了所谓"为抽屉而做"的戏剧工作,由于德国在丹麦边境的军事行动,他再次以独幕剧《丹森》(*Dansen*)探讨了一个时事性主题,即东道国将自己出卖给纳粹,这是一部两人戏剧,布莱希特在瑞典的一个业余剧团那里找到了演出机会。其他就是要搬家,卖掉房子,保护好手稿和打字稿,制作复印件,决定要带走哪些家具,等等,这些布莱希特都交予海伦娜·魏格尔和玛格丽特·施德芬负责。海伦娜·魏格尔为布莱希特搞到了去斯德哥尔摩业余剧团协会作报告和朗诵的邀请,也为此获得了入境签证。瑞典成了流亡的"第三号国家",而且由于战争的威胁他们也无法再返回丹麦了,因此,还必须为流亡美国筹备一些其他的前期措施,流亡还要继续下去。

在这个困难而血腥的和平时代

必须要投入到工作中（罗马人说：冲向剑刃）

作为贸易的战争：大胆妈妈的人祭

1939 年初，布莱希特对形势的估计十分现实，他逃离丹麦也极为紧迫，因为完全可以预见，希特勒对邻国丹麦有同对待"波西米亚和摩拉维亚（Böhmen und Mähren）"①类似的计划。即使丹麦人1939 年 5 月 25 日同德国签署了互不侵犯条约，也无法给自身的安全提供任何保障。这一预见很快就得到了应验，强盗们 1940 年 4 月9 日毫无顾忌地占领了这个斯堪的纳维亚国家，赢得了通往挪威和芬兰的"跳板"，那里储存着战争所需的原材料。丹麦看似得到德国的保护，但这一时期布莱希特就已经将世界局势同自身安危联系起来，并断然评论道，希特勒承诺不侵犯之后，随之而来的必定要承诺保护，而且还要保护对方不受自身的威胁，这样的保护最好当然是在集中营里。

1939 年 4 月 22~23 日，布莱希特没有带孩子，仅同妻子一道乘船，然后乘火车前往斯德哥尔摩，在这里奈玛·威夫斯特兰德（Naima Wifstrand），布莱希特 1938 年 3 月在斯德哥尔摩因《卡拉尔大娘的枪》演出所认识的女演员，和亨利·彼得·马蒂斯（Henry Peter Matthis）已经准备好了一切。同这两人交好的女雕塑家妮娜·桑特逊（Ninnan Santesson）也准备好将自己在斯德哥尔摩前面海岛上的房屋供给两名流亡者使用。这是一座刷红漆的木屋，瑞典普遍的建筑风格，有一个篱笆围绕的大花园。布莱希特在《工作笔记》中记录："房子很理想。在利丁厄岛（Lidingö）上，

---

① 纳粹德国于 1939 年在捷克西部建立的保护国，随纳粹德国战败而灭亡。

两侧有针叶林延伸出去。工作间之前是一个雕塑家的工作室，7 米长，5 米宽。我现在有了很多桌子。"由于对迁居有良好的筹备，布莱希特夫妇可以携带他们的家具、藏书和其他工具，在瑞典建立起家庭生活。施德芬被安置于附近，在海伦娜·魏格尔办理的居留许可到手后，施德芬于 5 月与孩子们一同跟来。在某种程度上，瑞典有可能让大家在这里舒适地生活。魏格尔在经历了各种艰难困苦后，现在必须满足于学校或者大学生之间一些少量的演出活动，但施德芬 1939 年 6 月仍在一封信中讲述，魏格尔完全按照东道国的风俗安排生活："她独自为 6 个人做饭。现在鬼知道由于什么原因，她一天准备两次热餐（我觉得在瑞典人们都这么做），有很多事情要做。每天会有人帮忙几个小时，但这些时间甚至不够把整个房子打扫一遍。"更困难的还有新环境以及理解沟通上的障碍。露特·贝尔劳住在花园的帐篷里，她总在哥本哈根和利丁厄岛之间往返。

4 月底，布莱希特得到消息，自己的美国奖学金延长了半年，这也为在第三号流亡国家的生活确保了相对稳定的物质基础，但仍会出现一些经济匮乏，例如施德芬患盲肠炎时，她曾考虑过返回丹麦，因为在那里她作为丹麦人可以免费接受手术。布莱希特必须亲自前去移民局，他借了礼帽，穿上西装，翻找出自己还有的领带。布莱希特在移民局的登场相当令人信服，以至于拿到了 6 个月的居留许可，这是当时能实现的最高限额。但当曾经参与西班牙内战的国际纵队德国成员来到布莱希特周围，大家一起讨论政治局势后，境况开始改变，这些人都处于监控之下，布莱希特也同样。布氏继续以强烈的兴趣关注政治事件，在被动掌握了一些与丹麦语相近的瑞典语知识后，他开始费力地阅读瑞典报纸。广播自然也继续发挥着传播政治信息的核心作用，收音机就摆放在布莱希特床边，早上第一件事和晚上最后一件事都是收听广播，布氏确信，瑞典同丹麦类似，都认为可以悄然继续贸易而不被卷入战争。瑞典是德国最重要的铁矿供应商，数年来已经直接支持了德国的战争筹备。布莱希特在初夏还写作了指涉瑞典的独幕剧《铁多少钱？》（*Was kostet das Eisen？*），这出戏剧也以这一背景为主题。

　　其间，希特勒和斯大林在 1939 年 8 月 23 日的协定为二战铺平了道路：法西斯和纳粹伸出魔掌瓜分波兰，把这个国家从地图上抹去。布莱希特 1939 年 9 月 9 日在《工作笔记》中记录："德—俄协定自然在所有无产者中都造成了巨大的困惑。共产主义者立即宣称，这是对和平值得尊敬的贡献。"还有："在全世界的无产阶级面前，苏联背上了援助法西斯——资本主义最野蛮、最敌视工人的部分——的印记。我认为无需再说更多，苏联为了自救，代价是让全世界无产阶级陷入了毫无希望与支援的境地。"但布莱希特的记录仍留下了一些开放的问题：谁是"所有无产者"？没有人可以幸免于难。9 月 1 日，国际法遭到践踏，第二次世界大战爆发，和平何在？苏联遗弃了"全世界无产阶级"？在某些程度上，所有的问题听起来有些混乱，而且在布氏获得的这些有价值的消息中，他真正参透的也很少。他误以为红军的进驻是为了阻挡希特勒的战争企图，并认为这能阻止纳粹入侵罗马尼亚和乌克兰，却不知，这是德俄协定的秘密条款早已约定的内容。

　　与对局势的主观臆测相较，将这一主题进行戏剧展现更具成效。此后，布莱希特坚持在二战开始之前就已经"预见性地"进行了戏剧创作："《大胆妈妈和她的孩子们》（*Mutter Courage und ihre Kinder*，简称《大胆妈妈》）写作于二战前的斯堪的纳维亚，这是第 20 次尝试。由保罗·德绍谱曲"，这是 1950 年第一次印刷时的注释。作品完成迅速——从 9 月 27 日至 10 月 29 日（根据施德芬的随身日历），就这一点而言，这个虚构的故事很可能在战争爆发前就已经开始构思了。但布莱希特 1939 年在其中一册剧作上题写了献词："我的大胆妈妈要感谢奈玛·威夫斯特兰德。"这一事实又与上述猜测相左，大胆妈妈这一人物形象没有威夫斯特兰德给予的灵感是几乎不可想象的，因而是 9 月中旬才成形的。这段时间奈玛·威夫斯特兰德邀请布莱希特做客，并根据自己的记忆向其讲述了约翰·路德维格·鲁内贝格（Johan Ludvig Runeberg）的组诗《军旗手斯托尔的故事》（*Fähnrich Stahl*），其中包括一首有关随军小贩洛塔·斯维尔德（Lotta Svärd）的诗歌，并给布莱希特寄送了翻译稿。不日之后布莱希特向奈玛·威夫斯特兰德朗诵了《大胆妈妈和她的孩子们》的第一场。根据客观时间计算，战争已经开始了将近一个月。

现时联系不言自明，历史材料已经将其包含在内。鲁内贝格的随军小贩故事发生在瑞俄战争期间（1808~1809），布莱希特决定将它改期到格里美尔豪森（Grimmelshausen）《女骗子和女流浪汉库拉舍的一生》（*Lebensbeschreibung der Ertzbetrügerin und Landstörtzerin Courasche*）中的三十年战争中，这场战争被瑞典人视作所谓的"信仰之战"。这一决定不仅展现了东道国的历史，而且还同现时利益相结合，正如布莱希特 1953 年回顾该剧的创作动机时曾讲道，"略微参与到边界另一方的活动中"。

戏剧的相关内容：大胆妈妈对自己的成年子女管教严厉，因为男人们必须去打仗，战争给了女人做生意的机会，因而在家庭中、在孩子面前也获得了原本属于男人的权威：她积极参与到战争中，经营着看似"和平的生意"。由此，战争和贸易从本源上形成了紧密联系，"妈妈"也被规定为家庭中男权利益的推动者。这些也就具有了现实性指涉：瑞典在三十年战争时期就成了欧洲最重要的武器制造商之一，它的矿产供应装备了德国的战争机械，在战争尚未爆发之前就已然参与其中。当战争发展到白热化阶段，布莱希特预测，瑞典自身也会遭到战争的蹂躏，正如《铁多少钱？》也以瑞典在"19？？年"遭到"顾客"——纳粹——的突袭而最终结束一样，战争不懂宽恕：谁参与了，最终也会自取灭亡。

在瑞典事件上，布莱希特的判断并非完全正确，因为这个国家保持了中立，但付出的代价是纳粹——在占领挪威之后——获得军队和补给在瑞典通行的权利。1940~1943 年间，共有大约 200 万德国士兵穿越了瑞典的关卡，除此之外，必需的矿产以及只有瑞典才能生产的、专门配备装甲车的滚珠轴承也被运往德国，瑞典还为纳粹统治培训了丹麦和挪威的"警察"，这些人后来被派遣回自己的祖国。战争期间，正如彼得·魏斯（Peter Weiss）在《抵抗的美学》（*Die Ästhetik des Widerstands*）中半纪实性的描绘，瑞典成为一个难以言喻的国家，它同德国的关系即使在反抗者中也引发了蔑视和不信任。

/ *358*

布莱希特以世界历史大屠杀开端的三十年战争为历史依据，三十年战争漫长得令人难以置信，摧残了整个欧洲，消灭了人口总量的四分之一，还引发了一系列后续战争，以至于历史的秩序不再是战争与之后的和平，而是由一系列战争串联而成，用戏剧的语言来说，只是不时地"喘口气"，从而使战争更残酷地继续下去。这里涉及的不是简单的推导，资本主义贸易本身必然意味着战争，但历史也证实，没有贪腐和战争资本主义也仅仅勉强度日。基督教博爱的训诫和贸易规则之间的矛盾在早期——市民阶层兴起之时——就已经是文学的一个主题。通过贸易兴起的城市资产阶级要贯彻对封建统治的斗争，就必须肆意妄为地发展商业，并同时传布严格的道德准则。利用这其实是"道貌岸然"的道德，资产阶级将自身定义为更优秀的"人类"，同时也抨击了贵族在道义上的堕落。

虽然《大胆妈妈和她的孩子们》的故事以战争为舞台，但战争的"主人公"——那些所谓的历史制造者并未成为关注点。广播剧《审判卢库鲁斯》（*Das Verhör des Lukullus*，1939 年 11 月初）① 几

---

① 公元前 1 世纪罗马将军和执政官，参加过多场重要战役。

乎写作于同一时期，其中再次提出了同样的问题。自以为是的伟大统帅卢库鲁斯，征服了本都①，"解放"了亚细亚，死后在地狱审判面前为自己的所作所为辩护。他召唤亚历山大大帝做自己的证人，但亚历山大大帝在这里却不为人知，其灵魂早已被遁入无形。但还有其他标准适用。有一位农民要求做卢库鲁斯的支持者，以为卢库鲁斯把樱桃树带回了罗马，这是"你最美丽的奖杯"，比所有的战利品都更长久。这看似能挽回局面，但最终樱桃树无法抵消巨大的破坏和生灵涂炭，农民在稍许犹豫后也赞同了最终的判决："好吧，让他灰飞烟灭吧！"这部广播剧主张将那些"伟人"从历史中剔除，因为他们并没有壮举，而是犯下了一系列罪行，这些事情看似惊人，其实不过是因为牺牲者数不胜数。

讨论是社会能够达到的
艺术享受之最高级别

造型艺术叙事化：托姆布洛克与布莱希特

1939 年 7 月，布莱希特在斯德哥尔摩参加了德国流亡者的报告会，并遇到了画家、制图师汉斯·托姆布洛克（Hans Tombrock）。托姆布洛克出身于鲁尔区的无产者家庭，在动荡的一生中曾做过矿工和见习水手，由于德国的就业机会短缺，他开始在不同地区间迁移，并同其他人共同组成了"流浪者兄弟会（Bruderschaft der Vagabunden）"。他们开设了《流浪者》（*Der Vagabund*）杂志，赋予自己可悲的生活以文学意义。这些人不会得到纳粹的同情，而且托姆布洛克不愿接受新统治者的"保护"，他逃出了自己的祖

---

① 古代小亚细亚北部的一个地区，在黑海南岸。

国，历经千难万险穿越了整个西欧，包括加那利群岛（Kanarischen
Inseln），来到了瑞典，作为画家、制图师在《社会民主党人报》
（*Social-Demokraten*）稳固了自己艺术家的身份。

令人惊异的是，虽然他所有的作品都可以看出没有受过专业的
训练，但托姆布洛克仍然凭借出卖素描和油画摆脱了量入为出的生
活，而且还从 1936 年 9 月开始在瑞典组织起了安顿的市民生活。
"我租了一个精美的房子。简直是一个珍宝匣。5 个房间，地下室，
浴室，集中供暖，写字台，工作间，花园。租金很高，每月 220 克
朗。但还过得去。对了，还有正确的、良好的、规律的饮食，这是
我现在懂得珍惜的。人会变老。"

1939 年 7 月的那个晚上，托姆布洛克与布莱希特还不甚相熟，
他提出要画布氏的双手，对此布莱希特自然没有拒绝，两人由此开始
了一段友谊，并以新的方式将绘画艺术与诗学联系起来。托姆布洛克
引发了布莱希特对这些看似毫无艺术性作品的兴趣，即画家对现实完
全不同的、不寻常的洞察力。托姆布洛克的流浪汉画作令人联想起早
期雅克·卡洛特（Jacques Callot）的《战争的巨大苦痛》（*Misères
de la Guerre*），人物的布局、非专业的视角以及过于细致绘制的细
节都起到了陌生、挑战性的效果，或许从而也有了间离的作用。

/ 360

布莱希特在瑞典文化杂志（用瑞典语）发表了一篇对话，艺术
家和诗人用这种形式讨论了"诗与画"的新关系，这是为"人民之
家（die Volkshäuser）"所筹划的。"人民之家"由社会民主党人和
工会经营，为瑞典工人在业余时间提供提升艺术和修养的机会，以
及朗诵和讨论的集会空间。布莱希特在他的伽利略研究中找到了这
种对话形式，作为探讨理论问题的上佳可能［参见伽利略的《关于
两大世界体系的对话》（*Dialog über die beiden hauptsächlichsten
Weltsysteme*，1630）］，它不仅被应用于在舞台上以对话形式讨论
戏剧问题的《买黄铜》（*Messingkauf*）中，而且还使瑞典观众了解

了这种新的艺术形式。就诗人提出的将造型艺术与诗学相联系的建议，画家问道：

> **画家：** 你想到的是配有插图的诗歌吗？
>
> **诗人：** 不是，这些艺术作品扬弃了我们刚才所提及的绘画与文学之间的割裂，但同时绘画与文学仍存在一定的差异。如今，认为油画具有更高艺术价值的偏见已经消除，偏见形成的原因是误以为油画处理内容丰富的主题，能与文学类似，唤醒所有可能的情感。现在可以继续消除另一个偏见，即绘画由于同文学作品的关系会丧失艺术价值。
>
> **画家：**？
>
> **诗人：** 我想到那些由两个不同部分组成的艺术作品，一块板子上写诗，另一块板子上作画。它们可以悬挂于一个房间，而且不一定要并排摆放。绘画不必像插图一样为诗歌灌注生命，它可以脱离诗歌而独自"生存"。
>
> **画家：** 你认为，绘画和诗歌用两种艺术处理方式反映同一个主题？
>
> **诗人：** 是的，从绘画中涌现出某些思想因素，而从诗歌中涌现出某些视觉因素。

形式上可以有一些变化。托姆布洛克提出了在绘画中接纳诗歌的想法，要么可以把诗歌刻凿在木板上，或者如玛丽·圣德斯的事例，写在押着"犹太妓女"游行的街道两侧房屋的墙壁上。

素描展现了一位身着衬衣的女性，着重突出了她的胸部。她的颈上挂着一块牌子，上面用聚特林字体（Sütterlinschrift）① 写着：

---

① 1935~1941 年德国学校使用的德语手写体。

"玛丽·圣德斯／曾经和一个／犹太人上床！"她被剃去了头发，深色的眼睛悲伤地从作品的观赏者身上掠过。她的形象被着力推到前景，几乎占据了画作的整个左半部，冲锋队队员、警察、孩子、女人、过路人都要小得多，这些人组成了围观的人群，他们宛如在德国街头纳粹真实的刑柱旁，呆视着这蔑视人性的活动。玛丽站在一间灰色的出租屋前，房屋的窗子被画为了黑洞。画作的另一半，房屋的外立面上写着《犹太妓女玛丽·圣德斯的谣曲》第四节的叠句，诗句自然同托姆布洛克众多作品一样，都任意断句。房屋的窗子里有一些象征性刻画的人物，他们在好奇地凝视着这中世纪的女巫审判，这些人好似正要从窗户中挣脱出来，以亲临现场。但其中存有一个鲜明的对比：整个场景都表现了民众对侮辱这一女子的赞同，而诗歌文本——托姆布洛克还特意使用了两种不同的字体，墙上的诗歌使用了拉丁字母——则反驳了这一印象。在两种艺术之间从而形成了一种张力，但又在图画中以整体的形式出现，作为"矛盾的统一"。

一年之后，布氏已经身处赫尔辛基，他在 1940 年 6 月 14 日致托姆布洛克的信中，赞同两门独立艺术融和的美学方案。这种认同也适用于画家受布莱希特所托绘制的几幅铜版画。布氏又寄送了三首附注了"基督纪元 1940 年"的四行诗供其使用："背面是三首小诗，是我在船上（渡海去芬兰）为你写的。我设想，你应该做些版画——或者其他价格最贵的画，也许应该绘制一些真正的画，版画的收入甚微——像那幅《堂吉诃德》一样，应该在角落里写上一首这样的四行诗。这是你作为画家征收的战争税。……文字你用**德语**写，人们能理解。当然**不要**写我的名字。"素描完成后，托姆布洛克给流亡芬兰的布莱希特寄去了素描的照片，对此布氏表示："这些图画让我很欣慰。文字的问题看来已经以最佳的方式得到了解决，没有对其进行自然主义的说明，而是让文字自由、独立地处于空间之中，显现了空间中的独特元素。正如你所展现的，可以将文字作为造型元素使用。"

　　带有布莱希特四行诗的画作之中有一幅托姆布洛克的自画像，描绘托姆布洛克站在被战争摧毁殆尽的景象前。这些风景突破了画框，带有布莱希特诗歌的牌子也被切掉了一部分，同样画家的人物形象也从图画中走出来。他脸色昏暗，胳膊下夹着素描画片的夹子，也暗示了他还有更多的警示牌。背后的风景前有牌子插在地里，牌子上写着托姆布洛克重新断句后的诗歌：

> 由于时局不利
> 由于坚守
> 理想
> 我和我的艺术
> 陷入了困境
> 我必须请求，不仅对
> 征税者
> 而且对我也要付钱。

> 基督纪元 1940 年

素描完全以布莱希特的理解表达了对战争辛辣的并具有自我批判性的政治评论，控诉战争的大肆破坏，此外，图画还展现了如何在昏暗时代从事艺术事业的自我反省；必须有买家来维持艺术家的生活。

　　如此一来诗学便真实进入了造型艺术之中。同戏剧一样，造型艺术也被叙事化了。观赏者除了感知图画内容及其中文本的植入外，还要阅读诗句，因而采取了同观赏图画不同的接受态度，并将两者结合起来。布莱希特："毫无疑问，这些在人民之家展出的版画作品，将比单独一幅画或者一首诗引发更多的讨论。而讨论是社会能够达到的艺术享受之最高级别。"被活跃的艺术世界所孤立，导致布莱希特在造型艺术中寻求帮助，而一位业余爱好者以意想不到的方式向他传送了这样的帮助，这些新的见解不仅能创造性地运用于诗学和绘画的融合中，而且为未来叙事剧及其舞台设计开辟了新的维度。

在不引人注目的未完成的《论中国绘画》（*Über die Malerei der Chinesen*，1934）中，布莱希特已经详细阐述了中国绘画间接地赋予他的戏剧以根本艺术原则。中国绘画放弃了透视法，所有表现对象或人物都并排排列，因而不受既定空间的限制，它们从图画中凸起，突破了画框。中国绘画第二个重要特征是不将画布画满，总是让观赏者看到在其上作画的材料："在这些空白处，纸张本身或者亚麻布都展现了特殊价值。"也就是说，留白是着意保留的，与之类似的是内尔和布莱希特尽量照亮的白色舞台，参与表演的只局限于必要人物，避免舞台装饰。此外，留白同高亮度的空舞台一样，为观赏者保留了想象力的自由空间。

如释重负 / 我看到窗外黑夜般的赤松
我知道：我身处异乡
纳粹占领：驱逐同胞

1939 年夏，瑞典官员决定将年轻的席勒（Schiller）夫妇驱逐回德国。德国流亡者为了相互帮助组织了某种通讯机构，也邀请布莱希特参与，布氏应该通过瑞典作家约翰内斯·艾德菲尔特（Johannes Edfelt）开展斡旋工作。但接触重要人物或官员的尝试都失败了，因为那是一个周六，除了社民党代表弗里德里克·施特罗姆（Frederik Ström）之外联系不到任何人，相关部长对施特罗姆的调解努力也充耳不闻。最终，他们三人想到了离奇的主意，给特瑞勒堡萨斯尼茨号（Trelleborg-Saßnitz）渡轮的船长发电报，令其设法帮助逃亡者有机会在起航之后跳入海中，如此一来，他们就有机会被从海里捞出并隐匿某处。但一切都无济于事：席勒夫妇被驱逐出境，事件所有参与者中无人知晓他们的命运。因此，布莱希特已有最坏的担心，二战开始之前他就开始应对此类事件，而他或许很快也要成为其中之一。

显而易见，大屠杀开始之后，形势愈加严峻。1940 年初，斯堪的纳维亚被卷入战争，瑞典安全机构全面搜查了相关共产主义者的家，并拘留了其中三分之一的人员，这里也包括同布莱希特有联系的社民党人。之后不出意外，德国国防军 1940 年 4 月 9 日突袭丹麦，并开始以军事暴力占领挪威（斗争持续到 6 月 6 日），布莱希特担心瑞典会发生他在戏剧中标注为 "19？？年" 的遭遇。

次日，警察就在晚间敲响了布莱希特一家的门，还带来了房屋所有人妮娜·桑特逊，在流亡者的所有物品中搜寻政治文章。当然，布莱希特由于参与集会以及同共产主义者的关系而具有嫌疑，托姆布洛克也是德国共产党员。本次事件之前两人还有过短暂的争执，布莱希特认为托姆布洛克在共产党总部露面得过于频繁。托姆布洛克说："我逃出第三帝国，不是为了在民主国家缄默不言。……我想同情谁，就同情谁，没有人可以干预我的政治思想。"布莱希特说："它只是政治思想，而非政治行动。但你已经采取了政治行动，因为你客居此国，不允许从事政治。"这自然也适用于布莱希特，最后又有谁能区分托姆布洛克想搪塞开脱的——他参与的到底是文化政治还是政治活动？这也是布莱希特的老问题。布氏意味深长地微笑，并问道："在政党意义上，文化与政治的界限何在？"

被搜查后，布莱希特午夜打电话给赫尔曼·格拉伊德（Hermann Greid），请他来自己家咨询情况。赫尔曼·格拉伊德是演员、导演和业余哲学家，布莱希特友好地将他描述为"带着道德兴趣陷入思考的小市民"，格拉伊德同样生活在利丁厄岛上，由于 1938 年在斯德哥尔摩执导了《卡拉尔大娘的枪》，同布氏保持了较为规律的联络，布莱希特也在他那里找到了孤独中必要的谈话伙伴。这一时刻，布莱希特想从格拉伊德那里知道警察的搜查对他意味着什么。格拉伊德对瑞典是否被占领的问题表示了否定，但他从政坛友人圈子得知，即使政府也已经采取了预防措施，在国家被入侵时乘飞机离开。施特罗姆和瑞典国会的社民党成员格奥尔格·布兰廷（Georg Branting）也同样强烈建议，布莱希特一家和施德芬须尽快离开。布氏立即作出了反应，通过布兰廷介绍由芬兰女作家赫拉·沃里约基（Hella Wuolijoki）邀请布莱希特一家和玛格丽特·施德芬，他们从而可以申请芬兰的入境签证。由于情势所迫，一切都进行得十分迅速。1940年 4 月 17 日，布莱希特一家和施德芬登上了前往芬兰的小船，赫尔曼·格拉伊德也加入其中，这个国家上个月还进行了反抗苏联的战争，3 月 13 日不得不屈服于"强加的和平"，芬兰总统屈厄斯蒂·卡利奥（Kyösti Kallio）在签署协议时悲苦地说："让我的手枯槁吧，它被迫在这样的纸上签字。"芬兰失去了农业和工业的 10%，40 余万芬兰人逃离占领区。遭受打击尤为沉重的是卡累利阿人（Karelier），布莱希特将在马勒柏克庄园（Gut Marlebäck）与他们相遇。

　　芬兰人在支持德国流亡者还是将他们遣返给盖世太保的问题上左右摇摆（两者都有发生）。德国虽然没有参与苏芬战争，但仍然同往常一样觊觎芬兰的镍矿和木材，希特勒也向苏联人民委员会（Rat der Volkskommissare）主席莫洛托夫（Molotow）着重强调（1940 年 11 月 13 日的柏林会谈）了这一点，但同时也承认，不干涉苏联在芬兰的政治利益。但芬兰仍必须允许德国军队通行前往挪威，这导致芬兰民众群情激奋，自然也毫无热情去帮助德国流亡者。赫尔辛基还飘扬着纳粹的反万字旗。

/ 366

布莱希特和施德芬从一开始就商定，芬兰只是一个中转站，不将其历数为第四号流亡国家。这一时期无人能够知晓，找到下一个逃难的可能性还要一年。起程前，布莱希特就致信露特·贝尔劳，受新的形势——她无法再留在丹麦——所迫，布氏从此刻开始也会为她筹划流亡之旅，并要求贝尔劳申请美国的入境签证，经瑞典来芬兰找他，而且要尽快。

布莱希特在瑞典几乎不值一提的最后几步被彼得·魏斯在《抵抗的美学》第二卷的结尾描写为了传奇："马蒂斯，同桑特逊、拉扎尔和戈特施密特一家陪同布莱希特一行到达港口，马蒂斯向我描述了最后一刻。左侧，布拉西岛（Blasieholmen）德国大使馆的建筑上，右侧，斯塔斯加德港（Stådsgardhafen）的德国货轮上，都有纳粹的反万字旗在飘扬。布莱希特在步桥上昏倒了，必须有人搀扶，几乎是被背上了船。"本次逃亡事出仓促，手稿、重要的书和文集都打包到了大箱子里，其他所有都留在了瑞典。

流亡瑞典期间，除了《施德芬诗集》（Die Steffinsche Sammlung）中的诗歌之外，布莱希特还创作了一些以回顾历史为主题的故事，展现那些每日都被迫背负着生存问题重担的生活，逃亡只意味着远离，而非一个可以实现的目标——布莱希特当时刚刚年过四十，在生命最活跃的年岁被迫面对空虚，这让所有的当事人都看起来苍老。1939 年 5 月 20 日，布莱希特的父亲去世。儿子何时得知此事以及对此作何反应已经再无考证。玛丽·洛克尔小姐得到了 12000 德国马克的馈赠，占整个遗产的五分之一。布莱希特作为无国籍者一无所获。乌廷（Utting）的房子过户给了女儿汉内。

9 月 17 日还有另外一个原因可以回顾家庭历史，这是阿赫恩的祖母——卡洛琳娜·布莱希特，娘家姓乌尔茨勒——的百岁寿辰。在小说《有失体面的老妇人》中，这位 72 岁的老妇在丈夫去世后，勇敢地过了两年独立的生活。孩子们期待，这位老妇人为子孙们打开那座对她来说过大的房子的大门，继续扮演家庭服务者的角色，对此老妇回以了执拗的冷静，要最终按照自己喜欢的方式生活。虽然事情不多，但对她而言却意味着（几乎）整个生命。她同一名年轻女性建立了友谊，那些有成见的见证人认为这名女性"愚笨"，而且社会地位较低，但老妇人仍同她一起去电影院，这里当时也被视为藏污纳垢之地，老妇人还为她购买礼物，例如一顶礼帽。老妇人还同一名身份是社民党的修鞋匠交往，还在他那里喝红酒，这是她一生都没有做过的事。为了在有生之年能体验一下大城市，她还乘坐"够一家人坐"的四驾马车前往 K. 市。K. 市指卡尔斯鲁厄（Karlsruhe），虽然这次去较大城市的游玩并非耽于享乐，但对她来说已经十分丰富了，因为在那里她第一次观看了赛马。

在展现生平的角度，这些故事对挖掘布莱希特对祖母的评价十分有用，但其中仍然无一字是真，但或许如此反而恰恰更有帮助。布莱希特以一个虚构的孙辈为媒介讲述故事，孙子在族谱中寻找自己的出身，发现了对祖母故事的记载，试图通过不同的见证人及其通讯往来得到一些相对可靠的信息。这与《布登勃洛克一家》有难以忽视的相似性。小说中的预兆是托尼或者汉诺在家谱中乱翻，同样是孙辈在相关人员的偏见中寻找自己可以认同的祖母形象，并非在禁忌的意义上，而是寻找可以信任的家世渊源；同时，家庭中周遭的所有背叛都会形成各个不同的家族谱系，他们奸刁险恶，似乎剔除了那些不能帮自己自圆其说的说法。故事叙事者的结论是，亲戚们这些虚假的、仅注重个人利益的记录，即使得到了所谓的目击者叙述的证实，也应该遭到抵制，叙事者由此形成了自己的判断："她尽情享受了常年的奴役和短暂的自由，将生命的面包细细咀嚼直至最后的面包渣。"布莱希特虚构了一个坚强的女性形象，即使年事已高，而且在自己的家中遭受压抑，仍然放肆自己去过短暂但热烈的生活，这也成为一种生命的艺术。

逃亡者寻找一个国家，在那里，
即使道德水平一般，有一些纤介之疾
也可以马马虎虎地生活

逃亡者之间的对话：勇气多余

在赫尔辛基的火车站，也就是说在德国人理解上毫无舒适可言的大厅餐馆，两名德国流亡者相遇了，他们来自德国未爆发的阶级斗争的两方，一名有产者和一名无产者。两人确信，他们的观点相去不远，因而可以相互理解。两人本可以在纳粹统治之前在德国相遇，但两人却把战场留给了他们（共同的）对手，自己成了牺牲品。如今他们必须承认，两人所剩的只有在赫尔辛基火车站大厅的秘密相聚，而且德国国防军成员还身着制服不断地在这里巡逻。芬兰这个国家依然如故地处于苏联的皮鞭之下，但毕竟（暂且）排除了德国入侵的可能性。在这块场地上，两名原本不愿出现在这里的德国人不期而遇，不得不意识到，逃亡的道路愈来愈少，也愈来愈窄。

在瑞典，虽然还不能提前得知地点具体是在赫尔辛基，布莱希特就已经开始构思《逃亡者对话》，其中"逃亡者从一个国家逃到另一个，到处都被提出了太多的道德要求"。起初为之构思的题目是《大时代一个无足轻重男人的手记》（*Aufzeichnungen eines unbedeutenden Mannes in großer Zeit*），作为齐佛尔的《回忆录》。布氏为这部作品贡献了从伽利略研究中得到检验的对话形式，但两位对话伙伴——无产者卡勒（Kalle）和物理学家齐佛尔——之间的对立观点，虽然政治性较弱，却是从真实社会矛盾中产生，这也阻碍了这位有产者将自己的人生经历作为人类教养的范例来兜售。

齐佛尔试图说服卡勒认可自己的回忆录，他开篇先介绍了学校课程，之后可以使用的体裁只剩先锋派市民主义小说的断篇，断篇既遭到了社会主义现实主义的激烈反对，也被市民阶层美学家所拒绝，因为这一所谓颓废的艺术深陷于庸俗生活的沼泽，还嘲笑那些有好品味的人。齐佛尔解释，这五张纸上的记录"仅仅为了勾勒一幅肖像"，却作为一种艺术形式而被讨论。这些记录的真实性其实值得质疑，因为全部充斥着陈词滥调的语言和通俗的生活经验："妈妈头疼。吃饭太晚了。……体面的孩子不赤脚走路。喝汤有咕噜声。乱写乱画。旱冰鞋。打破窗户。没来。吃酸菜一定健康。爸爸想安静一下。上床睡觉。奥托又让妈妈发愁了。不应该说'该死'。"

齐佛尔描述了一个小学生的日常经验，除了"奥托"可能指自己的好友奥托·穆勒莱塞特之外，再现的要么是父母的敦促，要么只是一个孩子每日都会经历的琐事，没有任何个体性可言。试再举一例："这个女孩病得厉害。你要找女人。汉森巷2号。圣马克斯神父。克拉姆里希家的约瑟夫做了牧师。眼睛下青紫。"

这里涉及的显然是初次性经历，甚至都不足以称之为经历。如果从齐佛尔的回忆录推测布莱希特的生平，那么将是空想而不真实的。但《逃亡者对话》在传记学的历史上标志着一次跳跃式的上升，齐佛尔虽然相信，同无产者相比，他利用有产者的经验可以更好地适应生活，但又必须认识到，这一模式，甚至是现代派的模式，是失败的。他这里真正想说些什么？

卡勒就其"语言片段（Sprach-Stücke）"问道，这些有何相互关联："您就简单地把出现在您头脑中的事物记录下来吗？"卡勒怀疑，正如布莱希特对1920年代市民文学的批判，齐佛尔用他的"大杂烩"罗列"美丽的图像和芬芳的词汇"，并将其恣意组合。齐佛尔："不可能。我会进行组织。但要利用材料。"有产者齐佛尔坚持，他不仅进行了艺术整理，也利用了"材料"，其实是想借此说明，正如蒙太奇中普遍的，他从现实片段的组合中发掘了材料的新意义，从而为青年人的生活传授了新见解。

对于齐佛尔的问题——他是否应将这些蒙太奇式作品归结成章，卡勒答道："有何意义？"齐佛尔反驳："它看起来太现代了。现代已经过时了。"他借此影射了被评价为过时的 1920 年代的市民现代派，因为纳粹和第二次世界大战使技术化或机械化扩展到了整个资本主义领域，从而终结了断篇模式，完全扯断了那些错误的联系；因为社会现实以非人道的方式变得不再有联系。齐佛尔原本意欲，正如他回忆录中其他的对话所证实的，保卫情节、历史和人性联系。但事实在此间已换了另一副模样。

面对在西线战场迅速挺近的德国军队——经比利时、荷兰进军法国北部（敦刻尔克），布莱希特 1940 年 6 月 3 日在《工作笔记》中记录，这不是德国军士精神的胜利，而是机械的胜利，它使"个人的战斗勇气变得多余。机械化让德国总参谋部无事可做，脱离了战士的个人品质和'部队精神'。军人从属于战斗工具，发动机'携带军人前进'。行动的准时性不再有赖于责任感的保障，而是通过秒表得到实现"。这里所必须的"精神""可以从工业日常培训中取消"。

作为戏剧和理论辩证探讨之间的新形式，《逃亡者对话》中的对话早已在德国文学史中证实了自己，因为它立足于欧洲历史的焦点，这片舞台 1941 年决定了世界历史的未来进程：占领斯堪的纳维亚后，德国国防军筹备进军苏联；日本突袭了美军舰队基地珍珠港。布莱希特的对话根据其特点逐一"踏遍"了欧洲的流亡国家（作为讽刺作品自然不十分严肃）：瑞士、法国、丹麦、瑞典和芬兰，涉及了所有决定性问题，从护照作为人"最高贵的部分"，到幽默感的必要性和战事报道，直到种族仇恨，布氏将对时事的记录同潜在的讽刺联系了起来。

传来柔和的、强弱交叠的美妙声音
若有若无
不能预料的冬日之旅：芬兰夏夜

　　由于反抗苏联的冬季战争，数十万逃亡者需要被安置，而且苏联的轰炸让近9万芬兰人无家可归，这里原则上没有德国流亡者的立足之地。但布莱希特身边庆幸的是，又奇迹般地出现了一些原来不曾认识的人和朋友，帮助他的家人和情人安身立命。某位法学家的妻子玛丽·佩卡拉（Mary Pekkala），作曲家西蒙·帕梅特（Simon Parmet），赫拉·沃里约基以及芬兰作家埃尔默·迪克托纽斯（Elmer Diktonius），图书商埃里克·奥尔索尼（Eric Olsoni），不仅帮助布莱希特在赫尔辛基的图罗区（Töölö）找到一处住所，还提供了布置住宅的家具，这些由海伦娜·魏格尔用一辆载重汽车搬回了家。住所位于典型的中产阶级社区，如魏格尔所说"从屋顶和烟囱上可以看到远处的海，像极了巴黎和塞纳河"。这虽然听起来不错，但仍然很有限，因为芬兰的供给储备愈发贫乏，而且也越来越依赖同德国的贸易。虽然受到德国的威胁，但苏联也根本不可能成为芬兰的政治伙伴。为此，布莱希特还同他的芬兰朋友进行了多次讨论。

　　布莱希特在芬兰并非不知名，早已被誉为经典作家。他成了一名享有特权的流亡者，尤其受到瑞典社民党人、布兰廷和《社会民主党人报》总编辑蔡司·霍格伦德（Zeth Höglund）向芬兰同志的推荐。很多帮助都是匿名的，宛若有家神①出现，至今也未能明确具体是哪些人提供了帮助。布莱希特用诗歌对这些帮助者表示了感

---

①　原文为"Heinzelmännchen"，即传说中身材如侏儒，在人们睡觉时助人做事的神。

谢，其中有两首诗歌的部分诗行尤其引人注意。其中一首是《施德芬诗集》中以《1940》为题的组诗第八首：

> 在逃离自己同胞的路途上
> 我来到了芬兰。
> 那些昨日还不相识的朋友，
> 在整洁的房间里架起了一些床铺。喇叭里，
> 我听到了渣滓胜利的报道。好奇地
> 我注视着世界地图。在高处的拉普兰
> 望向北冰洋的方向
> 我仍看到了一扇小门。

此外当 1942 年流亡的旅途没有按计划中的推进时，又有诗文：

> 芬兰的工人们
> 给了他床铺和一张书桌
> 苏联作家把他
> 和犹太淘金者送上开往洛杉矶的船
> 赠与他一件西装：屠杀者的敌人
> 找到了朋友。

两首诗歌是不断改变的流亡环境的重要记录，除此之外，布莱希特还在第二首诗中把芬兰的帮助者在意识形态上归结为匿名工人，但这在事实上并不可能。如果之前这些人还是不知名的朋友，在最后几行诗句中，到了结尾才被明确身份，这会令人产生一种“社会主义联合会”的想法，是联合会帮助流亡者度过了昏暗时代。而“那些”帮助布莱希特的苏联作家，不仅人数甚少，而且被斯大林无一

例外地命人杀害。美国的"淘金者"也不是工人，而是曾经的手工业者（裁缝），在洛杉矶经营干洗店，在这期间已经成为一名实业家。那么布莱希特想以此嘲弄谁呢？

布莱希特在图罗区获得的住所有四个房间，房子并不像记载中的那样小，其中最大的一间当然供布氏工作使用，海伦娜·魏格尔用内尔帷幕把厨房分成了两半，一半用来烹饪，另一半是卧室；就这样现代的舞台设计在日常生活中也有了用武之地。当具备了工作的前提条件后——布莱希特在旅馆中无法写作——他一心扑在《四川好人》上，以便能最终完稿。但事与愿违。芬兰的戏剧旺季已经结束，芬兰的夏季开始了，赫拉·沃里约基邀请布莱希特全家前往马勒柏克庄园。

根据所有的计划，这个夏季在芬兰的停留本应该很短暂。海伦娜·魏格尔在玛蒂尔达托尔顿号（Mathilda Thordén）上订了5个位子，这是一艘芬兰北美航线的小货船，只有很少的几个客舱，船1940年8月5日离开佩萨莫取道美国。露特·贝尔劳5月中旬来到赫尔辛基，由于她原本不在计划之内，布莱希特要求女朋友自己订一张同一艘海轮的票。如今，虽然海伦娜·魏格尔在瑞典已经尝试过，可第二个情人也无法被排除在外。贝尔劳不能返回丹麦，那将对她有生命危险。这个世界上，"红露特"除了布莱希特一家，再没有落脚之地，而且她精神也不稳定，虽然身体机能强健可以起到缓和症状的作用，但一些矛盾仍初露端倪。签证没有如期而至，船票必须退掉，后续旅途吉凶未卜。

布莱希特认为自己已经十分孤立无援，对离开首都去荒野之地不甚有兴趣，但他严重低估了芬兰的夏季。向着夏日的方向，赫尔辛基人去楼空，布氏最终明白，这里盛行着自然所赋予的生活习惯，那是他所无法抵制的。此外，从那个"时刻变更的"外部世界传来的消息愈加寡少。7月1日，还在赫尔辛基，布氏记录，起初还有一些报纸，

"奥地利、捷克斯洛伐克、瑞士、萨尔州的德语报纸",它们纷纷停刊了,然后是广播,"某一天,维也纳沉默了",接着是布拉格,最后是华沙,现在从奥斯陆和哥本哈根传来的只有德国——即纳粹——电台,巴黎再无消息:"法国陷落,一个世界大帝国在三周内垮台。"闪电战以雷霆之势推进,粉刷匠胜利的消息此起彼伏。明天打开收音机还能听什么?

　　7月5日,布莱希特一家和施德芬、贝尔劳共同前往马勒柏克庄园,庄园位于赫尔辛基北部120公里处的科萨拉(Kausala),这里几乎连一个村庄都算不上,除了庄园的房屋和别墅外只有田野和森林,还有一个湖和一条河。"我们居住和劳作在水边一个带有桦树园的别墅里,由于电台报道一周以来安然无事,秃鹫也没有食欲,我们可以完全投入自然之中,以轻松的方式。"此外还有一座驳船小桥和一座游泳的木板小桥,后者供桑拿房的使用者用来降温。在布莱希特的描写中:"庄园的房子,白色,两排大窗户,每排各八个,房子已经有百余年的历史,按照法兰西第一帝国的风格建造。房间都可以送进博物馆了。房子一旁是(大约80头)奶牛的巨大石质建筑,上部有草料窗口,载重汽车从这里填草料进去,还有先进的水箱设备,用铁和北方的红杉制成。"布莱希特一家和施德芬住在别墅,露特·贝尔劳起初居住在庄园,庄园里还有供娱乐使用的大空间沙龙。

　　对患病而且身体愈加虚弱的施德芬而言,去大自然郊游能令人恢复精神:"城市里浆果和蘑菇价格高昂,但在乡村我们自己寻找,想要多少就有多少。而且一分钱都不用花。这里还有一个巨大的菜园,需要什么就来采什么。"海伦娜·魏格尔仍负责做饭,但布莱希特担心,这里反而会让她更为劳累;一切都十分繁琐,炉子必须自己点,而且房子里也没有水。

　　据布莱希特在《工作笔记》中关于马勒柏克庄园及其周边环境

的记录，他不但不为换地方感到惋惜，反而于 1940 年 7 月 8 日在《工作笔记》中写道："可以理解此地人们为何如此热爱他们的景色。它是那么丰富，而且变幻莫测。水中鱼儿成群，参天的森林中飘来浆果和桦树的芬芳。……风几乎从未停止，而且吹过各种不同的植物、小草、果实、灌木和森林，所以传来柔和的、强弱交叠的美妙声音，若有若无，但一直存在着。"一个德国人在乡村期待些什么？宁静与舒适。布莱希特感知到些什么？"在外面我们都说这里宁静。但这里并非静止的；只是声响都更自然，草丛的窸窣声，鸟儿的啾啾声还有流水的声音。"

马勒柏克庄园并非与世隔绝。赫拉·沃里约基是位热情的女主人，整个夏季都让这里宾客如流。这些客人她自然也区别对待。房子是法兰西第一帝国风格的内部优雅布置，自然是社交集会地。当政客们——其中还有一些部长——前来，玩扑克也用不正派的伎俩叫牌，我们的住客就不能参加，因为布莱希特似乎见不得人。赫拉的女儿瓦普·图米额雅（Vappu Tuomioja）曾记录道："我眼中的布莱希特是个小个子、安静、几乎阴郁易怒的男人，他的脸上布满了讨厌的胡茬，如果向他表示敬仰，他总是毫不客气而理所当然地领受。"瓦普·图米额雅还补充道，他穿无领上衣，趿拉着拖鞋走路，玩扑克也一直跟不上。

但晚上桑拿过后的长谈阔论弥补了这一切。沃里约基是个有传奇经历的女人。布莱希特："沃里约基的故事太神妙了，这座庄园里人们的故事，这片曾经有一间锯木厂的森林的故事，都出自英雄的时代。沃里约基看起来美丽而智慧，总是纵声大笑讲述着简单人的心计和伶俐人的愚蠢，她不时会狡猾地眯起眼睛看人，她粗胖的手会伴随别人的讲话而做出流利的叙事性手势，仿佛在为只有她才能听到的音乐打节拍。"

露特·贝尔劳回忆，"那是如此的美妙，以至于布莱希特都闭上了嘴"。这也有数个原因；因为沃里约基讲述的故事都是布氏作品的原始材料，值得用心聆听，而且布莱希特还把这些记录下来。沃里约基回顾这段往事时如此描述玛格丽特·施德芬在这些讨论中的形象与作用："在我的书桌旁，在插满了马勒柏克的亨利奥夫人玫瑰（Madame-Henriot-Rose）的花瓶后，坐着小个子的玛格丽特·施德芬，布莱希特的女秘书，她在摆弄她的铅笔。（后来才明白，原来她在速记我的以及布莱希特的故事。）可怜的格丽特有一双真诚的大眼睛，总是微笑，对生活乐观，但她阳光般的泰然中，脸上却带着死亡的烙印。"

这样的夜晚布莱希特自然也有表现。如果能引起他的兴趣，他便开始聊起戏剧，模仿爱米尔·强宁斯（Emil Jannings）或者蒂莉·洛施（Tilly Losch）①："他爬到桌子上，发表讲话，在地板上爬行，用假音（头音）大叫，为我们表演美国的电影女明星。我们都笑出了眼泪，这出独角戏可以看数个小时而不知厌倦。"瓦普·图米额雅如此回忆那些被很多嬉闹丰富了的愉快夜晚。

我完全也有那些不解风月的时候

错乱关系的情爱学：

性爱的气味

1940 年 9 月中旬，在马勒柏克一定发生了一些糟糕的事情，资料虽然没有记载详细的始末，但仍有一些间接证据。首先后果很明确：露特·贝尔劳离开了庄园，再次住进了帐篷，其原因可能是女主人和布莱希特这位情人之间的争执。但布莱希特给贝尔劳的两

---

① 皆为同时期德语国家演员。

封信说明，事情也可能有其他的背景；两封信都写于 9 月 15 日。这里大家住得近在咫尺，每日必会碰面，书信这一方式表明布莱希特想避免任何的面对面的争执。但他与情人之间的不愉快一定闹得很激烈。

布莱希特的两封信十分粗暴。根据信件内容，贝尔劳很可能用性事来讨好布莱希特，而且引发了一系列难堪。布莱希特明确提到了贝尔劳在庄园或者近旁（桑拿房）筹划的"芬兰的夏夜"，据推测这可能发生于庄园的长谈会期间或者结束时。在第一封信中，布莱希特写道，"此时沉浸于工作之中，对性爱毫无兴趣，连对情色最无心的评论都令人无法忍受。我可以设置一个芬兰的夏夜，在这样的时刻，我认为你任何的念头都极不适宜，事实上还有辱蔑性。这当然是我的愚笨，但你必须包容它。我知道，你不相信我会有这样不解风月的时刻，或许还认为我的态度是欺骗或者伪善。这很不好"。

这是一个错乱关系的情爱学。贝尔劳期待，如果她要求，布莱希特就会满足她的性欲望；因为按照当时的性别角色分配，由女性提出献身的要求，而男性则满意地配合。根据以往的经验，贝尔劳没有计划到她的情人头脑中并非总是痴云腻雨，因而血液也没有充盈在所需要的器官上。布莱希特的信件在极度气愤和担忧一切遭到破坏间交替。

布莱希特的表述相当贴切；"极不适宜"，但表达中也显示了一些不确定性，"设置一个芬兰的夏夜"作何理解？如同《潘蒂拉》中的内容，这里自然暴露了性爱欲望，但"设置一个夜晚"？可以出现一个夜晚，或者利用一个夜晚，却无法谈及设立、建制任何夜晚。而且"事实上还有辱蔑性"这样的表达也绝不高明。这是说贝尔劳应该把拒绝算作布氏这一方的无能，还是因为精神工作而淡忘了肉体？还有一种猜测是布莱希特只是佯装拒绝，而且必须一再为此道歉。

贝尔劳在回忆录中声称，她主动离开庄园是为了更接近布莱希特，这与事实不相符；因为马勒柏克一带所有的道路都很短，短到人们无法相互回避。布莱希特最终十分气恼，而且收回了在斯德哥尔摩对贝尔劳的承诺，从此以后不再负责她的未来。在当时的境况下，这对贝尔劳而言意味着巨大的生存危机。布氏在 9 月 15 日的第二封信中对她说："我说'回家'仅仅指'离开'，赫尔辛基、斯德哥尔摩或者柏林都可以。这是很糟糕，但也没有**那么**糟糕。我当时疾言怒色。但你没有'回家'真好。"贝尔劳搬回帐篷是两人第一次情感危机的表现。

赫拉在一次长谈会上讲述了自己叔叔——富农鲁普·琼图拉（Roope Juntula）的故事。1926 年，沃里约基庆祝生日时请他来到庄园，当他酒醉时，对庄园的雇工们平易近人，在庆典的前一天还觉得没有喝够，驱车前往 17 公里外的科萨拉，据称是为了治疗自己家患猩红热的奶牛，搞到了一些合法的酒，继续痛饮起来（芬兰已经颁布了禁酒令）。沃里约基在其戏剧《锯屑公主》（Die Sägemehlprinzessin）中描写了鲁普叔叔喝酒的场面。当同露特·贝尔劳爆发争执时，布莱希特已经处于《潘蒂拉老爷和他的男仆马狄》（Herr Puntila und sein Knecht Matti，简称《潘蒂拉》）的创作之中。

在关于这部戏剧的多次争论中，布莱希特批评了庄园的女主人，"传统的戏剧技巧有碍于"喜剧效果，因此两人决定，改编并翻译这部戏剧。在施德芬完成抄录后，布莱希特独自负责了后续工作，并形成了初步修改。而最本质的改动在于：布莱希特消除了其中的分幕结构，进而改造为松散的各个场景的串联。司机的情节被沃里约基设置为虚假身份，所谓的司机卡勒事实上是出身富裕家庭的法学博士，因此适宜于一个符合社会等级的喜剧结局；而布莱希特则把这一人物安排为真正的仆从，也排除了大团圆结尾的可能性。

布莱希特最大的改编是潘蒂拉老爷这个人物，潘蒂拉老爷在第一个版本里是封建富农，也会同仆役们一起出力，而现在变身为大资本家。布莱希特的潘蒂拉老爷虽然也是庄园主，但生活在工业时代，可以支配和使用机器。他的仆役也因此成了领工资的工人，是生产资料的操作者，潘蒂拉老爷自然不再亲自参与生产，而是去支配这些人劳动。其中的社会关系其实早已资本化和工业化，所以人也被物化了。马狄曾在"鲱鱼演说（Heringsrede）"中说——这不仅仅有形而上的意义，鲱鱼是一种力量，推动"那些被称为雇工的机器运作，他们还不是永动机"。

布莱希特在 1940 年 9 月 24 日的《工作笔记》中记录，当赫拉·沃里约基第一次阅读自己的文本时，她"极为震惊"，几乎没有认出这改编自自己的戏剧，很犹豫地参与到芬兰语版的翻译中，两人10 月用这部戏剧投稿参赛，但并未入选。

表面上看这只是一出民间的酒鬼喜剧，类似卡尔·楚克迈尔的《欢乐的葡萄园》。但剧中喜怒无常的庄园主在"清醒袭来"时是蔑视人性的莽汉，而一旦酒醉，就立刻化身亲切和蔼之人，也就是说，布莱希特——同往常一样——在普遍人性的弱点中挖掘喜剧元素，似乎很不现实地遵循了自然主义的刻板模式和家庭画报心理学，即遵循了沃里约基版本中被视为错误的东西。但事实并非如此。

戏剧关注的核心是时事，完全面对不同的方向，材料中表面上的封建关系实指德意志民族。在同时代的关联性上与易北河东部的容克贵族相关，他们不仅在魏玛共和国时期能够维护自己倒行逆施的要求，而且还推动了魏玛共和国的没落和纳粹的兴起。兴登堡也属于这一集团，还曾下榻于他们的纽德克（Neudeck）庄园，兴登堡事后把纳粹组织在所谓的罗姆政变（Röhm-Putschs）① 中犯下的

---

① 又称"长剑之夜"，是发生于 1934 年 6 月底至 7 月初的清算行动，纳粹政权进行了一系列政治处决，恩斯特·罗姆被杀。

谋杀罪行合法化，从而将希特勒推上了国家总理的宝座，拆毁了法制国家最后的壁垒。

潘蒂拉这一人物时而自大目空一切，酒醉时气量豁达，时而清醒又陷于小市民的长吁短叹。酒醉时的善良没有人格基础，完全不能说明有两个灵魂住在他的胸底（他很可能一个也没有）。其中最有说服力的场景是潘蒂拉又在酒醉时吹嘘自己斥责在仆役市场上鞭打马匹的胖子："如此讨厌的一个胖子，满脸脓包，是个着实的资本家，还想离间我和我的一名工人。"潘蒂拉有些混淆了概念，他才是资本家，而胖子还以马车这一封建时代特色的车辆出行，这里潘蒂拉也暴露了自己把人作为牛马来奴役。看得到马被鞭笞，但潘蒂拉打他的工人则是不可见的，例如虽然他在雇工市场上承诺雇佣，但实际上并没有，或者当他开除同样醉酒的苏尔卡拉（Surkkala）时甚至都不用抬手。资本主义的暴力虽然不可见，但仍能造成影响。

在第二十轮，月亮也开始呕吐
它把池塘当作垃圾桶
两种语言的沉默：
苏联和德国夹缝中的芬兰，莫斯科

10月初，夏季结束，布莱希特一行又回到了赫尔辛基的小房子里，那里已经没有了玛格丽特·施德芬的容身之地，她只能栖身于赫拉处。施德芬多次病危，在1940和1941年之交尤为严重。后来虽有所恢复，但始终无法痊愈，她把在高烧中的梦境写成了一部短篇小说，就文学创作而言，流亡的悲苦已经根植于她的潜意识里。施德芬梦到在一艘永不靠岸的船上漂流，当她询问看守还有没有获救的可能时，得到的答案是：如果你能回答一个问题。她问是什么问题，就被带到了船舱内，在浓浓雾霭中出现了一些人影。他们是演员，想从施德芬那里得到一些"角色"。她回答，有太多角色了，然后历数了布莱希特在纳粹统治前创作的戏剧中的人物。当被问到自己最喜爱的戏剧时，施德芬没有回答其中的任何一部，说的全是流亡时期的作品，这些戏剧"由于时局不利，永远不会有被搬上舞台的机会"，但它们才是她"最喜爱的"。但它们无法上演，因为它们说了实话："哎呀，这些蕴藏着伟大角色的戏剧，当一切都不同了你们才有可能表演它们，但如何才能不同呢？因为只有通过你们的表演才能改变这一切。/ 脚下摇晃的地板裂开，我坠落，坠落，坠落。"这两页施德芬用打字机书写的故事被布莱希特贴在了他芬兰的工作笔记中，并附上了题目《为布莱希特1941年生日尝试历数他的戏剧》(*ein versuch der aufzählung seiner stücke zu brechts geburtstag 1941*)，并手写了补充说明"玛格丽特·施德芬作"。这一梦境表明了施德芬多么认同布莱希特的作品，而且从实际的戏剧工作中分离出来是多么的痛苦，毕竟她是通过戏剧工作才结识了布莱希特。

事实上施德芬再也没有康复，而且更加不利的是芬兰饮食水平也在直线下降。所有当时与她相处的人都看到了这是一位濒死之人，但布莱希特除外，他还在祈祷施德芬的康复，因为这实际上早已希望渺茫。布氏在这一问题上的态度完全是不现实的。施德芬一如既往地通过不知疲倦的工作进行自救，这一做法遵循了一句格言：工作是最好的良药。她目前还能够暂时蒙骗自己的身体，好似面对工作热情身体根本不存在。只要还有一丝可能，精神定会战胜肉体，这对所有唯心主义而言都是顺理成章的。

无论对健康还是对工作来说，雪上加霜的都是申请签证的艰辛，这已经成了持久的心理折磨。1940年末，在长期的苍黄翻覆之后，墨西哥签证终于辗转抵达了赫尔辛基；但得到签证的仅仅是布莱希特一家，没有人愿意接纳患病的施德芬，她看到自己已经被遗弃了："我很悲伤，看到自己将孤零零的不知所终，但有一点是明确的，如果布莱希特有去美国的机会，他一定要抓住。"贝尔劳依旧在丹麦申请美国签证，而且最终于 1941 年 3 月 29 日达成所愿。

1940 年 12 月 2 日，利翁·福伊希特万格终于历尽艰辛成功地逃到了美国（他在法国已经被拘留），福伊希特万格致信布莱希特："我们在这里尽一切努力把您接过来。……也会为了您的访问签证而继续努力。但向您强烈建议，不要耽搁，尽快起程。"福伊希特万格贡献出了自己在苏联的银行账户，而且已经发出了汇款，随时为布莱希特支付横贯西伯利亚大铁路行程的费用。此外，福伊希特万格还坚持另一项建议："亲爱的布莱希特，还有一件很重要的事情。如若携您的随行人员同往出现困难，那么，请您要遵循理智。不要犹豫，独自前来。我曾有过多次经验，家人不会走散，他们会像链条一样相互维系，如果某一人能成功地脱离险境，把家眷接来。"显然，布莱希特无论如何要把他所有追随者都带去的想法已经流传到了美国。在附言中，福伊希特万格还补充道，一位"金主"——德国电影导演和演员威廉·迪亚特尔（William/Whilhelm Dieterle），愿意为布莱希特的旅程出资，因此美国的访问签证只是时间问题。"我们在这里，一支小型的部队，在尽力帮您到底。"

但布莱希特决定，即便是逃亡墨西哥也一定要与格丽特同往。1941 年 4 月，为自己的不合群而致歉，布莱希特在致芬兰作家黑格·奥尔森（Hagar Olsson）的信中表述："我认为，您可以想象，这意味着什么，害怕将那个同你共度了漫长流亡之路的人独自——并不是永远地——留下自生自灭。"

1941 年 1 月初，布莱希特完成了《四川好人》的工作。在研究了美国经济和罪犯史后，布氏从 3 月 10~29 日写作了《阿尔吐·乌依的有限发迹》（*Aufhaltsamer Aufstieg des Arturo Ui*，简称《乌依》）；4月又润色了这部戏剧中的几首无韵诗。5月2日，布莱希特一家的移民签证抵达赫尔辛基，不可思议的是，5月12日，施德芬也收到了访问签证，赫拉·沃里约基断然订立了合同，将施德芬任命为自己的文学代理人，因此，美国官员似乎看到了她不久后会返回自己在芬兰工作岗位的保障。

　　在申请美国签证的艰辛中，布莱希特可能是共产党的嫌疑一直事关重大。1935年《母亲》在纽约的上演也起到了推波助澜的作用。这样的嫌疑在芬兰已经一再出现。最典型的是社民党女政治家西尔维-吉里基·基尔皮（Sylvi-Kyllikki Kilpi）的日记记录，她是流亡委员会的成员，在布氏流亡芬兰的最后一个月里时常出入布莱希特家，在日记中她记录了发生在马勒柏克庄园的一些争执。其中一个话题是特别法的问题，法律针对的是冬季战争 ① 末期的"和平过渡"时期。基尔皮维护这些法律，原因是其中大部分内容都是短期的，布莱希特笑道，"曾有一个女仆也这样维护自己的非婚子，说孩子还小。我们俩都笑了"。

　　而另一个问题则严肃得多：对德国人过境权的激烈讨论。"根据他们的（海伦娜和贝托尔特的）观点，我们得救离不开同苏联人建立的友好关系。"基尔皮意见相反，"我们宁死也不屈服于德国人或者苏联人的奴役"，而且表示，"布莱希特一家对芬兰当前政治局势的立场，及其同苏联绝对的友好"令她大为光火。基尔皮在1941年2月10日的这次争论之后几乎同布氏断交。布莱希特的观点是——海伦娜·魏格尔的想法或许更加决绝——德国纳粹决意要征服世界，将一大部分人作为下等人而奴役或谋杀，相比之下，斯大林的恐怖统治最终也是两害相权取其轻，而且布莱希特和魏格尔一再考虑到，

/ 383

---

① 1939年11月至1940年3月苏联与芬兰之间爆发了苏芬战争，芬兰战败，被迫割让部分领土，双方最终签订《莫斯科和平协定》。

与德国不同，苏联应该存在能在希特勒之后建立民主社会主义的无产阶级。

但 1941 年 5 月，社民党人没有阻止芬兰议会作出决议，为了驱逐占领区的苏联人，芬兰同德国结盟。1941 年 5 月 3 日，基尔皮写道："海伦娜·布莱希特突然前来，她完全陷入了恐慌状态。海伦娜说图尔库（Turku）前已经停了 12 艘德国战舰。"5 月 25 日，芬兰人同意赋予德国人权利，在芬兰的东部和北部边境驻扎德国军队以袭击苏联。6 月 22 日，德国进攻苏联，芬兰从这次他们所谓的"继续战争（Fortsetzungskrieg）"① 中收回了卡累利阿，但最终也没有给这里的人们带来安定。苏联在二战之后强制要求的条件相比冬季战争时将更多。除了在冬季战争中失去的领土，芬兰还被迫出让了整个拉普兰地区，丧失了北方唯一的入海口（因湾流而常年不封冻）以及不仅仅被德国人觊觎的镍矿储备。

虽然得到了芬兰朋友的帮助和包容，但这里受到广泛赞誉的自然景象也渐渐变得单调乏味。1941 年 4 月 14 日的复活节星期一，布莱希特在《工作笔记》中写道："春天，肮脏和生产的时期。有希望摆脱坐骨神经痛、臭虫和纳粹主义。"春季，一个通常被赞颂为自然萌芽和生长的季节，由于东道国坚持民族独立，这样的政治局势使这个春天失去了意义。芬兰人在两种语言（芬兰语和瑞典语）中都缄默不语，为了保护自己的国家而同最邪恶的敌人结盟，最后也事与愿违。由于较早得到了翻译，布莱希特的诗歌《芬兰舞》（*Finnischer Tanz*）在芬兰成为常被人引用的名言，而且似乎也符合芬兰人的民族性格：封闭与沉默；而且正如基尔皮的记录所证实的，要尽量避免任何争执。在布莱希特看来，这也是社会主义反对

---

① 苏联同芬兰之间 1941 年 6 月至 1944 年 9 月的战争，芬兰认为它是"冬季战争"的延续，因而称其为"继续战争"。

党的沉默，早在马勒柏克庄园就出现了令人作呕的诗句：

> 四周矗立的桦树令人毛骨悚然
> 初升的月亮也对此感到恶心。
> 在第二十轮，月亮也开始呕吐
> 它把池塘当作垃圾桶。

诗歌通过在芬兰夏夜对舞蹈的观察描写了"这个国家的风俗"。有一些成对的比喻，它们相互踩了对方的脚，因而受伤或者不能站稳：

> 爱国与耐心
> 在所有人中跳得最久
> 他们相互扶持，对视，紧密地拥抱
> 不然两人都会倒下。

这就是布莱希特眼中的芬兰。

施德芬拿到签证之后，布莱希特的营垒开始拔寨起营。5月15日，西尔维·吉里基·基尔皮还为此举行了短小的送别会，其间布莱希特再次"固执地"努力尝试改善芬兰同苏联的关系。基尔皮烦躁地评论道："同一些伟大的艺术家一样，在政治上他似乎是个门外汉。"在他们离开之后，布莱希特将托姆布洛克为《伽利略传》创作的一包素描画留给了基尔皮；当她来取的时候，察觉了"布莱希特离开后的空虚感"。

由于战争，佩萨莫港无法使用，布莱希特一行人必须取道苏联。经列宁格勒布莱希特5月17日抵达了莫斯科，并在这里筹划下一步的旅程，这当然由海伦娜·魏格尔负责，而布莱希特——由于无法在宾馆工作——要么乘计程车在城市里兜风，要么步行着探索莫斯科市中心，用来转移思想。布氏一家在莫斯科逗留至1941年5月30日，然后继续起程，对这一时期最好的描写出现在奥地利记者、作家胡戈·胡佩尔特（Hugo Huppert）的回忆录《将军二重身》（*Schach dem Doppelgänger*，1979）中，胡佩尔特在这段时间照料布莱希特，还有格丽特。虽然曾被拘禁和折磨，胡佩尔特依然选择留在苏联，因为正如流亡者每天都会自问的，到底哪里才能原则上保证日常的生存？据胡佩尔特记载，布莱希特"为紧张和不安所困扰"，对任何事物都不感兴趣，他毕竟不是游客，同每一个逃亡者一样都无比的疲惫。但渐渐也有所产出。细想来，剧作《伽利略传》、《大胆妈妈和她的孩子们》、《四川好人》、《潘蒂拉老爷和他的男仆马狄》以及《阿吐尔·乌依的有限发迹》都创作于这一昏暗时期，因此结论只有一个：布莱希特完全从动荡的年代中抢来了自己的艺术作品。

我们的流亡者刚到莫斯科，入住了宾馆的两居室套房后，施德芬的状况就开始恶化，起先搬入了宾馆的单人间，在那里进行治疗。隔离是非常重要的，因为要照顾芭芭拉和施特凡并不高涨的情绪，芭芭拉11岁，施特凡17岁，两名无所事事的中学生在陌生环境的狭小空间里，确实需要强大的精神支柱。当时席卷一切的混乱几乎无法想象。5月29日，施德芬再次昏倒，必须立即转入医院。布莱希特陪同她坐救护车来到莫斯科高山疗养院肺结核中心研究所，研究所坐落于野外，空气清新，施德芬在这里得到了苏联最好条件的医治，但由于只有六分之一的肺还能正常运作，等于没有了康复的可能。

布莱希特依然抱有希望，而施德芬的自我评价却截然相反。当胡佩尔特（在宾馆中已经开始）照料她，为她朗读马雅可夫斯基（Majakowski）的诗解闷时，施德芬就对他说："在我死之前，还有些话想对您说。""说这些时，"胡佩尔特写道，"她意味深长地看着我，头艰难地从枕头上抬起，我的后背一阵凉意。"布莱希特无论如何试图退换已经购得的船票，但施德芬坚持，大家已经因为长时间等待她不能继续上路，一定要大家先走。胡佩尔特："我几乎不能理解，一位濒死的女性如此重视和催促布莱希特一家应该立即起程，不要为她而担忧。不然她死不瞑目。"

米哈伊尔·阿普勒金（Michail Apletin）和玛利亚·奥斯滕承诺照料施德芬，他们也确实做到了，这样布莱希特一家和露特·贝尔劳终于在 1941 年 3 月 30 日踏上了沿西伯利亚大铁路前往符拉迪沃斯托克（Wladiwostok，海参崴）的旅途。日后得以证实，这也是走这条路——难道还有其他道路？——去美国绝对最后的机会，而且就目前已明了的局势而言，布莱希特若流亡苏联也无法幸免于难。当丈夫米哈伊尔·库尔佐夫 1939 年被捕，玛利亚·奥斯滕愚蠢地同养子来到了莫斯科，因为她认为这一切无非是一场误会，玛利亚·奥斯滕也在帮助施德芬后不久被捕，并作为所谓的法国间谍于 1942 年被枪毙。她的丈夫也早在 2 月即被斯大林的刽子手处决。

阿普勒金在布莱希特逃亡过程中扮演的角色令人不解。他在布莱希特获得签证的事宜上起了决定性作用，而且负担了大额的经济支出以购买车票，照顾施德芬直至其离世，同苏联作家协会总书记亚历山大·法捷耶夫（Alexander Fadejew）一起写了含有她死讯的电报。布莱希特在美国多次感谢阿普勒金的帮助，没有他的帮助，布莱希特——当然还有其他人——无法逃生。阿普勒金是苏联秘密警察一个偏远部门的领导，负责监视外国作家，并在发现他们有嫌疑时将他们送交斯大林的刽子手。他也是 1936 年撰写《对德国作家意见》的人物之一，这份意见直接导致了对恩斯特·奥特瓦尔特的死亡判决。阿普勒金一定曾声名显赫，布莱希特还与恩斯特·布什在玛利亚·奥斯滕事件上公开谴责他是"托洛茨基派"。而且，绝对是斯大林派社会主义现实主义典范作家的法捷耶夫也在布莱希特的戏剧性人生中登场，这让布氏的出逃更加扑朔迷离。

所有人都认为 / 那个德国人比台风更可怕

这与其说是游轮旅行，不如说是敢死队号令：
海上和海里的马克思

布莱希特一家和露特·贝尔劳踏上了西伯利亚大铁路为期10天的通往俄罗斯东岸的旅程。6月4日，布莱希特收到了前述电报：玛格丽特·施德芬当日早晨安然离世。尸检结果表明，长期以来，是她不知疲惫的精神支持她度过了逃离自己同胞中那些刽子手的残酷旅程。如若不是受到小市民无产阶级出身和无产者疾病的巨大阻碍，施德芬定会成为一名伟大的德国女作家。但她只会同布莱希特一同取得成就，因为是布氏发现了她的才华并为己所用，但正如施德芬那些高烧中的梦境所证实的，这也并不违背她的意愿。她微薄的作品也得到了保存，虽然仅仅是初露端倪，但仍十分出色。她创作于鲜活爱情对话中的十四行诗成了德国文学史上永存的内容。

1941年5月10日，火车沿西伯利亚大铁路抵达了符拉迪沃斯托克。布莱希特一家和露特·贝尔劳有惊无险地完成了旅程，这绝不是理所当然之事，因为同一条铁轨上还行驶着斯大林开往"古拉格群岛"的火车，里面曾坐着布莱希特的朋友们，卡罗拉·内尔，阿西娅·拉齐丝，米哈伊尔·库尔佐夫，谢尔盖·特列季雅科夫，他们此刻要么已经被谋杀，要么在劳造营里艰难度日。

6月13日，圣安妮强森号（S. S. Annie Johnson）入水，这是一艘有51个客舱的货船，其中38个客舱被预订。布莱希特一行人乘坐的是头等舱，对船上一应俱全的奢侈甚为愉悦，这还包括布莱希特总是使用的一座游泳池。露特·贝尔劳——与自己的讲述不符——独自使用一间客舱，享受着丰富的食物，特别是酒精饮料。在同汉斯·布格的谈话中，她还透露自己同船上的话务员有暧昧关系，这也再次证实了其回忆录的不可靠性。据称贝尔劳没有获得客舱，因而接受了话务员使用自己客舱的邀请，而话务员自然也懂得利用这次机会。但这些无足轻重。船上同行的还有奥地利社会主义者埃贡·布莱纳（Egon Breiner），布莱希特与其进行了深入的交谈，并日后在好莱坞与之一再相遇，向其朗读自己的新作以资评鉴。布莱希特船上的读物之一便是马克思，布莱希特在符拉迪沃斯托克的一家古董店里购买了一版马克思的著作（但具体有哪些作品没有得到记载）。

事实上，圣安妮强森号是最后一艘——自然也遇到了一些阻碍——从符拉迪沃斯托克开往美国的轮船。6月22日，起航后的第九天，希特勒的军队进攻苏联，此时船还没有行至马尼拉（Manila）。船在马尼拉卸下了一些货物，也重新装载了新的货物。日本潜水艇和战舰使得海路也并不安全，他们时常袭击被日本人断然称为"间谍船"的商船。此外，马尼拉港还被布雷封锁，在较长时间的等待后才能驶入港口。诗歌《台风》（Der Taifun）中描写了热带气旋迫使船只较长时间逗留在菲律宾，这同诗中提到的德国海盗船一样，都是纯粹的虚构，当地根本没有海盗船，布莱希特需要这些仅仅是为了结尾的"噱头"。在六天的停泊时间内，布莱希特和魏格尔有机会离开甲板，这是他们横渡大洋时唯一一次踏上亚洲大陆。贝尔劳和孩子们患上了腮腺炎无法外出。

在诗歌《流亡中的风景》（Landschaft des Exils）中，布莱希特提及了"被作了标记的马尼拉"。显然，这一区域随时可能发生集中了所有力量的公然军事行动，对此，马尼拉人民情绪紧张。离开马尼拉后，船只绕行吕宋岛（Insel Luzon）向北太平洋方向行驶5830海里到达了洛杉矶的圣佩德罗港（San Pedro），在露特·

贝尔劳的回忆中，这与其说是邮轮旅行，不如说是敢死队号令。在
1941 年 7 月 21 日 20 点 45 分驶入港口之前，据布莱纳称，布莱希
特把马克思的书籍扔进了大海，并解释道："我不想在美国官员那里
有任何困难。"这确实也没有发生。没有照例进行审问，美国官员仅
仅弄清了布莱希特的担保人持有足够的外汇，便发放了入境签证。

　　玛塔·福伊希特万格和亚历山大·格拉纳赫组成了欢迎委员会。
格拉纳赫和与其相熟的多萝西·汤普森（Dorothy Thompson）、弗
里茨·考特纳都在经济上支持布莱希特一家。考特纳写道："她，还
有尽微薄之力的我，成功地筹集了足够的钱，让布莱希特和他的家
人能够踏上来美国的道路。这是名副其实的雪中送炭。"威廉·迪
亚特尔承担了其他的旅费，还为布莱希特一家在好莱坞资助了第一
处住所。没有这些朋友和熟人无私的帮助，我们的流亡者几乎毫无
机会逃离希特勒和斯大林的残酷统治。但这些帮助也说明，在魏玛
共和国时期共同的合作为抗击纳粹蔑视人性的浩劫构建了人道主义
纽带。而且共同的艺术创作为所有的参与者奠定了相互帮助的基础，
布莱希特则享受了这一成果。此外，不能忘记的还有这些被四处驱
赶的流亡者拥有的几乎不可思议的幸运。

> *不自觉的，我在每一个丘陵带*
> *或者每一棵柠檬树上寻找小小的标价牌*
> **谎言中的公开贸易：必须合作**

　　格奥格尔·格罗兹早已断然否定了布莱希特对美国和美国生活
的设想，但踏上加利福尼亚这片土地时，布莱希特仍固执地坚持自
己对美国的印象。伊丽莎白·霍普特曼于 1934 年流亡美国，1939
年 3 月布莱希特还在斯文德堡时曾致信霍普特曼，已经开始为美国

作精神上的准备。布氏在当代美国文学中发现的是（温室里）"享有专利的鲜活植物，带有惊人的生命力（'你理解我的意思'）"："'浪漫'现实主义"。这一时期《工作笔记》的一则记录也支持这一观点：小说作家如詹姆斯·马拉翰·凯恩（James Mallahan Cain）、贺瑞斯·麦考伊（Horace McCoy）、约翰·斯坦贝克（John Steinbeck）和欧内斯特·海明威（Ernest Hemingway），这些人"现实主义"的标签都是加引号的，他们反对"对某种环境的通俗描写"，寄希望于"'放荡不羁'的描写能有全新的吸引力"；"以电影体验开始（最终以好莱坞结束）"。由于布莱希特列举的都是原文题目，所以这些作品，包括他的主要读物侦探小说，很可能都是英文原版。

/ 390

在同时期的札记《近期美国文学的"现实主义"》（Der »Realismus« der jüngeren amerikanischen Literatur）中，布氏也作出了阐释，"某些相当成功的书籍""不仅没有为生殖器挡上遮羞布，而且还刻画了一些'失败者'"。这些作家的态度"极为不道德"，布莱希特没有找到任何同黑帮作品有本质区别的东西。其中展现的只有"无原则性"，而且是"流氓资产阶级和流氓小市民，及其相对主义、无政府主义和血与土文学"的无原则。布氏还带有性别歧视地补充道："饥饿和情爱统治着这里的熙攘。"这当然是含有诋毁意义的评价，青年时期的布莱希特就曾同巴黎作家一起谴责过手淫的市民文学。对美国而言，生活不过是纯粹的自慰：前景不佳。

自 1941 年 7 月 21 日起，布莱希特可以当场审核自己的偏见了。受伊丽莎白·霍普特曼之托，亚历山大·格拉纳赫和多萝西·汤普森为布莱希特及其家人在好莱坞置办了一处住所（贝尔劳除外，她居住于附近）。最初是威廉·迪亚特尔资助布莱希特的日常开销。威廉·迪亚特尔向移民局作出了具结，只要这一家人没有自己的收入，自己每月向其支付 200 美元（第一所房子每月租金是 50 美元）。至于布莱希特还能从他的，特别是施德芬的莫斯科银行账户中取到多少钱，这完全没有被记载。但是由于除了旅费外还要支付施德芬的治疗，有理由猜测，那应该仅仅是不值一提的数额。美国的担保人在布莱希特能顺利入境的事宜上有着决定性意义。威廉·迪亚特尔同格罗兹类似，自 1930 年就离开了德国，成了好莱坞的知名电影导演，也已经把自己的名字美国化了。

虽然接待周到，但仍不能改善布莱希特一家预料中的坏情绪。在芬兰，身处郁郁森森的树林，面对桦树、浆果深受赞誉的清香和鱼群畅游的湖水，布莱希特仍让月亮在池塘里呕吐，因而对加利福尼亚同样也恶言相向："奇怪，我在这样的气候里无法呼吸。空气完全没有任何味道，也没有四季之分。间或，特别是乘车去比弗利山庄时，我也能感受到那'本该'迷人景色的一些风貌：丘陵温和的线条，柠檬树丛，一株加利福尼亚的橡树。"对美国的自然风光仍然没有积极的看法。

根据《工作笔记》中的记录，1941 年 11 月 18 日，作为老朋友为布莱希特一家倾尽全力的弗里茨·考特纳，为了让这位阴郁不定的作家打起精神，也给东道国以消极评价。考特纳被大家视作"忒耳西忒斯（Thersites）"①，他控诉"这里的气候；徐徐的春风，在这里，这片'上帝之乡'②，会瞬间变成龙卷风，摧毁一切；降雨稀少，但也会增长为末日般的大洪水；长时间的日照使头脑干涸，人们最终只能写出好莱坞电影，等等"。由于找到了可靠的老朋友，所有对这个国家的反感似乎得到了证实。

虽然布莱希特能察觉到"景色的一些风貌"，但对好莱坞和圣莫尼卡（Santa Monica）壮丽的海岸风景无动于衷，这显然同潘蒂拉的消极视角有关。潘蒂拉老爷对那些无法取得利润的事物视而不见，布莱希特在美国看到的自然出自能带来巨大收益的技术手段，

---

① 荷马史诗《伊利亚特》中的人物，希腊军队围困特洛伊时，经常挑衅阿伽门农，后被俄底修斯痛打。

② 原文为"God's Own Country"，指加州。

因而不应被称为"自然"："不自觉的，我在每一个丘陵带或者每一棵柠檬树上寻找小小的标价牌。这样的牌子也被贴到了人们身上。"这里有些不对头。

弗朗西斯·培根（Francis Bacon）提出了科学史上的经典准则：只有顺从自然，才能战胜自然，但在美国，这条准则也被颠覆为：只有忽视自然，才能战胜自然。利翁·福伊希特万格1942年写了小说《威尼斯，得克萨斯》（*Venedig，Texas*），描写了在沙漠中心的干涸之地建造一座城市，这里起初被设定为高雅艺术之都，后转变为一座娱乐中心，因其水道和威尼斯式的风光获取了无法估量的财富（类似拉斯维加斯）。在布莱希特对这个国家一无所知之时，他笔下的美国已经诞生了这样的城市：天堂之都马哈哥尼。"他们的自然都是人为的，因而使人产生一种更强烈的感受：自然被间离了。从迪亚特尔房子的窗户可以看到费尔南多山谷（Fernando Valley）；川流不息的汽车在这里形成了一条闪烁的光带，穿过自然；但大家知道，这里的绿色拜沙漠灌溉技术所赐。遭到一点儿破坏，沙漠就会显现出来：若不付水费，没有东西能够生长。"日后，当露特·贝尔劳在纽约居住和工作时，布莱希特曾对她说："此刻，即使无花果树，看起来都好像在讲述和兜售低级的谎言。"

/ 392

布莱希特不禁想到的另一个问题是商品艺术，其价值不再同使用价值相关，而是依赖于交换。也就是说，文化作何生产原本无足轻重，重要的是找到足够的买家，布莱希特在《人就是人》中以卖大象幼崽的例子已经对这一主题进行了加工处理。而两者的区别在于，魏玛共和国时期的这部戏剧，虽然引来非议，但试图向人们解释至此不为所知的市场关系，而在美国，交换价值公然踱步在媒体和市场宽阔的大道上："这个国家击溃了我的《图伊小说》。这里无需对出卖观点进行揭露。这种买卖赤裸裸地在四周蔓延。"

一个典型的例子：电影《卡萨布兰卡》（Casablanca）1942年

在美国影院上映，但由于观众缺乏兴趣而下线，这就像戏剧背景降入活板门一样。罗斯福总统和丘吉尔首相于 1943 年 1 月 24 日在卡萨布兰卡召开会议，面对德国的战争罪行，商定打击德国直至其"无条件"投降。由此，卡萨布兰卡这座城市也被推上了"巅峰"，制片人再次成功地大规模上映这部作品，并取得了巨大成就，当年问鼎 3 项奥斯卡奖。即使——使用价值上——顶级的商品，如果不能实现交换价值，也只能被埋没。如今《卡萨布兰卡》成了史上最佳的爱情电影，并获得了史上最佳电影第三名的佳绩。

另一个事件被布莱希特在 1941 年 10 月 22 日的《工作笔记》中记录为"完全商业化舞台"的实例。美国作家本·赫克特（Ben Hecht）在好莱坞出售剧本获得了巨大收益，"他走进一家酒吧，讲述了一个剧本计划，不过仅仅给出了一个环境（停尸间）和一些插科打诨的台词，立即就有一名同事说'本，算我 1000 美元'"，他竟然随身携带了 1000 美元。布莱希特得出结论："对金钱的态度暴露了这里的殖民地资本主义。感觉所有的人处身此地只是为了某日的离开。他们在美国也只是为了赚钱。这是一个到处漂泊的舞台，舞台上那些四处奔波的人为迷失的人表演。时间就是金钱，各种模式被组合在一起，而排练则纯粹是蒙太奇作品。在殖民地，无生活可言。"

布莱希特继续写道，从赫克特身上也可以获得经验，在纽约无法创作严肃的剧本。股市崩盘和罗斯福新政（1933~1941 年间为救助贫困的人民大众而推行的一系列经济及政治改革）的影响已经消耗殆尽，无法形成戏剧文学："百老汇取得了胜利，证明了自己有米特里达梯（Mithridate）[①] 的胃。搅屎棍成了掘金者。"（米特里达梯用每天服食少量毒药的方法来获得对毒物的免疫力。）

此时布莱希特还初次遇到了其他德国流亡者。在记者鲁尔福·

---

① 本都国王，罗马共和国末期地中海地区重要的政治人物，罗马最著名的敌人之一。

纽伦堡（Rolf Nürnberg）处，布莱希特与哲学家马克斯·霍克海默和社会学家弗里德里希·波洛克（Friedrich Pollock）相遇，这两人于1923年组建了社会研究院（Institut für Sozialforschung），流亡中在纽约的新址重新设立了这一机构。他们同音乐理论家、哲学家西奥多·W.阿多诺共同构成了知名的法兰克福学派。这一学院从事教学活动，出版杂志《哲学与社会科学研究》（*Studies in Philosophy and Social Science*），为很多流亡的科学家提供了收入和发表文章的机会。布莱希特认为法兰克福学派的革命性举动无非是——用阿多诺的话说——"对文字的过分迷恋"，他们的分析，无论是哲学性还是社会性的，都被布莱希特认为受到了唯心主义的影响。对布氏来说，他们是图伊主义的典型，布氏还立即向"双面小丑"（霍克海默和波洛克）表示了戏谑的欢迎：两人"钦佩唯物主义理念绝非出于自私自利的目的"。阿多诺在日后的戏剧《图兰朵》（*Turandot*）中化身为大图伊杜蒙卡（Munka Du）。

卡尔·柯尔施在纽约居住，试图在那里继续马克思主义研究，布莱希特在给柯尔施的信中挑起事端。布氏认为赫尔伯特·马尔库塞（Herbert Marcuse）、霍克海默、波洛克"除了对《图伊小说》之外，对其他都没有太多意义"。他们寄希望得到能在好莱坞拍摄的卢尔德镇（Lourdes）① 电影中的"神父角色"。"敌意像橙子一样肆意生长，而且也和橙子一样没有核。犹太人相互指责反犹主义，而雅利安德国人则相互指控'亲德意志主义（Philodeutschismus）'。——德布林时而提及家乡，指的却是法国。莱昂哈德·弗朗克（Leonhard Frank）看到好人在进行第二次世界大战，郑重宣布，必须从刚霍夫们［路德维希·刚霍夫（Ludwig Ganghofer），1917年去世，威廉二世时期很受欢迎的小说家］那里抢夺被他们占有的'某些重要领

---

① 法国最大的天主教朝圣地。

域'，写一部革命性的 'Boy-meets-girl'（男孩遇到女孩）故事。"

曾经的朋友之间关系如此混乱，甚至（部分）相互争执，这场面还缺少占星学。这也被免费送上了门：而且恰恰是在汉斯·赖欣巴哈（Hans Reichenbach）家，布莱希特 1941 年 10 月 26 日前去拜访他，赖欣巴哈是唯理论者，写作了世纪经典著作《科学哲学的兴起》（*Aufstieg der wissenschaftlichen Philosophie*）。赖欣巴哈"夸赞《伽利略传》中的物理学部分，和历史真实性"。当然在场的还有几位心理分析学家，谈话也必然转向了占星学："从对占星学的信任中会立即出现恋母情结——相信希特勒也类似；……赖欣巴哈说发表见解要进行 'wishful selection'（怀有希望的选择），但仍然用他的新逻辑宽恕了这些图腾崇拜者。"

事态进一步恶化。正当布莱希特发现这场被他称为"错误的战争"令人度日如年时，他在弗里茨·朗（Fritz Lang）的别墅中遇到了一些流亡者，他们正在专心听"英国王家占星师沃尔（Wohl，《柏林画报》前小说家），一个胖家伙，如何在 1940 年 5 月的星盘中找到了希特勒战胜法国的原因。布氏十分气恼，并反驳，希特勒在坦克和飞机上的优势在 4 月或者 6 月或许也同样突出"。这一时期纳粹的军队正在进军莫斯科，希姆莱给奥斯维辛的指挥官下令，用毒气装置工厂化地杀害犹太人，在德国，随着犹太星 ① 的实施，犹太人显然成了不受法律保护的人。如今已经明了，这场看似只局限在欧洲的战争扩展为世界大战只是时间问题。根据资料显示，布莱希特一直关注战争局势，这样的"降神会"对布氏而言简直匪夷所思，而且弗里茨·朗和其他不少德国流亡者还能享有如此富足的生活。布莱希特自始至终都走对抗路线，不愿向生活或居住在不同

---

① 黄色六角形标志，是纳粹德国统治期间，在纳粹影响下的欧洲国家内的犹太人被迫戴上的识别标记。

物质状况下的德国同胞妥协。

　　玛格丽特·施德芬的离世也是一个影响深远的重大事件，必定给布莱希特带来了很多精神上的苦恼，特别是，根据经验，虽然对露特·贝尔劳的组织才华没有任何诋毁之意，但她在共同工作中的创造力无法同施德芬相提并论。贝尔劳意欲独占布莱希特，并把其他每个女人视作闯入者，威胁为她所保留的地位，这也传染了海伦娜·魏格尔，而且变本加厉。此外，贝尔劳还指责魏格尔牺牲她而满足自己的利益，最终贝尔劳为每一件小事而歇斯底里地发作，所剩的，只有与布莱希特两人在性欲上的相互依赖。

/ 395

　　早已明了，海伦娜·魏格尔由于自己的条件，没有能力也没有机会从事舞台戏剧表演外的其他领域的工作。但她英语水平不行，无法在美国得到电影或舞台角色。而且魏格尔在美国也不值一提，按照好莱坞的标准还外表丑陋，太过男性化。因而魏格尔只能继续扮演家庭主妇的角色。由于能支配的钱很少，她必须到廉价的地方购物，在美国没有汽车这是完全不可能的，因此也意味着必须寻求他人的帮助，是萨尔卡·菲尔特（Salka Viertel）载她到洛杉矶的中央大市场；每周供饮食使用的钱只有25美元。很快魏格尔的厨艺就远近闻名，吸引了查尔斯·劳顿（Charles Laughton）——"让卡路里见鬼去吧"，（自然还有）萨尔卡和贝特霍尔德·菲尔特、弗里茨·考特纳及夫人约翰娜·霍福尔（Johanna Hofer），孩子们的朋友也慕名而来。桌上总是有香酥可口（但也富含卡路里）的维也纳烤鸡，还有布莱希特讨厌的蘑菇。

　　当日后魏格尔被问及，她在流亡过程中为布莱希特做过什么，回答很简洁："我总是善于烹饪。"但这也有失偏颇，因为魏格尔还担任了整理材料、校对文稿等对布莱希特作品相当有益的工作。这样，布莱希特同往常一样，尽可能地从家庭生活和每日的生活琐事中解脱出来，"跨媒体"地同孩子们互动，即为孩子们写一些诗歌和歌曲，由母亲为孩子们表演。也就是说，施特夫——施特凡的昵称——自然早已过了需要人为其朗读的年龄——这些活动对他来说主要是在丹麦时期——而芭芭拉还需要母亲很多的照顾，特别是她刚到美国就患上了结核病，回忆中格丽特长年病痛的悲剧看似又要重演。从此直至芭芭拉完全康复大约持续了一年（疾病幸好没有复发）。

这样，海伦娜·魏格尔至少还能与女儿重操旧业，布莱希特也有了书桌边的安宁。布氏的书桌也愈发狭小，相比之下，丹麦和瑞典，甚至芬兰的工作室都有较为宽敞的空间。根据布莱希特自己的判断，缺少工作环境阻碍了他的创作。但也有很多其他的困难和精神挫败，不仅使人心境不佳，也让工作失去了活力。

1941 年 8 月 1 日起，布莱希特一家搬进了圣莫尼卡 25 号街的小房子，房子闷不透风，门是丑陋的粉色——在别人眼中房子是什么样子没有得到记载；房子有一间工作室，这里只让人"能在工作中前进三步"，也就是说在这里无法进行正常的文学创作。但布莱希特必须忍受一年。回顾往事时，布莱希特 1942 年 4 月 21 日在《工作笔记》中记录："十年来我第一次不能井然有序地进行工作，这是十年颠沛的结局，也必然有其后果。"

每天，为了赚到面包 / 我乘车来到市场
这里卖的都是谎言
电影行业的尝试：失败了

由于戏剧作品在初期毫无希望，因而只能开发电影市场。被布莱希特设想为敲门砖的剧作《乌依》在美国无人问津。埃尔文·皮斯卡托尔——他也曾帮助过布莱希特入境——邀请布莱希特到他工作的纽约新学院（New Yorker New School）担任教师。但布莱希特在加州已经发现，如果去纽约，他没有足够的钱，也没有足够的教学经验，特别是在理论领域，而且同时也得到证实，洛杉矶比纽约的生活成本要低很多，因此他把《乌依》交给了皮斯卡托尔，希望或许能有所进展。皮斯卡托尔也为之付出了努力，希望有人能接受这部剧作，但最终一无所获。

　　布莱希特写作这部戏剧时身处芬兰，坚信已经找到了真正的美国风格，并且早已阅读了弗兰克·诺里斯的长篇小说《深渊》，布克·怀特（Bouck White）的虚构自传《丹尼尔·德鲁之书》和亨利·福特1935年关于其工作和生活的作品，还于1935年对美国侦探电影进行了深入"研究"。在美国，戏剧也必须适应娱乐工业，而娱乐工业对宣传和教育毫无兴趣，布莱希特力图创新的电影也早已存在。古斯塔夫斯·迈厄斯（Gustavus Myers）的《美国豪门巨富史》（History of the Great American Fortunes）是《乌依》的主要素材之一，迈厄斯给这部《美国豪门巨富史》添加了"结束语"："并非笔者由于内心的堕落而塑造了这里的故事，这是不可避免的事实。"（该书德文版译者可能指的是"不争的事实"。）迈厄斯继续写道，有很多评论家认为他在书中描写的巨额财富可能是通过贪污和犯罪积累而来，因而迈厄斯必须确认，很多著书立说的高校科学家"不费吹灰之力就能证实书中的事实"。所以那些姓氏，例如阿斯特（Astor）、洛克菲勒（Rockefeller）、摩根（Morgan）、范德比尔特（Vanderbilt）、卡耐基（Carnegie）、古尔德（Gould）、希尔（Hill）等，才名留青史，至今都有酒店、音乐厅、船只、基金会和图书馆因以他们命名而荣耀。

　　《乌依》以"白手起家"传记模式下一名黑帮成员的发迹为内容，而且同希特勒的崛起有众多相似之处。当美国被卷入二战只是时间问题时，布莱希特如何能指望凭借这部戏在美国深入人心，同时还作为一名"披露丑闻（muckraker）"的外国人呢？1941年2

月18日，美国通过了《租借法案》（Lend-Lease Act）①，根据法案内容，美国准备好向所有对德作战的国家提供武器、船只和飞机，其中主要是英国和苏联（此时尽管处于斯大林时期，美苏关系仍相对缓和）。根据这一法案，连同在大西洋的潜艇战以及整条战线的军备扩充，事实上已经意味着美国参战了，因此不可能像布莱希特所预想的那样，对这个国家进行根本性的批判。《乌依》因此也被宣告完结，在布莱希特有生之年没有被搬上舞台。战后布氏缩短了戏剧题目，剧作原名《阿尔吐·乌依的有限发迹》，后来题目中的定语被一笔划去。

此外，还要赶快向美国专家求助。其中最重要的是费迪南德·赖雅。1939年赖雅翻译了《第三帝国的恐惧与灾难》，但起初并无人问津。两人尝试共同创作一个电影故事《面包大王学烤面包》（*Der Brotkönig lernt Brotbacken*），英语片名为《大王的面包》（*The King's Bread*），这是乔·弗莱施哈克故事的无聊改编，创作这一故事的动因是布莱希特怀念他原本晚间经常食用的黄油面包片。布氏笔下的这个农民家庭在美国大都市中处处碰壁，妻子想到了这个主意，教面包大王烤面包。在布莱希特的原版中："居无定所之人不懂饮食。他们必须学习土地能带来什么。他们不需要真正的面包，因为这样的面包不能切片，他们需要的必定是面包片，可以走着或者站着很快吃掉。他们确实是居无定所之人。换工作像换靴子一样，建造房屋也只打算二十年，而且还住不满这个期限，他们的故乡并不在当地。"这个故事用英语写成，（几乎）是一篇完整的小说（电影脚本），但同布莱希特与赖雅，或者同其他人——如罗伯特·索伦（Robert Thoeren）和萨尔卡·菲尔特——的许多电影构思一

/ 398

---

① 即美国免费向英国、法国、中国、苏联和其他同盟国提供粮食和军需物资的法案。

样，虽有彼得·洛（Peter Lorre）、弗里茨·考特纳、奥斯卡·霍莫尔卡（Oskar Homolka）等人的关系，在好莱坞仍毫无希望。

下面的例子暗示了两人无法合作："我同德国演员、节目主持人罗伯特·索伦共同加工一则电影素材。极好的环境，极好的方法！他是世界最大的电影公司米高梅旗下工作室的作家。索伦有一座豪华的别墅，还有一间可供休息的养鸡场。"索伦"不停地夸夸其谈，毫无计划可言，认真地避免所有的思考（主人公面临以下可能性：他可以掌掴自己的母亲，或者让她怀孕，或者因为金钱而求她，或者不得不忍受她，或者为她而冒生命危险。他很老练地选择了第一种……）"，因为好莱坞明星关注的只有"提高报酬"。这样已经十分明确，在这种情况下，布莱希特会尽可能地避而远之，不可能形成任何有成效的合作。但仍有一些以《百慕大困扰》（Bermuda Troubles）为题的草稿，据露特·贝尔劳回忆，她也大量参与了其中的工作。但这个故事十分混乱，而且寥寥数页也显得这并非诚意之作。

此外还有保罗·锡纳（Paul Czinner）。锡纳自 1940 年同妻子伊丽莎白·贝尔格纳（Elisabeth Bergner）流亡美国，主要在百老汇工作，根据《工作笔记》1942 年 4 月 11 日的记录，锡纳 1941 年底向布莱希特讲述了"一个电影的开篇（故事由催眠术而起），并问我是否愿意为之构想后续情节"。布氏表示愿意，并据称同锡纳和贝尔格纳共同工作了数周，直至故事完成。"据贝尔格纳称，她向几个美国人讲述了这个故事，以听取意见"，但又很快对此失去了兴趣，忙于其他工作。"现在贝尔格纳又跟我说，我的电影被别人卖掉了，此人是怀尔德（Wilder）的朋友（怀尔德原本要和锡纳一起拍摄布莱希特的电影），卖掉的内容包括情节和一切细节，只是故事环境不同——不再以催眠术开篇。价格是 35000 美元。"但对此布莱希特无计可施，作为一个从敌国来的外国人，没有法律途径可以制裁这样的盗窃行为。这个电影的故事和一些粗略场景只以《实验》（*Das Experiment*）为题被记载下来。

另一事件则有关对电影构思和电影素材的大量购买，但这些又并非为了拍摄。这是好莱坞的实践经验，如此一来可以日后任意使用这些商品，"这好比一名面包师用他购买的烘焙用品烤面包：他可以根据对工具的不同理解烤制好面包或坏面包，或者瑞典制法的酥皮面包"。布莱希特1949年回到德国之后向再次相遇的友人汉斯·托姆布洛克讲述在好莱坞的经历。要处理原始资料这一点对托姆布洛克而言明白易懂，但他不能理解的是另一个事实，即布氏在美国卖出的其他一些电影材料，它们都封存在制片人的抽屉里，像烘焙材料一样毫无用武之地。托姆布洛克问："但他们又为何买你的东西呢，布莱希特？"布莱希特回答："他们拥有这些，原则上仅仅为了使其他公司无法购得。这些商品或许某天还能被别人用到，那样还能卖出高于购买价的好价钱。"但从这次交谈可以推断，布莱希特凭借向电影工业出卖不会被拍摄的电影剧本，赚取了足够生存度日的钱。

布莱希特一家在加州也并非茕茕孑立。很多德国流亡者都聚集在加州，因为这里的生活成本不高，而且四季如春，不需要花费取暖的费用，也不需要太多衣服——人们几乎穿睡衣就够了（布莱希特有时也给人这种印象），由于有廉价超市，食品的花费也很低。而且处境好的流亡者也热情好客，经常邀请像布莱希特一家这样资产较少的人来做客，他们1941~1942年的新年夜同福伊希特万格夫妇和亚历山大·格拉纳赫在锡纳家度过，1942~1943年也同艾斯勒夫妇、索伦夫妇、菲尔特夫妇在考特纳家跨年。

福伊希特万格夫妇在圣莫尼卡购买了一座墨西哥风格的大房子，也懂得利用这一优势在自己周围组建了德国流亡者的思想中心。从慕尼黑时期开始，玛塔·福伊希特万格在很多地方都是出色的女主人，而利翁则坐拥其他流亡者都不可比拟的万贯家财（即使托马斯·曼也没有达到这个水准）。当布莱希特与福伊希特万格相遇，两人的交锋虽然并无敌意，但也着实激烈。两人争执的中心问题是希特勒是否德国工业的傀儡，仅仅扮演着独裁者的角色；是否如福伊希特万格所坚信的，最终是历史记录者把这名傀儡般的小人物塑造成了历史的制造者。福伊希特万格向《科里尔周刊》（*Collier's*）投稿相关文章，但被作为"单凭主观愿望的想法"遭到拒绝。"他把希特勒描述为微不足道之人，仅仅是德国国防军无价值的传声筒，一名扮演元首的演员，等等。简而言之，希特勒并非什么'人物'。"布莱希特评论道，此处完全不可理解，"美国已经花费了400亿来除掉这个人，他如何能微不足道？"当时正值1941年11月，珍珠港事件还没有被载入史册。布氏和福伊希特万格的争论还在继续。1942年2月，福伊希特万格夫妇受邀到布莱希特家用晚餐，两人重新回到了这个问题，是否希特勒"仅仅是国防军雇来的无足轻重的戏子"。福伊希特万格指出了"元首"本质的一点，他在公共场合的出现，他用一切神态和停顿细心准备的演讲，演讲中渐渐上升的音量以及那些程式化重复的仪式性风格，这些对于福伊希特万格这样远处的观察者而言确实与表演类似。从莱妮·里芬施塔尔（Leni Riefenstahl）为国社党拍摄的宣传电影《意志的胜利》（*Triumph des Willens*，1934）和电视里录播的《新闻周报》（*Wochenschau*）中都可以看出，希特勒绝对练习过自己的出场方式，但并非在表演，而是愈加透彻地深入他的角色，直至最终在身体上和精神上都完全透支，必须由保镖阻隔那些欢呼的人群，因为他在完全筋疲力尽的状态下无法见人。

福伊希特万格坦率拒绝去关注这位自命的、遵循所谓"天意"的引诱者，这在很多层面上都可以理解，特别是在那个持久战争已经日渐显露的时期。但布莱希特不愿附和这种观点。因为他们讨论的这个人，直至战争爆发前，都用罪恶但后又被合法化的手段，成功地把法国人和英国人拉到了外交谈判桌上，联合了奥地利，吞并了"波希米亚和摩拉维亚"，同时也平息了美国的干预，因为美国人也不愿在如此短的时间之后再次陷入世界大战。此外，希特勒懂得向德国重工业承诺商业繁荣，还用虚假的诺言将右翼保守主义力量争取到自己一方，因此才被"荣称"为国家元首。

这次争论没有给两人的友谊蒙上阴影，凭借对此事的印象，布莱希特 1942 年 4 月写作了《我最无法遗忘的人物》(*My most unforgettable Character*)。小说以第一人称叙事者的视角虚构了布莱希特和福伊希特万格 1922 年在慕尼黑一家高档咖啡馆与"某位阿道夫·希特勒"相遇，"一个长相平平的男人，前额头发丑陋地脱落，面色不健康，仪态粗俗"，此人就坐在邻桌。布莱希特和福伊希特万格同其他文人和戏剧界人物在这一高档场所聚会，发觉了这位当地知名的宣传鼓动者，他经常发表反犹演讲。布莱希特一行人中有人曾听闻，希特勒在慕尼黑皇家演员弗里茨·巴瑟尔（Fritz Basil）处进行每小时 8 马克的学习，大家无视邻桌人能够听到的可能性，对其进行了嘲弄。当布莱希特一行人起身离开时，福伊希特万格伸手拿自己的大衣，希特勒从座位上跳起来，自觉地帮这位《犹太人苏斯》(*Jud Süß*)的作者穿上。

布莱希特知晓希特勒 1920 年代初期在公开场合露面时常十分笨拙、拘束，面对知名人士低声下气。直至 1922 年，希特勒糟糕的穿着和谈吐都令人侧目，他畏惧慕尼黑社会的轻视，在啤酒馆或者其他聚会场合半公开的演讲也大多被视为异类。1920 年代的演讲，以及之后的部分演讲，在内容上（战争责任问题、支付战争赔款、经济危机）和修辞上（开篇令人乏味地介绍政党历史，演讲第二部分主要诉诸情感，频繁使用数据和外来词，等等）都遵循同一个模式。后期，希特勒也仅仅有限制地摒弃了自己在着装、举止和演讲方式

/ 402

上的特点，更多的使它们显得具有教养，也因此受到了"上流社会"和部分知识分子的支持。对希特勒众说纷纭的评价还在继续，而且不仅仅局限于同福伊希特万格的谈话。

1941 年 12 月 7 日，日本袭击珍珠港——美国在夏威夷的海军基地。袭击非常突然和血腥，美国的太平洋舰队看似被大规模挫败。美国人民断然表示赞成和支持美国加入同盟国一方。布莱希特通过弗里茨·考特纳之子在 12 月 8 日获得了消息："当我们打开收音机，一切都明了了，我们再次回到了'这个世界上'。一个泱泱大国起身，在半梦半醒之间走向战争。街头，汽车司机们以一种特殊的姿势蹲着听收音机。考特纳在药店看到一名青年士兵，从包里掏出一个东西（他认为是一种护身符，其实是身份名牌），挂在脖子上，微笑着同人交谈。在世界上最大的工业国家加入战争的这几天，希特勒察觉到，俄罗斯的冬天真冷。"

同一天，报纸号外刊登了美国对日宣战的消息，布莱希特把标题页贴到了自己的《工作笔记》中；英国随即加入。当月 11 日，同日本结盟的德国和意大利对美宣战。1942 年 1 月 1 日，26 国在华盛顿签署了《联合国家宣言》（ Erklärung der Vereinten Nationen ），其中包括"四大国"（美国、英国、苏联、中国）以及从印度到南美直至澳大利亚的半个地球，这也构成了日后联合国的雏形。为了人类的生命、自由、独立，为了信仰宗教的自由，为了人权和平等，必须"彻底消除德国和日本的军事力量"；后来选用的规范语言是"无条件投降"。宣言展现了美国和英国坚定的意志，同时也得到了其他 24 国的赞同，用武装手段结束战争，将德国和日本军国主义永远扼杀。1943 年春，罗斯福和丘吉尔在卡萨布兰卡重申了战争目的："彻底摧毁德国、日本和意大利的战争能力与无条件接管德国、日本和意大利同样重要。这绝非意味着要灭绝那里的人民，但定要根除这些国家建立在征服和奴役其他民族基础上的意识形态。"

布莱希特立即作出了回应，同其他人——具体哪些人没有被记载——撰写了两页的宣言，包括 8 点。他们提出了以在"德国内部孤立纳粹和军国主义者"为目的的建议，由于 26 国宣言在世界范围上孤立了纳粹德国，这一行为必须推进到德国内部。"签署者全部来自德国，考虑到德国由于军事失败和愈发严重的经济枯竭，因抵抗骗子政权而长期完全受到压制的反对党代表了民众的大多数阶层，定会再次赢得势力。"

这些建议没有得到发表（原因不明）。作为替代，海因里希·曼、利翁·福伊希特万格和布莱希特 1942 年 2 月 9 日以电报的形式向德国人民发出了呼吁，纽约报纸《洲际新闻》(*Intercontinent News*) 在 3 月 19 日刊登了这篇电报。这是一则"求救信号，为了所有的人，也为了你们，德国人！你们把世界和自己都拖入了无限的不幸之中。很快将再也无法挽回，除非你们结束这一切。/ 只有你们可以终结这次最危险、最无意义的战争。/……战胜你们的元首吧，他使你们负担了仇恨和耻辱，将你们引入毁灭。"这是在 1942 年初；战争还要持续三年有余，而且已经超越了以往任何战争的规模。

从电影工业中或许能够有所斩获
如果能开一间都是老女人的妓院
人质电影：尽管困难重重，仍要坚持到底

美国的参战对这些来自敌国的外国人意味着危险；美国官员在珍珠港事件后立即拘留了流亡美国的日本人，由于日本袭击美国是绝对野心勃勃的，所以也不需对这些人表示同情。德国流亡者也可能同样被集体拘捕，但由于德国流亡人员在美国参战后——其实早已在 1941 年 2 月的《租借法案》后——便首先被视为希特勒的反对者，因此他们没有被打扰。但这并不说明大家是安全的，特别是那些被怀疑是共产党首脑的人物，例如布莱希特、汉斯和格尔哈特·艾斯勒（Gerhart Eisler）兄弟，以及所有曼氏家族的成员，包括拒绝成为联邦调查局线人的埃里卡·曼和同性恋的克劳斯·曼，甚至利翁·福伊希特万格也包括在内；联邦调查局监视他们，并寻找原由将其定罪，从而可以实施拘禁。

诗歌《关于移民的称呼》（*Über die Bezeichnung Emigranten*）就足以让联邦调查局怀疑布莱希特的可靠性，诗歌开篇如下：

> 我总认为人们给我们的称呼是错误的：移民。
> 这意味着移居国外的人。
> 但我们
> 并非出于自由的决定移居国外
> 选择另一个国家。
> 我们迁入一个国家，并非为了，或许，永远留下。
> 我们在逃亡。
> 我们被驱逐、被流放。
> 那个接纳我们的国家，不是家园，而是流亡地。

联邦调查局认为诗歌的作者视自身为非移民，因而在美国感到不适。这样的人和这样的自我理解引起了联邦调查局的怀疑，怀疑他们不愿适应"美国的生活方式"，进而有可能从事反美活动。美国联邦调查局局长的原话是："美国告诉那些人（流亡者），你们必须以美国人的方式生活。这涉及所有无耻意识形态的追随者，或者无论他们自己作何称呼。"由于布莱希特被归为共产党员，那么肯定具有所谓无耻的意识形态，因而也尤其危险。

根据布莱希特在联邦调查局的档案，他1941年12月8日曾在洛杉矶申请美国国籍。此举目的何在没有得到解释。这是布莱希特讨好美国当局、洗刷在联邦调查局嫌疑的计策？或者他确实想得到美国国籍？那么这很可能意味着布氏将被征兵入伍，与自己的同胞作战。

1942 年 5 月 27 日上午，捷克抵抗组织向"波希米亚和摩拉维亚保护国总督"、"党卫军副总指挥"，更确切地说应该是"布拉格屠夫"——莱因哈德·海德里希（Reinhard Heydrich）[①] 投掷了手榴弹，使其重伤。虽然在几次手术之后有了存活的可能，但海德里希还是于 6 月 4 日死于伤口感染。刺客在圣赛利尔（St. Cyrill）主教的帮助下，起初成功地藏身在教堂内。纳粹开始疯狂地寻找刺客，并启用了《紧急军事管制法》。与其他一些情况类似，纳粹也关押了人质，逼迫交出作案者，并在海德里希死后肆意枪杀布拉格居民，随后变本加厉。布拉格一个村落的所有成年男性全部被枪决，妇女则被送进集中营，利迪策村（Lidice）遭到完全摧毁。

刺杀的消息在全球甚嚣尘上，布莱希特也于当天通过《洛杉矶时报》（*Los Angeles Times*）晨版获悉。次日他已经开始同弗里茨·朗"在海边构思一部人质电影"（以海德里希在布拉格被处决为题），当时还没有确认莱因哈德的死亡，因此他死亡所引发的残酷后果也没有完全显现。显然对布莱希特而言，扣押人质事件必须从头开始调查。在布拉格扣留捷克市民作为人质构成了电影的中心：要么立即交出刺客，要么除掉这 437 名人质，这个数字是作者们为

---

① 党卫军的重要成员，地位仅次于希姆莱，因行事极为残酷，有着"金发的野兽""纳粹的斩首官""第三帝国的黑王子"等许多称号，希特勒有意培养其成为自己的接班人。在 1942 年 5 月 27 日夜同盟国的"猿人作战"中，其被英国派遣的捷克特工暗杀，于 6 月 4 日身亡。后希特勒展开疯狂报复，下令屠杀捷克利迪策村包括婴儿在内的所有村民，此次惨案即为 6 月 1 日国际儿童节的直接由来。

电影制定的。由于人质中有一些人知道刺客的身份，因此电影的情节围绕"1 对 437"的生存威胁展开。就此提出的问题是：为了杀死"布拉格屠夫"而使 437 条人命陷入危险，这合理吗？是否可以由这次事件推而广之，尽管会引发任何可能的可怕后果，但电影仍为起义而辩护，这或许能为一切受压迫者点燃起义的烽火。在这样的情况下不会有令人满意的解决方案，也就是说没有喜剧结局。但喜剧结局在好莱坞似乎是不言而喻的义务。这样一部反映不可调和矛盾并影射其多重意义的电影能通过吗？

弗里茨·朗立即研究了布莱希特的想法，但日后又再三强调这些都是自己的创意，两人在接下来的几天内制定了电影的"大纲"，即电影情节发展的梗概，不过只是大体上遵循事实，其中的细节就连两位作者也尚未知晓。这一电影方案开始实施，1942 年 7 月 14 日，朗和布莱希特签署了一份"同意书"，其中朗将布莱希特规定为自己的"雇员"，自己享有电影故事的一切权利。合同双方同意将布莱希特为电影所作的所有贡献在法律上规定为朗个人所有。布氏这样的机灵鬼从没有签署过如此不利的合同，他已经习惯了总为自己争取最佳条件。但这也说明布氏受生活所迫，而且好莱坞的商业惯例同他在魏玛共和国所习惯的也大相径庭。

布莱希特开始工作，起初是与弗里茨·朗一道。1942 年 6 月 29 日，布氏记录道："同习惯上一样，我每天从早 9 点到晚 7 点同弗里茨·朗一同创作一个人质的故事。"7 月初，已经完成了长达 100 页的德文版文学脚本，汉斯·菲尔特（Hans Viertel）——萨尔卡和贝特霍尔德·菲尔特的儿子将其翻译为英文，7 月 16 日在电影编剧协会（Screen Writers Guild）以《永不投降》（Never Surrender）为题被登记在册。剧本篇幅 95 页（由于翻译而相应地有所缩短），作者署名为朗和布莱希特。

布莱希特 7 月 20 日在《工作笔记》中记录："为了糊口，全部时间都和朗一起写的那个人质的故事。为此我应该得到 5000 美元，此外还有支付后续性工作的 3000 美元。"这只可能意味着，两人早已打算将文学脚本中的对话扩充为最终的分镜头剧本。虽然两人的英语没有传说中的那么差，但可能也不足以充分表达所思所想，因此朗雇了一名"母语者"，转而把布莱希特安排到"好莱坞拉斯帕尔玛斯街艺术家联合办公室（office von United Artists in Lapalmasstreet in Hollywood）"。这位可怜的人在那里遇到的不仅有"配有几个女秘书的炎热办公室"，还有一位美国"作家"，此人的任务是在语言上根据好莱坞的规则对布莱希特的文章进行润色："约翰·韦克斯利（John Wexley），他每月收入 1500 美元，人十分左倾和正派。"这是布莱希特起初对他的评价。韦克斯利 1907 年生人，在好莱坞是知名的电影剧本作家，曾是共产党员。对这次"随意的"，事实上是"强压"在他身上的工作，布莱希特记录道："首先我和他讨论了一组连续的镜头，他用英语口述给女秘书。她复印了四份，当我想要一份时，他开始编造一些幼稚的托词。纸张的页眉上悍然写着约翰·韦克斯利的名字和日期。"

1942 年 8 月 5 日，一部世界级电影的版权之争开始了，这也导致了布莱希特在电影剧本上的贡献被忽视，这部电影也被从他的作品表中删除。在电影成品中，布莱希特仅仅同弗里茨·朗一起被列为原始故事的作者；分镜头剧本作者是约翰·韦克斯利，虽然布莱希特在他的《工作笔记》中很好地记录了自己的原创思想和协助作用，而且弗里茨·朗的陈述也证实，90% 的剧本都源自布莱希特。最终，在弗里茨·朗的遗物中发现了绝对证实布莱希特和朗是著者的材料和剧本时，情况才得以改变。

但这一切是如何发生的呢？从合作的第一天，就开始为每一页文稿而斗争。布莱希特曾讲述，韦克斯利因为一个场景而需要德语的翻译稿，布莱希特就把稿件给了他。随后韦克斯利四处打电话说：

"我如果拿走了他需要的稿子，他没法子继续工作。事实证明，这点诡计将会付出高昂的代价。"虽然从这些评论中能推测出不信任之感，但布莱希特从当时直至10月中旬都同韦克斯利一同撰写剧本，当然大多数时间是在圣莫尼卡26号街的新居。布莱希特对合作仍表示满意，他致信卡尔·柯尔施："最初来到这里时，我囊中羞涩，现在可以赚些钱了，我正同弗里茨·朗一起创作剧本（我不知道最终在大屏幕上效果如何，但至少剧本看起来不赖）。"

但布莱希特完全没有识破韦克斯利的打算，他想确立自己作为独立作者的地位，因而不断攫取整篇文稿，并签上自己的名字，从一开始就在策划一场骗局。当布莱希特1943年1月在电影上映前夕得知片头字幕中并没有把自己列为剧本作者时，他向电影编剧协会提出控诉，要求索回自己的份额。在仲裁法庭前，弗里茨·朗和为电影作曲的汉斯·艾斯勒都为布莱希特作证。但韦克斯利作足了准备。他向法庭呈交了"自己的"文稿，从而提供了证实自己著作权的证据。法庭根本没有继续进行调查，也确信，同一名不久会离开这个国家的流亡者相比，判定韦克斯利为著者意义更大。唯一令布莱希特能得到些许安慰的是，当韦克斯利要求并最终得到了更高的报酬后，布氏事实上也因此获得了更多的经济份额，大约为10000美元甚至更高，而且还有特别稿酬。如此一来，日常糊口的花销至少有了保障。

对布莱希特而言，这部电影首先是为了展现无论进行怎样的血腥镇压，也不能遏止人民的反抗。他这次针对的并非工人阶级，而是人民大众，因此还想将这部人质电影命名为《相信人民》（*Vertraut dem Volke*）。刺杀最残暴的纳粹分子就已经证实，人民中蕴藏着反抗力量。这就是希望。

电影的情节推动以布莱希特的戏剧为基础，戏剧有双重立足点，为了塑造闪光的、难以理解的角色而拒绝设定人物性格。对当时的好莱坞习惯而言，电影由于另类而轰动一时。因为在好莱坞，通常会规矩地叙述电影故事，并通过人物特点和角色设定较为明确地标示人物善恶，对此并不会投入太多心思。汉斯·海因里希·冯·特瓦多夫斯基（Hans Heinrich von Twardowsky）十分老练地饰演了恶棍海德里希，但亚历山大·格拉纳赫饰演的盖世太保警官却较为人性化：他贪婪地狼吞虎咽吃饭，酗酒，沉溺于性爱，喜欢开玩笑，展现了淘气的幽默感。因此这个人物的矛盾引发了争议，无论是观众还是评论家都不清楚他们对此应如何理解。

但电影的整个情节更具有挑战性。反抗的"胜利"并非出于英雄主义的献身，也不是好莱坞电影中经常出现的道德"启蒙"，遵循"宁愿牺牲自己，也不殃及他人"的箴言；在这部电影中，胜利是源自处心积虑的两面派把戏。反抗小组想出了这个方案，为了在紧迫之下找到作案人，并将其移交盖世太保，从而救出人质，他们需要一个恶棍来顶罪，因而利用了反抗小组中一名富有的啤酒酿造者，他已经被证实是为盖世太保服务的双重间谍，但其本人没有觉察自己已经暴露。这样，反抗小组成员就可以利用两面派把戏和圈套编织一张颇具风险的谎言之网，变节者被这张网越捆越紧，直至他就是刺客的嫌疑似乎已经得到了证实。这张无形的网也使盖世太保最终采取行动。而完全不知情的牺牲品惊慌逃跑，在途中被击毙。整个事件也得到了平息。

但盖世太保仍然怀疑，他们是否处决了真正的刺客，因而开始了深入的调查，电影没有展现调查过程，但展现了调查结果，而且结果明确断定，处决之人并非刺客。结果没有公布，新任"帝国保护官"达鲁格（Daluege）往柏林向"党卫军全国领袖"希姆莱寄送了大量加密文件，并在附函中写道："人民受到最严酷的暴力措施后仍拒绝移交真正的刺客，面对这一事实，为了维护德国占领军的最高权威，我们只能两害相权取其轻"；事件也以此最终了结。就此，布莱希特和朗也为电影找到了一个折中的结局。①

凭借此片，布莱希特在好莱坞的电影工业中至少部分地贯彻了自己魏玛时代的戏剧革新，并在这里留下了自己的名字。但最终他对电影轻蔑的评价使得他的名字同这部经典电影的联系仅仅是边缘化的，这部惊悚片在某种程度上难掩其好莱坞制造的来源；同样也使得传言几十年都流传不破，布氏在好莱坞一败涂地。

野兽之美，更高意义上的无罪，
不应问询自然
《德意志战争初级读本》：战争报道忽视自然和人类

5月28日，《第三帝国的恐惧与灾难》所谓的"美国首演"通过自由德意志文学与艺术论坛（Tribüne für Freie Deutsche Literatur und Kunst）在纽约友好俱乐部（New Yorker Fraternal Clubhouse）举行。该剧由贝特霍尔德·菲尔特执导，戏剧的上演也是布莱希特在美国流亡期间第一次作为戏剧家被介绍给观众，当然仅限于德国和奥地利的流亡者。演出十分成功，而且加演了一场，随即被加入到了拯救流亡者的义演系列中。菲尔特评论道："美国参战的第一年，流亡者在纽约组织了'论坛'演出，这从多个方面看，在戏剧史上都是独一无二的。"这令人满心愉悦。

同样令人欣喜的是布莱希特1942年8月12日搬进了圣莫尼卡26号街的一所房子，在此居住到1947年10月16日，即美国流亡时期的终结。"这所房子是最古旧的之一，大约有三十年的历史，一座加利福尼亚的木屋，墙面是粉刷过的，第二层有四间卧室。我有

---

① 这部影片即《刽子手之死》（*Hangmen Algo Die*，1943）。

一间长长的工作室（近7米），我们立即把它粉刷成白色，配备了四张桌子。花园里是一些古树（胡椒树和无花果树）。房租每月60美元，比25号街贵了12美元50美分。"稍后他又记录道："房子很美。花园里又可以读卢克莱修（Lukrez）①了。"这意义重大，因为对布莱希特而言，在美国的"与世隔绝"似乎已经令自己的创作同古风时期的传统相结合变得不为可能。布莱希特还打算将露特·贝尔劳至少在夜间（偷偷地）接来自己身边，但此事也不了了之：1942年5月，贝尔劳前往纽约，试图在那里将布莱希特同他的家庭分开。

电影由于结局不尽如人意，遭到了审查的介入，虽然经过弗里茨·朗的游说，《刽子手之死》的损失并不严重，但对美国秘密警察而言，布莱希特从一开始就被确认为一名企图颠覆资本主义、建立共产主义国家的诗人，而且采用的是最刁奸的手段：阴谋破坏。《斯文德堡诗集》的《年代记》（*Chroniken*）中有首诗，名为《被全体水手拆除的奥斯卡瓦船》（*Abbau des Schiffes Oskawa durch die Mannschaft*），它成了上述罪名的证据。洛杉矶大区特工R.B.胡德（R.B.Hood，当地部门负责人）1943年4月16日制作了一份备忘录，想以此说服"清剿行动长官"约翰·埃德加·胡佛（John Edgar Hoover，此人在布莱希特的众多事宜上还将扮演重要角色），布莱希特是一名危险人物，应该尽快对其实施拘禁。胡德写道：这位先生是共产党的御用诗人，他的诗歌不仅为建设共产主义国家进行宣传，还提供了如何阴谋破坏美国财富的指导说明。这首诗展示了一次特殊事件，美国蒸汽船由于支付的酬劳过少，被自己的船员占领而毁灭。对整个事件的描写甚至可以被投射到美国的国家层面。而且符号也相符，因为船只经常被用来充当美国的国家象征。

更奇怪的是，这首诗和其他一些文学"证据"当时在美国完全

---

① 罗马共和国末期的诗人和哲学家，以哲理长诗《物性论》著称于世。

不为人知，因为这些文本仅存在于联邦调查局，因此可以说，直至非美活动调查委员会（House Un-American Activities Committee，HUAC，1947）凑集大量文稿为止，联邦调查局享有首次翻译布莱希特诗歌的"功绩"（当然翻译水平低劣），并在其中发现了企图对美国人民实施共产主义颠覆的隐秘内容。最令人匪夷所思的是，布莱希特这首被指控的诗歌恰恰以美国历史上的一则真实故事为题材。布氏最迟于 1920 年代已经认识到，不再是欧洲，而是美国将承担起资本主义的事业，1935 年他就让海伦娜·魏格尔购买了美国文学中有关阶级斗争的经典著作：路易斯·阿达米克（Louis Adamic）的《炸药——美国阶级暴力的故事》（*Dynamite: The Story of Class Violence in America*，纽约：1931）。阿达米克在书中以第一人称讲述了 1922 年亲身经历的故事，一群杂乱的水手酗酒、斗殴，在没有任何导航知识的情况下，开始拆卸一艘带有鲜肉冷藏设备的昂贵船只，最终只留了一堆废铁给公司的持有人，但并没有给美国联邦带来巨大的经济损失。布莱希特的诗句都加了双引号，用以清晰表明，这些是虚构的"目击者"阿达米克所说。

/ 411

布莱希特最重要的文学革新之一自然还有自流亡丹麦便开始书写的《工作笔记》，起始时间是 1938 年 7 月 20 日。同日记和随笔不同，《工作笔记》毫无例外用打字机写成，除了标题外全部使用小写，采用散页的纸张，收集整理在文件夹中，并非完全按时间顺序排列，但每张记录都标有日期。笔记的标题页上记录了流亡地和时间跨度，包括了布莱希特历经的各个流亡地：丹麦（1938 年 7 月 20 日至 1939 年 3 月 15 日），瑞典（1939 年 4 月 24 日至 1940 年 2 月 10 日），芬兰（1940 年 4 月 17 日至 1941 年 5 月 31 日），美国（1941 年 7 月 21 日至 1947 年 11 月 5 日），以及回国途中的瑞士（1947 年 12 月 16 日至 1948 年 10 月 20 日）和最终回到的柏林（1948 年 10 月 22 日至 1955 年 7 月 18 日）。

在丹麦的《工作笔记》中，布莱希特粘贴了一些个别的（私人）照片，其数量在瑞典也不断提升，在芬兰和美国的笔记中渐渐形成了一种模式，这些附件中的照片不再是插图，而是对时事的记录，虽然并非每每，但经常与布氏的作品形成联系。在 1940 年 10 月 15 日芬兰的《工作笔记》中，有两张从报纸上剪裁下来的照片，照片上希特勒（在一个德国家庭）的餐桌上享用菜肴，另一张是他在街头与一名女士握手致意。在粘贴的照片下有一首诗，为四行诗节，交替韵，五步抑扬格。这一诗歌形式源自古风时期的箴言诗，布莱希特的儿子施特凡 1940 年向父亲赠送了奥古斯特·厄勒尔（August Oehler）翻译的《墨勒阿格罗斯的花环》（*Kranz des Meleagros*），其中收录了大量的希腊箴言诗，由公元前 1 世纪的讽刺作家、箴言诗诗人墨勒阿格罗斯·冯·戈达拉（Meleagros von Gadara）所作，布莱希特从中也受到了启发。

古风时期的箴言诗大多出现于圣职典礼、墓地、神首柱和花瓶上，即同一定的客体相联系，在翻译成德语后似乎失去了根基。布莱希特 1940 年 8 月 28 日在《工作笔记》中写道："古希腊的箴言诗中，人造日用品毫无顾忌地成为诗歌的对象，武器也同样。猎人和战士把土地献给了神。无论箭射穿了人还是山鸡的胸膛，这没有区别。在我们的时代，道德顾虑尤其阻碍了那些咏物诗的出现。飞机之美有些可憎。"布莱希特此为何意？他从画报中剪下照片并粘贴，在《工作笔记》中把厄勒尔的翻译同这些当代战争照片组合起来。"弯弓与箭筒／射出来如此之多的死亡之箭"和"你这乌木而制的矛，立于此／你这杀戮的凶手"，布氏以上述内容同两张表现现代武器的照片形成对照。

这看似偶然的蒙太奇构成日后被称为"照片箴言诗（Fotoepigramm）"（《工作笔记》，1944 年 6 月 20 日）的雏形。这一手法的发明要早于概念。正如这一新体裁的起源，重要的是文本和图像完全不协调。弯弓同战斗机的驾驶舱有何联系？矛又同炮弹有何关联？虽然同样都是致命武器，但其间的差距仍是巨大的，曾经面对面的战斗（也具有致命的效果）被无名的大规模杀伤性武器所取代，不再需要任何勇气和人力的投入，其致命性作用如今被转让于机械，甚至不会被轰战机的操纵者所察觉。这使飞机之美变得可憎。那些对现代照片一无所知的古风时期的诗句，并非对照片作出阐释，而是要求读者去认识纵跨两千年历史的差距，并从中得出结论。同时，这些照片也得到了它们本身无法传达的含义，而如果想看透诗句、照片和两者不寻常的组合，那么读者必须更具主动性，这同剧院里的活跃观众类似；与"技术化（Technifizierung）"类似，布莱希特谈到了"活跃化（Aktivisierung）"。

布莱希特的照片（即使能够如此）也并非描摹战事，更多的是引用对真实战事进行加工的画报，这些画报宣称描写现实，但事实上，根据意图、党派的不同，不过是媒体虚构的战争报道，其中的照片或是插图，或是为报道提供的证明，也就是说其原本需要纪实性的特质，但其实并不具有。照片箴言诗具备多媒体的传播性，至今人们才隐约意识到其塑造事实的各种可能性，但布莱希特1944~1945年就已经完成了这样的世纪之作：《德意志战争初级读本》，此书1955年才得以出版。

最终的成书包括 69 首照片箴言诗，它不仅采用了文本和图像蒙太奇的组合方式，而且每首诗都有对开的两页，这使其关联性更加复杂。左侧一页是白色的，或是空白，或是印制了照片及其签名（如果有），大多数都是译文，因为是采自国外的画报，照片还经常包括一些其他配文，例如第四十二首诗，其中的照片还复制了《生活》（LIFE）杂志的题目、年号和刊号。全书都呈黑白色，书名页用简单的黑白线条表明，这些照片箴言诗也因此获得了更多的象征内涵。每首箴言诗包括白色的左侧页和黑色的右侧页，两者间的对比有众多显而易见的象征意义：左侧是和平、无罪、纯净，右侧是死亡、悲伤、无望，此外还有看似十分表面的含义：和平的（白色）一侧空无一物，或者仅仅寥寥数语，而右侧页面却或多或少地被填满，涂炭生灵的战争在这里得到了全面的展现，而且从中可以推断出书中没有明言的结论，人类的历史是战争的历史，和平其实从未真正到来，或者用大胆妈妈的话来说，不过是在战争的持续中喘口气，"和平"这一称谓名不副实。"你知道，一切最终仍是艰难。"

例如：第三首诗在白色的左侧页面上只有标题《西班牙1936》（*Spanien 1936*），而黑色的边框几乎填满了右侧的整个页面，因为照片本身很小，而且大面积地使用了黑色。照片上一名女性身着并不好看的针织或者钩织泳衣，头部位于照片的一角，但截掉了一部分，只能看到脸，她惊异地看着自己的手和脚掌，其中一只脚搭在右腿的膝盖上。手掌和脚掌都被染成了黑色。从背景中能看到这名女性是坐在海边的石头海岸上，因为能辨认出海水和浪花。箴言诗写道：

> 在西班牙的海岸，女人们
> 从海岸峭壁间出浴而来
> 发现手臂和胸部上黑色的油渍：
> 沉没船只最后的印记。

文本的大部分内容照片上都看不到。照片上的女性并非从浴场走出来，而是坐在海岸上，油渍覆盖的并非胳膊和胸部，而是手掌和脚掌，船只也毫无踪迹。那么问题是，为何文本和图像之间有如此出入呢？

首先，语言高雅：这名女性所谓自"海中出浴"，这一短语如果替换为日常语言，不应用"从水中走出来"，而应该说她"优雅地结束了沐浴"（浴室也无从可见）。手臂和胸部暗示着裸露，有女性性感之美的隐含意义，但照片并没有兑现这层隐义。女人的胸部并不诱人，而且被丑陋的泳衣遮盖，手臂只描绘了一只，在肩部被切断了，另一只手臂只能看到手。

"出浴而来"与"海上升起的维纳斯（Venus Anadyomene）"是类似表达的词组；维纳斯或是腿部站在海中，或者在海面上飞升，根据描绘的不同有的有贝壳，有的没有。维纳斯自然是全身裸露，发丝缠绕，突出了美丽、性感的胸部和诱人的下体，因为她是爱之女神，在海中浪花里出生，为了性爱之情而生。照片的6英寸版式采用了当时对观淫癖的表现方式，男人们流着口水透过锁孔呆视，裸体的女人让他们血脉贲张。这些在书中的照片上都没有。

文本所建构的关联性为照片添加了广泛的维度。此处仍然是与古风时期的对比以突出差异性，女神诞生于人迹未至的自然中，因为她源自自然，这与1936年西班牙的自然形成了对比，这里的法西斯在纳粹的支持下为第二次世界大战进行着演习。任何历史学的战争报道中都没有提到战争对自然与地貌的破坏。如果观看关于历史战争的电影，这一电影类型仅对战争数据感兴趣。战争报道（同样也包括图像记录）的话语显然仅仅是从战术策略层面讨论自然与地貌，对自然环境的破坏根本熟视无睹。即使战争报道提到破坏，也仅仅是那些断壁残垣的城市，例如对鹿特丹老城的破坏，城市的废墟反而被希特勒煞有介事地列入了"文化保护"计划。《德意志战争初级读本》的第七首诗仅仅展现了海洋，这片海域掩盖了"威瑟堡行动（Fall Weserübung）"①中死亡士兵的尸体。正如前文中的第三首诗，虽然内容完全不同，但这里的照片也清晰地表现了在美好的表象下早已掩藏了现代技术战争的毁灭性力量。

《德意志战争初级读本》是布莱希特责问纳粹血腥战争罪行的又一尝试。媒体为了蛊惑大众而歪曲事实，对此，必须进行揭露，而

---

① 德国在二战期间向挪威和丹麦发动的袭击，代号"Weserübung"。

且必须通过文学的技术化创造新的表现方式。纳粹阴险的宣传像往常一样维持了巨型的战争机器，文学新的表现方式使其在美学上能够得到展现，从而也有了与之斗争的可能。或者用露特·贝尔劳在前言中的话来说："资本主义用血腥的方式小心维护了大众对社会现状的无知，这使本书上千幅照片成了象形文字一般难以理解的插图，让不知情的读者们无法解读。"

天堂与地狱／可以融于一城
艺术卖淫：
毁灭了个人的自由

布莱希特不仅与好莱坞电影工业保持距离，对其深恶痛绝，甚至还将这份厌恶发展成了攻击性。美国不再是希望之邦，具有无尽的可能性，对于左翼或者具有社会批判性意识的艺术家来说，由于苏联无法成为流亡地，美国成了最后的得救机会，是流亡的终点站。例如卡尔·楚克迈尔就看到了"一个被标准化了的失去了想象力的国家，充斥着乏味的物质主义和毫无精神可言的机械化"，还有味同嚼蜡的食物，连像样的面包也没有，在心灵上和情爱上都十分冷漠，给楚克迈尔这样一个充满性欲望的人带来了无尽的失望。此外，构成潜在市场的 700 万说德语的同胞大多数来自加利福尼亚地区世代居住于此的移民，他们的美学品味仍停留在 19 世纪的故土小说、浪漫的伤感诗歌、《凉亭》(*Gartenlaube*)① 杂志式的文章和家族故事上。对这些人而言，海因里希·曼、斯蒂芬·茨威格、卡尔·楚

---

① 德国 19 世纪的著名画报杂志，小资产阶级派别的文学周刊，一般刊登可供全家共同阅读的文章。

克迈尔等人无人问津。这也就意味着，要么向好莱坞妥协，要么完全隐退。但又能以何为生呢？君特·安德斯（Günter Anders）如此描述在加利福尼亚的流亡："对过往的兴趣证实了人们对颠覆的喜好。"西奥多·W.阿多诺却发觉流亡美国或许还有一个可取之处，"摆脱欧洲特有的晦涩和异想天开"，但代价是可能要将自己的语言和思想"搅拌在精神理念混杂糅合的酱汁中"，其中自我只能作为"多彩个性（colourful personality）的识别符号"出现。

布莱希特时常思考该如何处理自己或许仍存在的地位和市场价值："我喜爱清晰明了，其缘由在于我不清晰的思考方式。我曾有一些独断专行，因为我急需引导。我的思想很容易迷惘，但把这些说出来不会使我感到不安，令我不安的反而是那些迷惘。当我有了一些发现，又立即会对其激烈驳斥，痛苦地对一切提出质疑，之前我会孩子气地感到高兴，至少——正如我对自己所说——我还保留了一些卑微的要求。有一些话语，例如只有吃了才知道这是不是布丁，或者生命是蛋白质的存在方式，总能使我平复，直至再次陷入麻烦之中。还有那些在人与人之间突然发生的场景，事实上我把它们写下来，是因为否则我对此会没有清晰的想象。"

布莱希特这样的自我理解或许能解释他的工作方法，即用表述的过程来检验思路，而且在这一过程中仍不断进行思考和斟酌，可以说是不断重复，不断循环。布莱希特发展了一种遗忘的艺术，它反而矛盾地一再呼唤被遗忘事物的实体，使其恰恰因此无法被忘记。布莱希特保持对已知事物的陌生感，从而不断从中得到新发现。他当时大量未曾发表的文章都并非由于流亡期间不得不面对的出版境况，或者出于对流亡环境的顾虑，而是由于文章本未完成，必须一再重新开始反思，或者不断重复准备和总结的双倍工作。汉斯·艾斯勒在同汉斯·布格的谈话中将布莱希特的思维进程描述为思维弯路："这一思维方式的固执和困难——弯路——对布莱希特极为重要。在这条迂回曲折的道路上经常能得出惊人的结论，而且是十分简单的结论。"

无论如何，自 4 月起，汉斯·艾斯勒"这位幽默而智慧的老朋友"再次来到了布莱希特身边。艾斯勒完成了在纽约的项目，前来好莱坞寻找新的事业机遇，有希望获得洛杉矶南加州大学（University of Southern California）的一个教授席位，但在 1944 年此事才有所成。而且布莱希特也可能是艾斯勒迁居的原因之一，因为两人又一次开始了紧密的合作。艾斯勒坚定地拒绝为情感服务的音乐，所以猛扑向布莱希特的《施德芬诗集》。诗集中收录了布莱希特 1938~1940 年创作的诗歌，由玛格丽特·施德芬整理，在施德芬死后为纪念她而以"施德芬"命名，汉斯·艾斯勒也一同对其中的诗歌进行了修改。布莱希特 1940 年 8 月 22 日在芬兰的《工作笔记》中记录，对于这些诗歌，"箴言隽永而风趣的效果解除了抒情诗人追求抒情效果的义务，这里的表达或多或少是纲要性的，词语间的张力消失了，如果从抒情的角度观察，选词也完全不精心，因为抒情也可以是幽默的。诗人仅仅代表自己"。布莱希特将这一诗学技法称为"语言清洗（Sprachwaschung）"，也就是说，所有的情调都消失了，语言被压缩到了极限，由于放弃了押韵，形式也极具张力，而内容上将自然描写与当时的战事结合起来，抒情主体或成为无名的观察者，或——同布莱希特本人接近——明确地自称"讲述主体（sprechendes Ich）"，这一主体不断同周围不得不面对的环境发生摩擦。下面是两个例子。

雾气蒙住了
街道
杨树
农庄和
大炮。

这看似是一首描写自然的诗；自然，指1940年流亡芬兰，当德国战舰在斯堪的纳维亚的海域破浪前进时，这里的自然受到了大炮的威胁。诗歌在形式上采用了严格的排比序列，这样至少需要三个诗行才能构成序列；两个太少，而再多一个又会太多。开篇诗行朴实地点出了雾气弥漫的图景，很可能是在早晨，初看是一幅自然景观。第四诗行由于"和"字同序列中其他诗行产生了差异，由于其在句末的位置反而得到了突出和强调，将其实不应该属于这一序列的内容联系起来，既同这一序列相矛盾，又在表达上具有一致性。在自然景象中能看到战争带来的社会反常。在真正的破坏开始前，享受自然的体验已经遭到了破坏。

> 海峡旁的柳树上
> 在这春天的夜晚时常有小鸦在啼鸣。
> 农民们迷信
> 人若将不久于世
> 小鸦会来报信
> 我知道，关于那些统治者
> 我说了实情。我，
> 死亡之鸟已经不需要
> 再来报信了。

抒情主体明确地站了出来，面对丹麦农民的迷信，他强调了自己的信念，而且共分为三步。小鸦的啼鸣最初仅仅是被察觉，而后根据迷信想法对其进行了阐释，最终又被抒情主体评判为多余。艾斯勒也在布莱希特诗歌的页面边缘写道："我同样也已经知道。"形式上，诗歌采用了重复和坚决的对立，而且通过两次使用否定词"不"进行了强调突出。同时，"我"在诗句中也位于句末，在句法上独立出来，在形式上也同农民的迷信予以区别。

　　艾斯勒的谱曲（只涉及钢琴和人声声部）在钢琴声部中加入了强烈的不和谐音，赋予了人声声部以反思性特点，以此对抒情主体的自我确信（Selbstgewissheit）提出异议。此外，艾斯勒让"我说了实情"和"农民们迷信"采用了同样的速度演唱，他还删除了"关于那些统治者"，仅仅一般性地强调了"我"的强进入，如此一来，此处文本和音乐就出现了冲突；抒情主体的孤立没有得到音乐的支持。1942 年 7 月 26 日，布莱希特在《工作笔记》中记录了艾斯勒日后被称为《好莱坞歌本》（*Hollywooder Liederbuch*）的创作："他讲述了，这些诗歌如何在较长时间的推敲后才得到了完善。就像演出之于剧本，对我而言，他的谱曲犹如一次测试。他阅读得十分细致。最后提到的诗中，他反对'作品'一词，当我把它换为'诗歌'或者'诗句'时他才满意。在诗歌《海峡边的柳树上》（*In den Weiden am Sund*）他删除了'关于统治者'一句，他认为这首诗这样会更加纯净。我个人并不确定，这样是否会产生纯净的效果，这一点有待争论，或许诗歌会失去其历史孤立性。1940 年组诗中的第三首诗题为《佛兰德之雾》（*Nebel in Flandern*），也被批评令人费解，直到我把题目改为了《佛兰德风光 1940》（*Flandrische Landschaft 1940*）。"

　　艾斯勒需要给他的音乐带来现实基础的文本，这些文本美国当时（几乎只有）布莱希特能够创作，艾斯勒对文本的处理产生了一种丹麦、芬兰的自然美与流亡者越发无望的现实之间的分裂效果。但艾斯勒——连同布莱希特——把流亡理解为"希望的复杂工艺"。好莱坞是"公开的寂寞"之地，人们在这里百无聊赖，日复一日，或许拜访一些朋友可以打破这种状态，例如去考特纳家、福伊希特万格家、迪亚特尔家，但曼一家除外，虽然这个家庭中有海因里希、埃里卡、克劳斯、托马斯，在文学领域人才济济。

　　回忆往事时，在同布格的交谈中，艾斯勒把无聊厌倦比喻为伟大艺术创作的发动机。如果整日无所事事，最终除了辛苦工作之外别无选择，至少一天 12 个小时，而且全是白费劲？不，艾斯勒和布莱希特一致认为，或许要过二十年或者更多，或许那时候他们已经往生，但终有时日他们的艺术会迎接自己时代的到来。艾斯勒的原话为："流亡时期最重要的灵感并非来自对阶级关系的认识，或者来自真实——我希望——而且高尚的反对法西斯、支持社会主义的斗争，而是来自折磨人的——作为马克思主义者要实事求是——一名流亡者痛苦的寂寞，他一天有 12 个小时只能端详自己。这就是创造性的力量。"

　　最迟自好莱坞时期开始，哀歌（Elegie）①进入了布莱希特的作品之中，而且直至他盛年早逝都起着决定性作用。艾斯勒是发起人，事已至此，那么"在好莱坞永恒春天的混沌中"哀歌又重新有了现实意义："这里是必须写作哀歌的典型场所"，还有"我们必须创作些什么。在好莱坞并非就不受惩罚了，这些都要随之记录下来。"而艾斯勒发觉，对布莱希特而言生活也是"无所事事"："无聊让他身体上出现了病态。"因此，布莱希特在 8 月和 9 月写了《好莱坞哀歌》（Hollywoodelegien），艾斯勒立即为之谱曲，他从《最后一支哀歌》（Letzte Elegie）开始：

/ 420

　　　　四城区之上，
　　　　盘旋于九天之外，歼击机。
　　　　防御的。
　　　　贪婪和苦难的恶臭，
　　　　无法涌向它们。

───────────────

①　西方的一种诗歌体裁，源于古希腊的挽歌。

四城区指组成洛杉矶市的四个城区，其中也包括布莱希特居住的圣莫尼卡以及好莱坞。在上空盘旋的歼击机也被赋予了其他意义，即作为"老大哥在注视着你"[1]的工具被投入使用，而且并非出于宣传中所说的防卫。"防御的"构成了一个省略句，通过标点符号同诗歌首句的句法分离。监察机制一方面时时刻刻提醒民众，他们被控制，没有什么比耳畔总是充斥着飞机不停盘旋的噪音更恼人，另一方面，由于飞机高的惊人，怨气冲天的悲苦也不会被感知。

对此的诊断为：美国虽然加入了反法西斯斗争，以彻底打倒法西斯势力为目标，但完全没有准备允许本国人民享有个人和政治自由。竞争和监视使每一个个体都承担了爱国主义义务，这令意识形态上追求自由和个人发展的誓言贻笑大方，所有在美国的德国新移民几乎都感受了这一点。恰恰是这个国家，这个把"自由"和"合众为一（E pluribus Unum）"书写在自己旗帜上的国家，在要求无条件的妥协和服从。利翁·福伊希特万格用他的《感染力》（Pep，1924~1928）组诗，嘲笑了美国意识形态上对社会权力关系的游辞巧饰，讽刺其以总体构成国家象征，进而呼吁要相信"健康的直觉（gesunde Instinkte）"，由社会一体化替代个体性。福伊希特万格认为美国所追求的整齐划一比苏联还要恶劣，而且在诗歌《艺术》（Kunst）中，将为自己国旗上有多颗星而自豪的美国同只有一颗星的苏联等同起来。

1942 年 9 月，布莱希特把自己创作的哀歌拿给奥地利作家汉斯·维格（Hans Winge）参详——这位作家当时在一家洗衣厂里做工为生。维格说："它们就好像是从火星上写来的。"布莱希特对此如此阐释："这一'距离'并非作者个人所有，而是由这座城市带来的：这里几乎所有的居民都有这种距离感。居住不能使一座房子成

---

[1]　"Big Brother is watching you"是乔治·奥威尔的小说《1984》中随处可见的标语，意指侵犯隐私的监视行为，假看护之名、行侵犯人权、实施暴政之实。

为自己的财产，这要靠支票。房主能支配这些房子，又不会总在这里居住。房子不过是车库的扩建。"

根据这一体裁的传统，哀歌一般以悲伤的情绪反思和回顾更美好的过往，以现代视角控诉过往的遗失。相反，艾斯勒和布莱希特的哀歌，目的在于至少点出时事政治中的矫饰伪行，因为已经不可能再去揭露"政治的美学化"，它已经被大肆兜售。除了被黑格尔定义为"反思性世界观察"的哀歌外，已无他法。

同时，战争在动荡中进入到第三个年头。1940年秋，英国人第一次轰炸柏林，空战就此开始（参见《德意志战争初级读本》第二十二首照片箴言诗）。同盟国也开始系统性地空袭德国城市，例如1942年4月的吕贝克和5月末的科隆，9月1日斯大林格勒战役打响，1942年11月，斯大林格勒被苏联军队合围。最晚从这一时刻算起，希特勒的军队已经输掉了战争。之后继续的不过是希特勒的又一罪行，命令"他的"人民"坚持下去"，这个民族直至1945年5月几乎都无力反抗，任人宰割。

对此布莱希特的立场如何？1942年6月初，他记录道："报纸上出现了越来越多的文章，对战后的时光寄予了厚望。由于战争目的而得到了充分开发和按比例分配，生产展现了巨大的能力。……为了繁荣我们的工业，战争是必须的，各个国家都惊讶地看到了自己的成就……"事实上，所有参战国都展现了几乎难以置信的承受能力。斯大林把"伟大卫国战争"中的杀戮嫁祸于他对匮乏和苦难已经安常习故的臣民，如此一来，他们能够愿意继续遭受非人的辛劳，仍将斯大林尊为"国父"，因为他自称保卫了苏联免受那些自称为统治者种族的奴役。相反，资本主义国家，仍继续大肆剥削劳动力，就好像战争原本不存在一样，因为商业贸易还一如既往地继续。即使德国也是如此，虽然食品短缺，破坏日益加剧。那些留在家乡的人民依然耐心地等待着承诺中"胜利的结局"。

　　此刻工人阶级又在哪里呢？1942年初，布莱希特开始思考，这一阶级还可能留下什么："阶级这一概念，或许由于它是上个千年构想中的概念，如今使用起来已太过机械化。纯统计学上的德国工人阶级概念已经不复存在，但它又根深蒂固：工会和政党习惯了计算成员人数。其政治概念也失去了价值，因为它的必要前提是形成组织和'民主的国家形式'，即可受统治阶级调度的'各势力的自由较量'。"此外，"阶级的经济概念"也遭到了战争经济的破坏。阶级本身还存在，但仅仅出于没有无产阶级便无法进行战争这一事实并不能推导出结论——不会发动"不同情无产阶级的战争"，也就是说，无产阶级不曾有过阶级意识，更谈不上洞悉自己的处境，因而完全不能被称为无产阶级。当布莱希特之后写道，只能寄希望于无产阶级的"自我主动性"，它将清除战争的失利；这只能推断，战争早已使概念混乱到无从辨识。布莱希特使用的这些早已过时的概念，在真实事件中也再无体现。

　　布莱希特陷入如此的矛盾之中，同他再次与汉斯·艾斯勒合作有关。艾斯勒——无论出于何种原因——同布莱希特一样从未成为共产党员，但执着地同共产党一样坚信无产阶级终将获得胜利。对布莱希特而言，这是老朋友的重聚，两人的合作极具创造性，而且获得了可喜的成果。为什么不在好莱坞这个完全不合时宜之地搞一些阶级斗争呢？艾斯勒甚至认为，他可以利用《好莱坞歌本》中对荷尔德林诗歌的谱曲拯救"民族（Volk）"这一概念，并宣称辩证法不过是"正常的人类理解，是对立精神"："辩证法向来是最具民族性的事物"，这并不可能，原本这里指的应该是"最具无产阶级精神的"，因而，这一时期为荷尔德林的祖国赞歌谱曲也符合现实的辩证法，此时，祖国遭到了蹂躏，而"民族"这一概念也早已沉入了纳粹意识形态的血腥沼泽。

　　像布莱希特一样每日受到天真信念洗礼之人，为何能对理想主义充耳不闻？他（还）不愿意接受德意志民族会坚持到那苦难的结局？
此外，他还生活在这样一个国家，在这里他完全没有立足之地。这一
状况使布莱希特对周遭的环境有了清醒的认识，而世界局势和德国国
内血腥的迫害却被推到了远方。1941 年中期，希特勒已经命令纳粹分
子建立工厂式屠杀犹太人的毒气设备，并在年底命令犹太居民从事强
制劳动，由此一些德国公司获得了巨大的收益，如法本（IG Farben）、
巴斯夫（BASF）或者拜耳（Bayer）。同时，德国的城市却深陷在废墟
中，魏玛市的居民甚至没有嗅到布痕瓦尔德（Buchenwald）集中营燃
烧尸体的臭气，更谈不上大屠杀。对流亡者而言，事实上（几乎只有）
寄希望于苏联红军战胜希特勒的野蛮之军，苏联红军开始迫使苏联人
民成为奴隶，进行长期的压榨。不是斯大林，而是希特勒曾在 1941 年
划定了未来的前线。最终，对左翼知识分子而言，只有斯大林成了希
望，因为他们正亲身忍受着美国的民主之苦。

布莱希特每日都面临着被拘禁的危险。联邦调查局局长约翰·
埃德加·胡佛一直通过个人努力试图向司法部门告发这位作家是反
美的共产主义者，必须拘禁起来。但胡佛遭到了拒绝。司法部门拒
绝发布逮捕令，而且理由十分罕见：这名违法者虽然是共产主义者，
但同美国政府共有一致的反法西斯立场，因而没有拘捕的缘由。这
是在 1943 年 6 月 26 日。最迟在 1943 年 5 月，海伦娜·魏格尔发觉，
联邦调查局除了通过那些在汽车里打盹的特务实施监视之外，还
在布氏家的电话上安装了窃听器。为了捉弄这些密探，魏格尔和
玛塔·福伊希特万格约定，有机会就在电话交谈中穿插朗读一些波
兰餐谱的片段，这样窃听的人一定会认为两位女士在商定密谋。当
然两人都不懂她们念了些什么，但联邦调查局或多或少会陷入恐慌，
几乎无法想象这些官员能够理解其中的玩笑。

/ 424

1943 年 8 月 10 日，阿尔弗雷德·德布林迎来了他的 65 岁诞辰。
最迟从 1920 年起，布莱希特多少成了德布林小说的热情读者，称

赞其对时事词汇的使用，还有长久坐着辛苦工作的耐力，完成了如此的长篇巨著。流亡期间，曾经功成名就的德布林处境悲惨。他在法国战役中失去了两个儿子，他的书也无人问津，而且很大程度上以赊借为生。大家必须帮助他。在艾斯勒同布格谈话之后，是布莱希特，"一位出色的朋友"，一再敦促，"天啊，我们现在必须庆祝德布林的诞辰"，并且询问艾斯勒能否提供资助。艾斯勒说服了他的朋友——完全不认识德布林的钢琴家爱德华·斯图尔曼（Eduard Steuerman）——来演奏汉斯为此特别创作的乐曲。

海伦娜·魏格尔和伊丽莎白·赖欣巴哈（Elisabeth Reichenbach）——哲学家汉斯（Hans）的妻子——共同组织了这次庆祝，安排在蒙塔纳大街（Montana Avenue）的剧场（Play House）中。由于布莱希特想为海伦娜·魏格尔至少创造一次小的登台机会，魏格尔朗读了布氏的生日祝词，并以此向德布林致以了崇高的敬意："无论同任何人相比，我从德布林那里都获悉了更多叙事的本质。他的叙事文学，甚至他关于叙事文学的理论都深刻影响了我的戏剧，在英国、美国和斯堪的纳维亚戏剧中都能发觉他的影响，这些国家的戏剧当然也受到了我的影响。"最后一句评论对布莱希特是必须的，这是为了不贬低自己。此外，海因里希·曼、弗里茨·考特纳、彼得·洛、亚历山大·格拉纳赫和路德维希·哈特（Ludwig Hardt）也发表了讲话或表演了朗诵，这是一届十分成功的晚会，直至不和谐出现了。最终晚会的主角德布林发表了一席震惊四座的宗教讲话，其中德布林道歉，自己对纳粹的崛起也负有责任，"因为我当时没有寻求神的帮助"。显然，美国尤其活跃的传教士成功软化了德布林原本极具批判性精神的头脑。

这次事件之后，艾斯勒极为愤怒，气愤布莱希特不断纠缠他"为这样一个蠢人写音乐作品"，而且还让他可怜的朋友斯图尔曼不去海边度假，而是来这里演奏钢琴，所有人都参与进来，甚至海因里希和托马斯·曼、福伊希特万格夫妇、布兰迪娜·埃宾格尔（Blandine Ebinger）都演唱了柏林的香颂歌曲，然后就出现了那满是宗教意味的当头一棒："那是一次悲惨事件。我听到他说，我应该寻求上帝的帮助。/ 这对我来说太过分了。/ 我不愿在报告厅里吵嚷，但仍粗莽地离开了观众席，布莱希特向我发出'嘘'声，但我仍离开了，并且就像人们说的，'令人侧目'。"布莱希特为此写了诗歌《尴尬事件》（*Peinlicher Vorfall*），这也又一次真切反映了艾斯勒和布莱希特在加利福尼亚的流亡。

> 当最高的神灵中有一位迎来了他万年华诞
> 我与我的朋友、学生来给他庆贺
> 在他面前歌舞，诵读诗篇
> 气氛感人。宴会接近尾声。
> 此时这位神灵走上那属于艺术家们的讲台
> 大声
> 面对我如沐汗水的朋友和学生
> 说，他刚刚有所顿悟，从此皈依宗教
> 匆忙之中
> 他挑衅地给自己戴上了被虫蛀的教士礼帽
> 猥琐地跪在地上
> 开始无耻地演唱一首放肆的教堂歌曲，
> 伤害了他非宗教听众的情感
> 其中还有许多青少年。
> 　　　　三天来
> 我不敢，
> 在朋友和学生眼前露面，
> 我感到羞愧。

这首诗歌无需过多评论，表现了对这位贵宾及其东道国道德虚假的不满。他试图适应表面的宗教仪式，理所当然地要求对其敬畏，因此也奚落了生日聚会上不相信这些无稽之谈的所有参与者，而且对此还毫无觉察。

> 我只是还不知道
> 应该朝你开枪还是让你滚蛋

百老汇的帅克：
嘲弄希特勒

在观看了 1926 年由卡尔·拉马奇（Carl Lamac）执导的捷克电影和 1928 年由皮斯卡托尔执导的戏剧后，1929 年，库尔特·魏尔就曾想将雅洛斯拉夫·哈谢克（Jaroslav Hašek）的《好兵帅克》谱曲改编为歌剧，魏尔 1929 年 12 月 1 日致信环球出版社："一部蹩脚的电影和汉斯·莱曼（Hans Reimann）更蹩脚的戏剧只采用了士兵帅克 300 次经历中的两到三个情节，甚至都不能提醒我自己可以发挥的内容：利用某一个幽默人物展现战争的巨大谬误。"魏尔还补充道，布莱希特也对这一计划很感兴趣，愿意同他一起写作剧本。"这部伟大的小说，绝对是战争创造的很有价值的作品，但至今没有得到舞台上的开发。"但此事暂且搁置了。

1942 年 10 月，魏尔和布莱希特在好莱坞重聚，相约拾起这个陈年计划。布莱希特 1943 年前往魏尔居住的新城（New City，纽约郊区）。之前布莱希特就已经寄来了诗歌《士兵的妻子得到什么》（*Und was bekam des Soldaten Weib*），魏尔为之谱曲，犹太时事评论员曼弗雷德·乔治（Manfred George）和恩斯特·约瑟夫·奥夫里希特（Ernst Josef Aufricht）在纽约组织了娱乐节目《我们反击》（*We fight back*），为了纪念焚书事件十周年而上演了滑稽短剧《帅克精神永存》（*Schwejk's Spirit Lives On*），其中包括这首诗歌。歌曲由洛特·莱妮亚演唱，魏尔钢琴伴奏。埃尔文·皮斯卡托尔也不放弃《帅克》，一直在纽约为这一题材寻找舞台表演和拍电影的机会，但毫无成效。同时，皮斯卡托尔开始游说布莱希特和魏尔，并争取到了美国作家阿尔弗雷德·克兰伯格（Alfred Kreymborg），还想吸引布莱希特。但布莱希特再次拒绝了皮斯卡托尔，希望借助魏尔并且同魏尔一起——魏尔当时已经在百老汇取得了成功，1941年《黑暗中的女士》（*Lady in the Dark*）演出467场——立足纽约。

/ 427

1943年6月，布莱希特写作了第一版文稿，并多次修改直至秋季。奥夫里希特如此回忆这部临时性书稿："它是不成功的。布莱希特从《帅克》小说中抄写了成页的对话，然后杜撰了一个结局：帅克在冰雪覆盖的战场上遇到了苏联的希特勒，并同他交谈——构思上具有原创性，但无法实施。魏尔拒绝为之谱曲，我也否决了这个计划。"文稿多次修改，并由克兰伯格进行翻译，但1943年12月5日魏尔认为"并没有根本性的改变"，在美国的舞台上没有获得成功的机会，如此，魏尔和布莱希特的再度合作也终止了，或者说没有真正开始过。

尼尔斯·葛洛施（Nils Grosch）在这期间证实，魏尔同布莱希特的合作出现了困难，并警告他的妻子洛特·莱妮亚（两人1937年复婚）："要远离布莱希特。生命太短暂了。"但他最终也没有放弃在美国演出《帅克》的计划。相反，他的拒绝与其说是针对布莱希特的《帅克》剧本，不如说更多的是针对克兰伯格的翻译。因为魏尔在一封信中看似表达了最终的反对，但仍包含了一条使成功合作成为可能的条件："除非，美国顶尖的作家（本·赫克特级别的），能找到一条路径，将您在德语原文稿件中的幽默传递到英语之中。"

布莱希特确实也表示要给赫克特写信，劝说他一起合作。此事后果如何并没有得到记载。但这说明，魏尔认可德语原文表达中布莱希特的幽默，只是苦于没有适合的翻译。

而且原本的苦恼还在于，布莱希特无法下决心前往纽约几个月，在那里同魏尔一起为这部"音乐剧"创作文本和音乐。魏尔了解百老汇的美学原则，至少必须把他的经验带入这部戏的编剧工作中，而且两人都熟悉了以共同、互换的方式创作文本和音乐。《帅克》作为一部反对希特勒的音乐剧或许正合时宜，特别是美国电影已经为这一主题找到了怪诞的一面，而且反纳粹电影在美国参战之后也颇为景气。1940 年，查理·卓别林以《大独裁者》(*The Great Dictator*) 为题拍摄了一部讽刺希特勒的影片。1942 年，华特·迪士尼 (Walt Disney) 出品了一部荒唐的动画片《元首的真面目》(*Der Fuehrer's Face*)，片中唐老鸭梦到在一间德国弹药厂里工作，必须一直呼喊"希特勒万岁！"一部《帅克》电影很可能适应这一潮流。并不能因此确认在魏尔和布莱希特之间出现了决裂。相反，魏尔邀请布莱希特为 1948~1949 年的演出季写作《帅克》，而且所谓的《莫尔道河之歌》(*Moldaulied*)①——布莱希特最美的歌曲之一——没有魏尔在 1934 年写作的《塞纳河的叹息》(*Complainte de la Seine*) 将根本无法想象。

几乎在二十年之后（1961），汉斯·艾斯勒重新拾起这一素材，他在作曲上忠于了与布莱希特两人在 1943 年创作的剧本情节。艾斯勒强调，他的讽刺歌剧是介于"歌剧，必须是在布莱希特赋予这一概念意义上的"和"音乐性喜剧"之间的类型；布莱希特意义上的歌剧自然也是魏尔意义上的，即两人借《三毛钱歌剧》和《马哈哥尼》所确立的歌剧风格。一方面，艾斯勒的音乐继承了魏玛共和

---

① 莫尔道河即捷克语所称的伏尔塔瓦河。

国时期音乐戏剧的高水准，另一方面，又在战后贯彻了流亡时期失败的艺术尝试。凭借他的音乐，《帅克》在观众中取得了决定性的成功。

此外，1943 年库尔特·魏尔就赠与了我们这位潜在的合作者莱妮亚的法文唱片，其中包括他的塞纳河之歌还有其他一些（当时不出名的）法国香颂歌曲，布莱希特在创作文本期间为了"活跃情绪"会时常播放它们。除此之外，魏尔还一再努力在百老汇为《四川好人》谱曲，而且尝试在好莱坞"将《马哈哥尼》销售给电影产业，因为我想，这是让您赚到一些钱的好机会"。这是魏尔 1 月 30 日致布莱希特的信件。但两个计划艾斯勒都没有寄予太多成功的希望。被落在后面的还有深受挫败的皮斯卡托尔，布莱希特抢走了他最重要的合作伙伴——阿尔弗雷德·克兰伯格。皮斯卡托尔的《帅克》电影最终也不了了之。

四处造谣
明知这会痛伤每一个人
德国人的问题：
魔鬼的伎俩把它最好的品质变成了恶

1943 年 7 月 12~13 日，在克拉斯诺戈尔斯克（Krasnogorsk）举行了"自由德国全国委员会（Nationalkomitee Freies Deutschland）"的成立仪式。德国流亡者和战俘发表声明，他们的共同目标是，为颠覆纳粹独裁而斗争，在战后建立一个反法西斯的自由德国。因为这次会议，1943 年 8 月 1 日，在萨尔卡和贝特霍尔德·菲尔特夫妇家，托马斯·曼、海因里希·曼、利翁·福伊希特万格、布鲁诺·弗兰克（Bruno Frank）、汉斯·赖欣巴哈、路德维希·马尔库塞和贝托尔特·布莱希特聚集在一起，共同起草声明，声明中大家对"苏联境内德国战俘和流亡者的公告"表示赞同，"它号召德国人民，通过斗争迫使压迫者无条件投降，建立德国坚强的民主体制"。当天参加集会的人员还认为必须"对希特勒的统治及其相关阶层与德国人民之间进行严格的区分"。没有"坚强的德国民主体制"将不会有"长久的世界和平"。签名没有遵循字母顺序，曼氏兄弟为首，与福伊希特万格和弗兰克签在第一行，其他人在第二行。特别值得注意的是，布莱希特在这里签署了自己出生登记中的名字："Berthold"。

声明积极地去决断未来德国何去何从的要害问题，即"严格"区分希特勒的野蛮和德国人民。事实上，从前所未有的骇人战争罪行提出了这样的问题：为何一个民族不仅能忍受这样的"元首"，还在积极与其一同承担战争，谦顺地执行他的命令。这不应该意味着，不仅要令战争罪犯，也要令整个民族承担责任吗？托马斯·曼多次坚持，他 1943 年 12 月 10 日致布莱希特的信中也同样如此，他懂得区分德国人民和"容克、军国主义势力和大工业者这样背负罪责的权力组合"；而且，托马斯·曼同时也倾向于给德国人民钉上"本质上的内省性"标签，根据歌德"简要的定义"，在古典、健康与浪漫、病态之间踌躇不定："恶的德国，是走上歧途的善，是不幸、罪责和覆灭中的善。"德国本质中存在"迷惘的悖谬"，将"反对纯道德性的对生命力的颂扬"同"死亡亲缘性"合而为一，并"最坚定、最极端"地代表这一悖谬。最终，托马斯·曼还借用了魔鬼之说，他断定，只有一个德国，"魔鬼的伎俩把它最好的品质变成了恶"。

自 1941 年起，英国外交官、记者罗伯特·吉尔伯特·范西塔特（Robert Gilbert Vansittart）引发了关于德国集体罪责的讨论。范西塔特认为，战争的根本性原因在于德国人的"好战性格"，在德国历史上，从卡尔大帝①以来，这一品质就一再重新"突然出现"，给整个世界带来不幸。这里涉及的并非"这个"德意志民族，而是根据其国籍而定义的"德国人"，他们应该获得一种国家形式，保证自由和平等中社会民主的共同生活，排除其他战争的可能性。另一个可能性是所谓的摩根索计划（Morgenthau-Plan），即在二十年内实现德国的"去工业化"，将德国转变为一个农业国，这样就无法从这片土地上发动战争；或者集体性地肃清所有德国人及其"本质"："德国人问题的最终解决方案是？"

在理性（人性）的方式上，没有其他出路，只能寄希望于流亡中的和德国境内的反法西斯力量，同他们一起筹谋为所有德国人建立一个民主国家。民主也包括对所有的案犯施以处罚，教育同犯、无意识的追随者和顺从的帮手。同时，还必须把所有不应受到惩处的纳粹分子从他们的岗位上驱赶下来，之后，如果他们能证实自己有民主行为的能力，才能给予他们共同决定的权利。这些虽然在战后有所规划，但无论在东德还是西德都没有得到贯彻。

1943年8月1日的声明是美国境内德国流亡者的胜利，在《工作笔记》中布莱希特把这份文本逐字逐句地抄写下来，像原稿一样十分珍视。这份声明以独一无二的方式将当时美国境内重要的德语作家结成反希特勒联盟，而且毫无意识形态上的或者其他形式的保留。但次日，托马斯·曼就电话通知利翁·福伊希特万格，他要收回自己的签名。因此，这份声明也失去了价值。

托马斯·曼在美国由于其《布登勃洛克一家》和《魔山》两部作品，当然也由于其诺贝尔奖获得者的荣誉而知名。托马斯·曼1938年2月开始流亡美国，获得了客座教授的职位，并很快在公众中成名。他有理由把自己理解为"更好德国的代表人物"，同样也带

---

① 即查理曼大帝。

着这样的自信露面："吾在之地，即德国。"单独引用，这句话可能会被误解，误以为托马斯·曼在语言和行动上都代表德国文化，其他人都不具备这项优先权。事实上本句指，面对德国境内被毒化的气氛，不会因为流亡而失去重要的东西；如此一来流亡会变得较为容易。如果能争取托马斯·曼来支持这一集体事业，便可以引起美国公众的关注；而且必须要争取美国公众的关注，因为这样他们才会在反法西斯斗争取得胜利后，准备好去支持德国追寻已久的民主之路。谁将是战争最终的胜利者，这早已明了，因此现在就需要他们的友善。

流亡期间，托马斯·曼和布莱希特之间争斗的状况有所改变。魏玛共和国时期的布莱希特能支配那些能令他在公众中露面的机构，因而可以公开口诛笔伐，使托马斯·曼不得不予以回应，但流亡美国期间这一行为方式失去了基础，最多被记为无礼行为，会令布莱希特显得不成体统甚至可笑。如今，在公开的政治意见营造方面，布莱希特受制于托马斯·曼。

在给"亲爱的朋友"美国记者阿格娜丝·迈尔（Agnes Meyer）的信中，托马斯·曼这样解释自己的做法：他认为全国委员会的成立是苏联的计策，受到了前共产主义国会议员的操纵，这令他感到厌烦。事实上，其中极少数是国会议员，上文所涉及的莫斯科流亡者是一群卓越的人才，布莱希特与这些人关系紧密。这些人中有埃里希·魏讷特（Erich Weinert），被评价为"真正的党派诗人"，被推选为委员会主席；威廉·皮克，流亡德国共产党骨干部门的重要人物；同苏联红军合作紧密的瓦尔特·乌尔布里希特（Walter Ulbricht）和安东·阿克尔曼（Anton Ackermann），以及约翰内斯·R.贝歇尔、威利·布莱德尔、古斯塔夫·冯·万根海姆等；所有这些人都代表严格的党派路线，如果自己的同志对此有所偏离，便会遭到揭发，他们效忠于自己特有的民族主义，其中特别是贝歇尔，他既在理论上又在其宏大的德国作品中为民族主义撰写了言辞激昂的篇章。"没有任何伟大的文学作品，其最深层次的核心内容不是由本民族命运的经历所决定。"一种"类型"的"新德意志国家文学"必须到来："在这一意义上，文学将成为一种国家文学，否则它将不能被称之为文学。"贝歇尔还带着宗教式的炽热要求大家："要树立起新的共同体，以形成德国意志，德国意志将通过我们得到实现。而至高无上的，是对这一共同体的统治：永恒德国的守护神。"布莱希特评论道："邻居，你们的呕吐桶！"

正如布莱希特在 1943 年 9 月 9 日所记录的，托马斯·曼曾透露，当自己被迫在德国和希特勒之间作出区分，那些"布莱希特一样的左派"是在执行莫斯科的命令，如果这一说法属实，那么只怕是另一种宣战方式，也证实了托马斯·曼在流亡美国时期的政治幼稚。因为联邦调查局早已在等待这些流亡人员被揭发为莫斯科的走狗，而布莱希特也已经位列黑名单。布莱希特对此十分气恼："这个爬行动物无法想象，有人会在没有被任何组织命令的情况下为拯救德国（以及反对希特勒）有所行动，或者有人完全是出于自身，或者说是出于信念，苦于不仅仅把德国看作一个大型的读者群体。曼氏夫妇的阴险显而易见——他的妻子也积极参与其中，他们四处造谣，明知这会痛伤每一个人。"

尽管历经失败，但布莱希特仍然继续努力，这一次是争取托马斯·曼支持"民主德国委员会（Council for a Democratic Germany）"。1943 年 12 月 1 日，他致信"尊敬的曼先生"，"您比我们当中的任何人都更了解美国"，布莱希特在信中指出，工人政党之间的不和是导致希特勒上台的主要原因，恰恰是我们这些流亡者必须要"揭露"这个"魔鬼"的罪行；不能回避的是，"极权恐怖统治给受制于他的人们带来了巨大的精神和道德损害"。布莱希特还指出，"德国境内 30 余万人""在与极权统治的斗争中"失去了生命，但"大多数仍不为人知"，而且这"仅仅是到 1942 年为止"的数字，而且"不少于 20 万活跃的希特勒反对者在战争伊始就被关进了集中营"。"时至今日，德国境内的希特勒反对者还牵制着希特勒精锐部队——所谓的党卫军——的 50 多个师团。"必须着重强调德国境内"重要民主力量"的存在，并帮助他们取得胜利。

布莱希特无法知晓，托马斯·曼已经在 11 月——当时他被邀请参与民主德国委员会的工作——同美国国务院（外交部）建立了联系，以便了解这样的委员会是否能得到美国政府的同意；因为作为未来的美国公民，托马斯·曼只愿意参与得到美国政府明确支持的活动，没有这样的支持就不会有成功的希望。与国务卿阿道夫·贝勒（Adolf Berle）的对话 1943 年 11 月 25 日在华盛顿举行，但毫无结果。

11 月中旬，托马斯·曼已经同布莱希特水火不相容。保罗·田立克（Paul Tillich），新教神学家和"民主德国委员会"主席，在纽约哥伦比亚大学听了托马斯·曼题为《战争与未来》（*The War and the Future*）的报告，并告知布莱希特——布氏 1943 年 11 月 19 日至 1944 年 3 月 22 日在纽约逗留——托马斯·曼在报告中"向德国宣判了死刑"，对此布莱希特做出了"嘲讽的苦脸"。在给阿格娜丝·迈尔的另一封信中，托马斯·曼甚至声称，"政党的忠实拥趸（party liner）"将对其"施以暴行……如果苏联人帮助他（布莱希特）在德国取得权力"。由此，托马斯·曼正迎合了联邦调查局检查人员的低劣水准，也完全抹杀了与布莱希特和解的机会。1943 年 12 月 10 日，托马斯·曼回信布莱希特表示拒绝，布莱希特必须在失去曼支持的情况下寻求反法西斯同盟。

事实上，同布莱希特通常的习惯相反，他在纽约逗留期间（1943 年末至 1944 年初的冬季）积极参加了"民主德国委员会"的组建工作。他致力于搁置各流亡者战前的政治分歧，尤其要照顾到资产阶级团体，当然还必须接纳共产主义者。根据联邦调查局的报告——他们同往常一样进行了监视，田立克曾说："在我们的委员会中有两个半共产党代表，贝尔特·布莱希特就是那半个。"布莱希特的政治活动一直在符合美国宪法的轨道内开展，而且如果莫斯科共产党对其有所耳闻，定会表示不赞同，因为布氏的政治活动在意识形态上并没有执行亲共路线。联邦调查局更严苛的监视也间接证实了这一点。监视本以将这位敌国侨民最终挫败为目的，但即便是苏联驻旧金山副领事的来访——此人很可能是苏联特务——也不能提供任何有关布莱希特从事"反美"活动的证据，因此他依旧安然无恙。

报告中还介绍了联邦调查局的另一次暗算。露特·贝尔劳于1944 年春在约瑟夫·布赖滕巴赫（Josef Breitenbach）处结束了为期三个月的摄影课程，之后她影印了布莱希特的手稿，1945 年 3 月31 日从圣莫尼卡返回纽约。布莱希特把她送到洛杉矶的火车站；途中他们在一家柯达商店停下，购买了胶卷。布莱希特陪同贝尔劳，并把她随身携带的一个箱子送上火车，拿着她的两个文件包，给她递到车厢里。为了查证这些秘密的纸张上有何内容，至少有一名联邦调查局特工乘坐了同一列火车，并等候时机，以便在不为人知的情况下检查箱子和包里的内容，至少会拍摄部分照片为证。在一些女士衬裤、胸罩、胸衣中间确实有一些照片，根据联邦调查局总部的审查，这是布莱希特部分（文学）作品的翻拍。

即使他征服整个地球，让它杳无人烟
也不会有赞颂他的歌曲存在
劳顿的花园：及时行乐

露特·贝尔劳在联邦调查局的监视下带到纽约的，是"贝托尔特·布莱希特档案（Bertolt-Brecht-Archiv，BBA）"的开端。布莱希特曾惶惶不安，害怕自己的作品在流亡中只有少数能留存在记忆中，所以很可能会遭受损失。在贝尔劳那些照片的帮助下，文稿至少增加了一倍，并且保存在不同的地方。此外，底片很小，所以大量的胶片并不占太多地方，可以用于保存和运输。对当时的时代而言，这在为文学作品建立档案的角度上是一次媒介技术的小型革命，布莱希特延续了魏玛共和国时期以媒体为导向的工作方式，用以保存自己的作品。对当时的技术来说，翻拍手稿是耗时费力的事情，而且前提条件是原稿状态良好，即字迹清晰可辨，因此布莱希特必须使用写作整齐的清样。

由于再次抄写或者打字都太耗费时间，布莱希特发明了一项剪切粘贴技术，这是德国文学史上前所未有的。他曾表示或许自己更应该成为一名木匠的愿望，因为当木匠便不会遇到这么多困难，现在这个愿望实现了，他用精湛的手工技艺将现有的或者要添加的文稿改造、拆解，组成新的整体。由不同的（多是）打字稿组合而成的新页面同原稿的格式保持了一致。

还要补充一些对布莱希特生平重要的资料，这些在他的作品中没有或者几乎没有被记录下来，但事实上却包含在内。布莱希特努力至少能部分地亲自照顾儿子弗兰克，但努力失败了。几经周折，1935年弗兰克才来到母亲身边，在奥格斯堡完成了商业学徒的学习期，1939年被征入空军，负伤，显然不能继续从事飞行员工作，1943年加入陆军，在那个惨烈的冬季进军苏联。同他的父亲一样，弗兰克也偏爱社会研究。当时他正在一个临时的兵营里观看侦探电影，由于所处的建筑被炸药袭击而死去。这是1943年11月13日，在博尔霍夫（Porchow，位于苏联西北）。那时布莱希特对自己儿子的死一无所知。

相反，还有一件事布莱希特是知道的，却从他书面记录的生平中删除了：就曾经的那句"让他们成长吧，小布莱希特们"而言，他1943~1944年的纽约之旅是成功的。露特·贝尔劳1942年底在纽约获得了"战时情报局（Office of War Information，OWI）"的一个职位，在为期 10 个月的时间里都是一名出色的战争记者，她通过短波向自己的同胞播报战争信息。贝尔劳很高兴，正如她自己所说，她不再是"布莱希特的小跟班"，终于能实现经济独立。但 1943 年 8 月，这一切都结束了。在苏联红军取得斯大林格勒保卫战的胜利之后，美国的亲苏氛围开始冷却。斯大林 1943 年 6 月解散了共产国际，保证决不再干涉别国事务。这被理解为对美国和英国的妥协，因为走这一步苏联看似放弃了开展世界革命的目标。同时，斯大林在 1943 年 7 月 11 日致罗斯福的秘密照会中要求在欧洲开辟第二战场："您应该记得，"斯大林写道，"本年 1 月 26 日，您和丘吉尔先生曾在密函中告知，决定将德国重要的陆军和空军力量从苏联战场引开，并在 1943 年迫使德国投降。"随后几个月的胜利表明，苏联军队的前进势不可挡，希特勒的军队已露败势。美国的右翼和反共势力以这次事实为机，警告大家提防这一时期尚不明确的共产主义威胁。露特·贝尔劳也被谴责，批判她"曾在西班牙内战中为错误的一方效力"，并将其无限期解雇。布莱希特第二次前往纽约时，曾终于得到过她经济上的支持，如今，贝尔劳需再次依靠布莱希特养活。

/ 436

布莱希特在离开纽约之前就得知了贝尔劳怀孕的消息，1944 年 3 月 29 日回到加利福尼亚之后立即给她写信，让她负责《阿茜的救国梦》（*Die Gesichte der Simone Machard*）："你要为此做所有必需的一切。而且出于健康的考虑，你现在不能节省，绝对不能。你要照顾好自己。我下周给你寄支票。"这一时期布莱希特给露特写了很多封信。

1944 年 6 月底，贝尔劳有幸能返回圣莫尼卡，在太平洋帕利塞德（Pacific Palisades）得到了一个大房间。9 月 3 日她因为肿瘤接受了手术，由于手术所致产下了一个 7 个月的男婴，名为迈克尔

（Michel），孩子几天后夭折。布莱希特 1944 年 9 月 3 日在《工作笔记》中记录："露特在黎巴嫩雪松医院（Cedars of Lebanon）接受了手术。"仅此一条记录，这样毫无感情色彩的句子应该会让贝尔劳对他很生气。9 月 5 日的记录也是他想推卸责任和负罪感的又一条证据："今天的计划：7 点起床。报纸、广播。煮咖啡，用小铜壶。上午工作。12 点简单的午餐。读侦探小说休息。下午工作或者拜访朋友。7 点晚餐。之后接待客人。晚上半页莎士比亚或者亚瑟·威利的中国诗歌集。广播。侦探小说。"对肿瘤布莱希特不需要负责任，放弃孩子的决定也由贝尔劳——她自己如是说——自己决定。

9 月中旬，布莱希特致信此时居住在菲尔特家的贝尔劳："亲爱的，我不知道你为何会如此不安。我们相伴已有十年。你同我一起游历了半个地球，你为我工作过，就像我也为你工作过一样，你为我生了一个孩子。我们的孩子死去了，但他对我们的意义没有改变。我很高兴，没有同时也失去你。"

布莱希特这一时期时常逗留于劳顿的庄园，尤其是庄园里硕大的花园。因此这个花园也必然拥有与之相关的诗歌，布莱希特 1944 年夏创作了这一题目独特的诗歌——《建造中的花园》（Garden in progress）。8 月底，劳顿躲到布莱希特处，原因是他俯瞰太平洋的花园，一角突然塌陷坠落，一株巨大的云杉也倒掉了，此时布莱希特已开始在《工作笔记》中着手这一文本。作为一名演员，而且还有报纸对此事的大肆报道，劳顿认为这破坏了他毕生的事业。缺失了云杉，花园有一面直面着大海，劳顿从后门前往布莱希特处，他不断大声叫苦，但也为录制唱片作了准备。"为了让他开心，"布莱希特给他展现了当时已经完成的诗歌段落，并且向他保证，"您的花园将成为一个神话，存在于享有盛名的传说中。人们说，短暂是美的本质内容，它能升华乐趣。"没有哪句表达能比这里更加具有布莱希特的特色。

1944 年，德国的败势已经渐露，战争还在残酷地继续。1944
年 7 月 20 日刺杀希特勒是试图结束战争的又一尝试。布莱希特在
《工作笔记》中发表了骇人听闻的见解："当希特勒和容克贵族将军
之间的血腥事件渐渐传开，我有一瞬间向希特勒竖起了大拇指；因
为，如果不是他，谁又会为我们剔除这一犯罪团伙。他起初为绅士
俱乐部（Herrenklub）① 牺牲了自己的冲锋队，现在又牺牲了绅士
俱乐部。'财阀统治'又如何？德国资产阶级的容克头脑患上了脑
溢血。（苏联人进军东普鲁士。）"布莱希特的论述有多少真实性不
得而知，但可以注意到，参加刺杀的将军们也同样有令人愤慨的战
争目的。卡尔·弗里德里希·戈德勒（Carl Friedrich Goerdeler）
被选定为新政府的帝国总理，根据莱因哈德·库恩尔（Reinhard
Kühnl）的意见，戈德勒是"德国帝国主义的典型代表人物"。他
政策的"目标在于，通过瓦解希特勒政府和与西方力量的和平谈判，
继续同苏联的战争，尽可能多地为德国挽救法西斯统治占领的区域，
并在内部建立一个保守、独裁的政权"。布莱希特选用的词汇以及
他对这次事件清晰的认识，都证实了布氏洞识了绅士俱乐部的目的。
戈德勒的计划是维持德国 1914 年时的版图，但这次自上而下的反抗
中，还有其他的政治力量否定了这一计划，对此，布莱希特（可能）
不得而知，或者在他这条记录中没有重要的作用。

/ 438

这同德国文化有着何种关系？布莱希特 1942 年 4 月在《工
作笔记》中写下的一句话同战争有紧密联系："为争夺斯摩棱斯克
（Smolensk）② 的战役有关诗学。"在流亡美国期间，布莱希特十
分关心拯救文化艺术的问题，并特意创作了电影脚本，相关文稿

---

① 魏玛共和国时期和纳粹时期由大地主、大工业家、银行家、国家部门高官等
组成的协会，在提名希特勒成为国家总理的事件中起了重要作用。
② 俄罗斯东部城市，二战期间苏德战场在此地爆发过两次重要战役，分别在
1941 和 1943 年。

1998 年才在加利福尼亚被发现。这是一份 40 页的电影大纲，标题页写着《逃亡的维纳斯——原创剧本：贝托尔特·布莱希特；改编：贝特霍尔德·菲尔特》（*The Fugitive Venus. Original Story by Bertold [sic] Brecht. Adatped for the Screen by Berthold Viertel*）。在好莱坞，电影大纲（多数已经是对话形式）指短篇小说的扩充版，包括详细的情节走向。因而被发现的版本并非布莱希特的原稿，它基于好莱坞常见的电影集体创作，这里除了布莱希特之外，萨尔卡、贝特霍尔德和汉斯·菲尔特也加入进来。电影是布莱希特为好友彼得·洛所筹划，虽然符合好莱坞的一些标准，但最终没有成形。这是一个侦探故事，发生在虚构的、被德国军队占领的马赛。

在美国，法国被视为与纳粹勾结的国家。但与德国不同，法国有"抵抗运动（Résistance）"，而且自 1943 年起得到了赞赏和支持，因为一个被解放的法国将是与纳粹德国相抗衡的又一盟友。好莱坞用宣传性电影支持法国的抵抗运动，其中最成功的例子之一就是让·雷诺阿（Jean Renoir）的《吾土吾民》（*This Land is Mine*），查尔斯·劳顿和玛琳·奥哈拉（Maureen O'Hara）分别饰演男女主人公，电影自 1943 年 5 月起在美国 72 家电影院上映。为了向美国民众讲解法国的政治变革，展现反法西斯的立场，电影使用了侦探片、西部片、黑帮片和爱情片的常见模式，自然也仅仅十分局限地符合现实。布莱希特的电影也毫无违和地融入了这种潮流。

虽然正如德国官方委派艺术每日所公开展示的，纳粹分子们是彻头彻尾的不懂艺术的庸俗之人，他们仍在被占领国特意设立官员，组织对艺术品的大肆掠夺，这些作品他们既不珍视也不理解，却想"保护"。他们要占用的作品必须是价值连城的，但价值由何决定则并不重要；比如卢浮宫里的作品是有价值的，因为它们出自卢浮宫。

电影中的季彭霍伊尔（Kippenheyer）就符合这伙艺术强盗的形象，他们被组织为"全国领袖罗森堡部队"，还下辖着"造型艺术特别部队"，在库尔特·冯·贝尔（Kurt von Behr）的领导下把巴黎这座享誉世界的博物馆中典藏的艺术宝藏"保护性扣押"，而且因抢占犹太人财产而臭名昭著。贝尔身后隐藏的是戈林的个人喜好，他喜欢被包围在画有丰腴裸女出浴的华而不实的作品中。在电影中，季彭霍伊尔还受到了帝国元帅戈林的亲自指令，将一幅此类画作充公没收。

电影《逃亡的维纳斯》讲述了拯救一座珍贵的维纳斯木质蹲像，"枫丹白露的维纳斯"的故事。在德国军队进军巴黎之前，雕像被转移到了马赛的当地博物馆，亟待第二次被拯救。在跌宕起伏的悬疑片情节中，这座雕像被博物馆馆长藏在了一间夜总会里，见证了馆长刺死了纳粹艺术强盗季彭霍伊尔，识破了他的诡计。维纳斯雕像同一名死去的德国人调换，被装进了一口棺材里，送往葡萄牙，得到了拯救。

布莱希特在电影提纲中探讨了以何种手段可以将（仍存在的）艺术品拯救出纳粹的魔掌：绝对是不合法的、犯罪的手段。这一事件的发生是为了拯救雕像，但同时也在艺术雕像前将杀戮辩护为正当防卫。艺术作为抵抗的见证者留存了下来。

布莱希特精确感知了纳粹与艺术的真实联系，而且绝非像市民文学一样流于表面，仅仅作为惯用语句或者象征。对应于悬疑片的情节，汉斯·菲尔特在《逃亡的维纳斯》中拯救的是一尊维纳斯的蹲像。在希腊罗马时期有数个阿芙洛狄忒蹲态像，例如多达萨斯的阿芙洛狄忒（Aphrodite des Doidalses）或者维纳斯蹲像（Vénus Accroupie），由于人物呈蹲态，腹部出现褶皱，遮盖了小腹部，因而并没有情欲的吸引力。维纳斯蹲像的形态为：裸体人像，重心在左脚，从而右膝与地面水平，左膝向上。左臂搭在（左）大腿上，左手垂在胸前，（部分）遮盖了小腹部。右手搭在左肩，手臂在胸前交叠，遮盖了裸露的胸部。头转向右侧，目光投向下方。

古典时期的雕塑用大理石展现了女性的身体，因而历经昏暗的时代而得以存留。电影故事中的维纳斯是木质的，因而是"易逝"的。纳粹艺术家阿尔诺·布雷克（Arno Breker，雕塑家）和阿道夫·齐格勒（Adolf Ziegler，画家）的拙劣作品中，女性的裸露被塑造得对观赏者有强加的性吸引力。例如布雷克的《伊欧斯》（*Eos*，朝霞），为新帝国总理办公厅的庭院所作，雕像同希特勒在讲话时的习惯一样，容光焕发地向上望（参见《德意志战争初级读本》第一首箴言诗），双臂伸出，因而胸部呈现向上的形态，尤为裸露而充盈。双腿稍叉开，所以小腹部清晰可见，特别强调了大腿向躯干过渡的位置，给人以强有力的印象（此外，虽然极力追求，对女性下体的塑造完全不符合古典时期的雕塑风格，当时的雕塑对这个身体部分处理得十分优雅，展现了和谐的臀部曲线）。简言之，布雷克的雕塑展示了性欲旺盛的日耳曼女性，预示着孕育和生产种族纯正的后代。当然这些雕塑要么是石质或者采用大理石材料雕刻，要么使用青铜浇铸而成，寓意希特勒帝国的恒久。

希特勒在统治期间用不同的形式吹捧上述尖刻冷漠的艺术，布莱希特的电影脚本利用自己抵抗性的艺术手法，至少展现了此类艺术虚假的，而且带有性别歧视地支持血腥暴力统治的作用。昏暗时代的艺术是否艺术？其期限又有几何？借助木质的维纳斯蹲像，布莱希特再次提出这样的质疑供人思辨，这次讨论虽空前罕见，却没有为人注意。真正的战争还在继续，既无视艺术也无视自然。1944年8月22日，希特勒颁布了"元首命令"摧毁巴黎，给逼近的同盟国军队只留下了一片废墟。

请记住古人的教训
一切要归于 / 能善于对待它的人
练习民主：不能限制艺术

在苏联 1943 年末至 1944 年初的冬季和春季进攻战之后，1944 年 5 月，高加索地区已经完全从希特勒军队的占领中解放出来。在《德意志战争初级读本》中有一张照片（第三十三首），题为《突袭苏联（沙盘推演）》[*Überfall auf die Sowjetunion (im Sandkasten vorbereitet*)]。箴言诗诗文为："兄弟们，在遥远的高加索 / 我，施瓦本农民的儿子，现在埋葬在这里 / 被苏联农民射中而倒下。/ 很久以前我也在施瓦本被击败。"照片的后记中写道："起初进展良好。除了 1941 年 6 月 22 日踏上苏联土地的德国士兵之外，还有意大利、匈牙利和罗马尼亚军团。罗马尼亚和匈牙利的大地主与意大利的贵族也在广袤的苏联分到自己的一杯羹。……戈培尔在体育馆宣称，对苏战争主要是为了小麦、矿产和石油。"

在为《高加索灰阑记》（ *Kaukasischer Kreidekreis* ）① 制订计划时，布莱希特关心的是如何在战后重新梳理社会秩序。由奥地利移民到美国的女演员路易丝·赖纳（Luise Rainer）对好莱坞以及美国的电影和戏剧产业影响巨大，她对《帅克》不感兴趣，对《乌依》更毫无热情，由于记得克拉邦德成功的剧作，赖纳建议布莱希特同样创作一出类似的灰阑记。凭借 1940 年的小说《奥格斯堡灰阑记》（ *Der Augsburger Kreidekreis* ）和各类不同的戏剧构思，布莱希特已经对此有了充分的准备。1944 年 2 月初，纽约戏剧企业家朱尔斯·J. 利文撒尔（Jules J. Leventhal）签订了合同，聘请布莱希

---

① 根据李潜夫著名元杂剧《包待制智赚灰阑记》改编。

特写作这部戏剧，戏剧家们保证资助这一计划，并将其搬上舞台，路易丝·赖纳许诺饰演格鲁雪（Grusche）一角。布莱希特急需钱用，所以也获得了预付款项。

戏剧主题不再是反抗，而是战后面临高加索巨大的人员伤亡与战争破坏，如何建立保障和平民主共存的新秩序。布莱希特因此写了一部序幕，同《德意志战争初级读本》中的照片类似，在沙盘中筹备重建。日后序幕得名《山谷之争》（Der Streit ums Tal），并融入整部戏剧中。彼得·苏尔坎普曾因政治争议对这场戏提出过质疑，1954 年 5 月底，布莱希特在一封致彼得·苏尔坎普的信中说明了原由，戏剧所讨论的问题是出于"现实的必要性"："没有这部序幕，既不清楚为何这部戏剧并非原本的中国《灰阑记》[法官（包公）断案的老故事]，也不清楚为何它名为《灰阑记》。"为了不凭空捏造，必须有"历史性的、可提供解释的背景"，而这就是从纳粹手中解放出来的高加索。

内容："一个废墟中的高加索村庄"，名为弩卡（Nukha），这里聚集了"罗莎卢森堡牧羊农庄"和近旁"加林斯克水果种植农庄"的成员，大家讨论如何分配和利用这里的土地。战争把畜牧农庄的人赶出了山谷，他们现在考虑迁回。早先的牧场是"牧草生长比较贫瘠的山谷"，出产廉价的山羊奶酪，果园农庄想把这片地转为水果和葡萄的种植园，并且已经制订了灌溉计划。果园农庄的计划预示了更高的生产力，最终也能给畜牧农庄带来收益，因此农民们就服从了"山谷的强盗"。

为了重新赢得的未来，畜牧以现实性为导向，展示如何作出一个理性的、最终为所有成员都赞同的民主决定，这个决定在当时的历史情况中十分必要，因为为了完成重建，必须定额分配所有的娱乐活动："烟草、葡萄酒还有讨论。"但只有一项例外，即艺术。青年女拖拉机手当天必须返回提弗里斯（Tiflis），她询问歌唱完需要多久，阿尔卡第·车依采（Arkadi Tscheidse）回答："几个小时。"
当她追问："不能压缩点儿吗？"车依采简单明快地答道："不能。"
早在1944年上半年，在第一部战后戏剧作品的序幕中，布莱希特就
既展现了如何实施民主的戏剧纲领，又研究了新的美学，探讨艺术
在经历了昏暗时代的洗礼之后，如何重新为自己争取重要的社会角
色，摆脱限制和要求。

故事的详情：歌手演唱的两个故事发生在"古代，那个流血的
时期"。他们原本毫不相关，似乎是具有绝对的巧合，两个故事的
发展才融合到一起。布莱希特借用骑马而来的信使之口也明确说明
了这一点，这一信使形象在《三毛钱歌剧》的喜剧结局中已经出现
过。阿兹达克（Azdak）半裸着，流着血站在绞刑架下，最后关头，
他当初曾无意救过的大公，派来风尘仆仆的信使，信使出现并宣布，
大公任命"弩卡的一位阿兹达克"作为法官。这位村里的文书从而
得救了，除了格鲁雪的案件需要这名法官外，情节上似乎对此完全
没有合理的解释。由于阿兹达克知道，大公的回归不会带来新的时
代，而且他被任命为法官的错误也会很快被发现，因此他抓住机会，
至少在这个开庭日打破一些现行的法律，结束这个真假母亲抢夺孩
子的案件，从而抽身隐退。他还建议格鲁雪立即逃走，因为当旧势
力复辟，它的报复将会无比残酷。

序幕和戏剧的两个故事融合，是因为正如布莱希特所说，它们
展现"一种特定的智慧"，"对现在的争端也有示范作用"：对那些
不公事件的发生，现行的法律也承担部分责任。戏剧情节中"法"
的问题是原本《灰阑记》的主题，讲述了孩子与母亲的关系，现行
法律中将孩子归于生母，她可以对其为所欲为，这样是否人性仍值
得商榷。而且纳粹的种族政策及其"血与土的意识形态"使这一问
题愈发激化。在屠杀之后，在这种意识形态名义下实施的法律，是
否还能适用于建立新的秩序？

有所发现反遭骂名

尽管有超级屁：同劳顿的戏剧合作

伽利略的原型

为了能再次全心投入于《伽利略传》的写作，布莱希特需要查尔斯·劳顿的帮助。1944 年 12 月，两人的合作开始，首先自然是要完成剧本的翻译。最简便的应该是把这一任务委托他人，但劳顿和布莱希特决定由两人共同完成翻译工作。"最棘手的情况是，其中一名译者不会德语，而另一名英语知识有限，因而从一开始就不得不采用戏剧表演作为翻译方法。我们被迫采用语言上更精进的译者应该使用的手法：翻译动作和手势。语言因而具有了戏剧性，将说话者彼此的态度表达出来。"

很多方面都能证实，劳顿连一个德语单词都不曾掌握（当然也并非绝对如此）。但布莱希特的英语知识并不像谣传中的一样可怜，布氏能享受劳顿朗诵的莎士比亚，能在美国良好地与人沟通或者用英语通信，这些事实已经可以推断，他至少能被动地听懂、看懂英语。这样两人开始了不同寻常的合作，地点或是在劳顿的小图书室中，或是在花园内。具体情况是：劳顿和布莱希特，经常两人独自或者同少数几个客人一同试验不同的语言形式和与之相关的肢体动作——伊索、圣经、莎士比亚、莫里哀。较长的人物独白被布莱希特称为"咏叹调"，两人分开处理，因为在纳粹政治修辞的背景下，这些片段——例如剧终伽利略的自我哀叹——绝不允许沾染上夸夸其谈的色彩；或者戏剧开篇尝试了多种流派，最终找到了一种适合的切入方式。

这次翻译的原稿采用了 1938~1939 年的剧本，翻译过程中布莱希特先用（较为）蹩脚的英语，必要的话部分用德语，表演一个段落，劳顿再次表演，并用英语进行修改，直到达到语言上的最佳效果，同时也找到最佳的肢体语言，并且布莱希特作为导演能说："过。"劳顿然后把结果逐句记录下来，一再修改，并再次表演。我们的演员向我们的剧作家表现出，这精心创作的剧本其实是多么的不重要，因为它只为演出而存在："劳顿用明白且时而残忍的方式，展现了他对'书稿'的满不在乎，这是剧作家所不再具有的。"回顾往事时，布莱希特不得不赞叹劳顿，在他的体内仍澎湃着伊丽莎白时期对戏剧的热情，这种热情"像关键时刻的即兴表演一样"吞噬了剧本。而剧本只不过成了"欢乐的纪念品"，它仅仅是促成了演出。对于一位流亡作家而言，这自然是难以接受的，因为他能支配的只有文本，因而试图将每一句话，即使这句话不能进入到演出当中，仍要使它在书稿中得到挽救。

最终将书稿制作成一部可以独立演出的作品，持续了两年半的时间。接洽的导演也有很多，例如奥逊·威尔斯（Orson Welles）和约瑟夫·洛塞（Joseph Losey）。布莱希特把现有的文稿交予赖雅指正，之后又同劳顿对其再次进行了修改，幅度之大到了赖雅已经几乎认不出来的程度；然后由劳顿负责筹划电影制作及其他事宜。1946 年 1 月 7 日，布莱希特和劳顿签订了合同，合同内容有关当时的书稿，《伽利略传——作者：贝托尔特·布莱希特；英文版作者：查尔斯·劳顿》，标题中认可了两人共同的合作。约瑟夫·洛塞担任导演（同布莱希特一道），演出最后在比弗利山庄的皇冠剧院（Coronet Theatre）举行，在一间只容纳 260 个坐席的大厅里，但有众多知名人士出席：英格丽·褒曼（Ingrid Bergman）、查尔斯·博耶（Charles Boyer）、查理·卓别林（Charlie Chaplin）、刘易斯·迈尔斯通（Lewis Milestone）、安东尼·奎恩（Anthony Quinn），时间是 1947 年 7 月 30 日。演出很成功，但没有引起巨大的反响，因为布莱希特的表演方式令美国观众很不习惯。观众的主要兴趣是明星，而非戏剧。《伽利略传》共上演了 17 场，每场都爆满（共有 4500 人次观看）。不错，但称不上大获成功。

　　排演的过程得到了良好的记录，因为除了规划"贝托尔特·布莱希特档案"外，布莱希特还委托露特·贝尔劳用照相机系统记录了戏剧演出。虽然贝尔劳的记录 1956 年才得以出版，题目为《一个角色的塑造——劳顿的伽利略》（*Aufbau einer Rolle. Laughtons Gailei*），但她在 1947 年就已公开了一系列图册。《一个角色的塑造》还有一段别样的渊源，即贝尔劳的老师，报道及人像摄影师约瑟夫·布赖滕巴赫。1937 年布莱希特就曾聘用约瑟夫·布赖滕巴赫进行《卡拉尔大娘的枪》10 月 16 日首演的记录工作。布赖滕巴赫 1932 年曾被慕尼黑室内剧院聘用，因而也略微了解布莱希特的戏剧及风格。

　　布赖滕巴赫的摄影作品特色是不以再现演员某一时刻的表演艺术为宗旨，而是再现人物关系。布赖滕巴赫选用全景的对焦方式，视角并非集中在中央，从而避免了太过刻意。这一稍带倾斜的全景模式适合布莱希特的戏剧，处于剧照中心的不再是某个个人，整个人物谱系都清晰可见，这里塑造的不再是主体性，而是主体间性，而且是舞台空间布局中的主体间性。观察者能够看到人物之间不同的距离，当戏剧开始时，卡拉尔大娘即海伦娜·魏格尔与儿子霍塞（José）间隔着半个舞台的距离，并背对着他说话，回避与其交流。从而可以清晰得见，卡拉尔大娘不愿参与同儿子的讨论，很久之后，她才放弃了这个态度，转而面对自己的谈话对象。布赖滕巴赫的剧照 1952 年由德累斯顿艺术出版社同露特·贝尔劳拍摄的哥本哈根（1938）和格赖夫斯瓦尔德（Greifswald，1952）演出剧照一道出版，没有明确注明出处，所以布赖滕巴赫这个名字在布莱希特研究中一直不为人所知。

　　《一个角色的塑造》中露特·贝尔劳对查尔斯·劳顿采取了类似的处理方式。她虽然只部分使用了全景模式，但一直注重清晰展现人物关系，使表演者的姿态符合他们当时的身体状态和心灵状态。当伽利略让他的朋友萨克雷多用他的望远镜观测时，他在一旁十分放松，懒洋洋地坐在椅子上，神态自若，双手交叉在脑后，等待着自己的发现得到证实。在同小修道士的对话中，劳顿起初也采用了这一姿势，深信自己学说的传播不会遭到任何反对意见，但当他必须向小修道士捍卫自己的理论时，则若有所思地把左手放到面前，几乎从椅子上跳起来。这里，贝尔劳照相机的视线也集中在两名辩论者身上。

　　这期间国际舞台上也发生波澜。意大利法西斯 1943 年 7 月已经基本被打垮，英军在卡拉布里亚（Kalabrien）登陆，墨索里尼撤退，同所有的独裁者一样，仍试图毫无顾忌地牺牲自己的人民以自救，最终在米兰的广场上暴尸示众；至少在意大利北部，民众揭竿而起，处决了自己的压迫者。几乎一年之后，同盟军 1944 年 6 月 6 日在诺曼底登陆，最终开辟了西部的第二战场，产生了决定性影响。1944 年 9 月 25 日，希特勒下令组建"德意志人民冲锋队（Deutscher Volkssturm）"，这样就有了足够的德国人继续进行这场生灵涂炭的战争。1945 年 2 月，当英美军队的炸弹摧毁了德累斯顿，纳粹的宣传仍成功地再次兜售了他们的谎言：同盟国意欲灭绝整个德意志民族。意识形态上的暴力持续到最后。

　　1945 年 5 月 8 日，布莱希特最终得以记录："**纳粹德国无条件投降。早晨 6 点钟，美国总统在广播里发表讲话。聆听着广播，我凝视这加利福尼亚欣欣向荣的花园。**"但 8 月他又绝望地写道："我们，这些没可能同希特勒一起胜利的人，同他一起受到了打击。"战争还没有过去，对布莱希特一家而言也没有。1944 年，因为持有美国国籍，施特凡被征入美国军队。在德国投降后，日本政府及其武装力量决定，继续与同盟国进行战争，从而导致了英国、澳大利亚和美国在太平洋日本占领区更激烈的海战，这场战事又持续了三个月。因而施特凡也完全有可能被送上战场（事实上并没有发生此事）。

美国总统富兰克林·R.罗斯福致力于建立战后国际政治秩序与联合国新秩序，而且要包括苏联，但罗斯福 1945 年 4 月 12 日突然离世。他的继任者哈里·S.杜鲁门，如布莱希特所述，终结了罗斯福"启蒙民主者"的时代，将美国政治转向了好战路线。杜鲁门向他的军队妥协，于 8 月 6 日和 9 日向广岛和长崎投放了原子弹，据称是因为这样可以拯救数十万美国士兵的生命（时至今日这一行动仍备受争议）；但可以肯定的是，投放原子弹应该展现了美国的军事力量和优越性，震慑苏联在欧洲的进一步扩张。令西方同盟国没有预料到的是，苏联红军已经向中欧进军直逼易北河，如果早些开辟斯大林所要求的第二战场，这本是有可能被阻止的。苏联人攻占了纳粹帝国的首都，干涉希腊、土耳其和伊朗的事务，还占领了中国的满洲里和北朝鲜，杜鲁门意欲采取强硬的姿态，同时也阻止苏联进入日本。

1945 年 9 月 10 日，布莱希特在美国的《工作笔记》中写道："原子能借原子弹合乎时宜地进行了自我介绍，对'普通人'而言它的触动是十分可怖的。对那些焦急等待自己的丈夫和儿子归来的人们而言，对日本的胜利因此变了味道。这个超级屁压过了所有胜利的钟声。"在《一个角色的塑造》中，布莱希特也曾回忆，投放原子弹的那天对"每个在美国经历此事的人而言都是难以忘怀的"。关于《伽利略传》他也曾评论："从今天到明天，我重新阅读这位新时代物理学奠基人的传记。"重新是因为伽利略背叛了他的学说，使其被贬低为神秘学。自此，知识被掌握在当权者手中，少数几个实施者就能造成极大的灾祸。只有一架飞机，共载有 13 名人员，其中主要是科学家和技术人员，还有一名庇佑他们的牧师，这已经足够在广岛摧毁城市的 80%，立即夺取了近 20 万人的生命，给 12 万人带来了严重的身体伤害，使他们在随后的几年中因此身亡。

1945 年 8 月 15 日，在没有作者获悉或同意的情况下，卡尔－

海因茨·马丁（Karl-Heinz Martin）在柏林黑贝尔剧院（Berliner Hebbeltheater）首次于战后上演了布莱希特的戏剧《三毛钱歌剧》（非此其谁）。由美国占领区官员因"再教育（re-education）"事宜而任命，马丁担任柏林一座保存较完整剧院的经理，从而可以以这出传奇歌剧庆祝自己的就职，这也是纳粹禁书目录上首屈一指的剧目。根据美国占领区官员的意见，戏剧是尤为适宜文化宣传的工具，来实现使德国人民永远克服法西斯主义的目的。虽然这在当时是重新活跃戏剧的伟大机遇，但布莱希特对此并不以为意，因为纳粹时代对表演艺术的破坏使他明白，他的剧作只可能不如人意地被搬上舞台。美国人的"再教育"是一次政治教育计划，很快被英国人和法国人分别采纳，并改革为"再造（reconstruction）"和"文明使命（mission civilisatrice）"计划，它们认为民主行为和个人责任在和平和自由中是可以通过学习获得的，所以必须给德国人上这一课，以使他们再次成为一个统一的民族共同体。

《三毛钱歌剧》不仅是纳粹统治之前最著名的剧作，而且适宜以快速、娱乐的方式复苏德国批判性的社会文化。德国人对挽救经典艺术有巨大的需求，这在每每售罄门票的演出中也得到了证实。仅仅在战后的第一个冬季，黑贝尔剧院就能容纳 500 名观众，每天都有 500 人不惜徒步穿过完全被炸毁的克罗伊茨贝格（Kreuzberg）区域，只是为了能再次欣赏到不被意识形态所沾染的戏剧。演出持续了半年有余。布莱希特所听到的却是另一幅情景，他 1945 年 9 月 25 日写道："我们听说，柏林在上演《三毛钱歌剧》，场场爆满；但之后由于苏联人的干涉遭到了取消。作为抗议，英国广播公司（BBC，伦敦）引用了谣曲《先填饱肚子，再讲道德》。我本人不会同意演出这一剧目。在没有革命运动的情况下，它传递的'信息'纯粹是无政府主义。"

这一虚假消息可能同德国共产党干部汉斯·延德雷茨基（Hans

Jendretzky）对卡尔－海因茨·马丁的直接批判有关，文章刊登于 8 月 18 日的《德意志人民报》（*Deutsche Volkszeitung*，柏林，德国共产党中央机关报）：“这部《三毛钱歌剧》，如今上演面向的人群，他们不辞辛劳地在废墟中投身国家的重建，迎着成千上万的困难克服十二年来的思想荒漠，对于这些人，舞台上不可以也不允许喊出‘先填饱肚子，再讲道德！’”当然，第二天弗里茨·艾尔彭贝克（Fritz Erpenbeck）便在同一地点附和了延德雷茨基的看法，艾尔彭贝克假惺惺地问道：“1945 年，更确切的是 1945 年的 8 月，在一流的剧院上演带有流氓无产者倾向的作品，这是否代表了观众和剧院的文化政治利益？我们认为：不。因为我们是共产主义者。在艺术享受上也是。”

战后的文化“复兴”便是如此：布莱希特断定了革命运动的缺失，延德雷茨基认为德国面对的首先是废墟中的精神低谷，而艾尔彭贝克毫无疑问地只推崇共产主义艺术，却不知道这一艺术的内容应如何展现。德国流亡者几乎还没有从莫斯科返回，就已经再次陷于原本的争论和对立中。好似一切都未曾发生过一样，德国共产主义者立即为德国人“原本的善根”（类似托马斯·曼所说的“善”）做起了文章，在重新思索人性价值后，“善根”会再次发挥作用。这一文化理解同美国的教育计划恰恰背道而驰。对共产主义小市民而言，在这一点上他们不需要学习。在布莱希特未在场的情况下，关于他以及他作品的争论便已开始。

“新德国”如此迅速又如此秘密地修建了干部居住区（直至东德结束的“万德利茨沃尔沃格勒”①），这在阿尔弗雷德·坎托洛夫

---

① 万德利茨（Wandlitz）坐落于东柏林北部，民主德国德国统一社会党（SED）的大多数官员居住于此，过着相对奢侈的生活。1980 年代开始被民间称为沃尔沃格勒（Volvograd），因为这里的人逐渐不再使用苏联的海鸥轿车，而乘坐瑞典的沃尔沃汽车。

斯基（Alfred Kantorowicz）流亡美国返乡后的一篇报道中得到了展现。坎托洛夫斯基很期待能再次见到约翰内斯·R.贝歇尔，因而在1946年末至1947年初的冬天被柏林广播电台的一辆车送往潘科（Pankow），更确切地说是下逊豪森（Niederschönhausen），这里"依照战争的规格设置了路障"，路障在苏联占领区的帮助下被轻易建成。司机曾是空军军官和十字勋章的获得者，提前就防备性地提示坎托洛夫斯基注意相关手续，为了抵达以重武器把守的区域必须呈递通行证、证件号、时间、陪同人、企图和请求等。在坎托洛夫斯基最终进入了这一区域后，却"发现了一个邪恶的政党秘密委员会"。贝歇尔就像在干部会议上那样说话，必须"避免每一个口误"，他的愤世嫉俗也完全失去了幽默感，但他离权力中心更近了，因为皮克（Pieck）、乌尔布里希特（Ulbricht）、格罗提渥（Grotewohl）、弗兰茨·达勒姆（Franz Dahlem）"及其他数十名政要都是住在这一特殊区域的邻居"。布莱希特的名字也被贬低为不可信之人，简言之："他恶毒的言论是赤口毒舌。"当大家开始就餐后，坎托洛夫斯基小心地询问，是否他在外面寒风中等待的司机也有充饥的食物，贝歇尔太太被触怒了，表示她无法照料每一个（随从的）司机。在回程的路上，司机评论道："您必须习惯这一切。这是新的处事方式。"

/ 451

布莱希特也将很快亲身体验到这种处事方式，即使并非直接面对共产党的首脑"乌尔布里希特派（Gruppe Ulbricht）"。这一小组4月底被苏联人派往柏林，以便于那些尤为忠于党的路线的同志们能在苏联占领区，特别是柏林担任管理性和政治性任务。而头一件事，他们就在远离废墟之地，在老旧的封建庄园上安家落户，动用一切手段让这里一应俱全。

当时正是"关爱包裹（CARE-Paket）"时期，德国人民正忍饥挨饿，因此必须得到一些救助。不允许向纳粹德国派送救助物资的禁令也在 1945 年 12 月被废除。CARE 是"美欧汇兑合作组织（Cooperative for American Remittances to Europe）"的缩写，这些包裹最初是"标准化"的，也就是说，它们包含——最初作为食品包裹（由于短缺，德语称其为"Fress-Pakete"）——各种必要的食品，从黄油到肉类再到奶粉，还有少量的巧克力或者葡萄干和糖。1947 年初，布莱希特在长时间四处询问之后得到了格奥尔格·范策特（Georg Pfanzelt）的地址，也想过为其寄送关爱包裹，因为范策特在信中向布莱希特描述了那个漫长而艰苦的冬天：没有煤，只有木柴，但也只够做饭用，无法用来取暖，电也按小时供应。

此时布莱希特收到了从欧洲和德国寄来的第一批信件。彼得·苏尔坎普在 1945 年秋来信。回信中，布莱希特回忆起，苏尔坎普是他在德国见到的最后一个人："国会纵火案的第二天，我从您家前往火车站；流亡期间，我一直没有忘记您的帮助。"直至 1943 年，彼得·苏尔坎普仍让拜尔曼·费舍尔（Bermann Fischer）留下的 S. 费舍尔出版社正常运转，但后来苏氏因所谓的谋反和叛国罪被盖世太保拖进了萨克森豪森集中营（KZ Sachsenhausen）。苏尔坎普在那里身患重病，但经阿尔诺·布雷克的许可而被党卫军释放：一次绝无仅有的情况。苏尔坎普是第一批得到占领国颁发执照的出版商之一，而且同布莱希特再次建立了联系。

经过数月的调查，布莱希特最终查明了卡斯帕尔·内尔的地址，并立即提出了合作请求。内尔二战期间留在了德国，纳粹时期他通过制作现代音乐剧和为"民族共同体（Volksgemeinschaft）"①打造的低俗戏剧巧妙地躲过了灾祸。在 1946 年 10 月的一封信中，内尔向他战后初期在瑞士工作两年多的朋友建议，留在国外；回到德国

---

① 纳粹德国的一个民族主义意识形态概念，其基础为由血缘相同且有着相同命运和相同政治信仰的民族来构成共同体，其阶级敌人为外族人。成为民族共同体一员的必要条件为雅利安人，另外还需承诺忠于国家社会主义的理念。

不会有任何益处。"根据我在这里获悉的一切，要对东部有所了解还需要几年；这自然很糟糕，但最好对此要作好准备。卡斯。"内尔建议，两人最初应该在瑞士或者意大利北部继续之前的合作，在当地准备德国的排演工作。对此，内尔的舞台设计是不可或缺的，他还在 12 月份补充道："我个人坚信，我们要再次创造一种戏剧；这只有我们两人可以做到。"

沃尔夫冈·朗霍夫（Wolfgang Langhoff）1946 年担任柏林德意志剧院的经理，他厌烦了在舞台上展现正风靡一时的法国存在主义悲观主义，因此向布莱希特寻求帮助，想说服他尽快返回德国。"在荒漠中，对德国诗人的呼唤正逐渐消失，贝尔特·布莱希特在德国沉默无闻。"布莱希特对上演自己剧作的要求回答得十分克制，他没有表示赞同。在上述给苏尔坎普的信中他也清楚明白地确认，他的任何作品，"无论新作还是旧作"，在他不发表意见的情况下都不要上演："一切都需要改变。"

戏剧的地位必须从根本上重新确定。1946 年 8 月，布莱希特对埃里克·本特利（Eric Bentley）阐述了自己的观点：对他而言，现在的没落时期是一个"过渡时期"，因而是次要的："各类艺术中的新鲜元素必须经过不同的人来论证，而且要注意不要从冰箱中取出那些旧物。雄辩者的民族剧院里因此有着一些乌托邦的东西，过去人们也设想过乌托邦，它是陈旧之物。"大家必须坚定思想，放弃任何一种"心中的萦回"（我们头脑中对古老而美好时代的欺骗性影像）。从此，正确地"将市民自然主义（及其社会改良主义）视为新戏剧的开端；为了实现'伟大'的时代戏剧，我们必须回到比易卜生更久远的时代，即资本主义革命的时代"。此处已经暗示了布莱希特想在欧洲坚定贯彻的戏剧纲领：先对过去进行结算，然后再思考未来。乌托邦？已陈旧。

不，我是，我是，我觉得，确实，是

瓦伦丁式的表演：自我否认作为自我维护

HUAC 面前的布莱希特

1947 年夏初，布莱希特已经决定离开美国返回欧洲。但 9 月 19 日，非美活动调查委员会（HUAC）传讯布莱希特，这是美国反对布尔什维主义的极端进程，原则是共产主义无非是红色法西斯主义，因而必须像感染或瘟疫一样从健康的头脑中根除（纳粹语言）。这首先涉及了所谓被共产主义渗透的好莱坞，即美国的电影工业，它面对广大公众，因而必须坚决支持效忠美国。

1947 年 10 月 23 日，布莱希特被召唤到了华盛顿，事实上审讯 10 月 30 日才进行，布氏被告知，没有 HUAC 的允许，他不准离开美国。因此，返回欧洲的计划又问题重重，必须做好最坏的打算。审问官罗伯特·E. 斯特里普林（Robert E. Stripling）把汉斯·艾斯勒称为"音乐界共产主义的卡尔·马克思"，从艾斯勒那里布莱希特得知，审问中艾斯勒表现倔强，审问结束后，HUAC 禁止艾斯勒出境。汉斯·艾斯勒的哥哥格尔哈特·艾斯勒确实是德国共产党的知名人物，而且由于长姐露特·费舍尔（Ruth Fischer）伪造护照被揭发，格尔哈特也两次入狱。布莱希特同汉斯·艾斯勒的合作众所周知，因此他也有被株连的危险，而且约翰·埃德加·胡佛还向 HUAC 恶毒诬蔑布莱希特，胡佛的特务也参加了审问。

虽然不能预见 HUAC 的审问会有何后果，但布莱希特一家仍搬离了好莱坞，10 月 16 日和 17 日乘火车前往纽约。布氏一家携带了迪亚特尔夫妇准备的"关爱包裹"，旅途上布莱希特也感谢地写道："已经是第二天了，我还在吃你们给的肉、糖、蛋糕、自家烤制的黑面包和你们家奶牛出产的黄油——一次机车上的盛宴。/ 火车上人不是很多，大兴旺的时期已经过去了。各站的商店里物价都上涨了。**每一次**战争的失败者都是老百姓。/你们的布莱希特夫妇。"在纽约，布莱希特居住在赫尔曼·布得茨斯拉夫斯基（Hermann Budzislawski）处，布得茨斯拉夫斯基曾任《世界舞台》和流亡期间《新世界舞台》（*Neue Weltbühne*）的主编，其中也刊登了布莱希特的文章。布得茨斯拉夫斯基在纽约担任专栏作家。1944 年 2 月德国左翼人士在纽约为焚书举行纪念活动，布莱希特与布得茨斯拉夫斯基相遇、结识，日后两人共同参与了"民主德国委员会"的工作。对于在审问中应该如何表现的问题，布莱希特说："我们练习一下。我给你我作品的样本，你盘问我。"布莱希特也向已经经历过审问的汉斯·艾斯勒询问，让他列举所有被问到的问题，以便有所准备；艾斯勒认为，这些问题都遵循某种既定模式，这一模式是可以摸透的。

在此之前，布莱希特也做了预防措施，即便 HUAC 禁止，也设法逃往欧洲；虽然一切后果并不严重，但最终仍是一场逃亡。10 月 26 日，布莱希特与 T. 爱德华·哈姆贝尔顿（T. Edward Hambleton）——一名艺术资助者，布莱希特把美国版《伽利略传》的版权卖给了他——和约瑟夫·洛塞一同从纽约前往华盛顿。10 月 31 日飞往巴黎的机票已经订好，他们出于谨慎还计划一切情况都报哈姆贝尔顿的名字，仅仅在飞机起飞前才确认布莱希特的身份，但这些小心谨慎最终幸好是多余的。10 月 30 日审讯开始。

首先必须有合适的衣服。布莱希特选择了端正的深色西装，白衬衣，深色领带，一袭正统、顺从的市民形象。布氏决定以极慢的速度说话，好似在艰难地寻找每一个词，给人以自己英语水平不足的印象，也好像有些愚笨、反应迟钝。这导致了布莱希特最初就被迅速问道，是否需要一名翻译员，布莱希特对此表示了肯定。而翻译说话极为含糊不清，以至于必须一再继续追问（这又偏离了原本的话题），给了布莱希特时间。斯特里普林和 J. 帕奈尔·托马斯（J. Parnell Thomas）——众议院代表——作为主席提出问题。最初的几个问题就出现了偏差（根据德语翻译）。被问及出生日期，布莱希特开始慢而费力地说出一个个数字，先是"19……"，停顿，然后是"1898"，被要求再重复一遍，他又说"89"。稍后斯特里普林从卷宗中读到布氏是 1888 年 2 月 9 日出生："这正确吗？"布莱希特回答："是的。"几经周折才最终确定是 1898 年。

不实谰言对布莱希特也并不困难，因为他发现，某些答案委员会完全无法查证。例如有关阿尔弗雷德·坎托洛夫斯基的问题，在坎托洛夫斯基的杂志《东与西》（Ost und West）中，1947 年刊登了《第三帝国的恐惧与灾难》中《犹太女人》（Die jüdische Frau）一幕；被问及是否认识坎托洛夫斯基，布莱希特据实表示了肯定，又被问到是否知道这位坎托洛夫斯基先生是德国共产党党员，布莱希特又典型而迂回地回答："当我在德国遇到他时，我认为他是乌尔斯坦出版社的记者。这家出版社原来不是，现在也不是一家共产主义报社，而且并没有发行过共产主义性质的报纸，因此我也不知道他是否德国共产党党员。"当然，布莱希特其实知道实情。对于"布莱希特先生"在美国"是否曾参加过共产主义政党的集会"这一问题，他回答："不，我认为没有。"当被追问是否确定时，他费力地说："不，我……我……我认为，确定，是的。"如果去除布莱希特在这次审问中多次使用的（类似拉长音的"嗯……"）"我认为"，他在美国公众面前首先也是一位可信之人。

这些布莱希特都用一种正直而无辜的语调讲述，因而没有人会想到他其实在委员会面前演了一出瓦伦丁式的闹剧。但他成功了。对于核心问题他如此回答："我听我的同事说，他们认为这个问题并不合规，但我是贵国的客人，不愿陷入任何一场司法纠纷；因此我也会完整地回答您的问题，知无不言，言无不尽：我从不是党员，也不是任何共产党的党员。"最后，委员会主席向布莱希特表示感谢，并向他证实："您是所有证人的优秀榜样。"他胜利了。

被传唤的其他美国作家和艺术家成了历史上的"不友好十九人"，因为他们决定抵制审问，向媒体揭露真相——HUAC本身就是"非美的"。他们还决定对于是否或曾经是否共产党员的问题保持沉默。最终这些"不友好人士"中的十人因拒绝作出陈述而被HUAC宣判了一年监禁和1000美元罚款，对他们中的一些而言，这是毁灭性的打击。

/ 456

在案件中，布莱希特虽然一再被提示美国法律也适用于他，但事实上，律师们在多次谈话中也一致认为，布莱希特可以据实回答问题。1947年11月布莱希特在给艾斯勒的一封信中也强调："此外，从报纸报道中我看出，一些记者猜测我在华盛顿表现得极为骄横；事实上我不过是听从了6名律师的建议，他们建议我实话实说，对其他事闭口不言。像你一样，我也没有考虑过拒绝陈述，你同样也不是美国公民。"

利翁·福伊希特万格在11月20日的信件中对布莱希特这次典范式的登台首演作了正面评价："您全部的作品也没有像这些机警的语句一样带来如此之多的关注度和成功。从托马斯·曼到我的园丁，全世界都赞赏其中的创意。"因为布莱希特"尤为老练和有效"的陈述令记者们追捧，因而能在广播中一再听到（其片段）。这位老战友立即认识到，布莱希特是如何巧妙地躲过了这次潜在的危险：利用他的戏剧手段。

布莱希特立即返回纽约，此刻施特凡也到达了纽约。施特凡决定留在美国，在波士顿继续自己的学业。施特凡当年23岁，但已经可以独立决定如何规划自己将来的生活。值得注意的是，家庭内部没有对这一决定进行讨论，而是表示认可和尊重。事实上施特凡·布莱希特一直是美国人，也越来越具有美国特色，踏上了"美国之路"，还于 1980 年代写了有关罗伯特·威尔逊（Robert Wilson）戏剧的著作。

对联邦调查局而言，布莱希特前往欧洲又是一次当头一棒。胡佛等待着审问的结果，如若布莱希特能脱身，其已经计划 11 月传唤他来"访谈"，目的是将布氏驱逐出境。这一传讯令 11 月 12 日到达纽约特勤人员手中，但布莱希特当时已经离开了。布氏正确地审时度势，险些已经没有了逃离的时间。1947 年 12 月 2 日，在获悉了布莱希特此时身处瑞士之后，胡佛向中央情报局写了封长信。他自然认为，布莱希特不仅是德国共产党党员，其作品也推动了共产主义宣传，代表激进的观点。此外，他还猜测，布莱希特会在德国东部安顿下来，在那里"为共产主义思想"效力。中央情报局表示会观察"目标"，跟踪"目标在欧洲具有苏维埃情报性质的活动"，并立即汇报。事实上，如果布莱希特想重返美国，中央情报局将传达信号，立即将其逮捕。因此，布莱希特的儿子虽然是美国公民，但他没有与其在美国相见的机会，至少在接下来的几年中没有。

这个星球即将爆裂 / 它所制造的，将会摧毁它
无法了结历史：只能（暴力）解决
居住和工作之地毫无希望

　　弗里德里希·沃尔夫（Friedrich Wolf）曾隶属"莫斯科派"，所以在莫斯科得到了同志们（皮克、阿普勒金、巴尔塔）的宽容。弗里德里希·沃尔夫在战后再次于柏林从事文化政治工作，在1947年3月致埃尔文·皮斯卡托尔的信中，他如此评价自己的同胞："你完全是个不可饶恕的乐观之人；我为我的国家而几经周折，先是万恶的韦尔内（Viernet）集中营，然后是三年的前线抗战，匆匆忙忙地回家；但像我们这样一个自负、不可教化的民族，在整个星球上也绝无仅有！旧势力四起；如今自然是民族主义政党占绝对多数，民主局势因而也相应展现了这一特征；谁如果不愿自缢身亡（即便如此也应该由其他人来施行），必须搏斗和撕咬。"沃尔夫在极为不利的条件下组织人民舞台的重建工作，他邀请皮斯卡托尔——"在我吊足了你对日耳曼的胃口之后"——担任新人民舞台的导演。

　　除了是一名成功的作家，沃尔夫还是共产主义的文化官员，他信中选用的词汇引人注意。其中的美国化词汇已是不同寻常，因为当时同志们原则上都完全不懂英语。对战后"日耳曼"的评价在整体上也是全盘诋毁，沃尔夫针对的并非工人阶级，而是整个民族，在希特勒之后，他们大多数依旧以愚蠢的方式坚持着民族主义思想倾向。这个国家一再对自己的人民宣布严酷的斗争，先是为了民主，之后或许是为了某个类似社会主义的目标。

　　沃尔夫在信中的表述第一次证实了，为了自上而下地引入社会主义，那些（看似）成功的德国人从苏联返回，他们乐意忽视那些仍居原职的旧纳粹人士的罪行，只要这些人愿意合作。1946年12月，沃尔夫就在《论德国新戏剧学》（*Um eine neue deutsche Dramatik*）中明确表示，反法西斯作家已经被迫转为守势。为了人民舞台的革新，莫斯科官员立即贯彻自身的观点，他们的政治与文化视野都十分狭隘，无法认识到反法西斯和社会批判艺术会比共产主义教条的宣传队——艺术的意识形态化——取得更大的成就。类似建设人民舞台这样的小项目也引发了巨大纷争，原本的合作分裂为东方（亲共，媚俗）和西方（小市民、娱乐性）派别，并各自成立了自己的人民舞台。东部人民舞台最初坐落于德意志剧院，而后迁入船坞剧院、位于施特格利茨（Steglitz）的提塔尼亚电影院（Titania Palast）的自由人民舞台，即最终的选帝侯大街剧院。

在美国，杜鲁门政府好战并反苏，这一政治变革也转嫁到了战败的德国，甚至整个欧洲。欧洲在世界的中心地位一去不返。一方是苏联，另一方与之对峙的是美国、大不列颠和同其联盟的法国。苏联征服了东欧和中欧，苏联红军镇压或遏制当地为本国国家革新而奋斗的各项运动，以对其实施控制，或者令其加入苏联；前者涉及了民主德国、波兰、罗马尼亚、阿尔巴尼亚和捷克斯洛伐克，而后者是乌克兰和整个波罗的海三国（爱沙尼亚、立陶宛、拉脱维亚）。1945年7月17~25日的波茨坦会议上，"三巨头"——斯大林、杜鲁门和丘吉尔——还能就不对德国进行分割达成一致。布莱希特在8月3日的《工作笔记》中评论："波茨坦会议的**德国计划**，最重要的是：确定了经济（和政治）的统一。即使要花费些努力，这一时期也要记住，德国是一个完全被压倒在地的资本主义国家。如若苏联凭借一己之力战胜了希特勒德国，只有这样他们或许才有可能建立一个工人政府，而且即便如此也很难发展成社会主义。"这或许意味着，布莱希特在接下来的时间里根本没有对社会主义有所预计。

但当年年末，大家为之忧心忡忡的德国分裂已经渐露端倪，特别是丘吉尔，当初仅仅是为了反对希特勒而结盟，才搁置了对共产主义明确的反对，如今苏联的领土要求使其观念转变变得合理化，虽然对外仍是盟友，但丘吉尔已经对这一共同战胜国怀有了一切不信任。1946 年 3 月 5 日，丘吉尔发表演说，从波罗的海边的什切青（Stettin）到亚得里亚海边的的里雅斯特（Triest），一幅横贯欧洲大陆的"铁幕"已经拉下，铁幕之后，莫斯科越来越强烈地操纵着看似被解放了的人民的命运。在其他占领区，战胜国之间不同的政治观念从一开始就决定了德国的政治。

美国认为，应该以改良的方式继续实施 1924 年曾取得过成功的道威斯计划（Dawes-Plan），也就说，通过分割卡特尔（Kartelle）①来扶植德国工业，必须投入的资金从而可以凭借产品得到回笼。苏联则选择自上而下地建立社会主义——以所谓"革命"的方式，剥夺了工业企业以及大量地产，而且还十分没有意义地把企业拆除，把这些——本质上已经老旧的——技术设备运往苏联，在那里重建，但这些技术设备在苏联也不能或者仅仅很勉强地运行。

为了所谓的"去纳粹化（Entnazifizierung）"，美国进行了长时间的问卷调查，也帮助老纳粹恩斯特·冯·萨罗蒙创作了自己最成功的自传性作品《问卷》（*Der Fragebogen*，1951）。萨罗蒙用玩世不恭的调侃嘲弄了这次调查，自然也没有"揭露"自己与纳粹的纠葛，反而表现了他的自负，用尼采的方式祭奠快乐虚无主义。这部作品是战后的文学纪实，证实了美国人的问卷并无太大意义，而真正的纳粹则没有被缉捕。另一方面，苏联人虽然全面惩处纳粹，将他们赶出原本的岗位，但仍保全了那些自愿做自己帮手和执行人

---

① 垄断的组织形式之一，是生产或销售同类商品的企业为垄断市场经订立协定而形成的同盟。

员的纳粹分子，反而迫害那些从未为纳粹服务、从未同情过国家社会主义的人，即社民党人、神职人员和自由党人，因为他们拒绝为建立专制社会主义效力。这些人直至 1948 年还在布痕瓦尔德集中营身陷囹圄，这次，看守是苏联人。

对战后的布莱希特而言，特别之处在于他现在可以直接继续使用反抗纳粹的文学手段和技术。如果这些形式确实适用，那么它们至少能证实，在布莱希特的理解中，一切（几乎）都未改变。很多人都在讨论德国投降后所处于的"零点时刻（Stunde Null）"。如今已经明了，文学并未发生变革，面对经历过的残暴，当时的文学趋势选择脱离现实，作家们要么转向形而上学，要么重提完满的古典主义。德布林 1945 年曾对此发表过"恰当的"言论："形而上学和宗教的新时代来临了。这个事件，曾经由于实证主义和科学变得过于清晰，如今又浸入了神秘之中。"相应的，他也把文学放置于政治及其反常情状之外："那里接近神性，由于神性的严肃、敬畏、真实和崇高，艺术之歌走向了不同的曲调。竖琴必须重新调音。这不是阶级、民族和个人孤僻的时代。这个时代，再一次，而且绝非最后一次，抛出了对人性的追问。"

布莱希特以《斯文德堡诗集》中《德意志讽刺诗》的新版本对此作出了回应，这一诗歌形式抨击了纳粹的过度宣传，并将其拆分为各个可以认知的部分。1945 年末布氏（已经）写了《被玷辱的战争》（*Der Krieg ist geschändet worden*）：

> 我听闻，上流社会在谈论
> 第二次世界大战在道德层面上
> 并未达到第一次的高度。
> 国防军应该悔恨
> 党卫军为了灭绝某些种族而采取的手段。

也就是说

鲁尔区的巨头在控诉这血腥的驱赶

使他们的矿井和工厂充满了奴隶。

我听闻，

知识分子谴责实业家对工人奴隶的苛求和虐待。

即使主教也斥责如此进行战争的方式。

简言之，现在到处充斥着这一感觉，

可惜纳粹帮了倒忙，

战争本身是必然和必要的，

但由于发动战争猖狂、非人性的方式，

才使其遭到长时间的诋毁。

/ 462

布莱希特诗学批判的核心针对虚假的道德，它拒绝承认那骇人听闻的现实，即纳粹帝国践踏整个世界，使 5500 万人丧失了生命。在柏林的废墟中，汉斯·延德雷茨基首先看到的是德国的思想低谷，因此，大发战争横财的人、工业巨头、重工业企业家、奴隶工厂的经营者、那些没有参与战争的教会上层，甚至市民知识分子都在用道德上的忠诚进行自我谴责，以求得赎罪，重要的是，只求不被从他们的产业、地位和职务上驱赶下来。

约翰内斯·R.贝歇尔用类似纳粹的语言，要求德国进行"涤荡和净化"，因为德国人现在获得了机会，"将所有病态的、敌意的东西从自己身上切除"，解放"作为自己本质的拯救性本体"的"健康力量"。布莱希特早在战争结束之前，即 1943 年 5 月告知布得茨斯拉夫斯基，维兰德·赫茨费尔德正打算建立一个袖珍图书出版社时，就曾建议，组织印刷"一系列十分简洁的小册子"。这些袖珍书应该由飞机在整个德国投放，"用'教育'的大规模空袭来了结希特勒，这不仅是战后教育，也是反战教育（同盟国的飞机给德国带回了它的文学）"。布莱希特以此表达了自己战后的纲领，德国人大部分不仅必须被改造，而且还必须从根本上祛除他们的军国主义思想。

布莱希特因此进入了一种文化政治的窘境，直至他盛年早逝，这一窘境都对其影响深刻。布氏决定，将自己未来的创作毫无保留地致力于维护和平与反对那场战争。此外，现在也到了对德国语言进行一次"语言清洗"的时代，这不仅要在昏暗的时代避免那些把生活描写为圆满与感性的表达，更多的是祛除德国人身上由于空洞而高涨的激情，使那些大肆张扬以及对内省、移情等心理状态的召唤受到嘲笑的惩罚。

就"语言清洗"而言，布莱希特1940年8月在他的芬兰箴言诗中发现了有关德国诗学发展的内容，在歌德之后，语言"美妙的辩证统一"分裂成了（海涅的）"平俗"和（荷尔德林、格奥尔格、克劳斯的）"主教般的庄严"。"平俗"这条线愈发意味着语言的衰败，而格奥尔格则"在藐视政治的面具下，完全、公开地反革命"，他的语言毫无感性可言。克劳斯的语言"由于其纯粹的精神性"而同样"毫无感性"："格奥尔格是教权封建主义的，对他而言，宗教即'异教'；克劳斯具有激进的批判性，但又是纯粹的理想主义和自由主义。"由上述评价可以反证得出布莱希特的语言观：清晰、非千篇一律，带有"词语间的张力"，感性、诙谐并且在以下两个意义上做到精确：睿智和幽默。

在战争和奥斯维辛之后，文学如何能"经受住"这些事件的问题被重新提出。意识形态上的两极——托马斯·曼和约翰内斯·R.贝歇尔都对这一问题进行了深刻的反复思考。托马斯·曼深入地考量了语言和语言批判问题，并将想法应用于自己的文学作品中，同时也对其进行了理论性阐释。曼式语言批判思考了语言的边界及可能性问题，而并非探求语言很可能无法胜任的对事件的展现力。那些"变成巨兽的土鳖"将他们被摧残了的头脑中的想法付诸实践，之后，卡尔·克劳斯关于语言是否"贴切"的问题就变得十万火急了。

就这一问题，曼借助弗里德里希·尼采的怀疑性的语言批判作出了如下决定：语言在事实上根本不具备再现功能，因为所有成为语言的东西都必须服从语言模式。在托马斯·曼后期小说《被挑选者》（*Der Erwählte*，1951）中曾有言："人类的生活在破旧不堪的模式中迷失，但仅仅是言语变得陈旧而传统，生活本身总是崭新而年轻的，除了陈旧的语言叙事者很可能一无所有。"这一处时常被误解为普天之下再无新鲜事，其实是点出了一个语言问题，即现代叙事者能够支配的，从本质上看，也只有被遗留下来的语言资源。相应的，托马斯·曼也令自己的小说由一个无人称的"它"进行叙事，"它"是"叙事思想"的精神化，并在爱尔兰僧侣克莱门斯（Clemens）身上得到了体现。

/ 464

对于语言工具是否可能"贴切"事实的问题，此类的语言理论无法回应，因为"事实"刚刚发生，而且是闻所未闻的，也确实使语言丧失了表达能力。语言在生活上烙印了自己的模式，因此，"后来者"也只能再次讲述旧的故事，对其进行"阐发"（扩充、发挥）和"详细化"（修饰、拓宽），正如托马斯·曼在小说《约瑟夫和他的兄弟们》和《被挑选者》中所做的，这些作品甚至让曼的追随者们也或多或少地失语了。

那么约翰内斯·R.贝歇尔呢？他1950年在日记《另一种巨大的希望》（*Auf andere Art so große Hoffnung*）中宣告："失败可以成为触发国家涤荡和净化的契机，因而可从失败中萌发果实的成熟。认识失败真正的意义，意味着为失败的悲剧性争取良好、有益的一面，那令人极度沮丧的力量将成为动力，令一切在荒废中崛起。"引文似乎措辞崇高、能激发高尚的思想，但完全是没有实质内容的空洞语言，除此之外，贝歇尔的思维中仅仅只有不合时宜的旧概念。纳粹的罪行和"悲剧性"可有任何关系？在为民主德国创作国歌时，贝歇尔也只有"在废墟上崛起"这样的一些鄙言累句。显然，1949年民主德国执政的小市民中没有人发觉，贝歇尔再一次把"新的德国"称为（世界的）"救世主"。这里不禁要问，汉斯·艾斯勒对布莱希特的文章能保持批判精神，为何为贝歇尔的作品谱曲时却不予干涉？

布莱希特辩驳道："在奥斯维辛、华沙的犹太人居住区和布痕瓦尔德发生的事件，毫无疑问，无法对其进行文学形式的描写。文学毫无准备，也没有为这些事件发展出任何手段。"布氏这里表述的观点击中了战后文学原本必须面对的窘境核心，但战后文学却对此完全没有察觉。布莱希特的表达也代表了自己语言上的不确定，例如"事件"一词被使用了两次，这一概念给人以某件事突然发生的感觉，无法表达此处那令人发指的程度。

西奥多·W.阿多诺曾有一句被广为讨论的名言："奥斯维辛之后，写诗是野蛮的，这就是为什么在今天写诗已经成为不可能的事情。"布莱希特的记录早于阿多诺一年就以不同的形式表达了相同的观点。阿多诺1949年撰写了上述文字，发表于1951年，引发了一场完全同当前政治史现状不符的讨论。即使阿多诺提及了极具挑战性的问题，但问题仍同对诗歌的反动理解相关。但讨论确实起到了推动性作用。阿多诺用"批判性理论"在联邦德国贯彻了一种艺术理解，借由这一理论的定语，它摆脱了传统的、市民性的艺术理解，贯彻了反抗性的、本质上难以理解的艺术，例如保罗·策兰（Paul Celan）、塞缪尔·贝克特（Samuel Beckett）或者音乐领域的阿尔班·贝尔格（Alban Berg），将他们阐释为奥斯维辛之后的艺术，这类艺术缺乏沟通力，荒诞而拒绝任何意义，并以此将不可言说的新恐惧十分矛盾地表达出来。纳粹统治之前，布莱希特在阿多诺的事业中起到过作用，这在战后却停滞了，因为阿多诺陷于冷战两大阵营之间，不再被视为艺术家，而被假定为思想家。阿多诺毫无批判性地参与了这一过程，并宣称布莱希特热衷于时事的艺术绝对是伪艺术。

问题是，在这样矛盾性的不统一中如何寻找出路。对布莱希特而言，复辟希特勒权力下的社会关系是完全不可行的。无论如何，必须形成一种社会主义的，并且真正民主的，受大部分民众支持的德国新秩序；在这一观点上，布氏绝非孤军作战。维利·勃兰特（Willy Brandt）1948 年在致力于讨论"社会主义之争（Streit um den Sozialismus）"的《月份》（Monat）中阐述："问题并非：社会主义还是自由？更多的是通过社会主义措施来扩展政治民主。……现代社会主义民主没有规定好的社会主义化模式，它知道，至少煤炭、钢铁、重工业和大银行必须转为集体所有。"作为德国艺术学会的主席，海因里希·曼 1950 年也作好了从东柏林前往民主德国的准备，原因是对联邦德国复辟的不信任。

当布莱希特 1947 年 11 月 1 日乘飞机降落在巴黎，他就已经明了"必须在德国之外也有一处安身之所"。布氏早已决定首先前往瑞士，而且此时也发现，在瑞士的逗留很可能会大幅度延长。卡斯帕尔·内尔在苏黎世剧院工作，可想而知，布莱希特首先是去投奔自己的老朋友。这座剧院在战争期间首演了至少三部布莱希特的戏剧，从而也使布莱希特在欧洲没有走出人们的视野。布莱希特在苏黎世的首次报纸采访中就立即强调了自己首先对艺术感兴趣："我不是以一名政治家的身份返回德国，也没有意图参与每日的争论或者使自己被政治辩论纠缠。"

尽管如此，警察局外事处仍对布莱希特进行了详细的调查。首当其冲的是——布莱希特在美国已经提出了请求——布氏及家人能够得到居留许可的问题，若答案是肯定的，能够停留多久？苏黎世城市警察的"迈埃尔四世警官（Kommissar Meier IV）"为此事"作出了贡献"，他尽力给苏黎世当局施加影响，拒绝发放居留许可。最终起决定性作用的是瑞士作家联盟的表态："布莱希特是德语诗人和作家中的领袖人物之一，在我们国家——如同在国际上一样——享誉盛名，而且相当受欢迎。毫无疑问，值得为其创作减轻负担并提供任何资助。"因此，布莱希特及其随行人员得到了期望已久的居留许可，时间期限是 1948 年 5 月 31 日，并可以延期。

但对布莱希特的怀疑还在继续。由于维尔纳·乌特瑞希（Werner Wüthrich）对这段历史进行了深入的调查，并用两册书的篇幅进行了记录，本书这里只进行简短的概括。在布莱希特于苏黎世旁的费尔德麦伦（Feldmeilen）安家之前，伯尔尼警方就向苏黎世警察局发出了指令，"这位著名的共产主义者和戏剧作家布莱希特"要在苏黎世停留："我们请求您处对其执行紧急秘密调查。"露特·费舍尔是艾斯勒兄弟的姐姐，已经演变为粗暴的反共分子，她毫无缘由地多次对布莱希特进行诋毁，因此布氏也被暗中监视，工作室里也被安装了窃听器；结果同在美国时一样：毫无所获。相反，暗中监视表明，布莱希特除了尽力维护和平外，不追求任何政治利益，也不从事任何政治活动。瑞士如此疯狂地追捕可疑人士，同当时被称为"克里普托（Krypto）"的政治气氛有关——虽然战争已经结束了两年，共产主义者仍化身"披着羊皮的狼"，进行反抗宪法秩序的地下、隐秘战争。因此也出现了一系列预防措施，在"叛国罪既成事实之前"，抓捕那些共产党或者对他们有过同情的人。由于布莱希特一直同共产主义者的标签纠缠不清，他也受到了威胁。此外，美国拒绝他进入西方占领区，因此在布莱希特个人身上，就进入欧洲这一问题，德国的分裂已经发生了。他应该何去何从？

在两德分裂的事情上，业已发生了一些政治事件。1947 年 3 月 12 日，杜鲁门提出了他的"杜鲁门主义"，据其内容，存在两种对立的生活方式，一种是自由中民主的生活方式，另一种是压迫中非民主的生活方式；十分明确，这两种生活方式分别意指何处。"杜鲁门主义"以美国的生活方式提出了世界性要求，同时承诺"限制"所有极权主义体制，首当其冲的便是苏联［遏制政策（Containment-Politik）］。随着"杜鲁门主义"的提出，冷战开始了，美国也以此确认了自己管理世界道德的要求。对德国具有深刻影响的事件是 1947 年 6 月 6 日德国各州政府总理会议的失败。苏联占领区的代表要求，讨论并尽量决定组建德国中央政府，根据西方占领势力的指示，英国和美国占领区于当年年初已经合并为统一的经济区——双方占领区（Bizone），后来法国也加入进来，形成了三方占领区（Trizone），被戏称为"特里措尼亚（Trizonesien）"，因此西方占领区的代表们拒绝了上述提议。1948 年 6 月 20 日的新币制最终确定了德国的分裂，西方占领区实行德意志马克（Deutsche Mark，DM），每 10 元原帝国马克兑换 1 元新德意志马克，这意味着底层人民手中的钱或多或少地丧失了部分价值，而生产资料和田产的占有者们却实现了财富的增值。6 月 23 日，苏联占领区随之推行货币改革，但推出的东德马克［Mark（DDR），俗称"铝片（Aluehip）"］已经陷于劣势。

我的兄弟们 / 两人都被拖入了克瑞翁战争
抗击遥远的阿尔戈斯，两人都战死
游戏方式的损害：
为复制而做的台本范例

1947 年 11 月 9 日，在苏黎世剧院当时的副院长库尔特·希尔施费尔德（Kurt Hirschfeld）处，卡尔·楚克迈尔、霍斯特·朗格（Horst Lange）、埃里希·科斯特纳、马克斯·弗里施（Max Frisch）、亚历山大·勒奈特-霍勒尼亚（Alexander Lernet-

Holenia）、维尔纳·贝根格吕恩（Werner Bergengruen）以及新加入的布莱希特举行了会晤，要起草一份呼吁。由于集会的几人设想能由各个国家的作家共同签署这份呼吁，布莱希特向利翁·福伊希特万格寄送了这份文件，因此它也在福伊希特万格的遗物中得到保留："对新战争的预料使重新建造这个世界失去了动力，这个世界面临的不再是和平与毁灭的选择。那些对此尚不知情的政治家们，我们坚定地向他们解释，人们想选择和平。"在随之寄去的信件中，布莱希特恳求这位老朋友，在美国不仅要收集德国流亡者的签名，而且也不要忽略美国的同事。只有"德国名字构成多数"，这份呼吁才有意义。布氏还补充道："随着愈加紧迫的警报，我们确认，欧洲不同经济体制的存在将会被利用，成为宣传战争的借口。"这些行为虽然出发点良好，但于事无补。

这时候如果能引人一笑，或许也可以鼓舞人心。苏黎世老城雾笛卡巴莱剧团的来访就提供了这样的机会，剧团由维尔纳·芬克（Werner Finck）领导，芬克在纳粹统治期间，尽管反对法西斯主义，但仍懂得趋利避害，用自己的幽默迷惑当权者。试举一例，1935 年戈林（据称是亲自）将他从集中营中释放。剧团上演了剧目《纯粹非理性批判》（*Kritik der reinen Unvernunft*），一个半小时的独角戏，其中采用了众多文字游戏，断句方式也使其内涵写作多重解释，以这种幽默、辛辣的方式，芬克叙述了自己生命中的一些章节。其中一节如此开始：芬克展开一张《柏林报正午版》（*Berliner Zeitung am Mittag*），并评论道："如今出现了征兆和奇迹；正值春季，但树叶已经开始变黄。"或者另一处，芬克被关押和监禁，监狱中也没有受到友好的对待。一位党卫军成员对他盛气凌人地呵斥："您有武器吗？"芬克回问："这里需要武器吗？"

埃里希·科斯特纳为（慕尼黑）《新报》（*Die Neue Zeitung*）撰写了该演出的剧评，并在其中对观众也给予了赞赏："此处，作家先生们和苏黎世的观众在比着大笑。贝尔特·布莱希特是声音最大的，在笑这一领域他应该算作'高手'。"无论是受到了这次演出的启发还是作为回赠的礼物，布莱希特撰写了诗歌《奥伦施皮格尔在战争中活了下来》（*Eulenspiegel überlebt den Krieg*）[①]，为打字稿签上了名字，标注了日期："苏黎世，1947 年 11 月 14 日。"在到达后为数不多的几天里，布莱希特就准备好去适宜地评价与自己共同战斗的艺术家。

但最重要的是戏剧之夜。布莱希特在如此短暂的时间里是怎样筹备这些演出，并给了海伦娜·魏格尔登台表演重要角色的机会？剧院作为专业的演出机构，早已制订了演出计划，所以在接下来的演出季中不可能以此为场地。但卡斯帕尔·内尔与汉斯·库杰尔（Hans Curjel）相识，库杰尔为表演发掘了原本是一座电影院的库尔城市剧院（Stadttheater Chur），1945~1946 年的演出季收获了巨大成功，苏黎世、伯尔尼和巴塞尔的评论家慕名而来，对"库尔的戏剧之春"大加赞叹。库杰尔曾在柏林国家歌剧院（StaatsoperBerlin）担任戏剧顾问，布莱希特 1929 年 3 月也在柏林听过库杰尔的讲座，但对此已经记忆模糊。两人于 1947 年 11 月 24 日建立了联系，库杰尔在其中看到了与伟大作家合作的机会，一切蓄势待发，但选择什么素材呢？他们想到了可以从索福克勒斯[②]的《安提戈涅》（*Antigone*）入手，随后又想采用弗里德里希·荷尔德林（Friedrich Hölderlin）对这部戏剧的改编，但似乎行不通，因为这意味着布莱希特要转向完全陌生的德国文学"主教般庄严"的路线。

12 月，布莱希特在《工作笔记》中记录，他决定听从内尔的建议，采用荷尔德林的翻译，"这样的内容由于被视为太过暗黑，很少

---

① 奥伦施皮格尔全名"Till Eulenspiegel"，是德国一部流传很广的笑话集中的人物。据传他生活在 14 世纪，到处流浪，每到一地都有一番恶作剧。

② 古希腊三大悲剧作家之一。

或者没有上演的机会"。在德国文学史上，荷尔德林的《安提戈涅》引起的更多是负面反响，因为当时的评论家们就提出了疑问，作者在翻译时是否有些心不在焉，这首先基于其匮乏的希腊语知识，其次似乎证实了荷尔德林连自己的语言也没有完全掌握。例如，现代由沃尔夫冈·沙德瓦尔特（Wolfgang Schadewaldt）翻译的译文为："所谓何事？你似乎有些激动！"（以至于脸色泛红。）而荷尔德林从中得出的是："所谓何事？你喜欢给红色的字染色。"布莱希特本可以降低难度，选择"平俗"的意义，但他使整个篇章更加怪诞不经，"拯救"荷尔德林表面上的语言癫狂："尘土飞扬，你，似乎，为我染红了文字。"布氏就像回到了学生时代，感到十分兴奋："我找到了施瓦本的语调和高中学的拉丁语结构，感觉像回到了家。黑格尔的不少思想也在其中。"而且这里的语言"与我的投入相比，理应得到更深入的研究。它具有惊人的激进性"。

布莱希特起初完全不同意这一计划。如若为了应对存在主义，恰当的应该是选择时政题材，或者至少是同当代问题相关的题材。如果为了最终给海伦娜·魏格尔再次创造一个重要角色，年轻的安提戈涅与这位 47 岁的女演员也完全不相称。此外，古典时期的经典悲剧，其中反映的还是个人的悲剧性，面对人类十五年的浩劫与恐怖，这仅仅是对遥远年代边缘化的回忆。

再一次，仍然是语言起了决定性作用。纳粹将荷尔德林归为"日耳曼"诗人，虽然不理解他的诗歌，但剥夺了其作品中浩瀚和激进的特点。莫斯科派毫无语言理解力，也毫无批判精神，试图贯彻温克尔曼式经典文学威严的文风，虽然荷尔德林的语言完全与布莱希特的完全不同，但布氏可以借此反抗"莫斯科派"，再次将辩证思想和辩证表达引入人们的视线，荷尔德林笨拙的文风恰恰是对抗所有虚假的和谐化语言的有力武器。荷尔德林的"德意志"语言至少能令人回想起德国人曾经达到过的境界。此外，当布氏在 1947 年圣诞节将自己的这部改编作品寄往美国时，剧作家提醒自己的儿子注意："从《英格兰爱德华二世的生平》之后，这是我第二次尝试从给定的经典因素中发展出一种提升了的舞台语言。"

但纳粹的鼓动宣战和纳粹的艺术不仅破坏了语言，还将舞台艺术驱至谷底。在《安提戈涅模式》（*Antigonemodell*）的前言中，布莱希特 1948 年曾断言："戏剧院建筑的损坏如今比表演方式的倒退更引人注意。原因在于，前者发生于纳粹统治崩塌之时，而后者发生于纳粹统治兴起之时。现在确实还有人谈及戈林戏剧'光辉的'技术，就好像这一技术仍可以被采用，无论照射在何处都能发射出同样的光辉。戈林技术为掩盖社会的因果关系服务，无法被应用于揭露社会的弊病。现在已到了为好奇者创作戏剧的时代！"

为了上演这出戏剧，布莱希特同海伦娜·魏格尔和卡斯帕尔·内尔共同组建了"海伦娜魏格尔客座演员团体（Gastspiel-Produktion Helene Weigel）"，可以说是柏林剧团（Berliner Ensemble，BE）的雏形。1947 年 12 月 16 日，剧本的创作由布氏和内尔两位挚友改编完成（同往常一样，仅仅是暂时完成），内尔和布莱希特当天向汉斯·库杰尔朗读该剧本以资消遣，之后库杰尔接受了这个剧本，但条件是必须由布莱希特执导，这原本是不被允许的，但通过在头衔上耍了小小花样之后也得以解决。这个来自瑞士的年轻剧团 1948 年 1 月开始工作。布莱希特虽然急需必要的经费，但首先考虑的并非要深受观众好评，他更多的是想继续发展魏玛时代的实验性戏剧，而且是同团体中历经考验的中坚力量共事：魏格尔和内尔。由于露特·贝尔劳的回归指日可待（布氏在到达瑞士后为她铺垫了道路），布莱希特还打算让她作为台本范例（Modellbuch）的摄影师参与到工作中来。

虽说这次排演工作只是重新在欧洲立足的初步开端，但对布莱希特以及内尔还有魏格尔而言，它都是后续事业的里程碑。

三人重拾了魏玛共和国最后的工作 —— 1931 年柏林国家剧院（Staatstheater Berlin）的《人就是人》，从《爱德华》开始继续发展了改编原则，并在柏林剧团继续上演了歌德的《初稿浮士德》（Urfaust）、伦茨的《家庭教师》（Hofmeister）、莎士比亚的《科利奥兰》（Coriolan）[1] 以及莫里哀的《唐璜》（Don Juan），这些同台本范例一起为民主德国和整个戏剧界提供了戏剧记录文献的典范。

为了制作这些记录，露特·贝尔劳是不可或缺的，她 1 月 10 日抵达苏黎世，布莱希特既没有为两人准备共同的住所，还由于忙于《安提戈涅》的排练——首演在 1 月底——而没有特别关照她，贝尔劳因此极为失望。贝尔劳还想象着终于能挤掉正妻的位置，长伴布莱希特身边。布莱希特给贝尔劳安排的并非具体的戏剧工作，而是记录，其中内尔的舞台设计是重中之重，它主要具有以下特点。内尔从一开始就放弃了幕布，因为不仅古典时期，中世纪的教会戏剧或者莎士比亚的环形剧院都不使用幕布，而且内尔认为舞台应该开放，不隐瞒任何"秘密"。舞台分为两部分，后半部是古典时期剧院的半圆形结构（希腊语：orchestra），里面安置了长凳，暂时不参与表演的演员坐在此处。主舞台的前半部分构成表演区域，可以同观众直接交流，并且同正面的前排座位构成了一个整体。舞台的主要道具是野蛮的、带有马头骨的神柱，这些内尔并没有装饰性地置于背景的长凳处，而是位于主舞台的中心，表演就在神柱之间进行。

舞台布景也完全符合布莱希特对新舞台设计的设想。当被问到希望采用什么样的颜色时，布莱希特回答，什么样的颜色都行，只要选用的是灰色调就可以，他的杂志《尝试》就坚持了这种色调：把舞台照得通亮，大量留白，少部分道具起了所有推动情节发展的作用。1948 年 2 月 7 日，布莱希特在首演前致信自己的朋友内尔：

---

① 即《科利奥兰纳斯》，又译《大将军寇流兰》。

"你对《安提戈涅》的所有舞台设计（包括服装、道具和基本分组）都是典范，必须予以保留，而且这些都具有多重变化的可能性。在我看来，你对合唱队的解决方案也是永久的贡献。很高兴我们能一起共事。"

这些台本范例不仅仅是记录，而且还为戏剧再次上演时实现仿效性的"转换"创造了可能性。但这一举措一再被（错误地）理解为布莱希特想将自己的导演编排强加给他人，在一定程度上专制地建立规定，阻碍所有的"自由创作"。对此，布莱希特有两个根本性理由。在真正的新戏剧成为可能之前，必须再次制定标准，因为不应该再打破标准。关于第二个理由布莱希特如此写道："必须摆脱对复制的普遍轻视，这并非'较为容易的选择'。这也不是耻辱，而是一门艺术。也就是说，它必须被发展为艺术，而且发展的方向绝非公式化与僵化。……您给我一个《李尔王》的理性模式，我将会找到效仿它的乐趣。"这位雄辩者还说："提供一种模式是承认自己的成就，同时也是'超越'成就的挑战。"

此外他还解释了一下"染红文字"的内涵。此处是一则隐喻，将语言同红色，即同攻击性和战争联系起来。伊斯墨涅（Ismene）对两名兄长的死尚无所知——"不再有关爱之词传入我心"——她将从姐姐那里得知这个消息："那么，听我说吧。"信使随口说出了套话，他必须对这则消息负责，乃至消息的内容及其可怕后果的内容就被忽略了。戏剧中吟诵的诗句几乎不足 30 行，但语言隐喻已经预示了，被排挤的语言被蒙难者真实的血液浸染。相对于荷尔德林，布莱希特的"似乎（Scheint's）"更强烈地表达了抗议，语言是为了人类有可能进行交流，言语并非（必须）被真实的血液所浸透。布莱希特再次强调了滥用语言会产生的巨大后果。就这一点而言，《安提戈涅》也是语言艺术家对语言破坏的政治清算，在战后的东西方阵营对立中，语言破坏又回归到了原本的状态。

/ 473

如同监狱一般，
是为再造劳动力商品而建的小室
作为破坏的重建：
装备了科技产品的贫民窟

"此外，我们还忙于流亡者们耗费神力的事业：等待"，布莱希特1948年4月给费迪南德·赖雅的信中如此写道。等待是指等待文书，能让丧失了国籍的布莱希特及其家人踏上归途，同时，他们还生活在被驱逐（至何处？）的达摩克利斯之剑[①]下。试图安置布莱希特的努力渐渐便得荒诞，没有人愿意收留他，而且布莱希特必须时刻小心，不要在政治上引人注意。如果按照他和魏格尔的想法，他们最好留在瑞士，在给赖雅信件的附言中布莱希特也写道："目前我也在想安顿在奥地利的萨尔茨堡（Salzburg）地区，以便以后有个退路（也可以从此地离开前往别处）。"布莱希特同作曲家戈特弗里德·冯·艾内姆（Gottfried von Einem）建立了联系，艾内姆在萨尔茨堡音乐节（Salzburg Festspiele）的管理部门任职，很可能为布氏的艺术工作开辟新的前景。

库尔特·希尔施费尔德——苏黎世剧院副经理、出版商埃米尔·欧普莱希特（Emil Oprecht）、本诺·弗兰克（Benno Frank）——盟国管制理事会文化事务美国代表，都为布莱希特作出了努力。希尔施费尔德还专程前往柏林会见本诺·弗兰克，让弗兰克也在西方为布莱希特发挥自己的影响力。苏联军事政府的文化官员亚历山大·蒂姆施茨（Alexander Dymschitz）也加入了这一行列。但一切都毫

---

① 狄奥尼索斯的臣子在宴会时发现，国王宝座的上方有一根细线，上面高悬着一柄长剑。后达摩克利斯之剑比喻时刻存在的杀机和危险。

无结果。虽然苏联方面对布莱希特发出了邀请，但布氏没有作出回应。希尔施费尔德说明了理由：布莱希特"根本没想在东部忍受监视和审查制度，同样也不愿让自己的戏剧创作服从于党派政治的考虑"。因此：继续在苏黎世湖畔的费尔德麦伦等待，布莱希特一家在这里得到了一处住所。

1948年5月初，布莱希特几乎每天都乘火车参加《潘蒂拉老爷和他的男仆马狄》的排练，这部作品将在苏黎世剧院首演。乘车途中，布氏最终再次感受到了欧洲的风光，尽管仍言辞苛刻，但怀着友善和享受："八年来第一个欧洲的春季。这里植物世界的色彩比加利福尼亚鲜嫩得多，也精致得多。向苏黎世延伸的火车路线旁，果木林林。规划不像加利福尼亚的动物园或者种植园一样精打细算。"

不久之后，布莱希特还参观了马克斯·弗里施的建筑。弗里施当时的主要职业是建筑师，1947年11月的机遇令弗里施能够间或与布莱希特见面，并将其当作"出类拔萃之人"来尊重，半年的相处之后弗里施感觉很吃力，尽量回避。弗里施当时在苏黎世莱茨格拉本（Letzigraben）的建筑工地，在公园中修建巨大的露天游泳池，包括专业游泳场、瑞士第一个10米跳台和巨大的住宅区。对这些住宅布莱希特如此评价："都很狭小，如同监狱一般，是为再造劳动力商品而建的小室，改善了的贫民窟。"

据弗里施《1946~1949年日记》（Tagebuch 1946-1949），布莱希特对现代住宅建筑对德国的破坏很感兴趣。在瑞士，人们已经获得了德国1960年代才意识到的经验：建造同时也意味着破坏。布莱希特将苏黎世湖斜坡上的别墅视为"古老的罪孽"，但或许还可以被饶恕。对新的住宅布莱希特就没有那么仁慈了，他不断想到居住其中的人需要活动场地和一定的舒适度。他或许战栗地想到自己被关到如此住宅中的景象：根本无法工作。科技带来的便利当时被认为是主流趋势，但其实完全无法带来实质性的改变。游泳池部分的景象布莱希特也无法表示赞赏，那里他看到的更多是最初自然的根本性丧失。因此，弗里施某次同布莱希特一同在湖中游泳时推断，对布氏而言，自然不过是"环境"，因而"不可改变，他对此并无多少兴趣"，弗里施这种想法是完全错误的。战后已经不再是改变自然——这是 18 世纪或 19 世纪初的事——而早已是清除自然。布莱希特在 1948 年也领悟到了这一点，他附言道，面对如此的游泳公园，湖河中的畅游将成为"历史纪念"。

此时的自然景象在提奥·奥托（Teo Otto）《潘蒂拉老爷和他的男仆马狄》首演的舞台背景中有所展现。潘蒂拉对"他的"林地贪婪占有的目光意味着给它们打上了标价牌。对此，奥托的解决方式如下："以桦树树皮制成的墙壁作为背景，背景前悬挂了一些像公司招牌一样的太阳、月亮和各种小云朵的标志（由黄铜或者漆木制成），白日场景中强光照射墙面，而夜晚灯光变弱（当然从不使用色光）。这是展现自然景象的解决方法。"起初有人会认为这一举措俗不可耐。但仔细观察才能发现，奥托为潘蒂拉老爷观看芬兰自然的目光找到了美学图像：桦树本身就已经具有占有者的象征意味，在自然中已经排除在自然之外。

1948 年初夏，海伦娜·魏格尔就怂恿我们的剧作家，为将要进行的实践工作先作一些叙事剧——布莱希特当时也将其称为科学时代的戏剧——的理论铺垫，以说明对此可以有何种期待。在实施方面，布莱希特根据弗朗西斯·培根的《新工具》（*Novum Organum*，1620）模式，以最短的时间写作了包括前言和 77 条条款在内的《戏剧小工具篇》（*Kleines Organon für das Theater*）。8 月 18 日，布莱希特记录，已经基本完成了书稿的写作，《戏剧小工具篇》是布莱希特最重要的理论著作，也是 20 世纪最重要的戏剧理论著作之一。

布莱希特将戏剧情节置于中心，这并非对亚里士多德戏剧的回归，而是符合他一再重申的坚定思想：人类创造历史，因而人类的命运即人类本身，所以，故事会一直持续下去。第二个核心观点是娱乐，布莱希特一如既往地视其为戏剧的最高目标，但娱乐必须同传达一定的认识相结合。

《戏剧小工具篇》似乎证实了布莱希特借助对"共鸣"的拒绝将一切情感排除在戏剧之外。相反，其实这里重要的是最终阻止人们像纳粹时期的政治戏剧一样，继续无意识而偏激地陷入感情的迷醉中。布莱希特写道："每一种必要的思想都有它的情感对应，每一种情感也有其思想对应。"还有："一些事物是否'真实'，在情感中得到证实。（回答或许是：正确）……但一些马克思主义者舞文弄墨地论证，这才是永恒的艺术。'艺术就是借助情感的力量。'情感被堆砌为'基础'，而理智成了'上层建筑'。"因此，布莱希特1953年就对这一决定表示了懊悔，文章的写作导致了一系列误解："如果评论家们向观众一样观看我的戏剧，对我的理论不予重视，那么他们观看戏剧将会是我希望的那样，带着幻想、幽默和欲望……我认为，困境开始于我的剧作必须'正确地'上演，使其发挥应有的作用，因此，为了非亚里士多德戏剧，我必须写，哦，忧愁；哦，痛苦；写一出叙事剧。"

第一次，我感到这里令人作呕的乡土气

德国共产党莫斯科派聚集区：
社会主义统治

库尔特·希尔施费尔德和艾尔莎·萨格尔（Else Sager）——苏黎世剧院的经理秘书——巧妙地利用了苏黎世六月节开幕典礼，将布莱希特介绍给瑞士的政治高层和社会精英。布莱希特原本厌恶此类节庆，本次或多或少是被逼无奈出现在公众面前。出席的还有政要人物，这样可以大快朵颐、痛饮为快的场合他们都不会缺席（艺术表演不过是借口）。"Sagi"（萨格尔）在晚会进行中向在座知名人士介绍了他们的保护对象，布莱希特再次衣着得体，成功地使自己的居留许可延长到了 1948 年夏末，甚至获得了前往德国的旅行护照。这发生在 5 月 29 日，原本的居留许可到了 5 月 31 日便会过期。

德国的旅行护照只对前往康斯坦茨（Konstanz）法国占领区的一小段路程有效。希尔施费尔德、弗里施和布莱希特——布莱希特坚持步行穿过边境—— 1948 年 8 月前往康斯坦茨城市剧院，马克斯·弗里施的《圣克鲁兹》（*Santa Cruz*）在这里演出。剧院经理海因茨·希尔佩尔特（Heinz Hilpert）接待了三位尊贵的客人，相互介绍后，几人坐下享用（德国）啤酒，布莱希特"一向"（有如弗里施在《1946~1949 年日记》中写到的）将其称颂为"最佳啤酒"。与"一向"不同的是，布莱希特在回程路上长时间的沉默后爆发了："这些幸存者的行为，他们恬淡的无知、无耻，他们直接继续生活，就好像遭到破坏的仅仅是他们的房子，他们享受着艺术，急忙同自己的国家构建了和平，这一切比忧虑中的更加糟糕。"布莱希特的结论是，这里，一切必须重新开始。

1948 年 9 月，布莱希特决定再次前往柏林。他同德意志剧院商定，在剧院上演《大胆妈妈和她的孩子们》，由海伦娜·魏格尔饰演同名主人公。由于美国的入境禁令，只可能途经布拉格，穿过苏联占领区抵达柏林。由于萨尔茨堡位于旅途路线上，布氏在那里同戈特弗里德·冯·艾内姆和艾丽卡·内尔——卡斯帕尔·内尔的妻子——共度了一夜。随后汉斯·艾斯勒加入了继续前往布拉格的旅途。和艾斯勒一同抵达柏林后，几人 10 月 22 日晚在暗夜的废墟中找到了勃兰登堡门旁的阿德隆酒店（Adlon），酒店的侧翼尚可居住，为他们准备了住处。

"柏林，一幅希特勒之后丘吉尔的蚀刻版画。/柏林，波茨坦旁的瓦砾堆。"柏林受到的破坏如此严重，以至于1945年5月一名英国参观者认为，应该将柏林曾经的废墟作为现代巴比伦或者迦太基保存起来，作为普鲁士军国主义和纳粹政权恐怖统治的纪念。整个城市一片死寂，无法再重建。布莱希特习惯早起，次日清晨立即四处观望，记录道："相较于废墟，使我印象更深刻的是人们在这个城市变成废墟的过程中都做了什么。一名工人给我指出了方向。'直到这里有些模样，还需要多久？'"

此外还有精神上的破坏。从其他工人那里布莱希特获悉了在占领柏林，或者说在解放柏林时发生的事情。人们本可以带着"绝望中的欣喜"欢迎"解放者"苏联人——在《阿尔吐·乌依的有限发迹》中，布莱希特还引入了"颤抖的喜悦"这个概念，但是，当苏联红军酩酊大醉的乌合之众涌入柏林的街道，洗劫房屋里所剩无几的财物，强暴妇女，射杀前来干预制止的男人时，"相会变成了袭击"。如此，人民身体和精神上遭受了德国同胞的蹂躏，同时也伴随着占领国的残害。苏联总指挥不去阻止这些丧失人性的破坏行动，这一事实似乎在证实戈培尔的谎言。无论如何，对苏联人很快流传出了纳粹式的笑话，在他们身上打上了"下等人"和"凶恶的野兽"（"俄罗斯熊"）的烙印。

/ 478

给苏联人的威望投下阴影的还有1948年6月23~24日开始的柏林封锁，苏联人关闭了对柏林的远程电力供应，次日一早切断了一切水陆交通。这是苏联对西方占领区货币改革的回应。这一过激行为首先给民众带来了巨大的恐慌，西方同盟国对此也毫无准备。美国的将军们提出军事突破计划，但由于可能挑起战争，方案遭到了杜鲁门的拒绝，他下令搭建空中桥梁，即美国和英国空军向柏林运输食品、煤、汽油、药品和数吨重的建筑材料，这些货物或者空投，或者卸载在滕伯尔霍夫机场（Flughafen Tempelhof）。布莱希特在 10 月曾记录："在完全寂静的废弃街道上空，夜间，空中桥梁的运输机隆隆作响。"

满目疮痍，他心中"只充斥着一个愿望：用自己的方式为世界和平作出贡献。没有了和平，这个世界令人无法栖身"。在柏林，布莱希特第一次直接遇到了他 1948 年 1 月 6 日曾作出的评价："这个国家在审时度势中为自己骗得了一次革命。"12 月，他当场意识到："德意志新的悲苦"笼罩着这片土地，一切都没有得到清算，"但几乎一切都被破坏了"。"苏联人给出了强劲的推动力，其他占领势力进行抵制形成了漩涡激流，而德国人在漩涡中越陷越深。德国人反抗抵制纳粹的命令；只有少数人坚持强制的社会主义优于没有社会主义。"根据一切记载，所有在战争中幸免于难的德国人，已经完全麻痹，仅仅为了自己能活着走出这场战争而庆幸。

在两德对立之前，已经渐渐形成了这样的局面：民主德国统一社会党（SED）于 1946 年成立，由德国共产党和社会民主党强制联合而成，虽然统一社会党的代表并非选举产生，但仍专断地以新"领导者"的姿态露面，他们不能依靠一再被召唤的"工人阶级"，因为乐意重建德国的工人们无法理解瓦尔特·乌尔布里希特，他声音尖细，带有萨克森口音，在长达 8 小时的演讲中努力向听众灌输的思想令人不知所云。工人们更多是亲身体验着艰辛的劳作，日复一日，食不果腹，家徒四壁。空洞的口号坚持了四年，1953 年，现实再次逼来。

布莱希特 1948 年 12 月写作了序曲《F.D.J. 建设之歌》（*Aufbaulied der F.D.J.*），他错误地认为进行了理智的思考，并把歌曲交给了青年同志，也由此了解了新的"领导者"对"领导"这一概念作何理解。歌曲包括以下语句：

比被感动更好的是，感动自己
因为领导者无法引领我们走出混沌
只有当我们最终能引领自我，
才能别旧国，迎新家。

大家或许认为不会有人对此提出异议，因为这正是统一社会党每日所宣传的。但德国自由青年团（Freie Deutsche Jugend）表示反对。当时德国自由青年团主席埃里希·昂纳克（Erich Honecker）——布莱希特一直将他的名字恼人地写作"Honegger"——要求"审查'因为领导者无法引领我们走出混沌'一句，因为如今已然没有人对希特勒感兴趣"，现在只有"党的领导"，其他一切不过是"陈词滥调"。

这说明埃里希同志——东德人民总是把同志念作"Ärisch"（埃里施）——显然完全不理解这首诗，除此之外，还展现了老旧的仆从精神：不愿"引领"自己，而是不断需要甚至要求他人来引领。同布莱希特的"自我引导"截然不同的是共产主义颂歌——《党之歌》（Lied der Partei），绝顶的媚俗之作，歌曲1950年由路易斯·福恩伯格（Louis Fürnberg）所作，明确区别了"党"与"我们"：首句便是"党赋予了我们一切"，而且为了将个人崇拜极致化，还写道："党啊，党啊，党啊 / 源自列宁精神 / 由斯大林所锻造。"副歌也洗脑般地（谱曲也由福恩伯格完成）唱道："党啊，党啊，永远正确！"这首歌曲到处播放，代表了一个所谓共和国的民主精神。对昂纳克的意见布莱希特作了说明："如果不加注意，陈词滥调很容易就变成了歌功颂德。"

而遗留下来的市民阶层呢？作为不可或缺的专家，特别是在经济、科技、医学和社会供给领域，同样也在文化领域，图伊们都成了社会的必要因素。他们的信念——如果他们还拥有信念——同民主德国掌权者的路线完全不吻合。社会主义，或许在形式上是"科学

化的"马克思列宁主义（简写为 ML），没有引起他们的共鸣，他们
该如何取得成功呢？他们谄媚献殷勤。这包括著名的"Pajok"（干
粮）①，"Pajok"是苏联的方案，类似于前文中的"关爱包裹"，由苏
联人提供给知识精英。在文献资料《明镜——零点时刻》（*Spiegel，
Die Stunde Null*，2009）中，同乌尔布里希特等人一同返回柏林的
沃尔夫冈·莱昂哈德（Wolfgang Leonhard）认真描写了"智慧包
裹"的内容："很多很多烟、伏特加、科涅克和葡萄酒，巧克力和面
粉——所有人们的生活所需之物。"从他的列举中，可以得知聚居区
官员们的生活景象。小人物们对这样的特殊优待和偏爱表示的怀疑也
跃然纸上。他们为自己和有同样想法的政客打造了贬义概念"贪吏
（Bronzen）"。习惯了旧时代的特权，苏联占领区和之后民主德国的
新图伊们接受了这些优先便利，但又不认同新政权的意识形态。一旦
这些优势面临着转变为劣势的危险，他们便逃走——逃向西部。如果
具有手段和途径，许多工人同样也将逃离，特别是在 1950 年代。

　　从艺术成果上看，1948 年对布莱希特而言收获颇丰。三部戏剧
《伽利略传》、《第三帝国的恐惧与灾难》和《高加索灰阑记》的美
国版上演，《四川好人》也演出了三次，11 月《潘蒂拉老爷和他的
男仆马狄》在汉堡剧院上演，同月，除了自己导演的《潘蒂拉》在
苏黎世上演之外，维也纳新剧院（Neues Theater Wien）的早场还
演出了《我们时代的诗人——贝托尔特·布莱希特》（*Ein Dichter
unserer Zeit–Bertolt Brecht*），特丽莎·吉泽（Therese Giehse）和
卡尔·帕里拉（Karl Paryla）参与表演。很多剧院开始询问演出权，
还包括汉堡的一所学校，对此布莱希特大多断然拒绝。柏林的主要
工作除了《大胆妈妈和她的孩子们》的排演外，还有"剧院工作室

---

① 根据驻德苏联军事管理委员会的命令，因物资短缺而向苏联占领区特定的演
　员、教授、工程师和各领域专家提供生活和食品补给。他们认为这是一种防
　止具有重要作用的人士叛逃的举措。

计划",布莱希特和魏格尔 12 月同沃尔夫冈·朗霍夫商定了这一计划,现在要在政治上予以贯彻。由于没有自己的剧院,只能在德意志剧院进行创作和演出。两人拟定,为柏林剧团的事业争取身陷流亡困境的一流演员,例如考特纳、斯特科尔、吉泽、彼得·洛等;当然也有新的发现,比如在苏黎世上演的《潘蒂拉》中饰演牧牛姑娘的蕾吉娜·路茨(Regine Lutz)。

1949 年布莱希特撰写了一份备忘录,主要想争取亚历山大·蒂姆施茨的支持。布氏在这里使用了一贯的手段,例如:"种种迹象表明,苏联戏剧没有高超的表演方式将无法得到充足的展现。演员、导演、舞台设计师,例如特丽莎·吉泽、莱昂纳德·斯特科尔(Leonard Steckel)、克特·戈尔德(Käthe Gold)、海伦娜·魏格尔、奥斯卡·霍莫尔卡、彼得·洛、库尔特·博伊斯(Kurt Bois)、贝特霍尔德·菲尔特、卡斯帕尔·内尔、提奥·奥托等,这些人必须返回柏林。因而需要一些极少量的外币,来资助这些客人的旅费和生活费。"布莱希特首先赞扬了苏联戏剧的进步——这当然是子虚乌有,点明的全部是德国艺术家,其中无一人生活在苏联占领区,对他们来说民主德国的货币毫无价值,所以必须筹备一定量的外币。沃尔夫冈·哈里希(Wolfgang Harich)也请求亚历山大·蒂姆施茨利用自己的朋友圈子帮助布莱希特。蒂姆施茨表示乐意相助,并称自己为"布莱希特的追捧者",他也立刻注意到了在柏林建立布莱希特剧团的客观限制。人民舞台的剧院已经在战争中被摧毁,因此苏联人给剧院经理弗里茨·威斯腾(Fritz Wisten)指派了船坞剧院;威斯腾同属纳粹的迫害对象,所以不可能将他驱逐出剧院,只能考虑同其他剧院展开合作。

更令人伤心的还是当局对柏林剧团的冷淡态度。布莱希特曾谈到,1949 年 1 月 6 日,他同朗霍夫和威斯腾拜访柏林的新市长——魏玛共和国首任总理艾伯特之子,商谈戏剧计划。艾伯特没有表示问候，仅仅说了"一句对某些计划报以怀疑的话"，"这样的计划会破坏现存的秩序"。如今旧剧院尚在修葺中，必须给人民舞台找到落脚之地。布莱希特评论："（社会民主党的小市民企业给'每个小人物重新修建了剧院包厢'，上演着低俗戏剧。）第一次，我感到这里令人作呕的乡土气。"

1949 年 2 月 16 日，统一社会党中央委员会文化教育部举行会议，商讨"德意志剧院内部组建布莱希特剧团"，作为"德意志剧院中的独立剧团"，由海伦娜·魏格尔担任艺术指导。在形成有效决议之前，在资金完全没有到位的情况下，布莱希特就给朋友和同事们写信，要求大家参与这一目前仅仅在规划中的剧团的工作。布氏致信斯特科尔："我们明年将在船坞剧院客座演出现代戏剧。剧组成员班底绝不逊色，恩格尔（但愿还有菲尔特，但愿还有您）将担任导演。"致信特丽莎·吉泽："下一个演出季在船坞剧院上演现代戏剧，这已基本是确凿之事。"之后布莱希特从 2 月 22~24 日途经布拉格返回瑞士，处理繁杂的居留证事务。他尽一切努力保留瑞士的房子——"德国之外的住所"。在柏林，他也于 1 月 3 日亲自前往瑞士大使馆，延长返程签证和身份证明的有效期限。申请递交到了州警察局外事处，前文曾提到的"迈埃尔四世"正坐镇此地，他的回复是：既然如此，布莱希特先生应该尽力在 2 月底之前来瑞士亲自提出申请。

伯尔尼的警察局在这期间也作出了侦查，并向联邦检察院报告了惊人的"犯罪事实"："由递呈我们延期的个人证件中可以推断，布莱希特先生在德国逗留于苏联占领区，并将由此前往捷克斯洛伐克"，显然布氏是通过这条路线赶赴莫斯科。官员们拒绝给布莱希特确切的答复，因此布氏眼前也一直呈现着无法继续停留在瑞士的景象。1949 年 4 月中旬，为了寻找出路，布莱希特给作曲家艾内姆写了一封特别的信件："我和卡斯坐在一起，谈论着音乐节，似乎找到了一条可行的道路。我现在想出了另一个方法，这对我而言比任何形式的预付款都更具价值；这便是避难，即避难护照。……赫莉（指海伦娜）生来是奥地利人（维也纳人），她同我一样自 1933 年起失去了国籍，现在也不存在德国政府。她现在是否能获得奥地利护照？……我无法身处德国的某一地，而对别的地方的人而言我却不存在。或许您能帮助我？"

但艾内姆提供的帮助令所有人都大失所望。当然，当时在奥地利参与这一事件的人中，无一能在此时预测到将带来困扰的各种反应。后文对此还会作详细描述。但布莱希特自视为寻求避难者，虽然签发了有效期直至 1949 年 9 月的瑞士返程签证，他已决定不再自怨自艾，不通知瑞士官员，直接动身前往萨尔茨堡。5 月 24 日，布莱希特同芭芭拉（魏格尔还在柏林）驱车前往萨尔茨堡。当"迈埃尔四世"企图再次刁难布莱希特时，只无奈地发现笼中之鸟已不知飞往何方。

即使布莱希特早已离去，仅仅因为他们曾经接触过"共产主义特务"，瑞士警方仍监视、窃听了弗里施、提奥·奥托，甚至好酒的弗里德里希·迪伦马特（Friedrich Dürrenmatt），将监视记录整理为长达数千页的卷宗。1969 年 10 月 1 日，苏黎世《世界周刊》（Weltwoche）还曾报道，瑞士军队的一个法庭判定，沃尔夫冈·博尔谢特（Wolfgang Borchert）、库尔特·图索斯基和布莱希特等作家及对他们作品的阅读都危害国家安全。

战争作为伤残者归来。
他慢慢痊愈，"失明的"反抗女神提携他
冷战：魏格尔、布莱希特及其剧团
无容身之地

还要补充一下，1949 年 1 月 11 日《大胆妈妈和她的孩子们》

在柏林德意志剧院上演时获得巨大成功，由埃里希·恩格尔（Erich Engel）和布莱希特担任导演。布莱希特出任导演在整个德国引起了巨大的影响，各个占领区的观众都涌入剧院，多年之后终于能再次欣赏伟大的戏剧。但布莱希特本人对这次艺术成就的评价十分保守，因为他认为投入准备的时间不足，对叙事化风格无法实现完美的掌握。尽管如此，由于海伦娜·魏格尔的表演，本次演出堪称传奇，为布莱希特享誉世界奠定了基础，特别在 1954 年 6~7 月布氏赴巴黎客座演出时，甚至引发了一场"布莱希特革命"。

相对于内尔和布莱希特在魏玛共和国时期戏剧作品的激进，例如《爱德华》、《都市丛林》、《人就是人》和《马哈哥尼》，这四部戏剧的激进性彻底改变了整个戏剧界，而《大胆妈妈》相比之下是一部中规中矩的舞台戏剧，人们可以在其睿智的语言中逐步看出，这是一部主要在孤独而禁锢的书桌边产生的作品。此外，大胆妈妈的台词十分冗长，甚至是繁琐（咏叹调），布莱希特日后为电影剧本所改的删减版也证实了他本可以写得更好。剧本的水准极高，给人以明澈、睿智之感，但缺少棱角，即使戏剧冲突存在白热化的摩擦，仍缺少遁入没落（Fallhöhe）[①]的深渊之感，简言之，缺少（看似）不明之处和引人思考的深刻，这使当时的观众感到迷惘或愤怒。

更重要的是，戏剧中的人物都具有既定的性格特点。哀里夫（Eilif）勇敢，是个缺少头脑的冒失鬼；施伐兹卡司（Schweizerkas）真诚但愚笨；卡特琳（Kattrin）关爱孩子，但也有些笨拙；羽菲特（Yvette）是个颇有心计的军营妓女；厨师是个好色的孽种，只想着羽菲特和自己；随军牧师见风使舵，毫无信仰；小商贩大胆妈妈仅仅是个商贩，不知反省，也不愿反省。观众完全

---

① 巴洛克文学和启蒙运动文学时期尤为兴盛的一种假设，即文学作品中主人公的社会地位越高，摔得越重。

可以依照这些特点作出判断。剧中人所陷入的矛盾和分歧都来自外界，无法渗透至人物内心，因为他们的性格特点都是既定的。同样，由于人物不作出改变，也都最终因此走向灭亡。这些可以算作对市民角色的嘲讽，但布莱希特早期作品里没落人士的多样性和深刻性在流亡时期的创作中却消失了。

《大胆妈妈》的音乐和歌曲也是如此。流亡美国期间，保罗·德绍 1946 年为之作曲，1948 年因柏林演出进行了修改。如德绍在《乐谱笔记》（*Notizen zu Noten*）中记录的，布莱希特引导作曲家进行了剽窃。德绍以《大胆妈妈之歌》（*Mutter Courages Lied*）（"长官们，令战鼓停息"）为例作出了解释。布莱希特给了德绍一本《家庭修身集》，让他特别注意其中的《海盗谣曲》（*Ballade von den Seeräubern*），歌曲的旋律基于《贫瘠的军旗》[*Die Standarte der Armut*，1905，埃米尔·韦斯利（Emile Wesly）作曲，里昂·杜罗秋（Léon Durocher）作词]，并要求德绍按其谱写《大胆妈妈》的开场曲。德绍依其行事，虽然当时这种"对模式的剽窃"对他而言仍十分陌生。但《大胆妈妈》的音乐证实，它"不仅合法，而是完全自然而富有成果"。由于特殊配器的协助——钢琴的音锤上安装了小图钉，最终效果虽然有各种不和谐音，但仍能够听到"极熟悉旋律的新形式"。德绍甚至称其为"真正的民族音乐"。

弗里茨·艾尔彭贝克说"首演获得了轰动性的成功"，这也证实，虽然是部不寻常的剧作，但《大胆妈妈》不具有挑战性。布莱希特只能绝望地接受，虽然在文本中对主角作出了修改以突出强调，但最终意图仍没有深入人心，观众们更多是对"可悲的母性动物"报以同情。此外，文化官员艾尔彭贝克恰恰以这次演出为契机，将流亡时期对于表现主义的争论拖入到战后的德国。首演刚过，1月13 日艾尔彭贝克就在《前进》（*Vorwärts*）中写道：这是"伟大的戏剧之一，令德国首都再现了 1933 年前的文化繁荣。在很多方面，

/ 485

它都是 1945 年以来最具意义的戏剧事件"。

柏林聚居区的官员一定作出了不同的思考。显然,伴随着伏特加、科涅克、葡萄酒、巧克力和香烟,他们作出了决定,要从源头上阻止布莱希特先生的新艺术脱离他们的管辖范围。艾尔彭贝克同乌尔布里希特派一起从莫斯科归来,要建设出版业和新闻业,尤其要确立戏剧和文化政策理念。但布莱希特温和的叙事剧明显成了绊脚石。1 月 18 日,艾尔彭贝克在《世界舞台》中提出了抗议:必须回归"本质";因为贝托尔特·布莱希特的作品涉及"德国戏剧学的根本性问题",而且因为布莱希特虽然是"我们文学上最伟大的德意志戏剧家",却拒绝"成为戏剧上最伟大的作者,即最具民族性的德意志戏剧家"。因为:"从戏剧学来看,戏剧理所当然必须是戏剧性的",因此,"叙事性戏剧"本身就不可能被称为戏剧。对布莱希特而言,他必定能轻而易举地将"其作品'纪事式'的结构……连接成紧凑的戏剧情节"。"尽管意志进步,能力高超,如果道路指向脱离群众的颓废,那么,进步的意志和高超的能力就能引领这条道路通向民族特色和德国戏剧亟须的复兴吗?"柏林聚居区的同志们不仅证明自己完全不具备学习能力,而且甚至真的认为,能够将自己脱离历史的、故步自封的、带着小市民的狭隘所陈述的基本原则作为真正民族特色的革新来兜售。

原本 1948 年圣诞之际便可以出版,但由于纸张匮乏,《日历故事》的发行被推迟到了 1949 年。同 1949 年于魏斯兄弟出版社(Verlag Gebrüder Weiß)发行的《安提戈涅模式 1948》(Antigonemodell 1948)一道,布莱希特所著的书籍再次出现在德国公众面前。值得注意的是,布莱希特选择的并非当时正在上演的剧本,比如《大胆妈妈》或者《潘蒂拉》,而是一种戏剧模式和一部短篇散文集。以散文而非诗歌作为开端至少是不同寻常的。事实上,布莱希特 1948 年就整理了诗集《流亡诗抄》(Gedichte im Exil),并交给了维兰德·赫茨费尔德在纽约开设的奥罗拉出版社（Aurora-Verlag）。1947 年维兰德·赫茨费尔德破产，连同布莱希特的诗集，将《奥罗拉图书馆》（Aurora-Bücherei）系列的版权卖给了东柏林的建设出版社（Aufbau-Verlag）。1948 年 10 月，诗集虽然已经排版，但布莱希特仍收回了同意出版的承诺。理由是诗集"特地为纽约"所作，尤为空洞。诗歌是布莱希特经历了面对战后柏林破败的震惊后，口述给赫茨费尔德的。

散文集《日历故事》具有试金石的作用，包含 8 首诗歌，代表了两种散文形式：中篇小说（Novelle）和《科尔纳先生的故事》所采用的形式——微型小说（Kürzestgeschichte），这一形式沿袭了巴洛克时期箴言的历史（格言、笑话）。露特·贝尔劳负责甄选和排序工作，也同出版社进行协商。她编排了 8 首诗歌和 8 部短篇小说互为补充，并且附加了 39 个科尔纳先生的小故事作为日历故事。散文集以 1940 年的《奥格斯堡灰阑记》开篇，表示对故乡的敬意；随后是《犹太妓女玛丽·圣德斯的谣曲》；《实验》则讲述了一名小男孩如何将伟大的弗朗西斯·培根的实验成功完成的故事；而随后的诗歌《乌尔姆 1592》（Ulm 1592），讲述的却是乌尔姆的一名裁缝是如何在试飞中失败的。

《一个工人读书的疑问》的意义在于，布莱希特借《日历故事》揭露了英雄伟人的历史不过是战争的历史，必须对历史编纂学作出修正，它不过是由后人书写，目的是使历史合法化。那些卷册中出现的"伟人"，当他们失去权力或者放弃权力时，才别有意思，例如受伤的苏格拉底。作为步兵，苏格拉底赢得了一场重要的战役，因为在波斯人进攻时，他跑向了正确的方向——往回逃跑。苏格拉底陷入了一片荆棘地，一根刺扎入了他的脚中，拔不出来。由于无法继续逃跑，他只能高声叫喊，产生了一种希腊人占多数的假象。波斯人落荒而逃，希腊人赢得了战争，把一向宣扬和平的苏格拉底当作战斗英雄来表彰。经过了较长时间的犹豫和一些思想上的纠结之后，苏格拉底最终收起了懦弱，供认了整件事情的始末，也证实了自己一种同社会主流不同的勇气。

同早期的小说相比，这里的 8 部小说全部采用了传统的叙事方式，表现了——对布莱希特而言非典型的——浓重的感情。借此也记录了，流亡、远离文化机构、人际空间上的隔离制约了布氏的语言，阻碍了魏玛时期写作技术的丰盈，因为现在通行的写作技巧是好战的，从中无法发展出新的文学形式。

> 能够让人进入这个国家
> *护照才是护照*
> **诗人：动摇社稷**

此外，还要解释一下布莱希特在战后的悲苦境地中，是否没有护照也能保护自己的生存权。《逃亡者对话》中有言："护照是人最宝贵的一部分。同人不一样，它不会如此简单地问世。到处都有人出生，以最简单的方式，毫无特别的原由，但护照从不如此。如果它是一本有效护照，便会得到承认；而人完全可以是一个好人，而得不到承认。"目前，布莱希特明显仅仅是人，而并非"护照的自动持有者"，他一如既往地缺少有效护照。

戈特弗里德·冯·艾内姆同卡斯帕尔·内尔有紧密合作，乐于将布莱希特也引向这条共同创作之路，艾内姆表示："我将利用我能力范围内的一切手段帮助布莱希特。我乐于做此事。他将极大地丰富奥地利，特别是我们这个领域。"只可惜艾内姆没有考虑到自己的同胞。1949 年 5 月 24 日，布莱希特致信萨尔茨堡州政府，请求"授予奥地利国籍"，并附上了生平，其中布莱希特强调自己具有一定的国际声誉，纳粹剥夺了他的国籍，他的妻子是著名演员，出生于维也纳，并且自己在萨尔茨堡拥有"固定住所"。布氏明白自己不可能靠国家养活，特意强调能够依靠书籍、剧作和电影的收入生活，并指出自己的戏剧作品已经在奥地利上演，这例外地符合事实，他还在为萨尔茨堡筹备节日戏剧——《萨尔茨堡死亡之舞》（*Salzburger Totentanz*），这也属实。州政府官员在布莱希特申请信上的亲笔记录注释中表明，申请信在 5 月 25 日立即转呈了相关部门，显然是要予以批准。

"固定住所"一事详情如下：戈特弗里德·冯·艾内姆用自己的房子收留了寻求避难的贝托尔特和芭芭拉，布莱希特在居民登记处正式以这一地址和"房主古斯塔夫·费希廷格博士（Dr. Gustav Feichtinger）"的租户名义进行了登记，并把这一地址作为了日后的通讯地址，尽管海伦娜·魏格尔早已为一家人在柏林的魏森湖（Weißensee）安顿了住处。布莱希特发觉了自己"对奥地利的思念"。

奥地利国籍事宜不断拖延。艾内姆成功地借助内务部长埃贡·希尔伯特（Egon Hilbert）的帮助赢得了越来越多的支持者：萨尔茨堡州政府、奥地利民主作家与记者协会、教育部。教育部甚至表示授予布莱希特奥地利国籍，自然还有海伦娜·魏格尔，是符合"国家利益"的。但有趣的是，根据在萨尔茨堡州政府的记录，"贝托尔特·布莱希特"先生居住于柏林魏森湖，柏林大道（Berliner Allee）190 号。此事最终告吹，但造成了不良后果。

1951 年秋，一些奥地利报纸报道布莱希特已经获得了奥地利国籍，由此引发了大规模的运动，抗议负责入籍的官员，也针对布莱希特，因为众所周知布氏居住在东柏林，并且在那里工作。如今，两德对立，尽管民主德国的宪法和贝歇尔作词的国歌中（"德国，统一的祖国"）都保存了对统一的期盼。报道中写道：布莱希特的入籍证实，"由于个别社会主义知识分子的过分狂热和人民党文化独裁者的软弱，我们的国家遭到了共产主义的破坏，美国人也在资助对奥地利精神的布尔什维化。"

再一次，由于布莱希特，整个国家从根基上发生了动摇；再一次，事态极为严重。戈特弗里德·冯·艾内姆也有所觉察。人们为反共情绪煽风点火，他同样成了众矢之的。布莱希特原本有可能进入萨尔茨堡音乐节指导委员会的希望也破灭了，10 月 31 日，冯·艾内姆飞离奥地利，失去了自己到了 1953 年才凭借歌剧《审判》（*Der Prozeß*）获得的工作场地。在这种情况下，对布莱希特而言，奥地利这扇大门也关闭了。

此外，在柏林剧团演出场地的问题上，统一社会党的文化官员也继续制造障碍，1950 年 9 月，布莱希特不得不努力在西部联系相应的剧场。时事评论家和剧院经理阿尔弗雷德·缪尔（Alfred Mühr）——前纳粹成员（当事关艺术时，布莱希特毫无政治头脑）——曾在自己的回忆录中讲述了在慕尼黑和奥格斯堡两次同布氏的会面，其间布氏建议他组建一家客座演出剧院，"布莱希特剧团和那一边的演员，改换东家"。这一布莱希特从未提及的计划最终也没有成形。

床单必须忏悔
复辟：阉割替代自由之爱

1947 年，玛格丽特·施德芬翻译的努达尔·格里格（Nordahl Grieg）的戏剧《失败》（*Die Niederlage*）在柏林出版。这部作品完成于 1937 年，1938 年曾部分（曲解后）发表于《言语》。布莱希特对这部作品评价不高，但由于其争议性主题，即 1871 年德法联军对巴黎公社起义的血腥镇压，仍计划进行改编，甚至将作为柏林剧团的开幕演出。布莱希特 1949 年在苏黎世写作了剧本，内尔也同在苏黎世，他完成了舞台设计和剧本大纲。巴黎公社起义是一次人民起义，1871 年法国在普法战争中惨败后，起义按照日后的苏维埃共和国模式建立了社会主义性质的人民民主专政，起初似乎取得了成功。

取得胜利的巴黎公社社员没有暴力镇压资本主义，而是相信了布尔乔亚的民主自由，由此引发了矛盾。这一指导方针被对方利用，血腥镇压了完全武装不足的巴黎公社，复辟了旧秩序。由于德国人民也完全陷入了困境，这一作品至少可以激起大家的反思，思考清算历史时尚存有的漏洞。作品也可以作为反对复辟的论战，它展现了由美国和康拉德·阿登纳（Konrad Adenauer）的总理政体承诺的民主自由，很可能自愿被镇压。战后，美国在德国电影院中轮番播放宣传性电影，试图向德国人民展示，在德国建立成熟的民主体制至少还需要二十年。布莱希特 1954 年曾回忆："我们在德国所拥有的选举不可能是完美的。我的一生中，有两次，德国人用这一文明的方式选择了战争。两次，通过'自由选举'，他们认可了煽动侵略战争并惨败的政府。"

因此，布莱希特将《公社的日子》（*Die Tage der Kommune*）的核心设定为巴黎公社在胜利后尝试实施的新型集体生活。这首先意味着，劳动和享受不再彼此分离，而是按劳分配，父权制的家庭和社会结构解体，性别斗争被性享受所替代。布莱希特把 1871 年 3 月正规军和国民自卫军的结盟展现成自由恋爱的行为，带有明显的性暗示。例如当女人们混进士兵中，说："你们真丢脸，冲向女人，却毫无非分之想！"士兵喃喃地说想要回家，她们又嘲笑道："喝点儿吧，我的孩子！来，给我们看看你的粗棒，而不是枪口，洞我们都有。"从社会关系上看，"下流"的概念（猥亵、无耻、不雅）在越南战争（1968）中得到了价值上的颠覆。它曾首先与性有关，但布莱希特在越南战争前大概十年就抗议市民对性的蔑视，将这种蔑视的矛头引向了战争。性爱并不下流，下流的是合法的杀戮。

到了 1949 年，改编工作基本完成，布莱希特开始寻找可能的演职人员，筹备排练，最终仍选择了《潘蒂拉老爷和他的男仆马狄》作为剧团的开幕演出。原因从未明确说明，但仍可以推测。《公社的日子》是一部极端的政治剧，立足于历史史实，布莱希特对此没有精确的了解，而且他也找不到任何人检查剧中的历史事件，显然不愿在开幕演出时就进行过于大胆的尝试。

为了进行开幕演出，必须首先成立剧团。这里又发生了一出闹剧。柏林剧团曾以"柏林新剧团"为名，在主管的问题上进行过长期的拉锯战，仅仅由于海伦娜·魏格尔坚决而不妥协的态度才得以坚持下来，也由此证明只有她而非布莱希特，应该担任日后的经理工作；此外，同我们轻狂的作家不同，魏格尔还达成了一系列成就。她明智地签订了合同，政客们毫不知晓其中的资金来源（而且是 1 万美元的外汇！），她还编制了演出表，遴选了戏剧作品，使柏林剧团在官员，特别是"主席"瓦尔特·乌尔布里希特头脑中，成为既定事实。

*

1949 年 4 月 29 日，乌尔布里希特告知德国经济组织（Deutsche Wirtschaftsorganisation）主席海因里希·劳（Heinrich Rau），统一社会党政治局已经根据皮克和格罗提渥同志的建议，决定："由海伦娜·魏格尔领导，组建一支特殊的剧团，并在 1949~1950 年的演出季中上演进步作品。演出将在德意志剧院或柏林室内剧院举行，并列入剧院 6 个月的演出计划中。在苏联占领区，剧团还会进行为期 5 个月的巡演。基本预算包括 112.5 万马克的持续投入和 34 万马克的一次性支出，另外还有大约每年 1 万美元用于支付外国演员的薪酬。还要同苏联军事管理委员会（Sowjetische Militäradministration，SMA）的政治及金融机构进行以筹措这一金额为目的的谈话。"但会由谁担任柏林剧团的法定领导人仍然毫不明确。剧团不属于柏林市，因为它不是市立剧院，但它同时也不是国家剧团，因为没有国家或者行政机关负责这一剧团。作为权利人出现的是德国人民教育管理部（Deutsche Verwaltung für Volksbildung），它管理众多事务，但绝对不包括剧院。

　　海伦娜·魏格尔巧妙利用统一社会党责任的混乱建立了柏林剧团，统一社会党确实想将剧团压给德意志剧院经理沃尔夫冈·朗霍夫，朗霍夫虽然赞赏魏格尔和布莱希特，但对强制性地将柏林剧团设立在自己的剧院中表示完全不同意。1949 年 12 月 30 日，在《潘蒂拉老爷和他的男仆马狄》成功上演之后，朗霍夫立即发出书面通知，取消合作。海伦娜·魏格尔和布莱希特为《潘蒂拉老爷和他的男仆马狄》选择了优秀、特殊的演员；两位主角中，莱昂纳德·斯特科尔早已是明星，埃尔文·格绍奈克（Erwin Geschonneck）还并不知名，但由于接演了这一角色而即将成为一名新星，配角有在《大胆妈妈》中饰演哑女卡特琳的安格莉卡·赫尔维茨（Angelika Hurwicz）和蕾吉娜·路茨。

　　这是布莱希特战后第二次同内尔合作。排练中的一些细节展示，布莱希特同埃里希·恩格尔担任导演，努力执意在演出中继续同劳顿合作时的经验。露特·贝尔劳讲述："在排演时，如果有内尔的'笔录'——这里我用了引号，因为很多都是内尔自己的观点——作为备忘，布莱希特进展起来就容易得多。"在第九场，当马狄把扫帚当作"法官"发表致辞，许诺给予潘蒂拉老爷的四位"新娘"庄园里的美好一天时，布莱希特将内尔的笔录进行了更具细节化的扩充：扫帚的长柄在地上撞坏，马狄的姿态，头转向他，伸向女士们的双臂，张开的手掌，马狄同女士们之间的距离，以及新娘们之间的距离。此外，内尔仅仅粗略勾勒的服装也被布莱希特搬到了剧中。当布莱希特1950年出版《潘蒂拉老爷和他的男仆马狄》时，采用了很多内尔的实用意见和一些舞台执导说明，并将它们作为最终版确定下来。这位舞台设计师的图画创造了新的文学文本。

首演于1949年11月19日在德意志剧院的室内剧院举行。"老手"莱昂纳德·斯特科尔和年轻的格绍奈克力求达到卓越的合作，效果也立竿见影。"名单上其实只有四个熟悉的名字，剩下的都是新人，但十分出色，还有三个有些格格不入。"《新报》联邦德国的首席评论员弗里德里希·路福特（Friedrich Luft）11月13日写道。《每日新闻》（Tägliche Rundschau）的霍尔斯特·罗默尔（Horst Lommer）则在同一天表示，"我们昨天见证了新德国戏剧的诞生"。值得注意的是，这部喜剧以及其中的幽默确实在评论和观众中得到了贯彻，演出中笑声不断。路福特说，"充满了一阵阵理解的笑声和欢喜，剧终观众们热烈鼓掌"："细节精湛，构思大胆。"首演中，皮斯卡托尔的和平鸽也第一次作为柏林剧团的"剧团标志"使用在帷幕上。

但如果这些来自西德的评论能流传到当时已经建立的民主德国，一切就太美好了。1949年3月19日，"人民议会"通过宪法，10月7日，民主德国成立。由此也开始了有计划地诋毁柏林剧团"反戏剧（Anti-Theater）"：简化、唯理主义、颠覆性、颓废、形式主义、脱离群众等。在冷战的影响下，西部1949年10月3日也成立了联邦德国，贯彻所谓的"质量"，却没有意识到一切不过是重复，而且是人云亦云。12月30日，柏林市政府人民教育部的统一社会党党员库尔特·波尔克（Kurt Bork）同志接受了沃尔夫冈·朗霍夫的解约通知。柏林剧团不能关闭，所以波尔克认为必须同轻歌剧院进行合作，这又是一次强制性安排。

海伦娜·魏格尔立即向民主德国国务委员会主席威廉·皮克表示抗议，布莱希特也义正词严地向统一社会党中央委员会列举了现在无法应对的各种状况，但德意志剧院"两次巨大的艺术和经济成功"仍要归功于此，这两次成就的"回响超越了柏林的边界，甚至德国的边界"。如今其实已经是一种"义务"，给柏林剧团一个可供自己支配的剧院："对我们而言，我们像每周都需要被周济的穷亲戚一样，做客不同的剧院，也就是说在一周中，有时在这里，有时在那里，又有时在另一个地方演出或排练。可以说，我们承担着**两个**剧团经理的负担。"就算妥协，也有一定的限度；这也已经达到了。布莱希特在信的结尾写道："如此四处游荡，不可能将青年人教育成优秀的演员和导演，也不可能吸引伟大的演员来这里表演。"

/ 494

但境况仍未改变，一切悬而未决，柏林剧团只能作为不受欢迎的客人继续运营。1951 年 1 月，当必须为下一个演出季签订合同时，海伦娜·魏格尔仍不知道她的工作是否有物质和经济基础。那么：继续。继续进行对雅各布·米哈伊尔·莱茵霍尔德·伦茨《家庭教师》的改编，对统一社会党中央委员会和民主德国艺术科学院的文化官员而言，这又是一次当头棒喝。歌德已经把伦茨评价为"转瞬即逝的流星"，单单选择伦茨对他们而言已是一种侮辱。而且柏林剧团绕过古典文学时期，将狂飙突进运动早已遗忘的粗糙文本硬拖上舞台。布莱希特将伦茨的戏剧阐释为对德意志悲苦极端化的表达。在战争和法西斯主义之后，德意志市民用思想和精神"解决"身体和物质问题的方法已经无法再俨乎其然，布莱希特随之对其付诸一笑。

这一次，又是弗里德里希·路福特。他 4 月 16 日在慕尼黑《新报》中认识到了布莱希特戏剧的闪光点："完全是尽善尽美。……其中的爽朗和喜悦源自思考。……戏剧风格贬责了所有自称为'社会主义现实主义政党和家庭教师'的一切，以及那些轻蔑的谎言。他让幻想和情感戏剧都出现了疑点。这种表演方式再三尝试下终究会得以贯彻。"同类似状况一样，统一社会党的机关报对改编和演出只字不提，用这种方式予以回避，以便能关起门来作裁决，对此柏林剧团最终也有所觉察。

1951 年 6 月，统一社会党中央委员会"分析"了德意志学会（Deutsche Akademie）表演艺术部的工作，在柏林剧团一事上作出如下决断："表演艺术部不完成任何意识形态上的工作。……布莱希特的戏剧表演方式大行其道。这一方式主要在于忽视细致而真实的舞台布景造型，一再显现片面的无产阶级崇拜倾向，将演员的成果'简化'到乏善可陈的程度。……表演艺术部的罗登堡（Rodenberg）同志对此表示：'布莱希特是出色的，但决不允许他创立一个学派。这个部门必须注入马克思主义的新鲜血液。人员构成也不可以一成不变。'"

1951 年夏，柏林剧团提议将其现有的作品——由露特·贝尔劳制作插图——出版为一册《戏剧作品》（*Theaterarbeit*）。对此，波尔克同志表示只有在题目中添加"柏林剧团的"之后才能予以准许，因为这样就不会令人产生这是一部有关民主德国戏剧记录的印象。同时，波尔克同志还要求其他剧院提交自己的戏剧书籍，使柏林剧团无法占据"领导者位置"。只有在对发行量等进行诸多限制的前提下，民主德国的官员才"许可"了布莱希特的作品。自此以后，借维尔纳·海希特（Werner Hecht）的话说，布莱希特只能交付"许可产品"。

无疑，德意志恶名昭彰的悲苦，
让我们失去了本能由歌德写出来的喜剧
德国高于一切或者统一（神圣）的祖国：
在排挤中联合起来

1951 年全年，布莱希特都努力在柏林周边寻找一处庄园。在布科市（Buckow）他找到一座塔楼，露特·贝尔劳日后居住于此。

1952 年 2 月，布莱希特一家在 "谢尔米策湖（Schermützelsee）美丽的湖水旁，参天的古树下发现了一座小房子，古老但并不奢华，一旁大约 50 步外还有一座同样简朴的房子"。庄园位于勃兰登堡小瑞士（Märkische Schweiz），柏林东部 50 公里。3 月，布莱希特签订了多纸租约，包括湖边的两座房子，前文提到的塔楼以及林荫道旁的另一处地产。这样一来就有可能至少部分地远离柏林的繁忙，特别是夏季的几个月。

/ 496

这期间还发生了一些别的事。1949~1950 年保罗·德绍和布莱希特为电台广播改编了《审判卢库鲁斯》并谱写了音乐。由于无法实现电台表演，两人计划将其改编为歌剧。3 月 12 日，统一社会党中央委员会禁止了这部被视为颓废和形式主义的作品，1951 年 3 月 15 日，这部歌剧在德意志国家歌剧院进行 "试演"，但必须在政府官员出席的情况下，当局希望通过选择观众让歌剧不受欢迎。统一社会党向各工会和德国自由青年团发放了免费入场券，但这些人对现代歌剧不感兴趣，将入场券转送他人，因而演出取得了巨大成功，观众报以雷鸣般的掌声，政客先生们也只能面露窘色。自然禁令又再次颁布，布莱希特的助理克特·吕丽柯（Käthe Rülicke）评论道："政治上否定的原因——迷惘，几乎是战争状态——我理解，但不能理解用看似艺术的论述来说明理由，那无非是专家们判断能力的缺失。"

反对的主要原因是所谓德绍的音乐太艰涩、具有 "非民族性"，以及歌剧的和平主义内容，抗议任何战争。在民主德国，由于苏联红军的胜利，不允许批判战争，只能批判侵略战争。被吕丽柯认为还可以忍受的 "战争状态"，事关愈发严峻的冷战和联邦德国内部麦卡锡主义 ① 影响下不断升级的反共运动，该运动还波及了德国社

---

① 指 1950~1954 年间以美国参议员麦卡锡为代表的美国国内反共、极右倾向，它恶意诽谤、肆意迫害疑似的共产党和民主进步人士。

会民主党。1953 年联邦议会选举时，自由民主党（FDP）在海报上描绘社会民主党总理候选人埃里希·奥伦豪尔（Erich Ollenhauer）用犁在地里开垄。奥伦豪尔身后，一名超过真人大小、装备了炸弹的苏联士兵将苏联红星播种到垄沟中："奥伦豪尔犁地／播下莫斯科的种子／因此投 FDP 吧。"基督教民主联盟（CDU）的海报上写着："所有共产主义的道路／都通往莫斯科／所以投 CDU 吧。"反共运动取得了成功。

在《审判卢库鲁斯》遭禁之后，统一社会党针对布莱希特采取了又一不友好、不体面的行动，而且后果很严重。1951 年 5 月 2 日，瓦尔特·乌尔布里希特亲自委托《新德国》（Neues Deutschland）的编辑威廉·基尔努斯（Wilhelm Girnus）同志，"对布莱希特实施长期的政治工作"，即明文规定对布莱希特进行持续的国家安全监视。监视严密毫无缝隙。对布莱希特实施其他行动时，基尔努斯也是密探。

1952 年 2 月，在莎士比亚之前，布莱希特第一次考虑演出歌德的《初稿浮士德》，也就是又一次绕过了古典文学时期。布莱希特继续着自己的倔强。1951 年 8 月 2 日，统一社会党中央委员会办公室作出了如下记录："必须通知贝尔特·布莱希特，我们在艺术上不允许改编经典著作，这使原著仅仅如同讽刺画一般。在戏剧《公社的日子》演出之前，必须对其进行彻底的审查。不同意演出《科利奥兰纳斯》。《大胆妈妈》的演出也必须限制在最小范围之内。"

相反，布莱希特对这一状况评价为："无疑，德意志恶名昭彰的悲苦，让我们失去了本能由歌德写出来的喜剧。即使是《浮士德》，在过去的几个世纪中，表演方式中也沉寂了成吨的灰尘。在那些悲剧片段中，那些柔情很纤弱，而伟大的东西又似乎在自夸，绝望具有了代表性，而狂热不过是装饰。"因此，必须进行干预。在第一次商讨时，卡斯帕尔·内尔和库尔特·帕尔姆（Kurt Palm）负责服装，内尔的学生海伊纳·希尔（Hainer Hill）负责舞台设计，布莱希特的学生之一埃贡·蒙克（Egon Monk）参加了导演工作。布莱希特建议采用"丢勒式的中世纪"①，从而使"魔鬼、魔法和所有旧玩偶剧的琐碎能够显得质朴"。这样，地灵就能够是嘎嘎叫的畜生，蹲坐着玩耍，而墨菲斯托费勒斯（Mephistopheles）则是"长着角和畸形足的魔鬼"，大声叫喊。这也奠定了演出的基本概念，之后还给予了汉斯·艾斯勒创作《浮士德》歌剧的灵感。

1952~1953 年，17 岁的中学生汉斯·尤尔根·聚贝尔伯格（Hans Jürgen Syberberg）拍摄了布莱希特《潘蒂拉老爷和他的男仆马狄》、《初稿浮士德》和《大胆妈妈和她的孩子们》演出的部分内容。这些记录没有收录演出的原音，但展示了排演工作的精确和幽默。尤为突出也因此特别受到批判的是书斋和奥艾尔巴赫（Auerbach）地下室的两场戏。

书斋：一名学生求学于浮士德，没有想到遇到了魔鬼墨菲斯托。墨菲斯托为了取乐假扮教授——一名毫无忌惮的图伊，用书本知识强求他人的尊重，保障自己偏爱的生活方式。这位学生习惯于向尊贵的先生和高超的学识致敬，墨菲斯托赶走了他对真正科学的所有热情，因为热情可能会使人询问市民大学的意义。当墨菲斯托发现学生将信将疑地接受了一切，就感到厌倦，重新扮回了魔鬼："我受够了教授的嗓音／想再次扮演魔鬼。"但温顺的德国傻瓜即使对此都没有理解，魔鬼建议他："要特别学会操纵女人"，因为这比钻研哲学好得多，对此，学生还表示高兴。

/ 498

奥艾尔巴赫的地下室：对知识的追求逐渐变弱。圆桌周围，一群肥胖、衰老的学生形象在野蛮、堕落、迟钝中进行着低级趣味消

---

① 阿尔布雷希特·丢勒（Albrecht Dürer, 1471~1528），德国画家、版画家、木版画设计家，作品朴实、简单、精确，饱含丰富的情感，生动形象，具有典型的文艺复兴气息，且保留了传统的哥特式风格。

遣。海伊纳·希尔和库尔特·帕尔姆灵巧地找到了最令人印象深刻的方式，将这些所谓知识分子可恶、随时可能诉诸暴力同时又以自我为中心的行为搬上舞台。这里是一群乌合之众在喧哗，但他们并非出身街头，而是生活无虞，他们扯开嗓子高声呼喊，这是瓦尔普吉斯之夜（Walpurgisnacht），5 月 1 日前夜："5 月已经到来……"

由于柏林剧团必须寻找地点进行演出，所以《初稿浮士德》的首演 1952 年 4 月 23 日做客勃兰登堡波茨坦州剧院（Brandenburgisches Landestheater Potsdam）举行，这其合文化官员心意，因为那里不怎么引人注意。事实也如此：反响虽然还算积极，但影响不广泛，因为几乎无人知晓此事。1952 年 6 月，海伦娜·魏格尔询问是否可以在船坞剧院演出，弗里茨·艾尔彭贝克受国家艺术委员会（Staatliche Kunstkommission）之托表示拒绝，"由于舞台和《劳动法》原因而不具备可能性"，这显然不过是托词。但魏格尔仍坚持不懈。

这一直持续到 1953 年 3 月 13 日，《初稿浮士德》以波茨坦演出为基制作了录像在室内剧院播放，3 月 29 日，民主德国广播在节目《我们开始放映》（Wir blenden auf）中报道了如下发现和问题："文本内容随意，通过所谓的'插叙'歪曲情节，歪曲人物形象，这无非意味着挖空作品的人文主义内涵，剥夺其意义。这样对民族文化的伟大遗产进行歪曲，仅仅拒绝是不够的。如果这样的戏剧表演还会出现，那么必须要问：柏林剧团是否已经到了必须对其实施严肃审查的地步？"

《新德国》没有通过《五月之歌》，并断言，在德国舞台上从未有过"这样的对德意志民族歌曲的嘲讽"。其中所谓的民族歌曲源自艾曼努埃尔·盖贝尔（Emanuel Geibel），他于 1841 年写下了歌词，1843 年由尤斯图斯·威廉·吕拉（Justus Wilhelm Lyra）作曲。歌曲从那时起就被视为感伤，具有德意志狂热，无意识地歌唱悲苦，布莱希特的演出也突出了这一点。但这些不懂历史自以为是的人却不知道，恰恰是这位出生于吕贝克的盖贝尔，纳粹有一句格言就源自他的诗歌《德国使命》（*Deutschlands Beruf*）："权力与自由，法制与道德，／清醒的思想和精准的出击／强大的中流砥柱／约束每一份自私的狂野欲望／德意志本性／将有一日拯救世界。"由此，柏林剧团的演出也同纳粹主义建立了关联，这自然是那些"同志们"所不知晓的。

布莱希特的批判者更不知道，托马斯·曼《布登勃洛克一家》中让·雅各·霍普斯泰德（Jean Jacques Hoffstede）这一人物即以艾曼努埃尔·盖贝尔为原型，而且完全是反面人物。小说中房主邀请大家庆祝乔迁，"简单的午餐"也成了反常的饕餮之宴，吕贝克的"城市诗人"（暗指盖贝尔），以海上升起的维纳斯和火神的勤劳能干——即自负、无教养、自称布尔乔亚的贵族社会——为题吟诵了媚俗的诗歌。如此，布莱希特和托马斯·曼这对"思想争端"采用了相同的主题，而且主题的运用同样是为了社会批判。

通过对《家庭教师》和《初稿浮士德》的改编，我们的剧作家发现了德国也曾存在过的社会批判传统，引起了——但在相当的时间推迟之后——轰动：已经被遗忘的伦茨立即引发了众人的兴趣，而歌德尽管努力适应枢密使的职务，仍然是老成的局外人和德意志悲苦的批判者。艾斯勒在布莱希特的帮助下，尝试以背叛天主的浮士德形象创作民族歌剧，他把这一题材置于农民战争的历史背景中，讲述了一名平步青云的农民之子背叛了农民，从而得到魔鬼的帮助。对此，文化官员们进行了数周的讨论，由于意识形态上的保留意见和教养的缺乏，他们扼杀了许多重要的作品。艾斯勒陷入了深刻的危机，长期沉溺于酒精，只创作了几首小歌，这些在1980年代——仍然是民主德国时期——才得以首演。而计划中的歌剧仍停滞不前。艾斯勒心灰意冷，以至于1953年10月，只能让布莱希特代笔，向统一社会党中央委员会致信："同志们：长期严重的情绪低落已经阻碍我将全部力量投入到民主德国社会主义事业的建设中，阻止我全力进行艺术创作，如果不向大家坦白这一点，那将是我的不诚实。由于我的这些状况亦非零星出现，所以不能向你们隐瞒，流亡归来之后随即常有沉重之感，虽获得一些外部荣誉，其中包括十分重要的工作（受邀谱写国歌，获得国家奖金），但目前我的艺术才能和创造欲望其实已经无法再持续工作了。"

一度曾几乎统治世界

人民成为主人／但我愿，你们还没有胜利

原子弹试验：

长达数百年的空气污染

布莱希特原本无论如何也想将已经完稿的《德意志战争初级读本》作为战后的首批作品出版，还将72首照片箴言诗交给露特·贝尔劳审查，但最终遭到出版业文化咨询委员会的拒绝。原因是："未完结"和"宽泛的和平主义倾向"。因此，布氏又一次开始了穿越文化行政指导的障碍跑。1950年3月16日的一封信中，咨询委员会作出了详细说明：布莱希特把联邦德国的复辟，俗称"新法西斯主义"，刻画为"希特勒的重生"，因而没有抓住其"支柱"，即"他们的宣传者——美国康采恩①巨头，还有对我们德国人而言尤为特殊的那些西德叛徒"。布莱希特回应，《德意志战争初级读本》针对的是希特勒战争，而非战后时期。同时，这些批评又成了灵感来源，"在书籍结尾撰写评注，这些评注能消除这样那样的误解，对记录作出解释"。

---

① 康采恩（Konzern），原指多种企业集团，是一种规模庞大而复杂的资本主义垄断组织形式，以大垄断企业或银行为核心，由不同经济部门的许多企业联合组成，是金融寡头实现其经济统治的最高组织形式。

1954年9月，布莱希特同奥伦施皮格尔出版社（Eulenspiegel Verlag）签订的出版协议包括71首照片箴言诗，但再次遭到反对，这一次是文学管理局（Amt für Literatur）。箴言诗中直呼美国女演员简·惠曼（Jane Wyman）为"婊子"，这在古板的小市民社会阶层情境下是绝不允许的。有关艾伯特的照片箴言诗也没有通过审查。在艾伯特一张精妙照片上配有诗歌："我是马鞍匠／重新／扶容克流氓上马／我这猪猡／被他们收买／用的是穷人的一个个铜板／没有给我的一条绳索吗？"不得不承认，文本初看毫无品味，但含沙射影地引用了埃里希·鲁登道夫1920年策划的阴谋："如果我再次当权，将毫无宽恕。我将心安理得将艾伯特、谢德曼等人绞死，看他们的尸体在吊绳上摇摆。"

布莱希特为了维护和平作出了不懈努力，甚至为此而收集签名，但仍得不到民主德国上层的认可。自两德对立以来，看似和平的关系时刻受到转化为"热战"的威胁，尽管如此，美国和唯其马首是瞻的西德仍然高举着反共的大旗，而苏联与其麾下的东德则谴责对方为复仇主义、好战和背信弃义。自1950年来也确实出现了"热战"——朝鲜战争，据美国报道，甚至比希特勒战争更加残酷。

战后，布莱希特陷入了宣传教育者典型的两难境地，即明白所有的宣传教育都毫无用处，但对其又决不能舍弃。在生灵涂炭之后，看似每一种战争手段都在原则上（永远地）受人唾弃，但仅仅布莱希特这么认为，统一社会党仍将其作为"和平主义"观念在追寻。1951年9月，布莱希特在《致德国艺术家和作家的公开信》（Offener Brief an die deutschen Künstler und Schriftsteller）结尾所写的内容也于事无补："强盛的迦太基进行了三次战争。第一次之后仍然强大，第二次之后尚可居住，第三次之后这个国家消失了。"

直至辞世，布莱希特一直坚信必须克服德国的分裂，即两种体制无法长期"和平共存"。1950年6月，布莱希特向在西柏林召开的文化自由代表大会（Kongress für kulturelle Freiheit）呈递备忘录，号召与会者：“对于能想到的所有社会体制，请您允许我们要首先考察，没有战争它是否能存在；请您允许我们为自由而奋斗，允许我们要求和平。”所有不谴责战争的政府，都应该受到诋毁，这样“才不会由原子弹决定文化的未来”。1956 年去世前夕，布莱希特记录道：“当德国统一，每一个人都知道这一天将会到来，但没有人知道会是哪一天——但不会是通过战争。”

当西德人民在伯尔尼沉浸在“我们东山再起”①的喜悦中，尽管仍身处触目惊心的废墟，仍旧忘记了战争，而且对环境污染也一无所知（或者不愿知道）；布莱希特仍坚持为和平问题寻找全球性的解决方案，而不是像民主德国一样，坚持看似有苏联保障的和平。1953年 5 月和 1954 年 2 月以后，美国加强了在马绍尔群岛比基尼环礁（Bikini-Atoll）和内华达州的原子弹和氢弹实验。1954 年 5 月 28 日，在柏林的和平代表大会上，布莱希特发表讲话：“数周来，日本和美国的城市都降下酸雨。日本人民心怀忧患地注视着他们的远洋渔轮，这些渔轮给他们带来的是主要的食品补给。海洋和天空，数千年来的无主之地，如今找到了它们的主人，自以为拥有了这里的支配权——污染它们的权力。人类的健康将受到长达数百年的威胁。”

在这次讲话的草稿中，有关内华达的原子弹实验，布莱希特写道：“学者们无法预测天气，而根据天气的不同，巨大的云团将污染发臭的空气四处传播，甚至超出了自己国家的边界。……知识的果实多么恶毒，其势愈发严峻，因为绝大多数人民都无助而无知，而他们的主人用尽一切信息手段（新闻、广播、电影、中小学和大学）来保持这种状态。”布莱希特要求，“五大洲”的数百万人不了解这巨大的危

---

① 1954 年世界杯足球赛联邦德国夺冠，被称为“伯尔尼奇迹”，胜利给战后九年仍处在颓败状态的德国带来了巨大的振奋。

险，因此——既然原子弹被婉转地称为"非常规性武器"——必须"采用非常规性的知识传播方式"。

像常有的那样
被当作女神邀请
被当作丑妇对待
兵营人民军的戏剧：
6月17日后，在布科的间离化存在

　　布莱希特回忆，1953年6月，起义的两天前，总理奥托·格罗提渥同志承诺，将在船坞剧院重建的人民舞台交予柏林剧团使用。作为一贯的策略，布莱希特写道："您或许已经听说，在西德，一些荒唐的流言又甚嚣尘上，捏造我同民主德国政府之间的诸多不和。由柏林剧团来接管船坞剧院，此事已经举世瞩目，也能明确证实我同我们共和国的紧密关系。"布莱希特想抢先行动，以求自保。

　　如果有人相信船坞剧院一事已经尘埃落定，那么他将又一次失望。统一社会党中央委员会决定，将柏林剧团控制在较低的水平上。1953年4月9日，中央委员会送交海伦娜·魏格尔如下通知："船坞剧院将属于兵营人民警察剧团（Ensemble der Kasernierten Volkspolizei）。"至今尚无法解释，是谁想到这个疯狂主意的；因为他们不过是展示了民主德国政府精神上和艺术上绝对的最低水平。兵营人民警察剧团成立于1950年，致力于"保护德意志民族歌曲"，组织宣传活动，因此也被相应地作为煽动宣传工具来使用。他们在文化宫或者企业中演出，受到了一定的欢迎，因为工人参加这类演出可以计算工时。

　　魏格尔和布莱希特威胁，如果当局不遵守承诺，他们将"减少"

演出时间，也就是停止在民主德国的一切戏剧工作，转向西德。这最终收到了成效，但这一让步仍必须经过基尔努斯的同意。乌尔布里希特也亲自过问此事。基尔努斯："我向你告知如下事宜：1953年7月25日，周日上午，我同贝托尔特·布莱希特进行了较长时间的谈话。……正如对布莱希特某些理论的态度一样，从很多角度，特别是从国际影响来看，我认为，长期拒绝向布莱希特提供剧院是不可行的。此外，我期望从这一行为中得到教育性作用；因为他将必须证实，自己有能力通过自己的戏剧吸引赢得观众，特别是劳动人民。迄今为止，他凭借目前的手段还无法做到。因此，不能随便给他一个弹丸之地，而必须是一座真正的剧院，由此，他便不能用缺乏技术支持来为他的原始主义和清教主义开脱。显然，我们也会不时地从原则上批判相应的表演，但同时又不过于粗俗或失态。"

柏林剧团以"弹丸之地"早已赢得了观众，但是否能同样打动劳动人民，仍值得怀疑，这些人被统治者设想为在意识形态上思想境界最低、逆来顺受、任人摆布，对党则唯命是从。魏格尔和布莱希特也不欢迎这些人来到他们的剧院。布莱希特和魏格尔的柏林剧团是民主德国文化事业的眼中钉、肉中刺，在布莱希特有生之年从未得到真正认可，他们的成就也没有得到承认。事实上，仍如基尔努斯所暗示的，统一社会党文化政治的官方评论要么（小心地）猛烈抨击柏林剧团的演出，要么对其完全无视。仅仅是出于担心"国际影响"，担心在外国人面前有失颜面，才没有采取进一步措施。

在这一争执中还发生了另外两件事，使布莱希特又一次在西方媒体中成为众矢之的：3月5日斯大林的死和1953年的"六一七事件"。就斯大林之死，《新德国》发表祭文，其中包括布莱希特的文章。文章指出，斯大林是"五大洲受压迫者"希望的"化身"："他创造的精神和物质武器仍在，他的学说仍在，以此来创造新的学说。"同往常一样，布莱希特"创造新的学说"的批评十分隐晦。同时他也策略性地隐藏了文章中未公开的附加内容：他对斯大林的赞扬仅仅在于，"在他的领导下，强盗被击败。强盗，我的同胞。"自然，这样的语句同往常一样，被算作对斯大林主义的信奉。

布莱希特对工人起义在政治上和艺术上的反应则更加扑朔迷离。胜利者总是以对自己有利的方式改写历史，因此，这次工人起义的记载，西德的版本很可能毫无争议地在未来得到贯彻。布莱希特仍提醒大家，工人阶级合法合理的起义也伴随着极右破坏分子的操纵，企图将其发展为一场政变。在东德的记录中，是西德的阶级敌人和他们的乌合之众非法穿越边境，在柏林造成骚动，而且事件的规模也不仅仅局限于柏林。所谓布莱希特对统一社会党的效忠信，也是由《新德国》捏造的。布莱希特试图组织柏林剧团进行广播剧表演，但明显遭到了阻挠（反之播放的是兵营人民警察剧团的民族歌曲），同时，布莱希特对时事的评判也愈发尖刻。

民主德国政府组织布莱希特从事政治活动，因此他只能通过艺术手段干预政治或者至少对政治进行诠释和评论，《布科哀歌》（*Buckower Elegien*）便证实了这一点。《布科哀歌》是短篇组诗，表达了布莱希特的政治见解，并借此清算民主德国在建设社会主义时所犯的错误。布莱希特最后一部原创戏剧也恰恰再次采用了1930年代的图伊题材，这也证实，这一曾经讽刺法西斯主义的主题也可用于对民主德国的讽刺。在《图兰朵或者洗刷嫌疑者大会》（*Turandot oder Der Kongreß der Weißwäscher*，简称《图兰朵》）的前言中，布莱希特写道："特别在战争失败的混乱中，高度文明的政体和高度的劳动分工使得不可能放弃国家机器，且建设一个新的国家机器将更为艰难。在新的指令下，纳粹机器又开动了。通过自上而下的操纵，此类机器无法被填充新的精神，它需要自下而上的控制。猜疑但胆怯，敌对但卑躬屈膝，保守僵化的官员们又一次开始了令民怨沸腾的统治。"

　　由于在西方遭到诽谤，布莱希特被视为潘科最令人作呕的党棍和叛国者，彼得·苏尔坎普担心自己新建的出版社，要求布莱希特表明态度，对此布氏写道："标语变换迅速，从'脱离政府！'变为'绞死他们！'人行道担任了领导作用。正午前后，在民主德国也同样，莱比锡、哈勒、德累斯顿，所有的游行都变为了动乱，**火焰**再次扮演起先前的角色。……无论是今天还是曾经，纵火的都不是工人：它不是建造者的武器。然后——在各个城市——人们冲进书店，把图书扔出来焚烧，马克思和恩格斯的著作集在火焰中化为乌有，这些著作和当众被撕碎的红旗一样，都并不敌视工人阶级。……数个小时，直至占领军介入，柏林都处于第三次世界大战的边缘。"

　　布莱希特所言是否属实其实并不重要，重要的是，他至少触及了起义的一个根本点，这一点在普遍的讨论中未曾提及，因而无论在东方还是西方，都（再次）阻碍了对纳粹历史的适当清算。随着这一重大政治事件的爆发，艺术创作的困难之外又增添了政治困难。此时，据布莱希特的助理克特·吕丽柯所述，布莱希特确实考虑过流亡中国，尽管显然没有思考过对这一计划应该从何处着手。

　　至少出于两个原因，联邦德国也被排除了成为避难所的可能性，因为客观情况确实如此，在联邦德国，布莱希特将会遇到比奥地利更严重的困难和更激烈的反对。而且，谁又能提供给他一座剧院呢？因此，对他而言，除了心计和迎合之外别无选择，也就是说通过左右逢源为自己和柏林剧团保障最佳的工作条件。已经能够时常观察到，布莱希特不仅仅个人忌惮面对公众，他之所以没有真正站出来公开反抗民主德国，不仅是出于怯弱，而且还由于这一时期他在西方无法为自己的工作找到基础。布氏至少已经稍许安顿下来：他是奥地利公民，已经在 1950 年 5 月 21 日给彼得·苏尔坎普的一封短信中，将自己作品的版权转交给了西德出版社："亲爱的苏尔坎普：/ 自然，无论如何我都想与您领导的出版社合作。/ 衷心问候，您的贝托尔特·布莱希特。"他还在民主德国为自己安置了（没有公开声明的）流亡地：布科。

1953 年 8 月 20 日，布莱希特在《工作笔记》中记录："布科。《图兰朵》。还有《布科哀歌》。'六一七事件'间离了整个存在。"这里还有言外之意。间离（verfremdet，陌生化）本应写为"异化（entfremdet）"。当他使用了自己诗学的核心概念"间离"时，对此只能解释为，布莱希特确实必须以（众所周知的）第三人称生存，即使没有失去自己的个体性，也至少对其产生了质疑。"间离的存在"，不再意味着生存，而是"被生存（gelebt zu werden）"，不再能支配"生活艺术（Lebenskunst）"的各种可能性，根据布莱希特的纲领，所有的艺术都应该为"生活艺术"服务。

事实上，1953 年夏布莱希特的身体状况逐渐衰退，在实际上已经享有特权的条件下，在船坞剧院短暂的工作期间内（刚满两年），他都是在巨大的疲惫和突然出现的心脏疼痛中坚持下来的。布氏还为自己的文学创作实施了又一次"语言清洗"，也就是说：再一次降临的"昏暗时代"迫使他在创作中放弃了所有"使人类圆满并具有人性"的东西。这一时期的诗学作品《文学的七次生命》（*Die sieben Leben der Literatur*），将民主德国为文学或者艺术设定的角色赤裸裸地表现了出来。

> 四处流传着
>
> 文学并非一株含羞草
>
> 像常有的那样
>
> 她
>
> 被当作女神邀请
>
> 被当作丑妇对待
>
> 她的主人
>
> 夜晚玷污她的身体
>
> 白日又把她架在木犁前耕作

布氏精通圣经，自然使用了数字"七（sieben）"①的象征意义。

　　1953 年 6 月 30 日，艺术科学院全体会议达成一致，作为"六一七事件"的后果，统一社会党和政治至少不应干预艺术事务。会议记录的序言中写道："国家机构应该以每一种可能想到的方式促进艺术发展，但不应以行政方式干预艺术创作和艺术鉴赏倾向等问题，应将其交予公共批评裁决。"积极参与的还有——他们的发言都记录在案——汉斯·罗登堡（Hans Rodenberg）、德国电影股份公司（DEFA）的一位主管、阿诺尔德·茨威格、约翰内斯·R.贝歇尔以及布莱希特。如下语句也源自布莱希特的手笔："国家应该同艺术事宜毫无关联，对其不应像迄今为止的那样，予以干预、约束和钳制。"他们虽然表达了愿望，但政府对此丝毫不以为意。1953~1954 年，民主德国的政治氛围每况愈下。

　　想对政治局势发表意见吗，老朋友？
　　花费不过三日元，立等可取
　　巧舌如簧：从未言之有物

　　1953 年夏，布莱希特费力完成了自己最后一部戏剧《图兰朵或者洗刷嫌疑者大会》。根据较早时的计划，这部作品隶属图伊系列，还包括图伊小说、图伊故事、图伊杂文、图伊叙事诗及相关组诗。1762 年卡洛·戈齐（Carlo Gozzi）将波斯童话改编为戏剧《图兰朵公主》，《图兰朵或者洗刷嫌疑者大会》借童话故事的原型，讲述了戈格（Gogher Gogh）的发迹之路，戈格虽然不是图伊，但成功地爬上了国家机构的顶峰。而图伊们则起到了帮助性作用，他们能

---

　　①　德文的她写作"sie"。

言善辩地回避社会现实。当戈格最终当权时，便不再需要这些图伊，将他们血腥地杀人灭口。如果追求者无法答出图兰朵公主提出的三个问题，将会被杀头，这一情节在布莱希特笔下不过起着次要作用，图兰朵公主的角色不再是为了寻找相伴一生的王子，而是被图伊们的讲话所挑逗。有言道："精神是春药。"如果图伊们做不到这一点，便会被杀头。

故事的背景仍然是经济行为，如同《屠宰场的圣约翰娜》一样，布莱希特将其塑造成一场投机者的游戏。中国的皇帝储藏了大量的棉花，因此棉花短缺，价格飞涨。而图伊们在图伊学校得到培训，任务就是向公众解释为何现在没有（也不可能有）棉花，当然还必须用长篇大论和夸夸其谈来隐瞒真正的原因。贸易自由和言论自由像是一所人尽可夫的妓院，这里用钱可以买到图伊们模板目录上任何一个中意的见解，并随意为自己所用。

布莱希特早期便曾讽刺意见和想法可以像金钱一样被支出的现象，《图兰朵》的故事背景也是这种思想的延续。不仅如此，在经历了纳粹和民主德国政治家的虚伪（这也是这部戏剧所首要针对的）之后，他还借此抨击了那些完全是妄自臆想的观点，它们毫无根据，只不过是大脑的错位。

/ 509

洗刷嫌疑者大会上，杜蒙卡（Munka Du）就各种不同的意见进行了一场空话连篇的内阁演说，根本上只用了"自由"和"意见"两个概念。杜蒙卡开始说："我在这里说……我在这里说，因为我不愿被剥夺言论的自由，无论在哪里，无论有关何事。是的，我站在这里，捍卫自由，我的，你们的，所有人的自由。"此时有人打断他，喊道："还有狼的自由！"杜蒙卡绝望地说："是的！"并继续道："我不认为，我不认为，我不认为（为自己擦汗），我不认为，应该扣留那些衣不蔽体者的棉花，但是，如果我是这种意见，如果是这种意见，我希望，可以被允许充分表达这种想法，这种意见，我不赞同，不与任何人分享。这里涉及的不仅是棉花，而且是关于棉花表达意见的自由，重要的不是棉花，问题不是棉花。这里从事的不是贸易，这里形成的是意见。（骚动）这里重要的是意见，而非贸易。"

在另一场讲话的开场白里，他建议不再讨论棉花，而讨论人民缺少棉花仍艰难度日的美德，他问道："美德何在？欣然放弃的理念何在？"如此洋洋洒洒，文章气势恢宏，论述——重复是必须的，不仅为了不断强调加强记忆，还能为下一个借口争取时间——如何远离眼前的（物质）事物，最终达到最普遍的"道德问题"，如此一来，这些事物就最终会在眼前消失，不再需要谈论。

在民主德国，这恰恰是几乎每日都发生之事，正如布莱希特在致人民教育部部长保罗·万德尔（Paul Wandel）的信中所写，用一切权力，言辞华丽地排斥"本国的西部"。1953 年 9 月，布莱希特记录道："同一名白铁工谈话。……由于偷盗和蠢笨，他解雇了一名学徒，此人现在却成了人民警察，报名参加军官学校。由于'违背人权'而被判刑十年的纳粹分子现在成了人民警察，这样的故事在城市里流传着。在希特勒统治之下，官僚机构已经臃肿庞大，但当时钱多些。……必须自由选择。我曾说过：那样被选出的会是纳粹。"

这部戏剧还包括了对挽救文化的讽刺，对布莱希特而言，这是既传统又时兴的题目。当戈格的统治扩张后，图伊们纷纷把他们的"杰作"带到安全之处，为此专门找到了制作武器的匠人，还雇用了一些民众。正义女神（Justitia）的巨大立像需要被存放，由于无法把她搬进房子，就打通了房顶，为了不吓到孩子们——孩子们真的"害怕看到她的脸"，就干脆将其倒立。她的任务是不让制作武器的匠人好好工作，也就是不再为了抵抗而打造武器。另一名图伊认为无论如何必须要拯救地球仪，这样后人就不会忘记地球是圆的。布莱希特以此不仅反思了纳粹历史，也讽刺了民主德国时期的文化政策，不经思考和批判，无论如何都要接纳市民性和古典主义的文化遗产，美其名曰"为建设社会主义而挽救"。布莱希特意欲反思市民阶层文化在纳粹时期和为纳粹崛起所起到的客观作用。

1952 年，柏林剧团在为罗斯托克的人民剧院筹备莫里哀的《唐璜》。海伦娜·魏格尔从瑞士请来了本诺·本森（Benno Besson）担任客座导演，本森和伊丽莎白·霍普特曼最初负责剧本创作。由本森提出建议，在布莱希特未参与的情况下进行加工，布氏在 1952 年 5 月 25 日首演前夕才加入进来，"认可"这一集体工作的成果。1953 年，柏林剧团将要得到一座自己剧院的事情已日渐明朗，在集体决定后，将莫里哀作为开幕的首演作品。这不失为明智之举:《唐璜》不涉及德国历史或政治主题，而且是一部"非德意志"戏剧:风花雪月，浪漫妩媚，机智风趣又含沙射影。

本森和霍普特曼对原作进行了大刀阔斧的改编，其中最重要的意义偏移在于将充满诱惑能力的个体转变为"巨大的性能力"。莫里哀笔下的人物以其个人气质和冒险者、猎艳者的特点著称，这些在改编中仅仅是代表性的，唐璜的仆人斯卡纳奈勒（Sganarelle）对此一语道破:"给我他的大衣、绶带和床，我也能轻而易举地引诱你们;但之后就有你们的好看了!"改编自莎士比亚的《科利奥兰》（*Coriolan*，如同 1951~1952 年的《科利奥兰纳斯》）也类似，作品仅仅看似展现了众多伟大的个人，并特别告诫他们要收敛自己的要求，但这些要求与其说源自自身的能力，不如说源自他们所代表的角色和作用，最终也被角色的光辉所毁灭。

但一切仍然岌岌可危，沃尔夫冈·朗霍夫 1953 年 10 月 1 日致约翰内斯·R.贝歇尔的一封信毫无保留地详述了这一点:"瓦尔特·费尔森施泰因（Walter Felsenstein）表示，必须立即流亡国外，因为无论如何也不能执行新的政策。你知道，费尔森施泰因能在维也纳照老样子过生活。恩斯特·布什想放弃国家奖金和职务，控告赫尔穆特·霍尔茨豪尔（Helmut Holtzhauer，国务秘书）诽谤。……格蕾特·帕鲁卡（Gret Palucca，著名舞蹈家），如她的事件得不到满意的解决，同样也想流亡西德。……布莱希特周围的小团体（赛茨、耶林、费尔森施泰因、布什）确实构建了公开的反对派。以上信息供你参考。"斗争一直在不懈地进行，以至于最终柏林剧团接管船坞剧院已经有了奇迹的色彩。

1954 年 3 月 19 日《唐璜》的首演受到了观众的巨大欢迎，因而之后又上演了 80 场。给予柏林剧团赞许的评论家汉斯·乌尔里希·艾劳（Hans Ulrich Eylau）惊讶于布莱希特入主新剧院没有照例进行彻底的改建——之前已经有这样的猜忌传出，"老柏林人有理由衷心喜爱的剧院"中旧的屋顶石膏雕花、小天使雕像、枝形吊灯、配有花饰的小灯都得到了保留，这也标志了布莱希特宁愿在德国经济繁荣时期（Gründerjahre）[1]装饰繁复的巴洛克风格中安家落户，也不愿坐在人民剧院被擦拭得光洁明亮的座椅上。只有一处发生了改变。剧院建筑的角楼上挂起了旋转、发亮的圆形标识，刻印着文字"柏林剧团"，剧院外部的新标志。

德国四处弥漫着落后的"乡土之气"，在西德，"六一七事件"后也发生了反对潘科"奴仆"的极激烈的运动，甚至规定对布氏全面禁演，对此，当时在美因河畔法兰克福的哈利·布克威茨（Harry Buckwitz）表示抗议，认为现在应该借助外国影响使布莱希特及其新的表演方式得到早应拥有的认可。1954 年 6 月初，柏林剧团携《大胆妈妈和她的孩子们》做客莎拉伯恩哈特剧院（Théâtre Sarah Bernhardt），参加巴黎第一届国际戏剧节，演出三场。尽管戏剧评论对剧本（结果较差）和演出（得到一致赞扬）予以了完全不同的评价，剧本和导演（布莱希特和恩格尔）仍都荣获一等奖。尤为突出的是戏剧的精炼和简洁，还有极具现实主义的舞台布景和道具

---

[1]　1871~1873 年。

（提奥·奥托）。大多数法国人将作品评价为全新的、符合时代的戏剧，是一场"戏剧革命"和"戏剧史上的重要事件"。

杂志《流行戏剧》（*Théâtre Populaire*）将特刊题词献给布莱希特和他的剧团，并呼吁一场"布莱希特革命"。巴黎学者、评论家、戏剧家中的重要人物罗兰·巴特（Roland Barthes）、伯纳德·多尔特（Bernard Dort）、米歇尔·哈伯特（Michel Habart）、勒内·莱博维茨（René Leibowitz）、瓦尔特·瓦德力（Walter Weideli）、亨利·列斐伏尔（Henry Lefebvre）在此发表文章，他们积极地、一部分甚至热情地对这次重要事件发表意见，美学和政治在布莱希特的戏剧中得到统一，并获得了社会性和社会批判性的立场。罗兰·巴特认为布莱希特对他而言是一次"觉醒的体验"，巴特表明传统戏剧是陈腐的，要求法国放弃目前盛行的平庸和市民性的自鸣得意，以布莱希特为榜样创作具有政治热忱的戏剧。即使在德国也几乎未曾提及"布莱希特革命"，柏林剧团已经获得了自己的艺术地位，这至少使国内面临的果断排斥受到了一定的限制。

布莱希特和柏林剧团还经历了另一场辉煌的成功。《高加索灰阑记》于1954年10月7日在柏林首演，共演出175场，持续到1958年8月，剧中固定的演员包括：饰演格鲁雪的安格莉卡·赫尔维茨，饰演阿兹达克的恩斯特·布什，饰演西蒙（Simon）的莱蒙德·谢舍尔（Raimund Schelcher），饰演总督焦尔吉（Fürst Georgi）的埃尔文·格绍奈克，饰演总督夫人阿巴什维利（Abaschiwili）的海伦娜·魏格尔，饰演沙尔瓦（Shalva）的埃克哈德·沙尔（Ekkehard Schall），卡尔·冯·阿佩（Karl von Appen）负责舞台布景。此处要补充一下为何卡斯帕尔·内尔没有出现在名单中，这同布莱希特的奥地利国籍有关，它（暂时）终止了戈特弗里德·冯·艾内姆的事业。由于布莱希特不再关照冯·艾内姆，卡斯帕尔·内尔决定同作曲家朋友共患难，并中断了与布莱希特的联系。

1955 年上演《伽利略传》时才再次取得联系，自 1955 年 12 月起，两人之间进行了一些工作会谈，撰写了一些初步构思。1956 年 1 月，布莱希特的健康状况恶化，不得不中断了工作，而后最终完全停止。内尔返回萨尔茨堡，两人未曾再相见。布莱希特的葬礼内尔也没有参加。

　　威廉·基尔努斯就《高加索灰阑记》运用了乌尔布里希特所说的策略，虽然《法兰克福汇报》（ *Frankfurter Allgemeine Zeitung* ）署名为 "S.L." 的评论员不可能了解这一背景信息，但联邦德国已经察觉了上述策略。"S.L." 11 月 13 日写道："迄今为止，贝尔特·布莱希特的《灰阑记》是东柏林数月以来最重要的艺术事件，但党报对其三缄其口。从诸多事实中可以看出，最知名也最固执己见的艺术家给他的文化官员带来了多少不快；柏林其他报纸的评论清晰表明，对此类艺术作品的评价是多么艰难，其艺术质量不言而喻，但根据东部的用语却毫无争议地具有'形式主义'特色。"艾尔彭贝克重新发起的反对叙事剧的运动布莱希特没有参与。艾尔彭贝克恰恰选择了《高加索灰阑记》中最精彩的片段，以严肃批判"'叙事剧'低俗的最初阶段"。这一情节是格鲁雪和西蒙相对而立，但不直接说出自己的想法，由歌手吟诵两人的思绪。恰恰是这一幕为本剧的闻名起到了决定性的作用。

　　1955 年 6 月，《高加索灰阑记》前往巴黎，再次做客莎拉伯恩哈特剧院，相比一年前《大胆妈妈》带来的"布莱希特革命"取得了更大的成功。媒体异口同声地称赞这是"未来的戏剧"，并用"绝妙""令人钦佩"等定语证实这一说法。自然也有批评，但不是针对戏剧家，而是针对戏剧理论家布莱希特，他的《戏剧小工具篇》此间已经成了必读书目。

　　作为对这种意想不到的成功的回应，统一社会党改变了策略。在 1955 年 6 月的《新德国》中，整版刊登了法国、美国、英国和波兰报纸对巴黎《高加索灰阑记》的报道片段。由此，开始了新一轮别有用心的宣传运动。布莱希特的成功被写在了镰刀锤头的旗帜上，被作为高水平民主德国文化的突出案例进行大肆宣传。当然，这样的宣传活动仍存在阻挠，即布莱希特本人。

> 宁愿承担巨大的经济损失，
> 也不愿怂恿如此这般有计划地摧残不可或缺的人才

《大胆妈妈》电影的始末

早在 1947 年秋，布莱希特就考虑将《大胆妈妈》剧本改编成电影。从 1951 年具体计划成形到 1954 年，他同德国电影股份公司——民主德国的垄断性电影公司——进行了长期接触。来自西德的导演沃尔夫冈·施多德（Wolfgang Staudte）1955 年 8 月开始拍摄工作，9 月中旬，投资 15000 马克之后，布莱希特终止了拍摄。发生了什么事？

起初施多德同布莱希特的合作进行得十分顺利，"但后来出现了一些最初的分歧，"施多德回溯时辩解道，"我想做一部真正国际化的电影，宽银幕立体声彩色电影，启用知名演员。这同布莱希特的想法相左。这一点上我尚能贯彻自己的观点。……我们极为细致地进行了试拍，投入心思制作了道具和布景，设计了精美的服装——筹备持续了近一年的时间。最终开拍时，一个灾难接着另一个灾难，魏格尔在制造困难，布莱希特也在制造困难。"

在施多德贯彻了"大电影"的设想之后，布莱希特认为自己的"文学电影"无法得到保证。当矛盾无法协调，海伦娜·魏格尔在相去甚远的两个工作场所（柏林剧团和巴贝斯堡电影工作室）之间奔波已显得精疲力竭之时，布莱希特不得不武断地终止了拍摄。在给特丽莎·吉泽的信中布氏解释道:"施多德计划了一部鸿篇巨制的电影,但没有作到完全充分的准备。……多处开始草草了事,赫莉也被苛求几乎无节制地听候吩咐。我现在插手,特别是因为前些日子我们这一辈中好些优秀的人(贝歇尔、布莱德尔、阿克尔曼、福恩伯格)因心脏病而病重或去世。这个观点也完全得到了政府的理解。政府宁愿承担巨大的经济损失,也不愿怂恿如此这般有计划地摧残不可或缺的人才。如今我们必须努力,如施多德先生所说,用艺术的、(并且也)健康的工作条件来替代对电影陌生的人所不理解的惯例做法。"

布莱希特论述透彻。自乌尔布里希特宣布不再执行他曾许诺的新政及"六一七事件"以来,批判民主德国——有计划性地——摧残艺术家和知识分子的呼声震天,自然,根据"高层"的自我认识,这些批判是在腐化国家。布莱希特所谓"完全得到了政府的理解"也再次证实了他的机敏:抢先一步作此声明,几乎就不再可能出现反对意见。

1955 年 5 月 25 日,布莱希特在莫斯科被授予斯大林和平奖(Stalin-Friedenspreis)。现在已明了,他当时不过是替代托马斯·曼的候选人,两人也因此在去世前不久得以再次同时露面。但仍无法查证的是,布莱希特是否知道托马斯·曼由于意识形态原因拒绝领奖,如若知道,他是否也会拒绝这一奖项呢?由于西方再次掀起了批判"莫斯科奴仆"的媒体宣传,布莱希特以查理·卓别林为例为自己辩解,因为卓别林也接受了奖项。1954 年,布莱希特获得了世界和平理事会和平奖(Friedenspreis des Weltfriedensrats),并又一次"缺乏原则性"。造成不愉快余波的是布莱希特得到的 16 万卢布奖金,他没有照理把钱存入民主德国的银行账户,而是汇往了瑞士。在西方评论中,布莱希特露出了"资本主义者狡兔三窟"的真相。在苏联共产党第二十次代表大会(XX. Parteitag der

KPdSU）后，这一奖项在民主德国更名为"列宁和平奖（Lenin-Friedenspreis）"，布莱希特并未得奖。

1953 年夏至 1956 年，只要没有工作召唤他前往柏林，布莱希特大部分时间会在布科度过。而原因是愈发严重的疲惫和衰弱，这都需要不断的克服，而且对创作也没有促进作用。在"间离的存在"中，布莱希特发觉："这个国家仍十分可怕。今日，我同三名学习戏剧的年轻人驱车前往布科，我晚间坐在园亭里，他们三人则在室内工作和讨论。我心中突然升起一个念头，十年前，无论曾读过我的什么作品，如果我落到他们三人手中，一定会被毫不犹豫地交给盖世太保……"这是 1954 年 6 月。在《布科哀歌——八年前》（*Buckower Elegie Vor acht Jahren*）中，布莱希特也描写了民主德国这样压抑混沌的气氛："那儿是个什么年代 / 那会儿一切都是另外一个样 / 肉铺老板娘知道那时的情形 / 我们的邮递员现在走起路来 / 仍然过于正规笔挺 / 而我们的电工师傅呢 / 当年又是何许人？"诗句详细描写了民主德国一贯的特点：人与人之间无法相互信任。隐蔽的专制虽然从纳粹时期学到了教训，在日常生活中尽可能少露面，但它仍散播着令人无法忍受的不信任气氛，将所有人性的友善扼杀在萌芽中。肉铺老板娘知道那时的情形。

令人厌恶的事情还在继续。1955 年 10 月，布莱希特向内务部长卡尔·马龙（Karl Maron）申请特许证，可以凭此证通行至布科："当时，我把国家奖金用来在布科购置一处房产，建造工作室，以便在此处度假。"现在"检查点的人民警察语气如此颐指气使，已经完全败坏了我对假期的兴致。但我需要休息。请您帮助我得到这份证件，能将我从与人民警察的口舌中拯救出来"。

但"国家"与其逐渐晋升为"首都"的大都会之间不再有自由的（"国内"）交通，因为方圆 30~40 公里外，直至民主德国末期，围绕柏林建造了带有瞭望塔的封锁线，检查每一辆有任何疑点的汽车。此外还有些类似集中营的临时火车站，开往柏林的火车都必须进站，检查每一位乘客，如果出现"逃离共和国"的迹象便实施抓捕。布莱希特甚至必须为其新买的奥利维蒂（Olivetti，意大利打字机）进行特殊申报，因为机器可能被他用于间谍活动。根本上，统一社会党从1950年代初便开始围绕柏林修建最初的柏林墙。布莱希特得到了特许证，但有效期只有一周。他又该如何理智地生活和工作呢？

布莱希特几乎回绝了一切事宜，感觉工作能力已经十分有限，但1955年12月初，他表示"心脏区域令人不安的压力减轻了"。负责治疗的医生奥托·梅尔滕斯（Otto Mertens）也不反对他每天工作两个小时，这样《伽利略传》的彩排得以继续。布莱希特的特点是，他不仅会为自己着想，当德国电影股份公司给莱蒙德·谢舍尔安排了一部电影中的重要角色时，他也立即提出抗议。莱蒙德·谢舍尔刚刚经历了一次大手术，布莱希特要求，演员必须保重身体。他还求助于文化部长贝歇尔，以便贝歇尔能对"摧残一流艺术家"的行为作出裁决。这一表示非人性待遇的概念再次出现，它在民主德国已经成了层见叠出之事。

为庆祝《三毛钱歌剧》1956年2月在米兰成为艺术领域的轰动性事件，乔尔焦斯特雷勒小剧院（Piccolo Teatro Giorgio Strehlers）和埃伊纳乌迪出版社（Verlag Einaudi）在演出后特别为布莱希特安排了接待仪式，并预想这将是一次成功的活动。据媒体报道，这位尊者一直置身角落，不曾愿意交谈。布莱希特的举止与场合格格不入，站在他一侧的提奥·奥托回忆此事时作出了澄清："健康状况欠佳，他对人和噪音都极度过敏。为了不腹背受敌，他选择了角落的位置。当无法承受时，他拉扯我的外衣。由于虚弱，他汗如雨下。我把他扶到偏室中，他精疲力竭地坐下。两只眼睛像苍白脸上的两个黑洞，颈部也神经性地抽搐。"

返回柏林后，医生诊断为病毒性流感，从 4 月 12 日至 5 月 12 日在夏里特医院住院治疗了四周。汉斯·艾斯勒并未意识到病情的严重性，表示愿意谱写一部《夏里特医院卡农曲》(*Kanon für die Charité*)："疾病消逝，布莱希特长存。"医院本次虽然也作出了心内膜炎的诊断，但并没有严肃对待。

1956 年 2 月，苏联领导人尼基塔·赫鲁晓夫 (Nikita Chruschtschow) 在莫斯科苏联共产党第二十次代表大会上发表讲话，揭露斯大林及其帮凶的罪行。讲话起初在民主德国不被允许印刷，因而也不为人知。4 月，克特·吕丽柯搞到了讲话的手抄稿，并命人翻译。当布莱希特阅读此文时，他"深为感触"。1956 年夏，"上帝已经腐朽／祈祷者叩击胸膛／就像在拍打女人丰腴的臀／伴着享受。"以及："沙皇同他们讲话／用枪械和皮鞭／在血腥的星期日／他用枪械和皮鞭对他们讲话／一周的每一天，每一个工作日／人民的称职谋杀者。"布莱希特将斯大林的罪行比作沙皇尼古拉二世 (Zar Nikolaus II) 的残暴统治，尼古拉二世 1905 年 1 月 9 日血腥镇压了一次和平游行，导致了 1905 年的俄国革命；这也构成了《母亲》(根据高尔基的小说改编) 的历史背景，布莱希特谙熟这段历史。其中"人民的称职谋杀者"的表达嘲笑了民主德国从苏联引用的称谓，例如，根据 1954 年 12 月 12 日《新德国》中的说法，医生们从民主德国卫生部长那里获得了"称职人民医生"的荣誉称号。

/ **518**

在夏里特医院长时间的住院治疗，使布莱希特有了对死亡的预感，这在诗歌《当我在夏里特医院白色的病房中》(*Als ich in weißem Krankenzimmer der Charité*) 中得到了反映。治疗完全没有成效，因为没有给他使用抗生素。出院后布莱希特处理了一些出版事宜，欢喜地迎来了精选集《诗与歌》(*Gedichte und Lieder*) 在苏尔坎普出版社的出版，之后他于 5 月 26 日 (至 8 月 8 日) 迁居回到布科。负责治疗的医生是西奥多·布鲁格施 (Theodor

Brugsch）——夏里特医院内科主任医师和心脏专家——他不时来到勃兰登堡小瑞士探望病人，但病情没有好转。8 月 3 日，布莱希特决定接受西方的治疗，而且是约翰内斯·路德维希·施密特（Johannes Ludwig Schmitt）的私人诊所。施密特发明了一种新的呼吸按摩技法，这一技法基于顺势疗法和心身医学，令施密特卓有成就。布莱希特约定的治疗开始日期是 8 月 20 日，他还询问是否能为他的车提供停车位；显然他是要自己驾车前往。

1956 年 8 月 8 日，布莱希特在柏林致信保罗·德绍："之前布鲁格施一直因我的健康而欣喜，而事实上连 5 分钟的谈话我都无法坚持。虽然我的状况仍不十分乐观，但仍愿能早日见到你。"德绍的回信证实，布莱希特开始怀疑夏里特医院的学院派医学，并在寻找其他出路，但这条路根本不适合他。德绍评论道："亲爱的 bb：between you and me：对抗疗法医生布鲁格施做的也不是'干净的工作'。"

8 月 10 日，布莱希特再次接受治疗，医生们（布鲁格施正在休假）仅仅诊断"有严重心脏张力不足的症状，但没有明显的心脏疾病"。克特·吕丽柯记录了当天布莱希特参加排练的状况，同上述诊断形成了鲜明的反差："我们许多同事都惊讶于布莱希特的病容。他说话声音极小，舞台上几乎听不到，而且提前离开了排练场——他没有力气坚持到结束。"同一天，布莱希特决定 8 月 15 日前往慕尼黑的疗养院，他起草了一封给布鲁格施的信，为施密特的治疗方案辩解。他写道，虽然"治疗的效果"不曾消失（明显的谎言），但仍"没有恢复"，现在必须抓紧时间了。"施密特将通知您，我希望能很快回到您那里。"

关于布莱希特人生的最后两日、他的健康状况以及死亡原因存在不同的"版本"，这些版本又明显相互矛盾。主治医生 H.H. 亨内曼（H. H. Hennemann）代表布鲁格施对布莱希特进行治疗，亨内曼 1988 年回忆，当年 8 月 13 日他曾出诊肖瑟街（Chausseestraße）125 号。布莱希特主诉心脏区域疼痛，亨内曼解释为心绞痛。"他当然没有给我病重的印象。"之后亨内曼证实，布鲁格施 8 月 14 日诊断了严重的心绞痛发作，布莱希特因此被送入了莫阿比特医院（Krankenhaus Moabit），并因心肌梗死去世。

1956 年 8 月 15 日正式的医疗总结报告由布鲁格施教授、拜尔教授（Prof.Beyer）和克洛克尔医生（Dr.Krocker）签字，内容为："8 月 14 日出现暂时的意识丧失，同时出现身体机能衰竭。当日中午又出现明显的心力衰竭，并伴有心动过速，心动过速在下午加剧。血压急剧下降，几乎测量不到。能够听到心包摩擦音（诱因是心包炎，心包和心外膜摩擦所致），心电图显示明显的大面积心梗。对心脏和循环功能的支持治疗也没能阻止愈发严重的心脏衰竭。"

芭芭拉·布莱希特-沙尔（Barbara Brecht-Schall）在一次访谈中回忆，慕尼黑的路德维希·施密特医生也来到了医院，并指出："这是一次错误的诊断，也是一次错误的治疗。"当布莱希特 8 月 14 日感到极为不适时，她的母亲派人去请布鲁格施，"布鲁格施刚休假回来，拒绝前往"。

心脏专家 —— 例如科隆的汉斯·卡尔·舒尔腾（Hans Karl Schulten）—— 2000 年通过远程诊断证实，"潜在数月的肾盂肾炎和心内膜炎是间接的死亡原因"，足够大剂量的抗生素有可能治疗疾病。奥格斯堡的心脏专家沃尔夫冈·冯·沙伊特（Wolfgang von Scheidt）和泌尿学家罗尔夫·哈茨曼（Rolf Harzmann）2010 年审阅了病历并得出结论，心肌梗死说"可能性极低"，因为与"数月来的症状不相符"；布莱希特所患更像是心肌炎，由肾机能不全所致，而且可能引起了肾萎缩（布莱希特的肾已经被多次提及）。此外，奥格斯堡的医生还指出，布莱希特吸烟的习惯同慢性心脏病无关，否则他将活不过 50 岁。

确定的是，布莱希特 1956 年 8 月 14 日 23 点 45 分去世于肖瑟街的居所。在场的有奥托·穆勒莱塞特——出于绝望海伦娜·魏格尔把他叫到了病榻旁——夏里特医院的拜尔教授、芭芭拉·布莱希特和海伦娜·魏格尔。布莱希特最后的遗言是："让我安静地去吧！"根据他意愿的明确要求，没有告别仪式，8 月 17 日在多罗媞施达特（Dorotheenstadt）公墓的葬礼上也没有致吊唁词。

8 月 19 日，海伦娜·魏格尔收到如下信件："我们两人曾打算 8 月在慕尼黑相聚，在'欢快的谈话'中把共同的多彩回忆记录下来……但是，一则消息从天而降，使人无法呼吸。几乎一个小时逝去了，都不能驱散这一事件带来的印象。所有理性的考虑也都于事无补，无法把精神从阴暗的国度中呼唤回来。因此，我不敢给你写信；大家曾觉得——至少我的头脑中如此——他是幸存者，会在耄耋之年仍给我们明智的建议，看透事物的短暂易逝，为他那些先走的朋友们而悲伤痛心。现在，这幅图像在我面前扭曲了，我无法再看到它。怎么会发生这一切？为什么会发生这一切？伴着这个问题，一天开始，一天又结束。"写信的人是卡斯帕尔·内尔。

前面所述的传记是笔者第五次从头至尾地"穿越"布莱希特的人生和作品。第一次是《布莱希特手册》(*Brecht-Handbuch*,1980 & 1984),两卷本,每卷各 500 页,以词典的形式撰写。自 1985~1998 年,笔者还参与编写了《布莱希特全集柏林及法兰克福注释版 30 卷(33 本)》[*Große kommentierte Berliner und Frankfurter Ausgabe der Werke Brechts in 30 Bänden(=33 Teilbände),GBA*]。 此后,以 GBA 为基础,笔者旋即写作了个人的第一部布莱希特长篇传记(2000)。由于 GBA 也需要新版的《布莱希特手册》,而我无法独自完成,因此也成了这部五卷本权威著作的编者之一(2001~2003);那里也有本书中或许缺失的参考书目。

这部新的传记首先基于卡尔斯鲁厄理工学院(KIT)布莱希特研究所(Arbeitsstelle Bertolt Brecht,ABB)收集的资料。其中包括约 400 部大开本书籍,以及大量未装订的复印资料,将它们编排起来尚属首次。布莱希特的每一部作品,不仅有全部文本,还有布莱希特所作评论的所有记录。ABB 的资料由以下内容组成。

一 《布莱希特全集》中所有由 ABB 所撰写卷本的资料,它们是五卷诗歌集(GBA 11-15)和三卷散文集(GBA 18-20)。这些资料来自对"贝托尔特·布莱希特档案"原稿的查阅和复印拆版,也包括各档案馆(例如,伊丽莎白·霍普特曼、露特·贝尔劳、汉斯·艾斯勒)和各图书馆(例如,柏林国家图书馆、法兰克福德国国家图书馆、奥格斯堡国家及城市图书馆、慕尼黑拜仁州国家图书馆)的资料,还得到了私人藏书的补充,例如汉斯·布格提供了大量资料。

二　1985~1990 年民主德国布莱希特中心海希特工作组和此后维尔纳·海希特本人为文集卷（GBA 21-25）和工作笔记卷（GBA 26-27）及其注释而收集的所有资料。

三　海希特为他的《编年史》（Chronik）收集的所有文献，包括总共 27 部对开本卷册，其中包含异常珍贵的资料，有待进一步充分利用。

四　笔者为其他布莱希特研究而复印和使用的所有资料，例如《四川好人》、《屠宰场的圣约翰娜》、《三毛钱歌剧》和《马哈哥尼城的兴衰》的所有重要资料，后两部作品的资料尤为珍贵，因为它们出自如今不再被允许查阅的环球出版社藏书。还包括所有的笔记、工作笔记、大量的书信集、布莱希特使用原始材料的复印件，以及我的学生们从布莱希特档案（BBA）和其他档案馆收集的资料，以上均涉及不同的专业领域。

五　大多数布莱希特重要作品的初版，部分是原版。

六　有关布莱希特的专业图书馆资料。

正如以上列举所说明的，我的主要任务是：删略。

　　布莱希特的作品引自《布莱希特全集柏林及法兰克福注释版 30 卷（33 本）》［维尔纳·海希特（Werner Hecht）、雅恩·克诺普夫（Jan Knopf）、克劳斯－德特勒夫·穆勒（Klaus-Detlef Müller）、维尔纳·密腾茨威（Werner Mittenzwei）主编，柏林和魏玛／美因河畔的法兰克福，1988~2000］。引用以缩写 GBA 加卷码、页码的方式注明。其他引用都采用明确和清晰的格式，但版本说明并不详尽（例如省略了副标题）；多次引用时仅出现了作者名和／或书名简称。本书没有附参考文献，详尽且较新的参考文献请参见《五卷本布莱希特手册》（雅恩·克诺普夫主编，斯图加特和魏玛，2000~2003）。报纸与杂志的引文在正文中有明确标注，并配有一定的出版日期，另一部分则在下面列出。篇章名只有在正文出现过时才有注明。

德意志帝国（1898~1918）

Mythos: Herkommen – GBA 11,119; GBA 13,241; GBA 18,427–432; zit. nach Erst-druck Wien 1929, S. 47; vgl. GBA 13,181–183; GBA 11,81f.; GBA 84f.; zit. nach Bertolt Brecht: Baal. Drei Fassungen, Frankfurt a.M. 1966, S. 171.

Leben: kleinbürgerlich bis gutbürgerlich – Titel: GBA 26,52; http://www.zum.de/psm/imperialismus/hunnen2.php; GBA 13,87.

Herzneurose: Fehlanzeige – GBA 26,14; vgl. Carl Pietzcker: »Ich kommandiere mein Herz«, Würzburg 1988, passim; GBA 26,108f.

Schreibimpulse: starke Stoffe – Walter Brecht: Unser Leben in Augsburg, damals, Frankfurt a.M. 1984, S. 162, vgl. 229; GBA 26,107; GBA 21,248; Hans Tasiemka in: NLZ, 6.12.1927.

Tagebuch No. 10: Übungen zu Form und Stil – GBA 26,98; GBA 26,54; GBA 26,14; GBA 26,67; GBA 26,75; GBA 26,9; GBA 26,21f.

Autor: Produzent – GBA 26,69; Bertolt Brechts *Die Ernte*, Augsburg 1997, S. 85; GBA 26,79; GBA 19,13f.

Brecht-Clique: keine Orgien – GBA 28,18; Werner Frisch/K. W. Obermeier: Brecht in Augsburg, Berlin, Weimar 1975, S. 51; GBA 11,61; GBA 11,112; vgl. GBA 1,230; GBA 13,93f. (*Serenade*).

Kriegspoesie: bestellt – Titel: GBA 13,76; nach Jan Knopf: Brecht-Journal 2, Frankfurt a.M. 1986, S. 44–46; Rosa Luxemburg: Die Krise der Sozialdemokratie, Zürich 1916; http://hsozkult.geschichte.hu-Berlin.de/index.asp?id=517&pn= texte; GBA 21,7f.; nach Jürgen Hillesheim: »Ich muß immer dichten«, Würzburg 2005, S. 81–86; GBA 13,76.

Krieg und Hungertote: ignoriert – Nach Hillesheim 120–131.

Schule: Grundtypen der Menschheit – GBA 18,212f.; nach Walter Brecht 243; GBA 13,92.

Mutter: Doppelmoral – Titel: GBA 26,116; GBA 26,75; GBA 26,116; Walter Brecht 350; nach Hillesheim: Bert Brecht fand zu sich selbst, in: Literatur in Bayern 23/2008, S. 9–14; nach Frisch/Obermeier 24; nach Hillesheim: Marie Röcker, in: Augsburger Brecht-Lexikon, Würzburg 2000, S. 152f.; GBA 13,111f.

Militärdienst: Zeit für den Theaterprofessor – GBA 28,24; Sappho: Muse des äolischen Eresos, Frankfurt a.M. 1990, S. 45; Paula Banholzer: So viel wie eine Liebe, München 1981, S. 37f.; nach Frisch/Obermeier 137–142; Artur Kutscher: Der Theaterprofessor, München 1960; GBA 11,22; GBA 11,17.

kv: Dolchstoßlegende – Titel: GBA 11,113; nach Frisch/Obermeier 137–142; GBA 11,11; Hanns Otto Münsterer: Bert Brecht, Zürich 1963, S. 96; GBA 11,13; GBA 28,60; GBA 11,322 (Kommentar); nach Arthur Rosenberg: Die Entstehung der Weimarer Republik, Frankfurt a.M. 1961, S. 205–216; Friedrich Ebert: Ansprache an die Heimkehrenden Truppen, in: Politische Reden III, Frankfurt a.M., S. 94–96.

Theodizee: Materialismus – GBA 13,100f.

Baal: Entmachtung des Individuums – Titel: GBA 1,24; GBA 28,66; GBA 28,96; Hugo von Hofmannsthal: Das Theater des Neuen, in: Gesammelte Werke, Lustspiele IV, Frankfurt a.M. 1965, S.405–426.

Verratene Revolution: Knopfstiefel – Titel: GBA 1,228; GBA 1,232; GBA 1,182; GBA 1,228; nach Rosenberg 221–234; nach Rosenberg: Geschichte der Weimarer Republik, Frankfurt a.M. 1961, S. 5–71; GBA 17,27; nach Frisch/Obermeier 143–149; zit. nach Brechts »Trommeln in der Nacht«, hg. von W.M. Schwiedrzik, Frankfurt a.M. 1990, S. 312f.; GBA 23,241; GBA 1,228f.; GBA 17,43–50.

Der kleine Jude von Kimratshofen: Spartakus – Titel: GBA 21,300; GBA 28,61;
GBA 28,73; GBA 26,213; Walter Brecht 155; Rudolf Fernau: Als Lied begann's,
Frankfurt a.M. 1972, S. 107; George Grosz: Ein kleines Ja und ein großes Nein,
Frankfurt a.M. 2009, S. 227–230; GBA 21,300; GBA 28,97; nach Jeske/Zahn:
Lion Feuchtwanger, Stuttgart 1984, S. 83f.; nach Frisch/Obermeier 145,163–170;
GBA 28,81.

Europas Untergang: Marx' Tod – GBA 21,45; GBA 28,163; GBA 11,48f.; nach
GBA 11,311f. (Kommentar); GBA 28,139.

Tuismus: verwirklicht – Titel: nach Dieter Thiele: Bertolt Brecht, Frankfurt a.M.,
Bern 1981, S. 405; GBA 17,46; vgl. GBA 28,424; GBA 17,142; GBA 17,14–17; Jona-
than Swift: Bescheidener Vorschlag, wie man verhindern kann, daß die Kinder
der Armen ihren Eltern oder dem Lande zur Last fallen (1729); GBA 21,413;
GBA 17,96; GBA 17,117f.; GBA 17,146; GBA 17,26; GBA 17,96.

Freieste Verfassung der Welt: Apparaterlebnis – GBA 17,46; GBA 17,52–64;
GBA 21,306f.; Gottfried Benn: Gesammelte Werke I, Gedichte, Wiesbaden 1961,
S. 7–16; Silvio Vietta/Hans-Georg Kemper: Expressionismus, München 1975,
S. 30 u.ö.; Lukács: Geschichte und Klassenbewußtsein, Berlin 1923, S. 100;
GBA 26,125.

Schaubude: Civilis – Titel: GBA 11,18; GBA 28,66; zit. nach Werner Hecht: Brecht
Chronik, Frankfurt a.M. 1997, S. 72; http://de.wikipedia.org/wiki/Alliierte_
Rheinlandbesetzung; Münsterer 143f.; GBA 13,181–183; Karl Valentin: Sämtliche
Werke in 8 Bänden, München 1992–1997, Band 3, S. 26–30; GBA 28,45;
GBA 11,18, 33.

Durchbruch mit Prosa: gut erzählt – Titel: GBA 1,60; GBA 28,143; GBA 19,24–37;
GBA 21,464.

Weltanschauung: abgeschafft – Titel: GBA 11,34; GBA 18,18; Theodor W. Adorno:
Minima Moralia, Frankfurt a.M. 1969, S. 42; Kant, Hamburg 1956, S. 321 (=
A 277/ B 333); GBA 18,60.

Berichterstattung: die schönste Frau Augsburgs – Titel: GBA 13,145; Frisch/Ober-
meier 79; GBA 21,78; GBA 21,77; GBA 21,97; GBA 21,86; nach Karoline Sprenger:
Der »Bürgerschreck« und die »verkrachte« Opernsängerin, in: Brecht-Jahrbuch
34/2009, S. 25–41; Zoff bei Banholzer 160f.; GBA 26,195; GBA 26,190.

Promiskuität: Recht und Brecht – GBA 26,211 (Hure); GBA 28,139 (stiermäßig);
GBA 26,259; zit. nach Banholzer 83f.; zit. nach Bertolt Brecht: Briefe an Marianne
Zoff und Hanne Hiob, Frankfurt a.M. 1990, S. 14–16; nach Zoff bei Banholzer
165; zit. nach GBA 28,154–156; nach Banholzer 87; zit. nach GBA 28,129;
GBA 11,46; Banholzer 43, Zoff bei Banholzer 165; GBA 26,128f.; Neher: Tage-
bücher (Staats- und Stadtbibliothek Augsburg), zit. nach Christine Tretow:
Caspar Neher, Trier 2003, S. 488.

Ware Kunst: Konsum – GBA 1,22–24; GBA 26,146; GBA 26,283.

Im Dickicht: Bolschewismus – GBA 26,229 (Pinakothek); Arnolt Bronnen: Tage mit Bertolt Brecht, Darmstadt, Neuwied 1976, S. 16; Jhering in: Der Tag, Berlin, 16.4.1922; Karl Kraus nach Bronnen Umschlag (Rückseite); Bronnen 38; Das Tage-Buch, 4.2.1922, angekündigt; 32; GBA 28,177, 627f.; Jhering in: Berliner Börsen-Courier, 17.11.1922; Stolzing nach Wyss 19.

Feinkost: Thomas Mann und Brecht – GBA 21,61; GBA 21,160; Mann nach Wyss 23f.; Thomas Mann. Gesammelte Werke, Band 3: Nachträge, Frankfurt a.M. 1974, S. 304–306 (Aufzeichnung vom April 1924); GBA, Registerband 739.

Schräges Deutsch: materialistisch gewendet – GBA 1,346f.; GBA 11,145f.; Goethe: Faust I, Vers 1112; GBA 15,171; GBA 21,158; Rainer Maria Rilke: Die Gedichte, Frankfurt a.M. 1998, S. 344; Stefan George: Gedichte, Stuttgart 2004, S. 12; GBA 1,467.

Triebherrscher Eduard: Zusammenarbeit mit Feuchtwanger – GBA 22,358f.; GBA 2,60; GBA 2,80; GBA 21,181; Bouck White: Das Buch des Daniel Drew, S. 171f.; Bernhard Reich: Im Wettlauf mit der Zeit, Berlin 1970, S. 247; nach Jeske/Zahn 80–105; Braun nach Wyss 46; Reich 245; Homolka und das Nachspiel nach Marta Feuchtwanger: Nur eine Frau, München/Wien 1983, S. 46–67, und nach Reich 263; nach Reich 241; nach Jeske/Zahn 102.

Schacher um Verträge: Berliner Verlage – Titel: nach Erwin Piscator: Das politische Theater, Reinbek bei Hamburg 1979, S. 141; GBA 28,102; GBA 28,101; vgl. GBA 28,105; GBA 26,260; GBA 26,269; nach Friedemann Berger: Die nichtgedruckte »Hauspostille«, in: Notate 6/1984, S. 1f.; Dorit Abiry: »Sie müssen Ihre Lyrik herausgeben«, in: Dreigroschenheft 2/2010, S. 4–7 (Widmungsexemplar *Baal*); GBA 28,231; GBA 11,301 (Kommentar).

Kabarett: gescheitert – Hesterberg: Was ich noch sagen wollte, Berlin 1971, S. 106; GBA 28,139.

Im Blauen Vogel: russische Volkskunst mit Folgen – GBA 26,269; Kurt Tucholsky: Der blaue Vogel, in: Die Weltbühne 12/1922, S. 305; Wolf Oschlies: »Eine mit allem geistigen Comfort der Neuzeit ausgestattete Puppenstube«, in: Eurasisches Magazin 1/2006, S. 1–6; Jacobsohn nach Oschlies; GBA 10,36; GBA 13,198; GBA 27,353.

Fundgrube Berlin: Tanz auf dem Vulkan – Ehrenburg nach Otto Friedrich: Morgen ist Weltuntergang, Berlin 1998, S. 106; Text von Bert Roda; Oschlies 6; Ehrenburg: Menschen, Jahre, Leben, Bd. 2, Berlin 1978, S. 9; Klaus Mann: Der Wendepunkt, München 1989, S. 166; nach Heinz Geuen: »Das hat die Welt noch nicht gesehen«, in: Beiträge zur Populärmusikforschung, Bielefeld 15/16, 1995; Berliner Illustrirte Zeitung 46/1927, S. 29–39; GBA 21,40f.

Dollarsonne: Berlin im Aufschwung – GBA 28,148; GBA 21,224; GBA 21,119; Fritz Kortner: Aller Tage Abend, München 1959, S. 249; GBA 22,808.

Bio-Interview: Boxer als Mitarbeiter – GBA 19,216–235; GBA 19,216; GBA 19,225; GBA 21,207; Hans Tasiemka in: Die literarische Welt, 30.7.1926.

Lichterstadt Berlin: Brecht eingerichtet – Berlin-im-Licht nach Nils Grosch: Die

Musik der Neuen Sachlichkeit, Stuttgart, Weimar 1999, S. 80–99; GBA 14,12f.;
Hertzka nach Grosch 85; Butting nach Grosch, 86f.; Thomas Mann an Erich
Ebermayer, 24.3.1927, zit. nach Helga Belach: Das Kino und Thomas Mann,
Berlin 1975, S. 5; Sabine Kebir: Ich fragte nicht nach meinem Anteil, Berlin 1997,
S. 26–29.

Mann ist Mann: Konsumkritik – GBA 2,408 (Kommentar); GBA 2,126–129;
vgl. *Das Elefantenkalb* 158–168; Brechts »Mann ist Mann«, hg. von Carl Wege,
Frankfurt a.M.1982, S. 105; zit. nach Wyss 59; *Das Elefantenkalb* 158–168;
GBA 158; Tretow 147–150; GBA 2,123; GBA 21,164; Uhu, S. 188–190, 191–193;
GBA 21,158–160; GBA 21,160; GBA 21,655 (Kommentar); GBA 21,164.

Marx: Marktgesetze unbegreiflich – Kebir: Ich fragte nicht 61; GBA 22,138f.;
GBA 21,143; GBA 21,338; GBA 21,256f.; GBA 28,238; Frank Norris nach: Brechts
»Heilige Johanna der Schlachthöfe«, hg. von Jan Knopf, S. 87–11; GBA 21,193f.;
GBA 21,191–193.

Wirklichkeit: zur Sprache gebracht – GBA 11,157; GBA 11,165; nach Heinrich
Breloer. Die Manns – ein Jahrhundertroman (Film 2001).

Brecht-Piscator: episches Theater reklamiert – Piscator 61f.; Piscator 78–82; Pisca-
tor 102f.; GBA 28,292; Piscator 158; GBA 1,139f., 525 (Kommentar); GBA 28,298;
GBA 27,152; Piscator 180; Piscator 181; BBA 349/1–72 nach: Materialien zu Ber-
tolt Brechts »Schweyk im zweiten Weltkrieg«, hg. von Herbert Knust, Frankfurt
a.M. 1974, S. 31; Piscator 158; Piscator 236; Piscator 138–141 (Kritiken); Piscator
232; im Gespräch mit Guillemin, in: Brecht im Gespräch, Frankfurt a.M. 1975,
S. 189; Piscator: Das politische Theater, Berlin 1929, S. 48–59, bes. 58f.;
GBA 28,309f.; GBA 28,316; Alfred Döblin: Schriften zur Politik und Gesellschaft,
Olten, Freiburg i.B. 1972, S. 256.

Grosz, Schlichter, Brecht: Zeitdiagnose unter Künstlern trostlos – Hans Hess: George
Grosz, Dresden 1982, S. 45–51; GBA 28,295; so der Text auf dem Plakat am Hals
der Puppe; Die Rote Fahne, hg. von Manfred Brauneck, München 1973, S. 75–78
(G.G.L.); Rudolf Schlichter: Zwischenwelt, Berlin 1931, S. 84; GBA 21,340;
GBA 28,299; GBA 4,423–426; Grosz 228; nach Ernst Jünger-Rudolf Schlichter:
Briefe 1935–1955, hg. von Dirk Heißerer, Stuttgart 1997, S. 357–360 (Kommen-
tar); nach Helmut Kiesel: Ernst Jünger, München 2007, S. 326f.; Heiner Müller:
Krieg ohne Schlacht, Köln 2009, S. 218; Fritz Sternberg: Der Dichter und die
Ratio, S. 37.

Auto, Technik, Sex: Freiheit gefälscht – GBA 28,238; GBA 17,576 (Kommentar);
Kebir: Ich fragte nicht 53; Canetti: Die Fackel im Ohr, München 1980, S. 306f.;
Piscator 181; GBA 13,392f.; GBA 19,281–283; Uhu 6/1929, S. 62–65; Canetti 307.

Mahagonny: Selbstauslöschung im Musentempel – GBA 28,205; GBA 26,279;
GBA 11,100; GBA 2,331; zit. nach Hans Curjel, in: Brecht/Weill »Mahagonny«,
hg. von Fritz Hennenberg und Jan Knopf, Frankfurt a.M. 2006, S. 210; Weill in:
ebd, S. 145ff.; Kurt Weill: Briefwechsel mit der Universal Edition,
Stuttgart, Weimar 2002, S. 78f.; S. 95; S. 97; S. 97–99; Bronnen 116; GBA 2,350;

Text bei Hennenberg/Knopf 43; Weill nach ebd. 179, 168; GBA 24,79; GBA 24,77;
GBA 24,78; Weill: Briefwechsel 195; nach Harmut Kahnt: Die Opernversuche
Weills und Brechts mit »Mahagonny«, in: Kühn, Hellmut (Hg.): Musiktheater
heute, Mainz 1982, S. 73f; Weill: Ausgewählte Schriften, Frankfurt a.M. 1975,
S. 54; nach Hennenberg/Knopf 289.

Rundfunk: Einübung mediengerechten Verhaltens – GBA 21,229–232, 690–692
(Kommentar); Goethe, Faust I, Vers 239f.; nach Barbara Konietzny-Rüssel: Der
Medienpraktiker Bertolt Brecht, Würzburg 2007, S. 33f.; GBA 24,87–89;
GBA 3,405 (»Heldenglied« ist ein Druckfehler); GBA 3,11, 13f., Essener Theater-
und Kunstverhältnisse, 23.7.1927; GBA 13,374–379.

Stück mit Musik: Drei Groschen für das Hauptgericht – Weill: Briefwechsel 128;
Ernst Josef Aufricht: Erzähle, damit du dein Recht erweist, Berlin 1966, S. 66;
Text in: Brechts »Dreigroschenoper«, hg. von Werner Hecht, Frankfurt a.M.
1985, S. 17–28; ebd. 27; 28; Aufricht 72; Lotte Eisner in: Film-Kurier, 17.11.1930;
Ludwig Berger in: Das Neue Mainz, 1.–31.1.1965; GBA 14,462; Aufricht 77f.;
Lotte Lenja nach Hecht 122f.; Felix Hollaender in: National-Zeitung, Berlin,
2.9.1928; Harry Kahn in: Die Weltbühne, Berlin, 2.10.1928, Nr. 40, S. 531–533;
nach Ned Rorem: Setting the Tone: Essays and a Diary, New York 1983, S. 56;
Ernst Bloch nach Hecht 78, 80; GBA 28,312f.; Hans Heinsheimer nach Archiv
Universal-Edition, Wien; Weill in: Der deutsche Rundfunk, Berlin 17.5.1929;
ebd., 6.2.1931 (Kritik anonym); Sternberg 25.

Musikalische Lehrstücke: Lernen im Spiel – GBA 28,320; Elisabeth Hauptmann:
Julia ohne Romeo, Berlin, Weimar 1977, S. 65–135; GBA 3,23f., 27; nach Dieter
Krabiel: Brechts Lehrstücke, Stuttgart, Weimar 1993, S. 7–15; GBA 21,343;
GBA 14,228; GBA 22,370–381; GBA 3,28; GBA 3,29–35; Lukács 100; vgl. Bertolt
Brecht: Der Untergang des Egoisten Fatzer. Bühnenfassung von Heiner Müller,
Frankfurt a.M.1994; GBA 18,14.

Wissenschaft der Geschichte: das Bekannte nicht erkannt – Motto 22,33; Sigmund
Freud: Eine Schwierigkeit der Psychoanalyse, in: Texte zur Literaturwissenschaft
der Gegenwart, Stuttgart 1996, S. 161–170; GBA 11,119; Engels, Friedrich: Das
Begräbnis von Karl Marx, in: Karl Marx/Friedrich Engels: Werke, Bd. 19, Berlin
1972, S. 335; Karl Marx: Die Frühschriften, hg. von Siegfried Landshut, Stuttgart
1964, S. 340; Marx 353; Marx 346; Georg Wilhelm Friedrich Hegel: Phänome-
nologie des Geistes, Hamburg 1952, S. 28; Marx 339; Wolfgang Fritz Haug:
Parteilichkeit und Objektivität, in: Das Argument 255/2004, S. 222; Marx 353;
Marx 361; GBA 18,245f.

Lehrstücke: Jasagen und Maßnehmen – Nach Erdmut Wizisla: Benjamin und
Brecht, Frankfurt a.M. 2004, S. 70; GBA 12,16f., 361 (Kommentar); Karl Marx,
Friedrich Engels: Werke, Bd. 3, Berlin 1969, S. 218; GBA 3,432; GBA 23,156;
Hanns Eisler: Gesammelte Werke, Bd. 1, Berlin 1975, S. 64; GBA 3,433 (Kom-
mentar); GBA 3,47–65; GBA 3,57–72; Kurt Weill: Über meine Schuloper »Der
Jasager«, in: K.W.: Ausgewählte Schriften, Frankfurt a.M. 1975, S. 61–70;

GBA 3,73–98; GBA 3,92; GBA 3,96; GBA 3,79; GBA 3,75; Ernst Bloch, Das Prin-
· zip Hoffnung, Kapitel 1–32, Frankfurt a.M. 1959, S. 315f., 322; Lenin: Was tun?
Berlin 1946, Kapitel 3b; Hanns Eisler in: Bertolt Brecht: Die Maßnahme. Kriti-
sche Ausgabe, Frankfurt a.M. 1972, S. 245f.; Hans Heinz Stuckenschmidt in: ebd.,
S. 324f.; GBA 3,75; Hans Bunge: Fragen Sie mehr über Brecht, München 1970,
S. 17f.; GBA 24,98f.; Durus in: Die Rote Fahne, Berlin, 20.1.1931; nach Harmut
Reiber: Grüß den Brecht, Berlin 2008, S. 141f.; Karl Marx/Friedrich Engels,
Werke, Bd. 3, Berlin 1969, S. 218.

Ökonomie nur für Eingeweihte: Corner – Alles nach Bertolt Brechts »Heilige
Johanna der Schlachthöfe«, hg. von Jan Knopf, Frankfurt a.M. 1985, passim;
GBA 3,127–227; GBA 3,187; Bertolt Brecht: Die heilige Johanna der Schlachthöfe,
hg. von Gisela E. Bahr, Frankfurt a.M. 1971, S. 163. Rudolf Hilferding in: Organi-
sierter Kapitalismus. Referate und Diskussionen vom Sozialdemokratischen
Parteitag 1927 in Kiel, Kiel 1927; Kritische Ausgabe 410.

Soziologisches Experiment: Technifizierung der Literatur – GBA 21,448–514;
GBA 21,448; GBA 21,456; GBA 21,315f.; GBA 21,512f.; GBA 21,458; 21,464, 482;
GBA 19,307–320; GBA 19,308; GBA 19,309; GBA 19,314; GBA 19,320;
GBA 19,464; 19,202–204; GBA 21,107f.

Fordismus, Behaviorismus: Wachstum verordnet – GBA 11,174–176; GBA 21,478;
nach Wizisla 71.

Tretjakow: Biologie sozialistisch – Nach Fritz Mirau: Erfindung und Korrektur.
Tretjakows Ästhetik der Operativität, Berlin 1976; Text in: Mirau, S. 179–246;
GBA 15,232; Sergej Tretjakow: Biographie des Dings, Berlin, Hildesheim 2003,
S. 5–8 (1929); GBA 14,435; 14,66, 496 (Kommentar).

Realitätsstudien: Arbeiter als Kleinbürger – Nach Reiber 141ff.; Reiber 143; Otto
Rühle: Illustrierte Kultur- und Sittengeschichte des Proletariats, 2 Bde., Lahn-
Gießen 1977, Bd. 1, S. 387–406; Filminhalt nach Bertolt Brecht: Kuhle Wampe.
Protokoll des Films, Frankfurt a.M. 1969; Gad Granach: Heimat Los! Augsburg
2008, S. 47–50; http://de.wikipedia.org/wiki/Dringender_Appell; Theodor W.
Adorno/Hanns Eisler: Komposition für den Film, Leipzig 1977, S. 187; Kracauer,
Siegfried: Von Caligari zu Hitler. Eine psychologische Geschichte des deutschen
Films. Frankfurt a.M. 1984, S. 259–261.

Republik im Untergang: Arbeitertochter zwischen den Fronten – Titel: GBA 14,91;
Margarete Steffin: Konfutse versteht nichts von Frauen, Berlin, 1991, S. 190;
GBA 28,341; GBA 14,151f., 537f. (Kommentar); zur Wirkung GBA 3,487–493; Ge-
org Lukács, Johannes R. Becher (u.a.): Die Säuberung, Moskau 1936, Reinbek
bei Hamburg 1991, S. 175 (Aussage: Becher).

Keine Rassenfrage: Brecht und die Juden – Augenblick: Brecht:, Augsburg 1998,
S. 73; nach Bertolt Brecht: Terzinen über die Liebe, hg. von Jan Knopf, Frankfurt
a.M. 1998, S. 32; Augenblick: Brecht 19; GBA 26,18; GBA 28,73; GBA 19,294–299;
GBA 12,16f.; GBA 28,414; GBA 26,299; GBA 14,286f.; GBA 4,385–390, 363–378;
GBA 30,184; GBA 18,242.

Bücherverbrennung: gegen Klassenkampf und Materialismus – GBA 22,13; Gottfried
  Benn: Antwort an die literarischen Emigranten, Berliner Rundfunk, 24.5.1933;
  BBA 784/8–12 (nach Hecht: Chronik); BBA 783/33 (nach Hecht: Chronik);
  Bücherverbrennung nach allgemein zugänglichen Rundfunk-Aufnahmen;
  Heidegger: Die Selbstbehauptung der deutschen Universität. Rede, gehalten bei
  der feierlichen Übernahme des Rektorats der Universität Freiburg i.Br. am
  27.5.1933. Breslau 1933; GBA 12,377 (Kommentar).

Die Nazis, das Unsägliche: Grenzen der Sprache – GBA 22,35; Kraus: Die dritte
  Walpurgisnacht, München 1967, S. 18; nach Bloch: Politische Messungen, Frank-
  furt a.M. 1970, S. 185–192; GBA 14,195–197; GBA 12,16.

Liebesbriefe in Sonetten: Dinge beim Namen genannt – GBA 22,7; GBA 28,294;
  GBA 11,185; Margarete Steffin: Konfutse versteht nichts von Frauen, Berlin 1991,
  S. 201; http://6press.twoday.net (das Gedicht entstammt aus Pietro Aretino/
  Thomas Hettche: Stellungen oder vom Anfang und Ende der Pornografie, Köln
  2003; GBA 11,190; Steffin 206; Sprich leise, wenn Du Liebe sagst. Der Briefwech-
  sel Kurt Weill/Lotte Lenya, Köln 1998, S. 513–515; GBA 2,349; GBA 11,186; Stef-
  fin 204, 316, 199, 198.

*Globalisierung durch den Kapitalismus: sieben Todsünden, ein Liederbuch und Cho-
  räle* – Titel: GBA 4,277; GBA 4,265–277; Donald Spoto: Die Seeräuber-Jenny,
  München 1990, S. 141–143; GBA 4,269f.; GBA 11,197–254; GBA 15,124f.;
  GBA 11,215; Evangelisches Kirchengesangbuch, Göttingen 1958, Nr. 294;
  GBA 11,219; Dokumente in: Faschismus. Renzo Vespignani, hg. vom Kunstamt
  Kreuzberg, Berlin, Hamburg 1976, S. 85–87.

Frauenrollen aufgedrängt: Hausmann, Steffin, Berlau, Weigel – Titel: GBA 16,371;
  GBA 19,667f. (Kommentar); GBA 4,345–349; Wüthrich: Bertolt Brecht und die
  Schweiz, Zürich 2003, S. 219f.; nach Hans Christian Nørregard: Die unfreiwillige
  Dänin Margarete Juul, in: »Ich wohne fast genauso hoch wie er«. Margarete Stef-
  fin und Bertolt Brecht, Berlin 2008, S. 116–140; nach Kebir: Ich fragte nicht,
  S. 169f.

Intermedialität: anders blicken – GBA 28,465; nach Wolfgang Jeske: Brechts Poetik
  des Romans, Frankfurt a.M. 1984, S. 155–157; GBA 16,273; Thomas Mann: Joseph
  und seine Brüder, Frankfurt a.M. 1964, S. 150f.; GBA 16,60; GBA 16,80f.;
  GBA 16,61; zur medialen Vernetzung und zum gelenkten Blick vgl. Andreas Zinn:
  Bildersturmspiele, Würzburg 2011, S. 128–163; GBA 16,118; GBA 16,95;
  GBA 16,25ff.; Zinn 136.

Marxistischer Idealismus: ein Lied, Korschs geistige Aktion, Allunionskongress –
  GBA 28,407; nach Wizisla 107f.; Walter Benjamin: Versuche über Brecht, Frank-
  furt a.M. 1966, S. 121–125; Benjamin: Versuche 95–116; nach Wizisla 190f.;
  GBA 14,219f.; GBA 28,463; GBA 22,45; GBA 21,521–525; GBA 22,45; Goethe: Far-
  benlehre, Vorwort; GBA 18,95; GBA 18,62; nach Hecht: Chronik (8.11.1915);

GBA 18,152f.; GBA 18,141f.; GBA 18,155, 159, 170, 184 u. ö.; GBA 18,203;
GBA 28,454; GBA 22,45; 22,40; vgl. Jan Knopf: Bertolt Brecht. Ein kritischer For-
schungsbericht, Frankfurt a.M. 1974, S. 194–174; GBA 28,458; GBA 28,459;
GBA 28,470; Sozialistische Realismuskonzeptionen. Dokumente zum 1. Alluni-
onskongreß der Sowjetschriftsteller, Frankfurt a.M. 1974; S. 43–50 (Schdanow),
203f. (Radek), 281f. (Resolution); nach Mierau 262–264; GBA 21,255.

Moskaureise: ohne Verfremdung – GBA 28,499f.; GBA 12,43–45; Knopf:
Forschungsbericht 19f.

Rettung der Kultur: ohne Eigentumsverhältnisse – GBA 28,510; George Grosz:
Briefe 1913–1959, Reinbek bei Hamburg 1979, S. 194f., 196, 200, GBA S. 182;
Goethe: Farbenlehre, Vorwort; GBA 28,484–486; Grosz, Briefe 232–234;
GBA 28,546f.; Grosz, Briefe 389f., 213.

Kommunismus in den USA und der UdSSR: Widerstand zwecklos – Nach Hecht:
Chronik (8.6.1935); GBA 28,509; Nørregard 124f.; GBA 28,522f.; Bunge/Eisler:
Fragen Sie mehr 231, 233; GBA 28,532f.; Bunge/Eisler 234; Wladislaw Hedeler:
Chronik der Moskauer Schauprozesse 1936, 1937 und 1938, Berlin 2003, S. 7;
nach James K. Lyon: Bertolt Brecht in Amerika, Frankfurt a.M. 390, 406; Grosz:
Briefe 212f.

Olympische Spiele: keine Friedenstauben – GBA 26,303; Das Wort, Heft 1, S. 3f.;
GBA 14,322; http://dhm.de/~jarmer/olympiaheft/olympia3.htm; nach Leni
Riefenstahls Film: Olympia – Fest der Völker (1938); GBA 12,12.

Deutsche in Moskau: Defaitismus, Liquidatorentum, Verrat, Tod – Nach Reinhard
Müller: Menschenfalle Moskau, Hamburg 2001, S. 190–192; Georg Lukács, Jo-
hannes R. Becher (u. a.): Die Säuberung, Moskau 1936, Reinbek bei Hamburg
1991, S. 568–570; Müller: Menschenfalle 191; GBA 28,496; GBA 22,926 (Kom-
mentar); Säuberung 416f., 431f.; nach Jeske/Zahn: Feuchtwanger 197–203;
GBA 29,13f.; GBA 29,30; GBA 30,118f.; GBA 29,20f.

Spanischer Bürgerkrieg: den Weltkrieg proben, Kriegstourismus, Literaturdebatten –
Titel: GBA 14,353; Brechts Lai-tu. Erinnerungen und Notate von Ruth Berlau,
Darmstadt 1985, S. 73, 75; GBA 22,323–325; nach Jörg Diehl: »Sie haben die Stadt
eingeäschert«, in: Der Spiegel, 26.4.2007; nach Reiber: Steffin 277; Werner
Hecht: Helene Weigel, Frankfurt a.M. 2000, S. 303; GBA 29,57; Seghers bei
Wyss 180; Die Expressionismusdebatte, hg. von Hans-Jürgen Schmitt, Frankfurt
a.M. 1973, S. 50; GBA 11,267–273; GBA 22,493; nach Reiber: Steffin 281–283;
Nørregard 128.

Anwendung der neuen Physik: Caesar in seine Geschäfte verstrickt – GBA 29,111;
GBA 16,171; GBA 16,167; GBA 22,691f.; GBA 16,307; GBA 24,316.

Bürgertum als Menschheit: Verfall der Liebe – Nach Wizisla 107f., GBA 12,52; Ben-
jamin: Versuche 131f, 133, 132f.; Wizisla 106; GBA 26,317; GBA 14,416; Ludwig
Marcuse: Obszön, Berlin 1965, S. 67; Wizisla 109.

Galileis neues Sehen: Experimente auf der Bühne – GBA 29,120; GBA 26,326; Blu-
menberg: Die Genesis der kopernikanischen Welt, Frankfurt a.M. 1975, S. 722;

Blumenberg: Die Legitimität der Neuzeit, Frankfurt a.M. 1996, S. 138; GBA 5,11f.; GBA 5,65; GBA 5,29f.; Blumenberg: Genesis 722.

Widersprüche als Hoffnungen: Zeit für Lyrik – GBA 12,65f.; vgl. GBA 22,357–365; nach Reiber: Grüß den Brecht 293; Brechts Lai-tu 90f.; Hanns Eisler: Gesammelte Werke, Band I/16, Leipzig 1976 als *Spruch 1939*; GBA 12,16; GBA 26,332; GBA 26,330; GBA 6,188–190; GBA 19,347; GBA 6,277.

Krieg als Handel: Menschenopfer der Courage – Titel: GBA 29,151; GBA 26,339; nach Hecht: Chronik (Mitte Juni 1939); GBA 26,343f.; GBA 6,8; nach Hecht: Chronik (Dezember 1939); GBA 24,272; GBA 5,323; GBA 6,55; GBA 6,87–113.

Episierung der bildenden Künste: Tombrock und Brecht – Nach Bertolt Brecht und Hans Tombrock, hg. von Rainer Noltenius, Essen 2004, S. 126; GBA 22, 597–583, 1078–1083 (Übersetzung); Abbildung bei Noltenius 88; GBA 29,169f.; GBA 29,175f.; Noltenius 87; GBA 22,579; GBA 133f.

Nazi-Eroberungen: Landsleute vertreibend – Titel: GBA 12,97; Jan E. Olsson: Bertolt Brechts schwedisches Exil, Lund 1969, S. 60f.; Noltenius 145; GBA 26,337 (Greids Buch wurde nicht veröffentlicht); GBA 29,163f.; Peter Weiss: Ästhetik des Widerstands, Band 2, S. 326; GBA 18,427–432.

Gespräche unter Flüchtlingen: Mut überflüssig – Titel: GBA 18,580 (Kommentar); GBA 18,580 (Kömmentar); GBA 18,223; GBA 18,219f.; GBA 18,220; GBA 18,221; GBA 26,373f.; GBA 18,197.

Weiterreise in den Sternen: finnische Sommernächte – Nach Hans Peter Neureuter: Brecht in Finnland, Frankfurt a.M. 2007, S. 34f.; GBA 12,98; GBA 15,72; GBA 26,396f.; GBA 29,182; GBA 26,398; nach Reiber 314f.; GBA 26,400; nach Neureuter 98f.; GBA 26,402f.; Bunge: Lai-tu 130; nach Neureuter, Habilschrift (Masch.), Anhang S. 129; nach Neureuter 99f.

Erotogramm einer verstörten Beziehung: Gerüche sexualisierend – GBA 29,186f.; Bunge: Lai-tu 130; GBA 26,421f.; GBA 6,351; GBA 26,428; GBA 6,289; GBA 6,347; GBA 6,313.

Schweigen in zwei Sprachen: Finnland zwischen Sowjetunion und Deutschland, Moskau – GBA 26,465f.; nach Reiber: Grüß den Brecht 324; Lion Feuchtwanger: Briefwechsel mit Freunden, Band 1, Berlin 1991, S. 35; GBA 29,204; Sylvi-Kyllikki Kilpi in Neureuter, Habilschrift, Anhang, S. 133–142; GBA 26,473; GBA 15,23f.; Kilpi 141f.; Huppert: Schach dem Doppelgänger, Halle, Leipzig 1979, S. 30–34.

Kreuzfahrt als Himmelfahrtskommando: Marx übers und ins Meer – Nach Holger Teschke: »Ich sitze hier in Tahiti, unter Palmen und Künstlern …«, in: Das Angesicht der Erde. Brechts Ästhetik der Natur, Berlin 2009, S. 87–104; GBA 26,486 (Telegramm von Maria Osten); Bunge: Brechts Lai-tu 136; GBA 15,42; GBA 15,88; Teschke 99; Fritz Kortner: Aller Tage Abend, München 1959, S. 500.

Offener Handel mit Lügen: Mitmachen erforderlich – GBA 29,131; GBA 26,332; GBA 22,538f.; GBA 27,50; GBA 27,24; GBA 27,50; GBA 29,299; GBA 27,12; GBA 27,84; GBA 27,19; GBA 27,19; GBA 27,13; GBA 27,177; GBA 29,215; GBA 27,18f.; GBA 27,15; GBA 27,18; Stephan: Im Visier 231f.; nach Brecht – Die

Kunst zu leben 2006 (Film von Joachim Lang; Aussage von Barbara Brecht);
GBA 27,115; GBA 27,85.

Versuche im Filmgeschäft: Tendenz scheiternd – Gustavus Myers: Money, Frankfurt
a.M. 1979, S. 788; GBA 27,13; GBA 20,30–39; GBA 27,27; GBA 20,40–46;
GBA 27,81f.; GBA 20,55–57; Noltenius: Brecht und Tombrock 146; GBA 27,22;
GBA 27,63; GBA 20,59–62 (erstmals auf Deutsch, übers. von Peggy Knopf in:
Der Spiegel, 9.12.1996); GBA 27,30f.; GBA 23,7–9, 423 (Kommentar mit Text des
Appells).

Geiselfilm: trotz Hindernissen durchgesetzt – Titel: GBA 27,17; GBA 12,81; Alexan-
der Stephan: Im Visier des FBI, Stuttgart, Weimar 1995, S. 195f., 197, 228; nach
Im Visier des FBI. Deutsche Autoren im US-Exil, TV Film von Alexander Ste-
phan und Johannes Eglau, 1995; nach Hecht: Chronik (8.12.1941 = FBI-Akte vom
6.3.1943); GBA 27,99; GBA 27,115; vgl. GBA, Registerband 682; GBA 29,253f.;
Filmanalysen nach James K. Lyon: »Das hätte nur Brecht schreiben können« so-
wie nach Irène Bonnaud: Entstehung und Verfilmung von »Hangmen Also Die«
in: Brecht plus minus Film, Berlin 2005, S. 26–37; 38–47; GBA 27,118f.

Die Kriegsfibel: Kriegsberichterstattung Natur und Menschen ignorierend – Titel:
GBA 27,22; Viertel in: Marbacher Magazin 9/1978, S.18; GBA 27,119f;
GBA 12,41–43, 372 (Kommentar); Stephan: Im Visier 195f.; GBA 26,434f.;
GBA 26,401; GBA 26,419–421; GBA 28,564; GBA 12,127–283; vgl. Zinn: Bilder-
sturmspiele 284–288, 337.

Kunst als Prostitution: die Freiheit des Einzelnen vernichtend – Titel: GBA 12,117;
Carl Zuckmayer: Die langen Wege nach: C.Z.: »Ich wollte nur Theater machen«,
Marbacher Katalog 1996, S. 271; GBA 27,353; Bunge/Eisler 182; GBA 27,85;
GBA 12,93–112; GBA 26,416; GBA 12,97; GBA 12,95f.; Claudia Albert: Das
schwierige Handwerk des Hoffens, Stuttgart 1991, S. 62–64; GBA 27,115f.;
GBA 12,110; Bunge/Eisler 195, 19f.; GBA 12,115f.; Feuchtwanger: Gesammelte
Werke, Band 14, Berlin, Weimar 1975, S. 217; GBA 27,125; GBA 27,103;
GBA 27,46; Bunge/Eisler 152f.; Stephan: Im Visier 210f.; nach Hecht: Chronik
(Mai 1943); Bunge/Eisler 160f.; GBA 23,23f.; GBA 15,91f.

Schweyk am Broadway: Hitler der Lächerlichkeit preisgebend – GBA 7,251; Weill:
Briefwechsel mit der Universal-Edition 203f.; Aufricht 256; nach Grosch: »an ei-
ner einzelnen humoristischen Figur den phantastischen Irrtum des Krieges auf-
zuzeigen«: Weill, Eisler und die musikalische Dramaturgie in ›Schweyk‹, in: Les
Cahiers de l'ILCEA 8, Grenoble 2006, S. 153–66; GBA 29,271.

*Die Deutschenfrage: sein Bestes durch Teufelslist zum Bösen ausschla-
gend* – GBA 27,161f.; Thomas Mann: Briefe 1937–194, Frankfurt a.M. 1979,
S. 339–341; nach James K. Lyon: Bertolt Brecht in Amerika, Frankfurt a.M. 1984,
S. 358f.; Thomas Mann: Deutschland und die Deutschen Rede vom 6.6.1945,
Berlin 1947, S. 7; Thomas Mann bei der Einreise in die USA zu einem Reporter;
Stephan: Im Visier 111; GBA 27,181; GBA 27,172; Lukács/Becher: Säuberung 563;
GBA 29,317f.; Stephan 110; nach Herbert Lehnert: Bert Brecht und Thomas

Mann im Streit um Deutschland, in: Deutsche Exilliteratur seit 1933, 1. Kalifornien, Bern, München 1976, S. 79; Hecht: Chronik (3.5.1944).

Laughtons Garten: Vergänglichkeit Genuss erhöhend – Titel: GBA 15,113; Brechts Lai-tu 163; nach Grischa Mayer: Ruth Berlau. Fotografin an Brechts Seite, München 2003, S. 18; GBA 29,329; GBA 27,203; GBA 29,339; GBA 27,197; Reinhard Kühnl: Der deutsche Faschismus, Heilbronn 1988, S. 67; GBA 27,80.

Einübung in Demokratie: Kunst nicht beschneidend – Titel: GBA 8,92; GBA 12,194f., 420; GBA 30,256f.; GBA 8,9–14; GBA 8,9–92; GBA 8,82; GBA 24,342.

Trotz Superfurz: Theaterarbeit mit Laughton für den Galileo als Modell – GBA 25,12; GBA 25,11; GBA 27,202; GBA 25,12f.; GBA 27,225; GBA 27,228; GBA 27,223; GBA 27,232; GBA 25,65; GBA 27,232; Alfred Kantorowicz: Brecht in Freiheit – Becher im Ghetto, in: Die Welt, 12.8.1959 (Winter 1946/47); GBA 29,365; GBA 29,380, 401; Langhoff nach Brecht-Chronik (16.12.1946); GBA 29,366; GBA 29,396f.

Valentiniade: Selbstverleugnung als Selbstbehauptung, Brecht vor dem HUAC – Stephan: Im Visier 68–73; GBA 29,424; Lyon: Amerika 433; Sind Sie oder waren Sie Mitglied? Verhörprotokolle über unamerikanische Aktivitäten, Reinbek bei Hamburg 1979, S. 77–95; GBA 29,430; nach Stephan: Im Visier 206 (zit. nach dem Original).

德国的后果（1945/47-1956）

Statt Erledigung der Vergangenheit: Bewältigung (mit Gewalt), keine Aussicht für einen Wohn- und Arbeitsort – Titel: GBA 15,160; Henning Müller: Wer war Friedrich Wolf? Köln 1988, S. 223f. (vom 17.3.1947); GBA 27,228; Alfred Döblin: Schriften zur Politik und Gesellschaft, Olten, Freiburg i.B. 1972, S. 462f.; GBA 12,287f.; Johannes R. Becher: Auf andere Art so große Hoffnung. Tagebuch 1950, Berlin 1969, S. 15, 331f.; GBA 29,263; GBA 26,416; Thomas Mann: Der Erwählte, Frankfurt a.M., Oldenburg 1967, S. 18; Das Thomas Mann-Buch, hg. von Michael Mann, Frankfurt a.M., Hamburg 1965, S. 162, 147–154; Thomas Mann: Joseph und seine Brüder, Frankfurt a.M. 1964, S. 1102; GBA 23,101; Lyrik nach Auschwitz. Adorno und die Dichter, Stuttgart 1995; Brandt in: Der Monat, Berlin, Heft 5, 1948/49 (die Zeitschrift galt als antikommunistisch ausgerichtet); GBA 29,425; im Gespräch mit John H. Winge in: Die Tat, Zürich,15.11.1947; nach Wüthrich: Bertolt Brecht und die Schweiz, Zürich 2003, S. 227, 233, 227f.

Beschädigung der Spielweise: Modellbücher für ihre Wiederherstellung – Titel: GBA 23,62, 457 Kommentar); GBA 189f., 425f (Kommentar); nach Werner Wüthrich: 1948. Brechts Zürcher Schicksalsjahr, Zürich 1946, S. 42f.; GBA 27,255; Griechisches Theater. Deutsch von Wolfgang Schadewaldt, Frankfurt a.M. 1964, S. 91; GBA 27,255; GBA 29,440; GBA 25,73, GBA 29,444f.; GBA 25,388f.; GBA 8,200.

GBA 23,225f.; GBA 30,178; GBA 24,409f.; GBA 30,182–185; Hecht: Chronik
(29.7.1953); GBA 30,24; GBA 27,346; GBA 23,290; GBA 14,388; GBA 15,274;
Hecht: Collage 45.

Die Kunst des Wegredens: nie zur Sache kommen – Titel: GBA 9,147; GBA 9,161–
163; GBA 30,191; GBA 27,347; GBA 9,182–188; GBA 24,413; GBA 9,225; Hecht:
Collage 50; Eylau in: Berliner Zeitung, 18.3.1954; Erpenbeck in: Freies Volk,
Düsseldorf, 22.1.1955; nach Agnes Hüfner: Brecht in Frankreich, Stuttgart 1968,
S. 50–52; nach Angelika Hurwicz: Rezitierter Kommentar, in: Theater der Zeit
2/1955, S. 9f.; Hüfner 62–73; Hecht: Collage 51, 53f.

Der Courage-Film und die Folgen: zum Verschrotten anhaltend – GBA 20,580f.,
592–598 (Kommentar); GBA 30,380; GBA 27,350; GBA 12,314; GBA 30,384;
Hecht: Chronik (Anfang Dezember 1955); GBA 30,411; Teo Otto: Meine Szene,
Köln 1965, S. 42; Hecht: Chronik (12.4.1956); Rülicke: Brecht-Porträts 179;
GBA 15,301, 300; GBA 30,476; Hecht: Chronik (13.8.1956). Rülicke 181; Henne-
mann nach Brecht: Chronik: Ergänzungen 144; Hecht: Chronik (14.8.1956);
nach Joachim Lang: Brecht – Die Kunst zu leben (Film); Neher: BBA 885/30f.;
zit. nach Tretow 417.

（此部分页码为德文版页码，即本书页边码。）

散文

诗歌

文集

（此部分页码为德文版页码，即本书页边码。）

（此部分页码为德文版页码，即本书页边码。）

法西斯德国（1933~1945/47）

德国的后果（1945/47-1956）

图书在版编目（CIP）数据

贝托尔特·布莱希特：昏暗时代的生活艺术 /（德）
雅恩·克诺普夫（Jan Knopf）著；黄河清译. -- 北京：
社会科学文献出版社，2018.11
ISBN 978-7-5201-3373-9

Ⅰ.①贝… Ⅱ.①雅… ②黄… Ⅲ.①布莱希特(
Brecht, Bertolt 1898-1956)-传记 Ⅳ.①K835.165.6

中国版本图书馆CIP数据核字（2018）第199814号

贝托尔特·布莱希特：昏暗时代的生活艺术

著　　者 /　[德]雅恩·克诺普夫（Jan Knopf）
译　　者 /　黄河清

出 版 人 /　谢寿光
项目统筹 /　段其刚
责任编辑 /　陈旭泽　周方茹

出　　版 /　社会科学文献出版社·独立编辑工作室（010）59367151
　　　　　　地址：北京市北三环中路甲29号院华龙大厦　邮编：100029
　　　　　　网址：www.ssap.com.cn
发　　行 /　市场营销中心（010）59367081　59367018
印　　装 /　北京盛通印刷股份有限公司

规　　格 /　开　本：787mm×1092mm　1/16
　　　　　　印　张：38.75　字　数：503千字
版　　次 /　2018年11月第1版　2018年11月第1次印刷
书　　号 /　ISBN 978-7-5201-3373-9
著作权合同
登 记 号 /　图字01-2018-7448号
定　　价 /　96.00元